《庄子》释义（上）

（增订本）

胡叔宝 著

新华出版社

图书在版编目（CIP）数据

《庄子》释义/胡叔宝著．—增订本
北京：新华出版社，2022.8
ISBN 978－7－5166－6419－3
Ⅰ．①庄…　Ⅱ．①胡…　Ⅲ．①《庄子》—注释　Ⅳ．①B223.5
中国版本图书馆 CIP 数据核字（2022）第 159925 号

《庄子》释义（增订本）
作　　者：胡叔宝

责任编辑：李　成　　**封面设计：**华兴嘉誉
责任印制：廖成华

出版发行：新华出版社
地　　址：北京石景山区京原路 8 号　　**邮　　编：**100040
网　　址：http://www.xinhuapub.com
http://press.xinhuanet.com
经　　销：新华书店
购书热线：010－63077122
中国新闻书店购书热线：010－63072012

照　　排：彩丰文化
印　　刷：三河市君旺印务有限公司
成品尺寸：170mm×240mm　　1/16
印　　张：55　　**字　　数：**720 千字
版　　次：2022 年 8 月第一版　　**印　　次：**2022 年 8 月第一次印刷

书　　号：ISBN 978－7－5166－6419－3
定　　价：118.00 元（全两册）

目　录

绪　言

老子是道家思想的创立者，庄子则是将道家思想发挥到极致的思想家。因此，不读《庄子》就无法真正领悟道家，也无法理解中国文化。为了让读者在阅读本书之前对庄子的思想有一个整体的把握，我们先从老庄之道开始说起。

一、老庄之道

庄子在《养生主》中讲述了一个庖丁解牛的故事。庖丁是一位宰牛的屠夫。他宰牛时，根本不用刻意地盯着牛，只凭眼神去感觉，刀刃就不会割到肉，更不会碰到骨头，而是顺着牛骨间的缝隙游刃有余。因此，十九年来庖丁虽然宰了数千头牛，但刀刃还像刚从磨刀石上磨过一样。

这个故事之所以给我留下深刻的印象，固然是因为庖丁高超的宰牛技术，更是因为庄子的妙笔生花。其实，我们每个人都拥有庖丁般的本事而不自知。我们在走路时，眼睛不必盯着路，就能熟练地行走。我们用脚行走的水平与庖丁用刀杀牛的水平一样高。我们在吃饭时，眼睛不用盯着筷子和勺子，就能熟练地用餐。我们用筷子和勺子吃饭的水平也与庖丁用刀杀牛的水平一样高。这种庖丁式的能感觉到物（包括事情、物品、人，乃至习俗等一切存有着的东西）却没有意识到物或注意到物的状态，就是庄子所谓的无物状态（《齐物论》）。无物状态与有物状态一起构成物的两种状态。

物只是人生在世所面临的环节之一。人生在世包括不可分割的四个环节：物的环节、物之名环节、自我环节以及我对物的行为环节（可参见《逍遥游》

和《齐物论》的分析），庄子分别用物、己、功、名加以表示。我对物的行为环节属于我的行动，物之名是自我行动的结果，因而庄子将物之名环节、自我环节以及我对物的行为环节看作是自我环节，与物的环节相对应。与物的两种状态一样，自我环节包括无我和有我两种状态。无我对应无己、无功、无名，有我对应有己、有功、有名。《逍遥游》篇对自我环节加以阐述，《齐物论》篇则对物的环节进行讨论。

无物之物是物的本原状态，有物之物则派生于无物之物。在庖丁解牛故事中，庖丁在正常宰牛时，对牛视而不见，这时的牛以无物之物的状态呈现。但到了筋骨交错的地方，庖丁就会谨慎小心，眼神专注地看着牛才敢下刀（《养生主》："虽然，每至于族，吾见其难为，怵然为戒，视为止，行为迟"）。这时，原来以无物之物状态呈现的牛就以有物之物的状态呈现出来了。由此可见，无物之物是本原状态，有物之物是从无物之物中派生的。相应地，有我之我派生于无我之我，有名之名、有己之我、作为之为分别派生于无名之名、无己之我、无为之为。

本原的无物之物为什么会派生出有物之物呢？因为出现了与日常状态有别的异常状态。我们走在熟悉的校园里，一般都不会去注意脚下的路，即路以无物状态呈现。突然，脚下打滑。我们低头一看，原来是路上结冰了。结冰的道路就是道路的异常情况。异常情况使无物之物变成了有物之物。

对此，有人可能会反驳说，我们人走路都是从不会到会、从有物状态到无物状态的。所以，有物之物在无物之物之前，而不是派生于无物之物。这个反驳没有考虑到在学走路之前，我们先处在无需思考就能使用手和脚的状态。无需思考就能使用手和脚的状态就是无物状态，走路则是异常状态。学走路就是为了应对无物状态中的异常状态，最终让其融入无物状态。人生在世就是不断应对无物世界中的有物状态，将其变为无物状态的过程。

还有人会说，既然无物世界是我们的正常状态，有物世界是从无物世界中派生的，那么，我们的日常生活就应该经常处在无物世界之中，很少能意识到有物之物。可是，正好相反，我们并没有意识到无物之物，反而满眼看到的是有物之物。这种反驳虽然有道理，但他忘记了这样一个事实：我们对无物之物只能感觉到而不能意识到或注意到，对有物之物则不仅感觉到了，还意识到了或注意到了。譬如我们不小心将手指弄伤了，我们只会注意到受伤的手指（有物之物）。虽然我们一直在使用着身体的其他部位，但因为它们以无物的方式存在，我们就不会注意到。人类的生活就是如此，让我们操心的事情占据着我们的世界，那些支撑着我们日常生活的无物之物以及由之构成的无物世界反而不会引起我们的注意。

对无物之物以及由之构成的无物世界不会意识到，对有物之物以及由之构成的有物世界则会意识到。在这一点上，得道者和未得道者没有区别。得道者和未得道者的区别在于如何对待有物之物。如果遵从有物之物的分别，就是有物的表现；如果刻意不遵从这些分别，就是有我的表现。有物、有我都不合道，因而得道者以无我之心对待有物之物。

具体而言，在已的环节，不以自身标准看待外在事物；在功的环节，不以有为之心处理日常之事；在名的环节，不以分别之心对待分别之物。这三种状态我们称之为广义的无已、无功、无名。与之相对，前文的无已、无功、无名，我们则称为狭义的无已、无功、无名。狭义的无已、无功、无名混而为一就是侠义的无我，广义的无已、无功、无名混而为一就是广义的无我。广义的无我建立在狭义的无我之上。

达到了广义的无我状态，就能以无我之心对待一切，就可以自由地栖居于天地之中（内篇之《逍遥游》、《齐物论》）。以这种状态对待自身，就能真正做到养生（内篇之《养生主》）；以这种状态对待社会，就能在社会上如鱼得水（内篇之《人间世》、《德充符》）；以这种状态栖息于天地之间，就能逍遥自在，成为以自然为师的得道真人（内篇之《大宗师》）；以这种状态治理国家，就能做到无为而治（内篇之《应帝王》）。

二、庄子的创新

庄子名周，字子休，大约生于公元前369公元，死于公元前286年，与孟子处于同一时代。战国时期宋国蒙人（一说蒙是今河南商丘，一说是今安徽蒙城，还有其他一些说法）。与普通人一样，庄子也过着娶妻生子的正常生活（见《至乐》篇“庄子妻死”故事）。唐朝时，唐玄宗封庄子为南华真人，他所著的《庄子》一书被称为《南华真经》。据记载，汉代时，《庄子》有五十二篇，十余万字，但这个版本已失传。现在流传的《庄子》是由郭象所删订的，约七万字，含内篇七篇，外篇十五篇，杂篇十一篇。

庄子不仅继承了老子思想，而且将老子思想加以发扬光大，因而后世以老、庄并称。上一部分阐述了庄子对《道德经》思想的继承部分（主要来自拙作《道德经释义》绪言的第一部分），这一部分则主要阐述庄子的创新之处。前文说过，人生在世分为物、物之名、自我和自我的行为等四个不可分割的环节。作者将从这四个环节及其应用领域阐述庄子思想的创新之处。

对物的环节，《道德经》将物分为无物之物和有物之物两种状态。无物之物是《道德经》第一章中的“常道”，有物之物是《道德经》第一章中的“非常道”。在这两种状态之间，还存在着物与物之间没有分别但我与物之间存在分别的状态。《道德经》没有将它当作一种独立的存在形式。庄子称之为无封（封即界限，见《齐物论》），它与有物之物、无物之物一起构成物的三种形态。无封形态最重要的是用于分析生死问题。一般人以分别之心看待生与死，因而为死亡所困扰。《道德经》对生死问题基本没有讨论。庄子则从无封的角度对生死问题进行了大量的探讨。

对无物之物，我们可以进一步划分为无物世界和孤立的无物之物。当我们走在熟悉的校园里时，周围的房子、草地等等都在场，它们都没有引起我们的注意。这时无物之物组成一个无物世界向我们呈现。在庖丁解牛故事中，庖丁一般都是“以神遇而不以目视”地杀牛，牛也与周围物组成了无物世界。但在庖丁碰到筋骨盘结的地方而眼神专注时，牛就变成了有物之物。我们称原来的牛为孤立的无物之物。

《道德经》和《庄子》中，都包含这两种形式的无物之物。除了这两种形态的无物之物外，《庄子》一书还包含了第三种无物之物的形态，可以称之为环节性的无物形态。我们以《秋水》篇中庄子和惠子之间的一场对话对此加以阐释。庄子和惠子一同在濠水桥上游览。庄子说：“鯈鱼在水中悠闲自得地游来游去，这鱼儿真是快乐啊。”惠子说：“你又不是鱼，怎么知道鱼快乐呢？”庄子说：“你又不是我，怎么知道我不知道鱼快乐呢？”惠子说：“我不是你，固然不知道你；你也不是鱼，你也不知道鱼快乐，这样说就全面了。”庄子说：“还是让我们回到开头的话吧。当你说‘你怎么知道鱼快乐’这句话时，就说明你已经知道我知道鱼快乐才问我的，我是在濠水的桥上知道的呀。”

我们从这段对话的第二句话开始分析。当惠子说“你不是鱼，怎么知道鱼快乐”这句话时，惠子就假定了人无法理解（知道）与自己不同的鱼是否快乐。庄子也认同这个前提。由此，庄子才能得出这样的结论：“你不是我，怎么知道我不知道鱼快乐呢？”虽然从人不理解（知道）鱼（是否快乐）不一定能严密地推出惠子不理解（知道）庄子（知道鱼是否快乐），但惠子和庄子都没有对惠子的假定提出异议。因此，惠子就可以得出这样的结论：“我不是你，固然不知道你；你也不是鱼，你也不知道鱼快乐。”

对话到此，庄子似乎已经被驳倒了。但庄子提议回到他们开头的对话。开头当惠子说“你怎么知道鱼快乐”这句话时，就说明惠子能够理解（知道）与自己不同的庄子，否则怎么可能会问这句话呢？既然惠子理解（知道）庄子，那么惠子不是庄子就无法理解（知道）庄子的假设就不成立。这个前提不成立，后面的推论就都不成立。于是，惠子的反驳就坍塌了。因此，庄子才幽默地说，我是在桥上知道的呀。

从整个辩论看，庄子的反驳建立在惠子开始问的“你怎么知道鱼快乐”这句话上。惠子问这句话就表明，惠子是可以理解（知道）庄子的。而只要惠子能够理解（知道）庄子，惠子的反驳就不成立。其实，不一定非要这句话，只要惠子与庄子有交流，就说明惠子能够理解（知道）庄子。不过，这还不是庄子要表达的重点。庄子要表达的是，惠子明明理解（知道）庄子，却没有意识到自己理解（知道）庄子。这种感觉到物却没有意识到或注意到物的状态就是庄子在《秋水》篇中所要阐明的无物状态。

这种无物状态与上述两种无物状态不同。在这段对话中，庄子的话（也是一物）所呈现的描述（鱼儿快乐）功能，惠子注意到了，但这一句话能让惠子理解到，惠子却没有意识到或注意到。同一物（庄子的话）的某些环节被人注意到了，而另一些环节没有被人注意到。这就是环节性的无物形态。实际上，这种无物形态很常见。譬如我们在专心观察一个杯子的形状时，没有注意到杯子的颜色。但事后回忆时，却能想起杯子的颜色。当我们在观察杯子的形状时，杯子的颜色就是环节性的无物形态。《道德经》忽视了这种无物形态。《庄子》外篇出现了这种无物形态。只可惜，这种无物形态没有引起庄子的特别重视。

除了上述三种无物形态外，还有一种片段性的无物形态，譬如我们拿着一个杯子仔细欣赏杯口时，对底部感觉到了但没有太在意。这时，杯口就是有物之物，杯底则是无物之物，但二者属于同一个杯子。我们就称杯底为片段性的无物之物。这四种形态的无物之物就构成了完整无物之物形态：关联在一起的无物之物就是无物世界，后来成为有物之物的无物之物则是孤立的无物之物，孤立的物又可以呈现要素性的无物之物和片段性的无物之物。

对物之名环节，《道德经》也相应将其分为两种形态，一是美与丑、善与恶等伦理价值之名，二是与长与短、前与后等非伦理价值之名。老子认为二者没有本质的区别，但庄子则不认同。在庄子看来，非伦理价值之名在一定程度上是合道的，但带有伦理价值色彩之名完全违背道。譬如三米比二米长。得道者对此没有异议，只是认为这里的长与短是相对的，因为三米比四米短。因此，得道者以无长短之心对待长和短，而不执着于长短的绝对分别。但善恶等非伦理价值之名就不一样，完全是主观的。所以，庄子认为，只要有善恶是非就与道无关（参见《齐物论》）。

对人生在世的自我环节，《道德经》将其分为无欲和有欲两种状态。无欲就是无我，有欲就是有我。庄子也认可这种划分，但与老子有所不同。从形式上看，庄子用无己和有己表示无我和有我。庄子的无我和有我则是指老子思想中的广义无我和广义有我。从内容上看，庄子的无己和有己也分别包含无欲和有欲的意思，但庄子更侧重从看待事物的角度分析无己和有己。庄子的有己是指以自身标准看待事物，庄子侠义的无己是一种与物混而为一而没有以自己的标准看待事物的状态，广义的无己则是指不以自己的标准看待日常分别之物的状态。

老子和庄子对于人对物的行为环节的划分基本没有区别。他们都将其分为无为、作为和有为等三种状态（本书用作为表示日常的行为，以便与有为加以区别。老子、庄子的有为是妄为的意思）。得道者不能有为，而要以无为之心对待作为，达到无为一作为之玄。

以上从人生在世的四个环节阐述了庄子的创新之处。从理论的应用领域而言，老子的理论既涉及个人领域，也涉及社会领域，特别是治国方面。庄子同样涉及个人领域，但在社会领域，庄子反对得道者参加不合道国家的治理。《秋水》篇讲述了这样一个故事。庄子在濮水边垂钓，楚王派遣两位大臣去请庄子出山做官。庄子手拿钓竿，头也不回地对使者说："我听说楚国有只神龟，已经死去三千年了，楚王用箱子盛着，包上布帛，珍藏在宗庙之上。这只神龟是宁愿死去留下骨头享有尊贵呢，还是宁愿活着拖着尾巴在泥地里爬行呢？"两位大臣说："宁愿活着拖着尾巴在泥水里爬行。"庄子说："那请回吧！我也想拖着尾巴在泥地里爬行。"

在庄子看来，得道者只应参与合道国家的治理（《应帝王》），对不合道的国家则应远离，以免陷入困境之中，最终成为楚国的那只神龟，"天下有道，圣人成焉；天下无道，圣人生焉。"（《人间世》。天下有道，得道者建立功业；天下无道，得道者保全性命）。至于那些留恋官场者或不得已转入官场者，庄子的建议是既要顺其自然，又要尽责尽职。但这样做能否善始善终，那是不一定的。

从以上的分析可以看出，在人生在世的四个环节中，庄子对物的环节的理解比老子更为深刻、细致，对物之名的理解比老子更为准确，对自我环节的理解比老子更为丰富。正是因为有了这些合理的发展，历史上才将老、庄合称，而没有将老、王（王弼）合称，即使王弼是解读《道德经》的权威。从理论应用领域而言，庄子对得道者参与治理国家的态度为后人在治理国家领域发展老子的思想留下了空间，因而出现了与老庄并称的黄老学派。

三、本书解读《庄子》的视角

古人对《庄子》的研究已经非常深入，只要认真研读郭庆藩的《庄子集释》就能大致掌握庄子的思想。但古人注重句读和训诂，不重视文章的结构，对庄子思想难以做到提纲挈领地分析。为此，本书将以结构分析为核心对庄子思想进行一个新视角下的解读。

从文章结构着手，我们不仅能全面掌握庄子思想，而且能使《庄子》研究中的诸多争议迎刃而解。通过外在的结构分析，我们可以看出《庄子》的内篇实际上是一个整体。内篇先通过《逍遥游》和《齐物论》阐述道的理论，然后阐述如何以道的思想对待自己（《养生主》）、对待他人（《人间世》、《德充符》）、对待自然（《大宗师》）、对待国家（《应帝王》），从而逍遥地栖息在天地之间。《庄子》的每一篇文章都有严密的结构，围绕一个主题加以分析，如《逍遥游》阐释无我问题，《齐物论》阐述无物问题。通过内在的文章结构分析，《庄子》中的很多疑难都迎刃而解，例如，通过《齐物论》篇内在的结构分析，我们就很容易看出其中的“以指喻指之非指不若以非指喻指之非指”论述的是无封问题。

为了方便读者直观理解每篇的结构，本书在每篇文章开头以文字和图表两种形式对结构进行简要的解读。读者如果能将每篇的结构分析与相应段落的解说部分结合起来，就能更好地理解庄子的写作意图，深刻理解每篇的中心思想。这里需要提醒读者们，一定要先仔细研读《逍遥游》和《齐物论》，准确理解这两篇中无我、无物、无封、有封的含义。本书对其他篇的分析都会涉及这些概念。外篇和杂篇中的有些文章可能是庄子在思想还未成熟时写作的，甚至个别篇章可能不是庄子本人写作的（如《胠箧》篇）。如果没有扎实地掌握《逍遥游》和《齐物论》的内容，就难以辨析类似《胠箧》篇的问题。

拙作《庄子释义》的第一版出版于 2016 年。由于当时时间仓促，那本书存在两个不足之处，一是注释不规范；二是对庄子的某些思想理解不到位。借此次修改的机会，本人着重解决这两个问题。但由于作者水平有限，仍有不妥之处，欢迎读者批评指正，以便今后修正。

现在就请随我一同进入《庄子》的世界，与庄子对话。

凡　例

一、本书中的《庄子》原文以中华书局2018年1月版《庄子集注》（郭庆藩撰、王孝鱼点校）为底本，如有不同版本且作者认同的以注释说明。

二、每篇篇首加入导读和图表，以帮助读者更好地理解每篇的结构和主旨。

三、对《庄子》的每篇原文进行段落划分，逐段进行翻译、解说，以使读者更好地理解《庄子》一书。

四、如果不同的版本对某些字词的注释不尽相同，作者就根据自己的理解采用最适当的注释，或者直接给出自己的解释。

五、对生僻字注音用小括号标明，如抟（tuán）。对于存在争议的，则采纳较为通行的读音。

内　篇

《庄子》一书由内篇、外篇和杂篇组成。内篇包括七篇文章，其中的《逍遥游》阐述无我思想，《齐物论》阐述无物思想。《逍遥游》和《齐物论》是内篇乃至全书的理论基础。

以无我、无物之心对待自身，就是养生的要领（《养生主》）；以无我、无物之心对待他人，就可以自由地栖息于社会之中（《人间世》、《德充符》）；以无我、无物之心对待自然，就可以成为以自然为师的真人（内篇之《大宗师》）；以无我、无物之心治理国家，就可以做到无为而治（《应帝王》）。想要读懂《庄子》，就要从《逍遥游》和《齐物论》入手。

获得养生的要领、自由地栖息于社会等都是无我、无物的自然结果，而不是为了这些结果而追求无我、无物。如果为了这些效果而去追求无我、无物，就是有我、有物了。得道者不排斥自然而然的结果，但不刻意追求某种特定的目的。

我们将内篇的结构图示如下。

修行核心	达到自我的本来状态——无我	第一章《逍遥游》
	以无我之心面对事物——无物	第二章《齐物论》
修行后如何处世	以无我、无物之心待自己——养生	第三章《养生主》
	以无我、无物之心待他人 （《人间世》涉及不同类型的人，《德充符》只涉及残疾人）	第四章《人间世》 第五章《德充符》
	以无我、无物之心对待自然——大宗师	第六章《大宗师》
	以无我、无物之心治理国家——无为而治	第七章《应帝王》

逍遥游

“逍”，篆文“逍”，从“辵（chuò）”，行走；从“肖”，即“悄”，姿态很低，悄然而行。“遥”，动也（《说文解字》），手持陶坯转动陶轮。逍遥是指悠然自得的状态，逍遥游就是自由自在地栖居于天地之间。

在庄子看来，人生在世包括不可分割的四个环节：物、物之名、自己以及自己对物的作为。在这四个环节中，对物的行为是自己的行为，物之名是自己行为的结果。因此，庄子将自己和这两者合在一起看作是自我环节。自我环节在本篇阐述，物的环节则在《齐物论》中讨论。

从自我环节看，任何人的所见所识都是有限的。如果以这种有限的眼光看待事物（包括事情、物、人乃至习俗等一切存有着的东西），就会产生前与后、左与右的分别。庄子称这些前与后、左与右等分别的结果为名；与名（或物）相对的自己，庄子称之为己；以有己、有名之心对待事物的作为，庄子称之为功。有己、有功、有名是有我的三个环节。有我就会与事物产生冲突，陷入是非好恶的泥潭之中而无法逍遥自在。

为了走出这个泥沼，就要去掉有己、有功、有名以达到无己、无功、无名，即达到无我状态。无我就能走出自身所见所识的局限，顺随事物自身，从而逍遥自在地栖息于天地之间。为表达这个思想，庄子以优美的文字、精巧的布局从理论和故事两个方面加以呈现。

《逍遥游》的理论部分（从开头至“圣人无名”）阐述无己、无功、无名的无我思想，包括三个小部分。第一个小部分（从开头至“大小之辩也”）围绕大鹏南迁的故事展开描述、分析，引出有己的内涵，包括四段。第一段（从开头至“今将图南”）描述大鹏因无己而逍遥。第二段（从“蜩与学鸠”至“二虫又何知”）描写知了与斑鸠因有己而不逍遥。第三段（从“小知不及大知”至“不亦悲乎”）分析知了和斑鸠有已的根源。第四段（从“汤之问棘”至“大小之辩也”）引述《列子·汤问篇》证明自己所言不虚并引出第二小部分。第二小部分（从“故夫知效一官”至“犹有所待也”）在第一小部分的基础上描述有己、有功和有名等三种不逍遥者的表现。第三小部分（从“若夫乘天地”至“圣人无名”）在第二小部分的基础上，提出无己、无功、无名的逍遥状态。

故事部分包括四个故事，分别阐发理论部分中无己、无功、无名的思想。第一个故事（从“尧让天下”至“代之矣”）主要阐发无名思想，兼及无功。第二个故事（从“肩吾问”至“天下焉”）主要阐发无功思想，兼及无己、无名。第三个故事（从“惠子谓”至“心也夫”）阐释无己思想。第四个故事（从“惠子谓”至结尾）阐释无己、无功思想。

我们将本篇的结构图示如下。

<table>
<tr><td rowspan="8">理论部分</td><td rowspan="8">第一小部分对比描写大鹏与斑鸠知了的状态</td><td rowspan="3">第一段</td><td rowspan="3">南飞的大鹏因无己而逍遥（从开头至“今将图南”）</td><td>大鹏乘大风南飞。（从开头至“相吹也”）</td></tr>
<tr><td>大鹏对南飞的过程是不在意的。（从“天之苍苍”至“则已矣”）</td></tr>
<tr><td>以水与船的关系类比论证大鹏乘大风南飞是出于大鹏的自然本性。（从“且夫”至“图南”）</td></tr>
<tr><td rowspan="2">第二段</td><td rowspan="2">知了与斑鸠因有己而不逍遥（从“蜩与学鸠”至“二虫又何知”）</td><td>知了与斑鸠嘲笑大鹏。（从“蜩与学鸠”至“而南为”）</td></tr>
<tr><td>类比论证知了与斑鸠的不逍遥。（从“适莽苍者”至“二虫又何知”）</td></tr>
<tr><td>第三段</td><td>知了和斑鸠有己的根源（从“小知”到“不亦悲乎”）</td><td>分析知了和斑鸠不逍遥的原因——以自身标准看待事物、判断事物，即有己。（从“小知不及”至“不亦悲乎”）</td></tr>
<tr><td>第四段</td><td>引述《列子·汤问篇》（从“汤之”至“大小之辩也”）</td><td>引《列子·汤问篇》证明自己所言不虚。</td></tr>
</table>

<table>
<tr><td rowspan="4">理论部分</td><td rowspan="3">第二小部分</td><td rowspan="3">三种不逍遥的表现</td><td rowspan="3">有己、有功、有名等三种不逍遥的表现（从“故夫知效一官”至“犹有所待也”）</td><td>有己者的表现：以己度人。（从“故夫知”至“亦若此矣”）</td></tr>
<tr><td>有名者的表现：定荣辱、辨内外。（从“而宋荣子”至“未树也”）</td></tr>
<tr><td>有功者的表现：依赖外物以追逐某种目标。（从“夫列子”至“有所待也”）</td></tr>
<tr><td>第三小部分</td><td>逍遥三状况</td><td>提出无己、无功、无名的三种逍遥状态。（从“若夫”到“无名”）</td><td>无己——与物混而为一或不以己度人。
无功——与物混而为一或作为但无作为之心。
无名——与物混而为一或不执着于事物之名。</td></tr>
<tr><td rowspan="4">故事部分</td><td colspan="2">第一个故事</td><td>从“尧让天下”至“代之矣”</td><td>阐发无名思想，兼及无功。</td></tr>
<tr><td colspan="2">第二个故事</td><td>从“肩吾问”至“天下焉”</td><td>阐发无功思想，兼及无己、无名。</td></tr>
<tr><td colspan="2">第三个故事</td><td>从“惠子谓”至“心也夫”</td><td>阐释无己思想。</td></tr>
<tr><td colspan="2">第四个故事</td><td>从“惠子谓”至结尾</td><td>阐释无己、无功思想。</td></tr>
</table>

1. **北冥（míng）[(1)]有鱼，其名为鲲（kūn）。鲲之大，不知其几千里也。化而为鸟，其名为鹏。鹏之背，不知其几千里也。怒[(2)]而飞，其翼若垂天之云[(3)]。是[(4)]鸟也，海运[(5)]则将徙[(6)]于南冥。南冥者，天池[(7)]也。**

（1）冥：犹海也（成玄英《庄子疏》）。“北冥”本亦作“溟”（陆德明《经典释文》）。

（2）怒：用力之意（林云铭《庄子因》）。

（3）垂天之云：若云垂天旁（陆德明《经典释文》引司马彪说），像云垂在天边。

（4）是：此，这。

（5）运：动也。今海滨犹有“六月海动”之语。海动必有大风（宣颖《南华经解》）。

（6）徙：迁徙，迁移。

（7）天池：大海洪川，原夫造化，非人所作，故曰天池也（成玄英《庄子疏》），天然的池子。

译文：

北海有条鱼，它的名字叫鲲。鲲的大小，不知道有几千里。鲲变化成鸟，它的名字叫鹏。鹏的背部，不知道有几千里。大鹏展翅高飞时，它的翅膀就像垂在天边的云朵。这只鸟，在海动风起时就会迁往南海。南海，是天然的巨大水池。

解说：

从本段至第四段阐述大鹏的逍遥。

这一段描述大鹏的本性。

体形大小几千里的鲲，背部几千里的鹏，超出常识的形象强烈震撼着我们，让我们难以想象它们的形象。没有形象，就会让我们进入无己状态（无己的含义见下文）。从写作上看，硕大无比之物会引起我们的好奇心，使我们对下文产生强烈的兴趣。

2. **《齐谐》[(1)]者，志[(2)]怪者也。《谐》之言曰："鹏之徙于南冥也，水击[(3)]三千里，抟（tuán）[(4)]扶摇[(5)]而上者九万里，去以六月息[(6)]者也。"野马[(7)]也，尘埃也，生物[(8)]之以息相吹也**。

（1）《齐谐》：姓齐，名谐，人姓名也。亦言书名也，齐国有此俳谐之书也（成玄英《庄子疏》）。

（2）志：记也（成玄英《庄子疏》），记载。

（3）击：打也（成玄英《庄子疏》）。

（4）抟：斗也（成玄英《庄子疏》）。

（5）扶摇：上行风谓之扶摇（陆德明《经典释文》引司马彪说）。

（6）去以六月息：犹言乘长风（郭庆藩《庄子集释》引郭嵩焘说）。"息"，风。

（7）野马：《尔雅》曰，牧外曰野。此言青春之时，阳气发动，遥望籔泽之中，犹如奔马，故谓之野马（成玄英《庄子疏》），野外之气犹如奔马。

（8）生物：空中活动之物（陈鼓应《庄子今注今译》）。

译文：

《齐谐》是一本记载怪异之事的书。《谐》书中说："大鹏飞向南海的时候，激起三千里水花，拍击旋风直上九万里。它是乘着六月的大风而飞去的。"那空中野马般的游气，飞扬的尘埃，都是空中活动之物被风吹起所形成的。

解说：

引用《齐谐》以证明自己所言不虚（参见《庄子·寓言》）。

大鹏乘着六月的大风高飞。而这六月的大风是由"生物之以息相吹"自然形成的。因此，大鹏顺随大风高飞是自然的行为，没有刻意的因素。

3. **天之苍苍，其正色**(1) **邪**(2)**？其远而无所至极邪？其视下也，亦若是则**(3) **已矣**。

(1) 正色：本来的颜色。

(2) 邪：通"耶"。《庄子》中句尾的"邪"都通"耶"字，就不一一注释了。

(3) 则：陈碧虚《庄子阙误》为"而"字。

译文：

天色苍苍茫茫，那是它的本来颜色吗？它的高远没有尽头吗？大鹏往下看时，也是这个样子罢了。

解说：

人们仰望苍天时，不知天的本来颜色，不知道天到底多高，也不关心这些问题。同样，大鹏向南海飞行时，心中也没有九万里之类的问题，它也不关心这些问题，完全是自然而然的行为。

4. **且夫**(1) **水之积也不厚，则其负**(2) **大舟也无力。覆杯水于坳（ào）堂**(3) **之上，则芥**(4) **为之舟；置**(5) **杯焉则胶**(6)**，水浅而舟大也。风之积也不厚，则其**

负大翼也无力。故九万里，则风斯[(7)]**在下矣，而后乃今培**[(8)]**风，背负青天而莫之夭阏（è）**[(9)]**者，而后乃今**[(10)]**将图南**[(11)]。

（1）且夫：表述要进一步论述；“且”，递进连词；“夫”，助词（曹础基《庄子浅注》）。

（2）负：载。

（3）坳堂：堂庭坳陷之地也（成玄英《庄子疏》），堂前洼地。

（4）芥：草也（成玄英《庄子疏》）。

（5）置：放置。

（6）胶：黏也（成玄英《庄子疏》）。

（7）斯：乃，就（曹础基《庄子浅注》）。

（8）培：王念孙曰，培之言冯也。冯，乘也（郭庆藩《庄子集释》）。

（9）夭阏：阻碍。“夭”，折；“阏”，塞也（郭庆藩《庄子集释》引司马彪说）。

（10）而后乃今：“乃今而后”的倒文。这时然后才（曹础基《庄子浅注》）。“乃今”，而今。

（11）图南：计划向南飞去。“图”，图谋、计划。

译文：

水聚积得不够深，就无力承载大船。倒杯水在堂前洼地里，就只能以小草当船；放上杯子就粘着了，这是水浅而“船”大的缘故。风积得不够厚，就无力承载巨大的翅膀。因此，大鹏高飞九万里，大风就在它的下面，然后才能乘着大风，背朝青天而没有任何阻碍，然后准备飞往南海。

解说：

本段以类比的方式阐明大鹏高飞为什么需要六月的大风。

大船要在深水中才能航行。在堂前洼地里倒一杯水，就只能用小草当船了。大鹏高飞九万里，需要六月的大风，就如同需要深水的大船。而下文在榆、枋之间折腾的知了与斑鸠，就像小草做成的小船一样，只能在堂前洼地中漂浮。一切都出于各自的自然本性。

第二段庄子先用云气、尘埃的形成暗示大鹏南飞需要六月的大风是自然形成的，没有人为的因素；上一段又用想象的方法说明，大鹏向南飞行时，心里根本没有九万里之类的问题，完全是自然而然的行为。这一段用类比的方法说明大鹏需要六月的大风就如同大船航行需要深水一样，是出自大鹏的本性。这些都在显示大鹏的南飞不是刻意而为的，而是出自其本性的逍遥行为。

5. 蜩（tiáo）[(1)] 与学鸠[(2)] 笑之曰：“我决（xuè）[(3)] 起而飞，抢[(4)] 榆[(5)] 枋（fāng）[(6)]，时则[(7)] 不至而控[(8)] 于地而已矣；奚以之[(9)] 九万里而南为[(10)]？”

(1) 蜩：蝉（陆德明《经典释文》引司马彪说）。

(2) 学鸠：斑鸠（成玄英《庄子疏》），一说是山鹊（《说文解字》）。

(3) 决：卒疾之貌（成玄英《庄子疏》），快速飞起的样子。

(4) 抢：支遁云，抢，突也（郭庆藩《庄子集释》），冲上。

(5) 榆：榆树。

(6) 枋：檀也（成玄英《庄子疏》），檀树。

(7) 则：或（俞樾《庄子平议》）。

(8) 控：司马云，投也（郭庆藩《庄子集释》卢文弨说）。

(9) 之：往。

(10) 奚以……为：为什么要……呢；“奚”，何；“以”，用；“为”，疑问助词，犹“呢”（曹础基《庄子浅注》）。

译文：

知了和斑鸠讥笑大鹏说：“我腾身飞起来，冲向榆树、檀树，有时飞不上去，落到地面上也就是了，何必非要翱翔九万里飞往南海呢?”

解说：

本段描述知了、斑鸠的不逍遥。

只能混迹于榆树、檀树之间的知了、斑鸠之所以嘲笑高飞万里的大鹏，是因为它们以自身的标准判断事物，而不是从事物自身判断事物。这种以自身判断事物的标准就是“有己”之“己”。

6. 适[1]莽苍[2]者，三飡（cān）[3]而反[4]，腹犹果然[5]；适百里者，宿舂（chōng）粮[6]；适千里者，三月聚粮。之二虫[7]又何知！

（1）适：往。

（2）莽苍：郊野之色，遥望不甚分明（成玄英《庄子疏》）。“莽”，密生的草。“苍”，深蓝色或深绿色。

（3）飡：同“餐”。

（4）反：同“返”。

（5）果然：饱貌也（成玄英《庄子疏》）。

（6）宿舂粮：用一宿捣舂粮食。“宿”，一宿。“舂”，捣。

（7）之二虫：这两只虫鸟。“之”，这。“二虫”，指蜩与学鸠。

译文：

前往近郊的人，只需带三餐的粮食，当天回来肚子还是饱饱的；去百里远的地方，就需要花一夜的时间来舂米备粮；去几千里远的地方，就需要花三个月的时间来准备粮食。这两只虫鸟又知道些什么呢？

解说：

本段用类比的方法阐明知了、斑鸠的不逍遥。

活动在榆树、檀树之间的知了、斑鸠相当于前往近郊的人，高飞万里的大鹏相当于前往百里远的、几千里远的人。因为前往的地方远近不同，所以准备粮食的时间不同。如果按照知了与斑鸠的思维，无论是去附近的郊外，还是去几百里外的地方，乃至几千里远的地方，都应该花同样长的时间去准备粮食。那么结果不是多带了粮食，就是少带了粮食。

大鹏与知了、斑鸠这两只虫鸟之间的故事至此就结束了。从庄子的描述可以看出，大鹏是逍遥的，知了、斑鸠不逍遥。大鹏逍遥，不是因为它体型巨大，也不是因为它能高飞万里，而是因为高飞万里需要六月的大风，完全是出自其本性，就像大船需要深水一样。如果大鹏南飞时，心中在意九万里，关心六月的大风，嘲笑不如己者，那就不逍遥了。同样，知了、斑鸠不逍遥，不是因为它们不能高飞，活动空间狭小，而是因为它们以自身的标准去评判大鹏。如果知了、斑鸠既不在意自己的活动空间，也不嘲笑高飞的大鹏，那么它们也是逍遥的。

支道林认为，知了与斑鸠嘲笑大鹏，是受制于自身的成见；大鹏没有大风就不能南飞，是受制于外物。因此，它们都因受到某种限制而不逍遥。他忽视了庄子对大鹏的描述。庄子首先描述大鹏南飞所需要六月的大风是自然形成的，其次以“天之苍苍”一段暗示了大鹏南飞是没有计较的自然行为，接着又以船与水的关系来类比阐明大鹏凭借六月的大风南飞完全是出于其自身的本性。上一段又借准备粮食的时间与外出远近的关系来批评知了与斑鸠。这一切都在表明：大鹏是逍遥的，知了与斑鸠是不逍遥的。

7. 小知(1)不及大知，小年(2)不及大年(3)。奚以(4)知其然(5)也？朝菌(6)不知晦朔（shuò）(7)，蟪（huì）蛄（gū）(8)不知春秋(9)，此小年也。楚之南有冥灵(10)者，以五百岁为春，五百岁为秋；上古有大椿（chūn）者，以八千岁为春，八千岁为秋，此大年也(11)；而彭祖(12)乃今(13)以久特(14)闻，众人匹之(15)，不亦悲乎？

（1）小知：见识短浅。

（2）小年：龄命短促，故谓之小年也（成玄英《庄子疏》）。

（3）大年：长寿。

（4）奚以：怎么。“奚”，何。

（5）然：这样。

（6）朝菌：朝生暮死的虫子，一说为一种菌类。

（7）晦朔：指一个月。“晦”，一个月的最后一天；“朔”，一个月的第一天。一说为一天，“朔”是早晨，“晦”是夜晚。

（8）蟪蛄：夏蝉也（成玄英《庄子疏》），一说为寒蝉（陆德明《经典释文》引司马彪说）。

（9）春秋：指一整年。寒蝉春生夏死，或夏生秋死，因而它不知道一整年的时光。一说商代和西周早期一年分春、秋两季，因而不知道一整年的时光（曹础基《庄子浅注》）。

(10) 冥灵：木名也（陆德明《经典释文》引李颐说），一说为灵龟。

(11) 此大年也：陈碧虚《庄子阙误》引成玄英《庄子疏》本有“此大年也”四字，与上文“此小年也”相对。

(12) 彭祖：古代传说中的长寿者。传说他活了八百岁，一说活了七百岁。

(13) 乃今：而今。

(14) 特：独也（成玄英《庄子疏》）。

(15) 匹：相比。

译文：

见识少的比不上见识多的，寿命短的比不上寿命长的。怎么知道是这样的呢？朝生暮死的虫子不知道一月的时光，春生夏死、夏生秋死的寒蝉不知道一年的时光。这些属于寿命短的。楚国南边有一棵冥灵树，以五百年为春季，五百年为秋季；上古有一棵大椿树，以八千年为春季，八千年为秋季。这些属于寿命长的。彭祖到现在仍以长寿闻名于世，众人与他相比，不也太可悲了吗？

解说：

这一段阐释知了和斑鸠不逍遥的原因（“奚以知其然也？”）。

朝生暮死的虫子只能存活一天，所以它只知道自己活着的那一天的状况，而不知道其他时间的情形。春生夏死、夏生秋死的寒蝉没有经历过一整年，只经历过夏天和秋天，因而不知道冬天的状况。它们与以五百年为春季、五百年为秋季的冥灵树和以八千年为春季、八千年为秋季的大椿树相比，真是见识短浅、寿命短促。因此，如果朝生暮死的虫子、夏生秋死的寒蝉以自己的标准看待事物，就会因见识短浅而不能逍遥。

冥灵树和大椿树如果以自己的标准看待事物能够逍遥吗？同样不能逍遥。因为相对于天地而言，冥灵树和大椿树的见识也是短浅的，寿命也是短促的。因此，只要以自身所见所识为标准去看待事物、判定事物，就是不逍遥的。反之，不以自身为标准看待事物，顺随事物自身，就是逍遥的。

开篇至此构成了一个完整的故事。在这个故事中，一方是高飞万里的大鹏，一方是混迹于榆树、檀树间的知了和斑鸠。庄子先将鲲鹏之大与知了、斑鸠之小进行对比，将我们带入这种强烈的对比氛围之中，然后再通过层层辨析告诉人们，逍遥的关键不在于自身的大小、见识的多少，而在于是否用自身的标准去判断事物。如果用自身的标准去判断事物，就不会逍遥。只有顺随事物自身，才会逍遥自在。因此，用人为的标准对待事物、判断事物是造成不逍遥的根本原因。

这个故事的不同之处在于，不是大鹏嘲笑知了和斑鸠，而是只能混迹于榆树、檀树间的知了和斑鸠嘲笑高飞万里的大鹏。这是因为在庄子的思想中，逍遥的关键不在于物的大小，而在于它是否有己。

8. **汤(1)之问棘（jí）(2)也是已(3)：**

“穷发(4)之北有冥海者，天池也。有鱼焉，其广数千里，未有知其修(5)者，其名为鲲。有鸟焉，其名为鹏，背若太山(6)，翼若垂天之云，抟（tuán）扶摇羊角(7)而上者九万里，绝(8)云气，负青天，然后图南，且(9)适南冥也。斥鴳（yàn）(10)笑之曰：‘彼且奚适也？我腾跃而上，不过数仞(11)而下，翱翔蓬蒿（hāo）(12)之间，此亦飞之至(13)也。而彼且奚适也？’”此小大之辩也。

（1）汤：商汤，商朝开国君主。

（2）棘：汤时贤人（陆德明《经典释文》）。

（3）是已：即是也，是这样的（曹础基《庄子浅注》）。“是”，此，这样。

（4）穷发：不长草木的地方。“发”，犹毛也（陆德明《经典释文》引李颐说）。

（5）修：长也（成玄英《庄子疏》）。

（6）太山：世德堂本为“泰山”。

（7）羊角：风曲上行若羊角（陆德明《经典释文》引司马彪说），指像羊角形态的风。

（8）绝：超越。

（9）且：将也，亦语助也（成玄英《庄子疏》），将，语气助词。

（10）斥鴳：水泽边的麻雀。“斥”，小泽也（成玄英《庄子疏》）。“鴳”，雀也（成玄英《庄子疏》）。

（11）仞：长度单位，不同时期规定稍有不同，周朝以七尺为一仞。

(12) 蓬蒿：蓬草，蒿草。

(13) 飞之至：飞行中的最高境界。“至”，最。

译文：

商汤询问棘的话是这样的：

“在不毛之地的北方有片大海，那是个天然的大池子。池里有条鱼，鱼的身体宽几千里，没有人知道它的长度，它的名字叫做鲲。那里有只鸟，它的名字叫做鹏。鹏的背部像泰山，翅膀像垂挂在天边的云朵。鹏乘着旋风直上九万里，穿越云气，背朝青天，然后计划向南，飞到南海。水边的麻雀讥笑大鹏说：‘它想去哪里呀？我腾跃而上，不到几丈高就落下来。在草丛中飞来飞去，这已经是飞行的至高境界了。可大鹏要飞到哪里呢？’”这就是小和大的分别。

解说：

庄子引证汤与棘之间的对话证明自己所言不虚（参见《庄子·寓言》篇）。

这个故事与前文的故事稍有不同。在这个故事中，鲲与鹏之间没有什么直接的关系。而前文的鹏是从鲲变化而来的，这就使得整个故事浑然一体。在写作结构上，本段最后一句话起到了承上启下的作用。

9. **故夫[1]知效[2]一官，行比[3]一乡，德合一君，而征[4]一国者，其自视也亦若此矣**。

(1) 故夫：故是仍前之语，夫是生后之词（成玄英《庄子疏》），承上启下的语气词。

(2) 效：胜任。

(3) 比：合也（陆德明《经典释文》引李颐说），亲近。

(4) 征：信也（陆德明《经典释文》引司马彪说），取信。

译文：

那些才智胜任一官半职，行为顺乎一乡人情，德性投合国君心意而得到一国信任的人，他们那种自鸣得意之态，恰似水边的麻雀。

解说：

第九至十一段对“有已”、“有功”、“有名”进行阐释。本段以官场上的一类人为例描述有已者的表现。

这类人在官场上左右逢源，在社会上如鱼得水。因此，当他用自己生活中的所见所识为标准将自己与他人进行对比时，就会非常得意于自己的成功，嘲笑他人的无能和不切实际。其自鸣得意之态恰似上文的麻雀——沉溺于一孔之见而不自知。这种以一孔之见对待事物、判断事物的人就是“有已”之人。反之，与事物混而为一或不以自己的所知所识判断事物的人就是下文的“无已”之人。事物混而为一状态下的无已属于侠义的无已，不以自己的所知所识判断事物属于广义的无已。

这里出现了《庄子》一书中的第一个“德”字。《庄子》一书中的“德”字有两种含义。一是表现在外的德行，如这里的“德合一君”。二是指得道之人，此时“德”通“得”。

10. **而宋荣子**(1)**犹**(2)**然笑之。且**(3)**举世**(4)**而誉之而不加劝**(5)**，举世而非之而不加沮**(6)**，定**(7)**乎内外之分，辩乎荣辱之境，斯已**(8)**矣。彼其于世**(9)**未数(shuò)数(shuò)**(10)**然也。虽然**(11)**，犹有未树**(12)**也。**

(1) 宋荣子：子者，有德之称，姓荣氏，宋人也（成玄英《庄子疏》），宋指宋国，荣是姓，子是对有德者的称呼。

(2) 犹：笑貌（陆德明《经典释文》引李颐说），嘲笑的样子。

(3) 且：提起连词（曹础基《庄子浅注》）。

(4) 举世：整个社会。“举”，全。

(5) 劝：受到勉励。

(6) 沮：沮丧。

(7) 定：确定。

(8) 斯已：不过这样而已。“斯”，此。“已”，而已。

(9) 世：指上文“知效一官”者所追求的世俗东西。

(10) 数数：犹汲汲也（陆德明《经典释文》引司马彪说），急促的样子。

(11) 虽然：即使这样。

(12) 树：立也（陆德明《经典释文》引司马彪说），指还没有达到逍遥自立。

译文：

而宋荣子不禁嘲笑他们。像宋荣子这样的人，全天下都称赞他，他也不会感到振奋；全天下都非议他，他也不会感到沮丧。他能确定自我与外物的分别，辨明荣耀与耻辱的界限。就这样罢了。他对世俗的东西不汲汲以求。尽管如此，他还没有达到逍遥自立的境界。

解说：

本段描述有名者的表现，其代表人物是宋荣子。

与上文的“有已”者不同，宋荣子认为世间的荣辱是外在的，与内在的自我无关。所以，他完全不在乎世间的荣辱（“彼其于世未数数然也”）。这好像已经超然脱俗了。然而，宋荣子既然能确定自我与外物的分别、辨明荣耀与耻辱的界限，那么在他心中就有了自我与外物、荣耀与耻辱的标准。以这些看待事物，就会产生有名之名。其中，荣耀与耻辱属于伦理价值之名，自我与外物则属于非伦理价值之名。

按照后文“尧让天下于许由”故事的阐述，实是名的核心，属于广义的非伦理价值之名。因此，庄子所谓的名是指广义的名，泛指一切事物之名及其所对应的实。执着于这种广义的名或实，就属于“有名”者。与事物混而为一状态下的名或以无名之心对待有名之名就是无名。与事物混而为一状态下的名属于侠义的无名，以无名之心对待有名之名属于广义的无名。

“定乎内外之分”（确定自我与外物的分别）——内与外是名，属于非伦理价值意义上的名。

“辩乎荣辱之境”（辨明荣耀与耻辱的界限）——荣与辱是名，属于伦理价值意义上的名。

11. **夫列子**(1) **御**(2) **风而行，泠**（líng）**然**(3) **善也，旬有五日**(4) **而后反**(5)。

彼于致[6]**福者，未数（shuò）数（shuò）然也。此虽免乎行，犹有所待**[7]**者也。**

(1) 列子：列御寇，战国时期思想家，郑国人。

(2) 御：乘。

(3) 泠然：轻妙之貌（郭象《庄子注》）。

(4) 旬有五日：十五天。“旬”，十天。“有”，通“又”。

(5) 反：通“返”。

(6) 致：得也（成玄英《庄子疏》）。

(7) 待：凭借，依赖。

译文：

列子乘风飞行，轻妙极了，飞行了十五天才返回。他对于世俗的幸福，并不汲汲以求。这样虽然能免于步行，但还是有所依赖。

解说：

本段阐释以列子为代表的有功者的表现。

列子不像宋荣子心中有荣辱之分、物我之分，对飞行汲汲以求（对世俗的幸福不汲汲以求，就是暗示他对飞行汲汲以求）。汲汲追求飞行属于有功，因为还要依赖于他物（风）。反之，与事物混而为一状态下的作为或以无为之心对待作为之事就是无功。与事物混而为一状态下的作为属于侠义的无功，以无功之心对待作为之事属于广义的无功。

从这三个例子看，“智效一官者”因依赖自己的所见所识而受到“有己”的束缚；宋荣子好像挣脱了“有己”的束缚，但因依赖于名而套上了“有名”的枷锁；列子好像摆脱了“有名”的枷锁，只追求飞行，却因依赖风而套上了“有功”的枷锁。

经过上述层层辨析，庄子最终将“有己”、“有名”和“有功”存在的根本问题归结到对某种东西的依赖（“待”）上，从而为下文去掉依赖以达到逍遥状态做好了铺垫。

12. **若夫乘**[1] **天地之正**[2]**，而御六气之辩**[3]**，以游无穷者，彼且恶(wū)**[4] **乎待哉！**

故曰：至人无己[5]**，神人无功**[6]**，圣人无名**[7]。

(1) 乘：顺（郭象《庄子注》）。

(2) 天地之正：天地的自然本性。“天地”，指与自我相对的、未加分别的万物。对天地加以分别就是具体的物而不是天地了（参见《齐物论》）。“正”，与下文的“辩”（变）相对，指物自身的本性。

(3) 御六气之辩：驾驭事物的变化，指为顺随事物的变化而为（御）。“御”，驾驭。“六气”，司马云，阴阳风雨晦明也（陆德明《经典释文》），各家注释不一样，泛指万事万物。“辩”，变也（成玄英《庄子疏》），变化。

(4) 恶：何。

(5) 至人无己：至人无己而顺物。“至人”，回归自性的人，“至”，到达，回归。

(6) 神人无功：顺而不助，与至理为一（郭象《庄子注》）。“神人”，顺随事物自身变化的人。

(7) 圣人无名：得道者心中无名。“圣人”，《庄子》一书中一般指得道的人，有时也指没有得道的人。“无名”，不分别（侠义的无名）或不执着于事物之名（广义的无名）。

译文：

如果能够顺随天地的本性，驾驭事物的变化，遨游于无穷之境，他还需要依赖什么呢！

所以说，至人无己，神人无功，圣人无名。

解说：

本段在上文的基础上提出本篇的核心思想——如何才能达到逍遥自在的境界。

上文已经阐明，“有己”者、“有功”者和“有名”者之所以不能做到逍遥自在，都是因为他们要依赖某种东西。因此，他们只要彻底去掉这些依赖，就能达到逍遥自在的境界。怎样去掉一切依赖呢？顺随天地的本性（“乘天地之正”），驾驭事物的变化（“御六气之辩”），遨游于无穷之境。

人生在世包括不可分割的四个环节：物、物之名、自己以及自己对物的行为。在这四个环节中，自己对物的行为环节是自己的行动，物之名环节是自己行为的结果。因此，庄子将物之名、自己以及自己对物的作为这三个环节看作自我环节（参见《齐物论》之“吾丧我”的解说）。自我又分为无我和有我两种状态，与物的两种状态相对应。无我对应无物，有我对应有物。

什么是无我、无物呢？我们用庄子《养生主》中庖丁解牛的故事加以说明。庖丁是一位宰牛的屠夫。他宰牛时，根本不用眼睛刻意盯着牛，只是凭眼神去感觉，就不会让刀刃割到肉，更不会碰到骨头，而是完全顺着牛骨间的缝隙游刃有余。因此，庖丁十九年来虽然宰了数千头牛，但刀刃像是刚从磨刀石上磨过一样。这里，凭眼神感觉而没有用眼睛盯着看的状态就是无我状态，此时的物（牛）就处于无物状态。推及一般，一切只感觉到物（包括事情、物、人乃至习俗等一切存有着的东西）而没有意识到物或注意到物的状态下的自我就是无我之我，这种状态中的物就是无物之物。

无我之我生活在日常世界之中，因而要面对有物之物。如果遵从有物之物的分别，就是有名（如前文的宋荣子）。如果刻意不遵从这些分别，就是有我（如前文知了和斑鸠）。有名、有我就会有功（如前文的列子），就不能逍遥。因此，我们要以无我之心对待日常的有物之物，顺随有物之物。

具体而言，当我们以无我之心对无物之物，或以无我之心面对有物之物时，就是“乘天地之正”，此时的自我就是庄子所谓的无己。前者是侠义的无己，后者是广义的无己。当我们以无我之心面对待无物之物，或以无我之心对有物之物有所作为而无作为之心时，就是“御六气之辩”，此时的行为就是无功。前者是侠义的无功，后者是广义的无功。当我们以无我之心面对无名之名，或以无我之心面对世俗之名而不执着于世俗之名时，就是“游无穷”之境，这种状态下的名就是无名。前者是侠义的无名，后者是广义的无名。“乘天地之正”的无己者就是回归了本性的至人，“御六气之辩”的无功者就是顺随事物变化的神人，“游无穷”之境的无名者就是不执着于名的圣人。

无己、无功、无名是无我不可分割的三个环节，没有先后之分。所以，上文按照有己、有名、有功的顺序提出，本段按照无己、无功、无名的顺序阐述，下文的故事又以无名、无功、无己的顺序阐发。

以上为本篇的理论部分。下文用几个寓言故事对理论加以阐发。由于无己、无功、无名三者是一体的，所以在阐述其一时，会涉及其他两方面。我们只能以文中阐发的主要方面来判断每个故事阐释的是无己、无功，还是无名。

13. **尧(1)让天下于许由(2)，曰："日月出矣而爝（jué）火(3)不息，其于光也，不亦难乎！时雨降矣而犹浸灌(4)，其于泽也，不亦劳乎！夫子立而(5)天下治，而我犹尸(6)之。吾自视缺然。请致(7)天下。"**

(1) 尧：帝喾之子，姓伊祁，字放勋（成玄英《庄子疏》），传说中的古代帝王。

(2) 许由：隐者也，姓许，名由，字仲武，颍川阳城人也（成玄英《庄子疏》），古代传说中的隐士。

(3) 爝火：犹炬火，亦小火也（成玄英《庄子疏》）。

(4) 浸灌：侵润渐渍之谓（郭庆藩《庄子集释》），沁灌，灌溉。

(5) 而：则（曹础基《庄子浅注》）。

(6) 尸：主也（成玄英《庄子疏》）。

(7) 致：与也（成玄英《庄子疏》），让与。

译文：

尧想把天下让给许由，说："太阳月亮出来了而烛火还不熄灭，这对于烛光来说，不太困难了吗？及时雨下了，还要去浇水慢慢沁灌，这样灌溉禾苗，不是徒劳吗？一旦先生在位，天下就会大治，而我却占着这个位子。我自己觉得不够格，请让我将天下传给你。"

解说：

第十三至十四段是一个故事，阐发无名的含义，兼及无功。

尧将许由看作太阳、月亮和及时雨，而自己只不过是太阳和月亮下的烛光、及时雨后的浇水灌溉者。烛光要让位于阳光、月亮之光，浇水灌溉者要让位于及时雨，因而尧要将君位让与许由。

14. **许由曰："子[(1)]治天下，天下既[(2)]已治也。而我犹代子，吾将为名乎？名者，实之宾也。吾将为宾乎[(3)]？鷦（jiāo）鷯（liáo）[(4)]巢于深林，不过一枝；偃（yǎn）鼠[(5)]饮河，不过满腹。归休乎君，予[(6)]无所用天下为[(7)]！庖人[(8)]虽不治庖，尸祝[(9)]不越樽[(10)]俎（zǔ）[(11)]而代之矣。"**

（1）子：你，对有德者的称谓。

（2）既：尽也（成玄英《庄子疏》）。

（3）吾将为宾乎：俞樾云，此本作"吾将为实乎"，与上"吾将为名乎"相对成文。实与宾形似，又涉上句"实之宾也"而误（郭庆藩《庄子集释》），应为"吾将为实乎"。

（4）鷦鷯：巧妇鸟（成玄英《庄子疏》）。

（5）偃鼠：鼹鼠也（陆德明《经典释文》引李颐说）。

（6）予：我。

（7）为：表示感叹的句末语气词（曹础基《庄子浅注》）。

（8）庖人：掌庖厨之人（成玄英《庄子疏》），"庖"，厨师。

（9）尸祝：尸者，太庙中神主也……执祭版对尸而祝之，故谓之尸祝（成玄英《庄子疏》），主祭的人。

（10）樽：酒器也（成玄英《庄子疏》）。

（11）俎：肉器也（成玄英《庄子疏》）。

译文：

许由说："你治理天下，天下已经治理好了。而我还来代替你，我是为了名吗？名是实的宾位，我是为了实吗？鷦鷯在深林里栖居，所需不过一根树枝；鼹鼠到河边饮水，所需不过一肚子水。你请回吧！我要天下没什么用呢。厨师即使不下厨，主祭者也不能越过酒樽肉案去代他烹调呀。"

解说：

在许由看来，尧已经将天下治理好了，自己再去取代他，那纯粹是为了君位。而君位不过是名，其核心则是实。许由对实没有过度的需求——鹪鹩在森林中栖息只需一根树枝，偃鼠跑到河边饮水只需一肚子水。既然无需过多的实，作为实之宾的名就更没什么用。

许由拒绝君主之位，说明他心中无名；不越俎代庖，说明他无功。

从这里可以看出，庄子所谓的名包括事物之名和它所对应的实，且实是名的核心。

15. **肩吾**(1)**问于连叔**(2)**曰：“吾闻言于接舆**(3)**，大而无当**(4)**，往而不返。吾惊怖其言，犹河汉而无极**(5)**也；大有径庭**(6)**，不近人情焉。”**

连叔曰：“其言谓何哉?”

(1) 肩吾：有人认为是古代贤人，有人认为是虚构的人物。

(2) 连叔：有人认为是古代贤人，有人认为是虚构的人物。

(3) 接舆：楚人也，姓陆，名通，字接舆（陆德明《经典释文》），与孔子同时代，见《人间世》。

(4) 当：底。

(5) 极：边际。

(6) 径庭：形容相差很大，这里指接舆的言论太不合常理。“径”，小路。“庭”，院前宽阔之地。

译文：

肩吾问连叔说：“我听接舆谈话，言语大而无当，不着边际。我惊骇他的言论，像银河般漫无边际，与常理大相径庭，不合人之常情。”

连叔问：“他说些什么呢?”

解说：

第十五至十八段为一个故事，通过连叔与肩吾之间的对话，阐发神人无功的含义，兼及无己、无名。

肩吾用自己的主观标准妄评接舆不同寻常的言论。这与知了、斑鸠、麻雀讥笑大鹏一样，是“有己”的表现。

从下文“往见四子姑射之山”看，这里的神人应该是指四位神人。

16. **“曰：‘藐[1]姑射（yè）[2]之山，有神人居焉，肌肤若冰雪，淖（chuò）约[3]若处子[4]；不食五谷，吸风饮露；乘云气[5]，御飞龙[6]，而游乎四海之外[7]。其神凝[8]，使物不疵（cī）疠（lì）[9]而年谷[10]熟。’吾以是[11]狂而不信也。”**

（1）藐：简文云，远也（陆德明《经典释文》）。

（2）姑射之山：诸家解说不同，有人认为是今山西省临汾县西的姑射山，又名石孔山。有人认为是传说中的神山，还有人认为藐姑射是山名。

（3）淖约：柔弱貌（陆德明《经典释文》引李颐说）。

（4）处子：处女。

（5）乘云气：智慧灵通，无心顺物，故曰乘云气（成玄英《庄子疏》），与前文“乘天地之正”含义相同。“云气”，指代天地万物。

（6）御飞龙：不疾而速，变化无常，故曰御飞龙（成玄英《庄子疏》），与前文“御六气之变”含义同。“飞龙”，比喻变化无穷的事物。

（7）游乎四海之外：寄生万物之上而神超六合之表，故曰游乎四海之外也（成玄英《庄子疏》），与前文“以游无穷者”含义相同，指超出尘世之外，不为世事所束缚。

（8）神凝：精神安定。凝，静也（成玄英《庄子疏》）。

（9）疵疠：疾病也（成玄英《庄子疏》），引申为灾害。

（10）年谷：指代庄稼（曹础基《庄子浅注》）。

（11）以是：认为它（接舆的话）。“以”，认为。“是”，这，指接舆的话。

译文：

（肩吾说：）“他说：‘在遥远的姑射山上，有神人住在那里。皮肤如冰雪，外貌柔美如处女；不吃五谷，吸风饮露；乘着云气，驾着飞龙，翱游于四海之外。他们精神凝聚，使万物不遭灾害，使谷物丰收。’我认为这是骗人的大话，所以不相信。”

解说：

本段借肩吾之口阐发神人无功的含义，兼及无己、无名。

“肌肤若冰雪，绰约若处子；不食五谷，吸风饮露”和“使物不疵疠而年谷熟”都是无己、无功、无名的自然结果。这里的“不食五谷吸风饮露”的涵义应该是经常不吃五谷，而不应理解为从不吃五谷，否则文中写到“物不疵疠而年谷熟”还有什么意义呢？

“乘云气”——无心而顺物，即无己。

“御飞龙”——在无心而顺物的前提下，驾驭万物，即无功。

“游乎四海之外”——不为世事所束缚，即无名。

“神凝”——无己。

17. **连叔曰：“然[1]。瞽（gǔ）者[2]无以[3]与[4]乎文章[5]之观[6]，聋者无以与乎钟鼓之声。岂唯[7]形骸有聋盲哉？夫知亦有之。是其言[8]也，犹[9]时女[10]也。之人[11]也，之德也，将旁礴（bó）[12]万物以为一[13]，世蕲（qí）[14]乎乱[15]，孰[16]弊弊[17]焉以天下为事！之人也，物莫之伤，大浸[18]稽[19]天而不溺，大旱金石流、土山焦而不热。是其尘垢粃（bǐ）穅，将犹陶铸尧舜[20]者也，孰肯以物为事！”**

(1) 然：这样。

(2) 瞽者：盲人。

(3) 无以：没有办法。“以”，用。

(4) 与：参与欣赏（曹础基《庄子浅注》）。

(5) 文章：错杂的花纹，指美丽色彩。

(6) 观：外观，美观。

(7) 岂唯：难道只有。

(8) 是其言：这些话。“是”，这。“其言”，指上文有关瞽聋的这些话。

(9) 犹：就像，就是。

(10) 时女：说的就是你。“时”，是也（郭庆藩《庄子集释》），“女”，通“汝”，你。

(11) 之人：这些人，指神人。

(12) 旁礴：犹混同也（陆德明《经典释文》引司马彪说）

(13) 一：混为一体。

(14) 蕲：求也（成玄英《庄子疏》）。

(15) 乱：一说作治理讲。治也（陆德明《经典释文》）。一说作纷乱讲。作纷乱解释更为合理。

(16) 孰：谁。

(17) 弊弊：简文云，经营貌（卢文弨说），忙碌的样子。

(18) 大浸：大水。“浸”，淹没。

(19) 稽：至也（陆德明《经典释文》引司马彪说）。

(20) 尘垢粃穅，将犹陶铸尧舜：尘垢糟粕就能造出尧舜那样的功业（曹础基《庄子浅注》）。“粃穅”，谷不熟为秕，谷皮曰糠（成玄英《庄子疏》）。“陶铸”，造就。

译文：

连叔说：“是呀。瞎子，你无法让他一起欣赏花纹的美观；聋子，你无法让他一起欣赏钟鼓的乐声。难道只有形骸上有聋有瞎吗？心智上也有啊！这些话，说的就是你呀！那些神人，他们的德性混同万物为一体。世人喜欢纷乱，神人哪里会劳心费力地去操劳世间的俗事呢？这样的人，外物不能伤害他们，洪水滔天不会淹溺他们，大旱熔化金石、烧焦土山，也不能使他们感到炙热。他们的尘垢糟粕就可以造就尧舜，他们又怎么会把世间的俗务当回事呢！

解说：

神人混同万物为一体，将尧舜所谓的功业当作尘垢糟粕一样看待。所以，他们不可能为世间的事务去劳神费力（无功），而是顺随事物的本性，避开洪水和大旱所带来的危害。肩吾不懂这些，所以连叔说，这些对肩吾而言就如同花纹的美观之于盲人、钟鼓的乐声之于聋子。

将旁礴万物以为一——混同万物，是无名的表现。

世蕲乎乱，孰弊弊焉以天下为事——不以世事为意，是无功的表现。

物莫之伤，大浸稽天而不溺，大旱金石流、土山焦而不热——顺随万物，不与外物对抗，因而外物不能伤害自己，是无己的表现。

是其尘垢粃糠，将犹陶铸尧舜者也，孰肯以物为事——用尘垢糟粕就能造出尧、舜，是无功的表现。

18. **宋(1)人资(2)章甫（fǔ）(3)而适诸越(4)，越人断发(5)文身(6)，无所用之。尧治天下之民，平海内之政，往见四子(7)藐姑射之山，汾水(8)之阳(9)，窅（yǎo）然(10)丧其天下焉。”**

(1) 宋：今梁国睢阳县，殷后，微子所封（陆德明《经典释文》）。

(2) 资：货也（陆德明《经典释文》引李颐说），卖。

(3) 章甫：殷冠也（陆德明《经典释文》），商朝的帽子。

(4) 适诸越：到了越国。“诸”，于也（(郭庆藩《庄子集释》）。“越”，越国。

(5) 断发：剪掉头发。

(6) 文身：在身体上刺花纹。

(7) 四子：王倪、啮缺、被衣和许由（陆德明《经典释文》引司马彪、李颐说），一说为寓言中人物。

(8) 汾水：出自太原，在今山西中部。

(9) 阳：山之南、水之北。

(10) 窅然：李云，犹怅然（郭庆藩《庄子集释》引李桢说）。

译文：

宋人到越国去卖帽子，可越国人剪光头发，身刺花纹，根本用不着帽子。尧治理好天下的百姓，安定了国家后，前往遥远的姑射山、汾水的北面去拜见这四位先生，不禁怅然若失，忘记了天下之位。”

解说：

帽子对宋国人有用，而对不留头发的越国人毫无用处；治理天下对尧而言是莫大的事业，但对这四位无功的神人而言，则是毫无意义的，因而尧怅然若失。

19. 惠子[(1)]谓庄子曰："魏王[(2)]贻（yí）[(3)]我大瓠（hù）[(4)]之种，我树[(5)]之成而实五石（dàn）[(6)]，以盛（chéng）水浆，其坚[(7)]不能自举也；剖之以为瓢，则瓠（hù）落[(8)]无所容。非不呺（xiāo）然[(9)]大也，吾为[(10)]其无用而掊（póu）[(11)]之。"

（1）惠子：名施，宋人也，为宋相（陆德明《经典释文》）。

（2）魏王：魏惠王，又称梁惠王（因魏国迁都大梁，所以称为梁惠王）。

（3）贻：赠，送。

（4）瓠：葫芦。

（5）树：种植。

（6）实五石：能装满五石东西。"石"，古代容量或重量单位，历代不同，一般十斗为一石，一百二十斤为一石。

（7）坚：坚硬度。

（8）瓠落：简文云，犹廓落也（陆德明《经典释文》），浅而大的样子。

（9）呺然：虚大貌（陆德明《经典释文》引李颐说），空虚巨大的样子。

（10）为：因为。

（11）掊：打破。

译文：

惠子对庄子说："魏王送给我一颗大葫芦的种子，我把它种下，结出的葫芦能装五担东西。用它来盛水，但其坚硬程度不能承受水的重量；把它劈开来做成瓢，可它又扁又大，没有东西能放得进它。这葫芦不是不大，但因没有什么用处，我就把它砸碎了。"

解说：

第十九至二十段通过庄子与惠子的对话，阐发无己的含义。

惠子只以自己所知道的用途来使用大葫芦，而不知道顺随葫芦自身的用途来使用，因而认为它没有什么用处。这就如麻雀看待大鹏一样，是有己的表现。

20. **庄子曰："夫子固拙于用大矣。宋人有善为不龟（jūn）[1]手之药者，世世以洴（píng）澼（pì）絖（kuàng）[2]为事。客闻之，请买其方[3]百金[4]。聚族而谋曰：'我世世为洴澼絖，不过数金；今一朝而鬻（yù）[5]技百金，请与之。'客得之，以说（shuì）吴王。越有难[6]，吴王使之将，冬与越人水战，大败越人，裂地[7]而封之。能不龟手，一也[8]；或[9]以封，或不免于洴澼絖，则所用之异也。今子有五石之瓠，何不虑[10]以为大樽[11]而浮乎江湖，而忧其瓠落无所容？则夫子犹有蓬之心[12]也夫！"**

（1）龟：拘坼（郭象《庄子注》），冻裂。

（2）洴澼絖：漂洗丝絮。"洴"，浮；"澼"，漂（成玄英《庄子疏》）。"絖"，絮也（陆德明《经典释文》引李颐说）。

（3）方：药方。

（4）金：古代货币单位，一金就是一方寸一斤重的铜。

（5）鬻：卖。

（6）越有难：越国兵难侵吴（成玄英《庄子疏》）。

（7）裂地：割地。

（8）一也：是一样的。

（9）或：有的。

（10）虑：犹结缀也（陆德明《经典释文》引司马彪说）缚系。

（11）樽：南人所谓腰舟也（成玄英《庄子疏》）。

（12）有蓬之心：心被杂草所蔽，比喻不开窍。

译文：

庄子说："你真是不善于使用大的东西啊。宋国有个人善于制造防手冻裂的药物，世世代代都以漂洗丝絮为业。有个客人听说后，愿意出百金买下药方。宋人就召集族人商量说：'我家祖祖辈辈漂洗丝絮，收入不过数金；现在一旦卖出药方，就可以获得百金，就卖给他吧。'客人拿到药方后，就去游说吴王。正赶上越国起兵犯吴，吴王派他带领军队。冬天，吴军和越国人进行水战（正好用上防冻裂的药方，使得吴军战斗力大增），大败越国，吴王割地封赏他。同一个防冻的药方，有人因此得到封地，有人只能用于漂洗丝絮。这就是因为使用的方法不一样啊！现在你有能装五担东西的葫芦，为什么不把它制作成腰舟以游于江湖之上，反而担心没有东西能容下它呢？可见你的心真是茅塞不开呀！

解说：

宋人局限于自身的所见所识，只知道用防冻的药物来防手冻裂以洗丝絮，却不知道这种药也可以用于提高军队的战斗力。

同样，惠子局限于自身的成见，只知道用葫芦来盛水、做瓢，却不知道因葫芦自身之用而用，把它做成腰舟，让自己浮游于江湖之上；只知道以自己的成见嘲笑庄子的思想无用，却不知道庄子的思想有自身之大用。

21. **惠子谓庄子曰：“吾有大树，人谓之樗**（chū）[1]。**其大本**[2]**拥肿**[3]**而不中绳墨**[4]**，其小枝卷曲而不中规矩**[5]**，立之涂**[6]**，匠者不顾**。**今子之言，大而无用，众所同去**[7]**也**。**”**

（1）樗：臭椿树。

（2）大本：树的主干。

（3）拥肿：犹盘瘿（陆德明《经典释文》引李颐说），盘结、粗短。

（4）不中绳墨：不合工匠的要求。“中”，合。“绳墨”，木匠用的墨线和墨斗，划直线用。

（5）规矩：木匠用的工具，规用于画圆，矩用于画方。

（6）涂：通“途”。

（7）去：抛弃。

译文：

惠子对庄子说：“我有一棵大树，人们叫它臭椿树。臭椿的树干部分粗短盘结而不合乎绳墨，旁枝部分弯弯曲曲而不合于规矩。长在路旁，木匠看都懒得看。现在你所说的话，大而无用，人们都懒得理会。”

解说：

第二十一至二十二段阐发无己、无功的含义。

惠子用臭椿树的大而无用暗讽庄子的言论不切实际。这与麻雀嘲笑大鹏一样，都是有己的成见在作怪。

22. 庄子曰："子(1)独(2)不见狸狌（shēng）(3)乎？卑(4)身而伏，以候敖者(5)；东西跳梁(6)，不辟(7)高下；中(8)于机辟(9)，死于罔罟（gǔ）(10)。今夫斄（lí）牛(11)，其大若垂天之云。此能为大矣，而不能执(12)鼠。今子有大树，患其无用，何不树之于无何有之乡，广莫之野(13)，彷徨(14)乎无为(15)其侧，逍遥乎寝卧其下。不夭(16)斤(17)斧，物无害者，无所可用，安所困苦哉！"

（1）子：你。

（2）独：偏偏（曹础基《庄子浅注》）。

（3）狸狌：野猫与黄鼠狼。"狸"，野猫。"狌"，黄鼠狼。

（4）卑：低。

（5）敖者：出来活动的小动物。"敖"，通"遨"，游。

（6）跳梁：跳则跨空，似梁之穹然，故曰跳梁（宣颖《南华经解》），跳跃。

（7）辟：通"避"。

（8）中：踩中。

（9）机辟：捕禽兽的工具，装有机关。"辟"，谓机关之类也（成玄英《庄子疏》）。

（10）罔罟：泛指网。"罔"，网鸟用的工具。"罟"，网鱼用的工具。

（11）斄牛：旄牛（陆德明《经典释文》引司马彪说）。

（12）执：捉。

（13）无何有之乡，广莫之野：谓寂绝无为之地也（陆德明《经典释文》。"无何有"，犹无有也（成玄英《庄子疏》）。"莫"，简文云，大也（陆德明《经典释文》）。

（14）彷徨：自由徘徊。

(15) 无为：无所事事、自由自在的样子。

(16) 夭：夭折。

(17) 斤：斧头。

译文：

庄子说："你难道没看见野猫和黄鼠狼吗？低着身子趴在地上，等候往来的小动物；东窜西跳，不避高低；最后往往踩到机关，死于陷阱之中。你再看那牦牛，庞大的身体就像垂在天边的云朵。作用可以说是够大的了，但它不能捕捉老鼠。现在你有棵大树，却担心它没什么用途，你为什么不把它种在一个空旷的地方，广阔的原野上，然后悠哉悠哉地徘徊在树旁，怡然自得地躺在树下。这样，那颗树就不会倒在斧头之下，没有外物伤害它。没有什么用途，哪里用得着这样苦恼呢！"

解说：

局限于木匠的眼光，臭椿树就无用；局限于惠子的眼光，庄子的理论就无用。但是，如果走出自身的局限，让事物自身能做什么就做什么，那么，臭椿树就会成为我们逍遥自在的好去处，庄子的思想也会成为我们解除倒悬的人生指南。

这里的"无何有之乡"不是指什么东西都没有，"广莫之野"也不是指实际的原野。如果以无我之心对待事物，就不会与任何事物发生冲突，因而处处都是"无何有之乡"，无往不是任人遨游的"广莫之野"。反之，如果以有我之心对待事物，那么处处都显得狭窄，事事都造成障碍。

野猫和黄鼠狼东窜西跳，最后死在陷阱之中；牦牛没什么追求，因而保全了性命。前者有用，后者无用。有用足以害己，无用足以保身。有用有什么值得执着的呢？当然，庄子并不是让我们去追求无用，而是让我们顺随事物，不以有用、无用等外在的标准来判断任何事物。

齐物论

“齐物”，同等地看待一切事物。“齐物论”意为关于同等看待事物之论。

在《逍遥游》中，我们说过，庄子将人生在世分为不可分割的四个环节：物、物之名、我以及我对物的行为。物之名、自己以及自己对物的行为等三个环节是自我环节，在《逍遥游》中已经阐述，物的环节则放在本篇进行讨论。

从《逍遥游》中我们知道，得道的状态是无我状态。在这种状态中，自我感觉到物但没有注意到物。这种被感觉到却没有被注意的物就是无物之物。无物状态是事物自身本来的状态。当我们没有顺随事物自身的状态而将自我与混为一体的事物分别对待时，事物自身就会被遮蔽而成为无封之物（“封”的意思是事物之间的界限）；当我们不仅将自我与事物分别对待，还以分别的眼光看待混而为一的事物时，无封之物就变成了有封之物。无封之物和有封之物都属于有物之物。如果我们对有封之物产生偏爱，有物之物就会变成有是有非之物。庄子认为，是非、好恶都与道无关。

从《逍遥游》中我们知道，无己、无功、无名都有两种状态。无我也存在两种状态。当我们处在无物之物之中时，此时的无我是第一种状态的无我。得道者虽然无我，但得道者也生活在日常世界之中，那么他们如何面对这些存在分别的有物之物呢？如果我们遵从日常分别，就是有名的表现；如果刻意不遵从这些分别，就是有我的表现。有我、有物都不合道。为此，得道者以无我之心、无名之心对待日常的分别之物。这种状态下的自我就是第二种状态的无我。

为了阐明这种思想，庄子以优美的文字、严密的布局从理论和故事两个方面呈现了这个思想脉络。理论方面可分为三个部分。第一部分（从开头到“此之谓以明”）阐明无物之物、无封之物、有封之物和是非之物的特性，包括四段。第一段（从开头到“损乎其真”）分别从自然界的物、人的情态、人自身等三个不同方面阐释事物的无物性。第二段（从“一受其”到“故曰莫若以明”）阐述是非冲突带来的危害、是非冲突产生的原因、是非的相对性以及消除是非的方法。第三段（从“以指喻指”到“之谓两行”）阐述什么是无封之物、有封之物以及二者之间的关系。第四段（从“古之人”到“此之谓以明”）在前三段的基础上提出得道者所领悟的无物性、无封性和无是非性，并阐述是非、好恶不合道。理论部分的第二部分（从“有言”至“八德”）阐述无物之物如何产生无封之物、无封之物如何产生有封之物。理论部分的第三部分（从“夫道未始”至“谓之葆光”）阐述得道者如何对待无物之物、无封之物、有封之物和是非之物。

故事部分由五个故事组成。第一个故事（从“故昔者”至“日者乎”）阐述是非会带来烦恼。第二个故事（从“啮缺问”至“利害之端乎”）阐发无物、无封的含义以及是非的相对性。第三个故事（从“瞿鹊子”至“寓诸无竟”）阐发无物、无封（包含生死）、无是非的含义。第四个故事（从“罔两问”至“所以不然”）阐发无是非的含义及其原因。第五个故事（从“昔者庄周”至“谓物化”）阐发事物的无封性和有封性。

我们将这一章的结构图示如下。

<table>
<tr><td rowspan="16">理论方部分</td><td rowspan="11">第一部分物呈现的形态</td><td rowspan="3">第一段（从开头至“损乎其真”）</td><td rowspan="3">自然界的物、人的情态、人的身体的无物性。</td><td>自然界之物的无物性。（从开头至“其谁邪”）</td></tr>
<tr><td>人的情态之无物性。（从“小智闲闲”至“有情而无形”）</td></tr>
<tr><td>人身体的无物性。（从“百骸、九窍”至“损乎其真”）</td></tr>
<tr><td rowspan="4">第二段（从“一受其”至“莫若以明”）</td><td rowspan="4">是非冲突带来的危害、是非冲突产生的原因、是非的相对性以及消除是非的方法。</td><td>是非冲突所带来的危害。（从“一受其”至“不芒者乎”）</td></tr>
<tr><td>产生是非之争的原因。（从“夫随其”到“若以明”）</td></tr>
<tr><td>是非的相对性。（从“物无非彼”至“亦因是也”）</td></tr>
<tr><td>如何去除是非。（从“是亦彼也”至“莫若以明”）</td></tr>
<tr><td rowspan="3">第三段（从“以指喻指”至“谓两行”）</td><td rowspan="3">无封的含义、无封的相对性及其与有封之间的关系。</td><td>物的无封性。（从“以指喻指”至“一马也”）</td></tr>
<tr><td>封的产生及其相对性。（从“可乎可”至“通为一”）</td></tr>
<tr><td>先有无封之物后有有封之物。（从“唯达者”至“谓之两行”）</td></tr>
<tr><td>第四段</td><td colspan="2">总结事物的无物性、无封性、有封性以及无是无非性，并批判是非分别所存在的问题（从“古之人”至“以明”）。</td></tr>
<tr><td rowspan="3">第二部分</td><td rowspan="3">物之间的转化</td><td rowspan="3">从无物之物向无封之物、有封之物、是非的变化（从“有言”至“八德”）。</td><td>无物之物怎样产生无封之物。（从“今且有言”至“彭祖为夭”）</td></tr>
<tr><td>无物之物如何产生无封之物（从“天地与我”至“因是已”）</td></tr>
<tr><td>物之物如何产生是非争论。（从“夫道未始”至“谓八德”）</td></tr>
<tr><td rowspan="2">第三部分</td><td rowspan="2">得道者如何对待物的不同形态</td><td rowspan="2">得道者如何对待无物之物、无封之物、有封之物和是非之物。（从“夫道未始”至“谓之葆光”）</td><td>得道者如何对待无物之物、无封之物和无物之物（从“六合之外”至“而不辩”）</td></tr>
<tr><td>得道者如何对待是非之物。（从“故分者”至“谓之葆光”）</td></tr>
</table>

故事部分	第一个故事	阐述是非会带来烦恼。(从“故昔者”至“进乎日者乎”)
	第二个故事	阐发无物、无封的含义以及是非的相对性。(从“啮缺问”至“利害之端乎”)
	第三个故事	阐发无物、无封(包含生死)的含义以及是非的相对性。(从“瞿鹊子”至“诸无竟”)
	第四个故事	阐发无是无非的含义以及原因。(从“罔两问”至“所以不然”)
	第五个故事	阐发事物无封性和有封性的含义。(从“昔者庄周”至“谓物化”)

1. **南郭子綦(qí)(1)隐(2)机(3)而坐，仰天而嘘(4)，荅(tà)焉(5)似丧其耦(6)。颜成子游(7)立侍乎前，曰：“何居(8)乎？形固可使如槁木，而心固可使如死灰乎？今之隐机者，非昔之隐机者也。”**

子綦曰：“偃，不亦善乎，而(9)问之也！今者吾丧我(10)，汝知之乎？女(11)闻人籁(12)而未闻地籁(13)，女闻地籁而未闻天籁(14)夫！”

(1)南郭子綦：楚昭王之庶弟，楚庄王之司马，字子綦。古人淳质，多以居处为号，居于南郭，故号南郭(成玄英《庄子疏》)。

(2)隐：凭也(成玄英《庄子疏》)，靠。

(3)机：桌子。

(4)嘘：吐气为嘘(陆德明《经典释文》)。

(5)荅焉：解释貌(成玄英《庄子疏》)，神情松弛的样子。

(6)丧其耦：即下文所谓“吾丧我也”(俞樾《庄子平议》)。“耦”，两个或两个以上东西联系在起来为耦，这里的吾与我为耦。

(7)颜成子游：子綦弟子也，姓颜，名偃，谥成，字子游(陆德明《经典释文》)。

(8)何居：何故。“居”，犹故也(陆德明《经典释文》引司马彪说)。

(9)而：你。

(10)吾丧我：我自忘矣。我自忘矣，天下有何物足识哉！故都忘外内，然后超然俱得(郭象《庄子注》)。“吾”，《逍遥游》中的无己之我。“丧”，犹忘也(成玄英《庄子疏》)。“我”，《逍遥游》中的有己之我。

(11) 女：通“汝”，你。

(12) 人籁：人吹乐器发出的声音。“籁”，箫也（郭象《庄子注》）。

(13) 地籁：这里指风吹树洞发出的声音。

(14) 天籁：“吾丧我”状态下所感受到的人籁、地籁。

译文：

南郭子綦靠着桌子坐着，仰面朝天缓缓呼吸，神态松弛好像忘掉了自我。颜成子游站在跟前侍奉，问道：“这是怎么回事？身体固然可以让它如同枯木，心灵可以让它如同死灰吗？你今天靠着桌而坐的情形，可不同于以往靠着桌而坐的情形呀。”

子綦说：“偃，你问得太好了！现在我忘了自我，你知道吗？你可能听过人籁，却没有听过地籁；即便听过地籁，也没有听过天籁吧！”

解说：

第一至二段阐释自然界之物的无物性。

在日常生活中，我们只能听到人籁或地籁。所谓人籁就是乐器所发出的自然声音，所谓地籁是风吹树洞所发出的自然声音。当我们处于无我状态时，我们就能听到没有人为因素的人籁或地籁，即天籁之声。因此，天籁不在人籁或地籁之外，它就是我们在无我状态时所听到的人籁或地籁。

南郭子綦形如槁木、心如死灰，处于“吾丧我”的忘我状态，即得道状态，因而能听到天籁之声。颜成子游处在有我状态，没有得道，所以无法听到天籁，只能听到人籁或地籁。

2. **子游曰：“敢问其方[1]。”**

子綦曰：“夫大块[2]噫（ài）气[3]，其名为风。是[4]唯无作，作则万窍[5]怒呺[6]。而[7]独不闻之翏（liù）翏[8]乎？山林之畏佳（cuī）[9]，大木百围之窍穴，似鼻，似口，似耳，似枅（jī）[10]，似圈[11]，似臼（jiù）[12]，似洼[13]者，似污[14]者；激者[15]，謞（xiào）者[16]，叱者[17]，吸者，叫者，譹（háo）者[18]，宎（yāo）[19]者，咬[20]者。前者唱于[21]而随者唱喁（yú）[22]。泠（líng）

风[23]则小和，飘风[24]则大和，厉风[25]济[26]则众窍为虚[27]。而独不见之调调，之刁刁[28]乎？”

子游曰：“地籁则众窍是已，人籁则比竹[29]是已。敢问天籁。”

子綦曰：“夫吹万不同[30]，而使其自己[31]也，咸其自取[32]，怒者其谁邪！”

（1）方：道术也（成玄英《庄子疏》）。

（2）大块：指大地。

（3）噫气：呼气。本来指人呃逆出气，引申为风吹树洞发出气息（曹础基《庄子浅注》）。

（4）是：此，指风。

（5）窍：指树洞。

（6）呺：通“号”（曹础基《庄子浅注》）。

（7）而：你。

（8）翏翏：长风之声也（郭象《庄子注》）。

（9）畏佳：山阜貌（陆德明《经典释文》引李颐说），山岭起伏的样子。

（10）枅：木制的酒瓶（曹础基《庄子浅注》）。

（11）圈：杯圈（陆德明《经典释文》）。

（12）臼：舂臼，舂米的工具（曹础基《庄子浅注》）。

（13）洼：洼地。

（14）污：泥坑。

（15）激者：水湍激声也（成玄英《庄子疏》），急流声。

（16）謞者：如箭去之声（陆德明《经典释文》引简文帝说）。

（17）叱者：司马云，若叱咄声（郭庆藩《庄子集释》引卢文弨说）。

（18）譹者：哭声也（成玄英《庄子疏》）。

（19）宎：沉吟声（曹础基《庄子浅注》）。

（20）咬：司马云，声哀切咬咬然（郭庆藩《庄子集释》引卢文弨说）。

（21）于：舒缓之声。

（22）喁：于喁，声之相和也（（陆德明《经典释文》引李颐说）。

（23）泠风：小风也（陆德明《经典释文》引李颐说）。

(24) 飘风：疾风也（陆德明《经典释文》引司马彪说）。

(25) 厉风：大风（陆德明《经典释文》引司马彪说）。

(26) 济：止也（陆德明《经典释文》引向秀说）。

(27) 虚：指没有声音（曹础基《庄子浅注》）。

(28) 调调、刁刁：动摇貌也（郭象《庄子注》）。

(29) 比竹：多枝竹管并列而成的乐器（曹础基《庄子浅注》）。“比”，并。

(30) 吹万不同：风吹千万个树洞发出不同的声音。

(31) 自己：自身，指洞穴发出的声音。

(32) 咸其自取：都取决于它们自己（曹础基《庄子浅注》）。“咸”，都。

译文：

子游说：“请问其中的究竟。”

子綦说：“大地吐出来的气，它的名字叫风。这风不刮则已，一刮就会使千万树洞发出怒吼之声。你难道没有听见那长风呼啸的声音吗？在山林高低起伏的地方，百围大树上的树洞，有的像鼻子，有的像嘴巴，有的像耳朵，有的像酒瓶，有的像杯圈，有的像舂臼，有的像深池，有的像浅坑；（发出来的声音）有的像急流奔腾，有的像飞箭离弦，有的像呵斥，有的像呼吸，有的像叫喊，有的像嚎哭，有的像呻吟，有的像哀鸣。前面的风在呜呜地唱着，后面的风在呼呼地和着。风小则和声小，风大则和声大。大风过后，所有的树洞都毫无声息。你难道没看见那些树木这时还在摇摇晃晃的吗？

子游说：“地籁就是风吹众多树孔所发出的声音，人籁则是人吹箫管所发出的声音，请问天籁。”

子綦说：“风吹树洞所发出千差万别的声音，都是各个树洞自身的自然状态所致，使它们发声的还有谁呢！”

解说：

这一段阐述什么是天籁。

天籁是我们在无我状态中听到的人籁或地籁。无我则无物，因而天籁就是处于无物状态中的人籁或地籁。什么是无物状态?《道德经》第十四章说，“无物之象，是谓惚恍”。“恍惚”状态就是物的无物状态。什么是“恍惚”?“视之不见名曰夷，听之不闻名曰希，搏之不得名曰微……是谓惚恍”（第十四章）。“恍惚”就是“视之不见”、“听之不闻”、“搏之不得”的状态。《道德经》没有具体描述这三种状态，但我们可以用庄子庖丁解牛的故事加以解说。庖丁是一位宰牛的屠夫。他宰牛时，根本不用眼睛刻意盯着牛，只是凭眼神去感觉，就不会让刀刃割到肉，更不会碰到骨头，而是完全顺着牛骨间的缝隙游刃有余。因此，十九年来庖丁虽然宰了数千头牛，但刀刃还像刚从磨刀石上磨过一样。这里，凭眼神感觉就是“视之不见”之“视”，用眼睛盯着看则是“视之不见”之“见”。庖丁宰牛时就是“视之不见”。

由此类推，我们就能明白“听之不闻”、“搏之不得”的含义。当我们专心致志地看书时，窗外飘来了音乐声。这声音当时没有引起我们的注意，事后我们却能回想起。我们正在学习时听到音乐的状态就是“听之不闻”的状态。我们在熟悉的小路上散步时，没有注意到我们的脚踏在地面上，但事后能回想起当时踩在地面上的情境。我们当时踩在地面上的状态就是“搏之不得”的状态。

推而广之，一切感觉到物（包括事情、物、人乃至习俗等一切存有着的东西）却没有意识到或注意到物的状态就是“恍惚”状态，即与人有关联但未被人注意到的物之本原状态。《道德经》称这种“恍惚”状态下的物为“无物之物”（第十四章）。

天籁就是人籁或地籁的无物状态，南郭子綦达到了“吾丧我”的无我境界，因而能“听之不闻”。所以，南郭子綦说，所谓天籁就是地籁本原的声音，“夫天籁者，吹万不同，而使其自己，咸其自取，怒者其谁邪!”

颜成子游没有得道，无法做到“听之不闻”，因而南郭子綦不能直接向他指出什么是天籁，因为一旦南郭子綦直接向颜成子游指出什么是天籁时，颜成子游就会注意到声音，从而与声音之间形成分别对待，天籁就变成了人籁或地籁。因此，南郭子綦只能以回忆的方式让颜成子游领悟到什么是天籁之声，“而独不见之调调，之刁刁乎”（“你难道没看见那树木这时还在摇摇晃晃的吗”）。

无物之物或天籁之声有什么特征呢？变动不居性（固定不变就成了有物之物）。当同一阵风吹过不同的树孔时，会发出不同的声音。这些声音有的像呵斥，有的像呼吸，有的像叫喊，有的像嚎哭……不同的风吹过同一树孔所发出的声音也是千差万别的。开始没有声音，马上就发出号叫，立即又鸦雀无声。同样，风也是变动不居的。首先，风与风不同，有小风，有大风，还有暴风。其次，同一阵风也是变动不居的，开始无风，后来产生了风，最终又归于无风。风吹过的树孔形状也是千奇百怪的，有的像鼻子，有的像嘴巴，有的像耳朵。自然界中的任何事物都不是固定不变的。变动不居性是自然界事物的特性。

3. **大知闲闲(1)，小知间（jiàn）间(2)；大言炎炎(3)，小言詹詹(4)。其寐也魂交(5)，其觉也形开(6)，与接为构(7)，日以心斗。缦（màn）(8)者，窖（jiào）(9)者，密(10)者。小恐惴（zhuì）惴(11)，大恐缦缦(12)。其发若机栝（kuò）(13)，其司(14)是非之谓也；其留(15)如诅（zǔ）盟(16)，其守胜之谓也；其杀(17)若秋冬，以言其日消也；其溺(18)之所为之，不可使复之也；其厌(19)也如缄（jiān）(20)，以言其老洫（xù）(21)也；近死之心，莫(22)使复阳(23)也。喜怒哀乐，虑叹变慹（zhé）(24)，姚(25)佚（yì）(26)启(27)态(28)。乐出虚，蒸成菌(29)。**

（1）闲闲：宽裕也（成玄英《庄子疏》），与“间间”相对。

（2）间间：分别也（成玄英《庄子疏》）。

（3）炎炎：猛烈也（成玄英《庄子疏》）。

（4）詹詹：词费也（成玄英《庄子疏》）。

（5）魂交：精神交错也（陆德明《经典释文》引司马彪说）。

（6）形开：形质开朗而取染也（成玄英《庄子疏》），身体执着于外物。

（7）与接为构：与外界接触周旋。“接”，交接。“构”，合也（成玄英《庄子疏》。

（8）缦：简文云，宽心也（陆德明《经典释文》）。

（9）窖：深也（陆德明《经典释文》引司马彪说），深藏不露。

（10）密：隐也（成玄英《庄子疏》）。

（11）惴惴：怵惕也（成玄英《庄子疏》），提心吊胆。

(12) 缦缦：沮丧也（成玄英《庄子疏》）。

(13) 机栝：指代射箭。“机”，弩牙也（成玄英《庄子疏》）。“栝”，箭栝也（成玄英《庄子疏》）。

(14) 司：通“伺”，伺察（曹础基《庄子浅注》）

(15) 留：执拘不移（林云铭《庄子因》）。

(16) 诅盟：发誓。“诅”，祝也；“盟”，誓也（成玄英《庄子疏》）。

(17) 杀：衰杀（郭象《庄子注》）。

(18) 溺：沉溺。

(19) 厌：没溺也（成玄英《庄子疏》）。

(20) 缄：缄绳（成玄英《庄子疏》）。

(21) 老洫：老朽枯竭。“洫”，败坏（成玄英《庄子疏》）。

(22) 莫：无也（成玄英《庄子疏》）。

(23) 复阳：谓生也（陆德明《经典释文》。

(24) 慹：不动貌（陆德明《经典释文》引司马彪说）。

(25) 姚：轻浮。

(26) 佚：放佚。

(27) 启：开张（成玄英《庄子疏》）。

(28) 态：惺惺作态（曹础基《庄子浅注》）。

(29) 乐出虚，蒸成菌：音乐从空虚的乐器中发出，菌类从地气中蒸发而生。

译文：

大知样子广博，小知细加分别；大言盛气凌人，小言喋喋不休。他们睡觉时精神纷扰，醒来后追逐外物，与外界纠缠不清，成天勾心斗角。有的出语迟缓，有的深藏不露，有的行事隐秘。小的恐惧时惴惴不安，大的恐惧时失魂落魄。他们发言时，如同射出的飞箭，专门针对人的是非；他们不发言时，就像发过誓一样，在默默等待着取胜的时机；他们精神沮丧时，如同秋冬季节万物凋零，这是说他们在慢慢消沉下去；他们沉溺在自己的行为中时，好像无法恢复生机；他们闭塞自己时，如同箱子被绳索捆住了，好像衰老无救；接近死亡

的心灵，再也无法恢复生机了。他们时而高兴，时而愤怒，时而悲哀，时而快乐，时而忧虑，时而哀叹，时而反复，时而蛰伏，时而轻浮，时而放纵，时而狂放，时而做作。宛如空虚的乐器中发出声音，又似潮湿的地气中长出菌类。

解说：

第三至五段阐释人之情态的无物性。

本段描述人的情态。

人与人的状态各不相同，有的广博通达，有的条理分明；有的善设陷阱，有的用词严谨。就每个人的情态而言，也是变动不居的，时而欢喜，时而愤怒，时而张狂，时而做作。

文中的“乐出虚蒸成菌”指不知道其产生的原因（万物从道中产生本来就无从知道其原因，知道的都是有物之物）。

4. **日夜相代**(1) **乎前，而莫知其所萌**(2)。**已**(3) **乎，已乎！旦暮**(4) **得此，其所由以生乎！**

(1) 相代：指变化。

(2) 萌：发生。

(3) 已：止也（成玄英《庄子疏》）。

(4) 旦暮：指时间短。

译文：

这些情态日日夜夜都在更替出现，但又不知它们究竟怎么发生的。算了吧，算了吧。如果一旦知道了，大概就能明白这些情态发生的缘由了吧。

解说：

上一段说人的情态是自然的，无法追问其原因，本段对此加以具体阐释——因为追问原因就会产生分别对待，分别对待就会使我们无法面对情态本身，因而无法追问原因。参见本篇后文“罔两问影”故事。

文中说，一旦明白人的情态是从哪里产生的，就能明白这些情绪和状态发生的缘由。这是针对得道者而言的。只有得道的人才能真正领悟人的情态是怎么产生的。

5. 非彼[1]无我，非我无所取[2]。是[3]亦近矣，而不知其所为使。若有真宰[4]，而特[5]不得其眹[6]。可行已信[7]，而不见其形，有情[8]而无形。

(1) 彼：指上述各种不同的情态。

(2) 取：禀受也（成玄英《庄子疏》）。

(2) 是：这。

(4) 真宰：某种主宰身心的东西。

(5) 特：独（曹础基《庄子浅注》）。

(6) 眹：兆也（陆德明《经典释文》）。

(7) 可行已信：按照自己相信的东西可以顺利行动。

(8) 情：实（曹础基《庄子浅注》）。

译文：

没有上述情态，就没有我；没有我，也就不能呈现出这些状态。我和这些情态是相近的，但又不知道是谁在主使这一切。好像有真宰，但又找不到它的痕迹。按照我相信的东西可以顺利行动，但又看不见它的情态。它是真实存在而没有日常形象的。

解说：

上一段说我们无从知道人的情态是从哪里产生的，这一段阐述我们确实能感觉有某种东西存在，因为它主宰我们的身心，只是无法感知（注意）到。这种性质就是前文所说的无物之物的特征——可以感觉到而无法注意到，即无物。我们的情态就是真实而无形的无物之物（“有情而无形”）。

6. 百骸[1]，九窍[2]、六藏[3]，赅（gāi）[4]而存焉，吾谁与为亲？汝皆说[5]之乎？其有私[6]焉？如是皆有为臣妾乎？其臣妾不足以相治乎？其递相[7]为君臣乎？其有真君[8]存焉？如求得其情与不得，无益损乎其真。

(1) 骸：骨节。

(2) 九窍：谓眼耳鼻舌口及下二漏也（成玄英《庄子疏》）。

(3) 六藏：心、肝、脾、肺、肾、命门（曹础基《庄子浅注》）。

(4) 赅：备也（成玄英《庄子疏》），齐备。

(5) 说：通“悦”。

(6) 私：偏爱。

(7) 递相：互相（曹础基《庄子浅注》）。

(8) 真君：即前文的真宰。

译文：

百骸、九窍和六藏都完备地存在于我的身上，我和哪一个亲近呢？你都喜欢它们吗？还是有所偏爱呢？如果都喜欢它们，那把它们都当臣妾吗？臣妾之间难道谁也无法统治谁吗？还是它们轮流做君臣呢？或者有个“真君”存在？无论我们能否探究到它们的真实情况，它们的自然本性都不会因此有所增减。

解说：

这一段阐述人身体的无物性。

人身体存在许多部分（百骸、九窍、六藏），自我与各部分之间的关系以及各部分之间的关系，我们无从知道。但是，不管我们知道与否，真君的自然本性都不会有增减（“如求得其情与不得，无益损乎其真”）。这种不会增减、我们能感觉到而无法感知到其实情的状态就是身体的无物状态。

以上几段分别从自然界的物、人的情态、人的身体等三个方面阐释了一切事物都是无物的。

由于物与物之间本来是浑然一体的（无封），且浑然一体的观念也不存在（无物），所以无法用语言表达出事物的无物性。因此，在上述几个段落中，都只是间接显示事物的无物性，具体物的概念也只是为了说明的方便。

7. **一受其成形[1]，不忘以待[2]尽。与物相刃[3]相靡[4]，其行尽[5]如驰，而莫之能止，不亦悲乎！终身役役[6]而不见其成功，苶（nié）然[7]疲役[8]而不**

知其所归，可不哀邪！人谓之不死，奚[9]益！其形化[10]，其心与之然，可不谓大哀乎？

(1) 形：形体。

(2) 待：分别对待。

(3) 刃：逆也（成玄英《庄子疏》）。

(4) 靡：通“摩”，冲突。

(5) 行尽：走向死亡。

(6) 役役：忙碌的样子（曹础基《庄子浅注》）。

(7) 苶然：疲顿貌也（成玄英《庄子疏》）。

(8) 疲役：疲于所役（宣颖《南华经解》。

(9) 奚：何。

(10) 形化：形体变化。

译文：

然而，世俗之人一旦秉受了形体，就不忘将形体与外物相对立，直到生命的尽头也不能停止。与外物争斗摩擦，在追逐外物中奔向生命的终点而无法停止，这不是太可悲了吗？一辈子忙忙碌碌不见得会成功；疲惫不堪，却不知为什么，这不是太悲哀了吗？就算人们认为这种人没死，但活着又有什么意思呢？他的形体逐渐衰老，心也随之逐渐迟钝。这岂不是人生的大悲哀吗？

解说：

从这一段至第十三段阐述分别对待的第一种形式——是非，包括是非造成的危害、产生是非的根本原因、是非的相对性以及消除是非的方法。

这一段解释与外物分别对待会使无物状态消失以及消失后所带来的危害。

既然事物的本性是无物的，怎么又有了有物之物呢？原因在于人们有了形体后，就开始与事物分别对待，无物之物变成了有物之物，无我之我也变成了有我之我。有我之我就会与有物之物发生冲突，产生是非，弄得自己疲惫不堪，悲哀地度过一生。

8. **人之生也，固若是芒[1]乎？其我独芒，而人亦有不芒者乎？**

(1) 芒：暗昧也（成玄英《庄子疏》）。

译文：

人生在世，是本来就这样糊涂呢？还是只有我一个人这样糊涂，而其他人也有不糊涂的呢？

解说：

对世俗之人因不明白事物的本性而造成困境发出慨叹。

9. **夫随其成心[1]而师之[2]，谁独且[3]无师乎？奚必知代[4]而心自取者有之？愚者与有[5]焉。未成乎心而有是非，是今日适[6]越而昔至也。是以无有为有。无有为有，虽有神禹[7]且不能知，吾独且柰何哉！**

(1) 成心：夫域情滞着，执一家之偏见者，谓之成心（成玄英《庄子疏》），执着于自己的情感、见识而形成的偏见。

(2) 师之：指用成心作为标准。

(3) 且：语气助词。

(4) 知代：明白事物是不断变化的。“代”，相代，变化。

(5) 与有：先豫其中（成玄英《庄子疏》）。

(6) 适：往，到。

(7) 禹：夏禹，字文命，鲧子，启父也（成玄英《庄子疏》）。

译文：

如果以自己的成心作为标准，那谁没有标准呢？何必一定是懂得事物的变化而内心领悟的人才有呢？愚人心中同样有。没有成心而有是非，那就好像今天去越国而昨天已经到达了。这是把没有当作有。把没有当作有，即使是神明的大禹也不明白，我又能怎么样呢？

解说：

本段提出产生是非的直接原因——成心。

每个人的所知所识都是有限的，得道者也不例外。只不过，一般人是以自己狭隘的所知所识（成见）作为标准来判断事物，合乎自己所知所识的就被认为“是”，不符合的就被认为“非”。是非就这样产生了。

10. **夫(1)言非吹(2)也，言者有言，其所言者特(3)未定也。果有言邪？其(4)未尝有言邪？其以为异于鷇（kòu）音(5)，亦有辩(6)乎，其无辩乎？**

(1) 夫：发语词。

(2) 言非吹：说话不像吹风（那样没有实际意义）。“吹”，犹籁也（成玄英《庄子疏》）。

(3) 特：只是。

(4) 其：还是。

(5) 彀音：鸟子欲出卵中而鸣（成玄英《庄子疏》），指这种声音没有意义。

(6) 辩：别也（成玄英《庄子疏》），通“辨”。

译文：

人说话并不像风吹过，说话的人各有所说，只是所说的内容无法确定。这到底算是有所说，还是无所说呢？他们以为自己所说的与小鸟的叫声不同。这两者到底是有所分别，还是没有分别呢？

解说：

这一段阐释是非争论的直接表现——话语（包括语言）。

成见的外在表现是话语。从有物之物的角度看，话语与鸟叫不同（“夫言非吹也”），它会产生是非。不同的人有不同的成见、是非（“其所言者特未定也”），所以话语不能作为判断事物的标准。但从无物之物的角度看，话语与鸟叫都是无物之物，因而可以看作是相同的。

11. **道恶乎隐(1)而有真伪？言(2)恶乎隐而有是非？道恶乎往而不存？言恶乎存而不可？道隐于小成(3)，言隐于荣华(4)。故有儒墨之是非，以是其所非而**

非其所是。欲是其所非而非其所是(5)**，则莫若以明**(6)。

(1) 隐：隐蔽，遮蔽。

(2) 言：这里的言指话语的本性，即无物性的话语，《道德经》“名可名非常名”中的“常名”。

(3) 小成：见识小而造成的成见，与上文的“成心”相对应。

(4) 荣华：谓浮辩之辞、华美之言也（成玄英《庄子疏》）。

(5) 是其所非而非其所是：应为“是其所是而非其所非”，否则与前一句重复。前一句是庄子要批判的。“是其所是而非其所非”意为肯定对方所肯定的，否定对方所否定的，心无是非，不与对方争论。

(6) 明：去掉是非成见的遮蔽就是明。

译文：

道是如何被遮蔽而有了真伪呢？言语是怎样被遮蔽而有了是非呢？道如何出现而又不复存在的呢？言语是如何展现而又不被认可的呢？道被一孔之见所遮蔽，言语被华而不实之词所遮蔽。因此才有了儒家和墨家的是非之争，他们（用自己认可的标准）肯定对方所否定的东西，（用自己认可的标准）否定对方所肯定的东西。如果肯定对方所肯定的，否定对方所否定的（从而做到无是无非），就不如以无成心的明见看待。

解说：

这一段阐述道被遮蔽从而产生是非之争。

事物自身，包括言论自身，都没有固定的本性（无物）。因此，如果顺随事物自身说话，就不会产生是非。但是，普通人总是心怀成见。如果以这种成见看待事物，并以浮华之词将其表达出来时，就会带来是非之争。儒家、墨家之争就是这样产生的（墨家思想就是在批判儒家思想的基础上发展而来的）。对方认为是错的，按照自己的标准，恰恰认为是对的；对方认为是对的，按照自己的标准，恰恰认为是错的。当双方都想以自己的浮华之词说服对方时，就会产生无休止的争论。

怎样才能避免这种是非之争呢？以无是无非之心对待对方的思想和言语，

肯定对方所肯定的，否定对方所否定的，心无是非，就不与对方产生争论。

12. **物无非彼，物无非是**[1]。**自彼则不见，自知**[2]**则知之。故曰彼出于是，是亦因彼。彼是方生**[3]**之说也。虽然，方生方死**[4]**，方死方生；方可方不可，方不可方可；因是因非，因非因是。是以圣人不由**[5]**，而照**[6]**之于天**[7]**，亦因是**[8]**也**。

(1) 是：此。

(2) 知：严灵峰《庄子章句新编》“知”为“是”字。

(3) 方生：两方并生（张默生《庄子新释》）。

(4) 方生方死：生者以生为生，而死者将生为死，亦如是者以是为是，而非者以是为非（成玄英《庄子疏》），此物生则彼物同时死，此物死则彼物同时生。

(5) 不由：不由是非之途（宣颖《南华经解》）。

(6) 照：观照。

(7) 天：自然。

(8) 是：是非之是。成玄英说，只因此是非而得无非无是（成玄英《庄子疏》）。

译文：

事物没有不是彼的，也没有不是此的。从彼的那一面看，就看不见此的一面；从此的这一面，就只知道自己。所以说，彼是由此产生的，此是由彼产生的。彼此是相对而生的。虽然这样，但任何事物刚产生就有（其他事物）毁灭，刚毁灭就有（其他事物）产生；刚可以就有不可以，刚不可以就有可以；因为是，因而就有非；因为非，因而就有是。所以得道者不这样看待事物，而是顺随事物自身的自然本性，也正是因为知道事物的本性因而没有是非。

解说：

这一段阐明是非的相对性。

是非的相对性体现在两个方面。一、因为每个人看事物的角度不同，所以，如果将自己的所见所识当作事物自身，认为只有自己是对的，他人是错的。实际上，彼与此、是与非都是相对产生的。二、一个事物的产生就意味着另一个事物的毁灭，一个事物的毁灭就意味着有其他事物产生，因而有所谓的可，就会有所谓的不可；有所谓的不可，就会有所谓的可。

得道者明白这个道理，就不会不以自身的成见来看待事物（成见就会产生是非），而是顺着事物自身，避免那些无谓的是非争论。

13. **是亦彼也，彼亦是也。彼亦一是非，此亦一是非。果且有彼是乎哉？果且无彼是乎哉？彼是莫得其偶**(1)**，谓之道枢**(2)**。枢始得其环中**(3)**，以应无穷。是亦一无穷，非亦一无穷也。故曰莫若以明。**

(1) 偶：对也（成玄英《庄子疏》）。

(2) 枢：要也（陆德明《经典释文》）。枢要。

(3) 环中：圆环的中心。圆环的中心与圆环的边沿距离都一样，因而没有偏向，比喻人对事物没有是非好恶。

译文：

（从事物自身看）此就是彼，彼就是此。（从人为的分别看）彼有彼的是非，此有此的是非。果真有彼此的分别吗？果真没有彼此的分别吗？彼此不分别对待，就叫做道的枢纽。掌握了道的枢纽，就像进入圆环的中心，能顺应无穷的变化。是的变化是无穷的，非的变化也是无穷的。所以说，不如不以是非之心看待万物。

解说：

本段具体阐释如何消除是非对立。

从事物自身看，没有所谓的彼此之分，彼此的是与非也不存在。彼与此、是与非都是我们分别对待的结果。得道者顺随事物自身，不以对待之心看待事物（“莫得其偶”），就像进入圆环的中心那样，没有任何偏向。这样就能使彼与此、是与非的对立消失。

14. **以指**[1]**喻指之非指，不若以非指喻指之非指也；以马喻马之非马，不若以非马喻马之非马也**。

天地一指也，万物一马也。

(1) 指：手指。

译文：

从手指的范围说明手指不是手指，不如从非手指的范围来说明手指不是手指；从马的范围说明马不是马，不如从非马的范围来说明马不是马。

天地就是一指，万物就是一马。

解说：

第十四至十八段阐释事物的无封性（封即物与物之间的区别）。

这一段总述物的无封性。

从手指的范围而言，甲手指不是乙手指，大拇指不是小拇指。但如果扩大到手指以外的非手指范围（如人的身体范围），那么，甲手指与乙手指、大拇指与小拇指都是手指（而不是脚趾或身体其他部位）。因此，在非手指这个大范围内，我们就不仅能看到甲手指与乙手指的不同性，而且还能看到二者的相同性，即无封性（封即界限的意思）。所以说，从手指的范围说明手指不是手指，不如从非手指的范围来说明手指不是手指。同样，从马的范围而言，甲马不是乙马，白马不是黄马。但如果从非马的范围（如动物的范围）而言，那么，甲马与乙马、白马与黄马都是马（而不是牛、羊或其他动物）。推而广之，如果将手指的范围和马的范围扩大到天地万物的范围，那么任何具体物虽然本性不同，但都是东西，相互间不存在区别。所以说，天地就如同一个手指一样、万物就如同一匹马一样，都是东西。

以上是第一种理解方式，即将手指与非手指之间的关系理解为既有从属关系（手指属于身体、马属于动物），又有并列关系（手指与脚趾并列，马与牛并列）。此外还有第二种理解方式，就是将手指与非手指的关系只理解为并列关系。譬如，将非手指理解为脚趾，将非马理解为牛，那么原文的含义就是：当我们对手指与非手指（如脚趾）、对马与非马（如牛）进行分别比较时，甲手指与乙手指都是手指（而不是脚趾），甲马与乙马都是马（而不是牛）。但结合后一句“天地一指也万物一马也”看，原文是从指、马到天地，其外延是在不断扩大的，因而第一种理解方式较为合理。

郭象认为，“以指喻指之非指，不若以非指喻指之非指也；以马喻马之非马，不若以非马喻马之非马也”的含义是“将明无是无非，莫若反复相明”。这种解释就将“以指喻指之非指”与“以非指喻指之非指”这两种对待事物的方式同等看待了，忽视了原文中“不若”二字的含义。

有些人认为，原文是名家学派公孙龙“白马非马”的论题。这种理解也不无道理。不过，公孙龙与惠子一样，是从事物相异性的角度看待问题，而庄子则是从事物相同性的角度阐述无封理论的。

15. **可乎可，不可乎不可。道**(1)**行之而成，物谓**(2)**之而然。恶**(3)**乎然？然于然。恶乎不然？不然于不然。物固**(4)**有所然，物固有所可。**

(1) 道：道路。

(2) 谓：称谓。

(3) 恶：何。

(4) 固：本来。

译文：

可以自有其可以的道理，不可以自有其不可以的道理。道路是人走出来的，万物的名称是人叫出来的。为什么说是呢？人们自有其是的道理，为什么说不是呢？人们自有其不是的道理。事物本来就被认为有其是的角度，事物本来就被认为有其可的角度。

解说：

这一段无封是如何产生封的。

既然“天地一指也、万物一马也”，那么可与不可、是与不是又是如何产生的呢？是从习惯中产生的——众人不断地行走，就有了道路；人们都这么叫，就有了事物的名称。而习惯自身有其是与不是、可与不可。久而久之，就好像事物自身也有了是与不是、可与不可似的。有了是与不是、可与不可，就产生了封。

16. **无物不然，无物不可。故为是举莛[(1)]与楹[(2)]，厉[(3)]与西施[(4)]，恢恑(guǐ)憰(jué)怪[(5)]，道通为一。其分也，成也；其成也，毁也。凡物无成与毁，复通为一。**

(1) 莛：茎也（俞樾《庄子平议》），草茎。

(2) 楹：屋柱也（陆德明《经典释文》引司马彪说）。

(3) 厉：病癞（陆德明《经典释文》引司马彪说），这里指丑陋的女人，与西施相对。

(4) 西施：春秋时越国的美女。

(5) 恢恑憰怪：指各种稀奇古怪的事。"恢"，诙谐；"恑"，诡秘；"憰"，狡诈（曹础基《庄子浅注》）。

译文：

实际上，没有一物绝对不是，也没有一物绝对不可。因此，像草茎和屋梁、丑女和西施，以及各种稀奇古怪的事物，从道的角度看，都是通而为一的。日常事物有所分，就有所成；有所成，就有所分。但事物自身无所谓分与成的分别，是浑然一体的。

解说：

本段阐述封的相对性。

上文已经阐明，事物的是与不是、可与不可，都是由日常习惯产生的，因而日常事物不存在绝对的不是、绝对的不可。在日常生活中，人的美与丑、物的成与毁等等分别都是人为的、相对的。从根本上看，事物自身都没有区别。

17. **唯达者[(1)]知通为一，为是[(2)]不用[(3)]而寓[(4)]诸庸。庸也者，用也；用也者，通也；通也者，得也；适得而几矣[(5)]。因是已[(6)]。已[(7)]而不知其然，谓之道。**

(1) 达者：通达大道的人。

(2) 为是：因此。

(3) 不用：不采用上述分别对待的方式。

(4) 寓：寄托。

(5) 几：尽也。至理尽于自得也（郭象《庄子注》。

(6) 因是已：顺应这种无封之理。“因”，顺应。“是”，此，指“知通为一”等。“已”，语末助词（陈启天《庄子浅说》）。

(7) 已：承上文而省“因是”二字，犹言“因是已，而不知其然，谓之道”，此乃庄子省字法也（蒋锡昌《庄子哲学》）。

译文：

只有通达大道的人才能领悟这种万物一体的道理，所以他们对事物不分别对待，而是顺随物之用。所谓庸，就是日常之用。顺随日常之用，就能通行于世间。能在世间通行的，就能无往不自得。无往不自得，就自得于道了。顺随日常之用而不追问其所以然，这就叫做道。

解说：

本段阐述得道者如何对待封的相对性。

通达大道的人明白万物为一的道理，因而对事物不加区分，只顺随事物日常之用，而不问其所以然。

18. **劳神明为一**[(1)] **而不知其同也，谓之朝三。何谓朝三？狙**（jū）**公**[(2)] **赋芧**[(3)]**，曰：“朝三而暮四**[(4)]**，”众狙皆怒。曰：“然则朝四而暮三，”众狙皆悦。名实**[(5)] **未亏而喜怒为用，亦因是**[(6)] **也。是以**[(7)] **圣人和之以是非而休**[(8)] **乎天钧**[(9)]**，是之谓两行**[(10)]。

(1) 劳神明为一：劳心费力地追求同一。“神明”，犹精神（《林希逸《庄子口义》）。

(2) 狙公：养猕猴子的老人。“狙”。猕猴。

(3) 赋芧：拿栗子喂（猴子）。“赋”，付与也（成玄英《庄子疏》）。

"芧"，山栗。

（4）朝三而暮四：早上给三，晚上给四。

（5）名实：橡子的总数目和实际的橡子。"名"，橡子的数目。"实"，实际给的橡子。

（6）是：此，指分别。

（7）是以：因此。

（8）休：息。

（9）天钧：自然之分。"钧"，通"均"，分，《寓言》篇为"均"字。

（10）两行：两可，是与非都可。

译文：

劳力费心去追求无封，却不知道万物本来就是无封的。这就叫做"朝三"。什么叫做"朝三"呢？有一个养猴子的老人，用山栗喂养猴子，说："早上吃三个，晚上吃四个。"猴子们听了都非常愤怒，于是养猴老人改口说："那就早上吃四个，晚上吃三个吧。"猴子们听了都非常高兴。山栗的数目和实际的山栗都没有变，猴子却产生怒、喜之心，也是因为分别之故。因此，得道者混合是非而安于天然之分，这叫做是、非并行不悖的"两行"。

解说：

这一段阐释无封在有封之前而不是相反。

事物本来就是无封的，封则是人为的。因此，如果认为物与物之间本来是有封的，是我们自己要去追求无封，那就如朝三暮四故事中的猴子一样糊涂——山栗的数目和实际的山栗都没有变（无封），但猴子却为早上吃三升还是吃四升而心生喜怒。得道者知道事物本来是无封的，因而心无是非，完全顺随事物的自然之分。

这里的名与实就是《逍遥游》中"圣人无名"的"名"。

19. **古之人，其知有所至**[1]**矣。恶**[2]**乎至？有以为未始**[3]**有物者，至矣，尽矣，不可以加矣。其次以为有物矣，而未始有封**[4]**也。其次以为有封焉，而**

未始有是非也。是非之彰[5]也，道之所以亏也。道之所以亏，爱之所之成。

(1) 至：造极之名也（成玄英《庄子疏》），极致，最高的境界。

(2) 恶：何。

(3) 未始：犹未曾（成玄英《庄子疏》）。

(4) 封：特定的领域，指物与物之间的界限。

(5) 彰：彰显。

译文：

古时的人，他们的见识达到了极致的境地。达到了什么样的境地呢？他们认为根本未曾有物存在。这就到了极致，到了尽头，无以复加了。次一等的，认为有物存在，但物与物之间不曾有界限。再次一等的，认为物与物之间虽然有界限，但不曾有是非。是非一旦出现，大道就有亏损。大道亏损，偏爱就形成了。

解说：

本段总结前文，提出悟道的三个层次。

第一层次是前文所阐述的感觉到物而没有感知到或注意到物的无物境界。在这种境界下，悟道者顺随事物自身，与物混而为一，事物自身就会呈现出无物性。

第二层次是前文所阐述的无封境界。在这种境界下，悟道者虽然在自身与浑然一体的天地万物之间有分别对待，但对物与物没有区分，这种境界被称为有物无封的境界。

第三层次是前文所阐述的有物境界。在这种境界下，悟道者不仅区分物、我，而且对物和物也进行了分别。这种境界被称为有封的境界。

一旦基于成见对有封之物加以执着，就会产生是非。有了是非，道就会被遮蔽。道被遮蔽了，就会产生偏爱之情。

20. **果[1]且[2]有成与亏乎哉？果且无成与亏乎哉？有成与亏，故昭氏[3]之鼓琴也；无成与亏，故昭氏之不鼓琴也。**

(1) 果：决定也（成玄英《庄子疏》）。

(2) 且：句中助词（曹础基《庄子浅注》）。

(3) 昭氏：即下文的昭文，善于弹琴。

译文：

果真有成功与亏损呢？还是没有成功与亏损呢？有成功与亏损，就像昭文弹琴一样；没有成功与亏损，就像昭文不弹琴一样。

解说：

第二十至二十二段接上一段阐述是非成败完全是主观的。

本段提出没有绝对的成功与亏损。

昭文在弹琴时，弹此音则失彼音，弹彼音则失此音（成玄英："昭氏鼓琴，虽云巧妙，而鼓商则丧角，挥宫则失徵"）；不弹琴，五音就会保全（成玄英："未若置而不鼓，则五音自全"）。世俗的是非成败就像昭文弹琴一样，有成就有败，有是就有非；无成就无败，无是就无非。

21. **昭文之鼓琴也，师旷[1]之枝策[2]也，惠子之据梧[3]也，三子之知几[4]乎皆其盛者也，故载之末年[5]。唯其好之也，以异于彼[6]，其好之也，欲以明之[7]。彼非所明而明之，故以坚白[8]之昧[9]终。而其子又以文[10]之纶[11]终，终身无成。**

(1) 师旷：字子野，晋平公乐师，甚知音律（成玄英《庄子疏》）。

(2) 枝策：举杖以击节（陆德明《经典释文》引崔譔说）。"枝"，打杖也，亦言击杖也（成玄英《庄子疏》）。"策"，杖也（陆德明《经典释文》引司马彪说）。

(3) 惠子之据梧：惠施靠着梧桐树（辩论）。"惠子"，惠施，名家代表，庄子的朋友，见《逍遥游》。"据"，依。"梧"，梧桐树。

(4) 几：近。

(5) 载之末年：书之于今也（陆德明《经典释文》引崔譔说）。"载"，记载。"末年"，后代。

(6) 异于彼：与他人不同。

(7) 明之：使他人明白。

(8) 坚白：公孙龙的坚白论。

(9) 昧：不明。

(10) 文：昭文。

(11) 纶：绪也（成玄英《庄子疏》），余绪指流传给后世的部分。

译文：

昭文弹琴，师旷举杖击节，惠子靠着梧桐树论辩，他们三人在各自领域恐怕是登峰造极的了，因而事迹流传至今。正因为他们所爱好的与众不同，又想把自己所好的让别人明白，别人不明白，他们就勉强别人明白，因而只能守着那些“坚白论”之类的糊涂观念而终其一生。昭文的儿子承袭昭文的事业，以致终身没有什么成就。

解说：

本段接上文阐明是非成败的方法就像昭文弹琴一样没有一定的。

昭文弹琴、师旷击节、惠子论辩，三人都是各自领域的佼佼者。从他们自己的角度看，他们是成功的（是）。但对别人而言，则难以用他们的方法获得成功，连昭文的儿子终生从事昭文的事业也一事无成。因此，成与败的方法是没有一定的。

22. **若是而可谓成乎？虽我亦成也。若是而不可谓成乎？物与我无成也。是故滑（gǔ）疑之耀**(1)**，圣人之所图**(2)**也。为是不用**(3)**而寓诸庸**(4)**，此之谓以明**。

(1) 滑疑之耀：搅乱人心的炫耀。“滑”，乱也（陆德明《经典释文》引司马彪说）。

(2) 图：图谋。

(3) 不用：指去掉“滑疑之耀”

(4) 庸：日常之用。

译文：

像他们这样的算是成功吗？那么即使我这样的也是成功的了；像他们这样不算成功的吗？那么众人和我也都不成功。所以，对于那种迷乱人心的炫耀行为，是得道者要摒弃的。因此，得道者不会炫耀自己，只顺随日常事物之用，这就叫以无是无非的明见去观照。

解说：

本段继续阐述得道者如何对待世俗的成功与失败。

就事物本身看，没有所谓的成就与亏损，是人们的成见造成了成功与失败的分别。得道者心中无分别对待，顺随日常事物之用（“不用而寓诸庸”），因而心中没有成功与失败，也没有是与非。

以上为《齐物论》理论部分的第一部分，阐释了事物的无物性、无封性、有封性以及无是无非性，并指出是非分别所带来的问题。

23. **今且[1]有言于此，不知其与是[2]类乎？其与是不类乎？类与不类，相与为类，则与彼无以异矣**。

虽然[3]，请尝言之。

(1) 今且：假设之词（曹础基《庄子浅注》）。

(2) 是：有两种解释，一、此的意思，指上述“为是不用而寓诸庸，此之谓以明”。二、是非之“是”。从前后文看，第二种解释更为合适。

(3) 虽然：即使这样。

译文：

现在假如在这里说了一番话，不知这番话与是非之“是”是同类呢，还是不同类？不管同类还是不同类，相互间都属于同类，那么同类与不同类就没什么分别了（都属于是非）。

即便如此，我还是要尝试着姑妄言之。

解说：

第二十三至二十八段阐述无物之物如何产生出无封之物、无封之物如何产生出有封之物、有物之物如何产生出是非争论。

这一段阐释话语有是非，因而不可执着于下面的话本身。

我们说一番话，如果它与是非之“是”同类，就属于是非之“是”；如果它与是非不同类，就属于是非之“非”。但不管这番话属于是非之“是”还是属于是非之“非”，都属于是非。是非就会遮蔽道。但传道又离不开语言。为了传达道的含义，庄子还是要尝试着言说。

24. **有始也者，有未始有始也者，有未始有夫未始有始也者**。**有有也者，有无也者，有未始有无也者，有未始有夫未始有无也者**。

译文：

事物有“开始”的状态，有不曾“开始”的状态，有不曾不曾“开始”的状态。事物有“有”的状态，有“无”的状态，有不曾有“有”也不曾有“无”的状态，还有不曾有不曾有“有”也不曾有“无”的状态。

解说：

本段从有封之物回溯至无封之物，再回溯至无物之物，既回应第一部分有关物的三种形态，又为下文的阐述做好准备。

从日常时间的角度看，事物有始就有终。有始有终就是有封。不曾有始则不曾有终，因而始与终混而为一，就是无封。不曾不曾“开始”的状态，连始与终混一之“一”都没有，就是无物。

从日常空间的角度看，有“有”、有“无”，则“有”与“无”之间存在分别，就是有封。如果“尚未有无”，则“有”与“无”混而为一，就是无封。如果连不曾有“有”也不曾“无”都没有，则连“有”、“无”合一之“一”也没有，就是无物了。

25. **俄而[1]有无矣，而未知有无之果孰有孰无也。今我则已有谓[2]矣，而未知吾所谓之其果有谓乎，其果无谓乎？天下莫大于秋豪[3]之末，而大（tài）山[4]为小；莫寿于殇（shāng）子[5]，而彭祖[6]为夭[7]。**

（1）俄而：忽然间。

（2）谓：说。

（3）秋豪：秋时兽生豪毛，其末至微，故谓之末也（成玄英《庄子疏》），秋天野兽的毫毛。“豪”，通“毫”。

（4）大山：即泰山。

（5）殇子：人生在于襁褓而亡，谓之殇子（成玄英《庄子疏》），夭折的孩子。

（6）彭祖：古代传说中的长寿者，见《逍遥游》。

（7）夭：短命。

译文：

忽然间出现了“有”、“无”，但不知道“有”、“无”果真是“有”还是果真是“无”？现在我已经说了这番话，但不知果真有所说，还是无所说？天下并不比秋毫的末端更大，而泰山算是小的；没有比夭折的婴儿更长寿，而彭祖算是短命的。

解说：

这一段阐述有封之物是如何产生的。

前文已经阐明了自然之物的本性是无物的，但世俗生活中，又存在着“有”与“无”之分，即存在有封之物，那么，“有”与“无”到底属于有物还是无物呢？与此相类似，我刚才说的这番话（也是一种特殊的有物之物），到底是属于有物还是无物呢？

如果我们以无物之心看待这些物（有、无以及话语），它们就属于无物之物；如果我们以世俗之心看待，那它们就是有物之物（有“有”、有“无”）。得道者以无物之心看待，因而这些界限就是相对的（这里的“看作”是无心的。有心则不合道），一切物实际上都是无封之物。譬如，如果我们参照的标准比秋毫都小，那么，秋毫就是大的；如果我们参照的标准比泰山都大，那么，泰山就是小的。同样，如果我们参照的时间标准比夭折婴儿的生命更短，那么夭折的婴儿就是长寿的；如果我们参照的时间标准比彭祖的寿命还长，那么，彭祖就是短命的。因此，大与小、长与短、前与后，乃至有与无等一切界限都不是绝对的，得道者眼中的日常之物都是无封之物。

26. **天地与我并生，而万物与我为一。既已为一矣，且得有言乎？既已谓之一矣，且得无言乎？一与言为二，二与一为三。自此以往，巧历**[1]**不能得，而况其凡**[2]**乎！**

(1) 巧历：善于计算的人（曹础基《庄子浅注》）。

(2) 凡：普通人。

译文：

天地和我同时存在，而万物与我混为一体。既然已经混而为一了，还能再说什么吗？既然已经说“混而为一”了，还能说没有说什么吗？万物合为一体，加上我所说的“混为一体”这句话，就是二了，二再加上一就是三。以此类推，就是再善于计算的人也找不到最后的数目，何况是普通人呢？

解说：

第二十六和第二十七段以正整数的产生为例阐释无物之物如何产生无封之物。这一段阐释正整数（属于有物之物）的产生。

天地万物是浑然一体的，因此，当我们说我与万物为一体的时候，浑然一体的万物就成了一方，我的话就成了另一方。一加一等于二。再将二加上一，就是三了。以此方法就可以产生无穷的数字。

由此可知，上文“俄而有无”产生的原因，与数字产生的原因一样，在于我们有了分别对待。

27. **故自无适有**[1]**以至于三，而况自有适有乎！无适**[2]**焉，因是**[3]**已。**

(1) 自无适有：从无到有。

(2) 无适：无往，不要再计算下去了。

(3) 是：此，指事物自身。

译文：

所以，从无推到有，以至于三都推算出来了，何况是从有到有呢！不要再劳神费力了，顺随自然就是了。

解说：

这一段阐释得道者如何对待正整数这种有物之物。

既然从无（无物）可以推算出二（有、无），从二可以推出三，以致无穷，那么，从有推到有（从无封之物到有封之物）就更不在话下了。

正整数是无限的，有物之物也是无限的。得道者无需劳心费力地推算正整数、分别有物之物，顺随自然就是了。

28. **夫道未始有封**(1)**，言未始有常**(2)**，为是**(3)**而有畛（zhěn）**(4)**也。请言其畛：有左，有右，有伦，有义**(5)**，有分，有辩**(6)**，有竞，有争，此之谓八德。**

(1) 道未始有封：相当于前文的“以为有物矣，而未始有封矣”。“封”，界限。

(2) 言未始有常：相当于前文的“所言特未定也”。“常”，确定的标准。

(3) 为是：有两种解释。一、因此。二、为了一个是，即争论出是（与非）。从争端看，第二种解释更为合理。

(4) 畛：畛域（成玄英《庄子疏》），即有封之“封”。

(5) 有伦有义：崔本作“有论有议”（陆德明《经典释文》），与下文“论而不议”对应。

(6) 辩：从下一段“圣人议而不辩”看，应为辩论的意思。

译文：

道本来是没有任何界限的，语言本来也没有固定的所指，为了争一个

“是”字才分出了界限。让我们说说这些界限的产生：有左，有右，有论，有议，有分（辩），有辩（论），有竞，有争。这叫做八种表现。

解说：

这一段阐述有物之物如何产生了是非争论。

事物本来是没有界限的（无封），但为了争论出一个是非之是，就产生出左、右、论、议、分、辩、竞、争等八种典型的分别。这八种分别可以分为两组，第一组“有左，有右，有论，有议”属于有封。第二组“有分，有辩，有竞，有争”属于有是非。有是非就不合道。

29. **六合[(1)]之外，圣人存而不论；六合之内，圣人论而不议。《春秋》经世先王之志[(2)]，圣人议而不辩。**

(1) 六合：上下四方。

(2)《春秋》经世先王之志：即“《春秋》先王经世之志”（曹础基《庄子浅注》），《春秋》是纪录先王治国事迹的。“经”，治。“志”，记载。

译文：

天地之外的事，得道者存而不论；天地之内的事，得道者只言说而不评议。《春秋》史书是记载先王治国事迹的，得道者只评议而不辩论。

解说：

第二十九段至第三十二段阐释得道者如何对待物。

这一段阐述得道者如何对待无物之物、无封之物和有封之物。

六合指天地四方，即有形的范围。“六合之内”指天地之内的物，即没有分别、混而为一的无封之物；“六合之外”则指有形之外的物，即无物之物；“《春秋》经世先王之志”是指《春秋》记载的一件件历史事实（有封之物）。得道者对“六合之外”的无物之物不加谈论，对“六合之内”的无封之物谈论而不加评议，对《春秋》记载的有封之物评议而不辩论，即以无物之心对待无封之物和有封之物。

以无物之心对待的无封之物和有封之物就是广义的无物之物，本书前面有些地方称之为无物之物。但为了具体而微地对得道者以无物之心对待的到底是无封之物和有封之物，本书以后部分就将得道者以无物之心对待无封之物和有封之物加以区分，简称为无封之物和有封之物（无是非也是指有封之物而言的）。本书对无名、无功、无己或无我与无物也做同样的处理。其中，广义的无我既指无名、无功、无己的混一状态，也指以侠义的无我之心对待自我。具体含义视上下文而定。

30. **故分也者，有不分也；辩也者，有不辩也。曰：何也？圣人怀**[(1)]**之，众人辩之以相示**[(2)]**也。故曰辩也者有不见也。**

(1) 怀：藏于心。

(2) 相示：相互夸耀。

译文：

所以，有分别，就有未分别的；有辩论，就有未辩论的。为什么呢？得道者心怀万物，而众人以辩论来夸示于世，所以说，有辩论，就有见不到的地方。

解说：

这一段阐述得道者如何对待是非。

一切日常事物都是由对待而存在的，如果着眼于有分别，对没有分别的就不会注意到；有辩论，对没有辩论的东西就不会注意到。这样就会带来是非争论。得道者则不然，心怀万物，不以分别辩论之心看待物。

31. **夫大道不称**[(1)]**，大辩不言**[(2)]**，大仁不仁**[(3)]**，大廉不嗛（qiān）**[(4)]**，大勇不忮（zhì）**[(5)]**。道昭**[(6)]**而不道，言辩而不及，仁常而不成**[(7)]**，廉清而不信，勇忮而不成。五者园而几向方矣**[(7)]**。**

(1) 大道不称：大道无法言说。“称”，称道，说明。

(2) 大辩不言：合道的高论不靠语言（有语言就有是非）。

(3) 大仁不仁：大仁没有偏爱。

(4) 大廉不嗛：皎然异俗，卓尔不群，意在声名，非实廉也。（成玄英《庄子疏》），大廉无需标榜。“嗛”，口所衔也（《说文》）。

(5) 大勇不忮：大勇不违逆众人。“忮”，逆也（成玄英《庄子疏》）。

(6) 昭：明白。

(7) 仁常而不成：即仁不能周到。“成”，古藏本成作“周”（郭庆藩《庄子集释》）。

(8) 园而几向方矣：本来是圆的却接近方的。“园”，通“圆”。“几”，近。

译文：

大道无法言说，大辩无需言语，大仁无所偏爱，大廉无需标榜，大勇不违众人。道一经言说就不是道，言语争辩就有所不及，一旦偏爱就不是仁，过分标榜廉洁就不可信，违逆众人就不是真勇。这五个方面就像本来是圆的却几乎变成了方的。

解说：

本段以常见的道、言、仁、廉、勇为例阐释不可有是非。

如果以日常语言进行说明（是非），道就被语言遮蔽了（见前文）；如果进行辩论（有是非），对无法辩论的地方就被遮蔽（被语言遮蔽了）。有偏爱，就会对事物产生是非好恶，就不是无偏爱的大仁。自我标榜廉洁，就是在追逐名声，贪名就不是真正的廉洁。无法控制自己就是连自己都不能战胜，因而不是真勇。因此，道、言、仁、廉、勇好像与其相反的方面相近，就像本来想的是圆的，却几乎变成了方的似的。由此可见，只要它们的本性被固定（是），就会走向反面（非），从而失去它们自身的本性，带来是非争论。

32. **故知止其所不知，至矣。孰[1]知不言之辩，不道之道？若有能知，此之谓天府[2]。注焉而不满，酌[3]焉而不竭，而不知其所由来，此之谓葆光[4]。**

(1) 孰：谁。

(2) 天府：天然的宝库。“天”，自然。

(3) 酌：取。

(4) 葆光：若有若无，谓之葆光（陆德明《经典释文》引崔譔说）。“葆”，潜藏。

译文：

所以，知道在其不知道的地方停止，就达到极点了。谁能明白无需语言的辩论、不用言说的大道？如果能领悟道，就像天然的宝库。注入多少水不会满溢，取出多少水也不会枯竭，但又不知道源流来自哪里，这就叫做潜藏之光。

解说：

道无法用言语表达，超越是非。如果一个人知道在他所不知的地方顺其自然地停下来，就不会心怀成见，与人论是论非，而是顺随外物，依道而行。文中所谓潜藏之光隐喻事物的无是无非状态（有是有非就不是潜藏之光，而是黑白分明）。

这种知道在他所不知的地方顺其自然地停下来的人就是得道者。得道者与悟道道这不同。得道者既领悟了道又能依道而行（《大宗师》“南伯子葵”故事中所谓的既有“圣人之道”又有“有圣人之才”者）。悟道者领悟了道，但不能（不是不愿）顺随世俗而为（《大宗师》“南伯子葵”故事中所谓的“有圣人之道而无圣人之才”者）。

以上是《齐物论》的理论部分。下文是故事部分，阐发无物、无封、无是非的含义。

33. **故(1)昔者尧问于舜(2)曰：“我欲伐宗、脍（kuài）、胥（xū）敖（áo）(3)，南面(4)而不释然(5)。其故何也？”**

舜曰：“夫三子(6)者，犹存乎蓬艾之间(7)。若(8)不释然，何哉？昔者十日并出，万物皆照，而况德之进(9)乎日者乎！”

(1) 故：“故”，作“夫”字用，古书中有此用法（张默生《庄子新解》）。

(2) 舜：传说中的继尧之后的古代帝王。

(3) 宗、脍、胥敖：尧时的三个小国。

(4) 南面：君位也（成玄英《庄子疏》）。

(5) 释然：怡悦貌也（成玄英《庄子疏》），芥蒂于心也（宣颖《南华经解》）。

(6) 三子：三个国家的君主，指代国家。

(7) 蓬艾之间：指狭小之地。“蓬”，蓬蒿。“艾”，艾草。

(8) 若：你。

(9) 进：胜过。

译文：

从前，尧问舜说：“我想要讨伐宗、脍、胥敖，可每次上朝时，心中总是感到不安，什么原因呢？”

舜说：“那三个国家，就像在蓬蒿、艾草中一般，你何必放在心上呢？据说从前有十个太阳同时出现，万物都被照耀，何况您的德行胜过太阳呢！”

解说：

这个故事阐述是非会带来烦恼。

尧想讨伐宗、脍、胥敖，是因为心中有是非。是非横于心中，

因而心理不安宁。舜认为，以前十个太阳同时出来，就能照耀万物，尧的德行胜过十个太阳，更应该容纳万物，因而要去掉是非，放过三个国家。没有是非，心中的不安就会自然消除。

本段也可以理解为，十个太阳都能同时并存，德行胜过太阳的尧，更应该去掉心中的是非，与三个小国家和平相处。

34. **啮（niè）缺[1]问乎王倪[2]曰：“子[3]知物之所同是[4]乎？”**

曰：“吾恶（wū）[5]乎知之！”

“子知子之所不知邪？”

曰：“吾恶乎知之！”

“然则物无知[6]邪？”

曰：“吾恶乎知之！虽然，尝试言之。

(1) 啮缺：许由之师，王倪弟子，并尧时贤人也（成玄英《庄子疏》）。

(2) 王倪：啮缺的老师，见《天地篇》。

(3) 子：你。

(4) 所同是：所同之是（曹础基《庄子浅注》）。

(5) 恶：何。

(6) 无知：无法认识。

译文：

啮缺问王倪说："你知道万物共同的标准吗？"

王倪回答说："我哪里会知道！"

啮缺又问："你知道你不知道的东西吗？"

王倪回答说："我哪里会知道！"

啮缺再问："那么事物就无法知道了吗？"

王倪说："我哪里会知道！即便这样，我还是试着说说看吧。

解说：

第三十四至三十六段阐述无物、无封以及是非的相对性。

本段提出知与不知的相对性，即是非的相对性。

事物是无物的，没有固定的本性，所谓共同的东西是由成见形成的。王倪是得道的人，心中无物，顺随世俗，知道世俗认可的东西都是相对的，所以回答不知道。但如果自己知道自己不知道，那还是在借助某种标准在进行判断。而标准就是成见，有成见就有是非。因此，当啮缺问他是否知道自己所不知道的东西时，王倪还是回答说不知道。

对于习俗共同认可的某种东西，我们无论是说知道，还是说不知道，都处在是非之中。因而当啮缺问事物是否无从知道时，王倪依然回答说不知道。但是，面对啮缺的连续追问，王倪又不能不回应。而想要有所回应，就离不开会带来是非的日常语言，因此，他说自己只能尝试着说明。

35. **庸讵**（jù）[(1)]**知吾所谓知之非不知邪？庸讵知吾所谓不知之非知邪？且**

吾尝试问乎女[2]：民[3]湿寝[4]则腰疾偏死[5]，鳅[6]然乎哉？木处则惴（zhuì）栗恂（xún）[7]惧，猨[8]猴然乎哉？三者孰知正处[9]？民食刍豢（huàn）[10]，麋鹿食荐[11]，蝍（jí）蛆（jū）[12]甘带[13]，鸱[14]鸦耆[15]鼠，四者孰知正味？猨猵（biān）狙[16]以为雌，麋与鹿交，鳅与鱼游。毛嫱丽姬[17]，人之所美也；鱼见之深入，鸟见之高飞，麋鹿见之决骤[18]。四者孰知天下之正色哉？自我观之，仁义之端[19]，是非之涂[20]，樊（fán）然殽乱[21]，吾恶能知其辩！

（1）庸讵：何以。“庸”，用也；“讵”，何也（陆德明《经典释文》引李颐说）

（2）女：通“汝”，你。

（3）民：人。

（4）湿寝：睡在湿的地方。

（5）偏死：偏枯死也（陆德明《经典释文》引司马彪说）。

（6）鳅：泥鳅。

（7）栗恂：恐惧。“栗”，战栗。“恂”，惧貌（陆德明《经典释文》），害怕的样子。

（8）猨：猿猴（成玄英《庄子疏》）。“猨”，通“猿”。

（9）处：处所。

（10）刍豢：牛羊曰刍，犬豕曰豢，以所食得名也（陆德明《经典释文》引司马彪说）。

（11）荐：甘草也（陆德明《经典释文》引崔譔说）。

（12）蝍蛆：蜈公。

（13）甘带：以蛇为美味。“甘”，可口。“带”，小蛇也，蝍蛆好食其眼（陆德明《经典释文》引司马彪说）。

（14）鸱：猫头鹰。

（15）耆：通“嗜”，喜好。

（16）猵狙：猵狙，一名獦牂，其雄憙与猿雌为牝牡（陆德明《经典释文》引崔譔说）。

（17）毛嫱、丽姬：古代的两位美女。“毛嫱”，传说是越王的美姬；“丽姬”，晋献公夫人。

(18) 决骤：快速奔跑。“决”，疾足不顾为决（郭庆藩《庄子集释》引崔譔说）。

(19) 端：头绪。

(20) 涂：通“途”。

(21) 樊然殽乱：纷然杂乱的样子。“樊然”，杂乱的样子。“殽”，杂错也（《说文解字》）。

译文：

怎么知道我所说的知不是不知呢？怎么知道我所说的不知不是知呢？我且问你，人睡在潮湿的地方，就会腰酸背痛、半身不遂，泥鳅也会这样吗？人爬到高树上就会感到颤栗恐惧，猿猴也会这样吗？这三者究竟谁才知道哪里是真正合适的处所呢？人类吃肉，麋鹿吃草，蜈蚣喜欢吃蛇，猫头鹰和乌鸦喜欢吃老鼠，这四者究竟谁才知道什么是真正可口的美味呢？猵狙和雌猿做配偶，麋与鹿交配，泥鳅和鱼交合。毛嫱、丽姬是世人公认的美人，但是，鱼见了她们就会游向水底，鸟见了她们就会飞向高空，麋鹿见了她们就急速逃走，这四者究竟谁才知道什么是真正的美色呢？在我看来，仁义思想，是非标准，纷然错杂，我怎么知道其中的区别呢？”

解说：

本段举例说明是非的相对性。

一切所谓的知与不知都是相对的。以居处而言，人、泥鳅与猿猴的合适居处都不相同；以美味而言，人、麋鹿、蜈蚣、猫头鹰和乌鸦各有所好；以美色而言，猵狙喜欢雌猿、麋喜欢鹿、泥鳅喜欢鱼，人们认为漂亮的毛嫱、丽姬，鱼、鸟和麋鹿见了她们都会躲开。依此类推，世间的仁义学说、是非标准也只是某些人的喜好。如果将这些东西强加给其他人，就会带来是非之争。

36. **啮缺曰：“子[1]不知利害，则至人[2]固不知利害乎？”**

王倪曰：“至人神矣！大泽[3]焚而不能热，河汉[4]沍（hù）[5]而不能寒，疾雷破山飘风振海而不能惊。若然[6]者，乘云气[7]，骑日月[8]，而游乎四海之

外。死生无变于己[9]，而况利害之端乎！”

(1) 子：你。

(2) 至人：回归本性的人，即无己的人。见《逍遥游》。

(3) 大泽：大草泽。

(4) 河汉：泛指江河。“河”，黄河。“汉”，汉水。

(5) 冱：冻也（陆德明《经典释文》引向秀说）。

(6) 若然：像这样的人。“然”，这样。

(7) 乘云气：顺随事物的变化，指无己。参见《逍遥游》。

(8) 骑日月：掌握日月的变化，指无功。参见《逍遥游》。

(9) 变于己：使自己改变。

译文：

啮缺问：“您不知道利害，难道至人也不知道吗？”

王倪说：“至人神妙至极，草泽起火，不能使他感到炙热；江河冻结，不能使他感到寒冷；炸雷震撼山岳、狂风掀起巨浪，不能使他感到恐惧。像这样的至人，乘驾着云气，骑着日月，遨游于四海之外。连生死都不能改变自己，何况像世俗的利与害这样的小事呢？”

解说：

本段阐释至人无物、无封、无是无非的含义。

至人无我顺物，不与大火、寒冷、疾雷、狂风对抗，因而不会有火之热、天之寒、疾雷狂风之恐怖；能驾驭事物的变化，因而能逍遥自在地遨游于四海之外（意为不受四海所约束）。这样的人连生死这种大事都不足以动其心，世俗的是与非利害这种小事当然不会放在心上。

大泽焚而不能热，河汉冱而不能寒，疾雷破山飘风振海而不能惊——无我而顺随外物，因而没有火之热、天之寒、疾雷狂风之恐怖。

乘云气——无己、无物。

骑日月——顺随万物以驾驭外物，即无功。

游乎四海之外——不关心世俗事务，故无名、无是非。

死生无变于己，而况利害之端乎——死与生是封，“死生无变于己”则无封。心中没有利害之分，所以无是非。

37. **瞿鹊子[(1)]问乎长梧子[(2)]曰：“吾闻诸夫子[(3)]，圣人不从事于务[(4)]，不就[(5)]利，不违[(6)]害，不喜求，不缘[(7)]道；无谓[(8)]有谓，有谓无谓，而游乎尘垢[(9)]之外。夫子以为孟浪[(10)]之言，而我以为妙道之行也。吾子[(11)]以为奚若[(12)]？”**

长梧子曰：“是[(13)]黄帝之所听荧[(14)]也，而丘也何足以知之！且女[(15)]亦大[(16)]早计，见卵而求时夜[(17)]，见弹而求鸮（xiāo）炙[(18)]。

（1）瞿鹊子：长梧子的弟子，孔子后学。

（2）长梧子：居长梧下，因以为名（陆德明《经典释文》引李颐说），可参见《则阳》篇。

（3）夫子：指孔子。

（4）务：犹事也（成玄英《庄子疏》）。

（5）就：趋就，追逐。

（6）违：避。

（7）缘：攀缘。

（8）谓：言教也（成玄英《庄子疏》）。

（9）尘垢：凡非真性，皆尘垢也（郭象《庄子注》）。

（10）孟浪：荒唐。

（11）吾子：您。

（12）奚若：怎样。“奚”，何。

（13）是：此，指上面的话。

（14）听荧：疑惑不明之貌也（成玄英《庄子疏》）。

（15）女：通“汝”，你。

（16）大：通“太”。

（17）时夜：司夜，谓鸡也（陆德明《经典释文》引崔譔说）。

（18）鸮炙：烤斑鸠肉。“鸮”，小鸠也（陆德明《经典释文》）。“炙”，烤肉。

译文：

瞿鹊子问长梧子说："我曾听孔夫子说过：'得道者不谋划世俗之事，不贪图利益，不躲避灾害，不热衷于妄求，不攀缘于大道，没说好像已说，说了好像没说，遨游于尘世之外。'孔夫子认为这些都是无稽之谈，而我认为这是领悟了妙道的表现。先生认为怎样？"

长梧子说："这些话连黄帝听了都会感到疑惑，孔丘又怎能理解呢？而你也太急于做出判断了，看到鸡蛋就想得到报晓的公鸡，看到弹弓就想得到烤熟的斑鸠。

解说：

第三十七至四十二段的对话阐述无物、无封（包括生死）、无是非的含义。

本段指出不可对他人的言语做出是非好恶的判断。

得道者做事顺其自然，不求利，不避害，不妄求，不执着；无言如同有言（如上文王倪对啮缺的问题都回答说不知道），有言如同无言（顺自然而说，说了也如同没说）；超脱世俗之外。而孔子没有得道，所以认为这些话是无稽之谈。孔子固然是错的。但是，如果对这些话做出肯定的判断，也一样处在是非判断之中。处在是非之中就不合道。因此，长梧子一边批评孔子的判断，一边扫除瞿鹊子不合道的言论。

在《庄子》一书中，孔子有时是得道者，有时又不是得道者。因此，我们不能以考证的眼光看待《庄子》一书。

不从事于务，不就利，不违害，不喜求，不缘道——无为、无我而顺物。

而游乎尘垢之外——不关心世俗事务，无名。

38. **"予尝为女**(1)**妄**(2)**言之，女以妄听之奚**(3)**？旁**(4)**日月，挟**(5)**宇宙，为**(6)**其吻合**(7)**，置**(8)**其滑（gǔ）涽（hūn）**(9)**，以隶相尊**(10)**。众人役役**(11)**，圣人愚芚（chūn）**(12)**，参万岁而一成纯**(13)**。万物尽然**(14)**，而以是**(15)**相蕴**(16)**。**

(1) 女：通"汝"，你。

(2) 妄：姑且，姑妄。

(3) 奚：怎样。

(4) 旁：依也（陆德明《经典释文》引司马彪说）。

(5) 挟：怀藏也（成玄英《庄子疏》）。

(6) 为：与（曹础基《庄子浅注》）。

(7) 吻合：若两唇之相合也（陆德明《经典释文》引司马彪说）。

(8) 置：任也（成玄英《庄子疏》）。

(9) 滑涽：昏乱。滑，乱也；涽，闇也（成玄英《庄子疏》）。

(10) 以隶相尊：把世俗的尊卑看作是一样的。“隶”，奴仆之类的人。

(11) 役役：忙碌的样子。

(12) 愚芚：淳朴无知的样子。“芚”，浑沌不分察也（陆德明《经典释文》引司马彪说）。

(13) 纯：不杂者也（成玄英《庄子疏》）。

(14) 尽然：都这样。“然”，这样。

(15) 以是：因此。

(16) 相蕴：相聚而不排斥。“蕴”，积也（郭象《庄子注》）

译文：

现在我为你姑妄言之，你也姑妄听之，怎么样？得道者依傍日月，心怀宇宙，与万物混而为一，将是非纷乱放在一旁，对尊卑贵贱一视同仁。众人忙忙碌碌，得道者浑然无知，视万年如一整体。万物都一样，因而相蕴而无分别。

解说：

这一段阐释事物的无物性、无封性。

日常语言无法言说道，但传道又离不开语言，所以长梧子说，自己只能姑妄言之，瞿鹊子也只能姑妄听之。

得道者以无物之心看待日月和宇宙万物，以无封之心看待是与非、贵与贱、智与愚，视万年与为一整体（视时间长短如一），视万物如一，将一切都视作无封的。

旁日月，挟宇宙，为其吻合——无我顺物。

置其滑涽，以隶相尊——贵贱无封。

参万岁而一成纯。万物尽然，而以是相蕴——时间无封，万物无封。

39. **予恶乎知说(1)生之非惑邪！予恶乎知恶死之非弱丧(2)而不知归者邪！丽之姬(3)，艾封人(4)之子也。晋国之始得之也，涕泣沾襟；及其至于王所(5)，与王同筐(6)床，食刍豢(7)，而后悔其泣也。予恶乎知夫死者不悔其始之蕲(8)生乎！**

(1) 说：通“悦”。

(2) 弱丧：少而失其故居，名为弱丧（郭象《庄子注》）。“弱”，年少。“丧”，流浪。

(3) 丽之姬：晋献公伐丽戎国时，娶丽戎国艾地守疆人的女儿为姬，称为丽姬（曹础基《庄子浅注》）。

(4) 艾封人：艾地封疆守土的人。

(5) 王所：君王居住的宫殿。

(6) 筐：安床也（陆德明《经典释文》引司马彪说）。

(7) 刍豢：牛羊曰刍，犬豕曰豢（陆德明《经典释文》引司马彪说）。

(8) 蕲：求。

译文：

我怎么知道贪生不是迷惑呢？我怎么知道怕死不是像自小在外流浪而不知返乡一样呢？丽姬是艾地守卫边疆官员的女儿，当晋国刚迎娶她的时候，她哭得泪湿衣襟；等她进了王宫之后，与晋王同睡在一张舒适的大床上，共同享受着美味佳肴，这才后悔当初不该泪湿衣襟。我怎么知道死去的人不会后悔当初留恋尘世呢？”

解说：

本段类比阐释如何对待生与死这个大封。

生不一定值得留恋，死也不一定可怕。怕死者可能像不知返乡的游子，返乡后才知道当初的迷误；贪生者可能像不肯出嫁的丽姬一样，出嫁前伤心欲绝，出嫁后才知道快乐无边。因此，世人无需贪生怕死，而应去除心中对生与死的分别，视生死如一。

庄子在这里第一次谈到生死问题。《庄子》中多次阐述生死问题，大致观点有二。一、生死如一，无需贪生怕死。二、人死后有灵魂之类的东西，生活很快乐，还可以托生。但庄子多是采用类比论证的方法，没有进行系统的论证。

40. **梦饮酒者，旦**(1)**而哭泣；梦哭泣者，旦而田**(2)**猎。方其梦也，不知其梦也。梦之中又占其梦焉，觉而后知其梦也。且有大觉**(3)**而后知此其大梦也，而愚者自以为觉，窃窃**(4)**然知之。君乎，牧**(5)**乎，固**(6)**哉！丘也与女**(7)**，皆梦也；予谓女梦，亦梦也。是其言**(8)**也，其名为吊诡**(9)**。万世之后而一遇大圣，知其解者，是旦暮**(10)**遇之也**。

(1) 旦：早晨。

(2) 田：打猎。

(3) 大觉：夫大觉者，圣人也（郭象《庄子注》）。

(4) 窃窃然：犹察察也（陆德明《经典释文》引司马彪说）。

(5) 牧：牛曰牧，马曰圉也（成玄英《庄子疏》）。

(6) 固：鄙陋（成玄英《庄子疏》）。

(7) 女：通“汝”，你。

(8) 是其言：这些话。

(9) 吊诡：非常奇怪的言论。“吊”，至（陆德明《经典释文》）。“诡”，怪异。

(10) 旦暮：指时间短。

译文：

梦中饮酒作乐的人，早上起来却悲伤地哭泣；梦中哭泣的人，早上起来却高兴地去打猎。当他在梦中的时候，却不知道自己是在做梦。梦中还在占梦呢，醒来之后才知道那是一场梦。只有得道的大觉悟者，才明白人生也只不过是一场大梦。而愚昧的人却自以为十分清醒，好像什么都很明白，整天君啊，臣啊，真是愚顽浅陋极了！孔丘和你，都是在做梦；我说你在做梦，我也是在说梦话。这些都是些奇谈怪论。万世之后如果遇到一个得道者，顷刻间就能领悟这个道理。

解说：

本段用梦与醒的关系来比喻生与死的无封性、是与非的相对性。

梦中饮酒，醒来哭泣；梦中哭泣，醒来打猎。梦中的一切是不可靠的，不能作为判断是非的标准。人生又何尝不是一场大梦呢？因而得道者不分别所谓的梦境与现实（无封）。只有那些愚昧的人，才觉得是非分明，君臣定位。这正是做梦的表现。孔子没悟妙道，是在梦中；瞿鹊子否定孔子，也是在梦中；长梧子说别人在做梦，依然是在梦中。梦中的一切怎么能作为（判断是非的）凭据呢？一切都是相对的。只有真正的得道者才能彻底明白生死的无封性和相对性。

41. **“既使我与若[1]辩矣，若胜我，我不若胜[2]，若果[3]是也，我果非也邪？我胜若，若不吾胜，我果是也，而[4]果非也邪？其或是也，其或非也邪？其俱是也，其俱非也邪？我与若不能相知也，则人固[5]受其黮（dǎn）暗[6]。吾谁使[7]正之？使同乎若者正之？既与若同矣，恶[8]能正之！使同乎我者正之？既同乎我矣，恶能正之！使异乎我与若者正之？既异乎我与若矣，恶能正之！使同乎我与若者正之？既同乎我与若矣，恶能正之！然则我与若与人俱不能相知也，而待彼也邪？**

(1) 若：你。

(2) 不若胜：即不胜若，胜不了你（曹础基《庄子浅注》）。

(3) 果：一定。

(4) 而：你。

(5) 固：必。

(6) 黮暗：不明貌（（陆德明《经典释文》引李颐说）。

(7) 谁使：使谁（曹础基《庄子浅注》）。

(8) 恶：何，怎么。

译文：

“假如我和你辩论，你胜了我，我没有胜你，那你就真的对了吗？我就真的错了吗？我胜了你，你没有胜我，那么我就真的对了吗？你就真的错了吗？是有一人对、一人错呢？还是双方都对、双方都错呢？我和你都不知道，别人也被偏见迷惑，那我还能请谁来做评判呢？如果请与你观点相同的人来评判，既然已经和你观点相同了，那还怎么做评判呢？如果请与我观点相同的人来评判，既然与我观点相同了，那还怎么做评判呢？如果请与你、我观点都不同的人来评判，既然他与你、我的观点都不同，那还怎么做评判呢？如果请与你、我观点都相同的人，既然他已经与你、我的观点相同，那还怎么做评判呢？这样看来，你、我与他人都不能相互评判，那还能指望谁来评判呢？

解说：

本段阐述是非的相对性。

在是非争论中，人都是有成见的（没有成见就不会有争论），因而争论的双方都不能解决争论。请第三方来做评判也存在问题。第三方的观点或与双方的观点都相同，或与双方的观点都相异，或与一方观点相同、一方观点相异。无论哪种情况，第三方都无法做出客观评判。因此，对于是非争论永远都无法做出最终的判断。

42. **何谓和之以天倪？曰：是不是，然不然**(1)**。是若果是也，则是之异乎不是也亦无辩；然若果然也，则然之异乎不然也亦无辩。化声**(2)**之相待**(3)**，若其不相待。和之以天倪**(4)**，因之以曼衍**(5)**，所以穷**(6)**年也。忘年忘义，振**(7)**于无竟**(8)**，故寓**(9)**诸无竟。”**

（1）是不是，然不然：把不对与与对同等看待，把不是与是同等看待。

（2）化声：是非之辩为化声（郭象《庄子注》）。

（3）相待：相对待。

（4）天倪：自然之分。“天”，自然。“倪”，分也（陆德明《经典释文》引李颐说）。

(5) 曼衍：犹变化也（成玄英《庄子疏》）。

(6) 穷：尽也（成玄英《庄子疏》）。

(7) 振：畅也（成玄英《庄子疏》）。

(8) 竟：穷也（成玄英《庄子疏》），崔譔本“竟”作“境”字。

(9) 寓：寄也（成玄英《庄子疏》）。

译文：

什么叫做用自然的分际来调和是非呢？就是将是与不是一样对待，将对与不对一样对待。是如果一定为是，那么是与不是之间的差别也无需争辩了；对的如果一定对，那对与不对之间的差别也无需争辩了。是非的辩论是由对立产生的。如果要使它们不相互对立，就要以自然的分际来调和，顺随事物的无穷变化，这样才能享尽天年。忘掉岁月，忘掉仁义，畅游于无穷的境域，才能寄身于无穷之境。

解说：

本段提出解决是与非的方法。

有是非就会有争论，但争论无法解决是非问题（见上文）。是非由对立产生，所以消除是非的方法就是顺随事物自身，去掉心中是非对错的成见。这样，没有是非，没有仁义，就会走出人为的困境，逍遥自在地寄身于无穷的事物之中。

43. **罔两[(1)]问景[(2)]曰：“曩**（nǎng）[(3)]**子[(4)]行，今子止；曩子坐，今子起；何其无特操[(5)]与[(6)]？”**

景曰：“吾有待[(7)]而然者邪？吾所待又有待[(8)]而然者邪？吾待蛇蚹（fù）**蜩**（tiáo）**翼[(9)]邪？恶**（wū）[(10)]**识所以然！恶识所以不然！”**

(1) 罔两：景外之微阴也（郭象《庄子注》）。

(2) 景：通“影”，影子。

(3) 曩：昔也（成玄英《庄子疏》）。

(4) 子：你。

(5) 特操：固定的举止。“特”，独也（成玄英《庄子疏》）。“操”，操守，举止。

(6) 与：通“欤”。《庄子》中一句话末尾的“与”字基本都通“欤”字，后文不再注释。

(7) 有待：有所依赖、对待。

(8) 所待又有待：有所依赖的东西还有所依赖（曹础基《庄子浅注》）。

(9) 蛇蚹蜩翼：蛇蜕旧皮、蝉新出甲。

(10) 恶：何。

译文：

影外微阴问影子说：“刚才你在走，现在又停下；刚才你坐着，现在又站起来；你怎么这么没有稳定的举止呢？”

影子说：“我是有所依赖才这样的吗？那我所依赖的东西又有所依赖才会这样吗？我所依赖的东西就如同蛇产生于旧皮、蝉产生于旧壳一样吗？我怎么知道为什么会这样！又怎么知道为什么不会这样呢！”

解说：

这个故事阐发无是无非的含义以及原因。

影外微阴指责影子没有固定的举止，说明它执着于某种固定的是非标准。如果按照微阴的这种逻辑，那么这种标准又要依赖另一种标准。这样就会产生无穷的倒退。于是，我们不仅永远找不到最终标准，而且使自己陷入困境之中。因此，影子说他的举止不像蛇产生于旧皮、蝉产生于旧壳一样依赖他物，而是无所依赖、自然而然的，哪里有什么是非对错的举止呢？

44. **昔者庄周梦为蝴蝶，栩栩然**(1) **蝴蝶也，自喻**(2) **适志**(3) **与**(4) **！不知周也。俄然**(5) **觉，则蘧（qú）蘧**(6) **然周也。不知周之梦为蝴蝶与，蝴蝶之梦为周与？周与蝴蝶，则必有分矣。此之谓物化**(7) 。

(1) 栩栩然：忻畅貌也（成玄英《庄子疏》），轻松快乐的样子。

(2) 喻：晓也（成玄英《庄子疏》）。

(3) 适志：适其心（成玄英《庄子疏》），心情舒适。

(4) 与：哉（陆德明《经典释文》引崔譔说）

(5) 俄然：突然。

(6) 蘧蘧然：惊动之貌也（成玄英《庄子疏》）。

(7) 物化：事物的自然变化。

译文：

从前，庄周梦见自己变成了一只蝴蝶，一只翩翩飞舞的蝴蝶，感到快乐极了，根本不知道自己是庄周。忽然间醒过来了，惊觉自己原来是庄周。不知道是庄周做梦变成了蝴蝶呢，还是蝴蝶做梦变成了庄周？庄周和蝴蝶，必定是有所分别的。事物的这种变化称为“物化”。

解说：

这个故事阐发物的无封性和有封性含义。

一会儿是蝴蝶，一会儿是庄周，连庄周都不知道是自己做梦变成了蝴蝶，还是蝴蝶做梦变成了庄周，这是事物无封性的表现。但在日常生活中，蝴蝶就是蝴蝶，庄周就是庄周。事物是有封的。既然如此，我们就不妨以以无封之心对待日常生活中的事物，蝴蝶就是蝴蝶，庄周就是庄周，事物间存在着相对的分别（有封）。

养生主

“养生主”意为养生的要诀。“主”，根本。

《逍遥游》阐释了无我的思想，《齐物论》阐释了无物的思想。从《养生主》内篇开始阐述如何将这种无我、齐物的思想运用于生活的不同方面。如果将无我、齐物的思想运用于我们自身就能养生。

由于无我、无物是同一事物的不同环节，同一件事情从我的角度看是阐述养生问题，从物的角度看则是阐述处世问题。例如庖丁解牛的故事从养刀的角度看（刀隐喻自我，见解说）就是阐述如何养生，从对待牛的角度看（牛隐喻我能所处的事情或环境）就是阐述如何处世。因此，本篇的故事可以放在《庄子》的任一篇。同样，《庄子》任一篇的故事放到本篇也可以用来说明养生问题。

本篇的结构比较简单，可以为两大部分，第一部分是理论部分，第二部分是故事部分。故事部分围绕养生理论进行阐发。理论部分（从开头到“可以尽年”）阐述养生的要诀在于去除是与非、善与恶、对与错的分别之知，顺随外物之自然以保养身体、保全形体、保养精神、尽享天年。需要注意的是，养生是无我、无物的自然结果，而不是为了养生而去做到无我、无物。为了养生而做到无我、无物就是有我。

第二部分用四个故事分别阐发理论部分中“可以保身，可以全生，可以养亲，可以尽年”的含义。第一个故事（从“庖丁为”至“得养生焉”）阐发第一部分中“缘督以为经”则“可以保身”（以顺其自然之道作为处世原则就可以保养身体）的养生内含。第二个故事（从“公文轩”至“非人也”）阐发第一部分中“缘督以为经”则“可以全生”（以顺其自然之道作为处世原则就可以保全形体）的养生内含。第三个故事（从“泽雉”至“不善也”）阐发第一部分中“缘督以为经”则“可以养亲”（以顺其自然之道作为处世原则就可以保养精神）的养生内含。第四个故事（从“老聃死”至末尾）阐发第一部分中“缘督以为经”则“可以尽年”（以顺其自然之道作为处世原则就可以尽享天年）的养生内含。

我们将这一篇的结构图示如下。

理论部分	“为善无近名，为恶无近刑。缘督以为经”则“可以保身，可以全生，可以养亲，可以尽年”。		
故事部分	第一个故事	从“庖丁为”至“得养生焉”	阐发“缘督以为经”则“可以保身”的含义。
	第二个故事	从“公文轩”至“非人也”	阐发“缘督以为经”则“可以全生”的含义。
	第三个故事	从“泽雉”至“不善也”	阐发“缘督以为经”则“可以养亲”的含义。
	第四个故事	从“老聃死”至末尾	阐发“缘督以为经”则“可以尽年”的含义。

1. **吾生也有涯**(1)**，而知**(2)**也无涯。以有涯随无涯，殆已**(3)**；已**(4)**而为**(5)**知者，殆而已矣**。

(1) 涯：分也（成玄英《庄子疏》），限度。

(2) 知：对事物的分别之知，如下文“为善无近名为恶无近刑”中善与恶之知。

(3) 殆已：危险了。“已”，通“矣”，句末助词，相当于“了”（曹础基《庄子浅注》）。

(4) 已：如此，这样。

(5) 为：追求，追逐。

译文：

我的生命是有限的，而分别之知是没有限度的。以有限度的生命去追求没有限度的知识，就会很危险。既然如此，还要汲汲以求，那就更加危险了。

解说：

本段指出妨碍养生的根源。

人的生命是有限的，而分别之知则是无限的。汲汲追求这种无限之知就会妨害养生。

这里的知不是现代一般意义上的科学知识，而是泛指日常生活中的分别之知，如下文“为善无近名为恶无近刑”中的善、恶之知。

2. **为善无近名**(1)**，为恶无近刑。缘**(2)**督**(3)**以为经**(4)**，可以保身**(5)**，可以全生**(6)**，可以养亲**(7)**，可以尽年**(8)。

(1) 名：由分别之知而产生的名，如好、坏、善、恶。参见《逍遥游》“圣人无名”的解说。

(2) 缘：顺也（陆德明《经典释文》引李颐说）。

(3) 督：中也（陆德明《经典释文》引李颐说），意指无善无恶的状态。

(4) 经：常也（陆德明《经典释文》引李颐说）。

(5) 保身：保养身体。

(6) 全生：保全形体（即使有缺陷也以无缺陷的眼光看待）。

(7) 养亲：保护精神。“亲”，指精神。

(8) 年：自然的寿命。

译文：

做世人所谓的善事但不求取名声，做世人所谓的恶事但不触犯刑律。以无善无恶的中道处世，就可以保养身体，可以保全形体，可以保养精神，可以尽享天年。

解说：

既然追逐分别之知会妨害养生，那么养生的要诀就是去除这种汲汲求知之心。为此，做了世人所谓的善事不可有求名之心，做了世人所认为的恶事要以不触犯刑律为界线。不追求世俗善恶之名、善恶之名则心无羁绊，不触犯法律则不受处罚。

以无善恶之心做世人所认为的善事，也就是《逍遥游》中所说的“圣人无名”（同一件事，从自我的角度看是《逍遥游》中所说的无名，从外物的角度看则是《齐物论》中的无是非、无善恶、无好恶）。无名自然就能养生（注意，不是为了养生而去做到无名）。既然不触犯法律，那么为什么还会做世人所认为的恶事呢？原因在于不同的人对世俗习惯的理解不同，有时无论怎么处理，都会有人感到不满意。例如，在后文秦失前去吊唁老聃的故事中，秦失遵从吊唁习惯，但只是干号了几声而没有嚎哭，就遭到质疑。既然无论怎么做都无法使所有人满意，那就只能在心无善恶的前提下，以不触犯刑律作为自己行动的界限——刑律也是特殊的事物。

3. **庖丁(1)为文惠君(2)解(3)牛，手之所触，肩之所倚，足之所履(4)，膝之所踦（jī）(5)，砉（huā）(6)然向(7)然，奏(8)刀騞（huō）(9)然，莫不中（zhòng）(10)音。合于《桑林》(11)之舞，乃中《经首》(12)之会(13)。文惠君曰：“嘻(14)，善哉！技盖（盍，hé）(15)至此乎？”**

(1) 庖丁：庖人，丁其名也（陆德明《经典释文》），谓掌厨丁役之人（成玄英《庄子疏》）。“庖”，厨师。

(2) 文惠君：旧说为梁惠王，但梁惠王并没有文惠的称号（曹础基《庄子浅注》）。

(3) 解：宰割之也（成玄英《庄子疏》）。

(4) 履：用脚踩住。

(5) 踦：通“倚”，抵住（曹础基《庄子浅注》）。

(6) 砉：皮骨相离声（卢文弨引司马彪说）。

(7) 向：通“响”，响声。一说为响应。

(8) 奏：运刀时如同演奏乐器。

(9) 騞：宰牛时发出的声音。声大于砉也（卢文弨引崔譔说）

(10) 中音：合乎音律。

(11)《桑林》：汤乐名（陆德明《经典释文》引司马彪说）。

(12)《经首》：《咸池》乐章名，则尧乐也（成玄英《庄子疏》）。

(13) 会：音节（郭象《庄子注》）。

(14) 嘻：感叹声。

(15) 盖：通“盍”，何。

译文：

庖丁替文慧君宰牛，手所接触的、肩所顶靠的、脚所踩到的、膝所抵住的，无不哗哗作响；动刀时如同演奏乐器，发出哗啦声响，无不符合音乐的节奏；合乎《桑林》的舞步，切中《经首》的韵律。

文惠君说：“哎呀，太妙了！技术怎样达到这么高超的水平呢？”

解说：

第三至七段用庖丁解牛的故事阐发前文“缘督以为经可以保身”（以无善无恶的中道处世就可以保养身体）的养生内含。

这一段描述庖丁精湛的宰牛技术。

4. **庖丁释(1)刀对曰：“臣之所好者道也，进(2)乎技矣。始臣之解牛之时，所见无非全牛者。三年之后，未尝见全牛也。方今之时，臣以神遇(3)而不以目视，官知止(4)而神欲行(5)。依(6)乎天理(7)，批(8)大郤（xì）(9)，导(10)大窾(kuǎn)(11)，因(12)其固然(13)。技(14)经(15)肯(16)綮（qìng）(17)之未尝，而况大軱(gū)(18)乎！**

(1) 释：放下。

(2) 进：过也（成玄英《庄子疏》），超过。

(3) 神遇：用眼神感觉。“遇”，会也（成玄英《庄子疏》）。

(4) 官知止：司察之官废（郭象《庄子注》），感官的司察能够停止了。

(5) 神欲行：眼神顺随牛的自然结构而行。

(6) 依：遵循。

(7) 天理：依天然之腠理（成玄英《庄子疏》），天然的生理结构。

(8) 批：《字林》云：击也（陆德明《经典释文》）。

(9) 郤：间也（陆德明《经典释文》引李颐说），空隙。

(10) 导：导向（曹础基《庄子浅注》）。

(11) 窾：空也（（陆德明《经典释文》引司马彪说）。

(12) 因：顺随。

(13) 固然：牛本来的结构。

(14) 技：俞樾认为“技”应为“枝”字（《诸子平议》）。“枝”，枝经。

(15) 经：经脉。

(16) 肯：着骨肉也（陆德明《经典释文》），附在骨头上的肉。

(17) 綮：犹结处也（陆德明《经典释文》），筋骨连接之处。

(18) 軱：大骨。

译文：

庖丁放下牛刀回答说：“我所爱好的是道，已经超过技术层面了。我开始宰牛的时候，眼中见到的都是整头的牛；三年之后，眼中就再也没有整头的牛了。到了现在，我全凭眼神去感觉，而无需用眼睛看，感官的作用停止了，只靠心神活动。顺着牛身上的天然纹理，劈开筋骨的间隙，导向骨节的空隙处，顺着牛的固有结构运刀。即便是经络相连、骨肉交接的地方都不会碰触，何况是那些大骨头呢？

解说：

这一段通过纵向（庖丁的宰牛经历）对比，展示庖丁高超的宰牛技术。

庖丁刚开始宰牛的时候，不了解牛的生理结构，眼中只有整头的牛。因而可以想象，那时的庖丁宰牛，免不了乱砍一通。

三年之后，庖丁熟悉了牛的身体结构，眼中再也没有整头的牛了。所以，庖丁在宰牛时，可能会一板一眼地根据牛自身的结构下刀。这种宰牛方法虽然已大有进步，但还是没有做到得心应手，还算不上宰牛的高手。

现在，庖丁用刀的技术已经炉火纯青，宰牛时无需用眼睛盯着而只凭眼神去感觉，就能随心所欲地顺着牛自身的结构运刀。

5. **良庖岁更[1]刀，割也；族庖[2]月更刀，折[3]也。今臣之刀十九年矣，**

所解数千牛矣，而刀刃若新发[(4)]于硎（xíng）[(5)]。

(1) 更：换。

(2) 族庖：普通的宰牛匠。“族”，众也（陆德明《经典释文》引崔譔说）。

(3) 折：断。

(4) 发：磨出。

(5) 硎：磨刀石。

译文：

好的厨师一年换一把刀，因为他们用刀去割肉；普通厨师一个月要换一把刀，因为他们用刀砍骨头。我的这把刀已经用了十九年，所宰的牛已达数千头，可刀刃还像是刚从磨刀石上磨过一样。

解说：

这一段通过横向对比（与其他宰牛者的对照），突显庖丁高超的宰牛之术。

普通厨师不顾牛自身的结构，连骨头都用刀去砍。因此，一个月就得换一把刀。好的厨师虽然不会拿刀去砍骨头，但会用刀去割肉。因此，一年就得换一把刀。再看看庖丁，他的刀虽然用了十九年，宰过数千头牛，但刀刃还像刚从磨刀石上磨过一样。

由此可见，庖丁的技术也是经过长期训练而成的（开始、三年之后、现在）。庄子不是反对顺其自然的辛勤劳动（无功），而是反对无谓的蛮干（有功）。

6. **彼节[(1)]者有间[(2)]，而刀刃者无厚；以无厚入有间，恢恢[(3)]乎其于游刃[(4)]必有余地矣，是以十九年而刀刃若新发于硎（xíng）**。

(1) 节：牛骨节（成玄英《庄子疏》）。

(2) 间：间隙。

(3) 恢恢：宽绰有余的样子。

(4) 游刃：得心应手地用刀。

译文：

那牛骨节之间有缝隙，而刀刃没有什么厚度；用没什么厚度的刀刃切入有缝隙的骨节，自然随意挥刀，绰绰有余了。所以，我这把刀用了十九年，还像刚磨出来的一样。

解说：

庖丁解释自己具备高超宰牛技术的奥妙。

庖丁高超的宰牛技术有什么特别之处吗？没有，只不过是顺随事物之自然——将没有什么厚度的刀刃插入骨节之间的空隙而已。

7. 虽然(1)，每至于族(2)，吾见其难为，怵然(3)为戒，视为止，行为迟。动刀甚微(4)，謋（huò）然(5)已解，如土委(6)地。提刀而立，为之四顾，为之踌躇满志(7)，善(8)刀而藏之。”

文惠君曰：“善哉！吾闻庖丁之言，得养生焉。”

（1）虽然：即使这样。“然”，这样。

（2）族：交错聚结为族（郭象《庄子注》）。

（3）怵然：小心谨慎的样子。“怵”，害怕。

（4）微：轻。

（5）謋然：骨肉离之声也（成玄英《庄子疏》）。

（6）委：散落。

（7）踌躇满志：逸足容豫自得之谓（郭象《庄子注》），心满意足、悠然自得的样子。

（8）善：犹拭也（陆德明《经典释文》），擦拭。

译文：

即便如此，每当碰到筋骨盘结的地方，我知道不容易下刀，就会谨慎小心，眼神专注。动作缓慢，轻轻一动刀，牛就哗地一声就散架了，像散落在地上的泥土一般。我提刀而立，看看四周，感到志得意满，然后将刀擦拭干净，妥善保存。”

文惠君说：“太好了！我听了庖丁的一番话，领悟了养生的道理。”

解说：

这一段描写宰牛时所产生的障碍以及如何面对障碍。

障碍是怎么产生的？由于出现了不同于“以无厚入有间”之“有间”的“族”（筋骨盘结）这种异常状态（即《道德经》中“道，可道，非常道”之“非常道”）。如何解决障碍问题？以不分筋、骨的无名之心对待筋、骨，小心谨慎地运刀。

至此，庖丁解牛的故事讲解完了。从日常的理解看，这个故事阐释的是熟能生巧的道理，但这种理解不到位。实际上，这个故事是阐述如何养生的。理由有二。一、本章的题目是“养生主”，因而本章所有的故事都是围绕养生展开的。二、在故事的最后，文惠君说，我听了庖丁的一番话，领悟了养生的道理（“善哉！吾闻庖丁之言，得养生焉”）。

在这个养生故事中，牛隐喻个人所处的环境，刀隐喻自身。如何用刀宰牛就是如何与自己所生存的环境相处。与自己生存环境相处的方式就决定了养生的水平。

从庖丁的经历看，他开始杀牛时，所见的都是全牛，因而免不了乱砍一通。这隐喻一个人在刚刚接触社会时，对社会毫不了解，因而经常与社会发生直接的冲突，必然会弄得自己疲惫不堪。这不仅谈不上养生，反而会伤害自身。三年之后，庖丁知道了牛自身的结构，杀牛时不再乱砍，而是根据牛的结构下刀。这隐喻一个人在经过一番社会历练之后，对社会已经非常了解，因而在面对事情时，能按照世俗的习惯处理，只是达不到如鱼得水的地步。从养生的角度来看，虽然还没有达到养生的最高境界，但不至于伤害自身了。现在，庖丁只凭眼神去感觉而不用眼睛盯着就能随心所欲地顺着牛自身的结构运刀。这隐喻一个人在经过长期历练后，熟知了日常习惯和社会运行，因而无需思考就能得心应手地处理世事。这样就能在与世事打交道的过程中达到至乐的养生境界（至乐意为既不喜悦也不忧愁的快乐，见《庄子·至乐》）。

庖丁的技术好像远远超出了一般人。其实，这只是庄子的生花妙笔所造成的错觉。在现实生活中，我们每个人都拥有庖丁般的本事而不自知。例如，我们在走路时，眼睛不必盯着路，就能熟练地行走。我们用脚行走的水平与庖丁用刀杀牛的水平一样高。我们在吃饭时，眼睛不用盯着筷子和勺子，就能熟练地用餐。我们用筷子和勺子吃饭的水平也与庖丁用刀杀牛的水平一样高。推及一般，在日常生活中，我们一般都处在庖丁式的无我、无物状态之中。

无物之物怎么又派生出有物之物呢？因为出现了与日常状态有别的异常状态。我们用餐的时候，眼睛不用盯着筷子和勺子。筷子和勺子以无物状态向我们呈现。突然，筷子掉到了地上。这时，我们才注意到筷子和勺子，即筷子和勺子才以分别之物的状态向我们呈现。在庖丁解牛的故事中，正常情况下，庖丁不用眼睛盯着。只有碰到筋骨交错的地方时，庖丁才用眼睛盯着，动作缓慢地将牛分解。这时牛就以分别之物的状态呈现。可见，无我、无物状态是我们的正常生存状态，不会引起我们的注意。只有出现了异常情况，无物之物才变成了有物之物，才会引起我们的注意。有物状态是无我、无物状态的特殊情况。

既然我们一般情况下都处于无我、无物的状态中，有物之物是派生的、特殊的，那么得道者与未得道者的区别在哪里呢？在如何对待分别之物上。在日常生活中，任何人都要面对分别之物。如果我们刻意遵从这种分别，就是有名的表现；如果刻意不遵从这些分别，就是有我的表现。得道者以无我、无物之心对待日常分别之物，将日常分别之物的分别看作是相对的。庄子在《齐物论》中以大小问题阐释这个问题时说，天下并不比秋毫更大，而泰山算是小的（《齐物论》："天下莫大于秋豪之末，而大山为小"）。这是因为如果我们参照的标准比秋毫都小，那么，秋毫就是大的；如果我们参照的标准比泰山都大，那么，泰山就是小的。因此，日常之物都不是绝对的，而是借由某种参照标准划分而成的（这里的"划分"是无心的。有心则不合道）。既然如此，我们就不要陷入日常之物的分别之中，而应以无物之心、无分别之心对待分别之物。这样，自我就处于无我的逍遥境界，物就处于无物之物状态。当然，要达到这种境界，庄子认为，不仅需要修炼，而且还要有相应的天赋（参见《大宗师》）。

8. **公文轩[(1)]见右师[(2)]而惊曰："是[(3)]何人也？恶[(4)]乎介[(5)]也？天与，其[(7)]人与？"曰："天也，非人也。天之生是[(7)]使独也，人之貌有与[(8)]也。以是[(9)]知其天也，非人也。**

(1) 公文轩：姓公文，名轩，宋人也（成玄英《庄子疏》）。

(2) 右师：官名也（成玄英《庄子疏》）。

(3) 是：此，这。

(4) 恶：何。

(5) 介：天生一条腿。一说为被砍掉一条腿。

(6) 其：抑或，还是。

(7) 是：此，这个样子。

(8) 与：赋予。

(9) 以是：因此。

译文：

公文轩看见右师惊讶地问："这是什么人？怎么只有一条腿呢？是生来就这样的，还是人为造成的呢？"（右师回答）说："这是天生的，不是人为的。我生下来就只有一条腿，人的形体是自然赋予的。所以知道这是天生的，而不是人为的。"

解说：

本段阐发前文"缘督以为经"则"可以全生"（以无善无恶的中道处世就可以保全形体）的养生含义。

一条腿、两条腿之分是有名的体现。得道者与未得道者都承认日常之名。区别在于，得道者不会用两条腿的固定标准来断定一条腿不好，即不以有名之心、是非之心看待有名之物，而是将自己的形体看作是天生的，即以无名之心看待有名之物（一条腿）。这样，自己就会处之泰然。处之泰然就能养生。

本段的难点在于对"介"字的理解。如果将"介"字解释为因受刑戮而被砍掉一条腿（绝大多数人都这样理解），那么参照《德充符》的阐述，这段话的含义应该是：被砍掉腿是命，没有被砍腿也是命（"游于弈之彀中，中央者，中地也，然而不中者，命也”），都不是人为的。如果将“介”字理解为生来就只有一条腿而不是被砍掉的，那么这段话的含义是：正如两条腿是天生的一样，一条腿也是天生的，都不是人为的。从人的形体是自然赋予的这句话看，第二种理解更为合理。

9. **泽雉[1]十步一啄，百步一饮，不蕲[2]畜[3]乎樊[4]中。神虽王[5]，不善[6]也。**”

(1) 雉：野鸡。

(2) 蕲：求也（郭象《庄子注》）。

(3) 畜：养。

(4) 樊：笼子。

(5) 王：通“旺”，旺盛。

(6) 不善：不好，不自在。

译文：

泽中的野鸡走十步才能吃到一口食，走百步才能饮到一口水，但它并不愿意被养在笼子里。（养在笼子里）神态虽然旺盛，但并不自在。

解说：

这个故事阐发前文“缘督以为经”则“可以养亲”（以无善无恶的中道处世就可以保养精神）的养生内含。

生活在水泽中的野鸡觅食、饮水都很麻烦。从人的角度看，用笼子养起来，问题就解决了。从野鸡的角度看，觅食、饮水问题虽然解决了，但精神并不自在。因此，养生的关键在于以无名之心、是非之心看待一切，让精神自在逍遥，而不在于世间的贫富贱贵。

10. **老聃[1]死，秦失[2]吊之，三号[3]而出。**

弟子[4]曰：“非夫子[5]之友邪？”

曰：“然[6]。”

“然则吊焉[7]若此，可乎？”

曰：“然。始也吾以为其人[8]也，而今非也。向[9]吾入而吊焉，有老者哭之，如哭其子；少者哭之，如哭其母。彼[10]其所以会[11]之，必有不蕲言[12]而言，不蕲哭而哭者。是[13]遁天[14]倍情[15]，忘其所受[16]，古者谓之遁天之刑。适[17]来，夫子时也；适去，夫子顺也。安时而处顺，哀乐不能入也，古者谓是帝[18]之县解[19]。”

（1）老聃：即老子也。姓李，名耳，字伯阳，外字老聃（成玄英《庄子疏》）。

（2）秦失：姓秦，名失，怀道之士，不知何许人也（成玄英《庄子疏》）。

（3）号：号哭。

（4）弟子：老聃的弟子。

（5）夫子：指老聃。

（6）然：是的。

（7）焉：之，他（曹础基《庄子浅注》）。

（8）其人：合乎老聃之道的人。

（9）向：刚才。

（10）彼：那些哭丧的人。

（11）会：感触。

（12）蕲言：不想嚎哭。“蕲”，求也（成玄英《庄子疏》）。“言”，这里指大声哭泣，下一句的“哭”则指无声或小声的哭泣。一说“言”借为“唁”（曹础基《庄子浅注》）。

（13）是：此，这。

（14）遁天：逃遁天然之性（成玄英《庄子疏》）。

（15）倍情：违背真情。“背”，通“背”。

（16）受：禀受于自然的东西。

（17）适：恰当。

（18）帝：天也（成玄英《庄子疏》），自然。

（19）县解：解除倒悬。“县”，通“悬”。

译文：

老聃死了，秦失前去吊唁，干号几声就出来了。

（老聃的）弟子问："他不是你的好友吗？"

（秦失）回答说："是呀。"

（弟子问：）"那么就这样吊唁，可以吗？"

（秦失）说："可以。开始我还以为你们已经进入师门了呢，现在看起来还没有。刚才我进去吊唁的时候，看到老年人哭他，好像哭自己的儿子；年轻人哭他，好像哭自己的母亲。这些人之所以感触这么深，一定是老聃的死让他们情不自禁地嚎哭，情不自禁地流泪。这就失去了天性，违背了真情，忘记了人受之于天的东西。古人称之为逃避自然所带来的惩罚。该来的时候，老聃应时而生；该走的时候，老聃顺命而去。顺随时机、顺应天命，哀乐之情就不会侵入心中，古人称之为解除倒悬。"

解说：

这个故事阐发前文"缘督以为经"则"可以尽年"（以无善无恶的中道处世就可以尽享天年）的养生内涵。

秦失是得道之人，以无名之心、无是非之心看待习俗和生死，因而老聃死后，别人吊唁，秦失也顺从世俗习惯去吊唁，但没有世人的好恶之情，干号几声就出来了。假如官方下一个命令说，谁只干嚎而不真哭，就加以处罚，秦失肯定会哭得泪眼婆娑，以免受罚。这就是前文"为恶无近刑"的表现。由此可见，庄子眼中的得道者不是隐居山林之士，而是混迹于世间、与他人行为无异的逍遥自在者。

这个故事的难点就在于对"始也吾以为其人也，而今非也"这句话中"其人"二字的理解。有人将"其人"理解为"至人"，那么这句话的意思就是：开始我以为老聃是至人，现在才知道不是。这种理解方式不仅与下文"适来，夫子时也；适去，夫子顺也"的语气不一致，也与庄子一向推崇老子的态度不符。

也有人将"其人"理解为世俗之人，那么这句话的意思就是，开始我以为老聃是世俗之人，后来从哭丧者的表现中才看出老聃是得道者。这种理解也不合理。既然秦失是得道的人，又与老聃是朋友，还用等老聃死后从哭丧者的表现中才知道他是至人吗？

还有人将“其人”理解为那些哭丧的人。这种理解也存在问题。如果是因为发现那些人没有得道才干哭三声就出来，就证明秦失不能顺随世俗，不合道——自己的行为受他人的影响。

排除了上述三种可能，“其人”只能被理解为秦失的学生或老聃的学生。但是，将“其人”理解为秦失的学生，文中三个“夫子”的含义就不一致。将“其人”理解为老聃的弟子则不存在这个问题。于是，这句话的含义应为：我原以为你们这些学生跟随老聃已经悟道了呢，现在看来还没有，因为你们质疑我的行为。

至于哭丧者的表现，那是因为世俗之人只要是亲朋好友死了，大都会哭得死去活来（追逐外物）。所以，秦失说他们失去了天性、违反了真情。

11. **指(1)穷(2)于为薪(3)，火传(4)也，不知其尽也**。

(1) 指：通“脂”，膏脂。

(2) 穷：尽也（成玄英《庄子疏》）。

(3) 为薪：作为燃烧的材料。“薪”，柴樵也（成玄英《庄子疏》）

(4) 传：继续。

译文：

油脂作为烛薪是有烧完之时的，但火可以（通过别的烛薪）不断地传下来，不会穷尽。

解说：

这一段接上一段继续阐发如何看待生死问题。

这里，油脂隐喻我们有形的身体，火隐喻我们的精神或灵魂之类的东西。这段话的喻意是，虽然我们的身体会死亡，但精神或灵魂之类的东西将会延续。

秦失参透了生死，因而没有内在的伤害；顺随世俗习俗，因而没有外在的伤害。内、外都没有伤害，自然就“可以近年”。

人间世

上一篇阐释得道者如何以无我、无物之心对待自身（养生），本篇和下一篇（《德充符》）则阐述得道者如何在社会中生存。《德充符》主要阐述残疾人如何在社会中生存（“有人之形、无人之情”），本篇则阐述不同的人应该如何与他人相处。

本篇由七个故事组成。第一个故事（从开头至“散焉者乎”）通过颜回与孔子的对话阐释准备为官者应以什么原则进入官场、以什么原则做官。第二个故事（从“叶公子高”至“此其难者”）通过孔子对叶公子高所面对困境的分析阐述身处官场者如何履行职责。第三个故事（从“颜阖”至“可不慎邪”）通过蘧伯玉与颜阖的对话阐述身处官场者如何与上级相处。第四个故事（从“匠石”至“不亦远乎”）通过栎树之口阐述无才者的处世之道。第五个故事（从“南伯子綦”至“以为大详也”）以无用的树和不能用于祭祀的牛、猪、人为例阐述无用之大用。第六个故事（从“支离疏”至“德者乎”）通过支离疏的经历阐述身体残疾者应以无残疾之心处世。第七个故事（从“孔子适楚”至末尾）阐述得道者处世的一般原则——天下有道，得道者成就功业；天下无道，得道者保全性命；极端混乱之世，只求免遭刑戮。

我们将本篇结构图示如下。

<table>
<tr><td rowspan="9">各色人等如何处世</td><td rowspan="3">第一个故事　准备为官者以什么心态进入官场</td><td rowspan="3">从开头至“散焉者乎”</td><td>方法一　内直外直</td><td>方法二　内顺外直</td></tr>
<tr><td>方法三　内直外顺</td><td>方法四　内顺外顺</td></tr>
<tr><td colspan="2">准备为官者应以无名之心进入官场、混迹官场</td></tr>
<tr><td>第二个故事　为官者如何履行职责</td><td>从“叶公子高”至“此其难者”</td><td colspan="2">通过孔子与叶公子高的对话阐述身处官场者如何应对官场难题。</td></tr>
<tr><td>第三个故事　为官者如何与上级相处</td><td>从“颜阖”至“可不慎邪”</td><td colspan="2">通过蘧伯玉对颜阖所提的建议阐述身处官场者如何与上级相处。</td></tr>
<tr><td>第四个故事　无才者的处世之道</td><td>从“匠石”至“不亦远乎”</td><td colspan="2">通过栎树之口阐述特殊无才者的处世之道。</td></tr>
<tr><td>第五个故事　无用之大用</td><td>从“南伯子綦”至“大详也”</td><td colspan="2">以无用的树和不能用于祭祀的牛、猪、人为例阐述无用之大用。</td></tr>
<tr><td>第六个故事　身体残疾者如何处世</td><td>从“支离疏”至“德者乎”</td><td colspan="2">通过支离疏的经历阐述身体残疾者应以无残疾之心处世。</td></tr>
<tr><td>第七个故事　得道者处世的一般原则</td><td>从“孔子适楚”至末尾</td><td colspan="2">天下有道，成就功业；天下无道，保全性命；极端混乱之世，只求免遭刑戮。</td></tr>
</table>

1. **颜回**[(1)] **见仲尼**[(2)]**，请行**[(3)]。

曰：“奚之[(4)]**？”**

曰：“将之卫。”

曰：“奚为焉？”

曰：“回闻卫君[(5)]**，其年壮，其行独**[(6)]**；轻用其国，而不见其过；轻用民死**[(7)]**，死者以国量乎泽若蕉**[(8)]**，民其无如**[(9)] **矣。回尝闻之夫子曰：‘治国去之，乱国就**[(10)] **之，医门**[(11)] **多疾**[(12)]**。’愿以所闻**[(13)] **思其则**[(14)]**，庶几**[(15)] **其国有瘳**(chōu)[(16)] **乎！”**

(1) 颜回：姓颜，名回，字子渊，鲁国人，孔子弟子。

(2) 仲尼：即孔子，姓孔，名丘，字仲尼，鲁国人。

(3) 请行：辞行（曹础基《庄子浅注》）。

(4) 奚之：去哪儿。“奚”，何。“之”，往。

(5) 卫君：即灵公之子蒯聩也，荒淫昏乱，纵情无道（成玄英《庄子疏》）。一说为出公辄（陆德明《经典释文》）。

(6) 独：自专也（陆德明《经典释文》引崔譔说）。

(7) 轻用民死：轻用之于死地（郭象《庄子注》）。

(8) 以国量乎泽若蕉：国中民死之多，比量乎山泽，若蕉草之多也（宣颖《南华经解》）。“量”，量度（曹础基《庄子浅注》）。“蕉”，草芥也（陆德明《经典释文》引向秀说）。

(9) 如：归（郭象《庄子注》）。

(10) 就：前去。

(11) 医门：医生之门。

(12) 疾：病人。

(13) 所闻：从孔子那里所听到的教诲。

(14) 则：法也（陆德明《经典释文》引李颐说）

(15) 庶几：或许。

(16) 瘳：愈也（陆德明《经典释文》引李颐说）。

译文：

颜回去见孔子，向他辞行。

孔子问：“准备到哪里去呢？”

颜回说：“打算去卫国。”

孔子问：“去做什么呢？”

颜回说：“我听说卫国的国君年轻气盛，行为专断，轻率地处理国事，却看不到自己的过错；不顾惜百姓的生命，国中死去的人就像山泽中的枯草一样多。百姓真的走投无路了。我曾听老师说过：‘安定的国家应该离开，混乱的国家应该前往，如同医生门前病人多一样。’我希望根据先生所教导的方法去治理卫国，卫国或许还有救吧。”

解说：

第一至十段为一个故事，阐释从政者以什么原则进入官场、以什么原则为官。

从形式上看，游说的方法有四种：内直外直、内顺外直、内直外顺和内顺外顺。第一次对话，颜回准备采用的是内直外直的方法（这里的内与外、直与顺的分别只是为了说明的方便，不可执着。每一种游说方法中，内、直、外、顺的含义不完全相同，具体请见相应段落的解说）。

卫国国君残暴地对待百姓，弄得百姓无法生活。颜回认为，医生门前多病人，因而自己应该运用自己的所学前去拯救百姓。问题在于，卫国朝廷可不是医生之门，而是屠宰之门。所以，孔子对颜回进行了批驳。

颜回这种想运用自己的所学纠正卫国国君的想法属于有是非、有名的表现。

2. **仲尼曰："嘻(1)！若(2)殆(3)往而刑耳(4)！夫道不欲杂，杂则多，多则扰(5)，扰则忧，忧而不救。古之至人(6)，先存诸己而后存诸人。所存于己者未定，何暇(7)至于暴人之所行！**

(1) 嘻：怪笑声也（成玄英《庄子疏》）。

(2) 若：你。

(3) 殆：大概。

(4) 耳：句尾助词（曹础基《庄子浅注》）。

(5) 扰：扰乱（成玄英《庄子疏》）。

(6) 至人：回归本性的得道者，参见《逍遥游》"至人无己"。

(7) 何暇：哪来得及。

译文：

孔子说："唉！你去了恐怕要遭到处罚啊。道不能喧杂，喧杂就会多事，多事就会受到搅扰，搅扰就会带来忧患，有了忧患就无法救治。古代的至人，自己先要有不杂乱的心态，然后才可能去帮助他人。现在你自己都还动摇不定，哪还能前去纠正暴君的行为呢？

解说：

孔子认为，颜回还没有悟道，内心还杂乱不定，游说卫君只会招来祸端。

3. **且若亦知夫德之所荡(1)而知之所为出(2)乎哉？德荡乎名，知出乎争。名也者，相轧(3)也；知也者，争之器也。二者凶器，非所以尽行(4)也。**

(1) 荡：流荡（成玄英《庄子疏》）。

(2) 所为出：产生的原因。

(3) 轧：倾轧（宣颖《南华经解》）。

(4) 尽行：都通得行。

译文：

何况，你也知道德性之所以败坏、智巧之所以显露的原因吧？德性败坏是因为好名，智巧显露是因为好胜。名，是人们相互倾轧的根源；智，是人们相互争斗的工具。这两者都是凶器，无法通行于世。

解说：

第三段至第五段孔子指出世俗的名利之争会击败颜回。

好名、好胜是有名的表现。有名就会引起倾轧、争斗，难以在世上立足。

4. **且德厚信矼（qiāng）(1)，未达人气(2)，名闻不争，未达人心。而强以仁义绳墨(3)之言术(4)暴人之前者，是以人恶有(5)其美也，命(6)之曰菑(7)人。菑人者，人必反菑之，若(8)殆为(9)人菑夫！**

(1) 矼：确实也（成玄英《庄子疏》）。

(2) 达人气：被人了解，与“达人心”相对。“达”，通达。

(3) 绳墨：木匠用的绳子与墨斗，这里指法度规矩。

(4) 术：通“述”，陈说。

(5) 有：崔本有作“育”，云，卖也（郭庆藩《庄子集释》）。有者，“育”

字之误（俞樾《庄子平议》）。

（6）命：名也（成玄英《庄子疏》）。

（7）菑：通“灾”。

（8）若：你。

（9）为：被（曹础基《庄子浅注》）。

译文：

再说，一个人即便德性纯厚、行为诚实，但不被别人所了解；即便你不与世人争名声，别人也不知道。你如果固执地以仁义法度那一套在暴君面前炫耀，这是用别人的过错来显示自己的美德，这叫有害之人。对于有害之人，别人一定会反过来害他。你恐怕要被人所害了。

解说：

上一段假设一个人抱有好名、好胜之心，就会与人发生冲突。本段说，即使颜回没有好名、好胜之心，别人也不知道，还是会与人发生冲突。在这种情况下，如果颜回固执地以仁义之名劝谏卫君（实际上还是有名），那就像用别人的过错显示自己的美德，因而会被看作是有害之人。有害之人就会被人所害。

5. **且苟为(1)悦贤而恶不肖，恶(2)用而(3)求有以异？若(4)唯无诏(5)，王公必将乘人而斗其捷(6)。而目将荧(7)之，而色将平之，口将营(8)之，容(9)将形(10)之，心且成(11)之。是以火救火，以水救水，名之曰益多。顺始无穷(12)，若殆以不信厚言(13)，必死于暴人之前矣！**

（1）苟为：假如。

（2）恶：何。

（3）而：你。

（4）若：你。

（5）诏：言也（成玄英《庄子疏》）。

（6）捷：能言善辩。

(7) 荧：眩也（成玄英《庄子疏》）。

(8) 营：营救。

(9) 容：容貌。

(10) 形：见也（成玄英《庄子疏》）。

(11) 成：成就对方。

(12) 顺始无穷：按照开始顺着他，以后就要永远这样了。

(13) 厚言：忠厚之言（成玄英《庄子疏》）。

译文：

况且，如果卫君喜爱贤臣而憎恶不肖之徒，哪里还用你去显示与人不同呢？除非你去后一言不发，否则只要一开口，卫君就会乘机抓住你话语中的漏洞，展示他的辩才。那时你就会眼花缭乱，脸色平和（不敢表示异议），口里自救不暇，外貌显得恭顺，内心开始迁就他了。这好像以火救火，以水救水，这叫做帮凶。你开始顺着他，以后就没完没了。你如果不被信任就进忠厚的谏言，一定会惨死在暴君面前。

解说：

这一段指出如果颜回以内直外直的方式游说卫君可能造成的后果。

从卫君的为人看，他本来就亲小人，远贤臣，听不进劝谏，才弄到这个地步。因此，颜回前去除非不开口，只要一开口，卫君就会抓住颜回话语中的漏洞，大展辩才。颜回定会自顾不暇，最后只好顺着卫君。久而久之，颜回不仅劳而无功，还会成为帮凶。因此，孔子说，如果颜回在没有取得卫君的信任之前就进谏，一定会死在暴君面前。

6. **“且昔者桀(1)杀关龙逄（páng）(2)，纣(3)杀王子比干(4)，是皆修其身以下伛（yǔ）拊（fǔ）(5)人之民(6)，以下拂(7)其上者也，故其君因其修(8)以挤(9)之。是好名者也。昔者尧攻丛、枝、胥敖(10)，禹攻有扈(11)，国为虚厉(12)，身为(13)刑戮，其用兵不止，其求实无已(14)。是皆求名实者也，而(15)独不闻之乎？名实者，圣人之所不能胜也，而况若(16)乎！虽然，若必有以(17)也，尝以**

语我[18]来[19]！”

(1) 桀：夏朝最后一位国君。

(2) 关龙逢：姓关，字龙逢，夏桀之贤臣，尽诚而遭斩首（成玄英《庄子疏》）。

(3) 纣：商纣王。

(4) 王子比干：纣王叔父，传说因进谏被纣王挖心。

(5) 伛拊：爱养（成玄英《庄子疏》）。

(6) 人之民：他人的百姓，即国君的百姓。

(7) 拂：违逆。

(8) 修：善。

(9) 挤：陷也（成玄英《庄子疏》）。

(10) 丛、枝、胥敖：三个小国的国名，《齐物论》中为宗、脍、胥敖。

(11) 有扈：“有”，语助词；“扈”国名，在今陕西户县（曹础基《庄子浅注》）。

(12) 虚厉：宅无人曰虚，鬼无后曰厉（成玄英《庄子疏》）。

(13) 为：被。

(14) 求实无已：贪得无厌。“实”，实利，与名相对。“无已”，没完没了。

(15) 而：你。

(16) 若：你。

(17) 有以：有所依凭。“以”，因，原因。

(18) 以语我：即以之语我（曹础基《庄子浅注》），把它告诉我。

(19) 来：句末助词（曹础基《庄子浅注》）。

译文：

“从前夏桀杀害关龙逢，商纣杀害王子比干。这都是因为他们勤于修身，以臣下的地位关爱君主的百姓，以在下的地位违逆君王，所以，君王就因为他们的修养来加害他们。这是好名的结果。从前，尧攻打丛、枝、胥敖，禹攻打有扈，使这些国家变成了废墟，百姓死亡，国君被杀，原因在于他们不停地用兵，贪得无厌。这是追名逐利的结果。你难道没听说过这些吗？名与利，连得道者都不能战胜，何况是你呢？

即便如此，你一定还有更好的办法，不妨说来听听。”

解说：

孔子举出具体事例说明好名、好利所带来的恶果。

关龙逢、王子比干因好名被杀；丛、枝、胥敖和有扈的国君因为好利，最终使国家变成废墟，百姓遭涂炭。

颜回的第一种游说方法（内有坚定的仁义之心，外按仁义行事，即内直外直的方法）被孔子否定。

7. **颜回曰：“端而虚(1)，勉而一(2)，则可乎？”**

曰：“恶(3)！恶可(4)！夫以阳(5)为充(6)孔(7)扬(8)，采色不定(9)，常人之所不违，因案(10)人之所感(11)，以求容与(12)其心。名之曰日渐之德(13)不成，而况大德(14)乎！将执(15)而不化，外合而内不訾（zǐ）(16)，其庸讵(17)可乎！”

（1）端而虚：（外在）端肃而内心谦虚（顺物、顺人）。

（2）勉而一：努力专一行事。

（3）恶：叹词，表示否定。

（4）恶可：哪能行。“恶”，何。

（5）阳：刚猛也（成玄英《庄子疏》）。

（6）充：满也（成玄英《庄子疏》）。

（7）孔：甚也（成玄英《庄子疏》）。

（8）扬：张扬。

（9）彩色不定：神采气色不定，即喜怒无常（曹础基《庄子浅注》）。“彩色”，神采面色。

（10）案：抑也（成玄英《庄子疏》）。

（11）感：感触。

（12）容与：放纵也（成玄英《庄子疏》）。

（13）日渐之德：使之慢慢改变的方法，即小德，与大德相对。

（14）大德：使之突然改变的方法。

(15) 执：固执。

(16) 訾：毁也（陆德明《经典释文》引崔譔说）。

(17) 庸讵：怎么。

译文：

颜回说："那我外表严肃而内心谦虚，努力做事而心志专一，这样可以吗？"

孔子说："不行！哪能行呢！卫君盛气凌人，喜怒无常，一般人都不敢违逆他，他也借此压制别人的劝谏，以求得自己内心的畅快。对这种人用逐渐感化的方法都无济于事，何况采用下猛药的方法呢？他必定固执己见而不为所动，表面应付你，内心拒不采纳。你的方法怎么行得通呢？"

解说：

本段孔子否定颜回提出的第二种方法（外表严肃、内心谦虚的内顺外直方法）。

孔子认为，卫君内心刚猛，盛气凌人。对这种人，逐渐感化的方法不管用，采用外表严肃这种下猛药的方法更无济于事。卫君对于颜回的劝谏，表面上可能会应付，但内心拒不采纳。

颜回的第二种游说方法（内顺外直）被孔子否定。

8. "然则我内直而外曲[1]，成而上比[2]。内直者，与天为徒。与天为徒者，知天子之与己皆天之所子[3]，而独以己言蕲[4]乎而人善之，蕲乎而人不善之邪？若然[5]者，人谓之童子[6]，是之谓与天为徒。外曲者，与人之[7]为徒也。擎[8]跽（jì）[9]曲拳[10]，人臣之礼也，人皆为之，吾敢不为邪！为人之所为者，人亦无疵[11]焉，是之谓与人为徒。成而上比者，与古为徒。其言虽教，谪[12]之实也。古之有也，非吾有也。若然者，虽直而不病，是之谓与古为徒。若是则可乎？"

仲尼曰："恶！恶可！大[13]多政[14]法而不谍[15]，虽固[16]亦无罪。虽然，止是耳[17]矣，夫胡[18]可以及化[19]！犹师心[20]者也。"

(1) 曲：曲己从古人，与“直”相对。

(2) 成而上比：将自己的主张比附于古人。“成”，既成的想法。“比”，比附。

(3) 所子：所生所养。

(4) 蕲：求也（成玄英《庄子疏》）。

(5) 然：这样。

(6) 童子：婴儿也（成玄英《庄子疏》）。

(7) 之：赵谏议本无“之”字。

(8) 擎：执（笏）。

(9) 跽：长跪也（《说文解字》）。

(10) 曲拳：鞠躬”（宣颖《南华经解》）。

(11) 疵：毛病。

(12) 谪：责也（成玄英《庄子疏》）。

(13) 太：太。崔撰本“大”作“太”字。

(14) 政：通“正”（宣颖《南华经解》）。

(15) 谍：条理也，当也（成玄英《庄子疏》）。

(16) 固：浅陋。

(17) 止是耳：只不过这样罢了。

(18) 胡：何也（成玄英《庄子疏》）。

(19) 及化：感化别人（曹础基《庄子浅注》）。

(20) 师心：以自心为师，即自以为是。

译文：

颜回又说：“既然如此，那我就采用内直外曲的方法，将自己的主张比附于古人。所谓内直就是向自然看齐。向自然看齐，就是明白君主和自己都是天生的，我怎么会去要求他人喜欢自己的言论，或者要求他人不喜欢自己的言论呢？如果这样做，人们就会认为我是童心未泯之人。这叫做向自然看齐。所谓外曲，就是向他人看齐。执笏、跪拜、鞠躬，这是做人臣的礼节。别人都这样做，我敢不这么做吗？做大家所做的事，别人就不会诽谤，这叫做向他人看齐。将自己的主张比附于古人，就是向古人看齐。我所说的话虽然都是古人的教训，但实质上都是诤谏之言，是古时就有的，并非是我杜撰的。像这样，即使直言劝谏，也不会招来祸患，这叫做向古人看齐。这样做可以吗?”

孔子说：“唉，这样做怎么可以呢? 你纠正别人的方法太多，但不恰当。不过，这种方法虽然浅陋，但不致于获罪。然而，最多也只能免罪而已，怎么谈得上感化他呢！你还是固执己见啊。”

解说：

本段孔子否定了颜回的第三个方案——内怀赤子之心，外尽人臣之礼，将诤谏之言归于古人，即内直外顺（这里的“直”和“顺”与前面的“直”和“顺”含义不完全相同)。孔子认为，这个方法固然不会带来灾难，但也没有什么作用，同样是无效的方法。

9. **颜回曰：“吾无以进**(1)**矣，敢问其方**(2)**。”**

仲尼曰：“斋(3)**，吾将语若**(4)**！有心而为之，其易邪? 易之者，暤（hào）天**(5)**不宜。”**

颜回曰：“回之家贫，唯不饮酒不茹(6)**荤者数月矣。如此，则可以为斋乎?”**

曰：“是祭祀之斋，非心斋(7)**也。”**

回曰：“敢问心斋。”

(1) 无以进：指无法提出更好的方法（曹础基《庄子浅注》)。

(2) 方：方法，

(3) 斋：斋戒，这里指心斋，即涤除心中的欲念。

(4) 若：你。

(5) 暤天：自然也（陆德明《经典释文》引向秀说)。

(6) 茹：食也（成玄英《庄子疏》)。

(7) 心斋：涤除心中的欲念。

译文：

颜回说：“我再也没有更好的方法了。请问先生有什么好方法呢?”

孔子说："你先斋戒，我再告诉你。有心去劝谏卫君，哪会这么容易做到呢？如果那么容易就成功，反而不合自然之道了。"

颜回说："我的家境贫寒，已经几个月没喝酒、未吃荤了，这可以算得上是斋戒吗？"

孔子说："这是祭祀意义上的斋戒，不是心的斋戒。"

颜回问："请问什么是心的斋戒呢？"

解说：

劝谏的方法有四种，上文中颜回向孔子提出了三种。这三种方法有一个共同点，就是刻意诤谏卫君。刻意诤谏是因为心有成见，其结果不是与人发生冲突，就是没有作用。因此，颜回提出的三种方案都被孔子否定了。第四种方法则是"内顺外顺"的自然方法，卫君听得进去就进谏，听不进去就不说。这种方法需要去除心中的成见。因为颜回还没有得道，所以想不到这个方法。正因如此，孔子要（让）颜回对心进行斋戒。

10. **仲尼曰："若(1)一志(2)，无听之以耳而听之以心，无听之以心而听之以气(3)！听止于耳(4)，心止于符(5)。气也者，虚(6)而待物者也。唯道集虚。虚者，心斋也。"**

颜回曰："回之未始得使(7)，实自回也；得使之也，未始有回也；可谓虚乎？"

(1) 若：你。

(2) 一志：心志专一。

(3) 气：气无情虑，虚柔任物（成玄英《庄子疏》）。

(4) 听止于耳：宣颖《南华经解》认为"听止于耳"应为"耳止于听"。

(5) 符：合也（成玄英《庄子疏》）。

(6) 虚：去心意（郭象《庄子注》）。

(7) 得使：受到教诲。

译文：

孔子说："你专一心志，不要用耳朵去听，而要用心去体会；不要用心去领会，而要用气感应。耳朵只能听见外物的声音，心只能与外物相合，至于气，则能忘我地对待物。大道只能呈现于虚寂的心境。这种心境就是心斋。

颜回说："在没有听到'心斋'的教诲之前，感觉确实是有自我；听了你的教诲之后，我就不曾感觉有自我了。这可以叫做虚寂的状态吗?"

解说：

本段孔子提出了游说卫君的原则——忘我。

耳朵听见外物的声音，心与外物相合，这两者的前提都是与物相对待。相对待则有我。听之以气则是忘我地对待物，达到孔子所说的心斋。

11. **夫子曰："尽矣。吾语若(1)！若能入游其樊(2)而无感其名(3)，入则鸣(4)，不入则止。无门(5)无毒(6)，一宅(7)而寓于不得已，则几矣。**

(1) 若：你。

(2) 樊：蕃也（成玄英《庄子疏》）。

(3) 感其名：为名利所动。

(4) 入则鸣：(卫君）能接纳你的意见就说。

(5) 无门：由上文"医门多疾"句而来（曹础基《庄子浅注》），即不要以治病的医生自居。

(6) 毒：治也（郭象《庄子注》）。

(7) 一宅：收敛自心。

译文：

孔子说："对了。我告诉你，你可以进入卫国这个牢笼里游戏，但不要为名利所动。卫君愿听就进谏，不愿听就不说。不固守某种医门，不固定某种药方，心无妄念，将事情寄托在'不得已'之上，这样就差不多了。

解说：

本段孔子提出了以内顺外顺的方法游说卫君的具体方式。

在游说卫君时，要去除心中的名利（无名）思想，不预设游说目标和手段，一切顺其自然（即“不得已”）。卫君愿意听就说，不愿意听就不说（无我）。

12. **“绝迹[(1)]易，无行地难。为[(2)]人使易以伪，为天使难以伪。闻以有翼飞者矣，未闻以无翼飞者也；闻以有知知者矣，未闻以无知知者也。瞻[(3)]彼阕(què)[(4)]者，虚室[(5)]生白[(6)]，吉祥止止[(7)]。夫且不止，是之谓坐驰[(8)]。夫徇[(9)]耳目内通而外[(10)]于心知，鬼神将来舍，而况人乎！是万物之化也，禹舜之所纽[(11)]也，伏戏几蘧[(12)]之所行终，而况散[(13)]焉者乎！”**

(1) 绝迹：走路不留痕迹。

(2) 为：被（曹础基《庄子浅注》）。

(3) 瞻：观看。

(4) 阕：空也（成玄英《庄子疏》），空隙处。

(5) 虚室：没有物的房间。

(6) 白：日光所照也（陆德明《经典释文》引崔譔说）。

(7) 止止：止于空明的心境。第一个“止”：聚集。第二个“止”：虚寂的自然之心。

(8) 坐驰：形体安坐但心神飞驰。

(9) 徇：使也（陆德明《经典释文》引李颐说）。

(10) 外：不与“心知”一体。

(11) 纽：枢纽，关键。

(12) 伏戏几蘧：伏牛乘马，号曰伏戏，姓风，即太昊。几蘧者，三皇已前无文字之君也（成玄英《庄子疏》）。

(13) 散：无用，指普通人。

译文：

“不走路容易，走路而不留痕迹难。被人欲驱使容易作伪，顺自然天性而为就难以作伪。只听说过有翅膀的能飞行，没听说过没翅膀的能飞；听说过有心能获得分别之知的，没听过无心能获得分别之知的。你看看那眼前的空隙处，只有空的房间里才会有白光，吉祥也只会聚于虚寂之心。如果不断地追逐外物，就叫做‘坐驰’。如果使耳目向内通达而排除智巧，那么连鬼神都会来依附，何况是人呢？这是万物自然的变化，也是禹舜处世的关键，伏羲、几遽终生奉行的准则，何况普通人呢？”

解说：

本段阐述采用顺其自然的游说方法的原因。

在这四种游说方法（内直外直、内顺外直、内直外顺和内顺外顺）中，内顺外顺的方法不设立固定的目标，也不采用固定的方式，才真正符合庄子思想。

绝迹易，无行地难。为人使易以伪，为天使难以伪。闻以有翼飞者矣，未闻以无翼飞者也——以日常生活中的难与易类比论证有心能获得分别之知，无心则难以获得分别之知（“闻以有知知者矣，未闻以无知知者也”）。

瞻彼阕者，虚室生白——只有空的房间里才能照进阳光，隐喻只有虚寂之心才能领悟道。

吉祥止止——虚寂才有吉祥，即道只能留在虚寂之心。

夫且不止，是之谓坐驰——有知就会心逐外物，就会“坐驰”（追逐外物）。

13. **叶（shè）公子高**[(1)]**将使于齐，问于仲尼曰：“王使诸梁也甚重**[(2)]**，齐之待使者，盖将甚敬而不急**[(3)]**。匹夫犹未可动**[(4)]**，而况诸侯乎！吾甚栗之。子**[(5)]**常语诸梁也曰：‘凡事若小若大，寡不道以欢成**[(6)]**。事若不成，则必有人道之患**[(7)]**；事若成，则必有阴阳之患**[(8)]**。若成若不成而后无患者，唯有德者能之。’吾食也执**[(9)]**粗而不臧（zāng）**[(10)]**，爨（cuàn）**[(11)]**无欲清**[(12)]**之人。今吾朝受命而夕饮冰，我其内热**[(13)]**与！吾未至乎事之情**[(14)]**，而既有阴阳之患矣；事若不成，必有人道之患。是两也，为人臣者不足以任之，子其**[(15)]**有以语我来！”**

(1) 叶公子高：楚庄王之玄孙尹成子，名诸梁，字子高，食采于叶，僭号称公（成玄英《庄子疏》）。

(2) 重：责任重。

(3) 不急：不肯急应其求也（郭象《庄子注》）。

(4) 动：以游说动其心。

(5) 子：你，指孔子。

(6) 寡不道以欢成：莫不以成遂为欢适也（成玄英《庄子疏》），很少不是因为高兴才做成事。“道”，通过，经过。

(7) 人道之患：人为祸患，指君主的惩罚。

(8) 阴阳之患：身体阴阳不调引起的祸患。

(9) 执：取，选择（曹础基《庄子浅注》）。

(10) 臧：精细，与“粗”相对。

(11) 爨：做饭。

(12) 清：凉也（成玄英《庄子疏》）。

(13) 内热：怖惧忧愁，内心熏灼（成玄英《庄子疏》）。

(14) 情：实。

(15) 其：表示祈求语气的助词（曹础基《庄子浅注》）。

译文：

叶公子高将要出使齐国，向孔子求教说：“楚王交给我的任务极为重要，齐国对使者表面上虽然很尊重，但办事怠慢。一个普通人尚且难以说动，何况是诸侯呢！我很害怕。你曾经对我说过：‘凡事不论大小，很少不是因愉快而能成功的。如果事情没办成，我就会有被君主惩处的祸患；即便事情成功，我也会因为着急造成阴阳失调而带来祸患。无论事情成功还是不成功都没有后患，只有有德的人才能做到。’我平时饮食极为粗淡，不追求精美，家中厨房的伙夫都不会（因热而）求清凉。现在我早上接受使命，晚上就想喝冰水，我这是内心焦灼啊！我们还没有着手真正的事务，就已经遭受阴阳失调的祸患了；如果任务没完成，一定还会有君主惩处的祸患。这双重的祸患，作为人臣，我实在难以承受。先生一定要指点指点我呀！”

解说：

第十三至十七段阐述身处官场者如何以合道的方式解决官场难题。本段叶公子高请教孔子如何解决自己面临的“人道之患”和“阴阳之患”。

叶公子高还没有真正出使齐国，就因担心不能完成任务而使自身阴阳失调，内心焦灼，即“阴阳之患”。如果出使齐国真的不成功，还会遭到君主的惩罚，即“人道之患”。因此，他向得道的孔子请教如何解决这两个祸患。

14. **仲尼曰：“天下有大戒[1]二：其一，命[2]也；其一，义[3]也。子之爱亲，命也，不可解于心；臣之事君，义也，无适[4]而非君也，无所逃于天地之间。是之谓大戒。是以[5]夫事其亲者，不择地而安之，孝之至也；夫事其君者，不择事而安之，忠之盛[6]也；自事其心[7]者，哀乐不易施[8]乎前，知其不可柰何而安之若命，德之至也。为人臣子者，固[9]有所不得已。行事之情而忘其身，何暇至于悦生而恶死！夫子其行可矣。**

(1) 戒：法也（成玄英《庄子疏》），法则。

(2) 命：天命。

(3) 义：人所当尽（宣颖《南华经解》）。

(4) 适：往。

(5) 是以：因此。

(6) 盛：最。

(7) 事其心：调养自己的心。

(8) 施：移也（陆德明《经典释文》引崔譔说），改变。

(9) 固：本来。

译文：

孔子说：“天下有两大法则，一个是命，一个是义。子女爱双亲，这是命，无法从心里解除；臣子侍奉君主，这是义，无论到什么地方不能没有君主，天地间无法逃脱。这就叫大法则。因此，子女侍奉双亲，无论在什么情况下都要使他们过得舒适，这是孝的最高表现；臣子侍奉君主，无论什么事都要泰然处之，这是忠的最高表现；自我调适心态，使哀怒不影响到自身，知道事情无可奈何而能像对待命运那样安然接受，这是德的最高表现。做臣子的，本来就有不得已的时候，但尽力按照实际情况去做而忘掉自身，哪里还有时间贪生怕死呢？你只管尽力去做就行了。

解说：

为了解决叶公子高的难题，孔子提出了一虚两实共三条建议。本段中孔子提出了一虚的建议，帮助叶公子高解决“阴阳之患”。

这条虚的建议是“忘我而顺物”，即对于无法避免的事情（如子女爱双亲、臣子忠于君主）顺其自然，内心就不会被外物所困扰。这样就能避免“阴阳之患”。因此，对于出使齐国所可能遇到的无法避免的困难，叶公子高应该忘记自身，安心出使齐国。

可以看出，庄子并不反对源于自然情感的忠（本文的义）与孝。只是反对将忠、孝模式化来束缚人。

15. **丘请复以所闻：凡交近则必相靡（mǐ）**[1]**以信，远则必忠之以言，言必或传之。夫传两喜两怒之言，天下之难者也。夫两喜必多溢**[2]**美之言，两怒必多溢恶之言。凡溢之类**[3]**妄，妄则其信之也莫**[4]**，莫则传言者殃。故《法言》**[5]**曰：‘传其常情，无传其溢言，则几乎全。’**

(1) 靡：亲顺（宣颖《南华经解》）。

(2) 溢：过也（郭象《庄子注》）。

(3) 类：似也（成玄英《庄子疏》）。

(4) 莫：莫然疑之也（郭象《庄子注》），不太相信。

(5)《法言》：书名。一说为格言。

译文：

我再把我听到的告诉你：大凡国与国之间的交往，邻近的要靠信用来维持关系，远道的要靠忠实的言辞来表现诚意。语言必须有人去传达。而传达国君喜怒的言语，是天下的难事。双方的国君高兴时，必定多说些过头的好话；双方的国君愤怒时，必定多说些过头的坏话。凡是过头的话都好像是虚假的，虚假的话就会让人无法相信。无法相信，传话的人就要遭殃了。所以《法言》说：‘要传达合乎常情的话，不要传达过头的话语，差不多就能保全自己了。’

解说：

孔子提出两条实的建议是为了解决叶公子高的“人道之患”。本段阐述第一条实的建议，只传达两国国君在无是非好恶状态下说的话。

双方国君在过喜或过怒状态下的言语都不合常情，即不合自然。不合常情就无法让人相信。无法相信，传话的使者就会遭殃。因此，使者只有传达君主在无是非好恶状态下所说的话，才有可能免除祸患。

16. **且以巧斗力者，始乎阳**[(1)]**，常卒**[(2)]**乎阴**[(3)]**，泰至**[(4)]**则多奇巧；以礼饮酒者，始乎治，常卒乎乱，泰至则多奇乐**[(5)]。**凡事亦然。始乎谅**[(6)]**，常卒乎鄙**[(7)]**；其作也简，其将毕也必巨。**

(1) 阳：指光明的手段。

(2) 卒：最后。

(3) 阴：指阴谋诡计。

(4) 泰至：达到极点。

(5) 奇乐：淫荒纵横，无所不至（郭象《庄子注》）。

(6) 谅：诚信。

(7) 鄙：险恶，与“谅”相对。

译文：

那些以智巧角力的人，开始时明来明去，后来就会暗中较劲，到了最后就会耍阴谋诡计；遵照礼节喝酒的人，开始时守规矩，后来往往就失去礼节，到了极点就会放荡无度了。任何事情都是这样，开始时讲求诚信，后来就开始欺诈；开始时很简单，将要结束时就变得繁杂。

解说：

本段阐述交往中的一般现象，为提出第二条实的建议做铺垫。

任何行为开始时可能都合乎规矩，后来往往就会破坏规矩。开始简单，后来就繁杂。国与国之间的交往也是如此。

17. 言者，风波也；行者，实丧[(1)]也。夫风波易以动，实丧易以危。故忿设[(2)]无由，巧言偏辞。兽死不择音，气息茀（bó）[(3)]然，于是并生心厉[(4)]。克核大至[(5)]，则必有不肖[(6)]之心应之，而不知其然也。苟为不知其然也，孰知其所终！故《法言》曰：'无迁令[(7)]，无劝成[(8)]，过度益[(9)]也。'迁令劝成殆[(10)]事，美成在久，恶成不及改，可不慎与！

(1) 实丧：犹言得失（郭庆藩《庄子集释》引郭嵩焘说）。

(2) 设：产生。

(3) 茀：通"勃"，气息急促的样子（曹础基《庄子浅注》）。

(4) 心厉：恶心（宣颖《南华经解》）。

(5) 克核太至：过分指责。"大"，太。

(6) 不肖：不善（的念头）。

(7) 迁令：改变命令。

(8) 劝成：劝勉而成。

(9) 益：溢字古体，泛滥（曹础基《庄子浅注》）。

(10) 殆：危险。

译文：

有语言，就有风波；传达语言，就有得失。有风波就会有动荡，有得失就会有危险。所以，产生愤怒没有别的原因，都是源于花言巧语、偏激之辞。困兽将死时就会狂呼乱叫，气息急促，于是产生伤人的恶念。凡事逼迫得太紧，别人也会产生不善的念头，而自己还莫名其妙。如果自己还不知道是怎么回事，谁能知道会是什么下场呢？所以《法言》上说：'不改变命令，不强求成功，过度就会越轨'。改变君命、强求成功都是危险之事，成就好事需要时间，而坏事一旦酿成就追悔莫及，你能不谨慎吗！

解说：

本段提出第二条实的建议。

与上一段所讲述的道理一样，任何事开始与后来不一样。国君之间的交往开始时讲规矩，后来就会难免说些偏颇之辞。偏颇之辞会激怒对方，对方就会产生不善之心。于是，就像野兽被逼于困境中一样生出害人之心。这时，如果使者还步步紧逼，对方就会产生恶念。有恶念就会有坏事。一旦坏事酿成，就追悔莫及，首当其冲受害的就是使者。因此，除了上文所说的不传达两国国君在过喜或过怒状态下的话语外，使者还不能强求事情成功，而应以无功之心处理事情。

18. **且夫乘**(1)**物以游心**(2)**，托不得已**(3)**以养中**(4)**，至矣。何作为报**(5)**也！莫若**(6)**为致命**(7)**。此其难者。"**

(1) 乘：寄物以为意也（郭象《庄子注》）。

(2) 游心：让心灵逍遥自在地活动在天地之间。

(3) 托不得已：寄于不得已，即顺其自然。

(4) 养中：养内心。

(5) 何作为报：何必刻意去完成使命。"作"，刻意为之。

(6) 莫若：不如。

(7) 致命：如实地传达国君之命。

译文：

顺随自然而悠游自在，一切行动寄托于不得已而养其自心，这就是处世的最高境界了。何必刻意造作地传达什么东西呢？不如真实自然地去传达命令，这是困难之处。"

解说：

对于得道者而言，天下的事物都是他逍遥自在的游心之所。对于出使齐国，叶公子高为何不以逍遥的心态对待呢？无需要刻意造作，顺其自然地传达使命就可以了。

19. **颜阖**(1)**将傅**(2)**卫灵公大子**(3)**，而问于蘧（qú）伯玉**(4)**曰："有人于此，其德天杀**(5)**。与之**(6)**为无方**(7)**，则危吾国；与之为有方，则危吾身。其知适**

足[8]以知人之过，而不知其所以过。若然者，吾柰之何?”

(1) 颜阖：姓颜，名阖，鲁之贤人也（成玄英《庄子疏》）。

(2) 傅：师傅，这里作动词用。

(3) 大子：太子蒯聩也（成玄英《庄子疏》）。“大”，通“太”。

(4) 蘧伯玉：姓蘧，名瑗，字伯玉，卫之贤大夫（成玄英《庄子疏》）。

(5) 天杀：天性嗜杀（曹础基《庄子浅注》）。

(6) 与之：给他。

(7) 方：犹法（成玄英《庄子疏》），原则。

(8) 适足：仅足以。

译文：

颜阖即将去做卫灵公太子的师傅，向蘧伯玉请教说：“有这么一个人，天性凶残嗜杀。如果不讲规矩法度，就会危害我的国家；如果以规矩法度去约束他，就会危及我自身。他的聪明足以看到别人的过错，但看不到别人为什么会犯错。面对这样的情形，我该怎么办呢?”

解说：

第十九至二十三段阐述从政者如何以合道的方法与（难以共事的）上级相处。这一段颜阖阐述了自己将要面临的困境。

颜阖向蘧伯玉暗示，太子天性凶残。作为老师，自己有责任管教太子，但太子可能因此杀害自己；如果不管教太子，他就会失职，将来太子会危害国家。颜阖身处两难困境，因而向蘧伯玉请教。

20. **蘧伯玉曰：“善哉问乎！戒之，慎之，正女[1]身也哉！形莫若就[2]，心莫若和[3]。虽然，之二者有患。就不欲入[4]，和不欲出[5]。形就而入，且为颠[6]为灭，为崩为蹶[7]。心和而出，且为声为名，为妖为孽[8]。彼且为婴儿，亦与之为婴儿；彼且为无町（dīng）畦（qí）[9]，亦与之为无町畦；彼且为无崖[10]，亦与之为无崖。达之，入于无疵[11]。**

(1) 女：通“汝”，你。

(2) 形莫若就：外表不如迁就。“就”，迁就。

(3) 心莫若和：心中不如顺从。“和”，和顺。

(4) 入：陷入。

(5) 出：显露。

(6) 颠：覆也（成玄英《庄子疏》）。

(7) 蹶：败也（成玄英《庄子疏》）。

(8) 孽：灾也（成玄英《庄子疏》）。

(9) 町畦：田间的界限，引申为约束。“町”，畔也（成玄英《庄子疏》）；“畦”，田园中分成的小区域（曹础基《庄子浅注》）。

(10) 崖：边际，指约束。

(11) 疵：小病，引申为过失。

译文：

蘧伯玉说：“问得好！要小心，要谨慎，你自己要立得稳。外表上不如迁就他，内心不如温和诱导。即便如此，这两种做法还是有危险。外表迁就却不可同流合污，内心温和地诱导却不可显露。如果迁就而同流合污，就会招致失败毁灭；如果温和地引导过于显露，他就会以为你是在博取声名，从而给你自己带来灾祸。如果他表现得像婴儿，你就要像婴儿那样；如果他不守规则，你就要表现得不守规则；如果他不受约束，你就表现得不受约束。能做到这些，就不会出大问题了。

解说：

蘧伯玉的建议是表面迁就太子而不同流合污，但内心不显露地暗中诱导，即以无我、无物之心应对教育太子时面临的问题。

因为太子凶残嗜杀，所以表面要迁就；因为师傅的职责所在，所以要暗中诱导。但这一切要让人感觉非常自然，所以要迁就但不可同流合污（否则无法履行职责），暗中诱导但不可显露（否则会招致杀身之祸）。

21. **汝不知夫螳螂乎？怒其臂以当车辙(1)，不知其不胜任也，是其才之美**

者也。戒之，慎之！积[2]**伐**[3]**而**[4]**美者以犯之，几**[5]**矣。**

(1) 当车辙：阻挡车轮。“辙”，车碾过的痕迹，这里指车轮。“当”，通“挡”。

(2) 积：屡（宣颖《南华经解》）。

(3) 伐：夸耀。

(4) 而：你。

(5) 几：危也（成玄英《庄子疏》）。

译文：

你不知道那螳螂吗？奋力举起它的臂膊来抵挡车轮，却不知道自己力量根本不够，这是高看了自身的能力。小心呀，谨慎呀，高看自己的才能去触犯他，那就危险了。

解说：

本段用螳臂挡车的例子类比阐述颜阖为什么要做到无己、表面上迁就太子。

22. **汝不知夫养虎者乎？不敢以生物**[1]**与之，为其杀之之怒也；不敢以全物**[2]**与之，为其决**[3]**之之怒也；时其饥饱，达**[4]**其怒心。虎之与人异类而媚养己者，顺也；故其杀者，逆也。**

(1) 生物：活的动物。

(2) 全物：整个动物。

(3) 决：撕裂。

(4) 达：通达，了解。

译文：

你不知道那饲养老虎的人吗？不敢拿活的动物给老虎吃，怕它扑杀动物时激起自身的残暴本性；不敢拿整个的动物给它吃，怕它撕裂动物时激起自身的凶残本性。知道它饿饱的时间，懂得它喜怒的心情。虽然老虎与人不是同类，但它也会讨好饲养自己的人，这是由于顺着它性子的缘故。它之所以要伤人，是因为违逆了它的性子。

解说：

本段举例说明只能顺其自然地暗中诱导太子的原因。

老虎虽然天性凶残，但是如果饲养员不给老虎捕杀活物、撕碎食物的机会，老虎就没有发怒的机会。如果饲养员知道它饥饱的时间，了解它发怒的心情，老虎还会取悦饲养它的人。同样，如果颜阖顺着太子，太子也不会随意发怒；如果还能顺随太子的心思，就会与太子建立情感。太子不随意发怒，就会慢慢改变自己的性格。与太子建立了感情，就能暗中诱导太子而不使他有所察觉，达到前文所谓的“和不欲出”（内心温和引导却不显露）的目的。这是一种无功而成的教育方式。

23. **夫爱马者，以筐盛矢**(1)**，以蜄**（shèn）(2)**盛**（chéng）**溺**（niào）(3)。**适**(4)**有蚉**（wén）**虻仆缘**(5)**，而拊**(6)**之不时**(7)**，则缺衔**(8)**毁首**(9)**碎胸**(10)。**意**(11)**有所至而爱有所亡**(12)**，可不慎邪！”**

（1）矢：通“屎”。

（2）蜄：大蛤也（成玄英《庄子疏》），这里指大蛤壳。

（3）溺：尿。

（4）适：偶然碰到。

（5）仆缘：附着，叮着。“仆”，聚也（成玄英《庄子疏》）；“缘”，攀（曹础基《庄子浅注》）。

（6）拊：拍也（成玄英《庄子疏》）。

（7）不时：不合时。

（8）缺衔：咬断勒口。“衔”，勒也（成玄英《庄子疏》）。

（9）首：指马笼头之类的东西。

（10）胸：指马胸上的饰品。

（11）意：本意。

（12）亡：犹失也（成玄英《庄子疏》）。

译文：

爱马的人用竹筐来装马粪，用蛤蜊壳接马尿。恰巧有蚊虻叮在马身上，（爱马的人）出其不意拍打蚊虻，马就会咬断勒口、挣脱笼头、弄坏胸带。本意是出于爱马，结果却适得其反，能不谨慎吗?”

解说：

本段举例说明为什么要顺随太子但不可同流合污（“就不欲入”）。

如果迁就太子并同流合污，就会增加其恶习，将来会危害国家。因此，不可像爱马者一样，过于迁就太子，与其同流合污。

在上面两个例子中，庄子借他人之口为仕途中碰到困难的叶公子高和颜阖提出了自己的解决方案。这两个方案能够解决问题吗？不一定。按照孔子的方法（实际上是庄子的），叶公子高固然可以免除阴阳之患（顺其自然，不必担心事情是否成功），但未必能免除人为之患。因为顺其自然的最终结果未必能让楚王满意。同样，蘧伯玉为颜阖提出的方案也未必能教育好卫灵公太子，将来同样“危吾国”。只能说，这些方法可以将危害降到最小（合道而行，危害自然就能降到最小，不是刻意的行为）。

对这些无法彻底避免的危险，不同的人会选择不同的对待方式（这与个人的自身本性有关）。有的人选择身处事中，那只能接受其后果；有的人（如庄子）则会选择置身事外，做一个内心没有是非好恶、自在逍遥地混迹于世之人。

24. **匠石[1]之齐，至于曲辕[2]，见栎社树[3]。其大蔽[4]数千牛，絜(xié)[5]之百围，其高临山十仞而后有枝，其可以为舟者旁[6]十数。观者如市，匠伯[7]不顾，遂[8]行不辍[9]。**

弟子厌观[10]之，走及匠石，曰：“自吾执斧斤以随夫子，未尝见材如此其美也。先生不肯视，行不辍，何邪?”

曰：“已矣[11]，勿言之矣！散木[12]也，以为舟则沈[13]，以为棺椁(guǒ)[14]则速腐，以为器则速毁，以为门户则液樠（mán）[15]，以为柱则蠹

(dù)[16]。**是不材[17]之木也，无所可用，故能若是[18]之寿**。

(1) 匠石：名叫石的匠人。

(2) 曲辕：地名。

(3) 栎社树：长在神庙中的栎树。“栎”，树名，有白栎、高山栎等。“社”，社庙，祭祀土地神的地方。

(4) 蔽：遮蔽。

(5) 絜：量度（宣颖《南华经解》）。

(6) 旁：旁枝也（陆德明《经典释文》引崔譔说）。

(7) 匠伯：即匠石，“伯”，匠石字也（陆德明《经典释文》）。

(8) 遂：竟（曹础基《庄子浅注》）。

(9) 辍：止也（成玄英《庄子疏》）。

(10) 厌观：饱看。

(11) 已矣：别作声。“已”，止也（成玄英《庄子疏》）。

(12) 散木：疏散之树（成玄英《庄子疏》），没有用途的树木。

(13) 沈：通“沉”。

(14) 棺椁：外为棺，内为椁。

(15) 液樠：脂液外渗。“樠”，津液也（陆德明《经典释文》引司马彪说）；一说是树名，树心似松，树心有脂液流出（曹础基《庄子浅注》）。

(16) 蠹：木内虫也（成玄英《庄子疏》）。

(17) 不材：没有用的木材。

(18) 若是：如此。

译文：

有个名叫石的木匠前往齐国，走到曲辕时，看见社庙中有一棵栎树。这棵树大到可以让几千头牛蔽阴，量一量，有上百围粗。树干高出山头好几丈才长有树枝，可以用来造船的旁枝有十几枝。围观的人像逛集市一样，匠伯却不看一眼，径直往前走。

弟子看了个够，跑着追上匠石，问：“自从我拿了斧头跟随师傅以来，还从来没见过这么好的树木。师傅却不看一眼，直往前走，这是为什么呢？”

匠石说："算了，不要说它了！那是疏散无用的散木。用它做船很快就会沉没，用它做棺材很快就会腐烂，用它做器具很快就会损坏，用它做门窗就会油脂外流，用它做柱子就会被虫蛀，那是不成材之木，没有什么用途，所以才这么长寿。"

解说：

第二十四至二十六段为一个故事，隐喻无才者的处世之道。

栎树因为大，又长在社庙里，所以吸引许多人前来观赏。匠石的弟子认为这棵树有很大用途，所以停下来观赏。而匠石看出栎树无用，所以对其不屑一顾。

25. **匠石归，栎社见梦[(1)]曰："女[(2)]将恶乎比予[(3)]哉？若[(4)]将比予于文木[(5)]邪？夫柤（zhā）[(6)]梨橘柚，果蓏（luǒ）[(7)]之属，实熟则剥[(8)]，剥则辱[(9)]；大枝折，小枝泄（yè）[(10)]。此以其能苦其生者也，故不终其天年而中道夭，自掊（póu）[(11)]击于世俗者也。物莫不若是。且予求无所可用久矣，几死[(12)]，乃今得之，为予大用。使予也而有用，且得有此大也邪？且也若与予也皆物也，柰何哉其相物[(13)]也？而[(14)]几死之散人[(15)]，又恶知散木！"**

(1) 见梦：托梦。

(2) 女：通"汝"，你。

(3) 比予：与我相比。"予"，我。

(4) 若：你。

(5) 文木：纹理正常的有用之木。

(6) 柤：山楂。

(7) 果蓏：有核叫果，无核叫蓏。

(8) 剥：剥落（成玄英《庄子疏》）。

(9) 辱：折断。

(10) 泄：去也（宣颖《南华经解》）。

(11) 掊：打也（成玄英《庄子疏》）。

(12) 几死：几乎被砍。

(13) 相物：看物之用途等。“相”，相面之相。

(14) 而：你。

(15) 散人：无用的人，与散木相对。

译文：

匠石回来后，栎树托梦给他说：“你拿什么和我比较呢？拿有用的树木和我比较吗？那些山楂、梨子、橘子、柚子以及瓜果之类的，果实成熟了会被摘下，摘下时树枝就会受到伤害；大枝被折断，小枝被扯走。这是因为它们有用才害苦了自己的一生，因而不能尽享天年而中途夭折。这都是自己有用才招来世俗的打击。世上的事物莫不如此。何况我追求无用已经很久了，曾经几乎被砍掉。到现在才实现了我的愿望，这正是我的无用之大用。如果我有用，还能长这么大吗？况且你和我都是物，干嘛以是否有用来看待我呢？你这个将要死去的散人，怎么能理解我这散木呢？”

解说：

如果栎树有用，就会被砍伐；即使栎树没什么用，也曾经差点被那些不识它无用的人误砍（如匠石的弟子之类的人）。它直到被奉为社树，没人敢砍，才彻底摆脱了被砍的危险。

26. **匠石觉而诊（zhěn）(1) 其梦。弟子曰：“趣(2) 取无用，则为社(3) 何邪？”曰：“密(4)！若无言！彼亦直(5) 寄焉，以为(6) 不知己者诟厉(7) 也。不为社者，且几(8) 有翦(9) 乎！且也彼其所保与众异，而以义(10) 喻(11) 之，不亦远乎！”**

(1) 诊：占也（成玄英《庄子疏》）。

(2) 趣：通“趋”，追求（曹础基《庄子浅注》）。

(3) 为社：成为社树。

(4) 密：慎密，莫轻出言（成玄英《庄子疏》）。

(5) 直：只是。

(6) 为：被（曹础基《庄子浅注》）。

(7) 诟厉：辱骂。“诟”，辱也（成玄英《庄子疏》）。

(8) 几：几乎。

(9) 翦：砍伐。

(10) 义：常理（宣颖《南华经解》）。

(11) 喻：言（宣颖《南华经解》）。

译文：

匠石醒后把他的梦告诉给弟子，弟子说："既然它意在追求无用，又为什么要成为社庙中的树呢？"

匠石说："别做声，不要再说了！它只不过寄迹于社庙，结果却被那些不理解它的人辱骂。它如果不做社树，岂不要遭到砍伐！它保全自己的方法与众不同，你却从常理来看待它，这不相差太远了吗？"

解说：

弟子不理解栎树既然追求无用，为什么还要寄迹于社庙而招致人们的辱骂（骂其趋炎附势）。其实，这栎树寄迹于社庙只是为了不被那些不识它的人砍伐。至于因此招来的世俗讥讽，社树只能采取《养生主》篇中所谓"为恶无近刑"的无名态度了（在世俗习惯冲突的情况下，只能以不受刑罚为底线，见《养生主》）。栎树无用，却以无功（不追求有用）、无名（为恶无近刑）的方法保全了性命。

27. **南伯子綦（qí）[1]游乎商之丘[2]，见大木焉有异，结[3]驷[4]千乘，隐将芘其所藾（lài）[5]。子綦曰："此何木也哉？此必有异材夫！"仰而视其细枝，则拳曲[6]而不可以为栋梁；俯而视其大根，则轴解[7]而不可以为棺椁[8]；咶（shì）[9]其叶，则口烂而为伤；嗅之，则使人狂酲（chéng）[10]，三日而不已。**

子綦曰："此果不材之木也，以至于此其大也。嗟乎神人，以[11]此不材！

(1) 南伯子綦：伯，长也。其道甚尊，堪为物长，故谓之伯，即南郭子綦也（成玄英《庄子疏》），参见《齐物论》。

(2) 商之丘：即商丘，在今河南商丘县。

(3) 结：集。

(4) 驷：四匹马拉的车。

(5) 藾：荫也（陆德明《经典释文》引向秀说）。

(6) 拳曲：弯弯曲曲。

(7) 轴解：如车轴之转，谓转心木也（成玄英《庄子疏》）。

(8) 棺椁：内为棺，外为棺。

(9) 咶：舔（宣颖《南华经解》）。

(10) 酲：酒病也（成玄英《庄子疏》）。

(11) 以：用。

译文：

南伯子綦到商丘游览，看见一棵大树非常特别，树荫可隐蔽千乘马车。子綦说："这是什么树呀？这树必有异乎寻常之处。"仰头看看树的细枝，弯弯曲曲不能做屋梁；低头再看看粗大的树干，木纹扭曲松散而不能做棺材；舔舔树叶，嘴就溃烂受伤；闻闻气味，使人狂醉三天醒不过来。

子綦说："这果然是不成材之木，所以才长得这么高大。哎呀，神人以此显示自己的不材。"

解说：

这个故事隐喻无用之大用（无功）。

这个故事中的大树与上个故事中的大树不同。对于这棵大树，人们一眼就能看出它的无用，而且还有害处。所以，它不用其他方法就能保全自己的生命。

28. **宋有荆氏**[(1)]**者，宜**[(2)]**楸**（qiū）**柏桑**[(3)]。**其拱把**[(4)]**而上者，求狙**（jū）**猴**[(5)]**之杙**（yì）[(6)]**者斩之；三围四围，求高名**[(7)]**之丽**[(8)]**者斩之；七围八围，贵人富商之家求樿**（shàn）**傍**[(9)]**者斩之。故未终其天年，而中道之夭于斧斤，此材之患也。**

(1) 荆氏：地名，在宋国境内。

(2) 宜：适宜。

(3) 楸、柏、桑：楸树、柏树、桑树等三种树。

(4) 拱把：两手曰拱，一手曰把（陆德明《经典释文》引司马彪说）。

(5) 狙猴：猕猴。

(6) 杙：系橛也（宣颖《南华经解》），系东西的木桩。

(7) 高名：荣显也（成玄英《庄子疏》）。

(8) 丽：屋栋也（成玄英《庄子疏》）。

(9) 樿傍：棺材也（成玄英《庄子疏》），整块木板做成的棺木（曹础基《庄子浅注》）。

译文：

宋国荆氏这个地方适合种植楸树、柏树和桑树。树干长到一把两把粗的，就被人砍走做拴猴子的木桩去了；长到三围四围粗的，就被人砍走做高梁大屋去了；长到七围八围粗的，就被富商之家砍走做棺材板去了。所以，这些树木都不能享尽天年，中途倒在斧头之下。这就是有用之材招来的祸患。

解说：

本段从反面阐述有用（有功）会给自身带来祸患。

29. **故解**(1)**之以**(2)**牛之白颡（sǎng）**(3)**者与豚**(4)**之亢**(5)**鼻者，与人有痔病者不可以适河**(6)。**此皆巫祝以知之矣，所以为不祥也。此乃神人之所以为大祥也。**

(1) 解：解祷，求神免灾的祈祷（曹础基《庄子浅注》）。

(2) 以：用。

(3) 颡：额也（陆德明《经典释文》引司马彪说）。

(4) 豚：小猪。

(5) 亢：高也（陆德明《经典释文》引司马彪说）。

(6) 适河：投入河中（祭神）。“适”，“往”。

译文：

所以，古时祭河神的时候，凡是白额头的牛、鼻孔上翻的猪和长痔疮的人，都不能用来投河祭神。这是巫祝都知道的，认为那是不吉祥的。而这正是神人认为最吉祥的。

解说：

在世人眼中，不能用于祭祀的牛、猪和人都因其无用得以保全生命。可见，无用（无功）之中潜藏着大用。

以上几段阐释神人以无功（不追求有用，也不刻意追求无用）显示其大用的结论。

30. **支离疏[(1)]者，颐[(2)]隐于脐[(3)]，肩高于顶[(4)]，会撮[(5)]指天，五管[(6)]在上，两髀（bì）[(7)]为胁[(8)]。挫针[(9)]治繲（xiè）[(10)]，足以糊口；鼓[(11)]筴（cè）[(12)]播精[(13)]，足以食十人。上征武士，则支离攘臂而游于其间；上有大役，则支离以有常疾不受功[(14)]；上与病者粟，则受三钟[(15)]与十束薪。夫支离其形者，犹足以养其身，终其天年，又况支离其德[(16)]者乎！"**

（1）支离疏：形体支离不全貌。疏，其名也（陆德明《经典释文》引司马彪说）。

（2）颐：面颊。

（3）脐：肚脐。

（4）顶：头顶。

（5）会撮：髻也（陆德明《经典释文》引司马彪说）。

（6）五管：五官（高亨《诸子新笺》）。一说为五脏脉管。

（7）髀：大腿。

（8）为胁：几乎变成了肋骨。

（9）挫针：缝衣也（陆德明《经典释文》引司马彪说）。"挫"，捏持。

（10）治繲：浣衣也（陆德明《经典释文》引司马彪说）。洗衣服。"繲"，故衣也（《集韵》）。

（11）鼓：簸也（陆德明《经典释文》引司马彪说）。

（12）筴：小箕曰筴（陆德明《经典释文》引司马彪说）。

（13）精：简米曰精（陆德明《经典释文》引司马彪说）。

（14）不受功：不任徭役故也（郭象《庄子注》），不用当差。

(15) 钟：六斛四斗曰钟（陆德明《经典释文》引司马彪说）。

(16) 支离其德：忘其德。

译文：

支离疏（形体支离不全）这个人，脸缩在肚脐里，双肩高过头顶，发髻朝天，五官朝上，两腿与肋骨相并。替人缝洗衣服，就足以糊口；替人簸米筛糠，还可以养活十口人。国家征兵时，他大摇大摆地在征兵场所游荡；国家有大的徭役时，他因为残疾而被免除；官府救济穷病的人时，他可以领到三钟米、十捆柴。身体残缺的人尚且能自己养活自己，享尽天年，何况那些忘其德行的人呢？

解说：

本段阐述身体残疾者如何处世。

支离疏身体残疾，如果他成天怨天尤人（有己），就会给自己和他人带来麻烦。但是，他不在意自己身体上的残疾（无名），不仅能自食其力，还能养活他人；不仅能逍遥于世，还能尽享天年。以此类推，一个人如果是忘德之人（无我），就一定能逍遥自在地栖息于世。

31. **孔子适楚，楚狂接舆(1)游其门(2)曰：**

“凤兮凤兮，何如(3)德之衰也！

来世不可待，往世不可追也。

天下有道，圣人成(4)焉；

天下无道，圣人生(5)焉。

方今之时，仅免刑焉。

福轻乎羽，莫(6)之知载(7)；祸重乎地，莫之知避。

已乎(8)已乎，临人(9)以德！

殆(10)乎殆乎，画地而趋！

迷阳(11)迷阳，无伤吾行！吾行郄（xì）曲(12)，无伤吾足！”

(1) 接舆：姓陆，名通，字接舆（成玄英《庄子疏》）。

(2) 游其门：经过他的门口。

(3) 何如：犹如何也（成玄英《庄子疏》）。

(4) 成：指成就自己的事业。

(5) 生：保全生命。

(6) 莫：不。

(7) 载：承受，引申为享受（曹础基《庄子浅注》）。

(8) 已乎：算了吧。“已”，止也（成玄英《庄子疏》）。

(9) 临人：待人，这里指教人（曹础基《庄子浅注》）。

(10) 殆：危也（成玄英《庄子疏》）。

(11) 迷阳：一种多棘的草（曹础基《庄子浅注》）。

(12) 郤曲：绕着弯走。“郤”，曲行也（郭庆藩《庄子集释》）。“曲”，从顺也（成玄英《庄子疏》）。

译文：

孔子前往楚国，楚国的狂士接舆走过他的门前唱道：

“凤啊，凤啊，德行怎么这样衰败？

未来的不可期，已去的追不回。

天下有道，得道者建立功业；

天下无道，得道者保住性命。

当今之世，只求避免刑戮。

幸福轻于羽毛，不知道享用；

灾祸重于大地，却不知避开。

算了吧，算了吧，别逢人以德炫耀。

危险呀，危险呀！不要画地为牢！

荆棘呀，荆棘呀，不要妨碍我行走，

绕着走，绕着走，不要刺伤我的脚。”

解说：

本段阐述得道者处世的一般原则。

得道者顺势而为（无功），天下有道，得道者成就功业；天下无道，得道者保全性命；极端混乱之世，就只求免遭刑戮。如果不顾环境，逢人就以德炫耀（有名），一心想得到重用，建功立业，那就只会画地为牢，处处碰壁，最终使自己受到伤害。

32. **山木自寇**(1)**也，膏**(2)**火自煎**(3)**也。桂可食**(4)**，故伐之；漆可用，故割之。人皆知有用之用，而莫知无用之用也**。

(1) 寇：伐也（成玄英《庄子疏》）。

(2) 膏：油脂。

(3) 煎：燃烧。

(4) 桂可食：桂枝可以熬汤，所以说可食（曹础基《庄子浅注》）。

译文：

山木自招砍伐，膏油自招燃烧。桂树可以吃，所以被砍伐；漆树可以用，所以被刀割。人们都只知道有用的好处，却不知道无用的好处。

解说：

本段继续阐述追求有用的害处。

山木、膏油、桂树、漆树都是因为有用而遭伤害。如果人追求眼前的好处，危害也会因此产生。

在本篇中，有用的人和物都受到伤害，无用的人和物反而享尽天年。庄子并不是让人们刻意去追求无用。刻意追求无用也是“有功”（见《逍遥游》），同样会受到伤害。庄子的用意是让人们消除有用与无用的观念，既不刻意追求有用，也不刻意追求无用，完全忘掉主观之“用”，顺随外物而为，正如上一段所说的一样，天下有道，得道者成就功业；天下无道，得道者保全性命；当今之世（极端无道之世），只求免遭刑戮（“天下有道，圣人成焉；天下无道，圣人生焉；方今之时，仅免刑焉”）。

德充符

“德充符”，德充于内，则自有外见之符也（宣颖《南华经解》），即以无是无非、无好无恶之心对待事物（“德充于内”即本文中的“无人之情”），就能与社会混为一体（“外见之符”即本文中的“有人之形”）。

本篇和上一篇都阐述个人如何栖息于社会。本篇涉及的主要是残疾人。庄子当然不是说残疾人好，让正常人也变成残疾人，而是说只要残疾人自己没有对残疾的成见，就能逍遥自在地生活在尘世之中。

本篇可以分为两个部分。第一部分（从开头至“其脰肩肩”）包括四个故事，围绕“有人之形无人之情”的思想展开。第一个故事（从开头至“以物为事乎”）通过残疾人王骀的故事，阐明残疾人可以保持人的自然本性。第二个故事（从“申徒嘉”至“子乃无称”）通过残疾人申徒嘉与子产的对话，阐明残疾人可以做到心无是非贵贱。第三个故事（从“鲁有”至“安可解”）通过叔山无趾与孔子的对话，阐明残疾人可以解脱心灵的桎梏。第四个故事（从“鲁哀公”至“而已矣”）通过孔子对哀骀它的分析，阐明残疾人不仅可以为官而且可以视官位如浮云。

第二部分（从“闉跂支离无脤”至末尾）提出并阐发“有人之形无人之情”思想，可以分为两个小部分。第一个小部分（从“闉跂支离无脤”至“独成其天”）提出本篇“有人之形、无人之情”的思想。第二小部分（从“惠子谓”至末尾）通过惠子与庄子的对话，阐发“有人之形、无人之情”的含义。

<table>
<tr><td rowspan="4">故事部分</td><td>第一个故事</td><td>从开头至“物为事乎”</td><td>残疾人可以保持人的自然本性。</td></tr>
<tr><td>第二个故事</td><td>从“申徒嘉”至“乃称”</td><td>残疾人可以做到心无是非贵贱。</td></tr>
<tr><td>第三个故事</td><td>从“鲁有”至“安可解”</td><td>残疾人可以解脱心灵的桎梏。</td></tr>
<tr><td>第四个故事
第五个故事</td><td>从“鲁哀公”至“德友而已矣”</td><td>残疾人不仅可以为官而且可以视官位如浮云。</td></tr>
<tr><td rowspan="2">提出并阐发“有人之形无人之情”思想</td><td>从“闉跂”至“成其天”</td><td colspan="2">提出本篇“有人之形、无人之情”的思想。</td></tr>
<tr><td>从“惠子谓”至末尾</td><td colspan="2">通过惠子与庄子的对话，阐发“有人之形、无人之情”的含义。</td></tr>
</table>

1. **鲁有兀（wù）[(1)]者王骀（tái）[(2)]，从之游者，与仲尼相若[(3)]，常季[(4)]问于仲尼曰：“王骀，兀者也，从之游者与夫子中分鲁[(5)]。立不教，坐不议，虚而往，实而归。固[(6)]有不言之教，无形而心成[(7)]者邪？是[(8)]何人也？”**

（1）兀：刖一足曰兀（成玄英《庄子疏》），被砍掉一条腿。

（2）王骀：姓王，名骀，鲁人也（成玄英《庄子疏》）。

（3）相若：相等。“若”，如也（成玄英《庄子疏》）

（4）常季：姓常，名季，鲁之贤人也（成玄英《庄子疏》）。

（5）中分鲁：平分鲁国的学生。

（6）固：乃，岂（曹础基《庄子浅注》）。

（7）无形而心成：潜移默化之功（林希逸《庄子口义》）。“无形”，指没有言语等有形的东西教人。“心成”，指学生有所成（道），即“实而归。

（8）是：此，这。

译文：

鲁国有个被砍去了一只脚的人，名叫王骀，跟他学习的人与孔子不相上下。常季问孔子说：“王骀，只是一个被砍掉了脚的人，但跟他学习的人和先生的学生各占鲁国的一半。他站着不给予教导，坐着不发表议论，但学生空虚而往，充实而归。难道他真有不用言语教导就能无形感化他人的潜移默化之功吗？这是个什么样的人呢？”

解说：

第一至六段的这个故事通过残疾人王骀为师的事例，阐述残疾人可以保持人的自然本性。

王骀以无言的方式潜移默化地教导学生，使学生空虚前往，得道而归（得道者无我、无物，但不是空无一物，参见《逍遥游》、《齐物论》），因而王骀的学生与孔子的学生一样多，占了鲁国的一半。世俗中的常季不明白其中的奥秘，因而请教孔子。

2. **仲尼曰：“夫子，圣人也，丘也直**(1)**后而未往耳。丘将以为师，而况不若**(2)**丘者乎！奚假**(3)**鲁国！丘将引天下而与从之。”**

(1) 直：犹特也（宣颖《南华经解》）。

(2) 不若：不如。

(3) 奚假：何止。“奚”，何也（成玄英《庄子疏》）。“假”，但（宣颖《南华经解》）。

译文：

孔子说：“这位先生是一位得道的人，我只是落在众人之后，还没有前去请教。我都准备去拜他为师，何况那些不如我的人呢？岂止是鲁国，我要带领全天下的人都前去跟他学习。”

解说：

常季怀疑王骀，孔子却如此褒扬，由此引出常季的疑问。

3. **常季曰：“彼兀者也，而王（wàng）**(1)**先生，其与庸**(2)**亦远矣。若然者，其用心也独若之何**(3)**？”**

仲尼曰：“死生亦大矣，而不得(4)**与之变，虽天地覆坠**(5)**，亦将不与之**

遗[6]。审[7]乎无假[8]而不与物迁，命物之化[9]而守其宗[10]也。"

(1) 王：胜也（陆德明《经典释文》引李颐说）。

(2) 庸：常也（成玄英《庄子疏》）。

(3) 若之何：如何。

(4) 不得：不会（曹础基《庄子浅注》）。

(5) 覆坠：塔陷下去。

(6) 遗：失也（成玄英《庄子疏》）。

(7) 审：处（陈鼓应《庄子今注今译》）。

(8) 无假：无所假借、无所对待。

(9) 命物之化：主宰物化（宣颖《南华经解》）。

(10) 守其宗：守住事物的根本（道）。

译文：

常季说："他是个被砍掉了一条腿的人，竟然超过先生，那他比普通人高出太多了。果真这样，他的用心究竟有什么独特之处呢？"

孔子说："生死是极大的事，但王骀不会因此改变自己；即使天塌地陷，他也不会随之毁灭。处于无对待的境地，因而不受外物变化的影响；驾驭事物的变化（而不是为变化所动），守住事物的根本之道。"

解说：

本段总括王骀的境界：不分别生死（无封），因而不随外物变化（无我）；对事物没有对待（无名），因而能够自由地驾驭外物（无功）。这种境界的人当然不会在意断腿这种小事。

"死生亦大矣，而不得与之变"——视生死如一，无封。

"虽天地覆坠，亦将不与之遗"——不追逐外物，无我、无物。

"审乎无假而不与物迁"——心无对待而不追逐外物，无名。

"命物之化而守其宗也"——顺外物而不追逐外物，无功。

4. **常季曰："何谓也？"**

仲尼曰：“自其异者视之，肝胆楚越也[1]；自其同者视之，万物皆一[2]也。夫若然者，且不知耳目之所宜[3]，而游心乎德之和；物视[4]其所一而不见其所丧，视丧其足犹遗土也。”

(1) 肝胆楚越：肝胆就像楚国与越国相隔那样遥远。

(2) 一：万物混而为一。

(3) 不知耳目之所宜：不知耳目适宜于什么，指心中无是无非，以致对耳目宜与不宜都不知道。

(4) 物视：犹视物也（成玄英《庄子疏》）。

译文：

常季说：“这是什么意思？”

孔子说：“如果从相异的角度看待，那么肝胆之间就像楚国和越国那样遥远；如果从相同的角度看待，那么万物就都是一体的。像这样的人，连耳朵适合于听什么、眼睛适合于看什么都不在意，其心游于万物混一的境界。他只从相同的角度看事物，而看不到什么缺失，失去的一条腿，（在他眼中）就像掉落的一块泥土。”

解说：

孔子为常季具体解释王骀的齐物境界：王骀不从相异（有封、有名）的角度看事物，而是无心（连耳目适合于何种声色都不上心，即无我）、无封地看待天地万物。因此，对他而言，万物没有什么缺失的，失去一条腿就如同掉落一块泥土一样不值得在意。

“自其异者视之，肝胆楚越也；自其同者视之，万物皆一也”——无封、无名。

“夫若然者，且不知耳目之所宜，而游心乎德之和”——无我。

“物视其所一而不见其所丧”——无封、无名、无是非。

5. **常季曰：“彼[1]为己[2]，以其知得其心[3]，以其心得其常心[4]，物[5]何为最[6]之哉？”**

(1) 彼：王骀。

(2) 为己：修善修己，犹用心知（成玄英《庄子疏》）。

(3) 以其知得其心：用分别之智去把握自己的无分别之心。

(4) 常心：得道的无分别之心。

(5) 物：外物，这里指王骀的学生。

(6) 最：聚也（成玄英《庄子疏》）。

译文：

常季说："王骀只是注重修养自己，用他的分别之知来修养自己的无分别之心，然后再从无分别之心求得常心，学生为什么还聚集在他周围呢？"

解说：

王骀先通过分别之知来修养无分别之心，然后再以此返回常心。这是修道的一般过程。令常季不解的是，为什么无分别的道心能吸引学生。

"彼为己，以其知得其心"——有我。

"以其心得其常心"——用有我之心求道心，前者不是道心，后者是道心。

6. **仲尼曰："人莫鉴(1)于流水而鉴于止水，唯止能止众止(2)。受命于地，唯松柏独也在冬夏青青；受命于天，唯舜独也正，幸能正生(3)，以正众生。夫保始之征(4)，不惧之实(5)。勇士一人，雄(6)入于九军(7)。将求名而能自要(8)者，而犹若是，而况官(9)天地，府(10)万物，直(11)寓(12)六骸(13)，象(14)耳目，一(15)知(16)之所知(17)，而心未尝死(18)者乎！彼且(19)择日(20)而登假(21)，人则从是(22)也。彼且何肯以物为事乎！"**

(1) 鉴：照也（成玄英《庄子疏》）。

(2) 唯止能止众止：只有静止的东西能使众人留下来（曹础基《庄子浅注》）。

(3) 正生：正其自然之生命。

(4) 保始之征：保全开始的信诺。"征"，成也，信也（成玄英《庄子疏》）。

(5) 实：本质，实情。

(6) 雄：勇猛冲入。

(7) 九军：天子六军，诸侯三军，故九军也（成玄英《庄子疏》）。

(8) 要：求。

(9) 官：主宰。

(10) 府：包藏。

(11) 直：只。

(12) 寓：寄托。

(13) 六骸：头、身、四肢，指代身体。

(14) 象：似也（成玄英《庄子疏》）。

(15) 一：混而为一。

(16) 知：能知。

(17) 所知：能知的对象。

(18) 未尝死：指心顺随外物而变化。

(19) 且：将。

(20) 择日：指日。

(21) 登假：登升玄道（成玄英《庄子疏》）。“假”，至。

(22) 是：他。

译文：

孔子说：“人们不在流动的水中照自己的影子，只在静止的水中照自己的影子，只有静止的水才能留住众人。树木之命都得自于大地，但只有松柏才独自保持自然本性，在冬季、夏季都保持枝叶常青；人类之命都得自于天，但只有尧舜保持了生命的自然本性，成为众人的表率。幸而他们端正自己的本性，才能引导众人自正其性。能保持本来天性的，就会真正无所畏惧。勇士一人就敢冲入千军万马之中。一个求取名誉而有所成就的人尚且能够这样，何况是那些主宰天地，含藏万物，以六骸为旅馆，以耳目为装饰，视自己与万物为一体，心顺随外物而变化的人呢？他会随时登升玄道，是人们自愿追随他学习。他哪肯把吸引弟子当回事呢？”

解说：

本段孔子解答常季提出的问题（人们为什么会归附“得其常心”的王骀）。

王骀就像静止的水，自然会吸引照影者前来，又像树木中的松柏、人类中的尧舜一样，因不失其本性而使他人以自己为参照。因此，众人自愿归附王骀。王骀自己随时登升玄道，怎么会把吸引弟子当回事呢?。

“人莫鉴于流水而鉴于止水，唯止能止众止”——不追逐外物者是追逐外物者的参照。

“受命于地，唯松柏独也在冬夏青青；受命于天，唯舜独也正，幸能正生，以正众生。”——举出保持本性的例子。保持本性者是不能保持本性者的参照。

“夫保始之征，不惧之实。勇士一人，雄入于九军。将求名而能自要者，而犹若是”——举出勇者的例子以衬托保有本性的得道者。

“况官天地，府万物”——无我而顺随万物（而不是随外物变化），无功。

“直寓六骸，象耳目”——无我。

“一知之所知”——将自我与万物混为一体，无物。

“心未尝死者乎”——顺随外物，无我。

7. **申徒嘉(1)，兀者也，而与郑子产(2)同师于伯昏无人(3)。子产谓申徒嘉曰：“我先出则子(4)止，子先出则我止。”其明日，又与合堂(5)同席而坐。子产谓申徒嘉曰：“我先出则子止，子先出则我止。今我将出，子可以止乎，其未邪？且子见执政(6)而不违(7)，子齐(8)执政乎？”**

(1) 申徒嘉：姓申徒，名嘉，郑之贤人，兀者也（成玄英《庄子疏》）。

(2) 子产：姓公孙，名侨，字子产，郑之贤大夫也（成玄英《庄子疏》）。

(3) 伯昏无人：伯昏无人，师者之嘉号也。“伯”，长也；“昏”，暗也（成玄英《庄子疏》）。

(4) 子：你。

(5) 合堂：同在一个屋子里（曹础基《庄子浅注》）。

(6) 执政：主持国政。这里是子产自称。

(7) 违：避也（成玄英《庄子疏》）。

(8) 齐：等同。

译文：

申徒嘉是个被砍掉一条腿的人，与郑国子产一同拜伯昏无人为师。子产对申徒嘉说："如果我先出去，你就等会儿；如果你先出去，我就等会儿。"第二天，申徒嘉又与子产同堂同席而坐。子产对申徒嘉说："如果我先出去，你就等会儿；如果你先出去，我就等会儿。现在我要出去，你可以稍等会儿吗？能还是不能呢？况且你见到我这位执政大臣也不回避，难道你想与执政大臣平起平坐吗？"

解说：

第七至九段的这个故事通过残疾人申徒嘉与子产之间的对话，阐述残疾人可以做到心无贵贱（无名、无是非）。

子产心中有断腿与不断腿、执政大臣与非执政大臣的分别，所以耻于和申徒嘉一同进出。这是《逍遥游》中有名、《齐物论》中有是非的表现。

8. **申徒嘉曰："先生之门，固[1]有执政焉如此哉？子而[2]说[3]子之执政而后人[4]者也？闻之曰：'鉴[5]明则尘垢不止，止则不明也。久与贤人处则无过。'今子之所取大[6]者，先生也，而犹出言若是[7]，不亦过乎！"**

子产曰："子既若是矣，犹与尧争善，计子之德不足以自反[8]邪？"

(1) 固：竟然。

(2) 而：乃（曹础基《庄子浅注》）。

(3) 说：通"悦"。

(4) 后人：看不起他人。

(5) 鉴：镜子。

(6) 取大：求广见识（宣颖《南华经解》）。

(7) 若是：像这样。

(8) 自反：自我反省。

译文：

申徒嘉说："先生的门下竟然还有像你这样的执政大臣？你自鸣得意于你的官位而瞧不起人吗？我听说过：'镜子明亮，就不落灰尘；落了灰尘，镜子就不会明亮。长期和贤人相处，就不会有过失。'现在你来先生这里学习先生之道，却说出这样的话来，不是太过分了吗？"

子产说："你已经这样了，还想与尧争高低，你看看自己的那副德行，还不足以让你自我反省吗？"

解说：

申徒嘉认为，子产学习伯昏无人之道，应该能够做到无我、无名，就像没有灰尘的镜子，而不应该心存成见。但子产心中还存有人与己之分、残疾与不残疾之分，所以才会嘲笑申徒嘉。

9. **申徒嘉曰："自状[1]其过[2]以[3]不当亡[4]者众，不状其过以不当存者寡。知不可柰何而安之若命，唯有德者能之。游于羿[5]之彀（gòu）中[6]，中央者，中地也[7]；然而不中者，命也。人以其全足笑吾不全足者多矣，我怫（bó）然[9]而怒；而适[9]先生之所，则废然[10]而反。不知先生之洗我以善[11]邪？吾与夫子游十九年矣，而未尝知吾兀者也。今子与我游于形骸之内[12]，而子索[13]我于形骸之外[14]，不亦过乎！"**

子产蹴（cù）然[15]改容更貌曰："子无乃称[16]！"

(1) 状：陈述，申辩。

(2) 过：过错。

(3) 以：认为。

(4) 亡：失去（脚）。

(5) 羿：尧时善射者也（成玄英《庄子疏》）。

(6) 彀中：箭的射程之内。

(7) 中央者，中地也：这几个字似为后人做的注释。"中地"，箭能射中之地。

(8) 怫然：暴戾之心也（成玄英《庄子疏》）。

(9) 适：往。

(10) 废然：怒气消失的样子。

(11) 洗我以善：以善洗我（曹础基《庄子浅注》），即以善教育我。“善”，指无日常善恶之善。

(12) 形骸之内：指德性。

(13) 索：求。

(14) 形骸之外：指外貌、举止。

(15) 蹴然：惊惭貌也（成玄英《庄子疏》）。

(16) 子无乃称：惭谢再不必如是言（宣颖《南华经解》）。“乃”，如是，如此（宣颖《南华经解》）。

译文：

申徒嘉说：“为自己的过错申辩，认为不该断腿的人很多，而不为自己的过错申辩，认为应该断腿的人很少。明知事情无可奈何而坦然接受命运的安排，只有有德的人才能做到。走进后羿弓箭的射程之内（射程范围之内，就是容易被射中之地），却没被射中，那是命。因自己双脚俱全而笑我残废的人太多了，我听了总是勃然大怒；但自从到了先生门下，我的愤怒之气全消，回归常态了。你不知这是先生以善洗涤了我的心？我跟随先生十九年了，从来没有觉得我是断了腿的人。现在，你与我以内心之德交往，却用外在的形貌来要求我，不是太过分了吗？”

子产听了觉得非常惭愧，改变脸色说：“请你不要再说了。”

解说：

一般人断腿之后，都认为不该被砍掉。这是在与命抗争。申徒嘉不一样，他接受了断腿的命运。但他没有完全消除是非之心，因而每当听见别人的嘲笑自己时，还会勃然大怒。自从到了伯昏无人门下，他的分别之心在不知不觉中完全消失了。因为他知道，在他所处的时代（子产也在其中当政），断腿是命，没断腿也是命，所以他对断腿一事坦然接受。至于这是由于伯昏无人的教导，还是他觉悟自心，就不必追问了（追问就有对待）。子产执着于形体之别，但在申徒嘉的棒喝下，终于有所醒悟，还属可教之才。

10. 鲁有兀者叔山无趾[1]，踵[2]见仲尼。仲尼曰：“子不谨[3]，前既犯患[4]若是[5]矣。虽今来，何及[6]矣！”

无趾曰：“吾唯不知务[7]而轻用吾身，吾是以[8]亡足。今吾来也，犹有尊足者[9]存，吾是以务全之也。夫天无不覆，地无不载，吾以夫子为天地，安知[10]夫子之犹若是也！”

(1) 叔山无趾：字叔山，无趾，即无足趾，遂以为号（宣颖《南华经解》）。

(2) 踵：用脚后跟走路。

(3) 谨：谨慎。

(4) 犯患：犯法惹祸患。

(5) 若是：这样。“是”，这。

(6) 何及：哪里来得及。

(7) 不知务：不懂世事。

(8) 是以：因此。

(9) 尊足者：比足尊贵者，指德性。

(10) 安知：哪知道。

译文：

鲁国有一个被砍去脚趾的人，名叫叔山无趾，用脚后跟走路去见孔子。孔子说：“你以前不谨慎，犯法惹祸，才落得这种下场。现在虽然来请教我，怎么来得及呢！”

无趾说：“我因为不懂世事而轻用自身，因此丢了我的脚。现在我来到这里，还有比脚更宝贵的东西，我因此想竭力保全它。天是无所不覆的，地是无所不载的，我把先生看作天地，哪知道先生竟然是这样的人呢。”

解说：

第十至十二段通过叔山无趾与孔子的对话，阐述残疾人可以解脱桎梏。

叔山无趾虽然因以前的行为断了脚趾，但是，现在的他心中做到了无是无非，不再在意自己的脚趾了。而孔子心中仍然存在断脚趾与不断脚趾之间的分别，所以遭到了叔山无趾的批评。

11. **孔子曰："丘则陋[(1)]矣。夫子胡[(2)]不入乎，请讲以所闻！"**

无趾出。孔子曰："弟子勉之！夫无趾，兀者也，犹务学以复补前行之恶，而况全德[(3)]之人乎！"

(1) 陋：鄙陋。

(2) 胡：为什么。

(3) 全德：德性完美。

译文：

孔子说："是我的见识鄙陋了。先生为什么不进来呢！给我谈谈你的高论！"

无趾走后。孔子说："弟子们要努力啊！无趾是一个被砍去了脚的人，还努力通过学习来弥补以前所犯的过错，何况是那些没有犯过错的德性完美之人呢？"

解说：

叔山无趾早已不在意被砍掉的脚趾，不再纠缠于以前的过错了。但孔子以为叔山无趾是在弥补以前的过错。这表明孔子还是心存犯错与不犯错之分。难怪后文叔山无趾说，"天刑之，安可解"？

12. **无趾语老聃曰："孔丘之于至人，其未邪？彼何宾宾[(1)]以学子为[(2)]？彼且蕲[(3)]以諔（chù）诡[(4)]幻怪之名闻，不知至人之以是[(5)]为己桎梏[(6)]邪？"**

老聃曰："胡不直使彼以死生为一条[(7)]，以可不可为一贯[(8)]者，解其桎梏，其可乎？

无趾曰："天刑之[(9)]，安可解！"

(1) 宾宾：恭貌（陆德明《经典释文》引司马彪说）。

(2) 以学子为：向你学习呢？“以”，而。“子”，你，指老聃。“为”，疑问助词（曹础基《庄子浅注》）。

(3) 蕲：求也（成玄英《庄子疏》）。

(4) 諔诡：奇异也（陆德明《经典释文》引李颐说）。“諔”，诡。

(5) 是：这，指“諔诡幻怪之名闻”之“名”。

(6) 桎梏：在手曰桎，在足曰梏，即今之杻械也（成玄英《庄子疏》），枷锁。

(7) 一条：相连相通。

(8) 一贯：相连相通，与“一条”含义相同。

(9) 天刑之：上天惩罚，指天生禀赋如此。

译文：

无趾对老聃说：“孔丘相对于至人还有一定的距离吧？他为何恭恭敬敬地向您学习呢？他期望以奇异怪诞的名声传闻天下，却不知道至人把这些当作束缚自己的枷锁吗？”

老聃说：“你为何不让他把死与生看成一体，把可与不可看成一致，解除他的枷锁呢？这样或许还可以吧。”

无趾说：“那是自然给他的惩罚，怎么能够解除呢！”

解说：

残疾包括身体方面的残疾和精神方面的残疾。身体上的残疾不妨碍悟道，而精神残疾则是悟道的障碍。那些不明白生死为一体、是非为同源的人是精神上的残疾，而且有些人无法改变——“天刑之，安可解。”孔子追求怪异的名声，就是这种精神上的残疾者，无法达到至人的境界。

精神上的残疾可以弥补吗？如果是天生存在的问题，通过学习也无法改变；如果不是天生存在的问题，只是缺乏后天的学习，就可以通过学习来消除，可参见《大宗师》“南伯子葵问女偊”故事。

13. **鲁哀公问于仲尼曰：“卫有恶**(1) **人焉，曰哀骀**（tái）**它**（tuó）(2)。**丈**

夫[3]与之处者，思而不能去也。妇人见之，请于父母曰‘与为人妻宁为夫子妾’者，十数而未止也。未尝有闻其唱[4]者也，常和（hè）人[5]而已矣。无君人之位以济[6]乎人之死，无聚[7]禄以望[8]人之腹。又以恶骇[9]天下，和而不唱，知不出乎四域[10]，且而[11]雌雄[12]合[13]乎前。是必有异乎人者也。

（1）恶：丑也（郭象《庄子注》）。

（2）哀骀它：虚构的人名。

（3）丈夫：男子。

（4）唱：提出某种观点，与“和”对应。

（5）和人：附和别人。

（6）济：救济，帮助。

（7）聚：积（宣颖《南华经解》）。

（8）望：本指月满，这里指满足（曹础基《庄子浅注》）。

（9）骇：惊骇。

（10）四域：四方，指人世间。

（11）且而：而且（曹础基《庄子浅注》）。

（12）雌雄：男女。

（13）合：亲近。

译文：

鲁哀公请教孔子说：“卫国有一个长得很丑的人，名叫哀骀它。男人与他相处，就会思慕他而不愿离开。女人见了他，就会请求父母说：‘与其做别人的妻子，还不如做哀骀它的侍妾。’这样的不下十几位。我不曾听说过他倡导过什么，只是常常应和别人而已。他没有权力挽救别人的性命，没有积蓄钱财去填饱别人的肚子，而且外貌丑惊天下，应和而不倡导，没有超人之智，然而男人、女人都亲近他。这个人一定有不同寻常之处。

解说：

第十三至十八段这个故事通过孔子对哀骀它的分析，阐述残疾人不仅可以为官而且可以视官位如浮云。

哀骀它长得奇丑无比，又没有权力、金钱和超人之智，只应和而不倡导什么。然而，男人、女人都愿意与他亲近。这引起了鲁哀公的注意。其实，应和而不倡导正是得道者的表现，权力、金钱和超人之智与得道与否没有关系。人们自然就会归附得道之人。鲁哀公没有悟道，所以对此感到奇怪。

14. **寡人召而观之，果以恶骇天下。与寡人处，不至以月数，而寡人有意(1)乎其为人也；不至乎期（jī）(2)年，而寡人信之。国无宰(3)，寡人传国(4)焉。闷然(5)而后应，泛而若辞(6)。寡人丑(7)乎，卒(8)授(9)之国。无几何(10)也，去寡人而行，寡人恤(11)焉若有亡(12)也，若无与乐是(13)国也。是何人(14)者也？”**

(1) 意：产生倾慕之意。

(2) 期：一周年。

(3) 宰：主持政务的官员。

(4) 传国：委以国政（郭象《庄子注》）。

(5) 闷然：不觉貌（陆德明《经典释文》引李颐说）。

(6) 泛而若辞：漫不经心好像在推辞。

(7) 丑：惭也（成玄英《庄子疏》）。

(8) 卒：最终。

(9) 授：委任（曹础基《庄子浅注》）。

(10) 无几何：没过多久。

(11) 恤：忧也（成玄英《庄子疏》）。

(12) 亡：失。

(13) 是：这。

(14) 何人：什么样的人。

译文：

我召他来一看，果然丑惊天下。但和我相处不到一个月，我就很欣赏他的为人；不到一年，就非常信任他。当时国家没有主政的大臣，我就准备把国事委托给他。他淡淡地回应，漫不经心地说了些像是推辞的话。我觉得很惭愧，最终把国事托付给他。可是不久，他就离我而去了。我很郁闷，若有所失，好像国中再也没有一个人可以共欢乐似的。他究竟是个什么样的人呢?”

解说:

哀骀它虽然外貌丑陋，但是顺物（人）而为（无我）。正因如此，鲁哀公慢慢地开始欣赏他，并他对他产生了信任，后来甚至让他做了主政大臣。但哀骀它对这个职位不惊不喜（无名、无是非好恶），接受职位时按照习俗礼节漫不经心地加以推辞（无我顺物），不久干脆挂冠而去，不留恋权位（无名）。鲁哀公无法理解哀骀它的行为，所以向孔子请教。

“闷然而后应，泛而若辞”——不惊不喜，无我、无名的表现。

15. **仲尼曰：“丘也尝使(1)于楚矣，适(2)见豘（tún）子(3)食于其死母者，少焉(4)眴（shùn）若(5)皆弃之而走。不见己焉尔(6)，不得类(7)焉尔。所爱其母者，非爱其形也，爱使其形者(8)也。战而死者，其人之葬也不以翣（shà）资(9)；刖（yuè）(10)者之屦（jù）(11)，无为（wèi）爱之；皆无其本矣。为天子之诸御(12)，不爪翦(13)，不穿耳；取妻者止于外(14)，不得复使(15)。形全犹足以为尔(16)，而况全德之人乎！今哀骀它未言而信，无功而亲，使人授己国，唯恐其不受也，是必才全而德不形(17)者也。”**

(1) 使：出使。

(2) 适：正遇到。

(3) 豘子：小猪。“豘”，通“豚”。

(4) 少焉：一会儿。

(5) 眴若：惊貌（陆德明《经典释文》引司马彪说）。

(6) 不见己焉尔：以母于己不似往时之见己尔（宣颖《南华经解》）。“焉尔”，才这样（曹础基《庄子浅注》）。

(7) 不得类：（死去的母猪）与自己不是同类，指不像活着的样子。

(8) 使其形者：使猪成为猪的东西。

(9) 翣资：棺材的装饰品。谓在战场上埋葬死者无棺，则不用棺饰送葬（陈启天《庄子浅说》）。

(10) 刖：砍脚的处罚。

(11) 屦：鞋子。

(12) 诸御：宫中女侍从。

(13) 不爪翦：不剪指甲。

(14) 取妻者止于外：娶了妻的男子只能留在宫外服役。“取”，通“娶”。

(15) 复使：再役使。

(16) 尔：这样。

(17) 才全而德不形：保持自然本性（才全）但又不显露（德不形）。

译文：

孔子说：“我出使楚国时，恰好看到一群小猪仔在刚死去的母猪身上吃奶，突然间惊慌而走，因为母猪不似以往那样看自己，不像活着的样子。小猪之所以爱母猪，不是爱它的形体，而是爱那使形体活动的精神。战死在疆场的人，下葬时不用棺材装饰品；断腿的人，不会爱惜原来的鞋子；这都是因为失去了根本。侍奉天子的女人，不剪指甲，不穿耳眼；娶妻的人留在宫外服役，不再侍奉天子。保全形体的尚且如此，何况保全德性的人呢！现在哀骀它不言而信，无功而使人亲近，能让别人把国政都委托给自己，还唯恐他不愿接受，这一定是位‘才全而德不形’的人。”

解说：

孔子认为，哀骀它是保持了自然本性而不外显的“才全而德不形”之人。

母猪死了，小猪就跑走，因为母猪失去了其根本，不再与猪同类了。战死疆场的人下葬时没有棺材，无需装饰品；断腿的人不爱惜鞋子，因为失去了天生的腿，不能再穿鞋了，也都是因为失去了根本（棺材、脚）。人之所以为人，物之所以为物，都在于其根本——自身的德性。而德性容易迷失，所以应该比外形更好地加以保护（选中的宫女，就不再剪指甲，不再穿耳眼；一般人娶妻后就留在宫外，不再受役使。这都为了保护外形）。

哀骀它虽然丑陋，但保持了其根本的德性。所以，他才会不言而信，无功而使人亲近。

16. **哀公曰："何谓才全？"**

仲尼曰："死生存亡，穷达贫富，贤与不肖毁誉，饥渴寒暑，是事之变，命之行[(1)]也；日夜相代[(2)]乎前，而知不能规[(3)]乎其始者也。故不足以滑（gǔ）和[(4)]，不可入于灵府[(5)]。使之和豫[(6)]，通而不失于兑[(7)]；使日夜无郤[(8)]而与物为春[(9)]，是接而生时于心者也[(10)]。是之谓才全。"

(1) 命之行：命运的自然运行。

(2) 相代：交互更替。

(3) 规：通"窥"，观察（曹础基《庄子浅注》）。

(4) 滑和：扰乱平和之心。"滑"，乱也（成玄英《庄子疏》）。

(5) 灵府：所谓心（成玄英《庄子疏》）。

(6) 和豫：安适。"豫"，愉悦。

(7) 兑：悦也（陆德明《经典释文》引李颐说）。

(8) 郤：间也（成玄英《庄子疏》）。

(9) 与物为春：随物所在皆同游于春和之中（曹础基《庄子浅注》）。

(10) 是接而生时于心者也：谓是以接物而生与时推移之心（陈启天《庄子浅说》）。

译文：

哀公问："什么叫做'才全'呢？"

孔子说："死与生、存与亡、穷与达、贫与富、贤与不肖、毁与誉、饥与渴、寒与暑，这都是事物的自然变化，天命的自然流转，就像昼夜的更替一样，人们无法窥探其开端。因此，不能让这些东西扰乱自心的平和，不能让其侵入内在世界。让心灵保持平和自在，通达万物而不失愉悦之情；使自己日夜不断地与万物和谐变化，这样，在接触外物时心灵与四时变化。这就叫做'才全'。"

解说：

"才全"就是后文的"无人之情"。"才全"者对生与死、得与失、贫与富等等自然的变化不分别对待（无名、无封、无是非），对日夜运行不追问原因

（无是非）。这样，就能顺随外物而不让外物的变化扰乱自心（无我顺物）。哀骀它就是这样的人。这里的“才”不是世俗之才，而是无我而顺随外物之才。

“死生存亡，穷达贫富，贤与不肖毁誉，饥渴寒暑，是事之变，命之行也；日夜相代乎前，而知不能规乎其始者也。故不足以滑和，不可入于灵府”——心不随外物变化而变化，即无封。

“使日夜无郤而与物为春，是接而生时于心者也。”——不追逐外物、顺随外物，无我。

17. **“何谓德不形？”**

曰：“平者，水停(1)之盛也。其可以为法(2)也，内保之(3)而外不荡也。德者，成和(4)之修也。德不形者，物不能离也。”

(1) 停：止也（成玄英《庄子疏》）。

(2) 法：效法。

(3) 内保之：内部保持稳定（曹础基《庄子浅注》）。

(4) 和：和谐万物，与万物混为一体。

译文：

哀公接着问：“什么叫‘德不形’呢？”

孔子说：“平，是水静止的完美状态。它可以作为取法的标准，内在保持静止就不会为外境所摇荡。德，就是保持和谐本性的修养。有德而不著形迹，万物就不会离他而去。”

解说：

“德不形”（内心平静无是非、无封，但）外表不显摆，以致看不出与普通人之间的差别。这就是“德不形”的境界。

18. **哀公异日(1)以告闵子(2)曰：“始也吾以南面而君天下，执民之纪(3)而忧其死，吾自以为至通(4)矣。今吾闻至人(5)之言，恐吾无其实，轻用吾身而亡其国。吾与孔丘，非君臣也，德友(6)而已矣。”**

(1) 异日：他日。

(2) 闵子：即闵子骞，鲁人，孔子学生。

(3) 纪：纲纪。

(4) 至通：非常懂得治国之道。

(5) 至人：真正回归自然本性的人，参见《逍遥游》。

(6) 德友：以德相交的朋友（曹础基《庄子浅注》）。

译文：

有一天哀公告诉闵子骞说："从前，我以国君的地位治理天下，执掌法纪而忧虑百姓的死亡，我自以为弄通了治国之道。现在我听了至人的言论，恐怕我并没有真的明白治国之道，因轻举妄动而丧失了国家。我与孔子并不是君臣关系，而是以德相交的朋友。"

解说：

从哀骀它身上，鲁哀公明白了自己身上的问题：总是忧虑百姓的存亡，因而轻举妄动，骚扰百姓（心有是非，因而妄为），而不知道顺随百姓之自然（无功），所以最后丧失了的国家。

19. **闉**（yīn）**跂**（qǐ）**支离无脤**（shèn）[(1)] **说**（shuì）**卫灵公，灵公说**[(2)] **之；而视全人，其脰**（dòu）[(3)] **肩肩**[(4)]。**瓮**（wèng）**盎大瘿**（yǐng）[(5)] **说齐桓公，桓公说之；而视全人，其脰肩肩**。

(1) 闉跂支离无脤：虚构的人名，意为跛脚驼背缺齿。"闉"，曲；"跂"，企也（陆德明《经典释文》引司马彪说），踮起脚尖走路。"脤"，唇也（成玄英《庄子疏》）。

(2) 说：通"悦"。

(3) 脰：颈也（成玄英《庄子疏》）。

(4) 肩肩：细小貌也（成玄英《庄子疏》）。

(5) 瓮盎大瘿：虚构的人名，意为像瓦盆那么大的肿瘤。"瓮"、"盎"，都是瓦器。"大瘿"，大瘤。

译文：

闉跂支离无脤游说卫灵公，卫灵公非常喜欢他；再去看那些身体正常的人，反倒觉得他们的脖子太细长了。瓮盎大瘿游说齐桓公，齐桓公很喜欢他；再去看那些身体正常的人，反倒觉得他们的脖子太细小了。

解说：

第十九段至二十二段提出并解释本篇"有人之形、无人之情"的思想。

本段以残疾人让人忘形的故事阐述心存成见就不能做到后文所谓的"有人之形无人之情"。

卫灵公、齐桓公被闉跂支离无脤和瓮盎大瘿的游说所折服，竟然觉得他们的残疾形体是正常的，那些正常人反而不正常。这是心存成见的表现。所以，下文对此加以批判。

20. **故德有所长而形有所忘**(1)**，人不忘其所忘而忘其所不忘**(2)**，此谓诚忘**。

(1) 所忘：指形体。

(2) 所不忘：指德性。

译文：

因此，有超人的德性，身体的残缺就会被人遗忘。如果人们不忘形体，而忘记德性，那才是真正的遗忘。

解说：

第二十至二十二段提出本篇"有人之形无人之情"的中心思想。

残疾人就是残疾人，只不过得道者虽然知其残疾，但不存在是非好恶之情。这就是"人不忘其所忘"的含义。"所忘"是指形体。得道者忘其德性，就是"忘其所不忘"的含义，"所不忘"指德性。忘其德性，就做到了无我。做到了无我，就做到了无物。

21. **故圣人有所游[(1)]，而知为孽[(2)]，约[(3)]为胶[(4)]，德为接[(5)]，工[(6)]为商[(7)]。圣人不谋，恶用知？不斵（zhuó）[(8)]，恶用胶？无丧，恶用德？不货，恶用商？四者，天[(9)]鬻（yù）[(10)]也。天鬻者，天食（sì）[(11)]也。既受食于天，又恶用人！**

（1）游：游于自得之场，放之而无不至者，才德全也（郭象《庄子注》），逍遥自在地栖息于世。

（2）孽：妖孽，祸根。

（3）约：合在一起。

（4）胶：胶漆粘合。

（5）德为接：有所得是因为有所取（曹础基《庄子浅注》）。“德”，通“得”。“接”，“取”。

（6）工：技巧。

（7）商：商贾。

（8）斵：砍。

（9）天：自然。

（10）鬻：食也（成玄英《庄子疏》），上天赋予的。

（11）天食：自然的供养。

译文：

因此，得道者栖息于世，把智巧看作是祸根，有结合是因为有粘合，有所得是因为有所取，有技巧是为了做生意。得道者不用谋划，哪里需要智巧？不人为分开，哪里需要胶漆？没有所谓的丧失，哪里需要有所得？不妄求利，哪里需要什么技巧？这四种德性，是天赋予的，天赋予的就是自然的。既然是自然而然的，哪里还需要人为的手段呢！

解说：

本段阐述得道者怎样做到上文所谓的“诚忘”。

得道者不谋划，不人为地分离外物，心无得失，不追逐名利，顺其自然而为，所以，无需人为的手段。这样就做到了所谓的“诚忘”，即忘我顺物的状态。

22. **有人之形，无人之情**[(1)]**。有人之形，故群于人**[(2)]**，无人之情，故是非不得于身。眇**[(3)]**乎小哉，所以属于人也！警（áo）**[(4)]**乎大哉，独成其天！**

（1）情：指是非之情。

（2）群于人：与人合群。

（3）眇：小。

（4）謷：高大。

译文：

具有常人的表现，而没有常人的是非情感。具有常人的表现，所以能与常人共处；没有常人的是非情感，所以是非好恶无法扰乱自己。渺小啊，寄身于常人之中！伟大啊，能与自然同体！”

解说：

本段在上文的基础上提出了本篇的核心思想——“有人之形无人之情”。

前文的“不忘其所忘”（不忘形体）就是这里的“有人之形”，即外在表现上与普通人没有差别，因而能与人群相处。前文的“忘其所不忘”（忘记德性）就是“无人之情”，即内心没有是非好恶之情。没有是非好恶之情就不会受是非好恶的影响，就可以与自然融为一体。

23. **惠子谓庄子曰：“人故**[(1)]**无情乎？”**

庄子曰：“然[(2)]**。”**

惠子曰：“人而无情，何以谓之人？”

庄子曰：“道与之貌，天与之形，恶[(3)]**得不谓之人？”**

惠子曰：“既谓之人，恶得无情？”

庄子曰：“是[(4)]**非吾所谓情也。吾所谓无情者，言人之不以好恶内伤其身，常因**[(5)]**自然而不益**[(6)]**生也。”**

（1）故：本来。

(2) 然：是，这样。

(3) 恶：何。

(4) 是：这。

(5) 因：顺。

(6) 益：人为增添。

译文：

惠子对庄子说："人原本没有情感吗？"

庄子说："是的。"

惠子说："如果没有情感，怎么称作人呢？"

庄子说："道给了人容貌，自然给了人形体，怎么不称为人呢？"

惠子说："既然称作人，怎么会没有情感呢？"

庄子说："这不是我所说的情感。我所说的没情感，是指人不会被好恶之情损害自己的身心，顺其自然而不人为去增添什么。"

解说：

第二十三至二十四段阐发"有人之形、无人之情"的含义。

本段阐释"无人之情"的含义。

庄子所谓"无人之情"，不是说人没有任何情感，像枯木死灰一样，而是指没有是非好恶这种特殊的情感。惠子所谓的无情是指没有任何情感，像木头一样没有感觉。同一概念所指的内容就不一样，由此造成了两人之间的争论。

24. **惠子曰："不益生，何以有其身？"**

庄子曰："道与之貌，天与之形，无以好恶内伤其身。今子(1)**外乎子之神，劳**(2)**乎子之精，倚树而吟，据槁梧**(3)**而瞑**（mián）(4)。**天选**(5)**子之形，子以坚白**(6)**鸣**(7)**！"**

(1) 子：你。

(2) 劳：耗费。

(3) 槁梧：干枯的梧桐树。

(4) 瞑：睡眠。

(5) 选：选择。

(6) 坚白：即坚白论，名家的辩题。

(7) 鸣：争辩。

译文：

惠子说："不人为增添什么，怎么能保有身体呢?"

庄子说："大道给了人容貌，自然给了人外形，不要让好恶之情伤害自身。现在你让自己的心神外驰，让精力耗散，靠着树干高谈阔论，枕着干枯的梧桐树疲惫而睡。自然给了你形体，你却到处宣扬'坚白'之论!"

解说：

本段解释"有人之形"的含义。

上天给了自己以外形，自己就应与常人一样，顺随习俗生活，即"有人之形"。但是，惠子精神外驰，到处宣扬"坚白"之论，没有做到"有人之形"。既然没有做到"有人之形"，也不可能达到"无人之情"，因而才弄得自己身心疲惫。

大宗师

“宗”，众人。“大宗师”意为众人之师。《道德经》第二十六章说，“故善人者，不善人之师”，这里的善人就是本篇的“大宗师”、真人，不善之人就是没得道的“假人”。

《养生主》、《人间世》、《德充符》描述了得道者如何养生、如何处世。本篇则阐释得道者如何逍遥地处于天地之间，成为顺随自然的真人、大宗师。

本篇可以分为理论和故事两大部分。理论部分（从开头至“比于列星”）阐述真人的行为表现及其原因，包括三小部分。第一小部分（从开头至“是之谓真人”）描述真人的行为表现，包括五段。第一段（从开头至“非天乎”）指出世俗之知是不可靠的，只有真人的真知才可靠，由此引出下文对真人的论述。第二段（从“且有真人”至“也若此”）描述真人的表现之一：和光同尘。第三段（从“古之真人”至“天机浅”）描述真人的表现之二：心无嗜欲。第四段（从“古之真人”至“是之谓真人”）描述真人的表现之三：看破生死。第五段（“若然者”至“适者也”）描述真人的表现之四：顺随外物处理世俗事务。第六段（从“古之真人”至“忘其言也”）描述真人的表现之五：“有人之形，无人之情”。第七段（从“以刑未体”“至“之谓真人”）描述真人的表现之六：视天人如一。第二小部分（从“死生”至“所待乎”）阐述真人为什么具有上述表现。第三小部分（（从“夫道”至“比于列星”）阐述道的性质与作用。

第二大部分包括七个故事。第一个故事（从“南伯子葵”至“闻之疑始”）借女偊之口说出得道成为真人所需的自然禀赋、修道程序以及闻道的途径。第二个故事（从“子祀”至“蘧然觉”）阐发理论部分中真人视生死如一的思想。第三个故事（从“子桑户”至“小人也”）阐发理论部分中真人应如何以无物之心对待世俗的礼仪与习俗。第四个故事（从“颜回问”至“寥天一”）阐发真人应如何对待世俗的礼仪（尽量顺随自然地简化礼仪）。第五个故事（从“意而子”至“所游已”）阐述修道的障碍——有功、有仁义是非。第六个故事（从“颜回曰”至“而后也”）阐述修道的障碍——执着于仁义、礼乐与自我（也可以看作是修道的程序：先忘记仁义，再忘掉礼乐，然后忘掉自我）。第七个故事（从“子舆”至结尾）阐明真人如何看待命运。

思理论部分	第一部分	从开头至“是之谓真人”	真人的行为表现：视万物如一、心无嗜欲、视生死如一、顺随世俗，做到天人合一。
	第二部分	从“死生”至“所待乎”	阐释真人为什么要顺道以具有上述表现。
	第三部分	从“夫道”至“比于列星”	阐述道的性质与作用。
故事部分	第一个故事	从“南伯”至“闻之疑始”	借女偊之口说出得道成为真人所需的自然禀赋、修道程序以及闻道的途径。
	第二个故事	从“子祀”至“蘧然觉”	阐发第一大部分中真人视生死如一的思想。
	第三个故事	从“子桑户”至“小人也”	阐发第一大部分中真人应如何以无物之心对待世俗的礼仪与习俗。
	第四个故事	从“颜回问”至“寥天一”	阐发第一大部分中真人应如何对待世俗的礼仪（尽量顺随自然地简化礼仪）。
	第五个故事	从“意而子”至“所游已”	阐述修道的障碍——有功、有仁义是非。
	第六个故事	从“颜回曰”至“而后也”	阐述修道的障碍在于执着于仁义、礼乐与自我（也可以看作是修道的程序：先忘记仁义，再忘掉礼乐，然后忘掉自我）。
	第七个故事	从“子舆”至结尾	阐明真人如何看待命运。

1. **知天[(1)]之所为，知人之所为者，至[(2)]矣。知天之所为者，天而生也；知人之所为者，以其知之所知以养其知之所不知，终其天年而不中道夭[(3)]者，**

是知之盛[4]也。

(1) 天：自然。

(2) 至：极致。

(3) 夭：夭折。

(4) 盛：极致。

译文：

知道哪些是自然的，知道哪些是人为的，这就达到了知的极致。知道自然所为的，就明白一切都源于自然；知道人之所为的，就会用自己知道的东西，去保养他所不知道的，使自己尽享天年而不中途夭折，这就是知的最高境界了。

解说：

本段提出人知道自然之所为和人之所为的好处——享尽天年。

2. **虽然，有患。夫知有所待[1]而后当[2]，其所待者特[3]未定[4]也。庸讵**(jù)[5]**知吾所谓天之非人乎？所谓人之非天乎？**

(1) 待：对待。

(2) 当：恰当。

(3) 特：但（曹础基《庄子浅注》）。

(4) 未定：不确定。

(5) 庸讵：怎么。

译文：

即便如此，还是存在问题：知需要依赖一定的东西才知道可靠的，然而所依赖的东西自身也是不确定的，那么，怎么知道我所谓自然的东西不是人为的呢？所谓人为的东西不是自然的呢？

解说：

本段对知提出质疑。

区分自然的与人为的知需要某种依据。而这种依据自身又是不确定的，还需要依赖其他的东西，由此就会引起无穷倒退。因此，所谓的知是不可靠的。

3. 且有真人(1)而后有真知。何谓真人？古之真人，不逆(2)寡，不雄(3)成，不谟士(4)。若然者，过(5)而弗悔，当(6)而不自得也。若然者，登高不栗(7)，入水不濡(8)，入火不热。是知之能登假(9)于道者也若此。

(1) 真人：真正回归本性的人。真人与《逍遥游》中的至人、神人、圣人都是得道的人，只是描述的角度不同。

(2) 逆：违逆。

(3) 雄：逞强。

(4) 谟士：谋事。"士"假借为事（曹础基《庄子浅注》）。

(5) 过：过失。

(6) 当：恰当。

(7) 栗：害怕。

(8) 濡：湿也（成玄英《庄子疏》）。

(9) 假：至也（陆德明《经典释文》）。

译文：

有真人才会有真知。什么叫真人呢？古代的真人不违逆少数人，不自恃成就，不谋划世事；像这样的人，犯了世俗所谓的过错不后悔，做了世俗中所谓的好事也不得意。像这样的人，登高不颤栗，入水不怕湿，入火不怕热。这是因为真人的见识达到了领悟大道的境界。

解说：

第三至九段描述真人的具体表现。

本段概述真人的表现之一：视万物如一。

既然分别之知不可靠，那什么样的知才是可靠的呢？只有真知，即对事物不加分别之知，才是可靠的。但是，要有真人才会有真知。什么样的人是真人呢？真人就是《逍遥游》中的至人、神人、圣人，是无我、齐物的得道者。

不逆寡——不违逆少数人，当然也不违逆多数人，即无我顺物。

不雄成——无我。

不谟士——无功。

过而弗悔，当而不自得也——无名、无是非。真人心无好恶是非，因而做了世俗中所谓的好事不得意，这是无名、无是非的表现。由于世俗的人看法各不相同，即使真人顺道而为，有些人也会认为真人的行为、思想是错误的。对此真人并不后悔，只要不触犯刑律就可以。这也是无名、无是非的表现。参见《养生主》篇“为善无近名为恶无近刑”的意思。

登高不栗，入水不濡，入火不热——不逆物而为，即无我顺物。

4. **古之真人，其寝不梦，其觉**（jiào）(1)**无忧，其食不甘，其息**(2)**深深。真人之息以踵**(3)**，众人之息以喉，屈服**(4)**者，其嗌**（ài）(5)**言若哇**（wā）(6)。**其耆**（shì）(7)**欲深者，其天机**(8)**浅**。

（1）觉：醒来。

（2）息：呼吸。

（3）踵：足根也（成玄英《庄子疏》）。

（4）屈服：呼吸不顺畅的样子。

（5）嗌：喉也（成玄英《庄子疏》）。

（6）哇：碍也（成玄英《庄子疏》）。

（7）耆：通“嗜”。

（8）天机：天然禀赋。

译文：

古代的真人，睡觉时不做梦，醒来后没忧愁，饮食不求味美，呼吸时气息深沉。真人呼吸从脚跟运气，而普通人用喉咙呼吸。普通人在辩论中理屈词穷时，喉咙里像有东西一样。凡是嗜好太深的人，自然的根器就浅。

解说：

本段描述真人的表现之二：心无嗜欲。

古之真人，其寝不梦，其觉无忧——心中无是非好恶，因而心无杂念。心无杂念则睡眠无梦，醒来无忧。

其食不甘——心无是非好恶。

其息深深。真人之息以踵，众人之息以喉，屈服者，其嗌言若哇。其耆欲深者，其天机浅——真人没有嗜欲，因而气息深；众人嗜欲深，因而栖息浅。嗜欲是有我的体现。也有人认为，“真人之息以踵”是气功中的踵息法。

这里存在一个问题，庄子既然说真人不做梦，那庄子本人算不算真人呢？如果算，他自己也做梦，《齐物论》中的庄周梦蝶就是例证。对此，只有两种解释，一是本文不是庄子写的，二是庄子不经意写的。

5. **古之真人，不知说(1)生，不知恶死；其出(2)不䜣(3)，其入(4)不距(5)；翛(xiāo)然(6)而往(7)，翛然而来(8)而已矣。不忘其所始(9)，不求其所终(10)；受(11)而喜之，忘(12)而复之，是之谓不以心捐(13)道，不以人助天。是之谓真人。**

(1) 说：通“悦”。

(2) 出：生。

(3) 䜣：通“欣”。

(4) 入：死。

(5) 距：通“拒”。

(6) 翛然：自然无心而自尔之谓（陆德明《经典释文》引向秀说）。

(7) 往：死。

(8) 来：生。

(9) 始：生命开始。

(10) 终：生命终结。

(11) 受：指接受大道赋予的生命（曹础基《庄子浅注》）。

(12) 忘：通“亡”，失。

(13) 捐：弃。

译文：

古代的真人，不知道贪恋生命，不知道厌恶死亡；出生不欣喜，死去不抗拒；只是自然而来，自然而去罢了。不忘记自己的来源，也不探询自己的归宿；大道赋予的生命欣然接受，失去生命就回归本然。这就是所谓的不以机心损害道，不以人为的妄助自然。这就是真人。

解说：

第五至六段描述真人的表现之三：视生死如一。

本段描述真人对待生死的态度——视生死如一，不恋生，不恶死。这是无封的表现。

6. **若然者，其心志**(1)**，其容寂**(2)**，其颡**（sǎng）(3)**頯**（qiú）(4)；**凄然**(5)**似秋，暖然似春，喜怒通四时，与物有宜**(6)**而莫知其极**(7)。

（1）志：所居而安为志（郭象《庄子注》），随处而安。

（2）寂：静。

（3）颡：额也（陆德明《经典释文》引崔譔说），额头。

（4）頯：大朴貌（陆德明《经典释文》引向秀说），宽大的样子。

（5）凄然：严肃的样子（曹础基《庄子浅注》）。

（6）宜：相适合。

（7）极：究竟。

译文：

像这样的人，内心平静，容貌安详，额头宽大；表情严肃有如秋天，温和有如春天，外在的喜怒变化与四时相通。与事物都相合而不追问其究竟。

解说：

本段阐述真人参透生死后的具体表现：顺随外物。

其心志，其容寂，其颡頯——内心平静，外表安详，即无我。

凄然似秋，暖然似春，喜怒通四时，与物有宜而莫知其极——顺随外物变化，没有自己的好恶。这是无我、无是非的表现。

7. **故圣人之用兵也，亡国**[1]**而不失人心；利泽施乎万世，不为爱人。故乐通物**[2]**，非圣人也；有亲**[3]**，非仁也；天**[4]**时，非贤也；利害不通**[5]**，非君子也；行名失己**[6]**，非士也；亡身**[7]**不真**[8]**，非役人**[9]**也。若狐不偕**[10]**、务光**[11]**、伯夷、叔齐**[12]**、箕子**[13]**、胥余**[14]**、纪他、申徒狄**[15]**，是役人之役**[16]**，适人之适**[17]**，而不自适其适者也。**

(1) 亡国：亡他人之国。

(2) 乐通物：乐与外物交往，取悦于人（曹础基《庄子浅注》）。

(3) 亲：偏爱。

(4) 天：钟泰《庄子发微》中“天”作“失”字。

(5) 利害不通：不将利与害看作通而为一。

(6) 行名失己：矫行求名，失其己性（成玄英《庄子疏》），为求名声而改变自性。

(7) 亡身：忘记自性。

(8) 不真：失去真性。

(9) 非役人：徒弃其身，而无当于真性。止为世所耳，非能用人也（宣颖《南华经解》），为人所役，失去真性。

(10) 狐不偕：姓狐，字不偕，古之贤人，又云，尧时贤人，不受尧让，投河而死（成玄英《庄子疏》）。

(11) 务光：黄帝时人，身长七尺；又云：夏时人，饵药养性，好鼓琴，汤让天下不受，自负石沈于庐水（成玄英《庄子疏》）。

(12) 伯夷、叔齐：伯夷叔齐，辽西孤竹君之二子，神农之裔，姓姜氏（成玄英《庄子疏》）。

(13) 箕子：殷纣贤臣，谏纣不从，遂遭奴戮（成玄英《庄子疏》）。

(14) 胥余：箕子名也；又解：是楚大夫伍奢之子，名员，字子胥，吴王夫差之臣，忠谏不从，抉眼而死，尸沈于江（成玄英《庄子疏》）。

(15) 纪他、申徒狄：姓纪，名他，汤时逸人也；闻汤让务光，恐及乎己，遂将弟子陷于窾水而死。申徒狄闻之，因以踣河（成玄英《庄子疏》）。

(16) 役人之役：为别人的事所驱使。

(17) 适人之适：以别人的舒适为舒适。

译文：

所以，得道者用兵，灭掉敌国而不失民心，恩泽流于万世而不是因为偏爱。因此，乐于与外物交往取悦于人的，就不是得道者；有所偏爱的，就不是仁人；失去天时的，就不是贤人；利害不能混一的，就不是君子；追求名声而失去本性的，就不是修道之士；丧失真性的，就（是受役之人而）不是役人之人。像狐不偕、务光、伯夷、叔齐、箕子、胥余、纪他、申徒狄这些人，都是被人所役使，使别人舒适，而不能使自己舒适的人。

解说：

本段描述参透生死的真人如何具体处理世俗事务。

亡国而不失人心——顺人心用兵，无我。

利泽施乎万世，不为爱人——不因喜爱而施恩，即心无是非好恶。

故乐通物，非圣人也——追逐外物，有我。

有亲，非仁也；天时，非贤也；利害不通，非君子也；行名失己，非士也——有是非好恶，追逐外物。

亡身不真，非役人也——丧失真性，就为人所役，而不得逍遥自在。

这里所谓的圣人、仁人、贤人、君子、士人、役使他人的人，都是真人。他们不仅能恰到好处地处理世俗事务（《德充符》之“有人之形”），而且能以无我、无物之心对待（《德充符》之“无人之情”）。

有人认为，从内容上看，上、下文都在描述真人，而本段内容与真人无关，所以本段内容与庄子思想不符。实际并非如此。上文抽象地描述了真人的世俗表现后，本段具体描写真人如何以无我、无物之心处理世俗事务，是上一段的自然延伸。只不过，这里的仁、贤、君子、士与日常意义不完全相同，与《庄子》其他地方的含义也不完全一致。但不能因此就将这一段去掉。除了几个基本概念，《庄子》中很多概念的含义都不固定。

8. **古之真人，其状**(1)**义**(2)**而不朋**(3)**，若不足**(4)**而不承**(5)**；与**(6)**乎其觚**(gū)(7)**而不坚**(8)**也，张乎**(9)**其虚而不华**(10)**也；邴**（bǐng）**邴**(11)**乎其似喜**(12)

乎[13]**！崔**[14]**乎其不得已也**[15]**！滀**（chù）[16]**乎进我色**[17]**也，与乎止**[18]**我德也；厉**[19]**乎其似世也**[20]**！謷**（áo）**乎**[21]**其未可制也；连**[22]**乎其似好闭也，悗**(mèn)[23]**乎忘其言也**。

（1）状：迹也（成玄英《庄子疏》），外在表现。

（2）义：宜也（成玄英《庄子疏》），适宜。

（3）朋：朋党。这一句的意思是真人与人合群，但不与人结成朋党，即“有人之形，无人之情”（《德充符》）。

（4）不足：精神不足。

（5）承：禀承。

（6）与：容与自得（成玄英《庄子疏》），悠闲自得的样子。

（7）觚：棱也（陆德明《经典释文》引崔譔说）。

（8）坚：固也（成玄英《庄子疏》）。

（9）张乎：广大貌也（成玄英《庄子疏》）。

（10）华：浮华。

（11）邴邴：喜貌（陆德明《经典释文》引向秀说）。

（12）似喜：真人内心无喜，只是外表喜，故似喜。

（13）乎：陈碧虚《庄子阙误》引文如海本“乎”作“也”字（刘文典《庄子补正》、王叔岷《庄子校释》）。

（14）崔：动也（成玄英《庄子疏》）。陈碧虚《庄子阙误》引文成张本“崔”为“崔崔”。

（15）乎：陈碧虚《庄子阙误》引文如海本“乎”作“也”字。

（16）滀：聚也（成玄英《庄子疏》）。

（17）进我色：使我面色更加自然。

（18）止：归止。

（19）厉：和光同世，亦似厉乎（成玄英《庄子疏》）。

（20）乎：陈碧虚《庄子阙误》引文如海本“乎”作“也”字。

（21）謷乎：志远貌（陆德明《经典释文》引司马彪说）。

（22）连：合也，密也（林希逸《庄子口义》）。

（23）制：限制。

(24) 悗：无心貌也（成玄英《庄子疏》）。

译文：

古代的真人，外表与人合群，但不与人结成朋党；好像有所不足，却不受外界影响；悠闲独立而不固执，心胸豁达而不浮华；情貌舒畅似乎很高兴，行事是出于不得已；与人交往和蔼亲切，悠闲之态令人归依；和光同尘好像很严厉，行止高远不受约束；沉默不语好像封闭了自己，漫不经心好像忘了要说什么。

解说：

第八至十段描述真人的表现之四："有人之形，无人之情"。

本段描述真人如何在社会中生存——无我顺人，即"有人之形，无人之情"（《德充符》）。与人合群即"有人之形"（无我顺物），不与人结成朋党即"无人之情"（无是非好恶）。

其状义而不朋——义："有人之形"。不朋："无人之情"（《德充符》）。

若不足而不承——无我但不受外物影响，即无我顺物。

与乎其觚而不坚也——觚：不追逐外物，无我。不坚：无我。

张乎其虚而不华也——张：无我。虚而不华：无名。

邴邴乎其似喜乎——似喜："有人之形吾人之情"（《德充符》）。

崔乎其不得已乎——不追逐外物、顺势而为。

滀乎进我色也——滀乎进我色也：无我顺人。

与乎止我德也——无我则万物归之。

厉乎其似世乎——厉：表面严厉，是"有人之形吾人之情"（《德充符》）的表现。

謷乎其未可制也——心中无物则无可约束。

连乎其似好闭也，悗乎忘其言也——不妄言则无是非。

9. **以刑为体，以礼为翼**[(1)]**，以知为时，以德为循**[(2)]。**以刑为体者，绰**[(3)]**乎其杀也；以礼为翼者，所以行于世也；以知为时者，不得已于事也；以德为**

循者，言其与有足者至于丘[4]**也；而人真以为勤行者也。**

(1) 翼：翅膀。

(2) 循：顺。

(3) 绰：宽大的样子（曹础基《庄子浅注》）。

(4) 丘：山丘。

译文：

真人以刑法为主干，以礼仪为羽翼，智慧的运用适应时机，遵循德性为行事原则。以刑法为主干，就是不得随意杀人；以礼仪为羽翼，就能自然地行之于世；智慧的运用顺应时机，就能做到顺物而为；以德性为原则，行事就好像让有脚的人走到山上一样容易，而世人还以为是真人勤劳不懈的缘故呢。

解说：

本段描述真人如何对待抽象之物（法、伦理、世俗道德）。

以刑为体，以礼为翼——依法杀人，而不能掺杂个人喜好，即无我。

以知为时——不自作聪明，即无我、顺物。

以礼为翼者——把礼仪当作自然的东西，无心地去遵守，无我顺物。

很多人认为，本段与《大宗师》的主旨相违。实际上，这里所描述的表现正是真人应有的处世之道。

10. **故其好之也一**[1]**，其弗**[2]**好之也一。其一也一，其不一也一。其一与天为徒，其不一与人为徒。天与人不相胜也，是之谓真人。**

(1) 一：合为一体。

(2) 弗：不。

译文：

所以，世人喜欢它，它是合一的；不喜欢它，它也是合一的。你领悟到一，它是合一的；没有领悟到一，它也是合一的。领悟到一就与自然同类，没有领悟到一就与人同类。领悟到天和人相互不对立，就是真人。

解说：

本段描述真人如何对待天人之“天”，并以此总结上文。

天、人本来就是合一的，不合一是人为的分别（参见《齐物论》有关“无封”的论述）。如上几段所描述的那样，真人既能做到无分别地对待事物，又能与普通人一样合理地处理世事。所以，真人能领悟到天人合一的境界。

以上为第一大部分，描述真人的表现。

11. **死生，命也，其有夜旦之常**(1)**，天也。人之有所不得与**(2)**，皆物之情**(3)**也。**

(1) 夜旦之常：像白天和黑夜那样永恒。

(2) 与：参与，干预。

(3) 情：实情。

译文：

人的死与生，是不可避免的，就像黑夜与白昼交替运行一样，完全是自然的。人对此无法干预，这是事物的实际情形。

解说：

上文描述了真人得道的表现，以下的理论部分主要解释真人为什么有上述表现。

第十一至十七段用衬托的手法阐明为什么真人要效法大道，视生死如一。

本段提出生死属于人的自然本性，人无法改变，只能遵循。

12. **彼特**(1)**以天为父**(2)**，而身犹爱之，而况其卓**(3)**乎！人特以有君为愈**(4)**乎已，而身犹死之，而况其真乎！**

(1) 特：仅，只是（曹础基《庄子浅注》）。

(2) 以天为父：将天看作根本。

(3) 卓：卓越，指道。

(4) 愈：胜，超过。

译文：

人们只认为自然是生命之父，就终身敬爱他，何况那卓越大道呢！人们只是以为君主的地位胜过自己，就舍身尽忠，何况那真实无比的大道呢？

解说：

将我们对君、父的态度与对自然的态度进行对比，论述我们为什么要遵循天道。

13. **泉涸** (hé)[1]**，鱼相与处于陆，相呴** (xǔ)[2]**以湿，相濡**[3]**以沫**[4]**，不如相忘于江湖。与其誉尧而非桀也，不如两忘而化**[5]**其道**。

(1) 涸：竭也（《尔雅》），干枯。

(2) 呴：嘘气。

(3) 濡：沾湿。

(4) 沫：唾沫。

(5) 化：混同，融入。

译文：

泉水枯竭了，鱼儿困在陆地上，用湿气相互呼吸，以唾沫相互滋润，倒不如在江湖中忘记彼此。与其称誉尧而非议桀，还不如忘记两者而与大道混为一体。

解说：

本段用一个比喻论述为什么要顺随天道自然（生死之自然）。

鱼儿困在陆地上，用湿气相互呼吸，以唾沫相互滋润，不是合自然的生存方式。合乎自然的生存方式是在江湖之中彼此遗忘。我们的生存要合乎自然，就要像与鱼儿一样，忘记尘世的是非好恶。

与其誉尧而非桀也，不如两忘而化其道——忘记是非好恶，无名。

14. **夫大块**[1]**载我以形，劳我以生，佚**[2]**我以老，息我以死。故善吾生者，乃所以**[3]**善吾死也。**

(1) 大块：自然也（郭庆藩《庄子集释》引司马彪说）。

(2) 佚：通“逸”，安逸。

(3) 所以：怎样。

译文：

自然赋予我形体，让我生而劳作，老而安逸，死后安息。所以，那妥善安置我生命的，也会妥善安置我的死亡。

解说：

如何合乎自然呢？视生死如一，像对待生那样对待死。

15. **夫藏舟于壑**[1]**，藏山于泽，谓之固矣。然而夜半有力者**[2]**负之而走，昧**[3]**者不知也。藏小大有宜**[4]**，犹有所遁**[5]**。若夫藏天下于天下而不得所遁，是恒**[6]**物之大情**[7]**也。**

(1) 壑：深谷。

(2) 有力者：造化也（成玄英《庄子疏》）。

(3) 昧：愚昧，糊涂。

(4) 宜：得当。

(5) 遁：变化也（成玄英《庄子疏》）。

(6) 恒：常也（成玄英《庄子疏》）。

(7) 大情：大道之真情（成玄英《庄子疏》）。

译文：

把船藏在深谷里，把山藏在深泽中，人们认为是非常牢固了。然而，夜半三更，造物主这个大力士却把船和山都移走了，糊涂的人还不知道呢。即使把大大小小的东西全都藏在合适的地方，也免不了会亡失。如果把天下藏在天下之中，就不会有什么亡失的了。这是自然的实情。

解说：

本段阐述我们应如何具体对待生命的变化。

物是变动不居的，人无法阻止，只可顺随，不可执着。同样，生命也是不断流逝的，来去都无法阻止，只能顺随生死的自然变化。

16. **特[1]犯[2]人之形而犹喜之。若人之形者，万化而未始[3]有极[4]也，其为乐可胜计邪！故圣人将游于物之所不得遁而皆存。**

(1) 特：独也（成玄英《庄子疏》）

(2) 犯：通“范”。范原指铸造用的模型，这里是名词动用。

(3) 未始：不曾。

(4) 极：穷尽。

译文：

我们只是偶然被赋予了人的形体，就欣喜若狂。如果人的形体能千变万化，没有尽头，那么这种快乐是可以计算出来吗？因此，得道者畅游于无失无得的境地，与大道共存。

解说：

本段继续阐述如何看待生死问题：以无失无得之心对待物的变化。

17. **善妖[1]善老，善始善终，人犹效之，又况万物之所系[2]，而一化之所待[3]乎！**

(1) 妖：陈碧虚《庄子阙误》引张君房本“妖”作“少”字。

(2) 系：属也（成玄英《庄子疏》）。

(3) 一化之所待：一化之所待者，道也。此所谓大宗师也（林希逸《庄子口义》），一切变化之所依待的（陈鼓应《庄子今注今译》）。

译文：

对于老与少、生与死都处理得当的人，人们都会效仿他，何况万物赖以维系、一切事物生成变化所依赖的大道呢？

解说：

本段用比较的方法阐释为什么要顺随大道。

能够顺随生死、善于处理生死的人，我们都要效法他，更何况是万物得以维系的大道呢？我们更应该效法。

18. **夫道，有情有信**(1)**，无为无形**(2)**；可传而不可受**(3)**，可得而不可见；自本自根，未有天地，自古以固存；神**(4)**鬼神帝，生天生地；在太极**(5)**之先而不为高，在六极**(6)**之下而不为深，先天地生而不为久，长于上古而不为老。**

（1）有情有信：明鉴洞照，有情也；趣机若响，有信也（成玄英《庄子疏》），明照万物即有情，顺物而动即有信。

（2）无为无形：恬淡寂寞，无为也；视之不见，无形也（成玄英《庄子疏》）。

（3）受：通“授”（曹础基《庄子浅注》）。

（4）神：使……神。

（5）太极：阴阳不分的状态，即万物混一的状态。

（6）六极：六合，四方上下。

译文：

道真实、有信验，不妄动，无行迹；可以心传而不可口授，可以领悟而不可目见；以自身为根本，在没有天地之前，就一直存在。赋予鬼神和上帝以神性，产生了天，产生了地。在太极之上而不以为高，在六极之下而不以为深，生于天地之前而不以为久，长于上古而不以为老。

解说：

本段阐述道的性质。

有情有信，无为无形；可传而不可受，可得而不可见——道不可感知的无物之物。

自本自根，未有天地，自古以固存——道自古就存在，无封。

神鬼神帝，生天生地——道生万物。

在太极之先而不为高，在六极之下而不为深，先天地生而不为久，长于上古而不为老——没有高下前后之分，即无封。

19. **狶（xī）韦[(1)]氏得之，以挈（qiè）[(2)]天地；伏戏氏[(3)]得之，以袭[(4)]气母[(5)]；维斗[(6)]得之，终古[(7)]不忒[(8)]；日月得之，终古不息；堪坏（péi）[(9)]得之，以袭[(10)]昆仑；冯夷[(11)]得之，以游大川[(12)]；肩吾[(13)]得之，以处大山；黄帝得之，以登云天；颛（zhuān）顼（xū）[(14)]得之，以处玄[(15)]宫；禺强[(16)]得之，立乎北极；西王母[(17)]得之，坐乎少广，莫知其始，莫知其终；彭祖[(18)]得之，上及有虞[(19)]，下及五伯（bà）[(20)]；傅说（yuè）[(21)]得之，以相武丁[(22)]，奄[(23)]有天下，乘东维[(24)]，骑箕尾[(25)]，而比于列星**。

(1) 狶韦：上古帝王名（陆德明《经典释文》引司马彪说）。

(2) 挈：整顿（宣颖《南华经解》）。

(3) 伏戏氏：即伏羲氏，三皇五帝之三皇之一。

(4) 袭：合也（成玄英《庄子疏》）。

(5) 气母：元气之本（陆德明《经典释文》引崔譔说）。

(6) 维斗：北斗也（成玄英《庄子疏》）。

(7) 古：始也（成玄英《庄子疏》）。

(8) 忒：差也（成玄英《庄子疏》）。

(9) 堪坏：昆仑山神名也（成玄英《庄子疏》）。

(10) 袭：入也（成玄英《庄子疏》）。

(11) 冯夷：姓冯名夷，弘农华阴乡堤首里人也，服八石，得水仙（成玄英《庄子疏》）。

(12) 大川：黄河也（成玄英《庄子疏》）。

(13) 肩吾：东岳泰山之神（成玄英《庄子疏》）。

(14) 颛顼：黄帝之孙，即帝高阳也，亦曰玄帝（成玄英《庄子疏》）。

(15) 玄：玄者，北方之色，故处于玄宫也（成玄英《庄子疏》）。

(16) 禺强：司马云，《山海经》曰，北海之渚有神，人面鸟身，珥两青蛇，践两赤蛇，名禺强（陆德明《经典释文》）。

(17) 西王母：《山海经》云，状如人，狗尾，蓬头，戴胜，善啸，居海水之涯（陆德明《经典释文》）。

(18) 彭祖：帝颛顼之玄孙也。封于彭城，其道可祖，故称彭祖（成玄英《庄子疏》），古代传说中长寿者，可参见《逍遥游》。

(19) 有虞：舜，姓姚，有虞氏族。

(20) 五伯：即五霸，齐桓公、晋文公、秦穆公、楚庄王、宋襄公（后三者有不同说法）。

(21) 傅说：殷相。

(22) 武丁：傅说，殷相也。武丁，殷王高宗也（陆德明《经典释文》引司马彪说）。

(23) 奄：才（曹础基《庄子浅注》）。

(24) 东维：箕斗之间，天汉津之东维也（陆德明《经典释文》）。

(25) 箕尾：二十八星宿中的两个星座。

译文：

狶韦氏得了道，用来整顿天地；伏羲得了道，用来调和元气；北斗星得了道，永远不偏离方位；日月得了道，就永远运行不停；堪坏得了道，可以掌管昆仑；（黄河之神）冯夷得了道，就能游历大川；肩吾得了道，就能成为泰山之神；黄帝得了道，就登上云天；颛顼得了道，就能进驻玄宫；禺强得了道，就可以立于北极；西王母得了道，就能安居在少广山上，无人知其终始；彭祖得了道，就从有虞时代活到五霸时代；傅说得了道，就成了武丁的宰相，辅佐武丁统一天下，死后成为星宿，驾着东维星和箕尾星，与众星并列。

解说：

本段用具体例子描述效法大道所带来的好处。

得道者不是为了好处，但并不刻意回避大道所带来的好处。对这些故事或传说，只取其意，不必追问其真实性。

以上是本篇的理论部分，下文将用几个事例阐发上述思想。

20. **南伯子葵[(1)]问乎女偊（yǔ）[(2)]曰："子[(3)]之年长矣，而色若孺子[(4)]，何也？"**

曰："吾闻道矣。"

南伯子葵曰："道可得学邪？"

曰："恶[(5)]！恶可！子非其人也。夫卜梁倚[(6)]有圣人之才而无圣人之道，我有圣人之道而无圣人之才，吾欲以教之，庶几[(7)]其果为圣人乎！不然，以圣人之道告圣人之才，亦易矣。

（1）南伯子葵：葵当为綦字之误，犹《齐物论》篇中南郭子綦也（成玄英《庄子疏》）。一说葵、綦上古音同。

（2）女偊：古之怀道人也（成玄英《庄子疏》）。

（3）子：你。

（4）孺子：小孩。

（5）恶：否定对方的词（曹础基《庄子浅注》）。

（6）卜梁倚：卜梁，姬姓也，倚，名也（成玄英《庄子疏》）。

（7）庶几：差不多。

译文：

南伯子葵问女偊说："你的年纪很大了，但脸色如同小孩一样，这是为什么呢？"

女偊说："我闻道了。"

南伯子葵说："道可以学吗？"

女偊说："不，不可以！你不是学道的人。卜梁倚有得道者的根器但没有领悟道，我领悟了道但没有得道者的根器。如果我想教他，或许他可以成为得道者。即使不能，以道指导有根器的人，也比较容易领悟道。

解说：

第二十至二十二段为一个故事，借女偊之口阐述得道而成为真人所应具备的自然禀赋、修道程序以及闻道的途径。

本段阐述得道成为真人所应具备的自然禀赋。

老师必须领悟道，学生必须具有得道者的根器，二者结合才可能使学生得道。学习只能让人领悟得道者之道，无法改变根器。根器是与生俱来的。没有根器的只能成为悟道者，而不能成为得道者。

悟道与得道不同。悟道是领悟道的含义，得道则要依道而行。

21. **吾犹守而告之，参日而后能外天下[(1)]；已外天下矣，吾又守之，七日而后能外物[(2)]；已外物矣，吾又守之，九日而后能外生[(3)]；已外生矣，而后能朝彻[(4)]；朝彻，而后能见独[(5)]；见独，而后能无古今[(6)]；无古今，而后能入于不死不生[(7)]。杀[(8)]生者不死[(9)]，生生者不生。其为物，无不将[(10)]也，无不迎[(11)]也；无不毁也，无不成也。其名为撄[(12)]宁[(13)]。撄宁也者，撄而后成者也。”**

(1) 外天下：遗忘天下（的习俗)。“外”，遗忘也（成玄英《庄子疏》)。

(2) 外物：不执着于物。

(3) 外生：忘记生命。

(4) 朝彻：如朝阳升起，内心豁然开朗，通达万物。“朝”，早晨。“彻”，明也（成玄英《庄子疏》)。

(5) 独：无对待状态，即道。《道德经》第二十五章说：“有物混成，先天地生。寂兮寥兮，独立而不改。”“有物混成”之物就是道。

(6) 无古今：视古今为一，即无封。

(7) 不死不生：视生死如一。

(8) 杀：灭也（成玄英《庄子疏》)。

(9) 死：灭也（成玄英《庄子疏》)。

(10) 将：送也（成玄英《庄子疏》)。

(11) 迎：迎接。

(12) 撄：扰动也（成玄英《庄子疏》)。

(13) 宁：寂静也（成玄英《庄子疏》)。

译文：

我坚持传授给他修道的方式，修炼三天后，他就能遗忘习俗；已经遗忘习俗了，我继续坚持传授，七天以后他就能不执着于外物；已经不执着于外物了，我再继续坚持传授，九天以后他就能忘记生命；已经忘记生命了，就能通达万物之性；通达万物之性，就能见道；已经见道了，就能不受时间限制，无古无今；不受时间限制，就能视生死如一。使物死者（道）自身没有死，使物生者（道）自身也没有生。道之为物，无不相送，无不相迎，无不损坏，无不成全，这就叫做撄宁。所谓撄宁，就是在纷纭的变化中保持宁静。

解说：

第二十一段、二十二段阐述得道的途径：修行、阅读、思考。

本段讲述修行的程序：修行三天，遗忘天下（遗忘世俗习惯，但只做到了无是无非）——修行七天，不执着于外物（实际上是不执着于外物，即《齐物论》中的无封）——修行九天，忘记自己的生命（即《逍遥游》中的无我。无我就能无物，可参见《齐物论》）——朝彻（通达万物自性）——见独（无所依赖，逍遥自在）——无古今（超越时间，即视时间如一）——不死不生（生死如一，即视生死如一）。经过这七个环节后，面对生死、迎送、成毁，心中就能保持安宁状态。

在这七个环节中，前三个在时间上存在前后关系，因而需要一定的修行时间。而后四个则是并列的环节，不需要修行时间。只需达到第三个程序所说的无我，后面四个环节就自然融通。

文中所说的外天下是指不执着于世俗习惯。而世俗习惯是一种成见。在去除这种成见后，对自然界的物还存在着分别。修行到遗忘外物就能去除这种执着。去掉了对分别的执着，还没有达到与天地混而为一、甚至连这种一也不执着的境界。因此，还要修行到遗忘自身，即达到无我境界。无我就能无物。达到无我、无物之后，再去看自然界的物、世俗习惯就都是相对的，不再存在绝对的事物（可参见《齐物论》）。这样的人，面对世俗的将、迎、毁、成都不会动心，“撄而后成”。

22. 南伯子葵曰："子独恶乎闻之？"

曰："闻诸[(1)]副墨[(2)]之子，副墨之子闻诸洛诵[(3)]之孙，洛诵之孙闻之瞻明[(4)]，瞻明闻之聂许[(5)]，聂许闻之需役[(6)]，需役闻之于（wū）讴[(7)]，于讴闻之玄冥[(8)]，玄冥闻之参寥[(9)]，参寥闻之疑始[(10)]。"

（1）诸：之也（成玄英《庄子疏》）。

（2）副墨：书籍。副，副贰也。"墨"，翰墨也；翰墨，文字也。（成玄英《庄子疏》）。

（3）洛诵：背文谓之洛诵（成玄英《庄子疏》），诵读。

（4）瞻明：透彻的理解。"瞻"，所见所识。

（5）聂许：心领神会。"聂"，附耳私语也（成玄英《庄子疏》）。"许"，与也（陆德明《经典释文》引李颐说）。

（6）需役：用于生活。"需"，须也；"役"，用也，行也（成玄英《庄子疏》）。

（7）于讴：吟咏琢磨。"于"，呼叹词（宣颖《南华经解》）。"讴"，歌谣也（成玄英《庄子疏》）。

（8）玄冥：深远之名也；冥者，幽寂之称（成玄英《庄子疏》），默会。

（9）参寥：指无物状态。"参"，高也（陆德明《经典释文》引李颐说）。"寥"，空旷。

（10）疑始：有始而疑似有始，即以无始之心对待始。

译文：

南伯子葵问："你是从哪里领悟得道者之道的呢？"

女偊说："我是从副墨（书本）的儿子那里知道的，副墨的儿子是从洛诵（诵读）的孙子那里知道的，洛诵的孙子是从瞻明（透彻的理解）那里知道的，瞻明是从聂许（心领神会）那里知道的，聂许是从需役（用于生活）那里知道的，需役是从于讴（吟咏琢磨）那里知道的，于讴是从玄冥（默会）那里知道的，玄冥是从参寥（无物状态）那里知道的，参寥是从疑始（有始而疑似有始）那里得知道的。"

解说：

本段用隐喻的方法讲述自己通过阅读、思考的途径学习道。

从副墨的儿子（文字）到聂许（心领神会）是阅读掌握书本知识的阶段。通过阅读书本（副墨的儿子）、诵读书本（洛诵的孙子），对书本有透彻的理解（瞻明）。有了透彻的理解，慢慢就会心领神会（聂许）。

从需役（用于生活）到疑始（有始而疑似有始，以无始之心对待始）是通过书本知识领悟道的阶段。将书本知识用于生活（需役），并且反复吟咏琢磨如何将书本知识与日常生活融为一体（于讴），就能达到默会的地步（玄冥），进而领会无物之物（参寥）。然后以无物之心对待日常之物（疑始），就彻底得道了。

领悟道与得道是两种不同的禀赋。庄子认为，这两种禀赋都是天生的。女偊能通过学习领悟道，但不能依道而行。领悟道的人是悟道者，既能领悟道又能依道而行的人才是得道者（参见《齐物论》的解说）。

23. **子祀、子舆、子犁、子来[1]四人相与语[2]曰："孰[3]能以无为首，以生为脊，以死为尻（kāo）[4]，孰知死生存亡之一体者，吾与之友矣。"四人相视而笑，莫逆于心，遂相与为友。**

(1) 子祀、子舆、子犁、子来：可能是虚构人物。

(2) 与语：交谈（曹础基《庄子浅注》）。

(3) 孰：谁。

(4) 尻：屁股。

译文：

子祀、子舆、子犁、子来四人一起聊天说："谁能把'无'当作头颅，把'生'当作脊梁，把'死'当作尾椎，谁能明白生死存亡原本是一个整体，我们就和他做朋友。"四人相视而笑，心意相契，就成了朋友。

解说：

第二十三至二十七段阐发真人视生死如一的思想。

头颅、脊梁、尾椎属于同一身体。把“无”当作头颅，把“生”当作脊梁，把“死”当作尾椎，就是将有与无、生与死看作混而为一的，即无封。

24. **俄而[1]子舆有病，子祀往问之。曰：“伟[2]哉夫造物者[3]，将以予为此拘拘[4]也！”曲偻（lóu）[5]发背[6]，上有五管[7]，颐[8]隐于齐[9]，肩高于顶[10]，句（gōu）赘[11]指天。阴阳之气有沴（lì）[12]，其心闲而无事，跰（pián）蹮（xiān）[13]而鉴[14]于井，曰：“嗟乎！夫造物者又将以予为此拘拘也！”**

子祀曰：“女[15]恶之乎？”

(1) 俄而：不久。

(2) 伟：大也（成玄英《庄子疏》）。

(3) 造物者：犹造化（成玄英《庄子疏》）。

(4) 拘拘：挛缩不申之貌也（成玄英《庄子疏》）。

(5) 偻：脊背弯曲。

(6) 发背：背骨发露（成玄英《庄子疏》）。

(7) 五管：五官（高亨《诸子新笺》）。一说为五脏脉管。

(8) 颐：面颊。

(9) 齐：通“脐”，肚脐。

(10) 顶：头顶。

(11) 句赘：项椎也（陆德明《经典释文》引李颐说），颈椎骨。

(12) 沴：陵乱也（郭象《庄子注》）。

(13) 跰蹮：蹒跚。

(14) 鉴：照。

(15) 女：通“汝”，你。

译文：

不久，子舆生病了，子祀前去看望他。子舆说：“伟大啊！造物主，竟然把我弄成这副卷曲的模样呀！”腰部弯曲，背骨外露，五官向上，面颊在肚脐之下，双肩高过头顶，颈椎朝天。阴阳之气失调，可子舆神态安详，若无其事，步履蹒跚地走到井边照着自己的影子说："哎，造物主把我的身体变成这副卷曲的样子!"

子祀曰："你讨厌这副样子吗?"

解说：

子舆生病后，在井边看到自己的样子时所说的话，似有抱怨之意。有抱怨就表明没有得道。没有得道，就不值得与之为友。因而子祀问他是不是有抱怨。

25. **曰："亡[1]，予何恶！浸假[2]而化予[3]之左臂以为鸡，予因以求时夜[4]；浸假而化予之右臂以为弹，予因以求鸮（xiāo）炙[5]；浸假而化予之尻以为轮，以神为马，予因以乘之，岂更驾[6]哉！且夫得[7]者，时也，失[8]者，顺也；安时而处顺，哀乐不能入也。此古之所谓县解[9]也，而不能自解者，物有结之[10]。且夫物不胜天久矣，吾又何恶焉!"**

(1) 亡：无也（成玄英《庄子疏》）。

(2) 浸假：假令（成玄英《庄子疏》）。"浸"，渐也（郭象《庄子注》）。

(3) 予：我。

(4) 时夜：司夜，公鸡报晓（曹础基《庄子浅注》）。

(5) 鸮炙：烤斑鸠肉。"鸮"，"鸮"，斑鸠，一说为鹏鸟，似斑鸠。

(6) 更驾：再求其他的车马。

(7) 得：生也（成玄英《庄子疏》）。

(8) 失：死也（成玄英《庄子疏》）。

(9) 县解：解除倒悬，见《养生主》篇。县，通"悬"。

(10) 物有结之：既内心不能自解，故为外物结缚之也（成玄英《庄子疏》），内心不能放下，就能外物束缚。

译文：

子舆说："不会，我怎么会讨厌呢？假如造物主把我的左臂变成了公鸡，我就用它来报晓；假如造物主把我的右臂变成了弹弓，我就用它打斑鸠来烤肉吃；假如造物主把我的尾骨变成了车轮，使我的精神变成了骏马，那我就坐上它，哪里需要另外寻找车马呢？况且，生，应时而来；死，顺时而去。安于时机、顺应变化，哀乐就不能进入心中，这就是古人所说的解除倒悬。那些不能自解心结的人，就会被外物所束缚。再说，人不能胜天由来已久了，我又有什么好厌恶的呢？”

解说：

子舆解释自己为什么不会抱怨。

生老病死都是自然的事情，人无能为力，也无需为此而心生哀乐，即无是非好恶。那些不能顺随生死变化的人就会被外物所束缚。因此，子舆说，无论造物主把自身变成什么物，他都会按照该物自然的用途逍遥地使用该物：把自己的左臂变成了公鸡，就用它来报晓；把自己的右臂变成了弹弓，就用它打斑鸠来烤肉吃；把自己的尾骨变成了车轮，使自己的精神变成了骏马，那我就坐上它，无需另寻找车马。

26. **俄而子来有病，喘喘[1]然将死，其妻子环而泣之。子犁往问之，曰：“叱[2]！避！无怛（dá）[3]化！”倚其户与之语曰：“伟哉造化！又将奚[4]以汝为，将奚以汝适[5]？以汝为鼠肝乎？以汝为虫臂乎？”**

（1）喘喘：气喘的样子。

（2）叱：呵声也（成玄英《庄子疏》）。

（3）怛：惊也（陆德明《经典释文》）。

（4）奚：何。

（5）适：往。

译文：

不久，子来生病了，呼吸急促，快要死了，他的妻子儿女围着他哭泣。子犁前去探望，对子来的家人说：“去，走开！不要惊扰将要变化的人！”他靠着门对子来说：“伟大啊，造物者！又将把你变成什么东西呢？把你送到哪里去呢？要把你变成老鼠的肝脏吗？要把你变成虫子的臂膀吗？”

解说：

本段阐述子犁制止子来的妻子儿女哭泣的原因。

子犁视生死为一，因而制止子来的妻子儿女哭泣。至于子来将来会变成什么，是老鼠的肝脏，还是虫子的臂膀，那是无法追问的（无是无非），也不必追问（参见《齐物论》之“罔两问景”故事）。

27. **子来曰：“父母于子[1]，东西南北，唯命之从。阴阳[2]于人，不翅[3]于父母；彼[4]近吾死而我不听，我则悍[5]矣，彼何罪焉！夫大块载我以形，劳我以生，佚我以老，息我以死。故善吾生者，乃所以善吾死也。今大冶铸金[6]，金踊跃曰‘我且必为镆（mò）铘（yé）[7]’，大冶必以为不祥[8]之金。今一犯[9]人之形，而曰‘人耳[10]人耳’，夫造化者必以为不祥之人。今一以天地为大炉，以造化为大冶，恶[11]乎往而不可哉！”成然[12]寐[13]，蘧然[14]觉。**

(1) 父母于子：倒装句法，言子之于父母也（宣颖《南华经解》），下文“阴阳于人”也一样。

(2) 阴阳：指自然。

(3) 不翅：何止，岂但（曹础基《庄子浅注》）。

(4) 彼：指阴阳。

(5) 悍：悍逆（宣颖《南华经解》）。

(6) 大冶铸金：高明的铁匠铸造铁器。“冶”，铁匠。“铸”，铸造。

(7) 镆铘：古代宝剑名。

(8) 祥：善也（成玄英《庄子疏》）。

(9) 犯：遇也（成玄英《庄子疏》）。

(10) 人耳：我是人了（曹础基《庄子浅注》）。

(11) 恶：何。

(12) 成然：闲放之貌（成玄英《庄子疏》）。

(13) 寐：睡着。

(14) 蘧然：自得的样子（曹础基《庄子浅注》）。

译文：

子来说："子女对于父母，无论在东南西北，都要唯命是从。阴阳对于人，可不只是父母。阴阳造化要我死，而我不听从，那我就太强悍不化了，造化有什么过错呢？天地给予我形体，让我生时劳作，老时安逸，死后安息。所以，那安排我自然而生的，也将安排我自然而死。如果现在有个高明的铁匠正在制造器物，那金属跳起来说：'我一定要铸成镆铘剑！'铁匠一定认为这是块不吉祥的金属。现在我们偶然获得了人的形体，就喊道：'我只想做人，我只想做人！'造物者一定认为这是个不吉祥的人。现在，一旦以天地为大熔炉，以造化为大铁匠，我到哪里不行呢？"子来说着就安然睡去，又自然地醒来。

解说：

子来阐述自己对生死的自然态度。

决定人生老病死的是自然，无法抗拒——一个人连父母之命都不可抗拒，何况是自然呢？再说，既然自然已经安排好了人的生存，就一定能自然安排好人的死亡。相反，我们如果不顺随自然，一心只想做人（不想死），那就像跳出熔炉要求被铸成镆铘剑的金属一样，会被造物者视为不祥之人。因此，子来视天地为大熔炉、造化为大铁匠，将生死混而为一。他无牵无挂，安然地睡去，自然地醒来。

28. **子桑户、孟子反、子琴张(1)三人相与友(2)，曰："孰能相与于无相与(3)，相为于无相为(4)？孰能登天游雾(5)，挠挑(6)无极(7)；相忘以生，无所终穷(8)？"三人相视而笑，莫逆于心，遂相与为友。**

(1) 子桑户、孟子反、子琴张：可能是虚构人物。

(2) 相与友：相交为朋友。

(3) 相与于无相与：交往而无交往之心。

(4) 相为于无相为：以无心的方式打交道。"相为"，相助。

(5) 登天游雾：形容超然物外。

(6) 挠挑：戏弄（宣颖《南华经解》）。

(7) 无极：无穷。

(8) 终穷：死也（成玄英《庄子疏》）。

译文：

子桑户、孟子反、子琴张三人相互交谈说："谁能相交出于无心，相助出于无意？谁能超然物外，游于无穷的太虚；忘记生命，无所谓死亡？"三人相视而笑，心意相契，于是成了好友。

解说：

第二十八至三十二段阐发真人如何和光同尘，以无物之心对待世俗的礼仪与习俗。

这个故事有缺文。下面只按照已有的文字加以解说。

无心相交、无心相助、超然物外、忘却生命、无所谓死，是无我、无封的表现，这类人就是前文所谓的真人。

29. **莫然(1)有间(2)而子桑户死，未葬。孔子闻之，使子贡往侍事(3)焉。或编曲(4)，或鼓琴，相和而歌曰："嗟来(5)桑户乎！嗟来桑户乎！而(6)已反(7)其真，而我犹为人猗（yī）(8)！"**

子贡趋(9)而进曰："敢问临尸而歌，礼乎？"

二人相视而笑曰："是恶知礼意(10)！"

子贡反，以告孔子，曰："彼何人者邪？修行无有(11)，而外其形骸，临尸而歌，颜色不变，无以命(12)之。彼何人者邪？"

(1) 莫然：犹漠漠然，形容淡交也（宣颖《南华经解》）。

(2) 有间：不久。

(3) 侍事：相助理丧事（宣颖《南华经解》）。

(4) 编曲：编作曲辞（曹础基《庄子浅注》）。

(5) 嗟来：嗟乎。"来"，句中语助（陈鼓应《庄子今注今译》）。

(6) 而：你。

(7) 反：通"返"。

(8) 猗：犹“兮”，语助词（陈鼓应《庄子今注今译》）。

(9) 趋：快步上前。

(10) 礼意：礼的本意。

(11) 修行无有：无礼义修养之事。

(12) 命：名。

译文：

悠闲地过了一段时日，子桑户死了，还没有下葬。孔子听说，就派子贡前去协助办理丧事。可子贡看见孟子反、子琴张一个在编挽歌，一个在弹琴，一起唱道：“哎呀子桑户！哎呀子桑户啊！你已返本归真了，我们却还在世间为人呢。”

子贡快步走上前问：“请问对着尸体唱歌，合乎礼仪吗？”

两人相视而笑，说：“你哪里知道礼的真正含义！”

子贡回去后，把这件事告诉孔子，问道：“他们是些什么样的人呢？不依礼仪修养德行，将形骸置之度外，对着尸体唱歌，脸色没有哀容，我简直无法描述他们。他们究竟是些什么样的人呢？”

解说：

孟子反、子琴张“有人之形”（《德充符》），顺随礼仪，按照习俗给朋友治丧。但他们“无人之情”（《德充符》），内心并不悲伤，而是以弹琴、唱歌的方式送朋友一程。子贡是儒者，当然无法理解这种行为。

孟子反、子琴张并不是认为死好而生不好，而是认为生未必好，死未必不好（参见《齐物论》），所以不以好坏的态度看待生死。

30. **孔子曰：“彼，游方(1)之外者也；而丘，游方之内者也。外内不相及，而丘使女(2)往吊之，丘则陋矣。彼方且(3)与造物者为人(4)，而游乎天地之一气(5)。彼以生为附赘县疣（yóu）(6)，以死为决𤴯（huàn）(7)溃痈（yōng）(8)，夫若然者，又恶知死生先后之所在！假(9)于异物，托(10)于同体；忘其肝胆，遗其耳目；反复终始，不知端倪(11)；芒然(12)彷徨乎尘垢之外，逍遥乎无为之**

业[13]。彼又恶能愦愦[14]然为世俗之礼，以观[15]众人之耳目哉!"

(1) 方：区域也（成玄英《庄子疏》）。

(2) 女：通"汝"。

(3) 方且：正要（曹础基《庄子浅注》）。

(4) 为人：为偶，为友。

(5) 一气：一体。

(6) 附赘县疣：指多余的赘瘤。"县"，通"悬"。"疣"，俗称千日疮（曹础基《庄子浅注》）。

(7) 决疣：破裂的脓疮。"决"，破裂。"疣"，痈疽之类的毒疮。

(8) 痈：毒疮之类。

(9) 假：凭借。

(10) 托：寄托。

(11) 端倪：边界。"端"，开端。"倪"，边际。

(12) 芒然：无知之貌也（成玄英《庄子疏》）。

(13) 业：事（曹础基《庄子浅注》）。

(14) 愦愦：犹烦乱也（成玄英《庄子疏》）。

(15) 以观：示也（陆德明《经典释文》）。

译文：

孔子说："他们是逍遥于尘世之外的人，而我是生活在尘世之内的人。外与内是互不相干的，而我竟然派你前去吊唁，这是我太粗陋了。他们正和造物者为友，遨游于天地之中。他们把生看作身上的赘瘤，把死看作溃破的脓疮。像这样的人，又哪里知道生与死的先后次序呢？他们把生命看作是不同的物寄托在同一个身体上；忘记肝胆，不在意耳目；将生死看作不过是循环往复，不追问其究竟；自由自在地遨游于尘世之外，逍遥于无事之中。他们又怎会烦乱自扰地拘守世俗的礼仪，表演给人看呢？"

解说：

与造物者为人，而游乎天地之一气——视天人如一（无封），无我。

以生为附赘县疣，以死为决疣溃痈——视生死如一，不以生死为意，无封、无我。

假于异物，托于同体——无我。

忘其肝胆，遗其耳目——无我。

反复终始，不知端倪——无封。

芒然彷徨乎尘垢之外，逍遥乎无为之业——无我、无为。

31. **子贡曰："然则夫子何方[1]之依？"**

孔子曰："丘，天之戮民[2]也。虽然，吾与汝共之。"

子贡曰："敢问其方[3]。"

孔子曰："鱼相造[4]乎水，人相造乎道。相造乎水者，穿池[5]而养给；相造乎道者，无事而生定[6]。故曰，鱼相忘乎江湖，人相忘乎道术。"

(1) 何方：哪一方，即方外还是方内。

(2) 天之戮民：受上天惩罚的人。

(3) 方：方法。

(4) 造：诣也（成玄英《庄子疏》）。

(5) 穿池：挖掘池子。

(6) 生定：不为好恶所动。"生"，通"性"。

译文：

子贡问："那么，老师依从哪一方的呢？"

孔子说："我是受自然惩罚的尘世中人。虽然如此，我还是要与你一起追求方外之道。"

子贡问："请问你有什么方法？"

孔子说："鱼在水中融洽相处，人在道中融洽相处。在水中融洽相处的，挖个池子来供养就行；在道中融洽相处的，就要安闲无事、安定自性。所以说，鱼在江湖之中会忘掉一切，人在大道之中会忘掉一切。"

解说：

孔子说自己虽然生活在世俗之中，但要追求内外合一的境界——安闲无事、忘掉彼此，就像鱼忘我地生活在水中一样。文中所谓的“天之戮民”是孔子的自谦之辞，也可以看作是他对派子贡协助吊丧一事的自我检讨。

32. **子贡曰：“敢问畸人[1]。”**

曰：“畸人者，畸于人而侔[2]于天。故曰，天之小人，人之君子；人之君子，天之小人也[3]。”

(1) 畸人：不正常的人，不合于世俗的人。“畸”，异也（宣颖《南华经解》）

(2) 侔：等也，亦从也（陆德明《经典释文》引司马彪说）。

(3) 人之君子，天之小人也：王叔岷认为应为“天之君子，人之小人也”(王叔岷《庄子校释》)。

译文：

子贡问：“请问什么是畸人？”

孔子说：“所谓畸人，就是不合于世俗而合于自然的人。所以说，自然的小人，是人世的君子；人世的君子，是自然的小人。”

解说：

在子贡问什么是畸人之前，并没有出现过畸人二字，可以推断，原文有缺失。从已有的文字看，畸人显然不是得道的人，只是悟道者，因为得道的人既合于自然，也合于众人。文中君子与小人的分别是孔子教导子贡时不得已的分别。在得道者眼中，是没有君子与小人之分的。

33. **颜回问仲尼曰：“孟孙才[1]，其母死，哭泣无涕，中心[2]不戚[3]，居丧不哀。无是三者，以善处丧盖[4]鲁国。固有无其实而得其名者乎？回壹[5]怪之。”**

(1) 孟孙才：姓孟孙，名才，鲁之贤人（成玄英《庄子疏》）。

(2) 中心：即心中。

(3) 戚：悲伤。

（4）盖：覆（曹础基《庄子浅注》），超过。

（5）壹：确实（曹础基《庄子浅注》）。

译文：

颜回问孔子说："孟孙才这个人，他的母亲死了，哭泣时不落泪，心里不悲伤，守丧不哀痛。没有这三者，却以善于居丧而闻名于鲁国，难道有这种有名无实的人吗？我真觉得奇怪。"

解说：

第三十三至三十五段阐发真人如何对待世俗的礼仪（顺随自然地简化礼仪）。

孟孙才"有人之形，无人之情"（《德充符》）。别人哭，他也哭，这是"有人之形"的表现；别人伤心，他却哭泣无泪，心中不悲，这是"无人之情"的体现。这与儒家居丧的要求（有眼泪、悲戚、哀痛）相违背。所以，作为儒家的颜回无法理解。

34. **仲尼曰："夫孟孙氏尽之(1)矣，进(2)于知矣。唯简之而不得(3)，夫已有所简矣。孟孙氏不知所以生，不知所以死；不知就先，不知就后(4)；若化为物(5)，以待其所不知之化(6)已(7)乎！且方将化，恶(8)知不化哉？方将不化，恶知已化哉？**

（1）尽之：彻底做到了处丧之道。

（2）进：超也（成玄英《庄子疏》）。

（3）简之而不得：简化丧礼而办不到。

（4）就后：趋近死亡。"就"，趋近。"后"，死也（成玄英《庄子疏》）。

（5）若化为物：如果已经化作一物了。

（6）不知之化：谓当来未化之事也（成玄英《庄子疏》）。

（7）已乎：罢了。"已"，止也（成玄英《庄子疏》）。

（8）恶：何。

译文：

孔子说："孟孙氏已经尽到了居丧之道，远远超过了常人对丧礼的理解。虽然想再简化丧礼却办不到，但他实际已经有所简化了（无眼泪、不悲伤、不哀痛）。孟孙氏不知为什么有生，不知为什么有死；不知道追求生，不知道回避死；如果已经化作一物了，那只不过是等待将来不可知的再一次变化罢了！再说，正要发生变化的，怎么知道不变化的是什么呢？现在还不曾变化的，怎么知道已经变化的又是什么呢？

解说：

唯简之而不得，夫已有所简矣——顺随自然简化习俗中非自然的东西。

孟孙氏不知所以生，不知所以死——不追问原因，即无是非。

不知就先，不知就后——心中没有生死之分，即无封。

若化为物，以待其所不知之化已乎！且方将化，恶知不化哉？方将不化，恶知已化哉——顺随物变化而不追问其所以然，即无是非。

35. **吾特[1]与汝，其[2]梦未始觉者邪！且彼有骇形[3]而无损心[4]，有旦宅[5]而无情死[6]。孟孙氏特觉，人哭亦哭，是[7]自其所以[8]乃[9]。且也相与吾之[10]耳矣，庸讵[11]知吾所谓吾之乎？且汝梦为鸟而厉[12]乎天，梦为鱼而没于渊。不识今之言者，其觉者乎，其梦者乎？造[13]适[14]不及笑，献[15]笑不及排[16]，安排而去化[17]，乃入于寥[18]天一[19]。"**

(1) 特：但。

(2) 其：恐怕（曹础基《庄子浅注》）。

(3) 骇形：形之惊动（成玄英《庄子疏》）。

(4) 损心：损累心神也（成玄英《庄子疏》）。

(5) 旦宅：身体每天的变化。旦，日新也；宅者，神之舍也（成玄英《庄子疏》）。

(6) 情死：情感上受死生之累。

(7) 是：此，这。

(8) 自其所以：自是顺物之宜者（成玄英《庄子疏》）。

(9) 乃：犹言那等样也（宣颖《南华经解》）。

(10) 相与吾之：相互说我呀我呀。

(11) 庸讵：怎么。

(12) 厉：至也（成玄英《庄子疏》）。

(13) 造：至。

(14) 适：适意。

(15) 献：发（曹础基《庄子浅注》）。

(16) 排：安排。

(17) 去化：忘记变化，即顺应变化。

(18) 寥：寂寥。

(19) 天一：与自然为一。

译文：

“我和你恐怕都是梦中还没有醒过来的人哪。在孟孙氏眼中，有躯体的变化而没有心神的损伤，有形体的变化而没有精神的死亡。孟孙氏是大觉醒之人，别人哭，他也哭，这只不过随着人们那样做罢了。况且世人总是相互我呀我呀地唠叨，然而怎么知道所谓的我是什么意思呢？再说，你梦为鸟就飞上高空，梦为鱼就潜入深渊。不知道正在说话的我是醒着的呢，还是在梦中？忽然遇到惬意的事情是来不及笑的，发自内心的笑是来不及事先安排的。听任自然的安排，顺随事物的变化，就能与虚寂的大道合为一体。”

解说 ：

本段解释孟孙氏为什么对丧礼采取这种态度。

且彼有骇形而无损心，有旦宅而无情死——有人之形无人之情（《德充符》），无我、无是非好恶。

人哭亦哭，是自其所以乃——顺随世俗，以无物之心对待物。

且也相与吾之耳矣，庸讵知吾所谓吾之乎？且汝梦为鸟而厉乎天，梦为鱼而没于渊。不识今之言者，其觉者乎，其梦者乎？——没有不变的自我，即无我、无封，参见《齐物论》庄周梦蝶的故事。

造适不及笑，献笑不及排，安排而去化——一切都出于自然，即无我、无为。

36. **意而子[(1)]见许由。许由曰："尧何以资[(2)]汝?"**

意而子曰："尧谓我：'汝必躬[(3)]服仁义而明言[(4)]是非。'"

许由曰："而[(5)]奚[(6)]来为轵[(7)]？夫尧既已黥[(8)]汝以仁义，而劓（yì）[(9)]汝以是非矣，汝将何以游夫遥荡恣睢（suī）[(10)]转徙[(11)]之涂[(12)]乎?"

意而子曰："虽然，吾愿游于其藩[(13)]。"

(1) 意而子：古之贤人（成玄英《庄子疏》）。

(2) 资：帮助，这里意为指教（曹础基《庄子浅注》）。

(3) 躬：亲身。

(4) 明言：明辨（曹础基《庄子浅注》）。"言"，辨别。

(5) 而：你。

(6) 奚：何。

(7) 轵：语助也（成玄英《庄子疏》），语气助词。

(8) 黥：凿额也（成玄英《庄子疏》）。

(9) 劓：割鼻也（成玄英《庄子疏》）

(10) 遥荡恣睢：逍遥自在。"恣"，欢乐的样子。"恣睢"，纵任也（成玄英《庄子疏》）。

(11) 转徙：变化。

(12) 涂：通"途"。

(13) 藩：领域。

译文：

意而子去见许由，许由说："尧怎么教导你?"

意而子说："尧教导我说：'你要施行仁义，明辨是非。'"

许由说："那你还来这里做什么呢？尧既然已经用仁义在你的额头上刺了字，又用是非割掉了你的鼻子，你还怎么能逍遥自在地畅游于事物的变化之境呢？”

意而子说：“即便这样，我还是希望遨游于这种境地的边缘。”

解说：

第三十六至三十七段这个故事阐述修道的障碍——执着于仁义与是非。

仁义与是非都是人为的，不是自然之道。意而子既然受到尧的仁义、是非学说的熏陶，就难以达到逍遥的境界了。因而许由拒绝教导他。

37. **许由曰：“不然。夫盲者无以与乎眉目颜色之好，瞽者**(1)**无以与乎青黄黼**（fǔ）**黻**（fú）(2)**之观。”**

意而子曰：“夫无庄(3)**之失其美，据梁**(4)**之失其力，黄帝**(5)**之亡其知，皆在炉捶**(6)**之间耳。庸讵**(7)**知夫造物者之不息我黥**（qíng）**而补我劓，使我乘**(8)**成**(9)**以随先生邪？”**

（1）瞽者：瞎子。

（2）黼黻：作斧形谓之黼，两己相背谓之黻（成玄英《庄子疏》）。

（3）无庄：古之美人，为闻道故，不复庄饰，而自忘其美色也（成玄英《庄子疏》）。

（4）据梁：古之多力人，为闻道守雌，故不勇其力也（成玄英《庄子疏》）。

（5）黄帝：轩辕也，有圣知，亦为闻道，故能忘遣其知也（成玄英《庄子疏》）。

（6）捶：锻也（成玄英《庄子疏》）。

（7）庸讵：怎么。

（8）乘：犹载也（郭庆藩《庄子集释》）

（9）成：全，指完整的身体。

译文：

许由说：“不是这样的。盲人无法欣赏眉目容颜的美好，瞎子无法欣赏彩色锦绣的华丽。”

意而子说："无庄忘了自己的美貌，据梁忘了自己的力气，黄帝忘了自己的聪明，这三个人都是经过大道锤炼的结果。怎么知道大道不会消除我脸上的刺字，修补好我被割去的鼻子，使我恢复完整之身以追随先生呢？"

解说：

许由认为，既然意而子接受了仁义、是非的学说，就如同刺瞎了求道者的眼睛，再也无法悟道了。意而子则认为，无庄、据梁、黄帝等原先也经过了世俗中不合道因素的熏染，但经过大道的陶冶恢复了本性才得道的。因此，他认为大道也会恢复自己的自然状态，让自己得道。

38. **许由曰："噫**(1)**！未可知也。我为汝言其大略。吾师乎！吾师乎！䪠(jī)**(2)**万物而不为义，泽及万世而不为仁，长于上古而不为老，覆载天地刻雕众形而不为巧。此所游已。"**

(1) 噫：叹声。

(2) 䪠：碎也（成玄英《庄子疏》）。

译文：

许由说："唉！这是无法确知的啊！我只能为你说个大概：我的大道老师啊，我的大道老师啊！调和万物而不是为行义，泽被万世而不是为行仁，长于上古而不算老，覆天载地、雕刻万物而不认为灵巧，这就是得道者游心的境地。"

解说：

这一部分阐明意而子难以得道的原因。

一个人是否能够得道首先要有相应的禀赋，其次要有悟道者指导或通过自己的读书思考（参见本篇南伯子葵的故）。因此，无庄、据梁、黄帝能恢复本性得道，不能保证意而子也能回复本性得道。

䪠万物而不为义，泽及万世而不为仁——无功、无名。

长于上古而不为老——心无老幼，即无封。

覆载天地刻雕众形而不为巧——心无灵巧，即无物。

39. **颜回曰：“回益[1]矣。”**

仲尼曰：“何谓也？”

曰：“回忘仁义矣。”

曰：“可矣，犹未[2]也。”

他日，复见，曰：“回益矣。”

曰：“何谓也？”

曰：“回忘礼乐矣。”

曰：“可矣，犹未也。”

(1) 益：进步。

(2) 犹未：还不够。

译文：

颜回说：“我有所进步了。”

孔子说：“怎么进步呢？”

颜回说：“我已经忘掉仁义了。”

孔子说：“不错，但还是不够。”

过了几天，颜回又去见孔子，说：“我又有所进步了。”

孔子说：“怎么进步呢？”

颜回说：“我已经忘掉礼乐了。”

孔子说：“不错，但还是不够。”

解说：

第三十九至四十段这个故事阐述修道的障碍——仁义、礼仪与自我（也可以看作是修道的程序：先忘记仁义，再忘掉礼乐，然后忘掉自我）。

仁义是某种特殊的主观情感，忘掉仁义虽然能去除这种主观情感，但还存在非仁义方面的是非好恶之情，如讨厌或喜欢某些与仁义无关的礼乐。忘掉礼乐，虽然能去除礼乐这种主观情感，但还没有彻底去掉一切是非好恶之情（还会存在与仁义礼乐无关的是非好恶之情）。因此，只是忘记礼乐的人还没有悟道。

40. **他日，复见，曰：“回益矣。”**

曰：“何谓也？”

曰：“回坐忘[1]**矣。”**

仲尼蹴（cù）然[2]**曰：“何谓坐忘？”**

颜回曰：“堕[3]**肢体，黜**[4]**聪明，离形去知**[5]**，同于大通**[6]**，此谓坐忘。”**

仲尼曰：“同则无好也，化则无常[7]**也。而**[8]**果其贤乎！丘也请从而后**[9]**也。”**

(1) 坐忘：端坐而忘（成玄英《庄子疏》）。

(2) 蹴然：变色貌（陆德明《经典释文》引崔譔说）。

(3) 堕：毁废也（成玄英《庄子疏》），通“隳”。

(4) 黜：退除也（成玄英《庄子疏》）。

(5) 离形去知：忘记形体，去除心智。

(6) 大通：犹大道也（成玄英《庄子疏》）。

(7) 常：执于一端而不知变通。

(8) 而：你。

(9) 从而后：跟在你的后面。

译文：

过了几天，颜回再去见孔子，说：“我又有进步了。”

孔子说：“怎么进步呢？”

颜回说：“我坐忘了。”

孔子惊讶地问：“什么是坐忘？”

颜回说：“不在意肢体，不显摆聪明，忘记形体，去除智巧，与万物融为一体，这就是坐忘。”

孔子说：“与万物融为一体就没有偏私，与万物一同变化就没有执着。你真正变成了贤人啊，我愿意跟在你后面学习。”

解说：

堕肢体，黜聪明，离形去知——无我、无物。

41. **子舆与子桑友，而霖雨**[1]**十日。子舆曰："子桑殆**[2]**病矣！"裹饭而往食（sì）之。至子桑之门，则若歌若哭，鼓琴曰："父邪！母邪！天乎！人乎！"有不任**[3]**其声而趋举其诗**[4]**焉。**

子舆入，曰："子之歌诗，何故若是？"

（1）霖雨：连绵的下雨。"霖"，《左传》云，雨三日以往为霖"（陆德明《经典释文》）。

（2）殆：大概。

（3）任：堪也（成玄英《庄子疏》）。

（4）趋举其诗：急促地唱起诗句。"趋"，卒疾也（成玄英《庄子疏》）。

译文：

子舆和子桑是好友。绵绵大雨下了十天，子舆说："子桑恐怕要饿坏了吧。"于是，子舆前去给子桑送饭。到了子桑家门前，听到里面像是唱歌又像是哭泣，边弹琴边唱："父亲啊，母亲啊，天啊，人啊"，声音有气无力，微弱而急促。

子舆走进屋内问："你唱歌的诗句，为什么是这种调子？"

解说：

本篇最后两段的这个故事阐明真人应如何看待命运。

子桑处在饥饿之中所唱的歌像在哭泣，歌词像在抱怨。子舆不知道他是否存在抱怨（有抱怨就不是得道者），所以有此一问。

42. **曰："吾思夫使我至此极**[1]**者而弗**[2]**得也。父母岂欲吾贫哉？天无私覆，地无私载，天地岂私贫我哉？求其为之者而不得也。然而至此极者，命也夫！"**

(1) 极：绝境。

(2) 弗：不。

译文：

子桑说："我正在思考是谁使我沦落到这个地步，但毫无结果。父母难道想让我贫穷吗？天无偏私地覆盖一切，地无偏私地承载一切，天地哪会单单让我贫困呢？我思考了半天使我贫困的原因，但找不到答案，那我沦落到这种绝境，是由于命吧！"

解说：

父母不会使子桑贫穷，天地同等地对待万物（包括人），也不会使他贫困，因而子桑思考贫穷的原因但无法找到答案。实际上，这个问题不可能有什么答案，贫穷的原因背后又有原因，原因是无穷的（参见《齐物论》之"罔两问景"的故事）。既然没有答案，那就只能自然面对。

应帝王

本篇论述庄子无为的治国思想。百姓本来就懂得趋利避害，无需他人教导。因而顺乎人性，不以仁义道德、法律制度等外在的东西骚扰百姓，就是合乎自然的无为治国之道。崔譔说：“行不言之教，使天下自以为牛马，应为帝王者也。”

本篇可以分为三个部分。第一部分（从开头至“一以是终”）阐释治国的要义在于做到第二部分所说的“无为名尸，无为谋府；无为事任，无为知主。体尽无穷而游无朕”，包括五个故事。第一个故事（从“啮缺问”到“入于非人”）阐发“无为名尸”（不要成为名誉的承受者）的治国思想。第二个故事（从“肩吾”到“二虫之无知”）阐发“无为谋府”（不要成为聚藏智谋的地方）的治国思想。第三个故事（从“天根游于殷阳”到“天下治矣”）阐发“无为事任”（不要为事务所羁绊治）的治国思想。第四个故事（从“阳子居”到“无有者也”）阐发“无为智主”（不要成为智巧的主人）的治国思想。第五个故事（从“郑有神巫”到“一以是终”）阐发“体尽无穷而游无朕”（体悟无穷的大道而不着痕迹）的治国思想。

第二部分（从“无为名尸”至“胜物而不伤”）是本篇的中心，提出“无为名尸，无为谋府；无为事任，无为知主。体尽无穷而游无朕”的无为而治思想。

第三部分（从“南海之帝”至末尾）的故事从反面隐喻治国者不顺其自然所带来的危害。

我们将本章的结构图示如下。

第一部分	第一个故事	从“啮缺问”到“入于非人”	阐发第二部分“无为名尸”的无名治国思想。
	第二个故事	从“肩吾”到“二虫之无知”	阐发第二部分“无为谋府”的无功治国思想。
	第三个故事	从“天根游于”到“天下治矣”	阐发第二部分“无为事任”的无功治国思想。
	第四个故事	从“阳子居”到“无有者也”	阐发第二部分“无为智主”的无功治国思想。
	第五个故事	从“郑有神巫”到“一以是终”	阐发第二大部分“体尽无穷而游无朕”的无我治国思想。
第二部分	从“无为名尸”至“胜物而不伤”	本篇的中心，提出无为而治的思想。	无为名尸，无为谋府；无为事任，无为知主。体尽无穷，而游无朕。
第三部分	从“南海之帝”至末尾。	以隐喻方式阐述有为治国所带来的危害。	

1. **啮（niè）缺**[(1)]**问于王倪**[(2)]**，四问而四不知**[(3)]。**啮缺因跃而大喜，行以告蒲衣子**[(4)]。

（1）啮缺：许由之师，王倪弟子，并尧时贤人也（成玄英《庄子疏》），见《齐物论》。

（2）王倪：啮缺的老师，见《天地篇》。

（3）四问而四不知：四问而四不知，则齐物篇中四问也（成玄英《庄子疏》）。

（4）蒲衣子：蒲衣八岁，舜让以天下；崔云，即被衣，王倪之师也；《淮南子》曰，啮缺问道于被衣（陆德明《经典释文》）。

译文：

啮缺向王倪请教，接连四次发问，王倪四次都说不知道。啮缺高兴得蹦了起来，前去把这件事告诉蒲衣子。

解说：

第一至二段阐发后文“无为名尸”（不要成为名的承受者）的含义。

知则有标准，有标准就有是非、有名。有是非、有名就会以是非和有名的有为方式来治理国家。王倪是得道者，心无是非，因而四问四不知（不是不知，而是无法言说）。

在《天地》篇中，啮缺的老师是王倪，王倪的老师是被衣，所以被衣应该就是蒲衣子。所谓四次发问，成玄英在《庄子疏》一书中认为是《齐物论》中的四问，即（啮缺问乎王倪曰：）“子知物之所同是乎?”“子知子之所不知邪?”“然则物无知邪?”“子不知利害，则至人固不知利害乎?”

2. **蒲衣子曰：“而(1)乃(2)今知之乎？有虞氏(3)不及泰氏(4)。有虞氏，其犹藏仁以要(5)人；亦得人矣，而未始出于非人(6)。泰氏，其卧徐徐(7)，其觉于于(8)；一以己为马，一以己为牛；其知情信(9)，其德甚真，而未始入于非人。”**

(1) 而：你。

(2) 乃：才（曹础基《庄子浅注》）。

(3) 有虞氏：舜也（成玄英《庄子疏》）。

(4) 泰氏：太昊伏羲也（成玄英《庄子疏》）。

(5) 要：笼络（曹础基《庄子浅注》）。

(6) 非人：物也（宣颖《南华经解》）。

(7) 徐徐：安舒（宣颖《南华经解》）。

(8) 于于：安稳貌（陆德明《经典释文》引司马彪说）。

(9) 其知情信：率其真知，情无虚矫，故实信也（成玄英《庄子疏》）。

译文：

蒲衣子说：“你现在知道了吧？有虞氏不如泰氏。有虞氏靠仁爱来笼络人心；虽然得到了人心，但没有逃脱物的羁绊。泰氏睡觉时安闲自在，醒来时逍遥自得；任人称自己为马，任人称自己为牛；他的情感十分真诚，他的德性十分真实，从来不受物的羁绊。”

解说：

有虞氏靠仁爱来笼络人心，就会受制于仁义，逃不脱物（人）的羁绊。这不合乎无为的治国之道。而泰氏睡觉时安闲自在，醒来时逍遥自适，随人称他为马，随人称他为牛，率性对待百姓，一切出于无心。所以他的治国之道合乎自然。

3. **肩吾(1)见狂接舆(2)。狂接舆曰："日中始(3)何以语女(4)？"**

肩吾曰："告我君人者以己出(5)经(6)式(7)义(8)度(9)，人孰(10)敢不听而化诸(11)！"

(1) 肩吾：有人认为是古代贤人，有人认为是虚构的人物。

(2) 接舆：楚国的隐士，参见《人间世》。

(3) 日中始：贤人姓名，即肩吾之师也（成玄英《庄子疏》）。

(4) 女：通"汝"。

(5) 出：行也（陆德明《经典释文》引司马彪说）。

(6) 经：常也（陆德明《经典释文》引司马彪说）。

(7) 式：法也（陆德明《经典释文》）。

(8) 义：法也（陆德明《经典释文》）。

(9) 度：法度。

(10) 孰：谁。

(11) 诸：句末助词，相当于"呢"（曹础基《庄子浅注》）。

译文：

肩吾去见狂接舆。狂接舆问："日中始怎么跟你说的？"

肩吾说："他告诉我，做君主的应按照自己的意志制定礼仪法度，老百姓谁敢不听从而被教化呢？"

解说：

第三、四段阐述治国应"无为谋府"。

以自己的意志制定法度礼仪是有我的表现，不合乎百姓的自然本性。这是一种有为的治国方式。

4. **狂接舆曰：“是欺德[1]也；其于治天下也，犹涉海凿河而使蚊（wén）负山也。夫圣人之治也，治外[2]乎？正[3]而后行，确[4]乎能其事者而已矣。且鸟高飞以避矰（zēng）[5]弋（yì）[6]之害，鼷（xī）鼠[7]深穴乎神丘[8]之下以避熏凿[9]之患，而[10]曾[11]二虫之无知！”**

(1) 欺德：欺诳之德，非实道（成玄英《庄子疏》）。

(2) 治外：治表，指用“经式义度”约束人。

(3) 正：各正性命之分也（郭象《庄子注》）。

(4) 确：实也（成玄英《庄子疏》）。

(5) 矰：将短箭拴在丝绳上用来射鸟的工具。

(6) 弋：以绳系箭而射之也（成玄英《庄子疏》）。

(7) 鼷鼠：小鼠也（成玄英《庄子疏》）。

(8) 神丘：社坛也（成玄英《庄子疏》）。

(9) 熏凿：烟熏挖掘。

(10) 而：你。

(11) 曾：竟然。

译文：

狂士接舆说：“这完全是骗人的。以这种方法治理天下，就好像在大海中凿河、让蚊子背山一样。得道者治理天下，需要从外部约束人吗？他只需先正自己的本性而行动，然后让各人尽其所能就是了，连鸟都知道高飞以躲避罗网和弓箭的伤害，鼷鼠都知道深藏在社坛之下，以躲避烟熏和挖洞的祸患，难道人竟然连这两种动物都不如吗？”

解说：

鸟兽都知道趋利避害，人就更不用说了。因而顺其自然的治国之道应当是治国者先回复自身的本性，然后顺随百姓的本性，让个人自由地发挥才能。

5. **天根[1]游于殷阳[2]，至蓼（liǎo）水[3]之上，适遭[4]无名人[5]而问焉，曰：“请问为[6]天下。”**

无名人曰："去！汝鄙人[7]也，何问之不豫[8]也！予[9]方将与造物者为人[10]，厌[11]，则又乘夫莽眇之鸟[12]，以出六极[13]之外，而游无何有之乡，以处圹（kuàng）埌（làng）[14]之野。汝又何帠（yì）[15]以治天下感予之心为？"

（1）天根：天根无名，并为姓字，寓言问答也（成玄英《庄子疏》）。

（2）殷阳：殷山之南。

（3）蓼水：水名。

（4）遭：遇也（成玄英《庄子疏》）。

（5）无名人：虚构的人物。

（6）为：治理。

（7）鄙人：鄙陋之人（成玄英《庄子疏》）。

（8）豫：愉快。

（9）予：我。

（10）为人：为偶，见《大宗师》。

（11）厌：厌离（成玄英《庄子疏》）。

（12）莽眇之鸟：比喻心神因无我顺物而翱翔于天地之间。"莽眇"，轻虚之状也（陆德明《经典释文》）。

（13）六极：上下四方。

（14）圹埌：犹旷荡也（陆德明《经典释文》引崔譔说），空旷辽阔。

（15）帠：未详何字，以诸说参考之，疑帠乃臬字之误……然字虽是臬，而义则非臬，当读为寱……梦语谓之寱（俞樾《庄子平议》）。还有其他一些解释，但无法确定其正确性。

译文：

天根在殷山之南游览，走到蓼水岸边时，恰巧碰到无名人，就向他请教说："请问怎样治理天下？"

无名人说："走开！你真是个粗俗的人，干嘛问这些无趣的问题呢！我正要与造物主结伴同游，玩够了，就乘着'缥缈之鸟'，飞出天地四方之外，遨游于无何有之乡，居住在无边无际的旷野之中。你又何必拿治理天下的梦话来打扰我呢？"

解说：

第五、六段阐述治国要“无为事任”。

无名人顺物游心，逍遥物外，对治理国家未必感兴趣。

文中乘着缥缈之鸟意为无物。无何有之乡、无边无际的旷野也不是实指。只要心中忘我、无物，那么处处都是无何有之乡，处处都是无边无际的旷野（见《逍遥游》的解说）。

6. **又复问**。

无名人曰：“汝游心于淡(1)**，合气于漠**(2)**，顺物自然而无容私**(3)**焉，而天下治矣**。”

(1) 淡：恬淡。

(2) 漠：虚寂。

(3) 无容私：不参杂个人成见。

译文：

天根再次请教。

无名人说：“你做到内心恬淡，心气平和，顺着事物的自然本性而不怀个人成见，天下就治理好了。”

解说：

内心恬淡、平和，没有成见，就不会肆意妄为，而是顺随天下人之自然本性。顺随天下人的本性，天下自然就治理好了。

7. **阳子居**(1)**见老聃，曰：“有人于此，向疾**(2)**强梁**(3)**，物彻**(4)**疏明**(5)**，学道不勌**（juàn）(6)。**如是**(7)**者，可比明王**(8)**乎？**”

(1) 阳子居：居，名也。子，男子通称（陆德明《经典释文》引李颐说）。

(2) 向疾：趋事甚勇（宣颖《南华经解》）。

(3) 强梁：强干果决（成玄英《庄子疏》）。

(4) 物彻：物，事也；彻，通也；事能通而开明也（陆德明《经典释文》引司马彪说）。

(5) 疏明：疏通明敏（成玄英《庄子疏》）。

(6) 勌：通“倦”。

(7) 是：此，这。

(8) 明王：明道的君主。

译文：

阳子居见到老聃，请教说：“假如这里有这么一个人，反应迅速、行为果断、通达世事，学道不倦。这样的人可以和明道的君主相比吗?”

解说：

第七至九段阐发治国应“无为智主”。

反应敏捷，做事干练，是以有限的生命去追逐无限的外物，只会让自己疲惫不堪（见《养生主》），哪里是顺应自然的圣明之王的德性呢?

8. **老聃曰：“是于圣人也，胥易(1)技系(2)，劳形怵(3)心者也。且也虎豹之文(4)来田(5)，猨狙（jū）(6)之便(7)执斄（lǐ）(8)之狗来藉(9)。如是者，可比明王乎?”**

(1) 胥易：谓胥徒供役治事（郭庆藩《庄子集注》）。“胥”，胥徒（成玄英《庄子疏》），胥徒，民给徭役者（郭庆藩《庄子集注》引郑玄注《周礼》）。“易”，犹治也（（郭庆藩《庄子集注》）。

(2) 技系：谓为技所系也（郭庆藩《庄子集注》）。“系”，束缚。

(3) 怵：恐惧。

(4) 文：花纹。

(5) 田：猎也（成玄英《庄子疏》）。

(6) 猨狙：猕猴也（成玄英《庄子疏》）。

(7) 便：敏捷。

(8) 斄：旄牛也（陆德明《经典释文》引崔譔说）。

(9) 藉：系也（陆德明《经典释文》引崔譔说），用绳子拴住。

译文：

老聃说："与得道者相比，这种人只不过如同杂役官吏办事，为自己的技能所累，劳形又劳心。况且虎豹因身上的花纹而招来猎人，猿狙因为敏捷、狗因为能捕牦牛而被人拴起来。这样的人，可以和明道的君主相比吗？"

解说：

思维敏捷、处事果断的人，就会像有技能的杂役官吏一样，被自己的技能所困，又像虎豹因花纹招来猎人、猿狙和狗因技能被人拴起来一样，最后不仅让自己疲惫不堪，而且使百姓受到骚扰。这样的人哪能治理好国家呢？

9. **阳子居蹴然**(1) **曰："敢问明王之治。"**

老聃曰："明王之治：功盖(2) **天下而似不自己**(3)**，化**(4) **贷**(5) **万物而民弗恃**(6)**；有莫举名**(7)**，使物自喜；立乎不测**(8)**，而游于无有**(9) **者也。"**

(1) 蹴然：改容之貌（陆德明《经典释文》）。

(2) 盖：超过。

(3) 不自己：非己为之也（成玄英《庄子疏》）。

(4) 化：教化。

(5) 贷：施（曹础基《庄子浅注》）。

(6) 恃：依赖。

(7) 有莫举名：推功于物，不显其名（成玄英《庄子疏》），有功但不显摆其名。"莫"，无法。"举"，称说。

(8) 不测：变化不定。

(9) 无有：虚无之道（曹础基《庄子浅注》）。

译文：

阳子居不安地问："请问明道的君主怎样治理天下？"

老聃说："明王治理天下，功绩遍布天下却好像与自己无关，教化普施万物而百姓不觉得有所依赖；虽有功绩百姓却无从称颂，使万物各得其所，而自己立于变幻莫测之地，遨游于无物之境。”

解说：

这一段阐述明道的君王以“无为智主”治国的表现。

功盖天下而似不自己，化贷万物而民弗恃——无功、无名。

有莫举名，使物自喜——无名。

立乎不测，而游于无有者也——无功、无物。

10. **郑有神巫**[1] **曰季咸**[2]**，知人之死生存亡，祸福寿夭，期以岁月旬日**[3]**，若神。郑人见之，皆弃而走**[4]。**列子**[5] **见之而心醉，归，以告壶子**[6]**，曰：“始吾以夫子之道为至**[7] **矣，则又有至焉者矣。”**

(1) 神巫：神异之巫（成玄英《庄子疏》）。

(2) 季咸：姓季名咸也（成玄英《庄子疏》）。

(3) 期以岁月旬日：预测精确到年、月、旬、日。“期”，预测。

(4) 弃而走：避而走开（不愿意听到凶讯）。

(5) 列子：列御寇，郑国人，参见《逍遥游》。

(6) 壶子：郑之得道人也。号壶子，名林，即列子之师也（成玄英《庄子疏》）。

(7) 至：极也（成玄英《庄子疏》）。

译文：

郑国有一位神巫叫季咸。他能占出人的生死、存亡、祸福、寿数，精确到年、月、旬、日，灵验如神。郑国人看见他（因不愿听到凶讯）都纷纷跑开。列子见了季咸却神魂颠倒，回去告诉壶子说：“原先我以为先生的道术是最高深的，现在才发现还有更高深的。”

解说：

第十至十六段这个故事阐述治国要“体尽无穷而游无朕”（体悟无穷的大

道而不着痕迹）。

治国要顺其自然，不可显示自己的好恶，否则治国者就会被季咸那样的人所窥测、利用，无谓地生出事端。

文中说人人都知道季咸灵验如神，因而不愿见到他。这说明季咸是有我之人。无我之人则无从褒贬。列子学道不精，追逐外物，因而被季咸所惑。

11. **壶子曰："吾与**(1)**汝既**(2)**其文**(3)**，未既其实，而**(4)**固**(5)**得道与？众雌而无雄，而又奚卵焉**(6)**！而以道**(7)**与世亢**(8)**，必信，夫故使人得而相汝。尝试与来，以予示之。"**

(1) 与：授也（成玄英《庄子疏》）。

(2) 既：尽也（成玄英《庄子疏》）。

(3) 文：外在的东西，与实相对。

(4) 而：你。

(5) 固：岂（成玄英《庄子疏》）。

(6) 而又奚卵焉：（有雌无雄）又怎能产卵呢？指有文无实，没有得道。"奚"，何。

(7) 道：这里指列子的有文无实之道，非真正的道。

(8) 亢：对（成玄英《庄子疏》）。

译文：

壶子说："我还只教你一些表面的东西，还没有教你实质的内容。你哪里明白道呢？如果全是雌的而没有雄的，怎么会产卵哪？你用你所谓的道与世人周旋，肯定会轻信他人，所以会让人窥测到你的内心。你试着与他一同前来，让他给我相相面。"

解说：

列子学道不精，有名无实。壶子准备通过揭穿季咸的巫术来教育学道不精的列子。所以，壶子让列子请季咸给自己相面。

所谓全是雌鸟而没有雄鸟，隐喻列子心中有分别对待（执着于雄或执着于雌）。人有分别对待，别人就能从中窥测到他的心理意向。

12. **明日，列子与之见壶子。出而谓列子曰："嘻！子(1)之先生死矣！弗活矣！不以旬数(2)矣！吾见怪焉，见湿灰(3)焉。"**

列子入，泣涕沾襟以告壶子。壶子曰："乡(4)吾示之以地文(5)，萌(6)乎不震(7)不正(8)。是殆(9)见吾杜德机(10)也。尝又与来。"

(1) 子：你。

(2) 不以旬数：不需用旬来计算。"旬"，十天。

(3) 湿灰：指湿灰一样没有生机。

(4) 乡：刚才。

(5) 文：象也（成玄英《庄子疏》）。

(6) 萌：昏昧的样子。

(7) 震：动。

(8) 正：无心自正（成玄英《庄子疏》）。

(9) 殆：大概。

(10) 杜德机：闭其生意之征（宣颖《南华经解》）。"杜"，塞也（成玄英《庄子疏》）。

译文：

第二天，列子又随同季咸一同前来见壶子。出门后，季咸对列子说："唉！你的先生快要死了！不能活了！超过不了十天！我看他症状奇怪，像湿灰一样没有生机。"

列子进屋，哭得泪水湿透了衣襟，把季咸的话告诉壶子。壶子说："刚才我展示给他以大地静止之象，毫无生机而无心自正。他大概看到了我闭塞的生机。你试着再请他来看看。"

解说：

第一次相面时，壶子闭塞自己的生机。这是《齐物论》中所谓"无"的迹象（见《齐物论》"有有也者"一段的解说）。所以，季咸认为他马上要死了。

有人认为，“不震不正”应为“不震不止”。这是不对的。“不震不正”的意思是毫无生机，但自己又不去管它（而不是真没有生机）。这正是壶子第一次想要呈现给季咸的。而“不震不止”是季咸第三次见壶子时，壶子呈现给季咸的景象。

13. **明日，又与之见壶子。出而谓列子曰：“幸矣子之先生遇我也！有瘳(chōu)(1)矣，全然有生矣！吾见其杜(2)权(3)矣。”**

列子入，以告壶子。壶子曰：“乡吾示之以天壤(4)，名实不入(5)，而机发于踵(6)。是殆见吾善(7)者机也。尝又与来。”

(1) 瘳：治愈。

(2) 杜：闭塞。

(3) 权：机也（郭象《庄子注》）。

(4) 天壤：应动之容也（成玄英《庄子疏》），如大地一样充满生机。“壤”，地也（成玄英《庄子疏》）。

(5) 名实不入：名和实都不入于心，即无名，参见《逍遥游》。

(6) 踵：脚后跟。

(7) 善：咸见此形容，所以谓之为善（成玄英《庄子疏》）。

译文：

第二天，列子又随同季咸一同前来见壶子。出门后，季咸对列子说：“真是幸运呀！你的先生遇到了我！他有救了，全然有生机了！我看见他那闭塞的生机开始显出活力了。”

列子进屋把季咸的话这告诉壶子。壶子说：“刚才我显示给他的是天地充满生机之象，名利不入于心，一线生机从脚后跟发动。他大概看到我萌发的生机了。你再请他来看看。”

解说：

第二次相面时，壶子展现了自身的生机。这是《齐物论》中所谓“有”的迹象（见《齐物论》“有有也者”一段的解说）。因此，季咸见状，认为他又活过来了。

从“名实不入”可以看出，壶子是以无名之心（圣人无名，见《逍遥游》）来呈现“天壤”（天地相通，即“有”）之象的——得道者是以无物之心对待日常之物的（见《齐物论》）。

14. **明日，又与之见壶子。出而谓列子曰：“子之先生不齐[(1)]，吾无得[(2)]而相焉。试齐，且复相之。**

列子入，以告壶子。壶子曰：“吾乡示之以太冲莫胜[(3)]。是殆见吾衡气机[(4)]也。鲵（ní）[(5)]桓[(6)]之审[(7)]为渊，止水之审为渊，流水之审为渊。渊有九名[(8)]，此处[(9)]三焉。尝又与来。”

(1) 不齐：动静不定（宣颖《南华经解》）。

(2) 无得：无法。

(3) 太冲莫胜：冲虚之气，无所偏胜（宣颖《南华经解》）。“冲”，虚。“莫”，无。

(4) 衡气机：气息持平的征兆，指既没有生机，也没有死象。

(5) 鲵：简文云，鲵，鲸鱼也（陆德明《经典释文》）。

(6) 桓：简文云，盘桓也（陆德明《经典释文》）。

(7) 审：聚也（陆德明《经典释文》引司马彪说）。

(8) 九名：鲵旋之潘为渊，止水之潘为渊，流水之潘为渊，滥水之潘为渊，沃水之潘为渊，氿水之潘为渊，雍水之潘为渊，汧水之潘为渊，肥水之潘为渊，是为九渊焉（俞樾引自《列子·黄帝篇》）。

(9) 处：居，占（曹础基《庄子浅注》）。

译文：

第二天，列子又随季咸一同前来见壶子。出门后，季咸对列子说：“你的先生气色不定，我没法给他看相。等他气色平静下来后，我再来给他看吧。”

列子进屋之后，把季咸的话转告给壶子。壶子说：“刚才我给他展示的是冲虚之气无所偏胜之象。他大概看到我气息平衡的征兆了。鲵鱼盘桓处成为渊，静水聚集处成为渊，流水聚集处成为渊。渊有九种，我只给他显示了三种。你再请他来看看。”

解说：

第三次壶子给季咸显示的是《齐物论》中所谓的“有”、“无”混一之象（参见《齐物论》“有有也者”一段的解说），没有偏阴偏阳的征兆（即前文解说中所说的“不震不止”）。因而季咸无法判断了。

所谓“太冲莫胜”是指动静平衡、阴阳混一的意思（前两次见面壶子给季咸显示的要么是静的迹象，要么是动的迹象，动静不平衡）。所以才有所谓阴阳平衡的“衡气机”。

15. **明日，又与之见壶子。立未定，自失[(1)]而走。壶子曰：“追之！”列子追之不及。反[(2)]，以报壶子曰：“已灭[(3)]矣，已失矣，吾弗及已。”壶子曰：“乡吾示之以未始出吾宗[(4)]。吾与之虚[(5)]而委蛇（yí）[(6)]，不知其谁何，因[(7)]以为弟[(8)]靡[(9)]，因以为波流，故逃也。”**

(1) 自失：奔逸而走也（成玄英《庄子疏》）。自行逃走。

(2) 反：通“返”。

(3) 灭：不见也（陆德明《经典释文》引崔譔说）。

(4) 未始出吾宗：自我不曾走出我自身，不追逐外物，即《齐物论》“吾丧我”（吾忘记了自我）的无我境界。

(5) 虚：无心，无执着。

(6) 委蛇：至顺之貌（成玄英《庄子疏》）。

(7) 因：顺随。

(8) 弟：弟，音颓，俗本作弟，误（宣颖《南华经解》），颓者，放任（成玄英《庄子疏》）

(9) 靡：顺从（成玄英《庄子疏》）。

译文：

第二天，列子又随同季咸来见壶子。还没有站稳，季咸就逃走了。壶子说：“追上他！”

列子追赶不上，回来告诉壶子说："不见踪影，不知去向了，我追不上。"

壶子说："我刚才给他展示的是自我不曾走出我自身的无我境界。我无心地顺随他，使他捉摸不定，他一会儿感觉我如草随风，一会儿感觉我随波逐流，所以他逃走了。"

解说：

这次壶子展现的是"有"、"无"合一，乃至连"一"都不存在之象（见《齐物论》"有有也者"一段的解说），因而季咸根本无法判断，就逃走了。

文中的"未始出吾宗"指无我状态。《庄子》一书中的吾可以指无我之我，"我"则指有我之我（参见《逍遥游》中"吾丧我"的解释），因而"未始出吾宗"是指无我的境界。

壶子无心地展示给季咸的四个情景分别对应于《齐物论》中的有、无、有无合一、有无合一之先四种境界，有、无是有封状态，有无合一是无封状态，有无合一之先是无物状态。前三种境界是修道的过程，第四种境界才真正达到了得道境界。对壶子这种已经得道的人而言，则是以得道之心（即第四种境界）对待前三种情景。

16. **然后列子自以为未始学而归**(1)**，三年不出。为其妻爨（cuàn）**(2)**，食（sì）**(3)**豕**(4)**如食（sì）人。于事无与亲**(5)**，雕琢复朴**(6)**，块**(7)**然独以其形立。纷**(8)**而封**(9)**哉，一以是终**(10)。

(1) 归：回家。

(2) 爨：烧火做饭。

(3) 食：饲养。

(4) 豕：猪。

(5) 于事无于亲：对于事情没有亲（疏的区别）。

(6) 复朴：恢复淳朴的心性。

(7) 块然：无情之貌也（成玄英《庄子疏》）。

(8) 纷：乱貌（陆德明《经典释文》引崔譔说）。

(9) 封：守也（成玄英《庄子疏》）。

(10) 一以是终：就这样终此一生。

译文：

经此事后，列子才知道自己还没掌握什么真本领，返回家中，三年不出家门。他替妻子烧火做饭，喂猪如同伺候人。对世事无亲无疏，去其雕琢，返朴归真，超然独立于尘世之外。不为纷纷扰扰的世界所动，直到终老。

解说：

经历季咸事件后，列子才开始真正的修道（不再“众雌而无雄”）。

食豕如食人——无人、物之分，即无封。

于事无与亲——无是非好恶。

雕琢复朴，块然独以其形立——心如槁木，真正做到了无我。

纷而封哉——不追逐无物。

17. **无为[1]名[2]尸[3]，无为谋府[4]；无为事任[5]，无为知主[6]。体[7]尽无穷，而游无朕[8]；尽其所受乎天，而无见得[9]，亦虚[10]而已。至人之用心若镜，不将[11]不迎，应[12]而不藏，故能胜物[13]而不伤。**

(1) 为：作。

(2) 名：《逍遥游》中“圣人无名”之名。

(3) 尸：主也（成玄英《庄子疏》）。

(4) 谋府：藏计谋的场所，即谋划者。

(5) 任：担当者。

(6) 知主：智谋的主宰者。

(7) 体：体悟。

(8) 朕：迹也（成玄英《庄子疏》）。

(9) 无见得：不自现其得，即不自我夸矜（陈鼓应《庄子今注今译》）。

(10) 虚：心无一物。

(11) 将：送。

(12) 应：感应。

(13) 胜物：超越物。

译文：

不要成为名的承受者，不要成为智谋之主；不要为任何事务所羁绊，不要成为智巧的主人。体悟无穷的大道，而不着痕迹；完全任自己的自然本性，而不自我夸耀，保持虚寂心境。至人用心如同用镜，物去不送，物来不迎，只感应而不留藏，所以能超然物外而不为物所累。

解说：

本段总结帝王无为而治的思想。

无为名尸——无名。

无为谋府；无为事任，无为知主——无功。

体尽无穷，而游无朕——无我顺物。

尽其所受乎天，而无见得——无名、无我。

亦虚而已——无我。

至人之用心若镜，不将不迎，应而不藏——无我顺物。

18. **南海之帝为儵（shū）(1)，北海之帝为忽(2)，中央之帝为浑沌(3)。儵与忽时相与遇于浑沌之地，浑沌待之甚善。儵与忽谋报浑沌之德，曰："人皆有七窍(4)以视听食息，此独无有，尝试凿之。"日凿一窍，七日而浑沌死。**

(1) 儵：南海是显明之方，故以儵为有（成玄英《庄子疏》），喻有象也(陆德明《经典释文》引李颐说)。

(2) 忽：北方是幽暗之域，故以忽为无（成玄英《庄子疏》），喻无形也(陆德明《经典释文》引李颐说)。

(3) 浑沌：清浊未分也（陆德明《经典释文》引李颐说），虚构的帝王名，意为有、无混而为一。

(4) 七窍：一口、两耳、两目、两鼻孔。

译文：

南海的帝王叫儵，北海的帝王叫忽，中央的帝王叫浑沌。儵与忽经常在浑沌那里相聚，浑沌待他们特别友善。儵与忽想要报答浑沌的厚意，就商量说：“人都有七窍，用来看、听、饮食、呼吸，唯独浑沌没有，我们就试着为他开凿出来吧。”于是，一天凿一窍，凿到第七天，浑沌就死了。

解说：

这个故事隐喻有为所带来的危害。

浑沌天生没有七窍。而儵、忽（儵含“有“的意思，忽含有“无”的意思，有、无都属有为）不知顺随浑沌的自然本性（有、无混一），而以自身的标准帮浑沌开凿七窍，因而还没等完成，浑沌就死了。治国也是如此，应顺随百姓之自然。否则，以自己的标准有为而治，最终也会出现问题。

内篇的第一篇《逍遥游》以北海、南海开始，最后一篇《应帝王》以南海、北海结束。《逍遥游》中的大鹏从北海飞往南海，顺随自然而为；《应帝王》中的南海之帝、北海之帝心怀成见，害死了中央之帝浑沌。一正一反，前后呼应，首尾相顾。至于北海与南海、北海之帝与南海之帝是否真的存在，我们只需得意忘言，何需追问呢？

外　篇

《内篇》的每一篇都围绕一个主题展开，各篇之间又形成了一个整体。《外篇》的各篇之间则是相对独立的。这些文章是否为庄子本人所著，后人的看法不尽相同。有人认为，有些文章不合乎庄子的思想，但郭象、成玄英对这些篇目是否为庄子所著、是否合乎庄子思想没有提出异议。本书认为，除《胠箧》外，其余各篇都合乎庄子的思想。理由见各篇的解读部分。《外篇》总计十五篇，篇名大都取自正文中的前两到三个字（一般为前两个字），没有特别的含义。

骈 拇

“骈”，连；“拇”，大脚趾。“骈拇”意为大脚趾与第二趾相连。

本篇以道家的自然人性论批判儒家的仁义学说，可分为四部分。第一部分（从开头到“非天下之至正也”）运用类比的方法论证仁义并不是人的本性。

第二部分（从“彼正正者”到“使天下惑也”）阐述什么才是人的本性。

第三部分（从“夫小惑易方”至“小人于其间哉”）阐述仁义给世人所带来的危害。

第四部分（从“且夫属”到结尾）从正、反两方面阐述如何行动才合乎人的本性。

我们将本章的结构图示如下。

第一部分	从开头到“之至正也”	论证仁义并不是人的本性。
第二部分	从“彼正正”到“天下惑也”	阐述什么才是人的本性。
第三部分	从“小惑易方”至“其间哉”	阐述仁义所带来的危害。
第四部分	从“且夫属”到结尾	如何行动才合乎人的本性。

1. **骈（pián）拇**[(1)]**枝指**[(2)]**，出乎性**[(3)]**哉！而侈（chǐ）于德**[(4)]。**附赘**[(5)]**县疣（yóu）**[(6)]**，出乎形哉！而侈于性。多方**[(7)]**乎仁义而用之者，列于五藏哉！而非道德之正**[(8)]**也。是故骈于足者，连无用之肉也；枝于手者，树无用之指也；多方骈枝于五藏之情者，淫**[(9)]**僻**[(10)]**于仁义之行，而多方于聪明之用也。**

（1）骈拇：大脚指与第二指相连；“骈”，连也（宣颖《南华经解》）。“拇”：大指（宣颖《南华经解》）。

(2) 枝指：多出一指，如枝然（宣颖《南华经解》）。

(3) 性：指出于个人自身的本性。

(4) 侈于德：比于人所同则为剩余矣（宣颖《南华经解》）。“侈”，多余。“德”，通“得”。

(5) 赘：肉瘤。

(6) 县疣：瘤。“县”，通“悬”。“疣”，《释名》云，横生一肉，属着体也(陆德明《经典释文》)。

(7) 方：道术也（成玄英《庄子疏》）。

(8) 道德之正：合乎道德的本性。“正”，本性。

(9) 淫：沉溺。

(10) 僻：邪僻。

译文：

大脚指与第二趾相连，多生出一指，这对有些人虽然是与生俱来的，但对于正常人的体貌而言，是多余的东西；身上长出的肉瘤，对长肉瘤的人虽然是出于其自性的，但对正常人而言，则是多余的东西；对仁义绞尽脑汁地加以推行，将其与五脏相对应，但不是道、德的本然。因此，脚趾相连，是多了一块无用的肉；多出的手指，是长了一根无用的手指；想方设法在五脏的本性之外增添东西，沉溺于仁义的行为之中，是过分滥用自己的聪明。

解说：

第一、二段运用类比的方法阐述儒家所推崇的仁义不是人的本性。

本段以类比的方式阐述儒家的仁义学说违反人的自然本性。

有些人的大脚趾与第二趾相连，有些人的大拇指旁多生出一指，还有些人身上长出肉瘤。对这些人而言，那都是自然生长的。但是，我们不能因此要求天下所有人的大脚趾都与旁趾相连、大拇指旁都多生出一指、身上都长出肉瘤。同样，有的人天生习惯沉溺于仁义之中，但不能因此要求所有人都奉行仁义学说。

庄子并不反对讲仁义，因为有些人生来习惯于仁义，就像有些人生来身上就长有肉瘤一样。庄子反对的是将仁义作为强制他人的标准。

2. 是故骈于明者，乱五色[1]，淫文章[2]，青黄黼（fǔ）黻（fú）[3]之煌煌[4]非乎？而[5]离朱[6]是已[7]。多于聪者，乱五声[8]，淫六律[9]，金、石、丝、竹、黄钟、大吕[10]之声非乎？而师旷[11]是已。枝于仁者，擢（zhuó）[12]德塞性[13]以收名声，使天下簧鼓以奉[14]不及[15]之法非乎？而曾[16]史[17]是已。骈于辩者，累（lěi）瓦结绳[18]窜句[19]，游心于坚白同异之间，而敝[20]跬（kuǐ）誉[21]无用之言非乎？而杨[22]、墨[23]是已。故此皆多骈旁枝之道，非天下之至正[24]也。

(1) 五色：青黄赤白黑也（成玄英《庄子疏》）。

(2) 文章：青与赤为文，赤与白为章（成玄英《庄子疏》）。

(3) 黼黻：斧形谓之黼。两已相背谓之黻（成玄英《庄子疏》）。

(4) 煌煌：眩目貌也（成玄英《庄子疏》）。

(5) 而：如（曹础基《庄子浅注》）。

(6) 离朱：一名离娄，黄帝时明目人，百里察毫毛也（成玄英《庄子疏》）。

(7) 是已：这样的。“是”，这样。“已”，语尾助词，相当于“也”（曹础基《庄子浅注》）。

(8) 五声：谓宫商角徵羽也（成玄英《庄子疏》）。

(9) 六律：黄钟、大吕、姑洗、蕤宾、无射、夹钟之徒是也（成玄英《庄子疏》）。

(10) 金、石、丝、竹、黄钟、大吕：五声，谓宫商角徵羽也。六律，黄钟大吕姑洗蕤宾无射夹钟之徒是也。六律阳，六吕阴，总十二也。金石丝竹匏土革木，此八音也（成玄英《庄子疏》）。

(11) 师旷：字子野，晋平公乐师，极知音律（成玄英《庄子疏》）。

(12) 擢：拔也（陆德明《经典释文》引司马彪说）。

(13) 塞性：蔽塞其性。

(14) 奉：奉行。

(15) 不及：无法达到。

(16) 曾：曾参。

(17) 史：史鳅，字子鱼。

(18) 累瓦结绳：聚无用之语，如瓦之累，绳之结也（陆德明《经典释文》引崔譔说）。

(19) 窜句：谓邪说微隐，穿凿文句也（陆德明《经典释文》引司马彪说）。

(20) 敝：分外用力之貌（郭庆藩《庄子集释》引郭嵩焘说）。

(21) 跬誉：邀一时之近誉也（郭庆藩《庄子集释》引郭嵩焘说）。

(22) 杨：名朱，字子居，宋人也（成玄英《庄子疏》）。

(23) 墨：姓墨，名翟，亦宋人也，为宋大夫；以其行墨之道，故称为墨（成玄英《庄子疏》）。

(24) 至正：本真的德性。

译文：

因此，纵情于视觉的，就会迷乱五色，浸淫文采，那耀眼夺目的华丽刺绣不正是这类东西吗？像离朱就是这种人。纵情于听觉的，就会扰乱五声，混乱六律，那金、石、丝、竹和黄钟大吕的声调不正这类东西吗？像师旷就是这种人。对仁的情感过于浓烈，就会炫耀德行、压抑天性去沽名钓誉，那敲锣打鼓让天下人去遵守不可企及的规范不正是这类东西吗？像曾参、史鳅就是种人。过分热衷于辩论，就会堆砌词藻、穿凿文句，致力于坚白、同异的诡辩，为追求名誉而竭力进行无用争论的不正是这样的吗？像杨朱、墨翟就是这种人。以上这些都是旁门左道，不是天下最纯正的德性。

解说：

本段继续用类比的方法阐释儒家所竭力推行的仁不合乎人的自然本性。

超过正常所见的、超过正常所听的，都会扰乱人的本性，扰乱自然的东西。同样，过分推行仁的学说、热衷于无谓的辩论以沽名钓誉，也会扰乱人的自然本性。

3. 彼正[(1)]正者，不失其性命之情[(2)]。故合者不为骈，而枝者不为跂(qí)[(3)]；长者不为有余，短者不为不足。是故凫(fú)胫[(4)]虽短，续之则忧；鹤胫虽长，断之则悲。故性长非所断，性短非所续，无所去忧也。意[(5)]仁义其非人情乎！彼仁人何其多忧也？

(1) 正："正"字乃"至"字之误（俞樾《庄子平议》）。"至正"接上文"非天下之至正也"中"至正"二字论述。

(2) 情：实情。

(3) 跂：多生的脚趾。

(4) 凫胫：野鸭的脚。"胫"，脚也（成玄英《庄子疏》）。

(5) 意："噫"，嗟叹之声也（成玄英《庄子疏》）。

译文：

所谓天下最纯正的德性，就是不失去性命的真情。因此，大脚趾与第二指连在一起的不算是多生的，多生一手指的也不算是多余的；长的不算有余，短的不算不足。因此，鸭脚虽然短，接长了就会痛苦；鹤脚虽然长，截短了就会悲伤。所以，生性就长的不必截短，生性就短的不必加长，这样就没什么可忧虑的了！噫！仁义大概不是人的本性吧？不然那些仁义之士为什么有这么多的忧虑呢？

解说：

第三至五段阐释什么才是人的本性。

无论是脚趾相连，还是多出手指，都不应随意被干预。鸭脚虽然短，不人为地去加长；鹤脚虽然长，不人为地去折断。那些推行仁义的人，个个心存忧虑，可见仁义并不是人的本性。

4. 且夫骈于拇者，决[(1)]之则泣；枝于手者，龁(hé)[(2)]之则啼。二者，或有余于数[(3)]，或不足于数，其于忧一也。今世之仁人，蒿(hāo)目[(4)]而忧世之患；不仁之人，决[(5)]性命之情而饕(tāo)[(6)]贵富。故意仁义其非人情乎！自三代[(7)]以下者，天下何其嚣(xiāo)嚣[(8)]也？

(1) 决：离析（成玄英《庄子疏》），弄断。

(2) 龁：啮断也（成玄英《庄子疏》）。

(3) 数：正常的数目。

(4) 蒿目：目乱也（成玄英《庄子疏》）。

(5) 决：溃乱（宣颖《南华经解》）。

(6) 饕：贪财也（成玄英《庄子疏》）。

(7) 三代：指夏、商、周。

(8) 嚣嚣：喧攘不宁（宣颖《南华经解》）。

译文：

再说，脚趾相连，如果生硬地弄断，就会哭泣；多生出一指，如果将其咬断，就会啼哭。这两种情形，或多于正常的手指数，或少于正常的脚趾数，但（胡乱处理后）他们的痛苦是一样的。当今世上的仁人义士成天愁眉苦脸，担心世间的祸患，不仁的人却不顾自己的性命，拼命地追逐荣华富贵。因此，仁义应该不是人的自然本性吧，不然，自从三代以来，天下人为什么总是这样喧嚣不已呢？

解说：

本段接上一段阐述仁义不是人的本性。

如果生硬地分开相连的脚趾，生硬地切断多出的手指，就会让这些人感到痛苦。这不合人的本性。同样，劳心费力地推行仁义学说，也不合人的本性，只会将天下搞得混乱不堪。

5. **且夫待钩[1]绳[2]规[3]矩[4]而正者，是削其性者也；待绳约[5]胶漆[6]而固[7]者，是侵[8]其德者也；屈折[9]礼乐，呴（xǔ）俞[10]仁义，以慰天下之心者，此失其常然[11]也。天下有常然。常然者，曲者不以钩，直者不以绳，圆者不以规，方者不以矩，附离[12]不以胶漆，约束不以纆（mò）[13]索。故天下诱然[14]皆生而不知其所以生，同焉皆得而不知其所以得。故古今不二，不可亏也。则仁义又奚连连[15]如胶漆纆索而游乎道德之间为[16]哉，使天下惑也！**

(1) 钩：画曲线的工具。

(2) 绳：画直线的墨线。

(3) 规：画圆的工具。

(4) 矩：画方的工具。

(5) 绳约：绳索。“约”，束缚也（成玄英《庄子疏》）。

(6) 胶、漆：都是粘东西用的材料。

(7) 固：粘牢固。

(8) 侵：害。

(9) 屈折：弯腰屈膝。

(10) 呴俞：犹妪抚（成玄英《庄子疏》），爱抚。

(11) 常然：本来的样子。

(12) 附离：粘合。“离”，通丽，依附（曹础基《庄子浅注》）。

(13) 纆：绳索。

(14) 诱然：若有导之以生者（宣颖《南华经解》），油然（曹础基《庄子浅注》）。

(15) 连连：相连貌（宣颖《南华经解》）。

(16) 奚……为：为什么？（曹础基《庄子浅注》）

译文：

何况，靠钩、绳、规、矩来矫正物的，就会损害事物的本性；靠绳索胶漆来固着的，就会侵害事物的原貌；靠弯腰屈膝来推行礼乐，装出和颜悦色来劝导仁义，借此抚慰天下人心的，就会违背人的本性。天下事物都有自己的本性。这些本性就是：曲的不用尺子，直的不用绳墨，圆的不用圆规，方的不用矩尺，粘合不用胶漆，捆绑不用绳索。所以，天下之物都自然而生却不知其所以然，各有所得却不知如何得到的。因此，古今没有什么不同，一切都不可有丝毫的减损。那么，仁义为什么总是不断地像胶漆绳索一样加在道德之上呢？这真使天下人感到迷惑！

解说：

本段用类比的方法总结人的自然本性。

儒家用仁义礼乐来约束人，就如同用人为的钩、绳、规、矩来使物归正、用胶漆把物粘牢会损害事物的本性一样，会伤害人的自性。合乎自然的做法是顺应事物的本性而为，不问其所以然。

这里所谓的用钩、绳、规、矩、胶漆会伤害事物的本性，是针对人们刻意改变事物本性这一点说的，并不反对日常生活中顺随材料的本性，用钩、绳、规、矩、胶漆去制造出日常所需之物，可参见《达生》中梓庆的故事。

6. **夫小惑(1)易(2)方(3)，大惑易性。何以知其然邪？自虞氏(4)招(5)仁义以挠(6)天下也，天下莫不奔命于仁义，是(7)非以仁义易其性与？**

(1) 惑：迷惑。

(2) 易：改变。

(3) 方：方向。

(4) 虞氏：虞舜。

(5) 招：取也（成玄英《庄子疏》）。

(6) 挠：乱也（陆德明《经典释文》）。

(7) 是：此，这。

译文：

小的迷惑使人迷失方向，大的迷惑使人丧失本性。怎么知道是这样的呢？自从虞舜标榜仁义扰乱天下以来，天下人就无不为仁义奔走效命，这不就是用仁义改变了人的本性吗？

解说：

第六至十段阐述仁义给世人带来的危害。

列举虞舜推行仁义改变人的本性、扰乱社会为例引出下文。

7. 故尝试论之，自三代以下者，天下莫不以物易其性矣。小人则以身殉[(1)]利，士则以身殉名，大夫则以身殉家，圣人[(2)]则以身殉天下。故此数子[(3)]者，事业不同，名声异号，其于伤性以身为殉，一也。

（1）殉：从也，营也，求也，逐也，谓身所以从之也（成玄英《庄子疏》）。

（2）圣人：这里不是指得道者，而是指侯王、君主。

（3）数子：这几个人。

译文：

所以，让我们尝试着分析分析：自从三代以来，天下的人无不因为追逐外物而丧失自己的本性。普通人为小利丢掉性命，士人为名誉丢掉性命，大夫为家族丢掉性命，圣人为天下丢掉性命。因此，这几种人虽然从事的事情不同，声名也各异，但在伤害本性、舍弃生命方面是一样的。

解说：

本段接上一段继续具体描述仁义带来的各种危害。

自从虞舜推行仁义后，世人开始追逐仁义，追逐外在的东西。于是，从普通人到圣人都因为外在的东西失去了本性、丢掉了性命。

8. 臧与谷[(1)]，二人相与牧羊而俱亡[(2)]其羊。问臧奚事[(3)]，则挟[(4)]筴(cè)[(5)]读书；问谷奚事，则博塞[(11)]以游。二人者，事业不同[(7)]，其于亡羊均[(8)]也。

（1）臧与谷：扬雄云，男婿婢曰臧；谷，良家子也（成玄英《庄子疏》）。

（2）亡：丢失。

（3）奚事：何事，做什么事。“奚”，何。

（4）挟：执。

（5）筴：竹简也（陆德明《经典释文》引李颐说）。

（6）博塞：掷骰子之类的游戏。

（7）事业不同：所做的事不同。

(8) 均：相同。

译文：

臧与谷两人一起放羊，结果都弄丢了羊。问臧在做什么，他说手持竹简读书；问谷在做什么，他说在玩掷骰子游戏。这二人所做的事情不同，但在丢失羊这件事上是一样的。

解说：

本段用故事隐喻追逐仁义与追逐利益一样，都会失去自己的本性。

9. **伯夷[1]死名于首阳[2]之下，盗跖**（zhí）[3]**死利于东陵[4]之上，二人者，所死不同，其于残生伤性均也，奚必伯夷之是[5]而盗跖之非乎！**

(1) 伯夷：伯夷，名允，字公信；叔齐，名致，字公远。夷长而庶，齐幼而嫡，父常爱齐，数称之于夷。及其父薨，兄弟相让，不袭先封。闻文王有德，乃往于周。遇武王伐纣，扣马而谏，谏不从，走入首阳山，采薇为粮，不食周粟，遂饿死首阳山（成玄英《庄子疏》）。

(2) 首阳：山在蒲州河东县。蒲州城南三十里，见有夷齐庙墓（成玄英《庄子疏》）。

(3) 盗跖：春秋时的大盗，传说为柳下惠的弟弟，见《盗跖》篇。

(4) 东陵：陵名，山东彰武县东陵山传说上有跖的冢（曹础基《庄子浅注》）。一说为泰山。

(5) 是：肯定。

译文：

伯夷为了名誉死在首阳山下，盗跖为了利益死在东陵之上。这两个人死的原因不同，但在丧失生命、伤害本性方面是相同的。为什么就认定伯夷是对的而盗跖是错的呢！

解说：

接上一段用伯夷、盗跖的例子阐述追逐仁义与追逐利益在失去本性方面是一样的。

10. **天下尽殉也。彼其所殉仁义也。则俗谓之君子；其所殉货财也，则俗谓之小人。其殉一也，则有君子焉，有小人焉；若其残生损性，则盗跖亦伯夷已，又恶取[1]君子小人于其间哉！**

(1) 恶取：何必分别。“恶”，何。

译文：

天下人都在舍命。那些为仁义而舍命的，世俗称之为君子；那些为货财而舍命的，世俗称之为小人。他们在舍弃生命上是一样的，但有的就成了君子，有的就成了小人。如果从他们残害生命、伤害本性的角度看，那么盗跖也是伯夷，又何必非要在他们之间分出君子与小人呢！

解说：

既然都是伤害自身的本性，君子与小人的行为又有什么不同呢？伯夷与盗跖又有什么区别？既然没有区别，儒家提倡仁义那一套又有什么意义呢？

11. **且夫属[1]其性乎[2]仁义者，虽通[3]如曾史，非吾所谓臧[4]也；属其性于五味[5]，虽通如俞儿[6]，非吾所谓臧也；属其性乎五声，虽通如师旷，非吾所谓聪也；属其性乎五色，虽通如离朱，非吾所谓明也。**

(1) 属：系也（成玄英《庄子疏》），归属。

(2) 乎：于（曹础基《庄子浅注》）。

(3) 通：精通。

(4) 臧：善。

(5) 五味：酸、苦、甘、辛、咸。

(6) 俞儿：齐之识味人也（成玄英《庄子疏》）。

译文：

况且如果将人的本性归属于行仁义，那么即使像曾参、史鱼那样通达，也不是我所说的善；如果将人的本性归于识别五味，那么即使像俞儿那样识味，也不是我所说的善；如果将本性归于辨别五声，那么即使像师旷那样精通音律，也不是我所说的耳聪；如果将本性归于分辨五色，那么即使像离朱那样明辨五色，也不是我所说的目明。

解说：

从本段至本篇末尾，从正、反两方面阐述如何行动才合乎人的本性。

精通仁义，能辨五味、五声、五色都是沉溺于外物、失去自我的表现，都是不合道的行为。

12. **吾所谓臧者，非仁义之谓也，臧于其德而已矣；吾所谓臧者，非所谓仁义之谓也，任其性命之情而已矣；吾所谓聪者，非谓其闻彼**(1)**也，自闻**(2)**而已矣；吾所谓明者，非谓其见彼也，自见**(3)**而已矣**。

(1) 彼：与自身相对的事物。

(2) 自闻：不追逐外物，而是与物混而为一的听。

(3) 自见：与自闻一样，听而不追逐外物。

译文：

我所说的善，不是指仁义而言的，而是指任其生命的实情而已；我所说的听觉灵敏，不是指能听见外面的什么东西，而是指听而不闻；我所说的视力明察，不是指能看到外面的什么东西，而是视而不见。

解说：

这一段阐释什么才是真正的善。

真正的善、真正的听、真正的看不是追逐外物，而是忘我地与外物浑然一体地行、听、看。

自闻而已矣；自见而已矣——即“听之不闻”“视之不见”（《道德经》第十四章》。“视之不见”，就像庖丁解牛一样，不用眼睛看，而只凭眼神感觉。听之不闻与之类似。可参见本书前言和《养生主》中关于庖丁解牛故事的解说。

13. **夫不自见而见彼，不自得而得彼者，是得人之得而不自得其得者也，适**[1]**人之适而不自适其适者也。**

(1) 适：安适。

译文：

如果不是视而不见，而是去追逐他人，那就不是自得，而是让他人自得，这是让他人自得而不知道让自己自得，让他人安适而不知道让自己安适。

解说：

这一段阐释什么是不善的行为。

追逐外物的结果是使自己不自得、不安适、疲惫不堪。

“不自见”、“不自得”与上一段“自闻而已矣；自见而已矣”含义类似。

14. **夫适人之适而不自适其适，虽盗跖与伯夷，是**[1]**同为淫**[2]**僻**[3]**也。余愧乎道德，是以**[4]**上不敢为仁义之操，而下不敢为淫僻之行也。**

(1) 是：此，这。

(2) 淫：滞也（成玄英《庄子疏》）。

(3) 僻：邪也（成玄英《庄子疏》）。

(4) 是以：因此。

译文：

如果让他人安适而自己不安适，那么无论是盗跖还是伯夷，都是邪僻的行为。我愧对自然道德，所以上不敢奉行所谓仁义的节操，下不敢有邪僻的行为。

解说：

本段回应开头，总结全篇思想。仁义不是人的本性。顺随生命的本性、不追逐外物才能逍遥自在。

马 蹄

本篇用马的自然本性类比人的天性，以人对马的伤害类比阐述圣人以仁义礼乐治国给人们造成的危害。

本篇可以分为三部分。第一部分（从开头到“治天下者之过也”）以伯乐、制陶器者和木匠对马、陶土和树木造成的破坏类比阐述儒家思想对百姓造成的伤害。

第二部分（从“吾意善治天下者”到“圣人之过也”）类比阐述圣人以仁义学说对自然状态造成的具体破坏。

第三部分（从“夫马”至末尾）类比阐述人的本性被圣人伤害的后果。

我们将本篇的结构图示如下。

第一部分	从开头到“治天下者之过也”	类比阐述儒家思想对百姓造成的伤害。
第二部分	从“吾意善治天下者”到“圣人之过也”	类比阐述圣人以仁义学说对自然状态造成的具体破坏。
第三部分	从“夫马”至末尾	类比阐述人的本性被圣人伤害的后果。

1. **马，蹄可以践霜雪，毛可以御风寒，龁（hé）**[1]**草饮水，翘足而陆**[2]**，此马之真性也。虽有义台**[3]**路**[4]**寝**[5]**，无所用之。及至伯乐**[6]**，曰：“我善治马。”烧**[7]**之，剔**[8]**之，刻**[9]**之，雒（luò）**[10]**之，连**[11]**之以羁**[12]**馽（zhí）**[13]**，编**[14]**之以皁（zào）**[15]**栈**[16]**，马之死者十二三**[17]**矣；饥之，渴之，驰之，骤**[18]**之，整**[19]**之，齐**[20]**之，前有橛（jué）**[21]**饰之患，而后有鞭筴（cè）**[22]**之**

威，而马之死者已过半矣。陶者[23]曰："我善治埴[24]，圆者中[25]规，方者中矩。"匠人曰："我善治木，曲者中钩，直者应绳。"夫埴木之性，岂欲中规矩钩绳哉？然且世世称之曰"伯乐善治马而陶匠善治埴木"，此亦治天下者之过也。

(1) 龁：啮也（成玄英《庄子疏》），咬。

(2) 陆：跳也（陆德明《经典释文》引司马彪说）。

(3) 义台：仪台，用来祭祀行礼之台（曹础基《庄子浅注》）。

(4) 路：正也，大也（陆德明《经典释文》引崔譔说）。

(5) 寝：室。

(6) 伯乐：姓孙，名阳，字伯乐，秦穆公时善治马人（成玄英《庄子疏》）。

(7) 烧：铁炙之也（成玄英《庄子疏》）。

(8) 剔：去毛。

(9) 刻：谓削其甲（陆德明《经典释文》引司马彪说）。

(10) 雒之：谓著笼头也（成玄英《庄子疏》）。

(11) 连：连结。

(12) 羁：络首曰羁（宣颖《南华经解》）。

(13) 馽：络足曰馽（宣颖《南华经解》）。

(14) 编：塔架（曹础基《庄子浅注》）。

(15) 皁：马槽（曹础基《庄子浅注》）。

(16) 栈：马棚（曹础基《庄子浅注》）。

(17) 十二三：十分之二三。

(18) 骤：使马快跑。

(19) 整：训练。

(20) 齐：装饰。

(21) 橛：马口中所衔的横木（曹础基《庄子浅注》）。

(22) 鞭筴：带皮曰鞭，无皮曰筴，俱是马杖也（成玄英《庄子疏》）。

(23) 陶者：制作陶器的人。"陶"，谓窑也（陆德明《经典释文》）。

(24) 埴：土。

(25) 中：合乎。

译文：

马，蹄可以践踏霜雪，毛可以抵御寒风，吃草饮水，高兴了就翘腿蹦跳，这是马的自然性情。就算有高台大屋，对马而言也没什么用处。等到伯乐出现，他说："我会驯马。"于是，就给马烙印、剪毛、削蹄、戴上笼头，用绳索将群马拴在一起，编进马槽，这样，马已经死去十分之二三了；然后，再让这些马饿着、渴着、狂奔、乱跑，对其训练、修饰，前有衔勒的威逼，后有鞭打的威胁，于是马就死去一大半了。陶工说："我会烧制陶器，使圆的合乎圆规的标准，使方的合乎方矩的标准。"木匠说："我会削木，使弯的合乎尺的标准，使直的合乎绳的标准。"那陶土、木头的本性，难道想合乎圆规、方矩、曲钩、直绳吗？然而世世代代的人都称赞他们说："伯乐善于驯马，陶匠、木匠会造陶器、木器"，这也是那些治理天下者所犯的类似过错啊。

解说：

本段阐述以有为的方式治理国家对百姓所造成的危害。

马的本性是饿了吃草，渴了喝水。然而一旦出现了伯乐那样的驯马者，就开始按照自己的标准训练马，伤害了马的本性；陶土、木材都有其自然本性，然而陶匠将陶土弄得合乎圆的标准或方的标准，木匠将木材弄得合乎曲尺、直绳。同样，人生来是逍遥自在的。但有为的治国者会按照自己的标准骚扰百姓。

这里，庄子不是反对陶匠、木匠为人们制造日常所需之物，而是说要顺随材料的本性去制造物，就像《达生》篇中的梓庆那样。同样，庄子不是反对治理天下，而是反对以有为的方式治理天下。

2. **吾意**(1)**善治天下者不然**(2)。**彼民有常性，织而衣，耕而食，是谓同德**(3)**；一而不党**(4)**，命**(5)**曰天**(6)**放**。

(1) 意：认为。

(2) 然：这样。

(3) 同德：率其真常之性，物各自足，故同德（成玄英《庄子疏》），物各自任其天性。

(4) 党：偏私。

(5) 命：名。

(6) 天：自然。

译文：

我认为善于治理天下的人不这样。那些百姓有自然的常性，自己织布穿衣，耕田而食，这称之为各任其性；浑然而不偏私，这称之为自然放任。

解说：

第二至三段描述自然的生活状态。

本段描述人的自然本性。人的本性就是冷了要穿衣，饿了要吃饭，织布而衣，耕田而食，浑然一体而没有偏爱。

3. **故至德之世，其行填填**[(1)]**，其视颠颠**[(2)]。**当是时也，山无蹊**[(3)]**隧**[(4)]**，泽无舟梁**[(5)]**；万物群生，连属其乡**[(6)]**；禽兽成群，草木遂**[(7)]**长。是故禽兽可系羁**[(8)]**而游，乌鹊之巢可攀援**[(9)]**而窥**[(10)]。**夫至德之世，同与禽兽居，族**[(11)]**与万物并**[(12)]**，恶**[(13)]**乎知君子小人哉！同乎无知，其德不离**[(14)]**；同乎无欲，是谓素朴**[(15)]**；素朴而民性得矣。**

(1) 填填：满足之心（成玄英《庄子疏》）。

(2) 颠颠：高直之貌（成玄英《庄子疏》）。

(3) 蹊：小路。

(4) 隧：隧道。

(5) 梁：桥。

(6) 连属其乡：乡与乡之间相连，不分彼此。“属”，连接。

(7) 遂：成（曹础基《庄子浅注》）。

(8) 系羁：用绳子牵着。

(9) 攀援：攀登爬越。

(10) 窥：窥探。

(11) 族：聚在一块（曹础基《庄子浅注》）。

(12) 并：聚集。

(13) 恶：何。

(14) 不离：不丧失常德。

(15) 素朴：纯真朴实。

译文：

因此，在至德的时代，百姓行动从容，天真无邪。在那个时候，山上没有道路、通道，水上没有船只、桥梁；众生万物，比邻而居；禽兽成群，草木茂盛。所以，禽兽可以任人牵着游玩，鸟鹊的巢穴可以任人爬上去窥视。在至德的时代，人与禽兽同居，与万物共处，哪里知道君子和小人之分呢！人们都不使智巧，不迷失自性；无欲无求，这就叫纯真朴实；纯朴真实则能保持人的本性。

解说：

本段继续描述至德时代百姓的自然生活方式。

在至德的时代，百姓的生活从容安闲，山上没有人为开辟的道路、隧道，水上没有人造的船只、桥梁。禽兽与人友好地相处。一切都处在原初淳朴的状态，因而没有君子与小人之分。

4. **及至圣人，蹩（bié）躠（xiè）**(1)**为仁，踶（zhì）跂（qǐ）**(2)**为义，而天下始疑矣；澶（dàn）漫**(3)**为乐，摘僻**(4)**为礼，而天下始分**(5)**矣。故纯朴**(6)**不残**(7)**，孰为牺尊**(8)**！白玉不毁，孰为珪（guī）璋**(9)**！道德不废，安取仁义！性情不离，安用礼乐！五色不乱，孰为文采！五声不乱，孰应六律！夫残朴以为器，工匠之罪也；毁道德以为仁义，圣人之过也。**

(1) 蹩躠：跛者行不正貌（宣颖《南华经解》）。

(2) 踶跂：起足用力貌（宣颖《南华经解》）。

(3) 澶漫：犹放逸也（陆德明《经典释文》引李颐说）。

（4）摘僻：拘牵也（宣颖《南华经解》）。

（5）分：与上文“同德”、“同乎无知”相对，指个人有了自己的欲望和分别对待的知识。

（6）纯朴：未加工过的木材。

（7）不残：未雕也（成玄英《庄子疏》）。

（8）牺尊：酒器，刻为牛首，以祭宗庙也（成玄英《庄子疏》）。

（9）珪璋：皆器名也。锐上方下曰珪，半珪曰璋（陆德明《经典释文》引李颐说）

译文：

等到圣人出现之后，全力推行仁，竭力提倡义，于是，天下人就开始疑惑了；纵逸求乐，繁琐为礼，于是，天下人开始分离了。所以说，完整的木材不被雕琢，怎么能制成酒杯呢！洁白的玉材不被毁坏，怎么能制成珪璋酒器呢！道德不被废弃，怎么会有仁义呢！真性实情不被失去，哪里用得着礼乐呢！五色不被扰乱，怎么会有文采呢！五声不被混淆，怎么会合六律呢！损坏木头制成器皿，那是工匠的罪过；摧毁道德推行仁义，那是圣人的罪过。

解说：

本段类比阐述圣人以仁义礼乐学说对人的自然状态造成的具体破坏。

圣人出现后，提倡以仁义礼乐治国，破坏了人的真性情，就如同造出了杯子、珪璋，完整的木材和玉器就被毁坏了；文采、六律出现了，五色、五声就被扰乱了。

5. **夫马，陆居则食草饮水，喜则交颈相靡**(1)**，怒则分背**(2)**相踶**（dì）(3)。**马知已此矣。夫加之以衡**(4)**扼**(5)**，齐**(6)**之以月题**(7)**，而马知介倪**(8)**、闉**（yīn）(9)**扼、鸷**（zhì）**曼**(10)**、诡衔**(11)**、窃辔**(12)。**故马之知而态**(13)**至盗者，伯乐之罪也**。

（1）靡：通“摩”，摩擦。

（2）分背：背对背。

(3) 踶：通“踢”。

(4) 衡：辕前横木也（成玄英《庄子疏》）。

(5) 扼：义马颈木也（成玄英《庄子疏》），通“轭”。

(6) 齐：装饰（曹础基《庄子浅注》）。

(7) 月题：额上当颅，形似月者也（成玄英《庄子疏》）。

(8) 介倪：犹睥睨也（陆德明《经典释文》引李颐说），斜着眼看。“介”，独也（成玄英《庄子疏》）。

(9) 闉：曲也（陆德明《经典释文》引李颐说）。

(10) 鸷曼：抗拒车盖。“鸷”抵也；曼，借为幔（曹础基《庄子浅注》），车盖。

(11) 诡衔：吐避其衔（宣颖《南华经解》）。

(12) 窃辔：偷偷地咬坏缰绳。

(13) 态：神态。

译文：

马，在陆地上生活，吃草饮水，高兴时就颈与颈相摩，发怒时就背对背相踢。马所知道的仅止于此。等到加上车衡劲额，额前装上佩饰，马就开始斜眼窥视，曲颈挣脱车轭、暴戾不驯、吐出口勒、咬断笼头。所以，马的心智如盗贼一样，这是伯乐的罪过。

解说：

第五段至末尾类比圣人伤害人性的后果。

马本来是饿了就吃，渴了就饮，一切都出自天性。但是，伯乐出现后，马不仅被人为改造得失去了本性，而且变得像盗贼一样心机百出。

6. **夫赫胥[1]氏之时，民居不知所为，行不知所之[2]，含哺[3]而熙[4]，鼓腹而游，民能以[5]此矣。及至圣人，屈折[6]礼乐以匡[7]天下之形，县跂[8]仁义以慰天下之心，而民乃始踶（zhì）跂好知，争归于利，不可止也。此亦圣人之过也。**

（1）赫胥：上古帝王也；亦言有赫然之德，使民胥附，故曰赫胥，盖炎帝也（成玄英《庄子疏》）。

（2）之：往。

（3）含哺：口含食物。

（4）熙：通“嬉”，嬉戏。

（5）以：止（宣颖《南华经解》）。

（6）屈折：弯腰屈体。

（7）匡：正。

（8）县跂：悬举，极力提倡。“县”，通“悬”。

译文：

在赫胥氏时代，人们安居乐业而不知所为，悠游自在而不知所往，口中含着食物嬉戏，鼓着肚子四处游荡，人们所为的仅此而已。等到圣人出现之后，费心用礼乐来匡正天下人的行为，竭力用仁义来安慰天下人的心灵。于是，人们开始汲汲寻求智巧，争相谋利而无法制止。这也是圣人的过错。

解说：

本段阐述人的本性被圣人伤害的后果：争名逐利致使天下大乱。

胠箧

“胠箧”，开箱子。“胠”，打开。“箧”，箱子。

本篇比较有名，《红楼梦》曾经引用过。但本篇不符合老子和庄子的思想。从内容上看，“擿玉毁珠”、“掊斗折衡”与老子、庄子的思想不符。老子、庄子顺随习俗而为，对珠玉只会不以之为意（《道德经》第二十六章：“虽有荣观，燕处超然”，即使有华丽的宫室，也泰然安居）；对斗衡也与普通人一样使用，而不会“掊”、“折”（参见《德充符》“有人之形无人之情”的解说）。从形式上看，从开头到“以守其盗贼之身乎”这段文字也出现在《鬼谷子》一书中。因此，本篇可能不是出自庄子手笔。但本书还是按照原文加以解说。

本篇可分为三个部分。第一部分（从开头到“天下平始治矣”）阐明世俗所谓的圣人给人们带来的危害。第二部分（从“夫川竭而谷虚”到“法之所无用也”）阐释消除圣人给天下带来危害的方法——绝圣弃智。第三部分（从“子独不知”至末尾）阐述自然状态走向混乱状态的原因。

我们将本篇的结构图示如下。

第一部分	从开头到“天下平始治矣”	圣人给人们带来的危害。
第二部分	从“夫川竭”到“无用也”	如何消除圣人所造成危害。
第三部分	从“子独不知”至末尾	自然状态走向混乱状态的原因。

1. **将为胠（qū）[1]箧（qiè）[2]探囊（náng）[3]发匮[4]之盗而为守备，则必摄[5]缄[6]縢（téng）[7]，固扃（jiōng）[8]鐍（jué）[9]，此世俗之所谓知也。然而巨盗至，则负[10]匮揭[11]箧担囊而趋[12]，唯恐缄縢扃鐍之不固也。然则乡[13]之**

所谓知者，不乃[14]为大盗积者也？

(1) 胠：开（成玄英《庄子疏》）。

(2) 箧：箱（成玄英《庄子疏》）。

(3) 探囊：掏口袋。“囊”，袋（成玄英《庄子疏》）。

(4) 发匮：打开柜子。“匮”，柜子。

(5) 摄：收也（陆德明《经典释文》引崔譔说）。

(6) 缄：绳也（成玄英《庄子疏》）。

(7) 縢：绳（成玄英《庄子疏》）。

(8) 扃：关钮也（成玄英《庄子疏》），门闩。

(9) 鐍：锁钥也（成玄英《庄子疏》）。

(10) 负：背。

(11) 揭：举起。

(12) 趋：快走。

(13) 乡：通“向”。

(14) 不乃：不正是（曹础基《庄子浅注》）。

译文：

为了防备那些撬箱子、掏口袋、撬柜子的盗贼，就要捆紧绳索，锁好开关。这是世俗人所谓的聪明。然而大盗来了，就会扛起柜子、提起箱子、拿起袋子就跑，还唯恐绳索没有捆紧、开关没有锁牢。这样看来，刚才所说的聪明，不正是为大盗准备的吗？

解说：

第一至四段阐明世俗所谓的圣人给人们带来的危害。

以偷盗为例引出下文的观点：世俗中所谓的圣人学说就如同绳索、箱子一样，对小贼有用，但对大盗不仅没有什么作用，反而会帮助大盗成功偷盗。

2. **故尝试论之，世俗之所谓知者，有不为大盗积者乎？所谓圣者，有不为大盗守者乎？何以知其然邪？昔者齐国邻邑相望，鸡狗之音相闻，罔罟**

(gǔ)[(1)]之所布[(2)]，耒（lěi）[(3)]耨（nòu）[(4)]之所刺[(5)]，方二千余里。阖（hé）[(6)]四竟[(7)]之内，所以立宗庙社稷[(8)]，治邑屋州闾乡曲[(9)]者，曷[(10)]尝不法圣人哉！然而田成子[(11)]一旦杀齐君而盗其国。所盗者岂独其国邪？并与其圣知之法而盗之。故田成子有[(12)]乎盗贼之名，而身处尧舜之安；小国不敢非，大国不敢诛，十二世有齐国。则是不乃窃齐国，并与其圣知之法以守其盗贼之身乎？

(1) 罔罟：通指网。“罔”，网鸟用的工具。“罟”，网鱼用的工具。

(2) 布：设置。

(3) 耒：犁。

(4) 耨：锄头。

(5) 刺：插入（曹础基《庄子浅注》）。

(6) 阖：合也（成玄英《庄子疏》）。

(7) 四竟：四境，指整个齐国。“竟”，通“境”。

(8) 社稷：土地庙为社，谷神庙为稷。

(9) 邑屋州闾乡曲：六尺为步，步百为亩，亩百为夫，夫三为屋，屋三为井，井四为邑；五家为比，五比为闾，五闾为族，五族为党，五党为州，五州为乡（成玄英《庄子疏》）。“曲”，偏僻的乡村。

(10) 曷：何。

(11) 田成子：齐国大夫陈恒。鲁哀公十四年，杀齐简公，夺取齐国。

(12) 有：享有。

译文：

让我们试做进一步的分析，世俗所谓的聪明人，有不是为大盗积财的吗？世俗所谓的圣人，有不是为大盗守财的吗？怎么知道是这样的呢？从前，齐国邻近的村落彼此可以看见，鸡鸣狗叫的声音彼此可以听到，能撒网捕鱼的范围，犁锄耕种的地方，方圆两千多里。齐国境内，凡是宗庙社稷，治理国家的邑、屋、州、闾、乡、曲等机构，何尝不是效法圣人的呢！然而，田成子一旦杀掉了齐国国君，窃取了齐国。他所盗走的岂止是那个国家呢？连同圣人的礼仪法度也一起盗走了。所以，田成子虽然身背盗贼的恶名，但身却如尧、舜一样安稳；小的国家不敢妄议，大的国家不敢讨伐，子孙十二世拥有齐国。这不正是盗走了齐国，就连圣人的法度也一起盗走，借此保护他那盗贼的身份吗？

解说：

本段以田成子盗取齐国为例印证上文的论断。

齐国原先村落彼此相望，鸡鸣狗叫的声音彼此相闻，撒网捕鱼的水面，犁锄耕种的土地，方圆两千多里，这些就是齐国藏物的箱子、袋子和柜子；依照圣人法度设立的宗庙社稷，设立的邑、屋、州、闾、乡、曲等治理机构，就是齐国防备那些开箱子、掏口袋、撬柜子的盗贼的绳索、开关。然而田成子一旦盗取齐国后，如果没有依圣人的法度建立起来的治理机构，齐国就无法运转。因此，世俗中所谓的圣人学说就如绳索、开关一样，最终成为大盗的帮凶。

2. **尝试论之，世俗之所谓至知者，有不为大盗积者乎？所谓至圣者，有不为大盗守者乎？何以知其然邪？昔者龙逢（páng）[(1)]斩，比干[(2)]剖，苌（cháng）弘[(3)]胣（chǐ）[(4)]，子胥[(5)]靡[(6)]，故四子之贤而身不免乎戮。故跖（zhí）之徒问于跖曰："盗亦有道乎？"跖曰："何适[(7)]而无有道邪！"夫妄意[(8)]室中之藏，圣也；入先，勇也；出后，义也；知可否，知也；分均，仁也。五者不备而能成大盗者，天下未之有也。由是[(9)]观之，善人不得圣人之道不立，跖不得圣人之道不行；天下之善人少而不善人多，则圣人之利天下也少而害天下也多。**

（1）龙逢：姓关，字龙逢，夏桀之贤臣，尽诚而遭斩首（成玄英《庄子疏》），可参见《人间世》中的解释。

（2）比干：王子也，谏纣，纣剖其心而视之（成玄英《庄子疏》），参见《人间世》

（3）苌弘：周灵王贤臣（成玄英《庄子疏》）。

（4）胣：车裂（曹础基《庄子浅注》）。

（5）子胥：伍员也，谏夫差，夫差不从，赐之属镂以死，投之江也（郭庆藩《庄子集释》）。

（6）靡：烂。

（7）何适：到哪里。

（8）妄意：猜测。

(9) 是：此，这。

译文：

让我们再尝试分析分析，世俗所谓的大聪明人，有谁不是为大盗做准备的吗？所谓的至圣，有谁不是为大盗看守财物的吗？怎么知道是这样的呢？从前，龙逢被杀掉，比干被挖心，苌弘被车裂，子胥被抛尸江中，以这四个人的贤能还是不能免于杀身之祸。因此，盗跖的门徒问他说："做盗贼也有道吗？"跖说："到哪里能没有道呢？能猜中屋中所藏之物的，这是圣；冲在前头的，这是勇；走在最后的，这是义；知道能否下手的，这是智；公平分配财物的，这是仁。不具备这五项而能成大盗的，天下还没有这样的事。"由此可见，善人不懂得圣人之道就不能立足，盗跖不懂得圣人之道就无法通行。而天下善人少，不善人多，那么圣人之道使天下收益少，而受害多。

解说：

本段再用几个例子说明世俗所谓的智者、圣人给人们带来的危害。

龙逢、比干、苌弘、子胥是大聪明人，他们合乎圣人的要求却被杀；盗跖遵守圣人的教导而成为巨盗。可见，世俗圣人的学说可能带来好处也可能带来坏处。但是，世上善人少，不善的人多。所以，圣人的学说对天下的益处少而害处多。

3. **故曰，唇竭**(1) **则齿寒，鲁酒薄而邯郸围**(2)**，圣人生而大盗起。掊(póu)**(3) **击圣人，纵舍**(4) **盗贼，而天下始治矣。**

(1) 竭：尽。

(2) 鲁酒薄而邯围：楚宣王朝会诸侯，鲁恭公后至而酒薄。宣王怒，将辱之……遂不辞而还。宣王怒，兴兵伐鲁。梁惠王恒欲伐赵，畏鲁救之。今楚鲁有事，梁遂伐赵而邯郸围（成玄英《庄子疏》）。

(3) 掊：打也（成玄英《庄子疏》）。

(4) 纵舍：释放。

译文：

所以说，嘴唇没了，牙齿就会受寒；鲁国的酒味薄，就导致邯郸被围。圣人出现了，大盗就会兴起。打到圣人，释放盗贼，天下才可能得到天平。

解说：

这一段总结上文。

嘴唇没有了，牙齿就会受寒；鲁国的酒味薄，不合礼的要求，间接导致赵国的邯郸被围。可见，遵照圣人的礼就会引起冲突。因此，如果打倒了圣人，就不会因为这些礼节问题带来冲突了。

5. **夫川竭**(1)**而谷虚，丘夷**(2)**而渊实**(3)。**圣人已死，则大盗不起，天下平而无故**(4)**矣。圣人不死，大盗不止。虽重**(5)**圣人而治天下，则是重利盗跖也。为之斗斛**(6)**以量之，则并与斗斛（hú）而窃之；为之权**(7)**衡**(8)**以称之，则并与权衡而窃之；为之符**(9)**玺**(10)**以信之，则并与符玺而窃之；为之仁义以矫**(11)**之，则并与仁义而窃之。何以知其然邪？彼窃钩**(12)**者诛，窃国者为诸侯，诸侯之门而仁义存焉，则是**(13)**非窃仁义圣知邪？故逐**(14)**于大盗，揭**(15)**诸侯，窃仁义并斗斛权衡符玺之利者，虽有轩**(16)**冕**(17)**之赏弗能劝**(18)，**斧钺（yuè）**(19)**之威弗能禁**(20)。**此重利盗跖而使不可禁者，是乃圣人之过也。**

(1) 竭：尽，干涸。

(2) 夷：平。

(3) 实：满

(4) 无故：无事（曹础基《庄子浅注》）。

(5) 重：借重。

(6) 斛：量器，容量为十斗。

(7) 权：秤锤。

(8) 衡：秤杆。

(9) 符：分为两片，合而成一，即今之铜鱼木契也（成玄英《庄子疏》）。

(10) 玺：印。

(11) 矫：矫正。

(12) 钩：腰带钩也（成玄英《庄子疏》），一说为钩形的金属铸品，作钱币用。

(13) 是：此，这。

(14) 逐：随也（成玄英《庄子疏》）。

(15) 揭：举而夺之（宣颖《南华经解》）。

(16) 轩：车。

(17) 冕：冠。

(18) 劝：鼓励。

(19) 钺：大斧。

(20) 禁：止。

译文：

川水干涸了，山谷就会变得空旷；山陵削掉了，深渊就会被填平；圣人如果不存在了，大盗就不会滋生，天下就太平无事了。圣人如果不消失，大盗就不会停止。虽然可以借重圣人来治理天下，但会大大有利于盗跖。制造斗斛作为量器，大盗就连斗斛一起偷走；制造秤来称量东西，大盗就连秤一起偷走；刻造符印作为信物，大盗就连符印一起偷走；提倡仁义以矫正世俗，大盗就连仁义一起偷走。怎么知道是这样的呢？那些偷窃衣带钩的人会遭受刑罚，而那些盗窃国家的人却会成为诸侯。诸侯的家里就存在着仁义，这不就是盗窃了仁义圣智吗？所以那些追随大盗，窃位诸侯，盗取仁义以及斗斛、称秤、符印等大利的人，即使有高官厚禄的封赏也无法阻止他们，斧钺的威胁也不能禁止他们。这种对盗跖大为有利而无法禁止的局面，正是圣人的过错。

解说：

第五、第六段阐述消除圣人给天下带来危害的方法——绝圣弃智。

本段类比论证为什么要绝圣弃智。

就像川水干涸、山丘夷平，山谷才会空虚、深渊才会填满一样，圣人消失了，盗贼才会消失，天下才能太平。否则，圣人制造斗斛、秤、印章，大盗就将斗斛、秤、印章一起盗走；圣人提倡仁义，大盗就连仁义一起盗走。所有这些东西只能约束小民，而无法约束大盗。因此，只要圣人有所作为，就会为大盗提供害人的工具。

6. 故曰："鱼不可脱于渊，国之利器不可以示人[1]。"彼圣人者，天下之利器也，非所以明[2]天下也。故绝圣弃知[3]，大盗乃止；擿（zhì）[4]玉毁珠，小盗不起；焚符破玺，而民朴鄙[5]；掊[6]斗折衡，而民不争；殚[7]残[8]天下之圣法，而民始可与论议。擢（zhuó）[9]乱六律，铄[10]绝竽[11]瑟，塞瞽（gǔ）旷[12]之耳，而天下始人含[13]其聪矣；灭文章[14]，散五采，胶[15]离朱[16]之目，而天下始人含其明矣；毁绝钩绳而弃规矩，攦（lì）[17]工倕（chuí）[18]之指[19]，而天下始人有其巧矣。故曰"大巧若拙[20]"。削曾史[21]之行，钳[22]杨墨[23]之口，攘[24]弃仁义，而天下之德始玄同[25]矣。彼人含其明，则天下不铄[26]矣；人含其聪，则天下不累[27]矣；人含其知，则天下不惑矣；人含其德，则天下不僻[28]矣。彼曾、史、杨、墨、师旷、工倕、离朱，皆外立其德而以爚（yuè）[29]乱天下者也，法之所无用也。

（1）鱼不可脱于渊，国之利器不可以示人：语见《老子》第三十六章。"利器"，这里指圣人等。"示"，显示。

（2）明：公开。

（3）绝圣弃知：语见《老子》第十九章。

（4）擿：义与掷字同。崔云，犹投弃之也（陆德明《经典释文》）。

（5）朴鄙：朴实无华。

（6）掊：打碎。

（7）殚：尽也（成玄英《庄子疏》）。

（8）残：毁。

（9）擢：拔也（成玄英《庄子疏》）。

（10）铄：烧断之也（陆德明《经典释文》引崔譔说）。

（11）竽：古簧管乐器。

（12）瞽旷：即师旷，因其目盲，称为瞽旷。

（13）含：潜藏不露。

（14）文章：错杂的花纹，指美丽色彩。

（15）胶：粘合。

（16）离朱：黄帝时人，视力很好。

（17）擺：折也（宣颖《南华经解》）。

（18）工倕：尧工人，作规矩之法（成玄英《庄子疏》）。

（19）指：手指。

（20）大巧若拙：语见《老子》第四十五章。“大巧”，指不着人为痕迹的技巧。

（21）曾史：即曾参、史鳅。

（22）钳：闭也（成玄英《庄子疏》）。

（23）杨墨：杨朱、墨翟。

（24）攘：却也（成玄英《庄子疏》）。

（25）玄同：语见《老子》第五十六章，意为与万物混而为一。

（26）铄：眩目。

（27）累：忧患也（成玄英《庄子疏》）。

（28）僻：邪僻。

（29）爚：火乱飞也（宣颖《南华经解》）。

译文：

所以说：“鱼不能脱离深渊，国家的治国利器不可向人炫耀。”那些圣人就是天下的利器，不能拿来在天下人面前炫耀。因此，抛弃圣明、放弃智巧，大盗就不存在；抛掉玉石、毁掉珠宝，小盗就不会产生；烧掉信符、毁掉印玺，人们就会回归淳朴；砸掉斗斛、折断秤，人们就不起争执；彻底摧毁圣人的法度，百姓才有可能参与讨论事情。搅乱六律，销毁乐器，堵住师旷的耳朵，天下人才会内敛其听觉；去掉文饰，去除五色，粘住离朱的眼睛，天下人才会内敛其视力的明察；毁坏钩绳，抛弃规矩，折断工倕的手指，天下人才会隐匿其技巧。所以说“高明的技巧看起来很笨拙”。限制曾参、史鱼的行为，堵住杨朱、墨翟之口，摈弃仁义，天下人的德性才能与万物混一。人人都内敛其视觉，天下就不会迷乱了；人人都内敛其听觉，天下就不会被折腾了；人人都保持隐匿其技巧，天下就没有疑惑了；人人都内敛其德性，天下就没有邪恶了。曾参、史鱼、杨朱、墨翟、师旷、工倕、离朱那些人，都向外炫耀其才能以扰乱天下，这些都是些无用的东西。

解说：

本段阐明如何绝圣弃智。

鱼不能逞强，如果逞强而脱离深渊，就会被人抓住；治国也不可用所谓圣人的那一套，否则，就会引起混乱。圣人那一套就像智巧、珠玉、印符、斗秤一样，都是引起争端的工具。因此，毁掉这一切，天下人才能回归自然本性；限制曾参、史鱼、杨朱、墨翟的有为言论和行动，才能使天下太平。

本段与老子、庄子思想有出入。老子对于珠玉的态度是不显摆（第九章：“金玉满堂，莫之能守”。意为：金玉堆满客厅，就无法守住），但不会毁掉，而是以平常心对待（《道德经》第二十六章“虽有荣观，燕处超然”，意为即使有华丽的宫室，也泰然安居。第三章“不贵难得之货”）。对于世俗的圣贤之人，也不推崇（《道德经》第三章“不尚贤”，意为不推崇贤能的人），但不会加以摧残。毁掉朱玉、摧残圣贤是另一种在意的表现。

与老子一样，庄子以无我之心对待无物之物和有物之物，不以是非好恶之心对待日常之物，“擿玉毁珠”、“擢乱六律，铄绝竽瑟”岂不是以是非好恶之心对待朱玉和竽瑟？

基于以上分析可以看出，这一段不符合老庄思想。

7. 子独不知至德之世乎？昔者容成氏、大庭氏、伯皇氏、中央氏、栗陆氏、骊畜氏、轩辕氏、赫胥氏、尊卢氏、祝融氏、伏牺氏、神农氏(1)，当是时也，民结绳而用之，甘其食，美其服，乐其俗，安其居，邻国相望，鸡狗之音相闻，民至老死而不相往来(2)。若此之时，则至治已。今遂(3)至使民延颈(4)举踵(5)曰，“某所有贤者”，嬴(6)粮而趣(7)之，则内弃其亲而外去其主之事，足迹接乎诸侯之境，车轨结乎千里之外。则是上好知之过也。

(1) 容成氏、大庭氏、伯皇氏、中央氏、栗陆氏、骊畜氏、轩辕氏、赫胥氏、尊卢氏、祝融氏、伏牺氏、神农氏：这十二氏是传说中的氏族首领。

(2) 民结绳而用之，甘其食，美其服，乐其俗，安其居，邻国相望，鸡狗之音相闻，民至老死而不相往来：引自《老子》第八十章。“结绳”，文字产生前的记事方式。“甘”、“美”、“乐”、“安居”，适故常甘，当故常美（郭象《庄子注》）；止分，故甘；去华，故美；混同，故乐；恬淡，故安居也（成玄英《庄子疏》）。“不相往来”，无求之至（郭象《庄子注》）。

（3）遂：竟然。

（4）延颈：伸着脖子。

（5）举踵：踮起脚跟。

（6）赢：负也（陆德明《经典释文》）。

（7）趣：快步走。

译文：

你难道不知道至德的时代吗？从前，在容成氏、大庭氏、伯皇氏、中央氏、栗陆氏、骊畜氏、轩辕氏、赫胥氏、尊卢氏、祝融氏、伏牺氏、神农氏等的时代，百姓结绳记事，吃啥都香，穿啥都美，住哪都安，自乐其俗。邻国之间互相看得见，鸡鸣狗叫声相互听得见，但百姓直到老死也不相互往来。像这样的时代，就是真正的太平时代了。现在，竟然弄得百姓伸长脖子、踮起脚地说：“某地有贤人”，于是担着粮食前去投奔，内抛弃双亲，外不顾君主，足迹遍及诸侯的国境，车轨纵横交错于千里之外。这都是在上位者喜欢智巧所造成的恶果。

解说：

从本段至末尾阐述因为智巧才使国家从自然状态走向了混乱状态。

本段作者用历史证明没有圣人的时代，一切都合乎自然。

远古至德的时代，没有所谓的圣人，也没有所谓的贤人。人们顺从自然，安居乐业。自从有了所谓的圣人、贤人之后，人们就开始追逐圣人，失去了自然本性，从而造成了很多社会问题。

8. **上诚好知而无道，则天下大乱矣。何以知其然邪？夫弓弩[1]毕[2]弋[3]机变[4]之知多，则鸟乱于上矣；钩饵罔罟罾（zēng）[5]笱（gǒu）[6]之知多，则鱼乱于水矣；削格[7]罗落[8]罝（jiē）罘（fú）[9]之知多，则兽乱于泽矣；知诈渐[10]毒颉（jié）滑（gǔ）[11]坚白解垢[12]同异之变多，则俗惑于辩矣。故天下**

每每[13] **大乱，罪在于好知。故天下皆知求其所不知而莫知求其所已知者，皆知非其所不善而莫知非其所已善者，是以大乱。**

(1) 弩：有机关的弓。

(2) 毕：网小而柄，形似毕星，故名为毕（成玄英《庄子疏》）。

(3) 弋：以绳系箭射，谓之弋（成玄英《庄子疏》）。

(4) 机变：捕兽器。“机”，弩牙曰机（陆德明《经典释文》引李颐说）。

(5) 罟罾：都是捕鱼的网。“罟”，渔网。“罾”，鱼网也《广雅》。

(6) 笱：筌也（成玄英《庄子疏》），捕鱼的竹笼。

(7) 削格：用竹子或木做的一种捉兽的器具（曹础基《庄子浅注》）。

(8) 罗落：罗网；“落”，通“络”（曹础基《庄子浅注》）。

(9) 罝罘：兔网也（成玄英《庄子疏》）。

(10) 渐：诈也（郭庆藩《庄子集释》）。

(11) 颉滑：滑稽也，亦奸黠也（成玄英《庄子疏》）。

(12) 解垢：谓难料理也（郭庆藩《庄子集释》）。

(13) 每每：常常。

译文：

居于上位的人喜好智巧而无道，天下就会大乱。怎么知道是这样的呢？使用弓箭、鸟网、机关的技巧多了，天上的鸟就会不安地乱飞；使用钩饵、渔网、竹篓的技巧多了，水中的鱼就会在水中乱窜；使用竹篱、罗网、兽槛的技巧多了，野兽就会在草泽中乱跑；使用欺诈、恶毒、奸黠、坚白之论、同异之辩多了，世俗的人就在辩论中迷惑。所以，天下常常大乱，罪过就在于人们喜欢智巧。因此，天下人都只知道追逐其不知道的，却不知回归其已知的，都知道非难他认为不善的，却不知非难他认为善的，因而天下大乱。

解说：

本段进一步阐释任由技巧、邪说（圣人的学说）发展所带来的危害。

世俗智巧多了，鸟类、兽类、鱼类都不得安生，人的自然本性就被破坏，最终造成不可收拾的局面。

故天下皆知求其所不知而莫知求其所已知者——追逐外物而不安于物，因而有我、有物。

皆知非其所不善而莫知非其所已善者——有是非。

9. **故上悖日月之明，下烁**(1) **山川之精，中堕**(2) **四时之施**(3)**；惴耎(ruǎn)**(4) **之虫，肖翘**(5) **之物，莫不失其性。甚矣夫好知之乱天下也！自三代以下者是已，舍夫种种**(6) **之民而悦夫役役**(7) **之佞**(8)**，释**(9) **夫恬淡无为而悦夫啍(zhūn) 啍**(10) **之意，啍啍已乱天下矣！**

(1) 烁：销也（成玄英《庄子疏》）。

(2) 堕：坏也（成玄英《庄子疏》），通“隳”。

(3) 施：推移。

(4) 喘耎：附地之徒曰喘耎（成玄英《庄子疏》）。

(5) 肖翘：飞空之类曰肖翘（成玄英《庄子疏》）。

(6) 种种：淳朴之人（成玄英《庄子疏》）。

(7) 役役：轻黠之貌（成玄英《庄子疏》）

(8) 佞：巧言谄媚的小人。

(9) 释：废也（成玄英《庄子疏》）。

(10) 啍啍：以己诲人也（成玄英《庄子疏》）。

译文：

因此，在上遮蔽了日月的光辉，在下毁坏了山川的精气，在中破坏了四时的运行；蠕动的爬虫、飞行的小虫，没有不丧失其本性的。喜欢智巧的扰乱天下到了何等严重的地步！从三代以来都是这样，舍弃淳朴的百姓而欣赏狡诈谄媚的人，放弃恬淡无为而喜欢絮絮不休的说教，这种絮絮不休的说教已使天下大乱了！

解说：

本段继续阐释心有是非所带来的严重后果。

心中有是非就会带来争端和混乱，从而失去本性，以致日月山川飞禽走兽都受其害。

在宥

“在”，悠游自在。“宥”，宽容。“在宥”，任人们逍遥自在地治理天下。“在宥”阐释无为而无不为的“在宥”治国之道，可以分为四个部分。

第一部分（从开头到“治天下哉!”）为理论部分，阐释治国的要诀在于顺随人的自然本性无为而治。

第二部分用三个故事阐发第一部分的理论。第一个故事（从“催瞿”至“天下大治”）阐发第一部分“绝圣弃知而天下大治”（抛弃圣明去除智巧，天下才会太平）的“在宥”治国方式。第二个故事（从“黄帝立”至“独存乎”）阐发怎样通过“治身”实现第一部分所谓的“在宥”治国方式（“贵以身为天下则可以托天下”）。第三个故事（从“云将”至“辞而行”）通过云将与鸿蒙的对话阐发第一大部分通过“心养”来实现无为治国的观念。

第三部分（从“世俗之人”至“天地之友”）阐述所谓“在宥”的治国方式就是去掉是非之心、利害之心，以忘我顺物的方式主宰外物。

第四部分（从“贱而不可”至末尾）全面阐释得道者治理国家时应该怎样对待物、民、事、法、义、仁、礼、德、道等等一切事物。

<table>
<tr><td>第一部分</td><td colspan="2">从开头到“治天下哉!”</td><td>阐释治国的要诀在于顺随人的自然本性无为而治。</td></tr>
<tr><td rowspan="3">第二部分</td><td>第一个故事</td><td>从“催瞿”至“天下大治”。</td><td>阐发第一部分“绝圣弃知而天下大治”的“在宥”治国方式。</td></tr>
<tr><td>第二个故事</td><td>从“黄帝立”至“独存乎”。</td><td>阐发怎样通过“治身”实现第一部分“在宥”的治国方式。</td></tr>
<tr><td>第三个故事</td><td>从“云将”至“辞而行”。</td><td>阐发第一大部分通过“心养”来实现无为治国的观念。</td></tr>
</table>

第三部分	从“世俗之人”至“天地之友”。	阐述“在宥”就是去掉是非之心、利害之心、忘我地主宰外物。
第四部分	从“贱而不可”至末尾。	阐释得道者治理国家时应该怎样对待日常的万事万物。

1. **闻在(1)宥（yòu）(2)天下，不闻治(3)天下也。在之也者，恐天下之淫(4)其性也；宥之也者，恐天下之迁其德也。天下不淫其性，不迁其德，有(5)治天下者哉！昔尧之治天下也，使天下欣欣焉人乐其性，是不恬(6)也；桀之治天下也，使天下瘁（cuì）(7)瘁焉人苦其性，是不愉(8)也。夫不恬不愉，非德也。非德也而可长久者，天下无之。**

(1) 在：自在也（成玄英《庄子疏》）。

(2) 宥：宽也（成玄英《庄子疏》），宽待。

(3) 治：人为治理。

(4) 淫：乱。

(5) 有：岂有的简称（曹础基《庄子浅注》）。

(6) 恬：静也（成玄英《庄子疏》）。

(7) 瘁：忧也（成玄英《庄子疏》）。

(8) 愉：乐也（成玄英《庄子疏》）。

译文：

只听说过任天下人逍遥自在地治理天下，没听说过能对天下人进行人为治理的。所谓悠闲自在，就是唯恐扰乱了天下人的自然本性；所谓宽待，就是唯恐改变了天下人的自然德性。天下人的自然本性都不被扰乱，自然德性都不被改变，哪里还需要人为治理的呢！从前，尧治理天下的时候，天下人都熙熙攘攘乐其本性，这样就不安静了；桀治理天下的时候，天下人都忧愁不堪，苦其本性，这样就不愉快了。不安静、不愉快都不是人的自然德性。不合自然的德性而能维持长久统治的，天下还没有这样的事情。

解说：

第一至四段阐释治国的要诀在于顺随人的自然本性（“在宥”）。

本段提出治国者应采取使人们不喜不怒的“在宥”治国方式。

治理天下的要诀在于顺从人的本性，而不是用自己的成见去治理天下人。所谓顺从人的本性，就是让人既不高兴，也不忧愁，心无好恶是非之分。

2. **人大喜邪？毗（pí）(1)于阳；大怒邪？毗于阴。阴阳并毗，四时不至，寒暑之和不成，其反伤人之形乎！使人喜怒失位(2)，居处无常，思虑不自得，中道(3)不成章(4)，于是乎天下始乔诘（jié）卓鸷（zhì）(5)，而后有盗跖曾史(6)之行。故举(7)天下以赏其善者不足，举天下以罚其恶者不给(8)，故天下之大不足以赏罚。自三代以下者，匈匈(9)焉终(10)以赏罚为事，彼何暇安其性命之情哉！**

（1）毗：偏附也（宣颖《南华经解》）。

（2）失位：失去常态。

（3）中道：指无喜无怒、非阴非阳的状态。

（4）成章：有条理。

（5）乔诘卓鸷：乔，诈伪也；诘，责问也；卓，独也；鸷，猛也（成玄英《庄子疏》）。

（6）曾史：曾参、史鳅。

（7）举：全。

（8）不给：不足。

（9）匈匈：讙哗也，竞逐之谓也（成玄英《庄子疏》），乱哄哄的样子。

（10）终：专（曹础基《庄子浅注》）。

译文：

人过于高兴，就会偏于阳；过于愤怒，就会偏于阴。如果阴阳二气都偏失，四季就失去秩序，寒暑就失不调和，又会反过来伤害人的身体！进而使人喜怒无常，生活不安，思绪不定，进退失据，于是天下开始有诈伪、指责、奇

异、凶猛的表现，然后就有了盗跖、曾参、史鱼那样的行为。这样一来，尽天下所有不足以劝善，尽天下之力也不足以止恶。因此，天下之大也不足以赏善罚恶。自三代以来，天下都在喧嚣着要赏善罚恶，他们哪里还有时间来安定自身的性命之情呢！

解说：

本段阐释为什么要采用不喜不怒的"在宥"治国方式（不能让人过于高兴或过于愤怒）。

过于高兴和过于愤怒都会使人阴阳失衡，阴阳失衡就会影响人对生存环境的判断。这种判断又反过来影响自身，导致个人进退失据，社会不正常，出现了盗跖、曾参和史鱼这样的人。赏罚对于这些人没有什么作用，慢慢地天下人就会被他们搞得失去自然的本性。

所谓阴阳失调会影响四季和寒暑，是指人的心态变了，就会影响人的感受，进而影响其判断。

3. **而且说(1)明邪？是淫于色也；说聪邪？是淫于声也；说仁邪？是乱于德也；说义邪？是悖于理也；说礼邪？是相(1)于技也；说乐邪？是相于淫也；说圣邪？是相于艺也；说知邪？是相于疵(3)也。天下将安其性命之情，之八者，存可也，亡可也；天下将不安其性命之情，之八者，乃始脔（luán）卷(4)獊（cāng）囊(5)而乱天下也。而天下乃始尊之惜之，甚矣天下之惑也！岂直(6)过也而去之邪！乃齐(7)戒以言之，跪坐以进之，鼓歌以儛(8)之，吾若是(9)何哉！**

(1) 说，通"悦"。

(2) 相：助。

(3) 疵：毛病。

(4) 脔卷：不申舒之状也（陆德明《经典释文》引司马彪说），无法伸展的样子。

(5) 獊囊：匆遽之貌也（成玄英《庄子疏》），仓促。

(6) 直：只是。

(7) 齐：通“斋”。

(8) 僊：通“舞”。

(9) 是：这样。

译文：

再说，爱好目明吗？就会迷乱于色彩；喜欢耳聪吗？就会迷乱于声音；喜欢仁吗？就会扰乱德性；喜欢义吗？就会悖逆常理；喜欢礼吗？就会助长机巧；喜欢乐吗？就会助长淫声；喜欢圣吗？就会助长技艺；喜欢智吗？就会助长挑剔的毛病。天下人如果想安顿其性命之情，那么这八个方面是可有可无的；天下人如果不想安顿其性命之情，那么这八个方面就会相互纠结相互竞争，造成天下大乱。可是天下人反而开始尊重它们、珍惜它们，人们竟然迷惑到这个地步！哪里会因为时间的流逝而放弃它们呢！竟然还要虔诚斋戒地谈论，正襟危坐地劝导，载歌载舞地赞美，对此，我又有什么办法呢？

解说：

本段接上文进一步具体列举扰乱人性的八种弊病。

追逐一切世俗所谓的好东西，如过度的目明、过度的耳聪、仁、过度的义、礼、乐、圣、智，都会扰乱人心，造成混乱。

4. **故君子不得已而临莅（lì）[1]天下，莫若无为。无为也而后安其性命之情。故贵以身于为天下，则可以托天下；爱以身于为天下，则可以寄天下[2]。故君子苟能无解[3]其五藏[4]，无擢[5]其聪明；尸居[6]而龙见[7]，渊默[8]而雷声，神动而天随[9]，从容无为而万物炊累[10]焉。吾又何暇治天下哉！**

(1) 莅：临。

(2) 故贵以身于为天下，则可以托天下；爱以身于为天下，则可以寄天下：引自《老子》第十三章。按照《道德经》第十三章，两个“身”字后的“于”字应当删去。

(3) 解：支离（宣颖《南华经解》）。

(4) 藏：通“脏”。

(5) 擢：显耀（宣颖《南华经解》）。

(6) 尸居：像死尸一样，指寂然不动。

(7) 龙见：像龙一样活灵活现。“见”，通“现”。

(8) 渊默：像水一样沉静。

(9) 神动而天随：虽然动如神灵，但与自然相一致。“天”，自然。

(10) 炊累：若游尘之自动（郭象《庄子注》）。“累”，尘也（成玄英《庄子疏》）。

译文：

所以，君子如果不得已而君临天下时，最好是无为而治。无为然后才能安顿生命的真性。因此，看重自身超过天下的人，才可以把天下委托给他；爱惜自身超过天下的人，才可以将天下托付给他。因此，如果君子能做到不放纵情欲，不炫耀其聪明；安居不动却又神采奕奕，沉静无声却又声如惊雷，动如神灵但与自然相一致，从容无为而万物生机勃勃，那我又何必去治理天下呢！

解说：

本段在上文的基础上提出了最好的治国方略——无为而治（“在宥”）。

故贵以身于为天下，则可以托天下；爱以身于为天下，则可以寄天下——无为则不追逐外物，不为外物舍弃自身。这样的无为者才能托付天下。

故君子苟能无解其五藏，无擢其聪明；尸居而龙见，渊默而雷声，神动而天随——不追逐外物而又顺随外物。

从容无为而万物炊累焉——自己无为则不干预外物，万物就自然而为，即所谓的无为而无不为。《应帝王》中所说的，连鸟都知道高飞以躲避罗网和弓箭的伤害，鼷鼠都知道深藏在社坛之下以躲避烟熏、挖洞的祸患，百姓还不知道自己如何作为，何须君主为百姓瞎操心、妄干预？

5. **崔瞿**（jù）[(1)] **问于老聃曰：“不治天下，安**[(2)] **藏**[(3)] **人心？”老聃曰：“女**[(4)] **慎无撄**[(5)] **人心。人心排下而进上，上下囚杀**[(6)]**，淖**（chuò）**约柔乎刚强**[(7)]。**廉刿**（guì）[(8)] **雕琢，其热焦火，其寒凝冰。其疾俛**（fǔ）**仰之间**[(9)] **而再抚**[(10)] **四海**

之外，其居也渊而静，其动也县而天[11]。偾（fèn）骄[12]而不可系[13]者，其唯人心乎！

（1）崔瞿：姓崔，名瞿，不知何许人也（成玄英《庄子疏》）。

（2）安：怎样。

（3）藏：系也（宣颖《南华经解》），维系。

（4）女：通“汝”。

（5）撄：扰乱。

（6）上下囚杀：溺心上下，为境所牵，如禁之囚，撄烦困苦（成玄英《庄子疏》），心被外镜所牵，像囚徒一样困苦不堪。

（7）淖约柔乎刚强：淖约：柔弱也。矫情行于柔弱，欲制服于刚强（成玄英《庄子疏》），假装柔弱，想制服刚强。

（8）廉刿：因锐利而伤人。“廉”刺也（宣颖《南华经解》）。“刿”，害也（成玄英《庄子疏》）。

（9）俛仰之间：形容时间短。“俛”，通“俯”

（10）抚：触摸。

（11）县而天：如悬在天空。“县”，通“悬”。

（12）偾骄：不可禁之势也（郭象《庄子注》）。

（13）系：约束。

译文：

崔瞿问老聃说：“不管制天下，怎么能使人心向善呢？”

老聃说：“你要谨慎，别扰乱了人心。人心不愿居下而喜欢向上，在上与下之间煎熬，（在勾心斗角中）柔弱的想胜过刚强的。有棱角的就遭折磨，得意时心如焦火，失意时心如寒冰。变化速度之快，顷刻之间就能往返于四海之外。无事时，寂静如深渊；躁动时，飞扬在天。骄矜而难以约束的，大概就是人心了！

解说：

第五至七段的对话阐发上文“绝圣弃知而天下大治”的“在宥”治国方

式。

人的喜怒哀乐不定（参见《齐物论》），时而得意、时而失意、时而寂静、时而躁动。一旦被扰乱了，就无法预测其后果。因此，治国不能扰乱人心。

6. **昔者黄帝始以仁义撄人之心，尧舜于是乎股**(1) **无胈（bá）**(2)**，胫（jìng）**(3) **无毛，以养天下之形，愁其五藏以为仁义，矜其血气**(4) **以规**(5) **法度。然犹有不胜也，尧于是放**(6) **讙（huān）兜**(7) **于崇山**(8)**，投**(9) **三苗**(10) **于三峗（wéi）**(11)**，流共工**(12) **于幽都**(13)**，此不胜天下也。**

（1）股：大腿。

（2）胈：白肉也（成玄英《庄子疏》）。

（3）胫：小腿。

（4）矜其血气：苦费心血。“矜”，苦也（郭庆藩《庄子集释》）

（5）规：建立。

（6）放：流放。

（7）讙兜：共工的同党。也作驩兜。

（8）崇山：传说在湖南大庸县西南。

（9）投：放逐。

（10）三苗：这里指三苗的国君，尧时诸侯，又称饕餮。

（11）三峗：又称三危，在甘肃敦煌县南。

（12）共工：少昊氏有不才子，天下谓之穷奇，即共工也，为尧水官。幽都在北方，即幽州之地（成玄英《庄子疏》）。

（13）幽都：幽州，在今北京市密云区境。

译文：

从前，黄帝开始用仁义来扰乱人心，于是尧和舜累得大腿无肉、小腿无毛，劳苦奔波以供养天下人的形体，煞费苦心推行仁义，耗费心血制定法度。但还是不能解决问题，于是尧将讙兜流放到崇山，将三苗放逐到三峗，将共工流配到幽都，这些是他无力治理的表现。

解说：

本段列举历史事实阐明以有为（仁义）方式治国所带来的危害。

历史上黄帝开始以仁义扰乱天下，到了尧、舜时代，君主劳累不堪仍不能解决问题，最后只能用暴力惩治。

7. **夫施[(1)]及三王而天下大骇矣。下有桀跖，上有曾史，而儒墨毕[(2)]起。于是乎喜怒相疑，愚知相欺，善否（pǐ）[(3)]相非，诞[(4)]信相讥，而天下衰矣；大德不同，而性命烂漫[(5)]矣；天下好知，而百姓求竭[(6)]矣。于是乎釿[(7)]锯制[(8)]焉，绳墨[(9)]杀焉，椎凿决[(10)]焉。天下脊脊[(11)]大乱，罪在撄人心。故贤者伏处[(12)]大山嵁（kān）岩[(13)]之下，而万乘之君忧栗乎庙堂之上。**

（1）施：延也（陆德明《经典释文》引崔譔说）。

（2）毕：都。

（3）否：恶。

（4）诞：荒诞。

（5）烂漫：散乱也（郭象《庄子注》）。

（6）求竭：不能供上下之求也（宣颖《南华经解》）。

（7）釿：通“斤”，斧。

（8）制：截断。

（9）绳墨：木匠用的工具，这里指法度。

（10）决：判决。

（11）脊脊：相践藉也（陆德明《经典释文》）。

（12）伏处：隐居。

（13）嵁岩：嵁当为湛……犹深岩（俞樾《庄子平议》）。

译文：

到了三王时代，天下开始受到更大的惊扰。下有夏桀、盗跖之流，上有曾参、史鱼之辈。儒家、墨家开始兴起。于是，喜悦的与愤怒的相互猜疑，愚笨的与聪明的相互欺骗，善良的与邪恶的相互指责，虚伪的与诚实的相互讥讽，天下风气从此日益衰败了；德行分歧，生命的自然之情开始散乱了；天下人都喜欢智巧，百姓之间纠葛不断。于是，用斧锯来制裁，以礼法来规范，拿椎凿来裁决。天下纷然大乱，其罪过就在于扰乱了人心。所以贤者隐居在大山深岩之下，而万乘的君主忧愁颤栗于朝廷之上。

解说：

本段继续列举历史事实阐明以有为方式治国所带来的危害。

到了三王时代，统治者更是妄为不已，邪说层出不穷。于是，人们各执某种是非观念以相互对抗，最后弄得德行衰败，连自然之情都丧失了。君主就大开杀戒，最终造成了上下都不得安宁的局面。

8. **今世殊死[(1)]者相枕也，桁（háng）杨[(2)]者相推也，刑戮者相望也，而儒墨乃始离跂[(3)]攘臂[(4)]乎桎梏[(5)]之间。意[(6)]，甚矣哉！其无愧而不知耻也甚矣！吾未知圣知之不为桁杨椄（jiē）槢（xí）[(7)]也，仁义之不为桎梏凿[(8)]枘（ruì）[(9)]也，焉知曾史之不为桀跖嚆（hāo）矢[(10)]也！故曰‘绝圣弃知而天下大治。’”**

(1) 殊死：决定当死也（成玄英《庄子疏》）。

(2) 桁杨：械也，夹脚及颈，皆名桁杨（成玄英《庄子疏》），枷锁。

(3) 离跂：用力貌也（成玄英《庄子疏》）。“跂”，形容虫子爬行的样子。

(4) 攘臂：挥舞手臂。

(5) 桎梏：脚镣手铐。

(6) 意：通“噫”。

(7) 椄槢：桎梏梁也（陆德明《经典释文》），连接桎梏两孔的木梁。

(8) 凿：榫眼。

(9) 枘：榫头，插入榫眼中的木铨。

(10) 嚆矢：镞有吼猛声也（成玄英《庄子疏》）。

译文：

当今之世，身首异处的尸体堆积如山，镣手铐脚的接连不断，受到刑戮的满目皆是，而儒家、墨家还在枷锁之间竭力宣传他们的主张。唉，太过分了！他们不觉惭愧、不知羞耻到了这个地步！我怎么知道圣智不是枷锁上的横木、仁义不是镣铐的卯榫呢，又怎么知道曾参、史鱼不是夏桀、盗跖的向导呢！所以说：‘抛弃圣明去除智巧，天下才会太平。’”

解说：

本段描述当下所面临的混乱局面。

正是因为历代君主以有为方式治国，才造成了杀戮遍地的局面。而曾参、史鱼还在用他们的仁义邪说扰乱人心。这是用思想工具进行杀戮，是桀纣的帮凶。对这一切，只有采用无为的治国方式，才能恢复到自然状态。

9. **黄帝立为天子十九年，令行天下，闻广成子(1)在于空同之山(2)，故往见之，曰："我闻吾子(3)达于至道，敢问至道之精(4)。吾欲取天地之精，以佐五谷，以养民人，吾又欲官(5)阴阳，以遂(6)群生，为之柰何？"**

广成子曰："而(7)所欲问者，物之质(8)也；而所欲官者，物之残也。自而治天下，云气不待族(9)而雨，草木不待黄而落，日月之光益以荒矣。而佞人(10)之心翦翦(11)者，又奚足以语至道！"

(1) 广成子：寓言人物。一说为老子（成玄英《庄子疏》）。

(2) 空同之山：即崆峒山，在甘肃平凉市。一说为虚构的山名。

(3) 吾子：先生。

(4) 精：精华。

(5) 官：主宰。

(6) 遂：顺也（成玄英《庄子疏》）。

(7) 而：你。

(8) 质：物之本然。

(9) 族：聚也（成玄英《庄子疏》）。

(10) 佞人：谄媚的人。

(11) 翦翦：浅短貌（陆德明《经典释文》引李颐说)。

译文：

黄帝在天子位十九年，政令通行天下，听说广成子在空同山上，就前去拜访，对广成子说："我听说先生明达至道，请问至道的精华是什么。我想摄取天地的精华，帮助五谷生长，养育百姓，我还想掌管阴阳，以顺应万物，我应当如何做呢？"

广成子说："你所想问的，是事物的本原；你所想掌管的，是事物的末节。自从你治理天下以来，云气还没聚集就下雨，草木还没枯黄就凋落，日月的光辉一天比一天黯淡。你这种目光短浅的佞人，又哪有资格谈论什么至道呢！"

解说：

第九至十二段阐发怎样通过"治身"（修身）以实现前文所谓的"在宥"治国方式（"贵以身为天下则可以托天下"）。

黄帝想"摄取"天地的精华以助长五谷、化育百姓、掌管阴阳、成就万物。这是将道当作可以掌控的具体对象物，是有我、妄为的表现。道只能顺随，不可言说，不可分别，不可掌控。因此，广成子说，黄帝所问的都是事情的末节，不足以谈论道。正因为皇帝没有悟道，所以在他的治理之下，万物已经不正常，云气还没聚集就下雨，草木还没枯黄就凋落等等。

10. **黄帝退，捐(1)天下，筑特室(2)，席(3)白茅，闲居三月，复往邀(4)之。**

广成子南首而卧，黄帝顺下风(5)膝行(6)而进，再拜稽首(7)而问曰："闻吾子达于至道，敢问，治身柰何而可以长久？"

(1) 捐：舍弃。

(2) 特室：单独的房子。

(3) 席：铺垫。

(4) 邀：遇也（成玄英《庄子疏》）。

(5) 下风：风的下方，表示甘居人下。

(6) 膝行：用膝盖跪着走。

(7) 稽首：叩头至地。

译文：

黄帝回去后，抛开天下事，另外盖一间屋子，铺上洁白的茅草，闲居了三个月，然后再去拜见广成子。

广成子头朝南躺着，黄帝从下方跪着前行，再拜叩头后问："听说先生已经领悟至道，请问如何修身才能长寿?"

解说：

顺其自然地养生，才是修道的核心。治国不过是修身的延伸而已。因此，黄帝的问话引起了广成子的注意。

11. **广成子蹶（jué）然**[1]**而起，曰："善哉问乎！来！吾语女**[2]**至道。至道之精，窈窈冥冥**[3]**；至道之极，昏昏默**[4]**默。无视无听，抱神以静，形将自正。必静必清，无劳女形，无摇女精，乃可以长生。目无所见，耳无所闻，心无所知，女神将守形，形乃长生。慎女内**[5]**，闭女外**[6]**，多知为败。我为女遂**[7]**于大明**[8]**之上矣，至彼至阳之原**[9]**也；为女入于窈冥之门矣，至彼至阴之原也。天地有官**[10]**，阴阳有藏**[11]**，慎守女身，物将自壮**[12]**。我守其一**[13]**以处其和，故我修身千二百岁矣，吾形未常**[14]**衰。"**

黄帝再拜稽首曰："广成子之谓天矣!"

(1) 蹶然：疾起（成玄英《庄子疏》）。

(2) 女：通"汝"，你。

(3) 窈窈冥冥：深不可见的样子。"窈"，昏暗。"冥"，昏暗。

(4) 昏默：看不清楚的样子。

(5) 慎女内：不动心。

(6) 闭女外：不逐外物。

(7) 遂：达到，与"入"同义。

(8) 大明：与窈冥相反，即极端光明。

(9) 原：本原。

(10) 官：掌管。

(11) 藏：处所。

(12) 壮：生长。

(13) 一：与万物为一。

(14) 未常：未尝。

译文：

广成子猛地坐起来说："问得好！来吧！我告诉你什么是至道。至道的精粹，深渊幽暗；至道的极致，昏暗沉静。不要刻意看，不要刻意听，抱神而静，形体就会自然合道。一定要做到心静神清，不劳累形体，不耗费精神，这样就可以健康。目无所见，耳无所闻，心无所思，精神合乎自然。持守内在的清静，抛开外在的纷扰，追求分别之知就会失败。我领你到大明的境界之上，到达那至阳的源头；帮你跨入幽深之门，到达那至阴的源头。天地各司其职，阴阳各有职分，小心守护你的身体，万物都会自然生长。我守着混一之道而与万物处于和谐之中，所以我修身虽然一千二百年了，但我的形体还没有衰老。"

黄帝再拜叩头说："广成子已经与天合一了！"

解说：

在本段中，广成子回答了黄帝关于如何修身的问题。

至道之精，窈窈冥冥；至道之极，昏昏默默——道是无物之物，因而窈窈冥冥、昏昏默默。

无视无听，抱神以静，形将自正。必静必清，无劳女形，无摇女精，乃可以长生。目无所见，耳无所闻，心无所知，女神将守形，形乃长生。慎女内，闭女外，多知为败——正因为道是无物之物，"视之不见"、"听之不闻"、"搏之不得"（《道德经》第十四章），所以要做到"无视无听"、"无劳女形"、"目无所见"、"耳无所闻"、"心无所知"，才能通达道。

我为女遂于大明之上矣，至彼至阳之原也；为女入于窈冥之门矣，至彼至阴之原也——有分别就有阴阳，得道者也要面对分别。

天地有官，阴阳有藏，慎守女身，物将自壮。我守其一以处其和——与常人不同的是，得道者以无分别之心对待分别，即"守其一以处其和"。

12. **广成子曰："来！余语女。彼其物[1]无穷，而人皆以为有终；彼其物无测[2]，而人皆以为有极[3]。得吾道者，上为皇而下为王；失吾道者，上见光而下为土[4]。今夫百昌[5]皆生于土而反[6]于土，故余将去女，入无穷之门，以游无极之野。吾与日月参[7]光，吾与天地为常。当我[8]，缗（mín）[9]乎！远我，昏[10]乎！人其尽死，而我独存乎！"**

（1）彼其物：指至道。

（2）测：测度。

（3）极：极限。

（4）上见光而下为土：上见日月之光，下则化为土壤。"土"，无心者也（成玄英《庄子疏》）。

（5）百昌：犹百物也（陆德明《经典释文》引司马彪说）。

（6）反：通"返"。

（7）参：同也（成玄英《庄子疏》）。

（8）当我：朝我而来。

（9）缗：泯合也（郭庆藩《庄子集释》引郭嵩焘说）。

（10）昏：无心的样子。

译文：

广成子说："来！我再告诉你。至道是无穷的，但人们都以为它是有终结的；至道是不可测度的，而人们都以为它是有极限的。获得我至道的人，上可为皇，下可为王；错失我所谓至道的人，在上只能见到日月之光，在下则化为腐土。现在万物都生于土而又归于土，所以我将离开你，进入那无穷无尽的领域，遨游于无边无际的旷野。我与日月同光，与天地为友。朝我而来，我茫然无知！离我而去，我浑然不觉！人都不免于死，只有我独自存在！"

解说：

本段阐述得道的功用。

至道无穷无尽、不可测度。得到至道的人就可以主宰万物（可以为皇，可以为王)，丧失至道的人只能被（成见）主宰（好的只能见到日月之光，差的就只能变为腐土了)。在黄帝治理国家期间，已经造成了不良的后果，万物生于土而又归于土。因此，广成子要离开黄帝的治下，遨游于无穷、无极之境(无穷、无极不是什么都没有，而是指自己达到了无物境界，参见《齐物论》)。文中所谓自己对他人的来去浑然不觉，意为不追逐外物，任由外物去来。

彼其物无穷，而人皆以为有终；彼其物无测，而人皆以为有极——道无时空，即无封的。

今夫百昌皆生于土而反于土——是“失吾道”的结果。

入无穷之门，以游无极之野——顺随道则能“入无穷之门，以游无极之野”，即无封。

13. **云将[1]东游，过扶摇[2]之枝而适遭[3]鸿蒙[4]。鸿蒙方将拊脾[5]雀跃而游。云将见之，倘然[6]止，贽（zhì）[7]然立，曰：“叟[8]何人邪？叟何为此?”**

鸿蒙拊脾雀跃不辍[9]，对云将曰，“游!”

云将曰：“朕[10]愿有问也。”

鸿蒙仰而视云将曰：“吁[11]!”

云将曰：“天气不和，地气郁结，六气[12]不调，四时不节[13]。今我愿合六气之精以育群生，为之奈何?”

鸿蒙拊脾雀跃掉头曰：“吾弗[14]知！吾弗知!”

(1) 云将：虚构的人名。

(2) 扶摇：神木也，生东海（陆德明《经典释文》引李颐说)。

(3) 适遭：正碰到。

(4) 鸿蒙：虚构的人名。

(5) 拊脾：拍大腿。“脾”，大腿。

(6) 倘然：惊疑貌（陆德明《经典释文》引李颐说)。

(7) 贽：不动也（成玄英《庄子疏》)。

(8) 叟：长老名也（成玄英《庄子疏》)。

(9) 辍：停止。

(10) 朕：我。

(11) 吁：感叹词（曹础基《庄子浅注》）。

(12) 六气：阴阳风雨晦明，此六气也（成玄英《庄子疏》）。

(13) 不节：秩序紊乱。

(14) 弗：不。

译文：

云将到东方游览，经过扶摇神木的枝头时，碰巧遇见鸿蒙。鸿蒙正拍着大腿跳跃玩耍。云将看见他，惊疑地停下来，恭敬地站住问："老人家是谁呀？老人家在做什么？"

鸿蒙还是拍着大腿跳个不停，对云将说，"玩耍！"

云将说："我想向您请教问题。"

鸿蒙仰头看着云将说："啊！"

云将说："天气不和，地气郁结，六气不调和，四季失序。现在我想融合六气的精华用以养育万物，应该怎么做呢？"

鸿蒙依然拍着大腿跳跃着，回过头说道："我不知道！我不知道！"

解说：

第十三至十七段通过云将与鸿蒙的对话阐发第一部分通过"心养"来实现无为治国的观念。

鸿蒙天真烂漫（拍着大腿跳跃玩耍），云将断定他是非常之人，因而向他请教。但云将是想拿六气的精华来养育万物。这是将事物自身当作某种对象来处理，违反自然之道（与上文黄帝的做法类似）。这样做恰恰是造成天气、地气、六气、四季都不正常的原因。因此，鸿蒙说自己不知道。我们可以将这句话理解为对云将想法的否定。

14. **云将不得问。又三年，东游，过有[1]宋之野而适遭鸿蒙。云将大喜，行趋而进曰："天[2]忘朕邪？天忘朕邪？"再拜稽首，愿闻于鸿蒙。**

鸿蒙曰："浮游[3]，不知所求；猖狂[4]，不知所往；游者鞅掌[5]，以观无

妄(6)。**朕又何知!”**

(1) 有：语助词（曹础基《庄子浅注》）。

(2) 天：对鸿蒙的尊称。

(3) 浮游：无心地游荡。

(4) 猖狂：无心妄行，无的当也（成玄英《庄子疏》），无拘无束而行。

(5) 鞅掌：失容，引申为放任随便（曹础基《庄子浅注》）。

(6) 无妄：真实，指事物自身。

译文：

云将没有得到答案。又过了三年，云将再去东方游览，经过宋国郊野时，恰巧又碰到了鸿蒙。云将高兴极了，快步走上前去说：“您忘了我吗？您忘了我吗？”再拜叩首，希望能得到鸿蒙的指点。

鸿蒙说：“我悠游自在，没有贪求；随意行动，不知道要到哪里去；逍遥自得，顺随事物自身。我又知道什么呢！”

解说：

三年前，鸿蒙已经回答说不知道，现在云将又问同样的问题，鸿蒙只能姑妄言之——逍遥自在地面对无边无际的事物，根本不知道什么“融合”、“养育”的问题。实际上，鸿蒙这是在间接回答云将三年前的问题——逍遥自在就能解决天气、地气、六气、四季等不正常的问题。

浮游，不知所求；猖狂，不知所往；游者鞅掌，以观无妄。朕又何知——无我地逍遥于世，顺随万物，因而不知世俗的分别之知。

15. **云将曰：“朕也自以为猖狂，而民随予所往；朕也不得已于民，今则民之放**(1)**也。愿闻一言。”**

(1) 放：效也（陆德明《经典释文》），仿效。

译文：

云将说：“我也自以为随心而动，但百姓还是跟随我；我也是不得已才治理百姓的，现在他们却依赖我。我希望得到您的指教。”

解说：

云将以有为的方式治理百姓，没有做到“有人之形”（外在表现上与其他人没什么分别，见《德充符》），所以百姓对云将产生了依赖。如果云将以无为的方式治理国家，那么百姓就不知有国君（《道德经》第十七章：“太上，下知有之”），又怎么会跟随他、依赖他呢？

16. **鸿蒙曰：“乱天之经[1]，逆物之情，玄天弗成[2]；解[3]兽之群，而鸟皆夜鸣；灾及草木，祸及止虫[4]。意[5]，治人之过也！”**

(1) 经：常。

(2) 玄天弗成：自然之化不成（成玄英《庄子疏》），“玄天”，玄妙莫测之天，即天道。

(3) 解：散。

(4) 止虫：昆虫（成玄英《庄子疏》），本亦作昆虫（陆德明《经典释文》）。

(5) 意：通“噫”。

译文：

鸿蒙说：“扰乱了自然的常道，违背了事物的本性，就不能保持自然的状态；群兽离散，飞鸟夜鸣；灾害波及草木，祸患殃及幼虫。唉，这是你治理百姓的过错啊。”

解说：

以有为的方式治国，不仅会伤及百姓，而且会波及飞禽走兽，乃至天地万物。这正是天气、地气、六气、四季等不正常的原因，也是百姓跟随云将的原因。

17. **云将曰：“然则吾柰何？”**

鸿蒙曰："意[1]，毒[2]哉！僊僊[3]乎归矣。"

云将曰："吾遇天难，愿闻一言。"

鸿蒙曰："意！心养[4]。汝徒[5]处无为，而物自化。堕（huī）[6]尔[7]形体，吐[8]尔聪明，伦[9]与物忘；大同乎涬溟[10]，解心释神[11]，莫然[12]无魂。万物云云[13]，各复其根[14]，各复其根而不知；浑浑沌沌[15]，终身不离；若彼知之，乃是离之。无问其名，无窥（kuī）[16]其情，物固自生。"

云将曰："天降朕以德，示朕以默；躬身求之，乃今也得。"再拜稽首，起辞而行。

（1）意：通"噫"。赵本"意"作"噫"（郭庆藩《庄子集释》）。

（2）毒：中毒。

（3）僊僊：轻举之貌（成玄英《庄子疏》）。

（4）心养：即养心，与《人间世》中的"心斋"含义同。

（5）徒：只。

（6）堕：通"隳"，毁弃，指忘记。

（7）尔：你。

（8）吐：当为咄。咄与黜同（王引之《经传释词》），一说吐通"杜"（曹础基《庄子浅注》）。

（9）伦：一味平等也（宣颖《南华经解》）。

（10）溟涬：自然气也（陆德明《经典释文》引司马彪说）。

（11）解心释神：放松心灵，放松精神。"解释"，遣荡也（成玄英《庄子疏》），释放。

（12）莫然：无知（成玄英《庄子疏》）。

（13）云云：即芸芸，众多的样子。

（14）根：指道。"万物云云，各复其根"所对应的《道德经》第十六章文字为"夫物芸芸，各复归其根"。

（15）浑浑沌沌：纯朴无知的样子。

（16）窥：窥视。

译文：

云将问："那么，我该怎么办呢？"

鸿蒙说："唉，中毒太深了！还是赶快回去吧。"

云将说："我好不容易才遇见您，希望得到您的指点。"

鸿蒙说："唉！那就养心吧。你只需做到自然无为，万物就会自生自化。忘掉你的形体，抛弃你的聪明，与万物混一而忘记万物；与自然之气混为一体，释放心神，茫茫然好像无知无觉。世间万物纷纭众多，都返回其本根。各自回到其本根却不知所以然；浑然无识，就会终身不离其本根；一旦运用心智，那就离开了本根。不追问它的名称，不必刻意窥探其实情，万物就会自然生长。"

云将说："上天把道传给我，指示静默的妙用；我亲身探求答案，现在才算得到了。"再拜叩首，起身告辞鸿蒙而去。

解说：

上文鸿蒙已经回答了云将的问题，而云将还继续追问。所以，鸿蒙说他中毒太深，不愿再多说了。在云将的一再要求下，鸿蒙只好再次给云将开出通过养生以悟道的药方——无知无为，忘却自己的形体与心智，与自然混而为一，以忘我之心面对事物的本来状态。这一次，云将终于领悟大道了。

汝徒处无为，而物自化——不干预物（无为），物就自然变化。

堕尔形体，吐尔聪明，伦与物忘——无为、无分别（名）则与物混为一体。

大同乎涬溟，解心释神，莫然无魂——与物混而为一即无我，无我则"解心释神，莫然无魂"。

万物云云，各复其根——日常万物向无物之物（道）的回归。

各复其根而不知；浑浑沌沌，终身不离；若彼知之，乃是离之。无问其名，无窥其情，物固自生——得道者以不知之知对待万物向无物之物的回归，因为有知之知则有分别，不合道。

18. **世俗之人，皆喜人之同乎己而恶人之异于己也。同于己而欲之，异于己而不欲者，以出乎众为心也。夫以出乎众为心者，曷（hé）常**[1]**出乎众哉！因众以宁所闻**[2]**，不如众技众矣。而欲为人之国者，此揽**[3]**乎三王之利而不见**

其患者也。此以人之国侥幸也，几何侥幸而不丧人之国乎！其存人之国也，无万分之一；而丧人之国也，一不成而万有余丧矣。悲夫，有土者[4]之不知也！

(1) 曷常：何尝。

(2) 因众以宁所闻：因众人的认同而安于自己的见解。

(3) 揽：览，看到（曹础基《庄子浅注》）。

(4) 有土者：指有国者。

译文：

世俗的人都喜欢别人与自己相同，而厌恶别人与自己不同。与自己相同的就接纳，与自己不同的就不愿接纳，这是想超出众人之上的心理。想超出众人，又何尝超出了众人呢！凭众人的认同而心安理得，实际上就远远不及众人之智。那些治理国家的人，只看到三王所带来的好处，却看不到它带来的危害。这是用国家来追求自己的侥幸目的，有多少人能这样侥幸而不亡国的呢！这样能保存国家的，不到万分之一；丧失国家的，没有一次成功的机会，却有不止万次失败的机会。悲哀呀，拥有国家的却不懂得这一点！

解说：

第十八至十九段阐述所谓“在宥”的治国方式就是去掉是非之心、利害之心，以忘我顺物的方式主宰外物。

本段阐述“在宥”的治国方式首先要去掉是非之心和利害之心。治理国家首先要做到心无是非，不要显摆自己。心怀是非观念，生活在他人的肯定与否定之中，实际上远远不及他人。其次，要去掉利害之心，不能只看三王治国的好处，而看不到其祸患。这种侥幸的治国方式没有一次成功的机会而有万次失败的可能。

世俗之人，皆喜人之同乎己而恶人之异于己也。同于己而欲之，异于己而不欲者，以出乎众为心也——心有是非。

而欲为人之国者，此揽乎三王之利而不见其患者也。此以人之国侥幸也，几何侥幸而不丧人之国乎——心有是非所带来的危害。

19. **夫有土者，有大物[1]也。有大物者，不可以物[2]；物[3]而不物，故能物物。明乎物物者之非物也，岂独治天下百姓而已哉！出入六合[4]，游乎九州[5]，独往独来，是谓独有[6]。独有之人，是谓至贵。**

（1）大物：指国家。

（2）物：主宰。

（3）物：不为物用而用于物者也（成玄英《庄子疏》），支配物。

（4）六合：四方上下。

（5）九州：指中国。

（6）独有：人皆自异而己独群游，斯乃独往独来者也。独有斯独，可谓独有矣（郭象《庄子注》），指不追逐外物因而逍遥自在的人。

译文：

拥有领土的人，就拥有众物。拥有众物的人，就不可以受万物主宰；支配众物却不为众物所支配，才能主宰万物。明白主宰万物的不是物，这样的人岂止能治理天下呢！他能往来于天地之间，遨游于九州，独来独往，这就叫做“独有”。独有之人，被称作至为尊贵之人。

解说：

本段继续阐述“在宥”的治国方式就是以忘我顺物的方式主宰外物。

治理国家的人不是通过主宰万物的方式来主宰外物，而是采用无我而顺物、任物自化的方式来主宰万物。心中想主宰万物的人无从主宰万物。

有大物者，不可以物——不能用自己的成见主宰物。

20. **大人[1]之教，若形之于影，声之于响。有问而应之，尽其所怀[2]，为[3]天下配[4]。处乎无响，行乎无方[5]。挈（qiè）[6]汝适复[7]之挠（náo）挠[8]，以游无端[9]；出入无旁[10]，与日无始[11]；颂论[12]形躯，合乎大同[13]，大同而无己。无己，恶乎得有有[14]！睹有者，昔之君子；睹无[15]者，天地之友。**

（1）大人：指上文的独有之人。

(2) 所怀：心里所有的东西（曹础基《庄子浅注》）。

(3) 为：与（曹础基《庄子浅注》）。

(4) 配：匹也，先感为主，应者为匹也（成玄英《庄子疏》）。

(5) 无方：没有定向。

(6) 挈：提携。

(7) 适复：犹往复也（俞樾《庄子平议》）。

(8) 挠挠：乱也（俞樾《庄子平议》）。

(9) 无端：没有尽头。

(10) 旁：依靠。

(11) 与日无始：与日俱新，故无终始（成玄英《庄子疏》）。

(12) 颂论：颂，赞；论，语（成玄英《庄子疏》）。

(13) 大同：即万物齐一的境界。

(14) 有有：有物。第二个“有”字意为某种东西。

(15) 睹无：睹无为之妙理（成玄英《庄子疏》）。

译文：

独有之人的教化，就好像形之于影子，声之于回响一样，有问就有答，尽其所能以应天下人。他们独处时寂静无声，行动时没有固定的目标。引领纷乱的人群，遨游于无穷的境域；独来独往，与日俱新，无始无终；言语举动，合于自然。合于自然就无我。无我，哪里有物呢！执着于物的，那是从前所谓的君子；明白无物的，那是天地的朋友。

解说：

本段总结上两段的“在宥”治国方式。

得道者忘我，行为无目的，以众人之心为心；心中无物，顺随自然而为。因此，得道者治国时就只是顺应天下人，引领众人逍遥自在地栖息于世。而世俗所谓的君子执着于物，不是得道者。

大人之教，若形之于影，声之于响。有问而应之，尽其所怀，为天下配——不妄言，当言则言。

处乎无响，行乎无方——顺物而为。

挈汝适复之挠挠，以游无端；出入无旁，与日无始；颂论形躯，合乎大同，大同而无己——顺物而无己。

睹有者，昔之君子；睹无者，天地之友——看到有物，只是世俗的君子。能看到无物之物，才是得道之人。

21. **贱而不可不任[(1)]者，物也；卑而不可不因[(2)]者，民也；匿[(3)]而不可不为者，事也；粗[(4)]而不可不陈[(5)]者，法[(6)]也；远[(7)]而不可不居[(8)]者，义也；亲而不可不广[(9)]者，仁也；节[(10)]而不可不积[(11)]者，礼也。中[(12)]而不可不高[(13)]者，德也；一[(14)]而不可不易者，道也；神而不可不为者，天也。故圣人观于天而不助，成于德而不累[(15)]，出于道而不谋，会于仁而不恃[(16)]，薄[(17)]于义而不积[(18)]，应[(19)]于礼而不讳[(20)]，接于事而不辞，齐于法而不乱[(21)]，恃于民而不轻[(22)]，因于物而不去。物者莫足为也，而不可不为。不明于天者，不纯于德；不通于道者，无自而可[(23)]；不明于道者，悲夫！**

何谓道？有天道，有人道。无为而尊者，天道也；有为而累[(24)]者，人道也。主者，天道也；臣者，人道也。天道之与人道也，相去远矣，不可不察也。

(1) 任：用。

(2) 因：顺应。

(3) 匿：微小（曹础基《庄子浅注》）。

(4) 粗：粗疏。

(5) 陈：施行。

(6) 法：法度。

(7) 远：去道疏远。

(8) 居：守（曹础基《庄子浅注》）。

(9) 广：博而不偏爱。

(10) 节：虚文礼节。

(11) 积：积累。

(12) 中：顺也（成玄英《庄子疏》）。

(13) 高：高尚。

(14) 一：与物混一。

(15) 累：受束缚。

(16) 恃：仁慈博爱，贵在合宜，故无恃赖（成玄英《庄子疏》）。

(17) 薄：近。

(18) 不积：不以为多（曹础基《庄子浅注》）。

(19) 应：合。

(20) 讳：忌讳（成玄英《庄子疏》）。

(21) 齐于法而不乱：因于物性，以法齐之，故不乱也（成玄英《庄子疏》）。

(22) 轻：轻用。

(23) 无自而可：一切都行不通（曹础基《庄子浅注》）。

(24) 累：烦扰。

译文：

虽然低贱，但不可不使用的，是物；虽然低下，但不可不顺应的，是民；虽然琐碎，但不可不操持的，是世事；虽然粗疏，但不可不施行的，是法度；虽然离道甚远，但不可不遵守的，是义；虽有偏爱，但不可不推广的，是仁；虽是繁文缛节，但不可不演练的，是礼；虽然平常，但不可不发扬的，是德；虽然与物合一，但不可不变化的，是道；虽然神妙，但不可不运行的，是自然。因此，得道者效法自然而不助长，成就德性而不劳神，合乎大道而不谋虑，推行仁爱而不依恃，遵行大义而不以为高，应合于礼而不忌讳，处理世事而不推辞，遵守法令而不扰乱，依靠百姓而不轻视，顺随外物而不放弃。对物不可有为，但又不可不顺势而为。不理解自然的，无法保持自然的德性；不觉悟大道的，就无往不受阻碍；不理解道的，就太可悲了！

什么是道？有天道，有人道。无为而尊贵的，是天道；有为而烦扰的，是人道。行天道的是主，行人道的是臣。天道、人道虽然相去甚远，但不可不明察。

解说：

本段阐释得道者治理国家时应该怎样对待日常的万事万物。

得道者虽然已经悟道了，但他生活在世俗之中，需要面对万事万物，如世俗中的仁、礼、德、道等。得道者如果不顺随它们，就是有为；如果有心顺随，就是有我。因此，得道者要以无我之心对待它们，视天道、人道为一，行天道而合臣道。与之相反，如果以有我之心对待这一切，就会“有为而累”，是臣道。

这里的低贱、琐碎、粗疏等用语似乎带有褒贬色彩，但如果从世俗用语的角度看，也未尝不可。文中结尾说，天道、人道虽然相去甚远。这似乎在强调差别。但差别并不排斥其相同性。

有人认为这些文字不符合庄子的思想。这种论断理由并不充分。既然庄子是老子的后学，他看了《道德经》的德篇部分后产生类似黄老学派的思想也是可能的。在《庄子》的内篇中也有类似的思想（内篇公认是庄子本人写作的）。

天　地

本篇阐述“无欲而天下足，无为而万物化，渊静而百姓定”（没有贪欲，天下就富足；无所妄为，万物就自然运作；清静无扰，百姓就能安定）的无为治国思想。

本篇共分为五部分。第一部分（从开头至“长短修远”）提出并阐述“无欲而天下足，无为而万物化，渊静而百姓定”的无为治国思想，包括三小部分。第一小部分（从开头至“鬼神服”）提出君主应效法自然，以无为之心对待世俗中的事物。第二小部分（从“夫子曰”至“死生同状”）引用“夫子”的话阐述如何以无为之心对待“天、德、仁、大、宽、富、纪、立、备、完”，去除有心之累，顺随生与死、富与贵等一切之自然。第三小部分（从“夫子曰”至“长短修远”）阐释君主为什么应以无为之心对待世俗事物。

第二部分（从“皇帝游”至“而不顾”）用四个故事阐发第一大部分的思想。第一个故事（从“黄帝”至“得之乎”）阐释上文“视乎冥冥，听乎无声。冥冥之中，独见晓焉；冥冥之中独闻和焉”（视而无形，听而无声。无形中又有所见，无声中又有所听）的涵义。第二个故事（从“尧之师”至“南面之贼也”）从反面阐明前文所谓君主“无为而万物化”的含义——君主要顺随自然，臣子要有所作为（但不是妄为）。第三个故事（从“尧观”至“退已”）阐发第一部分“不乐寿”、“不利货财”的“无为而万物化”（无所妄为）含义。第四个故事（从“尧治天下”至“而不顾”）阐发治国不可靠赏罚而应采取“无为而万物化”的方式。

第三部分（从“泰初有无”至“同乎大顺”）阐述从道产生具体事物（下面第一至第三个步骤），人经过修炼又合道（第四、第五个步骤）的过程，以阐明第一大部分以无我之心对待事物的依据。

第四部分（从“夫子问”至“而无传”）用五个故事阐发第三大部分的思想。第一个故事（从“夫子问”至“入于天”）阐发第三大部分“同乎大顺”（完全顺随自然）的含义。第二个故事（从“蒋闾葂”至“心居矣”）阐发第三大部分“同乎大顺”的无为治国思想。第三个故事（从“自贡南”至“识之哉”）从反面阐明前文“同乎大顺”的真正含义。第四个故事（从“谆芒”至“混冥”）阐发如何做到第三部分的“同乎大顺”，以成为得道的圣人、德人、神人。第五个故事（从“门无鬼”至“而无传”）阐发如何以“同乎大顺”的无我之心看待世俗的仁、义、忠、信。

第五部分（从“孝子”至末尾）从正、反两面阐述如何做到第三大部分的“同乎大顺”，包括三小部分。第一小部分（从“孝子”至“不亦悲乎”）阐述如何做到第三大部分的“同乎大顺——“为善无近名，为恶无近刑”（《养生主》）。第二小部分（从“大声不入”至“其似己也”）阐述如何做到第三大部分的“同乎大顺”——顺随他人，但不同流合污。第三小部分（从“百年之木”到末尾）从反面阐述如何做到前文的“同乎大顺”——心无好恶，不追逐外物。

我们将本章结构图示如下。

第一部分	第一小部分	从开头至“鬼神服”	提出君主应效法自然，以无为之心对待世俗中的事物。
	第二小部分	从“夫子曰”至“死生同状”	阐述如何去除有心之累，顺随生与死、富与贵等一切之自然。
	第三小部分	从“夫子曰”至“长短修远”	阐释君主为什么应以无为之心对待世俗事物。

第二部分	第一个故事	从“黄帝”至“得之乎”	阐释上文“视乎冥冥，听乎无声。冥冥之中，独见晓焉；冥冥之中独闻和焉”的涵义。
	第二个故事	从“尧之师”至“南面之贼也”	从反面阐明前文所谓君主“无为而万物化”的含义。
	第三个故事	从“尧观”至“退已”	阐发第一部分“不乐寿”、“不利货财”的“无为而万物化”含义。
	第四个故事	从“尧治天下”至“而不顾”	阐发治国不可靠赏罚而应采取“无为而万物化”的方式。
第三部分	从“泰初有无”至“同乎大顺”		从道生万物、万物归于道的过程阐明第一大部分以无我之心对待事物的依据。
第四部分	第一个故事	从“夫子问”至“入于天”	阐发第三大部分“同乎大顺”（完全顺随自然）的含义。
	第二个故事	从“蒋闾葂”至“心居矣”	阐发第三大部分“同乎大顺”的无为治国思想。
	第三个故事	从“自贡南”至“识之哉”	从反面阐明前文“同乎大顺”的真正含义。
	第四个故事	从“谆芒”至“混冥”	阐发如何做到第三部分的“同乎大顺”以成为得道的圣人、德人、神人。
	第五个故事	从“门无鬼”至“而无传”	阐发如何以“同乎大顺”的无我之心看待世俗的仁、义、忠、信。
第五部分	第一小部分	从“孝子”至“不亦悲乎”	阐述如何做到第三大部分的“同乎大顺”——“为善无近名，为恶无近刑”（《养生主》）。
	第二小部分	从“大声不入”至“其似己也”	阐述如何做到第三大部分的“同乎大顺”——顺随他人，但不同流合污。
	第三小部分	从“百年之木”到末尾	从反面阐述如何做到前文的“同乎大顺”——心无好恶，不追逐外物。

1. **天地虽大，其化均**(1)**也；万物虽多，其治一也**(2)**；人卒**(3)**虽众，其**

主[4]君也。君原[5]于德而成于天[6]，故曰，玄[7]古之君天下，无为也，天德[8]而已矣。

(1) 均：均等（成玄英《庄子疏》）。

(2) 其治一也：一以自得为治（郭象），道为万物之主。“一”，无封之物或无物之物（道），这里指道。

(3) 人卒：百姓。“卒”，徒。

(4) 主：主宰者。

(5) 原：本也（陆德明《经典释文》）。

(6) 成于天：全成自然之性（成玄英《庄子疏》）。

(7) 玄：远也（成玄英《庄子疏》）。

(8) 天德：自然的本性。

译文：

天地虽然广大，但变化却是均匀的；万物虽然繁多，但自然之理是一样的；百姓虽然众多，但管理他们的是君主。君主以德性为本而成全于自然。所以说，古代君主治理天下，只是无为而治，顺随自然本性而已。

解说：

第一至二段阐述君主应效法自然，以无为之心对待世俗中的事物。

本段提出万物因自然而存在，因而君主应效法自然、遵循无为而治的思想。下文则围绕无为而治展开论述。

2. **以道观言[1]而天下之君正[2]，以道观分[3]而君臣之义明，以道观能而天下之官治，以道泛观[4]而万物之应备[5]。故通于天地者，德也；行于万物者，道也；上治人者，事也；能有所艺[6]者，技也。技兼[7]于事，事兼于义，义兼于德，德兼于道，道兼于天。故曰，古之畜[8]天下者，无欲而天下足，无为而万物化，渊静[9]而百姓定。《记》[10]曰：“通于一而万事毕[11]。无心得而鬼神服。”**

(1) 以道观言：以道的角度看待名称。“观”，关照。“言”，名也（郭庆藩

《庄子集释》引郭嵩焘说)。

(2) 正：得当。

(3) 分：职分。

(4) 泛观：看待一切。

(5) 万物之应备：万物都是完备无缺的。

(6) 艺：才能。

(7) 兼：统也 (宣颖《南华经解》)。

(8) 蓄：牧养 (宣颖《南华经解》)。

(9) 渊静：像深渊之中的水一样平静。

(10)《记》：云老子所作 (陆德明《经典释文》)。

(11) 毕：完结 (曹础基《庄子浅注》)。

译文：

从道的观点来看待事物的名称，无为的君主就得到了恰当的名号；从道的观点来看职分，君臣名分就会显明；从道的观点来看待才能，天下的官吏就能发挥相应的职能；从道的观点来看待一切事物，万物都是完备无缺的。因此，能与天地相通的，是道；顺于地的，是德；周行于万物的，是义；治理天下所要做的，是事；才能有所专长的，是技能。技能要统合于事，事要统合于义，义要统合于德，德要统合于道，道要合于天。所以说，古代治理天下的君主，没有贪欲，天下就富足；无所妄为，万物就自然运作；清静无扰，百姓就能安定。古书《纪》上说："与事物合一，万事可成；无得于心，鬼神也会佩服。"

解说：

本段进一步阐发君主应效法自然、遵循无为而治的思想，与《在宥》结尾部分和《齐物论》的观点相同。

从自然的角度看待君主职位、君臣分际、官员职责等等，一切都合乎自然；从自然的角度看待技能、事务、义、德等等，一切也都合乎天道，合乎自然。

3. 夫子[1]曰："夫道，覆载[2]万物者也，洋洋乎大哉！君子不可以不刳(kū) 心[3]焉。无为为之之谓天，无为言之之谓德，爱人利物[4]之谓仁，不同同之之谓大，行不崖异[5]之谓宽[6]，有万[7]不同之谓富。故执[8]德之谓纪[9]，德成之谓立，循于道之谓备[10]，不以物挫志之谓完。君子明于此十者，则韬[11]乎其事心[12]之大也，沛[13]乎其为[14]万物逝[15]也。若然[16]者，藏金于山，藏珠于渊，不利货财，不近贵富；不乐寿，不哀夭；不荣通[17]，不丑穷；不拘[18]一世之利以为己私分[19]，不以王天下为己处显。显则明[20]，万物一府[21]，死生同状[22]。"

(1) 夫子：夫子指谁不确定，但指老子的可能性大。

(2) 覆载：包括，包罗。

(3) 刳心：指去心智。"刳"，去也（成玄英《庄子疏》）。

(4) 爱人利物：指顺人之性、物之性。

(5) 崖异：突出而与众不同。

(6) 宽：宽阔，不执着一端。

(7) 有万：包容万物。

(8) 执：执掌。

(9) 纪：纲纪，关键。

(10) 备：完备。

(11) 韬：胸怀宽广（曹础基《庄子浅注》）。

(12) 事心：犹立心也（俞樾《庄子平议》）。

(13) 沛：水流多。

(14) 为：与（曹础基《庄子浅注》）。

(15) 逝：变化。

(16) 若然：如果这样。

(17) 通：达。

(18) 拘：取（曹础基《庄子浅注》）。

(19) 私分：私自占有。

(20) 显则明：彰显了就会炫耀自己。"明"，彰也（成玄英《庄子疏》）。

(21) 一府：一体。

(22) 同状：外表同样。

译文：

先生说："道是包罗万物的，多么广大呀！君子不可不去除成心。以无为心态去做事的，就合道；无需做任何辩解的，就合德；顺人顺物，就是仁爱；以齐一的心态看待不同的意见，就是大；行为从不与众不同的，就是宽；能容纳各种不同事物的，就是富。因此，保有自然德性的，就是纲纪；成就德性完满的，叫做自立；顺随大道的，叫做完备；不因外物而挫伤心志的，叫做完满。君子明白了这十项，就能胸怀宽广，包容万物，万物势不可挡地归附。这样的人，就能任黄金藏在深山，任珍珠藏在深渊；不谋求财物，不追求富贵；不以高寿为乐，不以短命为哀；不以显达为荣，不以穷困为耻；不谋取举世的利益为己有，不因为自己是天下君主而显明。显明就是炫耀。万物一体，死生无别。"

解说：

本段引用"夫子"的话阐述如何以无为之心对待"天、德、仁、大、宽、富、纪、立、备、完"，从而去除有心之累，顺随生与死、富与贵等一切之自然。

本段与上一段一样，虽然所提到的十个方面在形式上与日常的含义无异，但实际上与日常含义有着根本的不同——得道者是以忘我的心态对待它们的。

4. **夫子曰："夫道，渊乎其居[1]也，漻（liáo）[2]乎其清也。金石[3]不得，无以鸣。故金石有声，不考[4]不鸣。万物孰[5]能定之！夫王[6]德之人，素逝[7]而耻通于事，立之本原而知通于神。故其德广，其心之出，有物采[8]之。故形非道不生，生非德不明。存形穷生，立德明道，非王德者邪！荡荡乎！忽然出，勃然[9]动，而万物从之乎！此谓王德之人。视乎冥冥[10]，听乎无声。冥冥之中，独见晓焉；无声之中，独闻和[10]焉。故深之又深而能物[12]焉，神之又神而能精焉；故其与万物接也，至无而供其求，时骋[13]而要其宿[14]，大小，长短，修[15]远。"**

(1) 居：处。

(2) 漻：清貌（陆德明《经典释文》）。

(3) 金石：钟磬等乐器。

(4) 考：击，敲。

(5) 孰：谁。

(6) 王：通“旺”。

(7) 素逝：素朴而往。“素”，真也；“逝”，往也（成玄英《庄子疏》）。

(8) 采：求也（成玄英《庄子疏》）。

(9) 忽然、勃然：无心之貌。物感而动，逗机而出，因循任物，物则从之（成玄英《庄子疏》）。

(10) 冥冥：昏暗的样子。

(11) 和：协调，混一。

(12) 能物：能物众物也（成玄英《庄子疏》），能役使他物。

(13) 骋：纵也（成玄英《庄子疏》）。

(14) 宿：会也（成玄英《庄子疏》）。

(15) 修：长。

译文：

先生说：“道，幽静如渊，清澈如水。金与石没有道，就不会鸣响。所以，金石可以发出声音，但不敲则不响。谁能确定万物如何感应呢？最有德行的人，行为淳朴而不屑于通晓世事，立足于本原，智慧与神明相通，所以他的德性广大。他的心思有所活动，是因为外物有所交感。因此，形体如果没有大道，就不能产生；生命如果没有德，就不能彰显。保有形体，逍遥一世，显明德性，彰显大道，不就是最有德性的人吗！浩大呀！忽然顺时而出，勃然而动，万物都会跟从！这就叫最有德性的人。视而无形，听而无声。昏暗中又有所见，无声中又有所听。因而道深不可测，却能主宰万物；神妙无比，能见到其精妙；因而它与万物接应时，虚寂却能应万物，自由自在却成为万物的归宿；顺万物而动却能会聚万物，无论大小、长短、远近，各得其所。

解说：

本段阐释为什么君主应以无为之心对待世俗中的事物。

道只响应外物，却是万物的根源；视而无形，听而无声（参见第一章无我部分的解说），却能主宰万物，成为万物的归宿。因此，至德者顺道而为，既不为外物羁绊，又能对万物之感有所应。

渊乎其居也，漻乎其清也。金石不得，无以鸣。故金石有声，不考不鸣——道是无物之物。

夫王德之人，素逝而耻通于事，立之本原而知通于神。故其德广，其心之出，有物采之——以无我之心对待无物之物，以有我之心则无法通达无物之物。

故形非道不生，生非德不明……忽然出，勃然动，而万物从之乎——万物由道而生。

视乎冥冥，听乎无声。冥冥之中，独见晓焉；无声之中，独闻和焉——道是无物之物，我们能感觉到但无法意识到或注意到。参见第一章“至人无己”一段的解说。

5. **黄帝游乎赤水(1)之北，登乎昆仑之丘而南望，还归，遗其玄珠(2)。使知(3)索(4)之而不得，使离朱(5)索之而不得，使吃诟(6)索之而不得也。乃使象罔(7)，象罔得之。黄帝曰：“异哉！象罔乃可以得之乎？”**

(1) 赤水：水名，在昆仑山南面。一说为虚构的地名。

(2) 玄珠：玄妙的珍珠，比喻道。

(3) 知：人名，意为聪明。

(4) 索：求。

(5) 离朱：古代以目明著称的人。

(6) 吃诟：虚构的人名，意为能言者。“吃”，声（郭庆藩《庄子集释》引郭嵩焘说）。“诟”，怒也，怒亦声也（（郭庆藩《庄子集释》引郭嵩焘说）。

(7) 象罔：虚构的人名。无心之谓（成玄英《庄子疏》）。

译文：

黄帝到赤水的北面游览，登上昆仑山向南瞭望，返回的时候，丢失了玄珠。他派知去找，没有找到；派离朱去找，也没有找到；派吃诟去找，还是没有找到。于是派象罔去找，象罔找到了。黄帝说："奇怪呀！只有象罔才能找到吗?"

解说：

本段阐释上文"视乎冥冥，听乎无声。冥冥之中，独见晓焉；冥冥之中独闻和焉"（视而无形，听而无声。无形中又有所见，无声中又有所听）的涵义。

玄珠比喻道。道自身无迹象，不可思、不可见、不可说（参见第一章"至人无己"一段的解说），所以凭智力、视力、言语都找不到。只有无心的象罔才能找到。

6. 尧之师曰许由(1)，许由之师曰啮（niè）缺，啮缺之师曰王倪，王倪之师曰被衣(2)。

尧问于许由曰："啮缺可以配(3)天乎？吾藉(4)王倪以要(5)之。"

许由曰："殆(6)哉圾(7)乎天下！啮缺之为人也，聪明睿(8)知，给(9)数(10)以敏，其性过人，而又乃(11)以人受天(12)。彼审(13)乎禁过(14)，而不知过之所由生。与之配天乎？彼且(15)乘人(16)而无天，方且本身而异形(17)，方(18)且尊知而火驰(19)，方且为绪(20)使(21)，方且为物絯（gāi）(22)，方且四顾而物应(23)，方且应众宜(24)，方且与物化而未始(25)有恒(26)。夫何足以配天乎？虽然，有族(27)有祖(28)，可以为众父(29)，而不可以为众父父(30)。治，乱之率(31)也，北面之祸也，南面之贼(32)也。"

(1) 许由：传说中尧时代的隐士，见《逍遥游》注释。

(2) 啮缺、王倪、被衣：三人都是得道之人。啮缺、王倪已见于《齐物论》，被衣即《应帝王》中的蒲衣子（曹础基《庄子浅注》）。

(3) 配：合也（成玄英《庄子疏》）。

(4) 藉：借助。

(5) 要：通“邀”，邀请。

(6) 殆：危险。

(7) 圾：危也（郭象《庄子注》）。

(8) 睿：圣也（成玄英《庄子疏》）。

(9) 给：捷也（成玄英《庄子疏》）。

(10) 数：通“速”，快。

(11) 乃：且（曹础基《庄子浅注》）。

(12) 以人受天：用人为的东西强加于天。“受”，通“授”。

(13) 审：明察。

(14) 禁过：防止犯错。

(15) 且：将也（成玄英《庄子疏》）。

(16) 乘人：凭借人力。

(17) 本身而异形：以己身为本，引物使归，令天下异形（成玄英《庄子疏》），自身与他人之间分别对待。

(18) 方且：正将（曹础基《庄子浅注》）。

(19) 火驰：驰骤奔逐，其速如火矣（成玄英《庄子疏》）。

(20) 绪：细事（宣颖《南华经解》）。

(21) 使：役也（成玄英《庄子疏》）。

(22) 絯：束也（陆德明《经典释文》）。

(23) 物应：应接外物。

(24) 应众宜：满足众人的需求。

(25) 未始：不曾。

(26) 恒：常。

(27) 族：薮也（成玄英《庄子疏》），人群聚集。

(28) 祖：生物之原也（郭庆藩《庄子集释》）。

(29) 众父：管理百姓的官长。“父”，君也（成玄英《庄子疏》）。

(30) 父父：指君主。

(31) 率：主也（成玄英《庄子疏》）。

(32) 贼：祸害。

译文：

尧的老师是许由，许由的老师是啮缺，啮缺的老师是王倪，王倪的老师是被衣。

尧问许由说："啮缺可以做天子吗？我想请王倪去邀请他。"

许由说："天下恐怕就要岌岌可危了！啮缺为人聪明睿智，机灵敏捷，天性过人，但把人为的强加给自然。他知道如何去防止他人的过错，但不知道过错从何而生。你让他做天子吗？他将凭借人力而漠视自然，以自身为标准分别人我，崇尚智巧而急于处理事务，为世间琐事所役使，会为外物所羁绊，酬接四方应接不暇，想事事都处理恰当，将会追逐外物变化而失去常规。他怎么能担任天子呢？尽管如此，既然有人群就有首领，他就可以为一方百姓之主，但不可以担任天下之君。治是乱的根源，是人臣的灾难，也是君主的祸害。"

解说：

这个故事从反面阐明前文所谓君主"无为而万物化"的含义。

啮缺不能担任君主的原因在于他自身机敏、聪明，只知依赖人力而不知顺随自然，因而就不能依靠自然之力（知道别人的过错说明他聪明，不知道过错从何而生，说明他不能顺随外物）。其结果就是，啮缺与外物、与他人产生冲突。与外物冲突就会受外物羁绊；与他人对立，要么不断产生冲突，要么为投合众人而应接不暇，从而失去自处之道，最终产生灾难。啮缺为什么可以做一个小头目呢？在上有得道之君的前提下，让有所作为的啮缺去治理小群体，这不仅是上文所谓"上治人者事也、能有所艺者技也"的体现，也是《在宥》结尾所谓君主无为、臣下有所作为、君臣合作则无为而无不为的体现。

聪明睿知，给数以敏，其性过人，而又乃以人受天——凭一己之力，与外物产生对待。

7. 尧观乎华[(1)]。华封人[(2)]曰："嘻，圣人！请祝圣人。使[(3)]圣人寿。"尧曰："辞[(4)]。""使圣人富。"尧曰："辞。""使圣人多男子。"尧曰："辞。"

封人曰："寿，富，多男子，人之所欲也。女[(5)]独不欲，何邪？

尧曰：“多男子则多惧，富则多事，寿则多辱。是三者，非所以养德也，故辞。”

封人曰：“始也我以女为圣人邪，今然[6]君子也。天生万民，必授之职。多男子而授之职，则何惧之有！富而使人分之，则何事之有！夫圣人，鹑(chún) 居而鷇（kòu）食[7]，鸟行而无彰[8]；天下有道，则与物皆昌；天下无道，则修德就闲[9]；千岁厌[10]世，去而上僊（xiān)[11]；乘彼白云，至于帝乡[12]；三患[13]莫至，身常无殃；则何辱之有！”

封人去之。尧随之，曰：“请问。”

封人曰：“退已！”

(1) 华：华州，在今陕西省华县。

(2) 华封人：在华地守封疆的人。

(3) 使：祈求。

(4) 辞：不接受。

(5) 女：通“汝”，你。

(6) 然：借为“乃”字（章太炎《章太炎全集》）。

(7) 鹑居而鷇食：像鹑那样居住（无常处），像初生的鸟那样求食（无心求食)。“鷇”，鷇者，鸟之子，食必仰母而足（成玄英《庄子疏》），参见《齐物论》。

(8) 彰：文迹也（成玄英《庄子疏》）。

(9) 闲：闲居。

(10) 厌：尽（曹础基《庄子浅注》）。

(11) 上僊：成仙。

(12) 帝乡：天地之乡（成玄英《庄子疏》）。

(13) 三患：上文的恐惧、麻烦、受辱。

译文：

尧到华地游览。华地的封疆官员对他说：“啊，圣人！请让我祝福圣人。祝圣人长寿。”尧说：“谢绝。”“祝圣人富有。”尧说：“谢绝。”“祝圣人多生男孩。”尧曰：“谢绝。”

守封疆的官员说："长寿，富有，多生男孩，是人们所希望要的。你却偏要推辞，这是为什么呢？"

尧说："男孩多恐惧就多，财富多麻烦就多，寿命长侮辱就会多。这三样东西都不能用来培养德性，所以我要推辞。"

封疆官员说："原来我以为你是得道者，现在看来你只能算个君子。天生万民，必定会授予职事。多生男孩就授予他们职事，又有什么好恐惧的呢？富有而与人分享，又有什么麻烦呢？得道者随遇而安，像鹑鸟那样随遇而安，像幼鸟那样无心求食，就像鸟儿飞行那样不留痕迹；天下有道，就与万物一同繁荣；天下无道，就闲居修养德行。千岁之后觉得活得足够了，就离开人世登上仙境；乘着白云，达到仙乡；你担心的（恐惧、麻烦、受辱）三患都不会降临，自身永远无恙；又有什么困辱呢！"

守封疆的官员离去，尧跟在后面说："还想请教。"

守封疆的官员说："你回去吧！"

解说：

本段阐发前文"不乐寿"、"不利货财"的"无为而万物化"的含义。

"不乐寿"、"不利货财"、不求福（中国古人认为多男孩就多福）并不是排斥长寿、排斥富有，故意不生男孩，而是顺其自然，既不排斥，也不强求。尧排斥长寿、富有、多生男孩，害怕它们带来的侮辱、麻烦和恐惧，是心怀成见的表现。因此，守封疆的官员说尧只是个君子而不是得道者。儿子多就多授予职事，富有就与人分享，长寿就随遇而安；到活够了时，就离开世俗，逍遥于尘世之外。一切都不会挂念于心。这才是得道者的处世方式。

8. **尧治天下，伯成子高[1]立为诸侯。尧授[2]舜，舜授禹，伯成子高辞为诸侯[3]而耕。禹往见之，则耕在野。禹趋[4]就[5]下风[6]，立而问焉，曰："昔尧治天下，吾子[7]立为诸侯。尧授舜，舜授予，而吾子辞为诸侯而耕，敢问，其故何也？"**

子高曰："昔尧治天下，不赏而民劝，不罚而民畏。今子赏罚而民且不仁，德自此衰，刑自此立，后世之乱自此始矣。夫子阖[8]行邪？无落[9]吾事！"俋

(yì) **倡[10]乎耕而不顾**。

(1) 伯成子高：不知何许人也，盖有道之士（成玄英《庄子疏》）。“伯成”，复姓。

(2) 授：传位。

(3) 辞为诸侯：辞去诸侯之位（曹础基《庄子浅注》）。

(4) 趋：快步上前。

(5) 就：近。

(6) 下风：下方，表示尊重对方。

(7) 吾子：先生，您。

(8) 阖：通“盍”，何不。

(9) 落：废也（成玄英《庄子疏》）。

(10) 倡倡：耕地之貌（成玄英《庄子疏》）。

译文：

尧统治天下时，伯成子高被封为诸侯。尧让位给舜、舜让位给禹后，伯成子高就辞去诸侯之位，耕田去了。禹前往看他时，伯成子高正在田里耕种。禹快步走到跟前，站在下风，问说：“以前尧统治天下的时候，您被封为诸侯；尧把帝位传给舜后，舜又把帝位传给我，您却辞去诸侯之位，回来种田，请问这是什么缘故呢？”

子高说：“以前尧统治天下的时候，不用奖赏而百姓勤勉，不用惩罚而百姓敬畏。现在你赏罚并用而百姓并不仁爱，德行将会从此衰落，刑罚将会从此设立，后世的祸乱也从此开始。先生为什么不走开呢？不要耽误了我的农事！”说罢，低头耕种，不再理睬禹了。

解说：

本段从反面阐发治国不能靠赏罚而应采取“无为而万物化”的方式。

伯成子高之所以辞去诸侯之位回家种田，是因为禹开始以赏罚的方式治国。以这种有为的赏罚方式治国，祸乱就从此开始了。

在这个故事里，尧舜无为治国，而上文说黄帝就开始以仁义（有为）治国了。因此，读者不能以考据的眼光读《庄子》一书，只能得其意而忘其言。

9. **泰初**(1) **有无无**(2) **，有无名**(3) **。一之所起，有一而未形**(4) **。物得以生**(5) **，谓之德；未形者有分**(6) **，且然**(7) **无间，谓之命**(8) **；留动**(9) **而生物，物成生理**(10) **，谓之形；形体保**(11) **神，各有仪则**(12) **，谓之性。性修反**(13) **德，德至同于初**(14) **。同乃虚，虚乃大**(15) **。合喙**(16) **鸣；喙鸣合，与天地为合。其合缗缗**(17) **，若愚若昏，是谓玄德，同乎大顺**(18) 。

(1) 泰初：太初，即事物自身的无物状态。

(2) 有无无：物物未分、物我未分，因而连无都没有（参见《齐物论》“有未始有夫未始有无也”的解说）。如果将“泰初有无无有无名”断句为“泰初有无，无有无名”，那么“无”就是道。这与《齐物论》中“有夫未始有无也”以及“有未始有夫未始有无也”的论述相矛盾。

(3) 有无名：有、无都不可说，因而无名。

(4) 一之所起，有一而未形：有“一”的时候，“有”与“无”混而为一，但还没有形迹，即无封。参见《齐物论》中的“既已为一矣，岂得有言乎”的解说。

(5) 物得以生：万物因而生成。

(6) 有分：分为言与所言的对象。参见《齐物论》“既已谓之一矣，且得无言乎？一与言为二”的解说。

(7) 且然无间：但物与物还未分。“且然”，犹且（陈鼓应《庄子今注今译》）。“无间”，物物不分。

(8) 命：指万物混一的状态。

(9) 留动：停止流动。

(10) 物成生理：物生成则有其自身的结构。

(11) 保：守。

(12) 仪则：规则。

(13) 反：通“返”

(14) 初：即上文的泰初。

(15) 同乃虚，虚乃大：同于泰初，心乃虚豁；心既虚空，故能包容广大

（成玄英《庄子疏》），同于泰初，心就会虚空（无我），因而能包容万物。

（16）喙：无心于言而自言者，合于喙鸣（郭象）。

（17）缗缗：合无迹也（宣颖《南华经解》）。

（18）大顺：完全顺从泰初之自然。

译文：

事物的本来状态连“无”都没有，处于无名状态。“一”生成时，物与物混而为一，尚无具体形象（无封）。万物通过道得以生成，就称为德；此时，无形象但有分别，不过还没有形成物与物之间的界限，就称为命；停止流动就产生万物，万物各有其样态称为形；形体保有其精神，各自有其规则称为自性。自性经过修养，就返回原来的德；德达到极致就混同于本来状态。混同才会虚寂，虚寂则无所不包。这样就像鸟兽的鸣叫那样出于无心；这种无心之言，就能与天地融合。这种融合没有任何痕迹，似质朴又似昏昧，这就叫玄德，完全顺随事物的本来状态了。

解说：

本段阐述从道产生具体事物（下面的第一至第三个步骤），人经过修炼又合道（下面的第四、第五个步骤）的过程，以阐明第一大部分以无我之心对待事物的依据。

1. 泰初——连无也没有（无“无”），处于无名状态，对应于《齐物论》的无物。

2. “一”、“德”、“命”——从物与物之间没有界限、没有形象的角度称为“一”，从混一的万物通过“一”而生成的角度称为“德”，从万物没有界限的角度称为“命”。对应于《齐物论》中的有物无封。

3. “形”、“性”——变化中的相对稳定就会产生具体的物，物各有其样态称为“形”；形保有精神，各自有其规则称为“性”。对应于《齐物论》中的有物有封（但没有是非）。

4. 本性经过修炼，就会回归德性，即又回到第二步中的“一”、“德”、“命”了。

5. 德再经过修炼则同于泰初，即又回到第一步泰初了。

第一、第二、第三步骤分别对应《齐物论》中的“无物”、“无封”和“无是非”等三个悟道层次。参见《齐物论》相关的论述。文中所谓的像鸟叫那样出于无心，可参考《齐物论》中“夫言非吹也”一段的论述。

这一段的无封之物、有封之物不是得道者以无物之心对待的无封之物、有封之物，而是指《齐物论》所谓的物与物之间没有分别（无封之物）和物与物之间存在分别（有封之物）的状态。

10. **夫子(1)问于老聃曰：“有人治道(2)若相放(3)，可不可，然不然(4)。辩者有言曰，‘离坚白若县宇(5)。’若是(6)则可谓圣人乎?”**

(1) 夫子：指孔子。

(2) 治道：修道。

(3) 放：若相违逆（于省吾《新证》）。

(4) 可不可，然不然：把不可的论证成可，把不对的论证成对。参见《秋水》篇。

(5) 县宇：悬在天空。“县”，“悬”。

(6) 若是：像这样。

译文：

孔子请教老子说：“有人在修道时与道相违逆，把不可的说成可，把不是的说成是。善于辩论的人会说：‘坚与白的不同就像高悬在天空那样明白易见。’像这样的人可以称为得道者吗?”

解说：

这个故事阐发上一段所谓“同乎大顺”（完全顺随自然）的含义。

把不可的说为可的、把不是的说为是的；坚是坚，白是白。这些都是心有是非、不能“同乎大顺”的表现。

11. **老聃曰：“是胥(1)易(2)技(3)系(4)劳形怵(5)心者也。执留(6)之狗成思(7)，**

猿狙[8]之便[9]自山林来。丘，予[10]告若[11]，而[12]所不能闻与而所不能言。凡有首有趾[13]无心[14]无耳[15]者众，有形者与无形无状[16]而皆存者尽无[17]。其动止也；其死生也；其废起也。此又非其所以[18]也。有治在人[19]，忘乎物，忘乎天，其名为忘己。忘己之人，是之谓入于天。”

(1) 胥：胥徒（成玄英《庄子疏》），胥徒，民给徭役者（郭庆藩《庄子集注》引郑玄注《周礼》）。

(2) 易：犹治也（（郭庆藩《庄子集注》）。

(3) 技：术。

(4) 系：束缚。

(5) 怵：恐惧。

(6) 留：赵谏议本为“狸”字，“狸”，狐狸。

(7) 成思：当为“来田”之讹（郭象《庄子注》）《应帝王》中为“来田”字。“田”为打猎的意思。

(8) 猿狙：猕猴。

(9) 便：轻捷。

(10) 予：我。

(11) 若：你。

(12) 而：你。

(13) 有首有趾：人与动物都有头有角（郭庆藩《庄子集释》引郭嵩焘说）

(14) 无心：指鸟兽（郭庆藩《庄子集释》引郭嵩焘说）

(15) 无耳：指虫鱼等（郭庆藩《庄子集释》引郭嵩焘说）

(16) 无形无状：指道。《道德经》第十四章：“复归于无物，是谓无状之状，无物之象……是谓道纪。”

(17) 尽无：绝对没有。

(18) 所以：原因。

(19) 有治在人：有心修道则属于人为，与开头的“治道”相应。

译文：

老聃说：“这就如同胥吏办事，为技能所累，劳形又劳心。狗因为能捕狐狸而被人驱使、猿狙因为敏捷而被人从山林中捉来。孔丘，我要告诉你的，是你所无法听到的，也无法说出的。有腿有脚的人实际上无知无闻的很多，而能使自己的形体与无形的大道共存的却没有。动静、生死、废兴，这些是自然的而不是所以然的。有心治国则属于人为。忘掉外物，忘掉自然，这就叫忘我。忘掉自己的人，才能合于天道。”

解说：

有技能就会为技能所困，像胥吏、猎狗、猿狙一样，因自身的技能而被奴役。解决困境的方法就是顺随无法听到、无法说出的自然之道，做到忘物、忘我，与自然合一。既然与自然合一了，那么可与不可、是与不是、坚与白还用得着分得如此清楚吗？

12. **蒋闾葂（miǎn）[(1)]见季彻[(2)]曰：“鲁君谓葂也曰：‘请受教[(3)]。’辞不获命[(4)]，既已告矣，未知中（zhòng）[(5)]否，请尝荐[(6)]之。吾谓鲁君曰：‘必服[(7)]恭俭，拔出公忠之属而无阿[(8)]私，民孰敢不辑[(9)]！’**

季彻局局然[(10)]笑曰：“若夫子之言，于帝王之德，犹螳蜋之怒[(11)]臂以当车轶[(12)]，则必不胜任矣。且若是，则其自为处危[(13)]，其观台多物[(14)]，将往[(15)]投迹[(16)]者众。”

(1) 蒋闾葂：虚构人物。“蒋闾”，姓。“葂”，名。

(2) 季彻：虚构人物。“季”，姓。“彻”，名。

(3) 受教：给予指教。

(4) 辞不获命：推辞却没被允许。

(5) 中：恰当。

(6) 荐：献也（成玄英《庄子疏》）。

(7) 服：躬行。

(8) 阿：曲也（成玄英《庄子疏》）。

(9) 辑：和也（成玄英《庄子疏》）。

(10) 局局然：格格而笑的样子（曹础基《庄子浅注》）。

(11) 怒：奋举。

(12) 当车轶：挡住车轮。“当”，通“挡”。“轶”，通“辙”，指车轮。

(13) 自为处危：自己把自己带到危险的境地。

(14) 观台多物：观台上载着许多法律条文（曹础基《庄子浅注》）。“观台”，宫门两边的楼台（曹础基《庄子浅注》）。“观台多”，言使民观象受法，其事繁也（郭庆藩《庄子集释》引郭嵩焘说）。

(15) 往：归向。

(16) 投迹：举足而来（曹础基《庄子浅注》）。

译文：

蒋闾葂去见季彻请教说：“鲁国国君对我说：‘请你多指教。’我推辞却推不掉，只好向他建议，不知说得对不对，我再说给你听听。我对鲁君说：‘为政必须做到恭敬节俭，选拔公正忠诚的人而没有偏私，这样百姓谁敢不和睦呢！’”

季彻咯咯地笑着说：“先生的话，对帝王的德业来说，就像螳臂挡车一样，必定无法胜任。如果真的这样做，鲁君就会把自己置于危险的境地，单是那些前来观看宫门两边楼台记载法律条文的人就会让鲁君不胜其烦。”

解说：

这个故事阐发前文所谓的“同乎大顺”的无为治国思想。

蒋闾葂所说的恭敬节俭、选拔公正忠诚的人而没有偏私的治国方式，实际上是以某种模式去改造百姓，而不是无我顺物（百姓），所以会带来无穷多的事务，单是那些前来观看宫门两边楼台记载法律条文的人就会让鲁君不胜其烦。因此，季彻批评说，这个方法是螳臂挡车，会将鲁君置于危险境地。

13. **蒋闾葂覤（xì）覤[1]然惊曰：“葂也汒若[2]于夫子之所言矣。虽然，愿先生之言其风[3]也。”**

季彻曰：“大圣之治天下也，摇荡[4]民心，使之成教易俗，举[5]灭[6]其贼心[7]而皆进其独志[8]，若性之自为，而民不知其所由然。若然者，岂兄[9]尧舜之教民，溟（míng）涬（xìng）[10]然弟[11]之哉？欲同乎德而心居[12]矣。”

（1）觑觑：惊貌也（郭象《庄子注》）。

（2）汇若：茫然。“汇”，通“茫”。“若”，然。

（3）言其风：大略（林希逸《庄子口义》）。

（4）摇荡：因其自摇而摇之（郭象《庄子注》）。

（5）举：全部。

（6）灭：克服。

（7）贼心：指智巧之心。

（8）独志：独特之志，指得道的心愿。

（9）兄：表示推崇的称谓。

（10）溟涬：甚贵之谓也（郭象《庄子注》）。

（11）弟：意为跟从，与兄相对。

（12）居：安定。

译文：

蒋闾葂吃惊地说：“我对先生的话感到茫然不解。虽然如此，我还是希望先生大概说说其中的道理。”

季彻说：“真正的得道者治理天下，在于顺随百姓，使他们教化自成、风俗自变，完全消除他们的智巧之心，让他们的心志逍遥自得，好像他们自己的本性就是如此一样，自己不知其所以然。如果做到这样，哪里需要推崇尧舜的教化，自己甘心俯首地跟在后面跑呢？真正的得道者在于使百姓同于自然的德性而内心安定。”

解说：

治理国家不能采用某种有为的模式去改造百姓，而要在顺随民百姓的前提下，使百姓不知不觉地去除有为之心，形成无为自在的习俗，从而回归其自然本性。

14. **子贡[(1)]南游于楚，反[(2)]于晋，过汉阴[(3)]，见一丈人[(4)]方将[(5)]为圃畦(qí)[(6)]，凿隧[(7)]而入井，抱瓮（wèng）[(8)]而出灌，搰（hú）搰[(9)]然用力甚多而**

见功寡。子贡曰："有械于此，一日浸百畦，用力甚寡而见功多，夫子不欲乎？"

为圃者卬（yǎng）[10]而视之曰："柰何？"曰："凿木为机[11]，后重前轻，挈[12]手若抽，数[13]如泆（yì）[14]汤，其名为槔（gāo）[15]。"为圃者忿然作色[16]而笑曰："吾闻之吾师，有机械者必有机[17]事，有机事者必有机心。机心存于胸中，则纯白[18]不备[19]；纯白不备，则神生[20]不定；神生不定者，道之所不载也。吾非不知，羞而不为也。"

(1) 子贡：孔子弟子。

(2) 反：通"返"。

(3) 汉阴：水南曰阴（成玄英《庄子疏》）。

(4) 丈人：长者之称也（成玄英《庄子疏》）。

(5) 方将：正在。

(6) 圃畦：种蔬曰圃，埒中曰畦（陆德明《经典释文》引李颐说）。

(7) 隧：地道也（成玄英《庄子疏》）。

(8) 瓮：瓦罐。

(9) 搰搰：用力貌也（成玄英《庄子疏》）。

(10) 卬：通"仰"。赵谏议本""为"仰"字。

(11) 机：器械。

(12) 挈：引也（陆德明《经典释文》引李颐说）。

(13) 数：疾速。

(14) 泆：通"溢"，溢出。

(15) 槔：桔槔也（陆德明《经典释文》引李司马彪、颐说），一种抽水工具。

(16) 作色：改变脸色。

(17) 机：技巧。

(18) 纯白：没有污染，指自然本性。

(19) 备：完备。

(20) 生：通"性"（曹础基《庄子浅注》）。

译文：

子贡南游到楚国，当他返回晋国，经过汉水南岸时，看见一位老人正在菜园里干活。那老人在井边挖了一条水沟通向园子，抱着瓦罐取水灌溉，费力多效率低下。子贡说："有这么一种器械，一天就能灌溉一百多块地，费力少但见效快，你老人家不想试试吗？"

种菜的老人抬起头来看着子贡说："是什么样的器械？"子贡说："砍些树木做成机关，后面重，前面轻，取水就像抽引一样，快得如同沸水涌出。这种机械名叫桔槔。"种菜老人怒形于色，讥笑子贡说："我听我的老师说过，有机巧的器械就有机巧的事，有机巧的事就会生出机巧的心。机巧之心存在于胸中，就不能保全淳朴自然的德性；德性不纯，心神就不安定；心神不定，就不能载道。我不是不知道这种器械，而是因为感到羞耻才不用的。"

解说：

这个故事从反面阐明前文"同乎大顺"的真正含义。

种菜老人（的老师）认为，有机巧的器械就有机巧的事，有机巧的事就会生出机巧的心。这种看法是有我而逐物的表现（参见《逍遥游》、《齐物论》相关的解说）。真正的得道者以无我之心看待一切事物。面对器械，只需以顺随事物之心看待，自然就合道了。

15. **子贡瞒然[1]惭，俯而不对[2]。**

有间[3]，为圃者曰："子奚[4]为者邪？"

曰："孔丘之徒也。"

为圃者曰："子非夫[5]博学以拟[6]圣，於（wū）于[7]以盖众[8]，独弦哀歌以卖名声于天下者乎？汝方将忘汝神气，堕（huī）[9]汝形骸，而庶几[10]乎！而[11]身之不能治，而何暇治天下乎！子往矣，无乏[12]吾事！"

子贡卑陬（zōu）[13]失色，顼（xū）顼[14]然不自得，行三十里而后愈[15]。

(1) 瞒然：羞怍之貌也（成玄英《庄子疏》）。

(2) 对：应答。

(3) 有间：一会儿。

(4) 奚：何。

(5) 夫：指示代词，相当于“那个”（曹础基《庄子浅注》）。

(6) 拟：仿效。

(7) 於于：夸诞貌（陆德明《经典释文》引司马彪说）。

(8) 盖众：压倒众人。

(9) 堕：通“隳”，坏，抛弃。

(10) 庶几：差不多接近（道）。

(11) 而：你。

(12) 乏：废也（陆德明《经典释文》）。

(13) 卑陬：惭怍之貌（成玄英《庄子疏》），“陬”，角落。

(14) 顼顼：自失之貌（成玄英《庄子疏》）。

(15) 愈：恢复正常。

译文：

子贡觉得十分羞愧，低着头不知如何回答。

不一会儿，种菜老人又问：“你是做什么的呢？”

子贡回答说：“我是孔丘的弟子。”

种菜老人说：“不就是靠博学比拟得道者，靠浮夸来盖过他人，自奏哀歌向天下人卖弄名声的那位吗？你应该忘记你的智巧、忘记你的形体，才能差不多接近大道！你连自身都管不好，哪里还有闲暇去管理天下呢！你走你的吧，不要耽误我的正事！”

子贡十分惭愧，神色失常，怅然若失，走了三十里路才恢复正常。

解说：

种菜老人认为，应该先遗忘精神、忘记形体，然后才谈得上治国。而用博学比拟得道者、靠浮夸超群出众，是不能修身的。这段话虽然符合庄子的思想，但从下文看，种菜老人对遗忘精神、忘记形体的理解还存在问题。

16. 其弟子曰：“向[(1)]之人何为者邪？夫子何故见之变容失色，终日不自反[(2)]邪？”

曰：“始吾以为天下一人耳，不知复有夫人[(3)]也。吾闻之夫子[(4)]，事求可，功求成。用力少，见功多者，圣人之道。今徒[(5)]不然。执道[(6)]者德全，德全者形全，形全者神全。神全者，圣人之道也。托生[(7)]与民并行而不知其所之[(8)]，汒[(9)]乎淳备[(10)]哉！功利机巧必忘夫人之心。若夫人者，非其志不之[(11)]，非其心不为。虽以天下誉之，得其所谓[(12)]，謷（áo）[(13)]然不顾；以天下非之，失其所谓，傥[(14)]然不受。天下之非誉，无益损焉，是谓全德之人哉！我之谓风波[(15)]之民。”

反于鲁，以告孔子。孔子曰：“彼假[(16)]修浑沌氏[(17)]之术者也；识其一，不知其二；治其内，而不治其外[(18)]。夫明白入素[(19)]，无为复朴[(20)]，体性抱神[(21)]，以游世俗之间者，汝将固[(22)]惊邪？且浑沌氏之术，予与汝何足以识之哉！”

(1) 向：刚才。

(2) 反：恢复。

(3) 夫人：指种菜老人。“夫”，那。

(4) 夫子：孔子。

(5) 徒：却（曹础基《庄子浅注》）。

(6) 执道：掌握天道。

(7) 托生：托迹人世。

(8) 之：往。

(9) 汒：芒昧（成玄英《庄子疏》）。

(10) 淳备：操行淳和，道德圆备（成玄英《庄子疏》）。

(11) 之：往。

(12) 得其所谓：（他人所说的）合乎自己的言论。

(13) 謷：诞慢之容（成玄英《庄子疏》）。

(14) 傥：无心之貌（成玄英《庄子疏》）。

(15) 风波：随波逐流。

(16) 假：借助。

(17) 浑沌氏：物与物混而不分，参见《应帝王》。

(18) 治其内，而不治其外：抱道守素，治内也；不能随时应变，不治外也（成玄英《庄子疏》），做到了淳朴，能修身，但不能顺随外物，因而不能与他人打交道。

(19) 明白入素：真正体悟到了自然的境界。“素”，无雕琢，与上文的“纯白”，指道。

(20) 朴：淳朴自然。

(21) 体性抱神：领悟自性，精神不追逐外物。

(22) 固：固读为胡。胡固皆从古声，故得通用（俞樾《庄子平议》），为什么。

译文：

子贡的弟子问：“刚才那是什么人呢？先生见了他为什么脸色大变，整天都不能恢复常态呢？”

子贡说：“起初我以为天下只有老师是独一无二的，不知道还有像种菜老人这样的人。我曾听老师说过，事情求可行，功业求成功。用力少而见效多的，就是得道者之道。现在才知道不是这样。执持大道的，德性才会圆满；德性圆满的，形体才会健全；形体健全的，精神才会饱满；精神饱满的，就是得道者之道。托迹人间，与百姓混居，不知自己要往何处，德性淳朴而纯洁！不把功利机巧放在心里。这样的人，不合其志向的就不去追求，不合其心愿的就不行动。纵然全天下的人都称赞他，即使合乎事实，他也傲然不顾；全天下人都非议他，即使不合乎事实，他也无动于衷。天下人的毁誉，对他而言没有增益，也没有减损，这就是所谓的全德之人！而我就是那种随波逐流的俗人。”

子贡回到鲁国之后，就把这件事告诉了孔子。孔子说：“那是学习浑沌氏之术的人；但他只知其一，不知其二；只注重不追逐外物这种内在的修养而不能顺应外在的自然变化。如果是那种达到了内心淳朴的道德境界，无所作为而回归原始，体悟本性抱持精神而混迹于尘世之中的人，又怎么会让你感到惊讶呢？再说，浑沌氏之术，我与你怎么能懂得呢！”

解说：

孔子认为，事情求可行，功业求成功。用力少而见效多。这当然是有为的算计观念，不合乎庄子的思想。但是，子贡所谓的“执道者德全”也不合得道者之道。得道者合道但不执道。执道也是一种有为，它将道当成了某种把捉的对象。子贡所推崇的不为世俗毁誉、荣辱所动的种菜老人，与《逍遥游》中的宋荣子一样，是有名者而不是得道者（参见《逍遥游》中的解说）。他托迹人间，和百姓并行，不知自己往何处，不把功利机巧放在心里。这似乎符合《德充符》所谓的“无人之情”。但是，不合其志向的就不去追求，不合其心愿的就不行动，不顾天下人的毁誉，就不符合《德充符》所谓的“有人之形”，而是有我、有名。既然不能做到“有人之形”，就肯定没有做到“无人之情”。因此，孔子批评种菜老人只注重内在修养，却不能顺应外在变化。得道者去掉机心，混沌地生存于世，和光同尘，哪里会让子贡感到惊讶呢？种菜老人将所谓的混沌氏之术是将其当作一种东西加以执持，这样如何能悟道呢？

17. **谆芒(1)将东之(2)大壑(3)，适(4)遇苑风(5)于东海之滨。苑风曰：“子将奚(6)之？”曰：“将之大壑。”曰：“奚为焉？”曰：“夫大壑之为物也，注焉而不满，酌(7)焉而不竭(8)；吾将游焉。”**

苑风曰：“夫子无意于横目之民(9)乎？愿闻圣治。”谆芒曰：“圣治乎？官施(10)而不失其宜，拔举(11)而不失其能，毕见(12)其情事而行其所为，行言自为而天下化(13)，手挠(14)顾指(15)，四方之民莫不俱至，此之谓圣治。”

（1）谆芒：虚构的人名，与上文“汇乎淳备哉”的含义相同（广大无边又淳厚完备）。

（2）之：往。

（3）大壑：指大海，这里特指东海。

（4）适：恰巧。

（5）苑风：虚构的人名，意为小风。

（6）奚：哪里。

（7）酌：取。

(8) 竭：干涸。

(9) 横目之民：五行之内，唯民横目，故谓之横目之民（成玄英《庄子疏》），指人。

(10) 官施：施政布教，各得其宜（陆德明《经典释文》引司马彪说），政令措施。

(11) 拔举：选拔推荐。

(12) 毕见：看清。“毕”，尽。

(13) 行言自为而天下化：所有施行之事，教令之言，咸任物自为，而不使物从己。如此，则宇内苍生自然从化（成玄英《庄子疏》），言行都出于自然因而老百姓自然受感化。

(14) 挠：动也（陆德明《经典释文》引司马彪说）。

(15) 顾指：以目示意。

译文：

谆芒游览到东海，在东海岸边正巧遇到苑风。苑风问：“你要到哪里去呢？”

谆芒说：“我想要去大海。”

苑风说：“去那里干什么呢？”

谆芒回答：“大海那儿，水流入而不满溢，取用而不枯竭；我想去遨游一番。”

苑风说：“先生难道不关心老百姓吗？我想请教得道者如何治国。”

谆芒说：“得道者治国吗？设官施政都十分适宜，选拔人才都各尽其能；洞察事实而处置恰当，言行顺物而天下自行化育。这时只需挥挥手，用眼睛示意，四方的百姓没有不归附的，这就叫得道者之治。”

解说：

这个故事阐发如何做到前文所说的“同乎大顺”以成为得道的圣人、德人、神人。

谆芒认为，得道者之治就是顺随外物——根据实际情形设官施令，根据才能选拔人才（根据情形运用不同的人，但不推崇），言行出于自然。由此可见，得道者不是不治理国家，而是要以顺其自然的心态治理国家。文中对大海的描述显示大海接近道，不同的是道无形而大海有形，类似《道德经》中所说的“上善若水”。

18. **“愿闻德人。”**

曰：“德人者，居无思，行无虑，不藏是非美恶。四海之内共利(1)**之之谓悦，共给之之为安；怊（chāo）**(2)**乎若婴儿之失其母也，傥（tǎng）**(3)**乎若行而失其道也。财用有余而不知其所自来，饮食取足而不知其所从，此谓德人之容。”**

“愿闻神人。”

曰：“上神乘(4)**光，与形灭亡**(5)**，此谓照旷**(6)**。致命尽情**(7)**，天地乐而万事销亡，万物复情**(8)**，此之谓混冥**(9)**。”**

(1) 共利：与人共享，不据为己有。

(2) 怊：《字林》云：怅也（陆德明《经典释文》），惆怅。

(3) 傥：无心的样子。

(4) 乘：用也（成玄英《庄子疏》）。

(5) 与形灭亡：不见形迹。

(6) 照旷：普照万物。“旷”，远。

(7) 致命尽情：顺其本性，顺自然之情。

(8) 复情：恢复本性。

(9) 混冥：同于玄冥。

译文：

“请说说德人。”

谆芒说：“所谓德人，就是安居时没有思虑，行动时不进行谋划，心中不留是非美丑。四海之内人人分享就是喜悦，人人施与就是安乐；惆怅的样子，如同婴儿失去了母亲；无心的样子，就像走路迷失了方向。财用充足，却不知从何而来；饮食充足，却不知从何而生，这就是德人的形象。”

“请说说神人。”

谆芒说：“神人以智照物，不显示自身的形迹，这叫虚寂照旷（无所不照）。真正发挥自然之性情，和天地同乐而没有任何牵累，万物回复其本性，这就叫同于玄冥（万物混而为一）。”

解说：

德人、神人与圣人都是得道之人，只是看待的角度不同而已。可参见《逍遥游》相关的解说。得道之人就是德人。这种人没有明确的目标追求，无思虑、无谋虑、无是非好恶，有表面的喜怒哀乐，但内心没有真正的好恶。神人则是从行为表现而言的。这种人顺随万物，不显示自身的行迹，因而没有外物的牵累。

居无思，行无虑，不藏是非美恶——无我、无是非。

四海之内共利之之谓悦，共给之之为安——不分彼此，即无封。

怊乎若婴儿之失其母也，傥乎若行而失其道也——心中没有固有的目标，即无我。

财用有余而不知其所自来，饮食取足而不知其所从——不追问物之所以然，即无是非。

上神乘光，与形灭亡，此谓照旷。致命尽情，天地乐而万事销亡，万物复情，此之谓混冥——超然物外，无我、无物。

上文没有提到德人、神人，这一段突然说“愿闻德人”、“愿闻神人”，原文可能有缺失。

19. **门无鬼与赤张满稽(1)观于武王之师。赤张满稽曰：“不及有虞氏(2)乎！故离(3)此患也。”**

门无鬼曰：“天下均(4)治而有虞氏治之邪？其乱而后治之与？”

赤张满稽曰：“天下均治之为愿，而何计以有虞氏为！有虞氏之药疡（yáng）(5)也，秃而施(6)髢（dí）(7)，病而求医。孝子操(8)药以修(9)慈父，其色燋（qiáo）然(10)，圣人羞之。

至德之世，不尚贤，不使能；上如标枝(11)，民如野鹿；端正而不知以为

义，相爱而不知以为仁，实而不知以为忠，当而不知以为信，蠢动(12)**而相使**(13)**，不以为赐**(14)**。是故行而无迹，事而无传**(15)**。”**

(1) 门无鬼与赤张满稽：门与赤张，姓也。无鬼，满稽，名也。(成玄英《庄子疏》)。

(2) 有虞氏：舜。

(3) 离：遭受也（成玄英《庄子疏》），通“罹”，

(4) 均：平也（成玄英《庄子疏》）。

(5) 药疡：治疗头疮。“药”，治疗；“疡”，头疮也（成玄英《庄子疏》）。

(6) 施：用（曹础基《庄子浅注》）。

(7) 髢：发也（陆德明《经典释文》引李颐说）。

(8) 操：拿。

(9) 修：理也（陆德明《经典释文》引李颐说）。

(10) 燋然：憔悴貌（成玄英《庄子疏》）。

(11) 标枝：树杪之枝（陆德明《经典释文》）。

(12) 蠢动：无心而动。

(13) 相使：相助。

(14) 赐：恩赐。

(15) 传：流传。

译文：

门无鬼和赤张满稽看到武王伐纣的军队后，赤张满稽对门无鬼说：“远远不及虞舜呀！所以天下才遭受这种祸患。”

门无鬼说：“是因为天下太平，虞舜才去治理呢？还是因为天下大乱，才去治理呢？”

赤张满稽回答说：“天下太平就合乎百姓的心愿，哪里还需要虞舜来为君呢！虞舜就好像是给有头疮的人去治疗，头秃了才给他戴上假发，又像病了才知道去求医。孝子拿药治疗父亲的病，弄得面色憔悴，得道者替他感到羞愧。

在至德的时代，不崇尚贤人，不任用能人；君主犹如在高处的树枝，百姓如同自由的野鹿；行为端正，却不知道那是义；彼此亲爱，却不知道那是仁；

诚实待人，却不知道那是忠；处事得当，却不知道那是信；无心地相互帮助，却不以为是恩赐。因此，行动没有痕迹，事迹也没有流传到后代。”

解说：

这个故事阐发如何以前文“同乎大顺”的无我之心看待世俗的仁、义、忠、信。

虞舜时代不是至德的时代，因为他治国没有顺从自然，就像长了头疮才知道治疗，头秃了才知给他戴假发，生病了才知去求医。而相对于禹舜，武王又有所不及。武王以武力征服天下，给天下带来兵灾。在所谓至德的时代，无论身为君主，还是身为百姓，都顺随本性；人们讲大义、讲仁爱、讲信用、相互帮助，但都出于无心。可以看出，庄子对于儒家的仁、义、忠、信等并不反对。他所反对的是将仁、义、忠、信作为人人必须遵守的固定的有为模式（可参见《人间世》）。

20. **孝子不谀[(1)]其亲，忠臣不谄[(2)]其君，臣子之盛[(3)]也。亲之所言而然，所行而善，则世俗谓之不肖子；君之所言而然，所行而善，则世俗谓之不肖臣。而未知此其必然邪？世俗之所谓然而然之，所谓善而善之，则不谓之道谀[(4)]之人也。然则俗故[(5)]严于亲而尊于君邪？谓己道人[(6)]，则勃然作色；谓己谀人，则怫（bó）然[(7)]作色。而终身道人也，终身谀人也，合譬[(8)]饰辞[(9)]聚众也，是终始本末不相坐[(10)]。垂衣裳，设采色[(11)]，动容貌，以媚一世，而不自谓道谀，与夫人[(12)]之为徒，通是非，而不自谓众人，愚之至也。知其愚者，非大愚也；知其惑者，非大惑也。大惑者，终身不解；大愚者，终身不灵[(13)]。三人行而一人惑，所适者犹可致也[(14)]，惑者少也；二人惑则劳而不至，惑者胜也。而今也以天下惑，予虽有祈[(15)]向，不可得也。不亦悲乎！**

(1) 谀：谄媚。

(2) 谄：欺也（成玄英《庄子疏》）。

(3) 盛：最。

(4) 道谀：谄谀（曹础基《庄子浅注》），“道”，导。

(5) 故：通“固”。

(6) 道人：谄人也（郭庆藩《庄子集释》）。

(7) 怫然：愤怒的样子。

(8) 合譬：用比喻，让他人明白。

(9) 饰辞：修饰言辞。

(10) 相坐：相一致。“坐”，因（曹础基《庄子浅注》）。

(11) 采色：神采，颜色（曹础基《庄子浅注》）。

(12) 夫人：世俗的人。

(13) 灵：知也（成玄英《庄子疏》）。

(14) 所适者犹可致也：还可以达到目的地。“适”，去。“致”，达到。

(15) 祈：求。

译文：

孝子不阿谀奉承他的父母，忠臣不欺骗他的君主，这是做臣子、做儿子的最好表现。如果把父母所说的都认为对，所做的事都说好，那世俗人就说他是不孝之子；如果把君主所说的话都认为对，所做的事都说是好，那么世俗之人就说他是不忠之臣。但不知这样就一定正确吗？世俗认为对的就都认为是对的，认为好的就都认为是好的，却不会称之为谄媚之人。难道世俗比父母更值得尊敬，比君主更值得尊重吗？如果听到别人说自己是谄媚的人，就会脸色大变；如果听到别人说自己是阿谀的人，就会愤怒不已。然而，那些终身谄媚别人、终身阿谀别人的人，却用明白动听的比喻和话语来招揽众人，这就是首尾脱节、本末倒置了。穿着宽松的服饰，涂上华丽的色彩，装出动人的容貌，讨好世人，自己却不以为是阿谀。与世上的俗人为伍，与他们是非相通，却不认为自己是世俗之人，真是愚昧极了。如果知道自己愚昧，那还不是真正的愚昧者；如果知道自己迷惑的，还不是真正的迷惑者。真正迷惑的人，终身不悟；真正愚昧的人，终身不知。如果三个人同行，只有一人迷惑的，那还可以到达想去的地方，因为迷惑的人占少数；如果三人中有两个人是迷惑的，那想去的地方怎么劳累都不能到达，因为迷惑的人多。现在，天下的人都处在迷惑之中，我即使想给他们指示方向，也是不可能的。这不是很可悲吗！”

解说：

本段阐明如何才能真正做到前文所说的“同乎大顺”：“为善无近名，为恶无近刑”（《养生主》）。

得道者无我、无物，所以对父母不奉承，对君主不谄媚，但也不与父母、君主产生冲突，而是顺随父母、君主。而世人认为不与父母、君主产生冲突就是谄媚。可是，世人用言语阿谀他人、用外表讨好别人、与世人同是非，却不被认为是谄媚。天下人大多在谄媚却不知道自己在谄媚，因而无法给他们讲清道理。这里，涉及《养生主》中“为恶无近刑”的含义。当我们以忘我之心顺随父母、君主和其他人时，就会与他人的观念发生冲突。这时要以“刑法”作为行事的底线，而不必顾忌世人的看法（参见《养生主》）。

21. **大声[(1)]不入于里耳[(2)]，《折杨》、《皇荂（huā）》[(3)]，则嗑[(4)]然而笑。是故高言[(5)]不止于众人之心，至言[(6)]不出，俗言胜也。以二缶钟惑[(7)]，而所适[(8)]不得矣。而今也以天下惑，予[(9)]虽有祈向[(10)]，其庸[(11)]可得邪！知其不可得也而强之[(12)]，又一惑也，故莫若释[(13)]之而不推[(14)]。不推，谁其比忧[(15)]！厉[(16)]之人夜半生其子，遽（jù）[(17)]取火而视之，汲汲[(18)]然唯恐其似己也。**

（1）大声：高雅的乐声（陆德明《经典释文》引李颐说）。

（2）里耳：俗人的耳朵。“里”，通“俚”（王叔岷《庄子校释》）。

（3）《折杨》、《皇荂》：皆古歌曲也（陆德明《经典释文》引李颐说）。

（4）嗑：笑声也（陆德明《经典释文》）。

（5）高言：高雅之言。

（6）至言：合道之言。

（7）以二缶钟惑：两个缶敲击就干扰了钟的声音。“缶”，指瓦器，普通的乐器。“钟”，酒器，指高雅的乐器。

（8）适：往。

（9）予：我。

（10）祈向：祈求。

（11）庸：哪里。

(12) 强之：强迫别人接受。

(13) 释：放也（成玄英《庄子疏》）。

(14) 推：推行。

(15) 比忧：不尽的忧愁。“比”，连续，频频。

(16) 厉：丑病人（成玄英《庄子疏》）。

(17) 遽：速也（成玄英《庄子疏》），迅速。

(18) 汲汲：匆迫貌（成玄英《庄子疏》），匆忙的样子。

译文：

高雅的音乐进不了下里巴人的耳朵，而《折杨》、《皇荂》之类的通俗歌曲，他们听了就会哈哈大笑。因此，高雅的言论不会为世俗之人所接受；合道的言论不被接受，世俗的言论就会横行。同时敲击不同的乐器，就会干扰钟声，人们就无所适从了。现在，天下人都处在迷惑之中，即使我想引导他们，哪有可能呢！明知无能为力，还要勉强而为，就又是一大迷惑。所以，不如放手不管。放手而不管，谁还会有无尽的忧愁呢！丑妇半夜生下孩子，赶忙取火来看孩子，惶惶然唯恐孩子长得像自己。

解说：

本段接上段继续阐明如何做到前文所谓的“同于大顺”：顺随他人，但不同流合污。

当高妙的言论不能在众人心中停留而世俗言论横行时，即使有高妙的言论，也会让人无所适从，就像同时敲击两个普通的缶而无法听到高贵的钟声一样。因此，合道的做法是顺随世俗，不发出声音。这样免得像丑人生孩子那样，担心孩子长得像自己。

22. **百年之木，破[1]为牺尊[2]，青黄而文[3]之，其断[4]在沟中。比牺尊于沟中之断，则美恶有间[5]矣，其于失性[6]一[7]也。跖与曾史，行义[8]有间矣，然其失性均也。且夫失性有五：一曰五色[9]乱目，使目不明；二曰五声[10]乱耳，使耳不聪；三曰五臭[11]熏鼻，困惾（zōng）[12]中颡（sǎng）[13]；四曰五**

味[14]浊口，使口厉爽[15]；五曰趣舍[16]滑（gǔ）[17]心，使性飞扬。此五者，皆生之害也。而杨墨乃始离跂（qǐ）[18]自以为得，非吾所谓得也。夫得者困，可以为得乎？则鸠鸮[19]之在于笼也，亦可以为得矣。且夫趣舍声色以柴[20]其内，皮弁（biàn）[21]鹬（yù）冠[22]搢笏绅修[23]以约[24]其外，内支[25]盈[26]于柴栅[27]，外重[28]纆（mò）缴（zhuó）[29]，睆（huǎn）睆然[30]在纆缴之中而自以为得，则是罪人交臂[31]历指[32]而虎豹在于囊槛[33]，亦可以为得矣。

(1) 破：剖开。

(2) 牺尊：祭祀用的酒器，参见《马蹄》的注释。

(3) 文：粉饰。

(4) 断：(另一段）丢弃。

(5) 间：分开。

(6) 失性：失去树木的本性。

(7) 一：相同。

(8) 行义：践行义。

(9) 五色：青、黄、赤、白、黑。

(10) 五声：宫、商、角、徵、羽。

(11) 五臭：膻、熏、香、腥、腐。“臭”，气味。

(12) 困惾：闷塞。“惾”，“塞也”（成玄英《庄子疏》）。

(13) 中颡：中伤颡额也（成玄英《庄子疏》）。

(14) 五味：酸、辛、甘、苦、咸。

(15) 厉爽：病伤。“厉”，病；“爽”，伤（成玄英《庄子疏》）。

(16) 趣舍：取舍。是非好恶也（林希逸《庄子口义》）。

(17) 滑：乱。

(18) 离跂：用力貌（成玄英《庄子疏》）。

(19) 鸠鸮：斑鸠和鸱枭。“鸠”，斑鸠。“鸮”，鸱枭。

(20) 柴：如木枝乱塞胸中（宣颖《南华经解》）。

(21) 皮弁：皮做的帽子。

(22) 鹬冠：用鹬毛装饰的帽子。“鹬”，一种鸟，又叫鸕鷀。

(23) 搢笏绅修：搢，插也。笏，犹珪，谓插笏也。绅，大带也。修，长裙也（成玄英《庄子疏》）。

(24) 约：约束。

(25) 支：塞也（成玄英《庄子疏》）。

(26) 盈：满也（成玄英《庄子疏》）。

(27) 栅：木笼也（成玄英《庄子疏》）。

(28) 重：再加上。

(29) 纆缴：绳索。“纆”，绳索也（成玄英《庄子疏》）。“缴”，丝绳。

(30) 睆睆然：视貌也（成玄英《庄子疏》）。

(31) 交臂：反缚也（陆德明《经典释文》引司马彪说）。

(32) 历指：古代夹手指的一种酷刑。“历”，通“枥”。

(33) 囊槛：捕捉老虎的工具，如囊，所以叫做囊槛。“槛”，圈。

译文：

百年的树木，劈开做成祭祀用的酒器，再涂上青色、黄色的花纹，剩余不用的就丢弃在沟中。酒器与丢在沟中的断木相比，美丑当然不同，但从丧失树木的本性而言，则是一样的。盗跖与曾参、史鰌二人相比，行为的好坏虽然有差别，但从失去自性的角度而言，则是一样的。人丧失本性有五种情形：一是五色强烈就会扰乱人的视觉，使眼睛看不清楚；二是五声强烈就会扰乱人的听觉，使耳朵听不清楚；三是五臭强烈就会熏鼻子，气味使人鼻塞，直冲脑门；四是五味强烈就污浊人的口舌，使味觉丧失；五是是非好恶会搅乱人的心神，使性情躁动。这五个方面都可能会给人带来祸害。而杨朱、墨翟却对这些东西极力追逐，还自以为有所得。但这不是我所谓的得。如果有所得的人反而会因此受困，这可以算是有所得吗？那么关在笼子里的斑鸠和猫头鹰也可以说是有所得了。况且，让好恶、声色这些东西像木柴一样充塞内心，让皮帽、羽冠、玉版、长带拘束于体外，内心塞满了栅栏，体外又捆上绳索。如果眼睁睁地看着被绳索捆绑还自以为有所得，那么犯人被反绑着双手，夹着手指，虎豹被关在陷阱之中，那也可以叫做有所得了。

解说：

本段从反面阐述如何做到“同乎大顺”：心无好恶，不追逐外物。

人们在五声、五色、五臭、五味、好恶等方面虽然有所不同，但在失去本性的方面没有区别，就像做成酒器的木头与丢在沟中的断木一样都伤害了本性。而杨朱、墨翟对这些汲汲以求，还自以为有所得，这是自己被困而不知。他们都是因为不能“同乎大顺”，所以被外物困住了内心。

天　道

本篇讨论王道与臣道之间的关系。天道是自然的，因而帝王要效法天道，做到虚静、恬淡、寂寞、无为。臣道则是指在君主无为的原则下有所作为。

本篇分为四部分。第一部分（从开头至“以畜下也”）阐述什么是清静以及君主和大臣治国如何做到清静，包括三小部分。第一小部分（从开头至“与之争美”）阐述什么是清静（不被外物所动，而不是以清静为目的）、为什么要做到清静（息心——虚——清静）以及清静的功用（从容自得，合乎自然）。第二小部分（从“夫明白”至“畜天下也”）阐述什么是（由清净带来的）天乐以及天乐的效用。第三小部分（从“夫帝王之德”至“以畜下也”）阐释君主应该以无为的方式治国，臣子应该在君主无为而治的前提下处理“五变”、“九变”等世俗关系。

第二部分（从“昔者舜”至“名为窃”）具体阐述第一部分的理论，包括三个故事。第一个故事（从“昔者”至“天地而已矣”）通过尧、舜之间的对话阐发第一大部分无为治国的含义。第二个故事（从“孔子”至“之性也”）运用第一大部分阐述的无为思想批判儒家的仁义学说。第三个故事（从“士成绮”至“名为贼”）从反面阐发第一大部分“寂寞、无为者，万物之本”的含义。

第三部分（从“夫子曰”至“识之哉”）阐述刑、德、仁、义、语言等“五末”、“九变”之类的东西是道的衍生品。

第四大部分（从“桓公读书”至末尾）是一个故事，以齐桓公与轮扁的对话阐发第三大部分得道者得意忘言的思想。

我们将本章结构图示如下。

第一部分阐述什么是清静以及君主和大臣治国如何做到清静。	第一小部分	从开头至“与之争美”	阐述什么是清静、为什么能做到清静以及清静的功用。
	第二小部分	从“夫明白”至“畜天下也”	阐述什么是（由清净带来的）天乐以及天乐的效用。
	第三小部分	从“夫帝王之德”至“以畜下也”	阐释君主应该以无为方式治国，臣子应该在君主无为而治的前提下处理“五变”、“九变”等世俗关系。
第二部分阐述第一部分的理论。	第一个故事	从“昔者”至“天地而已矣”	通过尧、舜之间的对话阐发第一大部分所谓帝王以无为方式治国的含义。
	第二个故事	从“孔子”至“之性也”	运用第一大部分阐述的无为思想批判儒家的仁义学说。
	第三个故事	从“士成绮”至“名为贼”	从反面阐发第一大部分“寂寞、无为者，万物之本”的含义。
第三部分	从“夫子”至“识之哉”	阐述刑、德、仁、义、语言等“五末”、“九变”之类的东西是道的衍生品。	
第四部分	从“桓公”至末尾	以齐桓公与轮扁的对话阐发第三大部分得道者得意忘言的思想。	

1. **天道运**[1]**而无所积**[2]**，故万物成；帝道**[3]**运而无所积，故天下归；圣道**[4]**运而无所积，故海内服。明于天**[5]**，通于圣，六通**[6]**四辟**[7]**于帝王之德者，其自为也，昧然**[8]**无不静者矣**。

(1) 运：运行。

(2) 积：滞。

(3) 帝道：帝王的无为之道，参见《应帝王》。

(4) 圣道：下文的“玄圣素王”（没有官职的得道者）之道。

(5) 天：天道。

(6) 六通：四方上下。

(7) 四辟：谓春冬秋夏也（成玄英《庄子疏》）。

(8) 昧然：不知不觉的样子。

译文：

自然之道运行而不停止，因而万物得以生成；帝王之道运行而不停止，因而天下百姓归附；得道者之道运行而不停止，所以海内百姓都臣服。领悟了自然之道，通晓得道者之道，又能顺随时空条件把握帝王德性的人，就会在自处时默然无为，让万物归于清静。

解说：

第一至五段阐述什么是清静、为什么能做到清静以及清静的功用。

本段提出静的含义。天道、帝道和圣道都是变动不居的，得道者效法三者而又默然无为，就是所谓的静。因此，静不是寂灭不动，而是在静中随万物而动的动静混一状态。

2. **圣人之静也，非曰静也善，故静也；万物无足以铙**（náo）[1]**心者，故静也**。

(1) 铙：通“挠”（林希逸《庄子口义》），干扰。

译文：

得道者之所以内心清静，不是因为清静能带来好处才清静，而是因为万物都不能搅乱他的内心才清静的。

解说：

本段阐释得道者为什么能做到清静。

得道者之所以内心清净，不是因为清静能带来好处，而是因为外物无法扰乱其心——忘我则万物无法扰乱。

3. **水静则明烛**[1]**须眉，平中准**[2]**，大匠**[3]**取法焉**[4]。**水静犹明，而况精**

神！圣人之心静乎！天地之鉴[5]也，万物之镜也。

(1) 明烛：清晰照见。

(2) 平中准：平到合乎标准。“准”，古代测量水平的仪器。

(3) 大匠：高明的工匠。

(4) 焉：于此（曹础基《庄子浅注》）。

(5) 鉴：镜子。

译文：

水面静止时，才能照见胡须眉毛，水面合乎水准器的标准，才会为大工匠所效法。水在静止时尚能这样明澈，何况是人的精神呢！得道者的内心清静，就是天地的明镜，万物的镜子。

解说：

本段阐述清静的妙用（而不是死水一团）。

水清静则能照见万物，才会为工匠所效法。得道者清静则能照见天地万物，为人所归附。

4. **夫虚静恬淡寂漠无为者，天地之平[1]而道德之至，故帝王圣人休[2]焉。休则虚，虚则实，实者伦[3]矣。虚则静，静则动，动则得矣。静则无为，无为也，则任事者责矣。无为则俞俞[4]，俞俞者忧患不能处，年寿长矣。**

(1) 平：案“平”《刻意》篇作“本”，今本误作“平”字，当从之（马叙伦《庄子义证》），应为“本”字。

(2) 休：止。

(3) 伦：理也（成玄英《庄子疏》）。

(4) 俞俞：从容和乐之貌也（成玄英《庄子疏》）。

译文：

虚静、恬淡、寂寞、无为，是天地的本原、道德的极致，所以帝王得道者都息心于这种境地。息心才会空明，空明才会真实，真实才合乎自然。空明才会清静，清静才会顺物而动，活动才能无不自得。清静才能无为，无为才能让做事的人各负其责。无为就能从容自得，从容自得的人就能不受忧患搅扰，因而自然长寿。

解说：

本段阐释所谓真正的静就是虚静、恬淡、寂寞、无为。

息心于虚静、恬淡、寂寞、无为就能做到空明。空明则可以无我地面对事物自身，合乎自然之道，从而做到清静。清静则可以与动合一，可以做到无为。无为则无不为，便可长寿。

休则虚，虚则实，实者伦矣——静止则无我，无我才能真正面对无物之物自身（否则只能面对有物之物），领悟道之理。

静则动，动则得矣——静则是无为，无为才能顺随事物自身，让事物自身运动，即无为而无不为。

5. **夫虚静恬淡寂漠无为者，万物之本也。明此以南乡[(1)]，尧之为君也；明此以北面，舜之为臣也。以此处上，帝王天子之德也；以此处下，玄圣素王[(2)]之道也。以此退居而闲游江海[(3)]，山林之士[(4)]服；以此进为[(5)]而抚世[(6)]，则功大名显而天下一[(7)]也。静而圣，动而王，无为也而尊，朴素[(8)]而天下莫能与之争美。**

(1) 南乡：南面，指做君主。“乡”，“向”。

(2) 玄圣素王：没有官职的得道者。

(3) 闲游江海：指隐居的生活。

(4) 山林之士：指隐士。

(5) 为：做。

(6) 抚世：安抚百姓。

(7) 一：统一。

(8) 朴素：事物的自然状态。

译文：

虚静、恬淡、寂寞、无为，是万物的本来面目。明白了这个道理，南面为君，就是尧那样的国君；明白了这个道理，北面为臣，就是舜那样的臣子。以此道居于上位，就是帝王天子之德；以此道居于下位，就是玄圣素王的修养；以此道隐居、闲游于江海，则山林之士都心服；以此道进而安抚天下，则能声名显赫一统天下。清静处世就为得道者，迫不得已而行动就为帝王，无为就为人们所尊崇，朴素则天下不能与他媲美。

解说：

本段阐释虚静、恬淡、寂寞、无为的自然之用，上可为君，下可为臣，退可隐居，进可治国。无往不通达，无往不和谐。这里为君、为臣等等都是根据实际情况顺其自然而为，而不是刻意为之。

6. **夫明白于天地之德**(1)**者，此之谓大本大宗**(2)**，与天和者也；所以均调**(3)**天下，与人和者也。与人和者，谓之人乐；与天和者，谓之天乐。**

(1) 天地之德：自然无为的本性。

(2) 大本大宗：即根本。

(3) 均调：协调。

译文：

明白天地的德性，就掌握了事物的关键和根本，就可以与自然和谐；以此协调天下，就可以与人和谐。与他人和谐的，就称为人乐；与自然和顺，就称为天乐。

解说：

第六至八段阐释什么是天乐以及得道者以天乐养育天下。

本段阐释领悟虚静、恬淡、寂寞、无为的好处——得到人间之乐与自然之乐。

7. **庄子曰：“吾师**(1)**乎！吾师乎！整**(jī)(2)**万物而不为戾**(3)**，泽及万世而不为仁，长于上古而不为寿，覆载天地刻雕众形而不为巧，此之谓天乐**(4)**。**

(1) 吾师：指天道。

(2) 𩐁：粉末。这里做动词用，即弄成粉末。

(3) 戾：暴也（成玄英《庄子疏》）。

(4) “吾师乎”至“天乐”这几句话见于《大宗师》。“长”，在……先。

译文：

庄子说：“我的老师啊，我的老师啊！它毁坏万物而不以为是暴戾，恩泽于万世而不以为是仁，生于上古而不以为是老，覆天载地、赋予万物以形状而不以为是巧，这就是所谓的天乐。

解说：

本段继续阐释什么是天乐。

天乐就是心中没有暴戾与仁慈、老与小、巧与拙的分别，即忘我无是非。

8. **故曰：‘知天乐者，其生也天行[(1)]，其死也物化[(2)]。静而与阴同德[(3)]，动而与阳同波[(4)]。’故知天乐者，无天怨，无人非，无物累，无鬼责。故曰：‘其动也天，其静也地，一心定而王天下；其鬼不祟[(5)]，其魂不疲[(6)]，一心定而万服物。’言以虚静推于天地，通于万物，此之谓天乐。天乐者，圣人之心，以[(7)]畜[(8)]天下也。”**

(1) 天行：自然运行。

(2) 物化：随物变化。

(3) 同德：与阴混而为一。

(4) 同波：同流，即顺随物。

(5) 祟：祸也（陆德明《经典释文》引李颐说）。

(6) 其魂不疲：精神不倦。

(7) 以：用。

(8) 畜：养育。

译文：

所以说：‘知道天乐的，活着时顺自然而行，死后随物而化。静时和阴同寂，动时与阳同波。’因此，知道天乐的人，天不会怨怒，人不会非议，没有外物的牵累，没有鬼神的责罚。所以说：‘动如天，静如地，心神安定而为天下之主；连鬼神也不会作祟，精神不会疲惫，心神安定而使万物归附。’这就是说，将虚静推广到天地之间，通达于万物，就叫天乐。天乐是得道者用心来养育天下的。”

解说：

本段阐释得道者以天乐养育天下。

知自然之乐者顺随外物，心中没有是与非、动与静、喜与怒的分别，因而能与鬼神和谐，万物也顺随自己。

9. **夫帝王之德，以天地为宗**[1]**，以道德为主，以无为为常。无为也，则用天下而有余；有为也，则为天下用而不足。故古之人贵夫无为也。**

(1) 宗：本原。

译文：

帝王的德性，应以天地为本原，以道德为主导，以无为作准则。无为则治理天下绰绰有余，有为则终日殚尽竭虑还感觉不称职。所以，古人看重无为。

解说：

第九至十五段阐释君主应该以无为的方式治国，臣子应该在君主无为而治的前提下从事“五变”、“九变”等世俗事务，顺随世俗的伦理关系。本段总述君主应该以无为的方式治国。

10. **上无为也，下亦无为也，是下与上同德，下与上同德则不臣；下有为也，上亦有为也，是上与下同道，上与下同道则不主。上必无为而用天下，下必有为为天下用，此不易**[1]**之道也。**

(1) 易：变。

译文：

（如果）君主无为，臣子也无为，君主便与臣子上下同道，君臣品性相同，臣子就不成其为臣子；（如果）臣子有所作为，君主也有所作为，君主与臣子同道，君主与臣子同道，君主就不成其为君主。君主必须采用无为的治理方式，臣子必须采用有所作为的方式，这是永恒不变的准则。

解说：

本段阐释君主与臣子各自不同的职责。

君主与臣子的职责本就不同。所以，行为方式也不同。君主应无为而治，臣子则应有所作为而为君主所用。根据上下文看，这里的有为不是妄为，而是作为的意思。

臣子应该有所作为，否则就不要参与政事，不做臣子。但是，参与政事的方式也有不同。一是合道的方式（自己不一定悟道，但听从得道者的建议，如《人间世》中的叶公子高那样），二是妄为的方式。采用第一种方式的臣子是合格的臣子。

11. **故古之王天下者，知虽落(1)天地，不自虑也；辩虽雕(2)万物，不自说(3)也；能虽穷海内(4)，不自为也。天不产而万物化，地不长而万物育，帝王无为而天下功。故曰莫神于天，莫富于地，莫大于帝王。故曰帝王之德配天地。此乘天地，驰万物，而用人群之道也。**

（1）落：通“络”，包罗（曹础基《庄子浅注》）。

（2）雕：粉饰。

（3）说：通“悦”。

（4）穷海内：超越海内。

译文：

所以古代统治天下的，即使智慧能包容天地，自己也不谋划；即使辩才能粉饰万物，也不自行言说；即使才能冠于海内，也不会自己行动。天不产生万物，但万物自行生长，地不产生万物，但万物自动繁衍，帝王无为而天下自然就能运作。所以说，没有比天更神妙的，没有比大地更富有的，没有比帝王更伟大的。所以说，帝王的道德可以与天地相匹配。这是统御天地，役使万物，任用众人的方法。

解说：

本段阐述君王无为而无不为的原因。

天地不妄为，万物就自行生长繁衍；君主效法天地而不妄为，天下才会自行运作。无为是君主任用众人的方法。

12. **本在于上，末在于下；要在于主，详在于臣。三军**(1) **五兵**(2) **之运**(3)**，德之末也；赏罚利害，五刑**(4) **之辟**(5)**，教之末也；礼法度数**(6)**，形名**(7) **比**(8) **详**(9)**，治之末也；钟鼓之音，羽旄之容**(10)**，乐之末也；哭泣衰（cuī）绖（dié）**(11)**，隆杀**(12)**之服，哀之末也。此五末者，须精神之运，心术之动，然后从之者也。**

(1) 三军：周制大国三军。一万二千五百人为一军（曹础基《庄子浅注》）。

(2) 五兵：一弓，二殳，三矛，四戈，五戟也（成玄英《庄子疏》）。

(3) 运：运用。

(4) 五刑：劓、墨、刖、宫、大辟（成玄英《庄子疏》）。

(5) 辟：法也（成玄英《庄子疏》）。

(6) 度数：具体的法律条文。“数”，具体法律条款。“度”，数下的具体制度措施叫度（曹础基《庄子浅注》）。

(7) 形名：即名实，循名责实（曹础基《庄子浅注》）。

(8) 比：比较（曹础基《庄子浅注》）。

(9) 详：仔细审核。

(10) 羽旄之容：羽者，鸟羽；旄者，兽毛；言采鸟兽之羽毛以饰其器也（成玄英《庄子疏》），泛指舞蹈阵容。

(11) 衰绖：古代的丧服。“衰”，丧服。“绖”，麻冠带。

(12) 隆杀：言礼有斩衰、齐衰、大功、小功、缌麻五等，哭泣衣裳，各有差降（成玄英《庄子疏》）。“隆”，隆盛。“杀”，降级。

译文：

本原（君主）处于上位，末节（臣子）处于下位；纲要在君主，细节在臣下。三军武器的运用是德的末节；实施赏罚，贯彻法律，是教化的末节；讲究礼法，循名责实，是治理的末节；钟鼓的声音，羽毛的装饰，是音乐的末节；痛哭流涕，披麻戴孝，讲究丧服的等级，是哀悼的末节。这五种末节的表现，须运用精神，动用心术，才能成功。

解说：

上一段阐述君主的行为方式，本段阐述在君主无为的前提下，臣子所应从事的“五变”，即运用武器、实施赏罚、讲究礼法、音乐仪式、丧礼仪式。

13. **末学(1)者，古人有之，而非所以先也。君先而臣从，父先而子从，兄先而弟从，长先而少从，男先而女从，夫先而妇从。夫尊卑先后，天地之行也，故圣人取象(2)焉。天尊，地卑，神明之位也；春夏先，秋冬后，四时之序也。万物化作，萌(3)区有状；盛衰之杀(4)，变化之流也。夫天地至神，而有尊卑先后之序，而况人道乎！宗庙尚亲，朝廷尚尊，乡党尚(5)齿(6)，行事尚贤，大道之序也。语道而非其序者，非其道也；语道而非其道者，安取道！**

(1) 末学：上述五末之学。

(2) 取象：效法（曹础基《庄子浅注》）。

(3) 萌：萌芽（曹础基《庄子浅注》）。

(4) 杀：夫春夏盛长，秋冬衰杀（成玄英《庄子疏》），从盛至衰的改变。

(5) 尚：推崇。

(6) 齿：年长者。

译文：

这种末节之学，自古就有，但人们并不把它看作是根本的东西。君主为主，臣下为从；父亲为主，儿子为从；兄为主，弟为从；长者为主，少者为从；男人为主，女人为从；丈夫为主，妻子为从。尊卑先后犹如天地的运行，所以得道者就效法天地。天尊地卑，这是神明的位列；春夏在先，秋冬在后，这是四时运行的秩序。万物生长发育，萌芽分枝时各有状态；盛衰变化有序，这是事物的自然流转。天地是最为神奇的，尚且有尊卑先后的秩序，何况人道呢！宗庙推崇的是血缘，朝廷推崇的尊位，乡间尊敬长者，办事重视贤良，这是大道的次序。谈论大道而不遵守次序，就不是真道；谈论大道又不是真正的道，要道有什么用呢！

解说：

本段“五变”之外的末学，包括君臣关系、父子关系、兄弟关系、长幼关系、男女关系、夫妇关系等等。

14. **是故[1]古之明大道者，先明天而道德次之，道德已明而仁义次之，仁义已明而分守[2]次之，分守已明而形名次之，形名已明而因任[3]次之，因任已明而原省[4]次之，原省已明而是非次之，是非已明而赏罚次之。赏罚已明而愚知处宜[5]，贵贱履[6]位；仁贤不肖袭情[7]，必分[8]其能，必由[9]其名。以此事上，以此畜下[10]，以此治物[11]，以此修身，知谋不用，必归其天[12]，此之谓大[13]平，治之至也。**

(1) 是故：因此。

(2) 分守：各守其分（成玄英《庄子疏》）。

(3) 因任：根据才能加以使用。

(4) 原省：考察（曹础基《庄子浅注》）。

(5) 处宜：处置得当。

(6) 履：践（曹础基《庄子浅注》）。

(7) 袭情：根据实情。“袭”，因袭。

(8) 分：分清。

(9) 由：因。

(10) 畜下：治理百姓。“畜”，蓄养，管理。

(11) 治物：处理事情。

(12) 天：自然。

(13) 大：通“太”。

译文：

因此，古代领悟了大道的人，先明白自然，明白道与德次之；道与德已明了，接着才是仁义；仁义已明了，接着才是职守；职守已明了，接着才是形名；形名已明了，接着才是因材任用；因材任用已明了，接着才是考察；考察已明了，接着才是是非；是非已明了，接着才能赏罚。赏罚明确后，愚者、智者才会各得其所，贵贱各在其位；仁贤者与不肖者的安排合乎实际。必须根据名位，考察其能力。用这种道理侍奉君主，畜养百姓，处理世事，修养身心，就无需智谋，一切都归于自然，这就是太平之治，是治理的最高境界。

解说：

本段阐释“九变”。

从前至后的九变次序：天（自然）——道德——仁义——分守（职守）——形名——因任（因才使用）——原省（考察）——是非——赏罚。

15. **故书曰：“有形有名。”形名者，古人有之，而非所以先[1]也。古之语大道者，五变[2]而形名可举[3]，九变[4]而赏罚可言也。骤[5]而语形名，不知其本也；骤而语赏罚，不知其始[6]也。倒道[7]而言，迕[8]道而说者，人之所治也，安能治人！骤而语形名赏罚，此有知治之具[9]，非知治之道；可用于天下，不足以用天下[10]，此之谓辩士，一曲[11]之人也。礼法数度，形名比详，古人有之，此下之所以事上，非上之所以畜下也。**

(1) 先：本。

(2) 五变：前文所谓的五个末节。

(3) 举：列举。

(4) 九变：上述天、道德等九个方面等。

(5) 骤：突然。

(6) 始：犹本也（成玄英《庄子疏》）。

(7) 倒道：违逆大道。

(8) 迕：逆也（成玄英《庄子疏》）。

(9) 治之具：统治的工具。

(10) 用天下：治理天下。

(11) 一曲：一管之见，心有偏见。

译文：

所以，古书上说："有形有名"。循名责实自古就有，但并不置于优先的位置上。古代谈论大道的人，排在第五位的才轮到形名，排在第九位的才轮到赏罚。开口就谈形名的，根本不知什么是道；开口就是赏罚的，根本不知大道的根源。违反大道谈论道，违背大道去说教，只能被他人治理，哪能治理他人！开口就是形名赏罚的，只知道治理的工具，而不知道治理的根本；可被天下所奴役，却不足以治理天下，这种人叫辩士，是只有一孔之见的人。礼法制度，形名考察，古人已经有了。这些是用来侍奉君主的，而不是君主用来管理大臣的。

解说：

本段指出以形名、赏罚等末节作为治国的根本原则是不合道的，并以此彰显无为的治国方式。

有人认为，从第十段（从"夫帝王之德"开始）到本段的内容不符合庄子思想。这种判断存在问题。庄子是老子的后学，因而只要符合老子思想，就不能断定某种思想不是庄子的思想。在《道德经》中，对于上礼社会，老子主张采取合同的方式（《道德经》第七十九章："有德司契，无德司彻"）治理，在某些条件下还会杀人，"若使民常畏死，而为奇者，吾得执而杀之，孰敢"（《道德经》第七十四章）。因此，以"五变"、"九变"中的某些内容来断定上面几段的思想不是庄子的，理由不充分（即使庄子自己不参与不合道的社会，也不能排除庄子对不合道的社会发表意见，《人间世》中就有这种情况）。判断某种观念是否合乎庄子思想，不是看它是否涉及世俗事务，而是看以什么样的心态对待世俗事务。从这几段的论述看，君主采用无为的治国原则，臣子以无我、无物的心态参与政事（参见《齐物论》中有关齐物三境界中第三境界的论述），是完全合道的。《人间世》中的叶公子高、颜阖就是这样的人。

16. **昔者舜问于尧曰："天王(1)之用心何如?"**

尧曰："吾不敖(2)无告(3)，不废(4)穷民，苦(5)死者，嘉(6)孺子(7)而哀(8)妇人。此吾所以用心已(9)。"

舜曰："美则美矣，而未大也。"

(1) 天王：犹天子也（成玄英《庄子疏》）。

(2) 敖：侮慢也（成玄英《庄子疏》），通"傲"。

(3) 无告：有冤无处诉的穷人（曹础基《庄子浅注》）。

(4) 废：抛弃。

(5) 苦：悲悯。

(6) 嘉：善待。

(7) 孺子：小孩。

(8) 哀：怜也（成玄英《庄子疏》）。

(9) 已：了（曹础基《庄子浅注》）。

译文：

从前舜请教尧说："天子是怎样用心的?"

尧说："我不傲视有苦无处申诉的人，不抛弃穷苦的人，哀怜死者，善待孩子，同情寡妇。这是我的用心之处。"

舜说："好是好，但不够宏大。"

解说：

这个故事通过尧舜的对话阐发前文帝王应以无为方式治国的含义。

尧的内心有"苦"、"嘉"、"哀"等情绪，因而没有做到无好恶。心中存有是非好恶就无法做到无为而治。

17. **尧曰："然则何如？"**

舜曰："天德[1]而[2]出[3]宁[4]，日月照而四时行，若昼夜之有经[5]，云行而雨施矣。"

尧曰："胶胶[6]扰扰乎！子[7]，天之合也；我，人之合也。"

夫天地者，古之所大也，而黄帝尧舜之所共美也。故古之王天下者，奚[8]为哉？天地而已矣。

(1) 天德：合乎自然的德性。

(2) 而：则（曹础基《庄子浅注》）。

(3) 出：呈现。

(4) 宁：静（成玄英《庄子疏》）。

(5) 经：常。

(6) 胶胶：扰扰，皆扰乱之貌也（成玄英《庄子疏》）。

(7) 子：你。

(8) 奚：何。

译文：

尧问："那应该怎么做呢？"

舜说："天地自然运行则万物安宁，日月照耀则四季运行，就像昼夜自有常轨、云飘过后就会下雨一样。"

尧说："我真是搅扰多事啊！你合乎天道，我只合乎人事。"

天地，自古以来被认为是最伟大的，为黄帝、尧、舜所共同赞美的。所以，自古治理天下的，还要做什么呢？效法天地就是了。

解说：

本段阐述君主治国在于效法天地，自身无为而让天地万物自行运作。文中尧将天道与人事分别对待，还只是初步悟道。在得道者心中，人事与天道也是混而为一的。

18. **孔子西藏书于周室。子路[1]谋[2]曰："由闻周之征藏史[3]有老聃者，**

免[4]而归居[5]，夫子欲藏书，则试往因[6]焉。”

孔子曰：“善。”

往见老聃，而老聃不许，于是繙（fān）[7]经以说。

老聃中[8]其说，曰：“大[9]谩[10]，愿闻其要[11]。”

孔子曰：“要在仁义。”

老聃曰：“请问，仁义，人之性邪？”

（1）子路：孔子弟子，姓仲名由。

（2）谋：谋划。

（3）征藏史：犹今之秘书官，职典坟籍（成玄英《庄子疏》）

（4）免：解除征藏史的职务。

（5）归居：归家闲居。

（6）因：通过，即通过老子将书推荐给周室图书馆。

（7）繙：反复言之（宣颖《南华经解》）。

（8）中：中止。

（9）大：通“太”。赵谏议本为“太”字（郭庆藩《庄子集释》）。

（10）谩：通“漫”，漫无边际（曹础基《庄子浅注》）。

（11）要：要点。

译文：

孔子想把自己所编著的书籍收藏到周王室的书库。子路建议说：“我听说周朝的征藏史官叫老聃的，已经离职回家了，老师想要藏书，不妨让他想想办法。”

孔子说：“好”。

孔子前去拜访老聃，老聃却不答应帮忙，于是孔子反复引述《六经》以说服老聃。

老聃打断孔子的话，说：“太冗长了，我想听听要点。”

孔子说：“要点在于仁义。”

老聃问：“请问，仁义是人的本性吗？”

解说：

这个故事以前文的无为思想批判儒家的仁义学说。

在老聃看来，孔子的仁义学说不符合人性。所以，他打断了孔子的话。

19. **孔子曰："然。君子不仁则不成，不义则不生。仁义，真人之性也，又将奚**(1)**为矣？"**

老聃曰："请问，何谓仁义？"

孔子曰："中心物恺(2)**，兼爱无私，此仁义之情也。"**

老聃曰："意(3)**，几乎后言**(4)**！夫兼爱，不亦迂**(5)**乎！无私焉，乃私也。夫子**(6)**若欲使天下无失其牧**(7)**乎？则天地固**(8)**有常矣，日月固有明矣，星辰固有列**(9)**矣，禽兽固有群矣，树木固有立**(10)**矣。夫子亦放德**(11)**而行，循**(12)**道而趋，已至矣；又何偈（jié）偈**(13)**乎揭仁义，若击鼓而求亡子**(14)**焉？意，夫子乱人之性也！"**

（1）奚：何。

（2）恺：乐也（成玄英《庄子疏》）。

（3）意：通"噫"。不平之声也（成玄英《庄子疏》）。

（4）几乎后言：这都是些肤浅的话。"几"，近也（成玄英《庄子疏》）。"后言"，肤浅不合道的话。

（5）迂：迂腐。

（6）子：你。

（7）牧：养也（成玄英《庄子疏》）。

（8）固：本来。

（9）列：次序。

（10）立：生长的地方（曹础基《庄子浅注》）。

（11）放德：仿效自然的德性。"放"，通"仿"（曹础基《庄子浅注》）。

（12）循：顺也（成玄英《庄子疏》）。

（13）偈偈：励力貌也；揭，担负也（成玄英《庄子疏》），用力的样子。

（14）亡子：逃人也（成玄英《庄子疏》），逃跑的人。

译文：

孔子说："是的。君子不仁就不成其为君子，不义就不能立足。仁义确实是人的本性，此外还有什么值得做的呢？"

老聃说："请问什么是仁义？"

孔子说："内心和乐，兼爱无私，这就是仁义的本质。"

老聃说："唉，这是肤浅的话！兼爱岂不是太迂腐了吗！既然说无私，心中恰恰就先有了私。先生想要使天下人不失去养育吗？那天地本来就有常轨，日月本来就有光明，星辰本来就有秩序，禽兽本来就群居，树木本来就直立生长。先生只需依照天理行事，顺随大道而为，就是最好的；又何必竭力去标榜仁义，就像敲着鼓去寻找逃跑的人一样呢？唉，先生是在扰乱人的本性啊！"

解说：

孔子认为"中心物恺，兼爱无私"（内心和乐，兼爱无私）是人的本性。但是，既然说"兼爱"和"无私"，那么心中就先有了是非好恶，也就谈不上"无私"，因而好恶不是人的本性。人的本性是自然而然的，就像天地万物的自然运行。如果人为地以好恶之情加以搅乱，那就好像敲着鼓去寻找逃跑的人一样，不可能悟道。

20. **士成绮（qǐ）(1)见老子而问曰："吾闻夫子圣人也，吾固(2)不辞远道而来愿见，百舍(3)重趼（jiǎn）(4)而不敢息。今吾观子(5)，非圣人也。鼠壤(6)有余蔬(7)，而弃妹(8)之者，不仁也，生熟(9)不尽于前，而积敛无崖(10)。"**

老子漠然(11)不应。

(1) 士成绮：姓士，名成绮，不知何许人也（成玄英《庄子疏》）。

(2) 固：通"故"。

(3) 百舍：旅途百日，"舍"，旅馆。一说为三十里。

(4) 重趼：一层层的茧。"趼"，脚跟皮厚（宣颖《南华经解》）。

(5) 子：您。

(6) 鼠壤：鼠穴（成玄英《庄子疏》）。

(7) 余蔬：吃剩的菜食。

(8) 弃妹：不知惜物而弃之（宣颖《南华经解》）。不爱物（林希逸《庄子口义》）。

(9) 生熟：生食物与熟食物。

(10) 无崖：没有限度。

(11) 漠然：冷淡的样子。

译文：

士成绮拜见老子，问道："我听说先生是个得道者，所以不辞路途遥远前来见你。路上走了上百天，即使脚上磨出了厚厚的老茧，也不敢停下来休息休息。现在我见到先生后，觉得先生不像得道者。老鼠洞里有剩菜，轻易抛弃这些物品，这是不仁；生熟食物享用不尽，还在不停地聚敛。"

老子神情漠然，好像没听见似的。

解说：

第二十至二十二段从反面阐发前文"寂寞、无为者，万物之本"的含义。

得道者心中要超越是非好恶，外表如同常人。士成绮以仁与不仁的标准要求老子，这是心存是非的表现。老子心中无是无非，所以听了毫无反应。

21. **士成绮明日复见，曰："昔者吾有刺[(1)]于子[(2)]，今吾心正却[(3)]矣，何故也?"**

老子曰："夫巧知神圣之人，吾自以为脱[(4)]焉。昔者子呼我牛也而谓之牛，呼我马也而谓之马。苟有其实，人与之名而弗受，再受其殃。吾服[(5)]也恒服，吾非以服有服[(6)]。"

(1) 刺：讽刺。

(2) 子：你。

(3) 却：通"隙"。空也（成玄英《庄子疏》）。

(4) 脱：过去也（郭象《庄子注》）。

(5) 服：接受（陈鼓应《庄子今注今译》）。

（6）以服有服：有接受之心而接受。

译文：

第二天士成绮又来拜见老子，说："昨天我讥讽你，今天我有所醒悟，这是为什么呢？"

老子说："巧智神圣之类的人，我自认为早就不是了。昨天你喊我为牛，我就是牛好了；你喊我为马，我就是马好了。假如真有其实，人们给我相符的称呼，我却不接受，那就是双重的过错。我一向顺其自然地接受这些，并不是以接受之心而接受。"

解说：

得道者无名、无是非，超越巧智神圣，是得道者的表现。因而无论他人称呼自己为牛，还是称呼自己为马，老子都不辩论。辩论就是心有是非。

昔者子呼我牛也而谓之牛，呼我马也而谓之马。苟有其实，人与之名而弗受，再受其殃——无我而顺人。

吾服也恒服，吾非以服有服——无心、无我而为。

22. **士成绮雁行避影[(1)]，履行[(2)]遂[(3)]进而问："修身若何？"**

老子曰："而[(4)]容崖然[(5)]，而目冲[(6)]然，而颡（sǎng）[(7)]頯（kuí）[(8)]然，而口阚（hǎn）然[(9)]，而状义然[(10)]，似系马而止也[(11)]。动而持[(12)]，发也机[(13)]，察而审[(14)]，知巧而睹[(15)]于泰[(16)]，凡[(17)]以为不信[(18)]。边竟[(19)]有人焉，其名为窃[(20)]。"

（1）雁行避影：像雁一样斜飞，避开自己的影子（曹础基《庄子浅注》），描写士成绮羞愧的样子。

（2）履行：踵步不前貌（宣颖《南华经解》）。

（3）遂：就。

（4）而：你。

（5）崖然：高傲的样子。

（6）冲：突视（宣颖《南华经解》）。

(7) 頯：额。

(8) 頯：直耸（宣颖《南华经解》）。

(9) 阚然：张口动唇的样子（曹础基《庄子浅注》）。

(10) 义然：义读为峨。义然，峨然也（郭庆藩《庄子集释》）。

(11) 似系马而止也：形虽矜庄，而心性諠躁，犹如逸马被系，意存奔走（成玄英《庄子疏》），像被拴住的马被迫而止。

(12) 动而持：冲动而强制压抑着。

(13) 机：弩牙也（成玄英《庄子疏》），弓弩上的机关。

(14) 察而审：明是非也（郭象）。

(15) 睹：看起来。

(16) 泰：骄泰（陈鼓应《庄子今注今译》）。

(17) 凡：这一切。

(18) 不信：不真实。

(19) 竟：通“境”。赵谏议本“竟”为“境”字（郭庆藩《庄子集释》）。

(20) 窃：贼。

译文：

士成绮侧身前行，避开老子的影子，蹑步向前请教道：“请问如何修身呢?”

老子说：“你神态高傲，双目突出，前额外露，嘴巴张开像要说话，身形高大，心就像被拴住的奔马。想动而又强忍着，一旦行动就快如离弦之箭，对事物明察而精审，多智巧而显出傲慢之态，这一切都不是真实的本性。边境上有这种人，人们称其为窃贼。”

解说：

士成绮虽然强制压抑内心，但外貌张扬，表现出强烈的欲望。这说明士成绮虽然恭敬，但内心没有真正做到清静无为。得道者心无好恶是出于内心的，如果强压着，对养生更加不利。因此，老子说他类似于边境上的贼。

23. **夫子[(1)]曰："夫道，于大不终[(2)]，于小不遗[(3)]，故万物备[(4)]。广广乎[(5)]其无不容[(6)]也，渊乎其不可测也。形德仁义，神之末也，非至人孰能定之！夫至人[(7)]有世[(8)]，不亦大乎！而不足以为之累。天下奋棅[(9)]而不与之偕[(10)]，审乎无假[(11)]而不与利迁，极物之真[(12)]，能守其本，故外天地，遗万物，而神未尝有所困也。通乎道，合乎德，退仁义，宾[(13)]礼乐，至人之心有所定矣。"**

(1) 夫子：应为老子或庄子。

(2) 终：穷也（成玄英《庄子疏》）。

(3) 遗：漏。

(4) 备：具备。

(5) 广广乎：宽广的样子（曹础基《庄子浅注》）。

(6) 容：包容。

(7) 至人：回归自性的得道者，参见《逍遥游》。

(8) 有世：有天下。

(9) 奋棅：争夺权柄。"奋"，争夺。"棅"，《释文》引司马云，棅，威权也；《说文》：柄，柯也；柄，或作"棅"（郭庆藩《庄子集释》引郭嵩焘说），通"柄"。

(10) 偕：同。

(11) 无假：无假借，无对待，即与物合一。

(12) 真：本性。

(13) 宾：通"摈"，抛弃（曹础基《庄子浅注》）。

译文：

先生说："道，对大的方面，无穷无尽；对小的东西，无所遗漏，所以万物都体现了道。广大呀，无所不包；深邃呀，不可测量。刑、德、仁、义，都是道的末节，不是至人谁能确定这些呢？至人拥有天下，不是很大吗？但这并不会成为他的累赘。天下人争夺权柄，他却不同流合污，顺随外物而不为利益所役使，洞彻事物的本原，持守事物的根本，所以能超越天地，忘怀万物，而精神不曾有任何困扰。贯通大道，合于德性，抛开仁义，摈弃礼乐，至人的内心就安定了。

解说：

第二十三至二十四段阐述形、德、仁、义、语言等“五末”、“九变”之类的东西只是道的衍生品。

道无所不在，却不可度量。世俗的刑、德、仁、义不过是道的末节。至人效法大道，因而拥有天下却不会让这些末节的东西成为自己的累赘；顺随外物，却不为利益所动，因而能逍遥自在。

天下奋棅而不与之偕，审乎无假而不与利迁，极物之真，能守其本，故外天地，遗万物，而神未尝有所困也——无我而顺物。

24. **世之所贵道者书也，书不过语，语有贵也。语之所贵者意也，意有所随**(1)**。意之所随者，不可以言传也，而世因贵言传书**(2)**。世虽贵之，我犹不足贵也，为其贵非其贵也。故视而可见者，形与色也；听而可闻者，名与声也。悲夫，世人以形色名声为**(3)**足以得彼之情！夫形色名声果不足以得彼之情，则知者不言，言者不知，而世岂识之哉！**

(1) 随：从也（成玄英《庄子疏》）。

(2) 传书：以书相传授。

(3) 为：认为。

译文：

世人所珍惜的道依靠书的记载。书不过是用语言写成的，所以语言有其可贵之处。语言之所以可贵，不过在于其意指，意指有其言外之音。意指的言外之音无法用语言传达，然而世人因重视言语，以书册相传。虽然世人认为书本最为可贵，其实并不是那么可贵，因为世人以为可贵的并不是真正可贵的部分。所以，眼睛可以看见的是形状和色彩，耳朵可以听到的是名称和声音。可悲啊，世上的人们以为靠形状、色彩、名称、声音就足以掌握意义的言外之音！靠形状、色彩、名称、声音实在不能获得意义的言外之音。因此，知道的就不说，说的人并不知道，世人怎么明白这个道理呢？

解说：

本段阐述事物自身（道）无法靠语言以及形状、色彩、名称、声音等传达，因而我们应该得意忘言。

意之所随者，不可以言传也，而世因贵言传书——传道不离言，但言无法传道。

视而可见者，形与色也；听而可闻者，名与声也——道“视之不见”、“听之不闻”、“搏之不得”（《道德经》第十四章）。参见第一章的解说或前言。

知者不言，言者不知——道不可言，“道可道非常道”（《道德经》第一章）。参见第一章的解说或前言。

25. **桓公(1)读书于堂上。轮扁(2)斲(3)轮于堂下，释(4)椎凿(5)而上，问桓公曰：“敢问，公之所读者何言邪？”**

公曰：“圣人之言也。”

曰：“圣人在乎？”

公曰：“已死矣。”

曰：“然则君之所读者，古人之糟魄(6)已夫！”

曰：“寡人读书，轮人安得议乎！有说(7)则可，无说则死。”

轮扁曰：“臣也以臣之事观之。斲轮，徐(8)则甘(9)而不固，疾(10)则苦(11)而不入。不徐不疾，得之于手而应于心，口不能言，有数(12)存焉于其间。臣不能以喻(13)臣之子，臣之子亦不能受之于臣，是以行年七十而老斲轮。古之人与其不可传也死矣，然则君之所读者，古人之糟魄已夫！”

（1）桓公：齐桓公也，名小白（陆德明《经典释文》引李颐说）。

（2）轮扁：斲轮人也，名扁（陆德明《经典释文》引司马彪说）。

（3）斲：车轮也（成玄英《庄子疏》），通“斫”。

（4）释：放也（成玄英《庄子疏》）

（5）椎凿：木匠用的两种工具。

（6）魄：通“粕”。烂食曰粕（陆德明《经典释文》引司马彪说）。

（7）有说：可以说出道理。

(8) 徐：缓。

(9) 甘：松滑（曹础基《庄子浅注》）。

(10) 疾：紧，与“甘”相对。

(11) 苦：涩滞（曹础基《庄子浅注》）。

(12) 数：分寸。

(13) 喻：使之明白。

译文：

齐桓公在堂上读书，轮扁在堂下制造车轮。轮扁放下手中的椎子和凿子，走上堂来，问齐桓公：“请问，您读的是什么书呢？”

齐桓公说：“是圣人的言论。”

轮扁说：“圣人还活着吗？”

齐桓公说：“已经死了。”

轮扁说：“既然如此，那国君所读的书，不过是古人的糟粕罢了！”

齐桓公说：“寡人在读书，你一个制造车轮的怎么敢妄加评论呢！能说出道理就罢了，说不出道理就处你死罪。”

轮扁说：“我是从我所做的事情来看的。砍凿车轮，下手慢了就松动而不牢固，下手快了就紧固而嵌不进去。不慢不快，才能得心应手。我嘴里虽说不明白，但在这个过程中确实存在分寸。我无法教给儿子，我的儿子也不能将我的手艺继承下去，所以我活到七十岁还在制造轮子。古代的人跟他们不可言传的东西已经都不在了，那么国君所读的，不过是古人的糟粕啊！”

解说：

本段以做轮子的技巧无法传承为例，阐发上一段所说的得道者应得意忘言的思想。

轮扁做轮子的技巧跟庖丁解牛的技巧一样，属于可以感觉却无法感知的东西，无法传授。可参见《养生主》庖丁解牛故事的解说。

天　运

本篇阐述帝王如何对待天地自身固有的“六极五常（六极：四方上下；五常：金木水火土）。

本篇包括理论和故事两大部分。第一部分（从开头至“此谓上皇”）阐述帝王如何以无我之心对待天地自身固有的“六极五常”。

第二部分包括六个故事。第一个故事（从“商大宰”至“道不渝”）阐明儒家的孝、悌、仁、义、忠、信、贞、廉都不合乎“六极五常”。第二个故事（从“北门成”至“与之俱也”）用欣赏音乐时的感受类比阐述悟道、修道的过程。第三个故事（从“孔子西游”至“其穷哉”）通过师金之口从反面阐发“六极五常，帝王顺之则治，逆之则凶”的观念，批评孔子不知变通地推行周朝礼仪法度。第四个故事（从“孔子行年”至“弗开矣”）阐发只有那些不执着于外物、顺随“六极五常”的人才能得道。第五个故事（从“孔子见老聃”至“立不安”）阐发只有去掉仁义等有为的治国手段才能顺随“六极五常”。第六个故事（从“孔子谓”至末尾）阐发只有不执着于陈迹、不以六经为固定模式治国才能顺随“六极五常”。

我们讲本章的结构图示如下。

第一部分	从开头至“谓上皇”		阐述帝王如何以无我之心对待天地自身固有的“六极五常”。
第二部分用六个故事阐释第一部分的思想	第一个故事	从“商大宰”至“道不渝”	阐明儒家的孝、悌、仁、义、忠、信、贞、廉不合乎“六极五常，帝王顺之则治，逆之则凶”的原则。
	第二个故事	从“北门成”至“与之俱也”	用音乐隐喻修道、悟道的过程。
	第三个故事	从“孔子西游”至“其穷哉”	用六个比喻阐述“六极五常，帝王顺之则治，逆之则凶”的观念，批评孔子不知变通地推行周朝礼仪法度。
	第四个故事	从“孔子行年”至“弗开矣”	阐发只有那些不执着于外物、顺随“六极五常”的人才能得道。
	第五个故事	从“孔子见老聃”至“立不安”	阐发只有去掉仁义等有为的治国手段才能顺随“六极五常”。
	第六个故事	从“孔子谓”至末尾	阐发只有不执着于陈迹、不以六经为固定模式来治国才能顺随“六极五常”。

1. **“天其运[(1)]乎？地其处[(2)]乎？日月其争于所[(3)]乎？孰[(4)]主张[(5)]是[(6)]？孰维纲[(7)]是？孰居无事推而行[(8)]是？意者[(9)]其有机[(10)]缄[(11)]而不得已邪？意者其运转而不能自止邪？云者为雨乎？雨者为云乎？孰隆[(12)]施[(13)]是？孰居无事淫乐[(14)]而劝是？风起北方，一西一东，有上彷徨[(15)]，孰嘘吸[(16)]是？孰居无事而披拂[(17)]是？敢问何故？”**

(1) 运：徙也（郭庆藩《庄子集释》），运行。

(2) 处：静处。

(3) 所：处所。

(4) 孰：谁。

(5) 主张：主宰而施张（成玄英《庄子疏》），主宰施行。

(6) 是：这些。

(7) 维纲：维系（曹础基《庄子浅注》）。

(8) 行：推行。

(9) 意者：或者（曹础基《庄子浅注》）。

(10) 机：关也（成玄英《庄子疏》）。

(11) 缄：闭也（成玄英《庄子疏》）。

(12) 隆：兴也（成玄英《庄子疏》）。

(13) 施：降（曹础基《庄子浅注》）。

(14) 淫乐：云雨乃阴阳交合所成，故以为造化之淫乐（宣颖《南华经解》），云雨是阴阳的交媾，所以称造化之淫乐。

(15) 彷徨：自在徘徊。

(16) 嘘吸：呼吸。“嘘”，吐气。

(17) 披拂：犹扇动也（成玄英《庄子疏》）。

译文：

“天是在不断运行吗？地是静止的吗？日月是在争夺位子吗？是谁在主宰实行这些呢？是谁在维持这些呢？是谁闲来无事在推动这些呢？或是有什么机关在操纵而不得不如此吗？或者是它顺势运转而不能停下来吗？到底是云造雨呢？还是雨造云的呢？是谁在兴云布雨呢？是谁闲居无事求乐而做这些事呢？风从北方吹来，时而向西时而向东，在天空中飘动，是谁在呼吸成风？还是谁闲居无事扇动起风？请问这些到底是什么缘故？”

解说：

第一、二段提出天地有自身的“六极五常（六极：四方上下；五常：金木水火土），帝王顺之则治，逆之则凶”的思想。

本篇开头突兀地提出了许多问题，好像是要让人回答。实际上，对这些问题无需回答，也无从回答——回答只会造成无穷倒退（参见《齐物论》“罔两问景”的故事）。

2. **巫咸袑**（zhāo）(1)**曰：“来！吾语女**(2)。**天有六极**(3)**五常**(4)**，帝王顺之则治，逆之则凶。九洛之事**(5)**，治成**(6)**德备**(7)**，监**(8)**照下土**(9)**，天下戴**(10)**之，此谓上皇。”**

(1) 巫咸袑：神巫也，为殷中宗相。袑，名也（成玄英《庄子疏》）。

(2) 女：通“汝”。

(3) 六极：谓六合，四方上下也（成玄英《庄子疏》）。

(4) 五常：即五行，金木水火土。

(5) 九洛之事：九州聚落之事（成玄英《庄子疏》）。

(6) 治成：实现天下太平。

(7) 德备：德性完备。

(8) 监：临（曹础基《庄子浅注》）。

(9) 下土：指天下。

(10) 戴：爱戴。

译文：

巫咸袑说：“来！我告诉你。天地有六极、五行，帝王顺随这些，天下就太平，违背这些就会招来灾祸。九州百姓聚居之事，处理好了，就治理有成、功德圆满，帝王功德的光辉普照人间，天下人就会拥戴它，这就是上皇之治。”

解说：

庄子借巫咸袑之口指出，对上述问题无需追问，只要顺随六极五常，天下就会太平。

3. **商[1]大宰[2]荡问仁于庄子。庄子曰：“虎狼，仁也。”**

曰：“何谓也？”

庄子曰：“父子[3]相亲，何为[4]不仁？”

曰：“请问至仁。”

庄子曰：“至仁无亲。”

大宰曰：“荡闻之，无亲则不爱，不爱则不孝。谓至仁不孝，可乎？”

(1) 商：即宋国（周封殷商后裔为宋，所以称为商）。

(2) 大宰：官名。“大”，通“太”。

(3) 父子：指虎狼父子。

(4) 为：谓（曹础基《庄子浅注》）。

译文：

宋国的太宰荡向庄子请教什么是仁。庄子说："虎狼也有仁的表现。"

太宰荡说："这话怎么说呢？"

庄子说："虎狼也知道父子相亲相爱，怎么不是仁呢？"

太宰荡又问："请问什么是至仁呢？"

庄子说："至仁无所偏爱。"

太宰荡说："我听说，无偏爱就不关爱，不关爱就不孝，说至仁就是不孝，可以吗？"

解说：

第三至五段这个故事阐明儒家的孝、悌、仁、义、忠、信、贞、廉都不合乎"六极五常，帝王顺之则治，逆之则凶"的原则，只有无所偏爱的至仁才合乎自然。

庄子认为，虎狼父子相亲，也是仁的表现。太宰不认可，所以就追问什么是至仁。庄子说至仁则无所偏爱，于是太宰以无所偏爱不合孝加以反驳。实际上，太宰是想说，只有人类才有所谓的仁或孝。但是，太宰所谓的仁或孝属于好恶之情，不是出于自然。所以，他在下文遭到庄子的反驳。

4. **庄子曰："不然。夫至仁尚矣，孝固不足以言之。此非过孝之言也，不及孝之言也。夫南行者至于郢(1)，北面而不见冥山(2)，是何也？则去之远也。故曰：以敬孝易，以爱孝难；以爱孝易，以忘亲难；忘亲易，使亲忘我难；使亲忘我易，兼忘天下难；兼忘天下易，使天下兼忘我难。**

(1) 郢：庄子时代楚国首都，在今湖北省江陵县。

(2) 冥山：山名，在今河南信阳。

译文：

庄子说："不是这样的。至仁是最高的境界，孝实在不足以说明它。你所说的并没有超过孝，而是还没有达到孝的境界。向南走就能到达楚国的都城郢都，朝北走就看不见冥山，这是什么原因呢？因为与冥山相距更远了。所以说，用敬来行孝容易，用爱来行孝难；用爱来行孝容易，行孝时忘记双亲难；行孝时忘记双亲容易，行孝让双亲忘记我难；行孝时让双亲忘记我容易，我同时忘记天下人难；我同时忘记天下人容易，使天下人同时忘记我难。

解说：

合道的行为是忘我忘物，逍遥自在。因而自然的孝是使天下人都忘记我。而太宰所谓的偏爱最多只能算是仁，还不是至仁。从爱到使天下人都忘记我这种至仁的境界，中间还有很多层级——怀恭敬之心、怀爱心、忘记双亲、使双亲忘记我、我同时忘记天下人、使天下人都忘记我。

5. **夫德，遗(1)尧舜而不为也，利泽施于万世，天下莫知也，岂直(2)大息(3)而言仁孝乎哉！夫孝悌仁义，忠信贞廉，此皆自勉以役其德者也，不足多(4)也。故曰，至贵，国爵(5)并(6)焉；至富，国财(7)并焉；至愿，名誉并焉。是以道不渝(8)。”**

(1) 遗：忘。

(2) 直：只。

(3) 大息：犹嗟叹也（成玄英《庄子疏》）。“大”，通“太”。

(4) 不足多：不值得推崇。

(5) 国爵：国家的爵位。

(6) 并：除弃之谓也（成玄英《庄子疏》）。通“摒”，摒除。

(7) 国财：国家的财产。

(8) 渝：改变。

译文：

有德者忘记尧舜而无所妄为，恩泽施于万世而百姓不知，难道还需要去赞叹仁与孝吗？所谓孝、悌、仁、义、忠、信、贞、廉，都是被人们用来劝勉自身而实际上有害于自性的，不值得赞美。所以说，最尊贵的，可以抛弃一国的爵位；最富有的，可以抛弃一国的资财；最尊显的，可以抛弃名声和荣誉。因此，大道是永恒不变的。”

解说：

实际上，与执着于孝一样，执着于孝、悌、仁、义、忠、信、贞、廉，也都是出于人的好恶之情，违背人的自然本性。因而，这些都被最尊贵的、最富有的、最尊显的人视为枷锁。

6. **北门成[(1)]问于黄帝曰：“帝张[(2)]《咸池》[(3)]之乐于洞庭之野[(4)]，吾始闻之惧，复闻之怠，卒[(5)]闻之而惑；荡荡[(6)]默默[(7)]，乃不自得[(8)]。**

(1) 北门成：姓北门，名成，黄帝臣（成玄英《庄子疏》）。一说为虚构的人物。

(2) 张：施也（成玄英《庄子疏》）。

(3)《咸池》：皇帝时的乐曲名字。“咸”，和也（成玄英《庄子疏》）。

(4) 洞庭之野：非太湖之洞庭也（成玄英《庄子疏》），《逍遥游》中所谓的广漠之野。

(5) 卒：最终。

(6) 荡荡：恍恍惚惚（曹础基《庄子浅注》）。

(7) 默默：无知之貌（成玄英《庄子疏》）。

(8) 不自得：坐忘之谓也（郭象《庄子注》）。

译文：

北门成问黄帝说：“您在广阔的原野上演奏《咸池》乐曲，我开始听时感到恐惧，继续听下去就逐渐松弛下来，听到最后又感到迷惑，心神恍惚，茫然无知，好像忘了自我。”

解说：

第六至八段用音乐隐喻修道、悟道的过程。

7. **帝曰：“汝殆其然[(1)]哉！吾奏之以[(2)]人[(3)]，征[(4)]之以天，行之以礼义，**

建之以大清[5]。[夫至乐者，先应之以人事，顺之以天理，行之以五德，应之以自然，然后调理四时，太和万物][6]。四时迭起[7]，万物循[8]生；一盛一衰，文武伦经[9]；一清一浊，阴阳调和，流光[10]其声；蛰（zhé）虫[11]始作，吾惊之以雷霆；其卒无尾，其始无首；一死一生，一偾（fèn）[12]一起；所常无穷[13]，而一不可待[14]。汝故惧也。

(1) 殆其然：恐怕是这样。“殆”，大概。“然”，这样。

(2) 以：于（曹础基《庄子浅注》）。

(3) 人：与人事相关。

(4) 征：效法。

(5) 大清：阴阳不分的状态，指天道。“大”，通“太”。

(6) 宋以来的注家多认为，从“夫至”至“万物”等三十五个字是郭象的注释窜入的。

(7) 迭起：指四季更替。

(8) 循：顺。

(9) 伦经：变化的条理。

(10) 流光：和气流布，三光照烛（成玄英《庄子疏》），形容乐声流动。

(11) 蛰虫：冬眠的虫子。

(12) 偾：仆也（成玄英《庄子疏》）。

(13) 所常无穷：变化无穷。

(14) 一不可待：皆不可待也（俞樾《庄子平议》）。“一”，一切，全部。

译文：

黄帝说：“你大概会如此吧！我以人事方面的主题来演奏，效法自然以发挥，配合礼义来进行，展示清明的境界。乐声像四季交互更替，似万物依序而生；有盛有衰，生灭自然；有清有浊，阴阳调和；声光交流而充溢天下；蛰虫刚刚苏醒，我就开始用雷霆般的声音惊醒它们。乐声结束时没有终点，开始时没有起点；忽而消逝忽而兴起，一会倒下一会站起；变化无穷无尽，完全不可预料。所以你感到惊恐不安。

解说：

本段用演奏显示修道的第一个阶段——或有或无的有物之物境界。

黄帝是得道者，以顺随自然之心（无物之心）来演奏人事方面的音乐（一盛一衰，文武伦经；一清一浊）。这是以无物之心对待有物之物的表现。因为是有物之物境界，所以北门成听了演奏后有感应；因为以无物之心演奏，所以北门成就像刚苏醒的蛰虫突然被雷霆般的声音所震惊。北门成有感应，说明他有领悟道的天赋，否则不可能有感觉（参见《大宗师》“南伯子葵”故事）。

四时迭起，万物循生；一盛一衰，文武伦经；一清一浊，阴阳调和——有（有物）的境界。

其卒无尾，其始无首；一死一生，一偾一起；所常无穷，而一不可待——以无物之心演奏，所以无始无终。

8. **吾又奏之以阴阳之和，烛之以日月之明；其声能短能长，能柔能刚；变化齐一，不主故常**(1)**；在谷满谷，在坑满坑；涂却**(2)**守神，以物为量**(3)**。其声挥绰（chuò）**(4)**，其名**(5)**高明**(6)**。是故鬼神守其幽，日月星辰行其纪**(7)**。吾止之于有穷，流之于无止。予**(8)**欲虑之而不能知也，望之而不能见也，逐之而不能及也；傥然**(9)**立于四虚**(10)**之道，倚于槁梧**(11)**而吟。目知穷乎所欲见，力屈乎所欲逐，吾既不及已夫！形充空虚，乃至委蛇（yí）**(12)**。汝委蛇，故怠。**

(1) 不主故常：不拘泥于习惯的东西。

(2) 涂却：填塞。“涂”，塞也（成玄英《庄子疏》）。“却”，通“隙”。

(3) 以物为量：大小修短，随物器量，终不制割而从己也（成玄英《庄子疏》），完全顺随外物。

(4) 挥绰：悠扬越发（林云铭《庄子因》）。“挥”，动也。“绰”，宽也（成玄英《庄子疏》）

(5) 名：节奏。

(6) 高明：高亢明快（曹础基《庄子浅注》）。

(7) 纪：轨道（曹础基《庄子浅注》）。

(8) 予：我。

(9) 傥然：无心貌也（成玄英《庄子疏》），无心的样子。

(10) 四虚：四方空虚。

(11) 槁梧：干枯的梧桐树。

(12) 委蛇：亦作“逶迤”，形容情态的舒缓宽闲（曹础基《庄子浅注》）。

译文：

“我又用阴阳合一的旋律来演奏，如同用日月的光辉照亮整个乐曲。声调时短时长，时柔时刚，乐声的变化虽然有一定的条理，但又能推陈出新；乐声传到山谷，就会充满山谷；传到深坑，就会充满深坑；充满空隙，溢满精神，而顺随外物。乐声悠扬悦耳，节奏高亢明朗。因此，连鬼神听了都会安于幽冥之中，连日月星辰也会依照各自的轨道运行。我的乐声好像有穷尽，却能传到无穷无尽的天地之中。你想要思索却无从用心，想要观察却不能看见，想要追逐却总赶不上。如同茫然无心地伫立在空旷的大道上，靠着干枯的梧桐树低吟。想要思考，却无法用脑；想要看见，目力却不及；想要追赶，力气已经衰竭，觉得自己已经赶不上了。形体空虚，只能舒缓宽闲于音乐之中。你在舒缓宽闲的音乐之中，所以觉得松弛。

解说：

本段用音乐显示修道的第二个阶段——有、无混一的无封境界。

这一阶段黄帝用无封的境界演奏（“奏之以阴阳之和”），因而能顺随外物，变化无穷，让人想知而“不能知”、想见而“不能见”、想追而“不能及”，无法运用心神和官能，所以感官完全得到放松。

吾又奏之以阴阳之和，烛之以日月之明；其声能短能长，能柔能刚；变化齐一，不主故常——阴阳不分、长短不分、刚柔不分的无封境界。

在谷满谷，在坑满坑；涂却守神，以物为量——无封因而充满一切。

吾止之于有穷，流之于无止——无封则无法分界限，因而“无止”。

予欲虑之而不能知也，望之而不能见也，逐之而不能及也；傥然立于四虚之道，倚于槁梧而吟。目知穷乎所欲见，力屈乎所欲逐，吾既不及已夫——无封因而不能虑、不能望、不能逐、不能知。

形充空虚，乃至委蛇。汝委蛇，故怠——无法区分只能顺随，因而觉得松弛。

9. **吾又奏之以无怠之声，调之以自然之命[1]，故若混逐[2]丛生，林乐[3]而无形；布挥[4]而不曳[5]，幽昏而[6]无声。动于无方[7]，居于窈冥；或谓之死，或谓之生；或谓之实，或谓之荣[8]；行流散徙，不主常声。世疑之，稽[9]于圣人。圣也者，达于情而遂[10]于命也。天机[11]不张[12]而五官皆备，此之谓天乐[13]，无言而心说[14]。故有焱（yàn）氏[15]为之颂曰：'听之不闻其声，视之不见其形，充满天地，苞裹[16]六极[17]。'汝欲听之而无接[18]焉，而[19]故惑也。**

(1) 命：自然节奏。

(2) 混逐：混然相逐（宣颖《南华经解》）。

(3) 林乐：夫从林地籁之声（成玄英《庄子疏》）。

(4) 布挥：布散挥洒（宣颖《南华经解》）。

(5) 曳：曳滞（宣颖《南华经解》）。

(6) 而：则（曹础基《庄子浅注》）。

(7) 无方：没有固定的方向。

(8) 荣：开花。

(9) 稽：考核。

(10) 遂：顺随。

(11) 天机：自然之枢机（成玄英《庄子疏》）。

(12) 不张：不动。

(13) 天乐：自然的音乐。

(14) 说：通"悦"。

(15) 有焱氏：神农氏。"焱"，也作炎。

(16) 苞裹：囊括（成玄英《庄子疏》），包括。

(17) 六极：四方上下。

(18) 无接：无法用耳朵接收。

(19) 而：你。

译文：

“我又用消除懈怠的乐声来演奏，用合乎自然的节奏来调节。因而声音混然相逐，丛然并生，众乐齐奏而不着痕迹，乐声混杂而毫无滞留，幽深昏暗而无从窥探。动时不知去向，静时深沉莫测；有人以为是消逝了，有人以为是在兴起；有人以为结果了，有人以为开花了。流行不止，没有固定的声调。世人都迷惑不解，就问圣人。所谓圣，就是通达事理、顺应自然。心神不动而五官都已领悟，这就叫天乐，无需言语，但心中充满喜乐。所以神农氏称颂说：‘听不到它的声音，看不见它的形迹，但充满大地之间，包容宇宙天地。’你想听却无法听到，所以迷惑不解。

解说：

本段用音乐显示修道的第三个阶段——无物境界。

经过了轻松阶段之后，黄帝用演奏技巧给北门成展示了事物的无物性（如草木聚集丛生而不着痕迹，混杂而无约束，幽深昏暗而无从窥探），因而使人完全无从琢磨。北门成对黄帝的音乐，只能感受到事物的变动不居性而无从领悟，所以感到迷惑。感到迷惑，就不会有执着。没有执着是悟道的前提。经过前面两个阶段，就比较容易走到这一阶段，所以前文黄帝说：“你恐怕就应该这样！”

吾又奏之以无怠之声，调之以自然之命，故若混逐丛生，林乐而无形；布挥而不曳，幽昏而无声——无物的特性。

动于无方，居于窈冥；或谓之死，或谓之生；或谓之实，或谓之荣；行流散徙，不主常声——无物之物的变动不居性。

天机不张而五官皆备——无物性，类似《养生主》中所谓的“官知止而神欲行”（感官的作用停止了，只靠心神活动）。

无言而心说……听之不闻其声，视之不见其形，充满天地，苞裹六极——感觉到而感知不到的无物之物。

10. **乐也者，始于惧，惧故祟**(1)**；吾又次之以怠，怠故遁**(2)**；卒之于惑，**

惑故愚[3]；愚故道，道可载而与之俱也。”

(1) 祟：鬼祟。

(2) 遁：松弛。

(3) 愚：心无分别的样子。

译文：

“这种乐声，开始时使人感到恐惧，恐惧就好像有鬼祟；我接着演奏令人松懈的音乐，松懈就使人的精神松弛；最后使人感到迷惑，迷惑就使人好像无知无识；无知无识的心态就接近于大道，达到这种境界，就可以和大道融为一体了。”

解说：

本段总结得道的三种状态。

修道的三个阶段对应着《齐物论》中齐物的三个境界。第一阶段北门成感到害怕，说明能感到物的存在，这对应着有物的境界。第二阶段北门成觉得能顺随外物，所以感到舒畅。这对应着物的无封境界。第三阶段北门成感到迷惑，说明他根本无法判断，这对应着无物无封境界，但北门成并没有完全达到这种境界（可参见《应帝王》中“郑有神巫”的故事）。黄帝是得道者，因而他在第一阶段和第二阶段就是以无物之心来展示有物境界和无封境界的。只不过此时北门成没有彻底领悟，只能感受到日常状态下的有物之境和无封之境。如果北门成听完第三段音乐后，再去听第一阶段的音乐，以无物之心领悟音乐的意境，就不会感到恐惧；对第二阶段的音乐，北门成也只会顺随乐声，而不会用心灵去追赶。

卒之于惑，惑故愚；愚故道，道可载而与之俱也——最终进入质朴状态，质朴才会合道。

11. **孔子西游于卫[1]。颜渊问师金[2]曰：“以[3]夫子之行为奚如[4]？”**

师金曰：“惜乎，而[5]夫子其穷哉！”

颜渊曰：“何也？”

师金曰："夫刍狗[(6)]之未陈也，盛（chéng）以箧（qiè）衍[(7)]，巾[(8)]以文绣，尸祝[(9)]齐戒以将[(10)]之。及其已陈也，行者践其首脊[(11)]，苏[(12)]者取而爨（cuàn）[(13)]之而已；将复取而盛以箧衍，巾以文绣，游居寝卧其下，彼不得梦，必且数[(14)]眯（mì）[(15)]焉。今而夫子，亦取先王已陈刍狗，聚弟子游居寝卧其下。故伐树于宋[(16)]，削迹于卫[(17)]，穷于商周[(18)]，是非其梦邪（耶）？围于陈蔡之间，七日不火食[(19)]，死生相与邻，是[(20)]非其眯邪？

（1）卫：卫国，在鲁国西边。

（2）师金：鲁太师，名金也（成玄英《庄子疏》）。

（3）以：认为：

（4）奚如：如何。"奚"，何。

（5）而：你。

（6）刍狗：用草扎成的狗。"刍"，草。

（7）箧衍：竹箱子。"箧"，竹箱子之类；"衍"，《说文通训定声》说是"箪"的假借字，箪是圆形的竹箱子（曹础基《庄子浅注》）。

（8）巾：名词动用，覆盖的意思。

（9）尸祝：巫师也（成玄英《庄子疏》），主持祭祀的人。

（10）齐戒以将：恭恭敬敬地迎送。"齐"，通"斋"。"将"，送也（成玄英《庄子疏》）。

（11）践其首脊：践踏刍狗。"践"，履也；"首"，头也；"脊"，背也。

（12）苏：取草曰苏（成玄英《庄子疏》）。

（13）爨：炊也（成玄英《庄子疏》）。

（14）数：屡次。

（15）眯：魇也（成玄英《庄子疏》），梦魇。

（16）伐树于宋：孔子周游到宋国，在一棵大树下讲学。宋国司马桓魋想杀孔子。但孔子带着弟子事先逃走了。桓魋就将那棵大树砍倒。

（17）削迹于卫：孔子周游到卫国，卫灵公对孔子不放心，派人监视。孔子不得已离开。经过匡地时，匡城人误以为孔子是阳虎（阳虎曾带兵扰乱过这个地方），就将孔子一行人围了起来。后来知道是误会，孔子才被放出来。但占据匡城的公孙戍还是警告孔子，以后不许再来卫国。

(18) 穷于商周：传说孔子曾到周问礼，不仅没有什么收获，还被老子讥讽一番。“穷”，不得志。

(19) 围于陈蔡之间，七日不火食：楚昭王聘请孔子。当孔子经过陈蔡之地时，蔡人见其人多，以为是贼，就包围了七天，以致没有粮食，不能生火做饭。

(20) 是：这。

译文：

孔子西游到卫国。颜渊问太师金说：“你认为我的老师这次游历的结果会怎么样？”

太师金说：“可惜呀，你的老师将陷入困境啊！”

颜渊说：“为什么呢？”

太师金说：“刍狗在没有用于祭祀时，用竹筐装着，还用刺有花纹的毛巾盖着，祭祀的人斋戒之后才能迎送它。可是，等到祭祀完毕之后，行人就会践踏它的头和背，割草的人拿它烧火煮饭。如果还有人将它装在竹筐里，盖上刺有花纹的毛巾，走到哪里就睡在它旁边，那么即使不做噩梦，也一定会被困扰。现在，你的老师也在收拾先王用过的刍狗，带着众多弟子走到哪里就睡在它的身边。所以，在宋国（大树下讲学时），讲学的大树被人砍伐；在卫国，没有容身之地；在商地和周地，也都陷于困境，这不就是噩梦吗？后来在陈国和蔡国之间被围，七天不能生火做饭，临近死亡的边缘，这不就是困扰吗？

解说：

第十一至十四段为一个故事，通过太师金之口从反面阐发前文“六极五常，帝王顺之则治，逆之则凶”的观念，批评孔子不知变通地推行周朝礼仪法度的做法。

本段以刍狗类比论证孔子会因不知变通而失败。太师金认为，孔子所宣扬的是以前国君治国的那一套，已经不适合现在的形势，就像祭祀后的刍狗不能像祭祀前那样保存一样。因此，孔子以前处处碰壁，这次依然会失败。

12. **夫水行莫如用舟，而陆行莫如用车。以舟之可行于水也而求推之于陆，则没世[1]不行寻常[2]。古今非水陆与？周鲁非舟车与？今蕲[3]行周于鲁，是犹推舟于陆也，劳而无功，身必有殃。彼未知夫无方[4]之传[5]，应物而不穷者也。**

(1) 没世：终身。

(2) 寻常：指很短的距离。“寻”，八尺长。“常”，一仗六尺。

(3) 蕲：求。

(4) 无方：无固定方向。

(5) 传：运转。

译文：

“走水路没有比得上船的，走陆路没有比得上车的。如果因为船适合在水中前行，就把它推到陆地上，那一辈子也走不了多远。古代与现在相比，不就像水路与陆路一样不同吗？周朝和鲁国相比，不就像船和车一样不同吗？现在一心想在鲁国推行周朝的那一套，就好像要在陆地上行船，不仅将会徒劳无功，自身还会深受其害。孔子不懂得事物没有固定模式的运转变迁，应该永不穷尽地顺随外物的道理。

解说：

本段以陆地上行船类比论证孔子会因不知变通而失败。

孔子想将周朝的治国方法用于鲁国，就像在陆地上行船一样，肯定是行不通的。

13. **且子独不见夫桔（jié）槔（gāo）[1]者乎？引[2]之则俯，舍[3]之则仰。彼，人之所引，非引人也，故俯仰而不得罪于人。故夫三皇五帝[4]之礼义法度，不矜[5]于同而矜于治。故譬三皇五帝之礼义法度，其犹柤（zhā）[6]梨橘柚邪！其味相反而皆可于口。**

(1) 桔槔：抽水的工具，参见《天地》篇。

(2) 引：拉。

(3) 舍：放开。

(4) 三皇五帝：历来有不同的说法。“三皇”，燧人、伏羲、神农。“五帝”，黄帝、颛顼、帝喾、唐尧、虞舜。一说为太昊、炎帝、黄帝、少昊、颛顼。另一说为少昊、颛顼、高辛、唐尧、虞舜。

(5) 矜：美也（成玄英《庄子疏》）。

(6) 柤：通“楂”。

译文：

“你难道没有看见过抽水的桔槔吗？拉绳子，它就向下；放开绳子，它就向上。它被人牵引，而不牵引人，所以俯仰都不会得罪人。因此，三皇五帝时代的礼义法度，不贵在其是否相同，而贵在其能否治理天下。以三皇五帝时代的礼义法度来打比方，不就像柤、梨、橘、柚一样吗？味道虽然彼此不相同，但都很可口。

解说：

本段用桔槔的性质、不同水果的味道类比论证孔子会因不知变通而失败。

治国的方法不在于古今是否相同，而在于能适应形势，如桔槔一样俯仰随人；又如同吃水果，关键不在于味道是否相同，而在于是否可口（孔子是想给所有人吃同样的水果）。

14. **故礼义法度者，应时而变者也。今取猿狙（jū）(1)而衣以周公之服，彼必龁（hé）啮（niè）(2)挽裂(3)，尽去(4)而后慊（qiè）(5)。观古今之异，犹猿狙之异乎周公也。故西施病心而矉(6)其里(7)，其里之丑人见之而美之，归亦捧心(8)而矉其里。其里之富人见之，坚闭门而不出，贫人见之，挈(9)妻子(10)而去走。彼知矉美而不知矉之所以美。惜乎，而夫子其穷哉！”**

(1) 猿狙：猿猴。

(2) 龁啮：咬。

(3) 挽裂：撕破。

(4) 尽去：全部丢弃。

(5) 慊：足也（成玄英《庄子疏》），满足。

(6) 病心而矉：因心痛而皱眉。“矉”，通“颦”，皱眉。

(7) 里：二十五家为一里。

(8) 捧心：按着胸口。

(9) 挈：携带（曹础基《庄子浅注》）。

(10) 妻子：老婆孩子。

译文：

“所以，礼义法度是随着时势而变的。如果我们现在抓只猿猴，给它穿上周公的衣服，它必定会将衣服咬碎撕裂，完全脱光而后快。纵观古今的差异，就像猿猴不同于周公。西施因患心痛病在村里总皱着眉头，邻家丑女看见西施皱着眉头的样子很美，回家后也总捂着心口，皱着眉头。于是，村里的富人见了她，就闭门不出；穷人见了她，就带着妻子儿女躲开。那个丑女只知道西施皱着眉头的样子很美，却不知道她为什么皱起眉头的样子很美。可惜呀，你的老师一定会陷入困境啊！”

解说：

本段用猿猴的本性和东施效颦的故事类比论证孔子会因不知变通而失败。

孔子不顾实际情况，一心只想推行古代的治国方法，就好像一定要给猴子穿周公的衣服，吃力不讨好；又好像东施效颦，会让人避而远之。

15. **孔子行年五十有一而不闻道，乃南之**(1)**沛**(2)**见老聃。**

老聃曰：“子(3)**来乎？吾闻子，北方之贤者也，子亦得道乎？”孔子曰：“未得也。”**

老子曰：“子恶(4)**乎求之哉？”**

曰：“吾求之于度数(5)**，五年而未得也。”**

老子曰：“子又恶乎求之哉？”

曰：“吾求之于阴阳，十有二年而未得。”

(1) 之：往。

(2) 沛：在今江苏省沛县。

(3) 子：你。

(4) 恶：何必。

(5) 度数：制度条款。

译文：

孔子五十一岁了，还没有领悟大道，于是南行到沛地拜见老聃。

老聃说："你来了吗？我听说你是北方的贤者，你已经领悟大道了吗？"

孔子说："还没有。"

老子说："你是怎样寻求大道的呢？"

孔子说："我从典章制度中寻求大道，花了五年的功夫还没有领悟道。"

老子说："接着，你又是怎样去寻求的呢？"

孔子说："我从阴阳的变化中去寻求，十二年过去了，我还是未能领悟道。"

解说：

这个故事阐发只有那些不执着于外物、顺随前文所谓的"六极五常"（包括名声、仁义、怨、恩、取、与、谏、教、生、杀等一切世俗的东西）的人才可能得道。

道是事物自身，只有忘我地顺物者才能得道。孔子以有我之心在典章制度和阴阳变化之中寻找道，只会南辕北辙。

16. **老子曰："然。使道而可献，则人莫不献之于其君；使道而可进，则人莫不进之于其亲；使道而可以告人，则人莫不告其兄弟；使道而可以与人，则人莫不与其子孙。然而不可者，无佗**(1)**也，中无主而不止**(2)**，外无正**(3)**而不行。由中出者，不受于外，圣人不出；由外入者，无主于中，圣人不隐**(4)**。名，公器**(5)**也，不可多取。仁义，先王之蘧（qú）庐**(6)**也，止可以一宿而不可久处，觏（gòu）**(7)**而**(8)**多责。**

(1) 佗：通"他"。

(2) 止：停止。

(3) 正："正"当为"匹"（俞樾《庄子平议》），有外在的匹配之物。

(4) 隐：藏也（成玄英《庄子疏》）。

(5) 公器：公有之物。

(6) 蘧庐：犹传舍也（郭象《庄子注》），旅馆。

(7) 觏：见也，亦久也（成玄英《庄子疏》）。

(8) 而：则（曹础基《庄子浅注》）。

译文：

老子说："是这样。如果道可以拿来奉献，那么人们无不将它拿来奉献给国君；如果道可以用来奉送，那么人们无不将它拿来奉送给自己的双亲；如果道可以转告他人，那么人们无不将它拿来告诉自己的兄弟；如果道可以送给别人，那么人们无不将它拿来送给自己的子孙。然而这一切之所以不可能，没有别的原因，（在于）如果心中没有领悟，道就不会停留；如果没有外在的感应，道就不会通行。出于心中的领悟，如果不为外部所感应，得道者就不会传授；从外面传入的，如果不合内心领悟的道，得道者也不会留存。名声，是天下共有的东西，不可多取；仁义，好比先王的旅馆，可以暂时住上一宿，但不可以久留。如果久留，人们就会被指责。

解说：

传道要具备两个条件，一是传道者领悟了道（不一定要求自己做到），二是受教者有相应的禀赋（参见《大宗师》中"南伯子葵"的故事）。因此，即使有人想拿道来奉献、奉送、转告、给予，而对方没有相应的禀赋，也无法悟道。孔子一心执着于与道无关的名声、仁义，而对道没有感应，那么想要得道当然是不可能的。相反，只会受到世人的指责（有名就会受责，善恶相生。）。

17. **古之至人，假道**(1)**于仁，托宿**(2)**于义，以游逍遥之虚**(3)**，食于苟简**(4)**之田，立于不贷**(5)**之圃。逍遥，无为也；苟简，易养也；不贷，无出也。古者谓是**(6)**采真**(7)**之游。**

(1) 假道：借道。

(2) 托宿：借宿。

(3) 虚：通“墟”。

(4) 苟简：简单耕种。苟，且也。简，略也（成玄英《庄子疏》）。

(5) 不贷：不损我以益彼，故无所出（成玄英《庄子疏》）。

(6) 是：此。

(7) 采真：神采真实而无假伪（成玄英《庄子疏》）。“真”，淳朴，指合道。

译文：

“古代得道之人，只是向仁暂时借道，向义暂时借宿，遨游于逍遥的境域，取食于简陋的田地，立身于不施与的园圃。逍遥，就能无为；简略，就易生存；不施与，就没有耗费。古人称之为真正淳朴的生活。

解说：

得道者以忘我之心对待事物，不贪求，不妄施，逍遥自在，对仁义也没有是非好恶之情，甚至还可以将仁义看作悟道的途径。但是，如果像孔子那样将仁义模式化，强制自己与他人遵守，就无法让人逍遥自在。从这个角度看，老子反对的只是孔子式的仁义。

18. **以富为是[1]者，不能让禄；以显[2]为是者，不能让名；亲权[3]者，不能与人柄[4]。操[5]之则栗[6]，舍之则悲，而一无所鉴，以窥其所不休[7]者，是天之戮[8]民也。怨、恩、取、与[9]、谏、教、生、杀，八者，正之器[10]也，唯循[11]大变无所湮（yān）[12]者为能用之。故曰，正者，正也。其心以为不然者，天门[13]弗开矣。”**

(1) 是：正确。

(2) 显：显耀。

(3) 亲权：热衷于权力。

(4) 柄：权柄。

(5) 操：掌握。

(6) 栗，通“慄”。

(7) 休：停止。

(8) 戮：杀戮。

(9) 与：施与。

(10) 正之器：合乎自然的手段。

(11) 循：顺。

(12) 湮：塞也，亦滞也（陆德明《经典释文》引李颐说）。

(13) 天门：心也（成玄英《庄子疏》）。

译文：

“以富贵为目标的，就不能将利禄让与人；以荣耀为目标的，就不能将名声让与人；热衷于权势的人，就不会将权柄让与人。掌握了这些就会（因害怕失去而）觉得紧张，失去了这些就会感到悲伤。目不斜视，眼睛只盯着自己拼命追求的东西，这是被自然所惩罚的人。怨恨、恩惠、索取、给与、劝谏、教化、生养、杀戮，这八者是治理国家的工具，只有那些遵循自然的变化而无所执着的人，才能够真正地使用它。所以说，正就是使人合乎正道。对于内心不以为然的人，自然之门是不会开启的。”

解说：

世俗中人的本性各不相同，总在富贵、荣耀、权势中打滚，因而会被自然惩罚。只有那些得道者，才能无心地处身其中，并使用怨、恩、取、与、谏、教、生、杀等手段（得道者自己并没有这些情绪）拯救普通人，让他们走出自然的惩罚。没有得道的孔子哪有这个本事（以名声、仁义为手段点化他人）呢？

由此可见，得道者并不回避使用“怨、恩、取、与、谏、教、生、杀”等手段，只是要以无执着的忘我之心来对待。

19. **孔子见老聃而语仁义。老聃曰：“夫播穅眯(1)目，则天地四方易位矣；**

蚊虻[2]噆（zǎn）[3]肤，则通昔[4]不寐矣。夫仁义憯[5]然乃愤[6]吾心，乱莫大焉。吾子[7]使天下无失其朴[8]，吾子亦放[9]风而动，总[10]德而立矣，又奚[11]杰[12]然若负建鼓[13]而求亡子[14]者邪？夫鹄[15]不日浴[16]而白，乌[17]不日黔[18]而黑。黑白之朴[19]，不足以为辩；名誉之观[20]，不足以为广[21]。泉涸[22]，鱼相与处于陆，相呴（xǔ）[23]以湿，相濡[24]以沫，不若相忘于江湖！"[25]

（1）糠眯：糠使眼睛睁不开。糠，通"穅"。

（2）虻：牛氓。

（3）噆：啮也（陆德明《经典释文》引司马彪说），咬。

（4）通昔：犹夕；通昔，犹通宵也（郭庆藩《庄子集释》，通"夕"。

（5）憯：通"惨"，毒害（曹础基《庄子浅注》）。

（6）愤：激愤。

（7）吾子：您。

（8）朴：淳朴的自然本性。

（9）放：依也（陆德明《经典释文》引司马彪说）。

（10）总：秉之（郭象《庄子注》），秉持，保持。

（11）奚：何须。

（12）杰：用力貌（成玄英《庄子疏》）。

（13）负建鼓：背大鼓；"建鼓"，大鼓（曹础基《庄子浅注》）。

（14）亡子：逃走的人。

（15）鹄：天鹅。

（16）浴：洗。

（17）乌：乌鸦。

（18）黔：染黑。

（19）朴：自然本天性。

（20）观：外观。

（21）广：张扬。

（22）涸：干涸。

（23）呴：张口出气。

（24）濡：沾湿。

(25) 泉涸，鱼相与处于陆，相呴以湿，相濡以沫，不若相忘于江湖：这几句见于《大宗师》篇。

译文：

孔子拜见老聃时谈论仁义。老聃说："播扬的糠屑掉进了眼睛里，就会使天地四方看起来变换了位置；蚊虻叮咬皮肤，就会使人整夜不能入睡。仁义作祟就会搅乱人心，没有比这更大的祸害了。你只要使天下人不丧失其淳朴的本性，你自己也顺世俗而为，就能秉持自然的德性而处世，又何必费尽力气像敲着大鼓去追赶逃亡的人那样呢？白鹄不必每天洗澡也是洁白的；乌鸦无需每天浸染也是乌黑的。黑白是天生的，不值得辩论；名声是表面的，不值得张扬。泉水干涸了，鱼儿困在陆地上，靠相互吐气来湿润对方，相互吐沫来润泽对方，不如在江湖里相互忘记。"

解说：

本段阐发只有去掉仁义等有为的治国手段才能顺随前文提出的"六极五常"。

老子认为，仁义不是人的自然本性，像掉进眼睛里的糠屑、叮咬皮肤的蚊虻，搅得人不得安宁。那么，什么是本性呢？乌鸦天生就是黑的，白鹄天生就是白的，这就是本性。合乎本性的东西无需像敲着鼓去追赶逃亡的人一样竭力，也无需张扬。因此，应顺人之自然，让人像鱼儿相忘于江湖那样自由地栖息于世。

20. **孔子见老聃归，三日不谈。弟子问曰："夫子见老聃，亦将何规(1)哉？"**

孔子曰："吾乃今(2)于是(3)乎见龙！龙，合而成体，散而成章(4)，乘云气而养乎阴阳。予口张而不能嗋 (xié)(5)，予又何规老聃哉！"

子贡曰："然则人固有尸居而龙见，雷声而渊默，发动如天地者乎？赐(6)亦可得而观乎？"遂以孔子声(7)见老聃。

老聃方将倨 (jù)(8)堂而应，微(9)曰："予年运而往矣(10)，子将何以戒(11)

我乎?”

子贡曰;“夫三王(12)五帝之治天下不同，其系声名(13)一也。而先生独以为非圣人，如何哉?”

老聃曰:“小子(14)少进(15)！子何以谓不同?”

对曰:“尧授舜，舜授禹，禹用力而汤用兵，文王顺纣而不敢逆，武王逆纣而不肯顺，故曰不同。”

(1) 规：劝谏。

(2) 乃今：从现在。

(3) 是：此。

(4) 章：纹彩。

(5) 噌：合也（成玄英《庄子疏》）。

(6) 赐：自贡的字。

(7) 以孔子声：凭孔子的名声。

(8) 倨：踞也（成玄英《庄子疏》），坐。

(9) 微：小声。

(10) 予年运而往矣：予年衰迈（成玄英《庄子疏》）。“予”，我。“运”，行。“往”，年迈。

(11) 戒：指教。

(12) 王：陈碧虚《庄子阙误》“王”为“皇”字。

(13) 系声名：名声相系。“系”，连。

(14) 小子：老子称自贡。

(15) 少进：稍上前一步。

译文：

孔子拜见老聃回来后，三天不说话。弟子们问他：“老师去拜见老聃，对老聃可有什么劝谏的吗?”

孔子说：“我现在才见到了真正的龙！龙，合在一起是一个整体，分散开来又呈现华美的纹彩，乘着云气，翱翔于阴阳之间。我张着口不能合拢，又哪能有什么规劝呢!”

子贡回答："那么，难道真有安居不动而又能像龙一样飞舞，像迅雷一样震响而又像深渊那样沉寂，发动起来如天地那样（变幻莫测）的人吗？我也能去拜见他吗？"于是，子贡以孔子的名义前去拜见老聃。

老聃正坐在堂上接待，轻声地问："我年纪老迈，你有什么指教呢？"

子贡说："三皇五帝治理天下各不相同，但都有一样的好名声，唯独您老先生认为他们不是得道者，这是为什么呢？"

老聃说："年轻人稍稍靠前些！你凭什么说他们各有不同？"

子贡回答说："尧禅位给舜，舜禅位给禹，禹致力于治水而汤致力于征伐，文王顺从商纣而不敢背叛，武王背叛商纣而不肯服从，所以说他们各不相同。"

解说：

子贡强调古代帝王治理天下成功的方面：尧、舜传位成功，禹靠治水成功，汤借武力成功，文王顺从成功，武王不顺服也成功。

尸居而龙见，雷声而渊默，发动如天地者乎？赐亦可得而观乎——无为而无不为。"尸居"、"渊默"即无为，"龙见"、"雷声"、"发动如天地"即无不为。

21. **老聃曰："小子少进！余(1)语汝三皇五帝之治天下。黄帝之治天下，使民心一(2)，民有其亲死不哭而民不非也。尧之治天下，使民心亲，民有为其亲杀（shài）(3)其杀（shài）(4)而民不非也。舜之治天下，使民心竞，民孕妇十月生子，子生五月而能言，不至乎孩(5)而始谁(6)，则人始有夭(7)矣。禹之治天下，使民心变，人有心(8)而兵有顺(9)，杀盗非杀，人自为种(10)而天下耳，是以天下大骇(11)，儒墨皆起。其作始有伦(12)，而今乎妇(13)，女(14)何言哉！余语汝，三皇五帝之治天下，名曰治之，而乱莫甚焉。三皇之知，上悖(15)日月之明，下睽(16)山川之精，中堕（huī）(17)四时之施(18)。其知憯(19)于蛎虿（chài）(20)之尾，鲜规(21)之兽，莫得安其性命之情者，而犹自以为圣人，不可耻乎，其无耻也？"**

子贡蹴蹴(22)然立不安。

(1) 余：我。

(2) 一：单纯无杂念。

(3) 杀：降也（郭庆藩《庄子集释》）。

(4) 杀：差等。

(5) 孩：儿三岁曰孩（宣颖《南华经解》）。

(6) 始谁：分别是谁。

(7) 夭：夭折。

(8) 心：是非有为之心。

(9) 顺：合理。

(10) 种：同类。

(11) 骇：惊恐。

(12) 伦：秩序。

(13) 妇：陈鼓应认为“妇”“否”通用。马王堆出土帛书“否”作“妇”。

(14) 女：通“汝”。

(15) 悖：逆也（成玄英《庄子疏》）。

(16) 睽：乖离也（成玄英《庄子疏》）。

(17) 堕：通“隳”，废坏。

(18) 施：泽也（成玄英《庄子疏》）。

(19) 憯：毒也（成玄英《庄子疏》）。

(20) 蛎虿：蝎子的异名。

(21) 鲜规：一种小野兽的名字。

(22) 蹴蹴：惊悚貌也（成玄英《庄子疏》）。

译文：

老聃说：“年轻人再稍微靠前些！我跟你说说三皇五帝治理天下的事情。黄帝治理天下时，民心淳一，当时百姓死了双亲而不哭泣的，人们也不非议。尧治理天下时，民心存在偏爱，百姓根据与死者亲疏的不同而穿不同的丧服，但人们也不加非议。舜治理天下时，百姓心中充满竞争，妇女怀孕十月分娩，孩子生下五个月就能张口学话，还不到三岁就已经懂得分辨自己和他人，于是人就开始有短命早死的了。禹治理天下时，民心多变，人们各怀心机，用兵成了应天顺人之事，杀死盗贼并不算杀人，人们各自拉帮结派横行天下，于是天下人大为惊恐，儒家、墨家竞相兴起。初始时还有秩序，时至今日一片混乱，你还有什么可说的！我告诉你，三皇五帝治理天下，名义上虽说是治理，实际上，弊病大得很。三皇的心智，上遮掩了日月的光明，下损害了山川的精华，中破坏了四时的运行。他们的心智比蛇蝎尾巴还要狠毒，就连小小的兽类，都不可能安定它的性命之情，还自以为是得道者。不是可耻吗？太可耻啦！”

子贡听了惊惶地站立不安。

解说：

与子贡相反，老聃强调古代帝王以有为方式治理国家一步步所造成的危害：皇帝时代，民心相对淳朴；尧的时代，就出现了差别对待（即是非）；舜的时代，小孩心中就开始有是非对待；禹的时代，人怀心机，成群结党相互杀伐，于是就出现了儒家与墨家，相互争辩不已。

子贡提出尧、舜、禹、文王、武王等五位帝王的成功，老聃则从尧、舜、禹又上溯到皇帝，统统加以批评（皇帝也运用了治国手段），令子贡无从下口，心生不安。

22. **孔子谓老聃曰：“丘治《诗》、《书》、《礼》、《乐》、《易》、《春秋》六经，自以为久矣，孰(1)知其故(2)矣；以奸（gān）(3)者七十二君，论先王之道而明周召(4)之迹，一君无所钩(5)用。甚矣夫(6)！人之难说（shuì）也，道之难明邪？”**

老子曰：“幸矣子之不遇治世之君也！夫六经，先王之陈迹也，岂其所以迹(7)哉！今子(8)之所言，犹迹也。夫迹，履(9)之所出，而迹岂履哉！夫白鶂（yì）(10)之相视，眸子(11)不运(12)而风化(13)；虫，雄鸣于上风，雌应于下风而风化；类(14)自为雌雄(15)，故风化。性不可易，命不可变，时不可止，道不可壅（yōng）(16)。苟(17)得于道，无自(18)而不可；失焉者，无自而可。”

(1) 孰：通“熟”，熟悉。

(2) 故：事。

(3) 奸：音干，犯也（陆德明《经典释文》）。

(4) 周召：周公、召公，二人都是周武王的弟弟。

(5) 钩：取也（陆德明《经典释文》）。

(6) 夫：发语词。

(7) 所以迹：产生足迹者，指鞋。“以”，由。

(8) 子：你。

(9) 履：鞋。

(10) 白鶂：一种水鸟。

(11) 眸子：眼中的瞳仁。

(12) 运：注视（宣颖《南华经解》）。

(13) 风化：不待合而便生子，故曰风化（成玄英《庄子疏》），孕育。

(14) 类：《山海经》云，亶爰之山有兽焉，其状如狸而有发，其名曰“师类”（陆德明《经典释文》），一身两性的动物。

(15) 自为雌雄：自身具备雄雌两性。

(16) 壅：塞。

(17) 苟：如果。

(18) 自：由。

译文：

孔子对老聃说：“我研究《诗》、《书》、《礼》、《乐》、《易》、《春秋》六经，自认为时间已经很久了，完全熟知其中的要义。便以此去游说七十二位国君，阐明先王的治国之道，宣扬周公、召公的事迹，但没有一个国君采纳。真是太难了！是人们难以说服呢，还是大道难以发扬呢？”

老子说：“你真是幸运啊，幸好没有遇到治世的国君！六经，不过是先王留下的陈旧足迹，哪里是踏出足迹的鞋子呢！现在你所谈论的东西，是足迹。足迹是鞋子踩出来的，足迹哪里是鞋子自身呢！雄雌白鶂相互注视，眼珠子不动就会受孕；有种虫子，雄的在上方鸣叫，雌的在下方感应就会自动受孕；有种名叫‘类’的动物，自身具备雌雄两性，所以自身就能怀孕。本性不可改变，命运不可变更，时光不会停留，大道无法阻塞。假如领悟了道，就会无一事行不通；如果失去了道，怎么样都行不通。”

解说：

这个故事阐发只有不执着于陈迹、不以六经为固定模式来治国，才能顺随前文提出的“六极五常”。

物的本性各不相同，就像动物受孕的方式一样各不相同，并且无法改变。同样，不同时代的治国方式也不一样。如果将当时的治国方式看作是鞋，那么记录治国方式的《诗》、《书》、《礼》、《乐》、《易》、《春秋》就只是鞋印而已。既然不能用不变的鞋印来固定脚，当然也不能用不变的六经来固定治国方法。

23. **孔子不出三月，复见曰：“丘得之矣。乌鹊孺（rú）(1)，鱼傅(2)沫，细要(3)者化，有弟而兄啼(4)。久矣夫丘不与化为人(5)！不与化为人，安(6)能化人！”**

老子曰：“可。丘得之矣！”

(1) 孺：卵化而生子（曹础基《庄子浅注》）。

(2) 傅：助（曹础基《庄子浅注》）。

(3) 细要：土蜂之类的虫子。“要”，通“腰”。

(4) 有弟而兄啼：有了弟弟，哥哥就会因失爱而啼哭。

(5) 与化为人：与造化为友。

(6) 安：何，怎能。

译文：

孔子三个月闭门不出，再次拜见老聃说：“我明白了。乌鸦与喜鹊孵化而生；鱼儿濡沫而生；蜂类蜕化而生；有了弟弟，哥哥就会失宠啼哭。长久以来，我不能跟造化者为友！不与造化者为友，又怎么能化他人！”

老子说：“可以了。孔丘已经得道了！”

解说：

各种动物不同的生育方式各不相同；有了哥哥，弟弟就会失宠。事物有其自然的本性。因此，只有与造化为伍，才能领悟大道。

刻　意

本篇阐述如何成为真人。真人就是不刻意执着于某种固定人格形态，而以恬惔、寂寞、虚无、无为混迹于世的人。

本篇分为两部分，第一部分（从开头到“圣人之德也”）通过描述五种不同的人格形态，阐明人的本性是不同的，不存在所谓同一的本性。

第二部分（从“故曰夫”到结尾）阐述如何做到恬淡、寂漠、虚无、无为，以合乎自然，成为真人，包括五段。第一段（从“故曰”至“神不亏”）阐述得道者如何做到恬淡以及恬淡状态所带来的好处。第二段（从“故曰”至“乃合天德”）阐述得道者如何达到寂漠（顺随自然、顺随生死、顺随阴阳、顺随福祸、顺随外物）以及寂漠状态所带来的好处（没有天灾、没有物累等等）。第三段（从“故曰”至“天德之象也”）阐述得道者如何做到虚无（远离喜怒哀乐，不违逆外物、顺随外物）以及虚无状态所带来的好处（没有天灾、没有物累等）。第四段（从“故曰”至“养神之道也”）阐述得道者如何做到无为（淡薄而不妄为、行动顺应自然）以及无为状态所带来的好处（保养精神）。第五段（从“夫有干越”至末尾）阐述达到了恬淡、寂漠、虚无、无为的状态以养神的人就是真人。

我们将本篇的截图图示如下。

第一部分	从开头到“圣人之德也”	通过描述五种不同的人格形态，阐明人的本性是不同的，不存在所谓同一的本性。
第二部分阐述如何做到恬淡、寂漠、虚无、无为，以合乎自然，成为真人。	第一段从“故曰”至“神不亏”	阐述得道者如何做到恬淡以及恬淡状态所带来的好处。
	第二段从“故曰”至“合天德”	阐述得道者如何达到寂漠以及寂漠状态所带来的好处。
	第三段从“故曰”至“之象也”	阐述得道者如何做到虚无以及虚无状态所带来的好处。
	第四段从“故曰”至“之道也”	阐述得道者如何做到无为以及无为状态所带来的好处。
	第五段从“夫有干越”至末尾	阐述达到了恬淡、寂漠、虚无、无为的状态以养神的人就是真人。

1. **刻意[1]尚行[2]，离世异俗，高论[3]怨诽，为亢[4]而已矣；此山谷之士[5]，非世[6]之人，枯槁赴渊者[7]之所好也。语仁义忠信，恭俭推让，为修[8]而已矣；此平世[9]之士，教诲之人[10]，游居学者[11]之所好也。语大功，立大名，礼君臣，正上下，为治而已矣；此朝廷之士，尊主强国之人，致功[12]并兼[13]者之所好也。就[14]薮[15]泽，处闲旷[16]，钓鱼闲处，无为而已矣；此江海之士[17]，避世之人，闲暇者之所好也。吹响（xǔ）[18]呼吸，吐故纳新[19]，熊经[20]鸟申[21]，为寿而已矣；此道引[22]之士，养形之人，彭祖寿考[23]者之所好也。**

（1）刻意：刻，削也，峻其意也。案谓削意令峻也（陆德明《经典释文》引司马彪说）。

（2）尚行：在行为上力求高尚。

（3）高论：高谈阔论。

（4）为亢：为了表现清高（曹础基《庄子浅注》）。亢，高傲。

（5）山谷之士：指隐士。

（6）非世：非毁时世。

（7）枯槁赴渊者：枯槁则鲍焦介推之流，赴渊则申狄卞随之类（成玄英《庄子疏》），指远离世俗、以身殉志的人。

（8）修：修身。

(9) 平世：治理天下。

(10) 教诲之人：以教诲世人为己任的人。

(11) 游居学者：时而四出游说，时而定居讲学的人，如孔子（曹础基《庄子浅注》）。

(12) 致功：建立功业。

(13) 并兼：兼并敌国。

(14) 就：到。

(15) 薮：湖泽。

(16) 闲旷：旷野荒凉之地。

(17) 江海之士：栖身江湖的隐士，如许由。

(18) 吹呴：呼吸。呴，嘘吸。

(19) 吐故纳新：吐污浊气吸入新鲜空气。

(20) 熊经：若熊之攀树而引气也（陆德明《经典释文》引司马彪说）。

(21) 鸟申：若鸟之嚬呻也（陆德明《经典释文》引司马彪说）。

(22) 道引：导引，一种练功方法。“道”，赵谏议本“道”作“导”（郭庆藩《庄子集释》）。

(23) 寿考：长寿。“考”，老。

译文：

砥砺心志高尚品行，超脱尘世，高谈阔论，讥讽现实，是为了表现自己的清高而已；这是栖身山林的隐士，愤世嫉俗的人，洁身自好以身殉志的人所喜好的。高谈仁义忠信，行为恭俭谦逊，是为了追求修身而已；这是以治理天下为己任的人，从事教化，时而居家时而四处讲学的人所喜欢的。谈论如何建立大功，得到大的名声，确立君臣礼仪，维护上下等级关系，只是为了追求治国而已；这是朝廷为官之士，尊君强国的人，建立功业、开拓疆土的人所喜欢的。住在山林湖泽，栖身旷野，终日悠闲垂钓，无所作为；这是栖身江海之士，逃避现实的人，闲居隐逸的人所喜欢的。调养呼吸，吐出浊气，吸入新气，像熊一样直立，像鸟儿一样伸展，只是为了延年益寿而已；这是以导引练功之士，保养身体的人，像彭祖那样长寿的人所喜欢的。

解说：

本段通过描述五种人格形态的不同表现，阐明人不存在统一的本性。这五种人都有所偏向，因而都不是得道的人。

2. **若夫不刻意而高，无仁义而修，无功名而治，无江海而闲，不道引而寿，无不忘也，无不有也**(1)**，澹然**(2)**无极**(3)**而众美从之。此天地之道，圣人之德也**。

(1) 无不有也：上文高、修、治、闲、寿等一切都能得到。

(2) 澹然：恬淡无心的样子。

(3) 无极：不立一极（宣颖《南华经解》），指不滞于一极。

译文：

如果不磨砺心志而自然高尚，不倡导仁义而自然修身，不追求功名而自然治国，不隐居江湖而自然悠闲，无需舒经活络而自然长寿，一切都不挂念于心，但一切也不会落下；对一切十分淡然，但一切美好的东西又都前来归附。这才是天地之道，得道者的德性。

解说：

得道之人与上述五种人不相同，但又不相异。相同的是，得道者的表现与他们的外在表现一致（《德充符》中所谓的“有人之形”）；不同的是，得道之人是以忘我之心实现这一切的（《德充符》中所谓的“无人之情”）。

3. **故曰，夫恬惔**(1)**寂漠虚无无为，此天地之平**(2)**而道德之质**(3)**也**。

(1) 惔：通“淡”。

(2) 平：准则。

(3) 质：根本。

译文：

所以说，恬淡、寂漠、虚无、无为，是天地的本原，也是道与德的根本。

解说：

本段概述得道者的表现：恬淡、寂漠、虚无、无为。下文围绕这八个字展开论述。

4. **故曰，圣人休[(1)]休焉则平易矣，平易则恬惔矣。平易恬惔，则忧患不能入，邪气不能袭，故其德全而神不亏。**

(1) 休：息心。

译文：

所以说，得道者息心于此（恬淡、寂漠、虚无、无为），就能安稳，安稳就能恬淡。安稳恬淡，忧患就不能侵入，邪气也不能袭扰，因此他们能够保持德性完整且精神不亏损。

解说：

本段阐述得道者如何做到恬淡以及恬淡状态所带来的好处。需要注意的是，得道者虽然不刻意追求某种好处，但得道后肯定会给自己带来最大的好处。

5. **故曰，圣人之生也天行[(1)]，其死也物化[(2)]；静而与阴同德，动而与阳同波[(3)]；不为福先，不为祸始；感而后应，迫而后动，不得已而后起。去知与故[(4)]，循[(5)]天之理。故无天灾，无物累，无人非，无鬼责。其生若浮[(6)]，其死若休[(7)]。不思虑，不豫谋。光矣而不耀，信矣而不期[(8)]。其寝不梦，其觉无忧。其神纯粹[(9)]，其魂不罢[(10)]。虚无恬惔，乃合天德。**

(1) 天行：任自然而运动（郭象《庄子注》）。

(2) 物化：顺随事物的自然变化，参见《齐物论》。

(3) 同波：同流。

(4) 故：习惯（曹础基《庄子浅注》）。

(5) 循：顺也（成玄英《庄子疏》）。

(6) 浮：浮沤（成玄英《庄子疏》）。

(7) 休：休息。

(8) 期：期待。

(9) 纯粹：自然无间杂。

(10) 罢：通“疲”。

译文：

所以说，得道者活着时顺随自然而为，死后随同万物一同变化；静止时与天地的阴气一样沉寂，活动时与天地的阳气一样活跃；不做幸福的先导，也不成为祸患的起因；有所感而后应，有所迫而后动，迫不得已而后起。抛弃智力与习惯，顺随自然之理。因此，没有天灾，没有外物牵累，没有他人的非议，也没有鬼神的责难。生时犹如浮游，死后犹如休息。不思考，不预谋。光亮而不耀眼，守信而不执着。睡觉时不会做梦，醒来后也无忧患，心神纯洁无杂染，精神也从不疲惫。做到虚无恬淡，才合乎自然的德性。

解说：

本段阐述得道者如何达到寂寞（顺随自然、顺随生死、顺随阴阳、顺随福祸、顺随外物）以及寂寞状态所带来的好处（没有天灾、没有物累等等）。

其死也物化；静而与阴同德，动而与阳同波；不为福先，不为祸始；感而后应，迫而后动，不得已而后起。去知与故，循天之理——无我、顺随外物而行。

故无天灾，无物累，无人非，无鬼责——无我的效用。

其生若浮，其死若休。不思虑，不豫谋——无为、无功。

光矣而不耀，信矣而不期——以无我之心对待自我。

其寝不梦，其觉无忧。其神纯粹，其魂不罢——无我，所以无忧、无累。

6. **故曰，悲乐者，德之邪；喜怒者，道之过；好恶者，德之失。故心不忧乐，德之至也；一而不变，静之至也；无所于**(1)**忤**(2)**，虚之至也；不与物交，惔**(3)**之至也；无所于逆，粹之至也。**

(1) 于：与（曹础基《庄子浅注》）。

(2) 忤：逆也（成玄英《庄子疏》）。

(3) 惔：淡泊。

译文：

所以说，悲哀与快乐，违背了德性；喜悦与愤怒，偏离了大道；爱好与厌恶，迷失了德性。因此，内心无忧无乐，是德的最高境界；混一而不妄动，是静的最高境界；不与外物违逆，是虚的最高境界；不与外物有心交往，是恬淡的最高境界；无所违逆，是心态纯粹的最高境界。

解说：

本段阐述得道者如何做到虚无（远离喜怒哀乐，不违逆外物、顺随外物）以及虚无状态所带来的好处（没有天灾、没有物累等等）。

悲乐者，德之邪；喜怒者，道之过；好恶者，德之失。故心不忧乐，德之至也——得道者心无分别，无是非好恶。

一而不变，静之至也——得道者与物混而为一。

无所于忤，虚之至也；不与物交，惔之至也；无所于逆，粹之至也——得道者顺随物而不与物相违逆，与外物接触出自无心。

7. **故曰，形劳而不休则弊，精用而不已则劳，劳则竭。水之性，不杂则清，莫动则平；郁闭**[(1)]**而不流，亦不能清；天德之象**[(2)]**也。**

(1) 郁闭：不流动。“郁”，积滞。“闭”，闭塞。

(2) 天德之象：自然之象。

译文：

所以说，身体过分劳累而不休息就会疲乏，精力使用过度而不停歇就会疲劳，疲劳就会精力枯竭。水的本性，不参杂质就会清澈，不去搅动就会平静，闭塞不流动也不会纯清，这是自然的现象。

解说：

本段接前一段阐释虚无的含义。

形劳而不休则弊，精用而不已则劳，劳则竭——得道者顺随自然，不与物（包括自己）冲突，应当休息则休息，因而不会疲劳。

8. **故曰，纯粹而不杂，静一**[1]**而不变，惔而无为，动而以天行，此养神之道也**。

（1）一：混一。

译文：

所以说，纯净而无混杂，混一而无变化，恬淡而不妄为，行动顺应自然，这就是保养精神的方法。

解说：

本段阐述得道者如何做到无为（淡薄而不妄为、行动顺应自然）以及无为状态所带来的好处（保养精神）。

9. **夫有干越**[1]**之剑者，柙**[2]**而藏之，不敢用也，宝之至也**。**精神四达并流，无所不极，上际**[3]**于天，下蟠**[4]**于地，化育万物，不可为象**[5]**，其名为同帝**[6]。

纯素之道，唯神是守；守而勿失，与神为一；一之精通[7]**，合于天伦**[8]。**野语**[9]**有之曰："众人重利，廉士重名，贤人尚志，圣人贵精**[10]**。"故素也者，谓其无所与杂也；纯也者，谓其不亏其神也**。**能体**[11]**纯素，谓之真人**。

（1）干越：犹言吴越……干、越皆国名（郭庆藩《庄子集释》因王念孙说）。

（2）柙：通"匣"（曹础基《庄子浅注》）。

（3）际：会合。

（4）蟠：遍及（曹础基《庄子浅注》）。

(5) 不可为象：无法形象化。

(6) 同帝：功用同于天地（陈鼓应《庄子今注今译》）。

(7) 一之精通：精通纯一之道（曹础基《庄子浅注》）。

(8) 天伦：自然之理（成玄英《庄子疏》）。“伦”，理。

(9) 野语：俗话。

(10) 精：物之真也（郭象）。

(11) 体：体悟。

译文：

拥有吴越出产的宝剑，藏在匣子里，不会轻易使用，因为太宝贵了。精神通达四方，无所不至，上接于天，下达于地，化育万物，又不见形迹，功用却如同天帝。

纯粹素朴的道，只有精神可以领悟，领悟而不丧失，道就和精神融为一体；精通合一之道，就合于自然之理。俗话说：“普通的人注重利益，廉洁的人注重名声，贤能的人崇尚志气，得道者注重精神。”所以，所谓素朴，就是没有混杂；所谓纯粹，就是精神不亏损。能够领悟纯粹和素朴之道的人，就叫做真人。

解说：

本段总结全文，真人是达到了恬淡、寂漠、虚无、无为状态以养神的人。真人的精神无所不至，与外物混而为一。但是，真人不妄动。

不可为象——道、德只能感觉而不能感知（见第一章）。

缮　性

本篇阐述如何涵养自身的自然本性。

本篇分为三部分，第一部分（从开头至“失其性也”）阐述古人修养本性、调和欲望的方法。第二部分（从“古之人”至“复其初”）追溯人德性堕落的历程。第三部分（从“由是观之”至末尾）阐述在道与人性丧失的时代里得道者的处世之道（穷则隐居于世，达则大行于世）。

我们将本篇结构图示如下。

第一部分	从开头至“失其性也”	阐述古人修养本性、调和欲望的方法（以无我而顺物之心顺随仁、义、忠、信、礼、乐）。
第二部分	从“古之人”至“复其初”	追溯人类德行堕落的历程。
第三部分	从“由是观之”至末尾	阐述在道与人性丧失的时代里得道者的处世之道（穷则隐居于世，达则大行于世）。

1. **缮性(1)于俗，俗学(2)以求复其初(3)；滑（gǔ）(4)欲于俗，思以求致(5)其明；谓之蔽(6)蒙(7)之民**。

(1) 缮性：修养德形。“缮”，治也（陆德明《经典释文》）。

(2) 俗学：指儒家、法学等学派学说。

(3) 初：本性。

(4) 滑：治也（陆德明《经典释文》引崔譔说）。

(5) 致：获得。

(6) 蔽：塞也（成玄英《庄子疏》）。

(7) 蒙：蒙也（成玄英《庄子疏》）。

译文：

用世俗的学问来修养本性，以求恢复人的原本状态；用世俗的观念来调和欲望，以求获得明智通达；这种人被称为蔽塞愚昧的人。

解说：

第一、二段阐释修养本性、调和欲望的方法。

开篇对以世俗学问和观念来修养本性、调和欲望的做法提出了批评，为下文阐述有效的修养本性、调和欲望的方法做好铺垫。

2. **古之治道者，以恬[(1)]养知；知[(2)]生而无以知为[(3)]也，谓之以知养恬。知与恬交相养，而和[(4)]理出其性。夫德，和也；道，理也。德无不容，仁也；道无不理，义也；义明而物亲[(5)]，忠也；中[(6)]纯实[(7)]而反乎情，乐也；信行[(8)]容体[(9)]而顺乎文，礼也。礼乐遍行，则天下乱矣。彼正而蒙己德[(10)]，德则不冒[(11)]，冒则物必失其性也。**

(1) 恬：恬淡。

(2) 知：知晓。

(3) 无以知为：无须凭借智慧行事（曹础基《庄子浅注》）。

(4) 和：顺。

(5) 物亲：与物相亲。

(6) 中：心中。

(7) 纯实：纯朴。

(8) 信行：行为信实。

(9) 容体：行为得体。

(10) 蒙己德：修养自身的德性。"蒙"，养也（宣颖《南华经解》）。

(11) 冒：冒犯，引申为强加（曹础基《庄子浅注》）。

译文：

古时候修道的人，以恬静涵养智慧；智慧生成了而不凭智慧做事，就称为以智慧涵养恬静。智慧和恬静相互涵养，合于天理的道就从本性中流露出来了。所谓的德，就是和顺；所谓的道，就是天理。德无所不包容，就是仁；道无不合理，就是义。义理彰明而外物得以亲附，就是忠；心中纯厚朴实、返归本真，就是乐；言行仪容得体，合于自然的节奏，就是礼。礼乐普遍地强制施行，天下就会大乱。每个人自正而涵养自己的德性，有德性而不强加给他人，强加给他人就会让他人失去自然的本性。

解说：

本段阐释应该如何涵养本性。

如果以道、德之心（即无我而顺物之心）看待仁、义、忠、信、礼、乐（仁、义、忠、信、礼、乐出乎道与德），就能真正修养本性；反之，如果不以道、德之心看待它们，而是将它们当作不变的模式强加于人，就会伤害人的自然本性。

3. **古之人，在混芒(1)之中，与(2)一世而得澹漠(3)焉。当是时也，阴阳和静(4)，鬼神不扰，四时得(5)节，万物不伤，群生(6)不夭(7)，人虽有知，无所用之，此之谓至一(8)。当是时也，莫之为(9)而常自然(10)。**

(1) 混芒：混混沌沌（曹础基《庄子浅注》）。

(2) 与：相处（曹础基《庄子浅注》）。

(3) 澹漠：淡漠。

(4) 和静：和顺宁静。

(5) 得：《阙误》引张君房本“得”作“应”（郭庆藩《庄子集释》）。

(6) 群生：各种有生命之物。

(7) 夭：夭折。

(8) 至一：混而为一的状态。

(9) 莫之为：无为。

(10) 常自然：常合于自然。

译文：

古时候的人，处在混混沌沌之中，与世人淡然相处。那个时候，阴阳和顺宁静，鬼神都不来骚扰，四时的变化顺应节令，万物都不受伤害，众生尽享天年，人们虽有智慧，也无处可用，这叫做完全纯一的状态。那个时候，人们不会妄为而是顺随自然。

解说：

第三、四段追溯人类德行堕落的历程。

古时候，人与人之间和谐相处，人与一切事物之间混而为一。这就是上一段所描述的自然状态。

阴阳和静，鬼神不扰，四时得节，万物不伤，群生不夭，人虽有知，无所用之，此之谓至一——万物顺随道，不与他物对抗。

4. **逮**[(1)]**德下衰，及燧**（suì）**人、伏羲**[(2)]**始为**[(3)]**天下，是故顺而不一**[(4)]。**德又下衰，及神农**[(5)]**黄帝**[(6)]**始为天下，是故安而不顺**[(7)]。**德又下衰，及唐虞**[(8)]**始为天下，兴**[(9)]**治化**[(10)]**之流**[(11)]**，澆淳散朴**[(12)]**，离道以善**[(13)]**，险德**[(14)]**以行，然后去性而从于心**[(15)]。**心与心识知而不足以定天下，然后附之以文，益之以博**[(16)]。**文灭质，博溺**[(17)]**心，然后民始惑乱，无以反**[(18)]**其性情而复其初**。

（1）逮：及也（成玄英《庄子疏》）。

（2）燧人、伏羲：古代传说中的帝王。

（3）为：治理。

（4）顺而不一：顺随自然，但并不与之完全混而为一。

（5）神农：即炎帝，传说发明农业的帝王。

（6）黄帝：上古帝王，即轩辕氏。

（7）安而不顺：只是与自然不冲突，但并不顺随自然。

（8）唐虞：唐尧、虞舜，即尧舜。

（9）兴：开始。

（10）治化：统治、教化。

（11）流：风气。

（12）澆淳散朴：破坏了淳朴的风气（曹础基《庄子浅注》）。“澆”，破坏。

(13) 离道以善：即以善离道，用善取代了道。“善”，世俗之中所谓的善。

(14) 险德：俭德，“险”通“俭”（郭庆藩《庄子集释》），寡德。

(15) 去性从于心：舍弃自然之性，顺随是非好恶之心。

(16) 博：博学。

(17) 溺：淹没。

(18) 反：通“返”。

译文：

等到德性开始衰落，到燧人氏、伏羲氏开始治理天下的时候，虽然能顺应民心，但不能与之混而为一。德性再度堕落，到了神农氏和黄帝治理天下时，只能使天下安定而无法顺应民心。德性再度堕落，到了唐尧、虞舜治理天下时，便大兴教化之风，使淳朴之风变得浇薄，用善取代自然之道，行事寡德，然后舍弃本性而顺从机巧之心。心与心相互窥探，因而智巧就不足以安定天下了，于是加以文饰，加上博学。文饰毁坏质朴，博学淹没心灵，然后人民开始迷乱，再也无法返回自然的本性、恢复原始的状态了。

解说：

本段描写德性堕落的过程：燧人氏、伏羲氏顺随民心而不合民心——神农氏和黄帝能安定民心但不顺民心——唐尧、虞舜以教化、善扰乱民心，使淳朴之风消失，再也无法返回自然。

5. **由是[1]观之，世丧道矣，道丧世矣。世与道交相丧也，道之人何由[2]兴乎世，世亦何由兴乎道哉！道无以兴乎世，世无以兴乎道，虽圣人不在山林之中，其德隐矣。隐，故不自隐。**

(1) 是：此，这。

(2) 何由：何以，凭什么。

译文：

由此可见，人世丧失了自然之道，自然之道也丧失了人世。人世和道互相丧失，有道之人怎么能立足于世间，人世间又怎么能兴复大道呢？大道不能在人世间复兴，人世间再也不能复兴大道，即使得道者不隐居在山林之中，他的德性也一样会被淹没。隐蔽，本来不是自行隐没的。

解说：

第五至八段阐述在天道与人间相互丧失的时代得道者的处世之道（穷则隐居于世，达则大行于世）。

6. **古之所谓隐士者，非伏**(1) **其身而弗**(2) **见也，非闭其言而不出也，非藏其知而不发也，时命**(3) **大谬**(4) **也。当**(5) **时命而大行乎天下，则反一无迹**(6)**；不当时命而大穷乎天下，则深根宁**(7) **极而待**(8)**；此存身之道也**。

(1) 伏：藏。

(2) 弗：不。

(3) 时命：时运。

(4) 谬：伪妄也（成玄英《庄子疏》）。

(5) 当：合（曹础基《庄子浅注》）。

(6) 反一无迹：返于混一状态，没有形迹。“反”，通“返”。

(7) 宁：静。

(8) 待：等待时机。

译文：

古代所谓的隐士，不是隐身不见世人，不是闭口不言，也不是深藏才智而不显露，而是因为时运不济。如果时机到了，就将其道大行于天下，让人都返归浑沌纯一之境而不露形迹；如果时机不到，其道无法行之于天下时，他就深藏不露、保有宁静之心等待；这就是保存自身的方法。

解说：

本段阐述隐居的含义。

隐身不是不见世人，不是闭口不言，而是顺随环境而变——穷则深藏不露，达则将其道大行于世。

7. **古之行[1]身者，不以辩饰知，不以知穷天下，不以知穷德[2]，危然[3]处其所而反[4]其性已，又何为哉！道固不小行[5]，德固[6]不小识[7]。小识伤德，小行伤道。故曰，正己而已矣。乐全[8]之谓得志[9]。**

(1) 行：世德堂本“行”作“存”(郭庆藩《庄子集释》)。“存”，保全。

(2) 穷德：使自己的德性受害。

(3) 危然：独立的样子。“危”，犹独也（成玄英《庄子疏》）。

(4) 反：通“返”。

(5) 小行：与道相违背的行为，如儒家的仁义之行。

(6) 固：本来。

(7) 小识：是非分别之知，不是合大道之知。

(8) 乐全：保全淳朴的本性。“乐”，合道之乐，没有乐没有愁的至乐。

(9) 得志：自适其志，悠游自在。

译文：

古时候善于保存自身的人，不用巧辩来修饰智力，不用心智去困扰天下，不用心智去伤害德性，独立自处，回归自身的本性，此外还有什么要做的呢！大道本来就不需要（仁义礼乐的）狭隘的行动，大德本来就不需要（是非分辨的）狭窄的见识。狭隘的行为会伤害德性，狭窄的见识会伤害大道。所以说，只要端正自己就可以了。保全自然的自性，就叫做自乐其志。

解说：

本段接上一段解释得道者的处世之道。

大道不需要（仁义礼制的）狭隘的行动，大德不需要（是非分辨的）狭窄的见识。因此，无需人为地做些什么，只需顺随自性。顺随自性就能自适其志。

8. **古之所谓得志者，非轩冕[1]之谓也，谓其无以益其乐[2]而已矣。今之**

所谓得志者，轩冕之谓也。轩冕在身，非性命也，物之傥（tǎng）[3]来，寄[4]者也。寄之，其来不可圉[5]，其去不可止。故不为轩冕肆志[6]，不为穷约[7]趋俗，其乐彼与此[8]同，故无忧而已矣。今寄去则不乐，由是观之，虽乐，未尝不荒[9]也。故曰，丧己于物，失性于俗者，谓之倒置[10]之民[11]。

(1) 轩冕：指高贵的地位。“轩”，车。“冕”，冠。

(2) 无以益其乐：无以复加的至极的快乐，即上文所谓的“乐全”之乐。

(3) 傥：意外忽来者耳（成玄英《庄子疏》）。

(4) 寄：所依赖的东西（轩冕等外物）。

(5) 圉：本又作“御”（陆德明《经典释文》）。“御”，抵挡。

(6) 肆志：放纵心志。

(7) 约：穷。

(8) 彼与此：指轩冕与穷约。

(9) 荒：通“慌”（曹础基《庄子浅注》），慌乱。

(10) 倒置：本末倒置。

(11) 民：人。

译文：

古人所谓的自乐其志，不是指高官厚禄，而是享受无以复加的至极之乐。现在人们所谓的自乐其志，只是指高官厚禄。加在身上的高官厚禄，并不是生命所自然具有的，而是偶然得来的，临时寄托在这里的东西。凡是寄托的东西，来时不可抵挡，去时也不可阻止。因此，不因高官厚禄而放纵心志，不因贫困潦倒而趋附世俗。高官厚禄与贫困潦倒的快乐是相同的，所以就没有忧愁了。现在的人，一旦寄托之物离去就不快乐，由此看来，即使在快乐时，也不是没有担心哪。所以，在外物中丧失自身，在流俗中丧失本性的人，就叫做颠倒了本末的人。

解说：

本段阐释得道者得志的含义。

得道者将高官厚禄与贫困潦倒都当作外物加以同等看待，不因得到或失去而产生喜与忧，完全享受出于本性的快乐，这就达到了前文所谓的“乐全”。“乐全”就能自适其志。反之，追逐外物就会丧失本性，颠倒本末，没有真正的快乐可言。

《庄子》释义

下

（增订本）

胡叔宝 著

新华出版社

秋　水

本篇阐释道的性质、道的功用、得道者如何处世以及如何修道。全篇可分为两大部分，第一大部分通过河伯与北海若之间的对话阐述道的性质、道的功用、得道者如何处世以及如何修道。第二大部分用若干故事围绕第一部分的修道环节展开论述。

第一大部分可以分为四个小部分、八个段落。第一小部分围绕道的性质展开论述，包括四个段落。第一段（开头到“大方之家”）描述河伯见到北海后对自己一直引以为傲的“大”产生了怀疑。第二段（从“北海若”至“多于水乎?”）北海若通过阐述事物所谓大的相对性，打掉河伯心中对大的执着。第二段（从“河伯曰”至“人之域”）北海若通过对一切有形事物相对性的论述，打掉河伯对一切有形事物的分别对待。第四段（从“河伯曰”至“分之至也”）北海若进一步打掉河伯心中对无法用语言、意念通达的无形事物的分别执着。第二小部分阐述得道者如何对待日常事物，包括两个段落。第五段（从“河伯曰”至“小大之家”）北海若通过阐释日常生活中贵与贱、大与小、有用与无用、是与非、好与恶的相对性，阐明得道者应以无物之心看待这些日常生活中的分别之物。第六段（从“河伯曰”至“将自化”）阐述得道者的行为准则——以事物自身为标准，以无物之心顺随事物自身而为。第三小部分只包括第七段（从“河伯曰”至“而语极”）阐明道能够最大限度地回避外物所带来的灾难。第四小部分也只包括第八段（从“曰何谓人”至“反其真”）阐述我们应如何修道。

第二大部分由六个故事组成，每个故事围绕第一大部分中的修道环节进行阐释。第一个故事（从“夔怜蚿”至“圣人能之”）阐发修道部分“无以人灭天”的含义。第二个故事（从“孔子”至“辞而退”）阐发修道部分“无以故灭命”的含义。第三个故事（从“公孙龙”至“逸而走”）阐发修道部分“无以得殉名”的含义。第四个故事（从“庄子钓”至“于途中”）阐发修道部分“无以得殉名”的含义。第五个故事（从“惠子相梁”至“吓我邪”）从反面阐发修道部分“无以得殉名”的含义。第六个故事（从“庄子与”至结尾）阐发修道部分“言之所不能论、意之所不能察致，不期精粗”的含义。

我们将本篇的结构图示如下。

<table>
<tr><td rowspan="8">第一大部分</td><td rowspan="4">第一小部分</td><td rowspan="4">阐述道的性质</td><td>第一段</td><td>开头到“大方之家”</td><td>河伯见到北海后对自己一直引以为傲的“大”产生了怀疑。</td></tr>
<tr><td>第二段</td><td>从“北海若”至“多于水乎”</td><td>北海若通过阐述事物所谓大的相对性，以打掉河伯心中对大的执着。</td></tr>
<tr><td>第三段</td><td>从“河伯曰”至“大之域”</td><td>北海若通过对一切有形事物相对性的论述，打掉河伯对一切有形事物的分别对待。</td></tr>
<tr><td>第四段</td><td>从“河伯曰”至“分之至也”</td><td>北海若进一步打掉河伯心中对无法用语言、意念通达的无形事物的分别执着</td></tr>
<tr><td rowspan="2">第二小部分</td><td rowspan="2">得道者如何对待日常事物</td><td>第五段</td><td>从“河伯曰”至“小大之家”</td><td>北海若阐明得道者应以无物之心看待这些日常生活中的分别之物。</td></tr>
<tr><td>第六段</td><td>从“河伯曰”至“将自化”</td><td>阐述得道者的行为准则——以事物自身为标准，以无物之心顺随事物自身而为。</td></tr>
<tr><td>第三小部分</td><td>得道的好处</td><td>第七段</td><td>从“河伯曰”至“而语极”</td><td>北海若阐明道给人带来的好处：能够最大限度地回避外物所带来的灾难。</td></tr>
<tr><td>第四小部分</td><td>如何得道</td><td>第八段</td><td>从“何谓人”至“反其真”</td><td>阐释如何修道。</td></tr>
</table>

第二大部分	第一个故事	从“夔怜蚿”至“圣人能之”	阐发修道部分“无以人灭天”的含义。
	第二个故事	从“孔子”至“辞而退”	阐发修道部分“无以故灭命”的含义。
	第三个故事	从“公孙龙”至“逸而走”	阐发修道部分“无以得殉名”的含义。
	第四个故事	从“庄子钓”至“于途中”	阐发修道部分“无以得殉名”的含义。
	第五个故事	从“惠子相梁”至“吓我邪”	从反面阐发修道部分“无以得殉名”的含义。
	第六个故事	从“庄子与”至结尾	阐发修道部分“言之所不能论、意之所不能察致，不期精粗”的含义。

1. **秋水时至，百川(1)灌(2)河(3)，泾流(4)之大，两涘（sì）(5)渚(6)崖(7)之间，不辩牛马(8)。于是焉(9)河伯(10)欣然(11)自喜，以天下之美为尽在己。顺流而东行，至于北海，东面而视，不见水端(12)，于是焉河伯始旋其面目(13)，望洋向若(14)而叹曰：“野语(15)有之曰，‘闻道百(16)以为莫己若(17)者’，我之谓也。且夫我尝闻少(18)仲尼之闻而轻伯夷之义者，始吾弗信(19)；今我睹子(20)之难穷也，吾非至于子之门则殆(21)矣，吾长见(22)笑于大方之家(23)。”**

（1）川：河流。

（2）灌：注入。

（3）河：黄河。

（4）泾流：水流。“泾”，通也（陆德明《经典释文》引司马彪说）。

（5）涘：崖也（陆德明《经典释文》）。

（6）渚：水中可居之地曰渚（（陆德明《经典释文》引司马彪说）。

（7）崖：岸。

（8）不辩牛马：（因太远而）辨不清是牛还是马。“辩”，通“辨”。

（9）焉：乎（曹础基《庄子浅注》）。

（10）河伯：河神也，姓冯，名夷，华阴潼堤乡人，得水仙之道（成玄英《庄子疏》）。

(11) 欣然：高兴的样子。

(12) 端：尽头。

(13) 旋其面目：改变了欣然自喜的脸色（曹础基《庄子浅注》）。“旋”，改变。

(14) 若：海神的名字。

(15) 野语：俗语（曹础基《庄子浅注》）。

(16) 闻道百：懂得很多道理。

(17) 莫己若：即莫若己，没有谁能比得上自己。

(18) 少：以……为少，贬低。

(19) 弗信：不相信（这些话）。

(20) 子：您。

(21) 殆：危险。

(22) 见：被。

(23) 大方之家：得大道的人。“方”，犹道也（成玄英《庄子疏》）。

译文：

秋天的雨水时节来临，无数条溪流一起汇入黄河，河面顿时变得如此宽阔，以致两岸及沙洲之间，连牛马都分辨不清了。于是河伯洋洋自得，认为全天下之美都聚集于自己一身了。他顺着水流向东而去，到了北海，向东望去，看不见水的尽头。于是，河伯改变了自己洋洋自得的脸色，望着大海，对海神若感叹说：“俗语说，‘听到了许多道理，就认为自己无人能比’，这说的就是我呀。而且我曾听说有人小看孔丘的博学，轻视伯夷的义行，以前，我还不相信；现在，我亲眼目睹了你的难以穷尽，如果我不是到你这来，可真糟了，将永远被大方之家所耻笑。”

解说：

河伯见到北海后对自己一直引以为傲的“大”产生了怀疑。

黄河之神起初因为自己的“大”而洋洋自得，可当他来到浩瀚无边的北海时，他才知道自己洋洋自得的所谓大实在不值一提，从而对自己一直引以为傲的“大”产生了怀疑，也开始理解了为什么会有人小看孔子的博学、轻视伯夷的义行。

2. **北海若曰：“井蛙不可以语于海[(1)]者，拘于虚[(2)]也；夏虫不可以语于冰者，笃[(3)]于时也；曲士[(4)]不可以语于道者，束于教[(5)]也。今尔[(6)]出于崖涘[(7)]，观于大海，乃知尔丑[(8)]，尔将可与语大理[(9)]矣。天下之水，莫大于海，万川归之，不知何时止而不盈[(10)]；尾闾[(11)]泄之，不知何时已[(12)]而不虚[(13)]；春秋不变，水旱不知。此其过[(14)]江河之流，不可为量数[(15)]。而吾未尝以此自多[(16)]者，自以比（bì）[(17)]形于天地而受气于阴阳，吾在天地之间，犹小石小木之在大山也，方[(18)]存[(19)]乎见少[(20)]，又奚[(21)]以自多！计四海之在天地之间也，不似礨（lěi）空[(22)]之在大泽乎？计中国之在海内，不似稊（tí）米[(23)]之在大仓[(24)]乎？号[(25)]物之数谓之万，人处一[(26)]焉；人卒[(27)]九州[(28)]，谷食之所生，舟车之所通，人处一焉；此其比万物也，不似豪末之在于马体乎？五帝之所连[(29)]，三王之所争，仁人之所忧，任士[(30)]之所劳，尽此矣。伯夷辞之以为名，仲尼语之以为博，此其自多也，不似尔向[(31)]之自多于水乎？”**

（1）语于海：谈论大海。

（2）虚：通“墟”，意为地域，这里指井蛙生活的地方。

（3）笃：局限。

（4）曲士：一曲之士，指孤陋寡闻的人。“曲”，局部，部分。

（5）束于教：受世俗教育的限制。

（6）尔：你。

（7）崖涘：指代黄河。“涘”，水边。

（8）丑：鄙陋。

（9）大理：大道。

（10）盈：满。

（11）尾闾：尾闾者，泄海水之所也；在碧海之东，其处有石，阔四万里，厚四万里，居百川之下尾而为闾族，故曰尾闾（成玄英《庄子疏》），海水出口。

（12）已：停止。

(13) 虚：指海水干涸。

(14) 过：超过。

(15) 量数：用数量计算。

(16) 自多：自夸。

(17) 比：通“庇”(陈鼓应《庄子今注今译》)，寄。

(18) 方：正。

(19) 存：察，看到（曹础基《庄子浅注》)。

(20) 见少：显得少。“见”，通“现”(曹础基《庄子浅注》)。

(21) 奚：何。

(22) 礨空：小穴也（陆德明《经典释文》)，小洞。

(23) 稊米：小米也（陆德明《经典释文》引司马彪说)。

(24) 大仓：储存粮食的大仓库。“大”，通“太”。

(25) 号：名号也（成玄英《庄子疏》)。

(26) 处一：占万物中之一。

(27) 人卒：人众。“卒”，众也（陆德明《经典释文》引司马彪说)。

(28) 九州：指中国。

(29) 连：续也（陆德明《经典释文》引司马彪说)。

(30) 任士：能干的人。“任”，能也（陆德明《经典释文》引李颐说)。

(31) 向：刚才。

译文：

北海若说：“与井底之蛙无法谈论大海，因为它受到地域的限制；与夏天的虫子无法谈论冰雪，因为它受到时间的限制；与孤陋寡闻的人无法谈论大道，因为他受到所受教育的束缚。现在你走出黄河，看到了大海，就知道了自己的鄙陋，可以同你谈论大道了。天下的水，没有大过海的，所有的河流都流向这里，不知何时停止，而大海却从不满溢；海水从尾闾排出，不知何时停止，而大海从不干涸；无论春天、秋天，大海都没有变化；无论水涝、干旱，大海都没感觉。大海超过江河的水流，无法用数量来计算。可是我从不曾因此而自满，我知道自己从天地有了形体，禀受阴阳二气而来的。我存在于天地之间，就好像一块小石子、一棵小树木存在于大山之中一样，我只会感到自己太渺小了，又怎么会感到自满呢？算算四海在天地中，不就像小蚁穴在大湖泽里一样吗？算算中国在四海之内，不就像一粒小米在大粮仓里一样吗？世间事物的名称数以万计，人只是其中之一；人群聚集成九州，五谷得以生长的地方，舟车得以通行的地方，人只是万物中的一分子；人与万物相比，不就像马身上的一根毛吗？五帝所继承的，三王所争夺的，仁人所操心的，能士所操劳的，都在这毫毛般的天下之中！伯夷以辞让取得名声，孔丘以高谈阔论显示博学，他们自以为了不起，不就像你刚才因为水多而自夸一样的吗？”

解说：

北海若通过阐述事物所谓大的相对性，打掉河伯心中对大的执着。

只要受到某种东西（空间、时间、教育等）的限制，就无法同其谈论天下的事物。河伯走出黄河看到了大海，跳出了自身的限制，才明白了原来自己所谓的“大”是不可靠的。能认识到这一点，才可能与他谈论大道。因此，北海若顺着河伯的思路向他阐释“大”的相对性——北海远比黄河大，但与天地（天地是无穷的）相比，北海就如同山中的一棵小树、一粒小石子；四海与天地相比，就如同大泽中的小蚁穴；相对于四海，中国就如同粮仓中的一粒小米；相对于万物，人只是马身上的一根毛。我们所推崇的五帝、三王、仁人、能士都只是在太仓中小米般的国度里折腾，称得上大吗？这样来看，伯夷的名声、孔丘的博学，值得一提吗？

3. **河伯曰：“然则吾大天地而小豪末，可乎？”**

北海若曰：“否。夫物，量无穷[(1)]，时无止[(2)]，分（fèn）无常[(3)]，终始[(4)]无故[(5)]。是故大知[(6)]观于远近，故小而不寡，大而不多，知量无穷；证曏[(7)]今故[(8)]，故遥[(9)]而不闷[(10)]，掇（duō）[(11)]而不跂[(12)]，知时无止；察乎盈虚，故得而不喜，失而不忧，知分之无常也；明乎坦涂[(13)]，故生而不说[(14)]，死而不祸，知终始之不可故也。计[(15)]人之所知，不若其所不知；其生之时，不若未生之时；以其至小求穷其至大之域，是故[(16)]迷乱而不能自得也。由此观之，又何以知豪末之足以定至细之倪[(17)]！又何以知天地之足以穷至大之域！”

(1) 量无穷：事物体积大小各不相同。“量”，事物体积的大小。“无穷”，不可穷尽。

(2) 时无止：时间无尽头。

(3) 分无常：得失不定。“分”，得与失皆分（郭象《庄子注》），得失之分。

(4) 终始：指死生。

(5) 无故：不固定。“故”，通“固”，固定。

(6) 大知：指得道的人。

(7) 曏：明也（郭象《庄子注》），明察。

(8) 今故：犹今古（郭象《庄子注》）。

(9) 遥：长也（郭象《庄子注》），指长寿。

(10) 闷：厌倦。

(11) 掇：犹短也（郭象《庄子注》）。

(12) 跂：通“企”，企求。

(13) 坦涂：平坦的路。“坦”，平也（成玄英《庄子疏》）。“涂”，通“途”。

(14) 说：通“悦”。

(15) 计：计算。

(16) 是故：因此。

(17) 倪：边际，界限。

译文：

河伯说：“那么我以天地为大，以毫毛为小，可以吗？”

海神若说：“不可以。万物形体的大小不可穷尽，时间没有止境，得失无常，生与死不定。因此，得道的人看远近，形体小而不以为小，形体大而不以为大，这是因为形体不可穷尽；对古今看得很明白，所以长寿不会感到厌倦，短寿也不会去祈求，这是因为他知道时间没有止境；对事物的得失看得清楚，因而得不以为喜，失也不以为忧，这是因为他知道得与失无常；明白生死就像平坦大道，所以活着不以为是快乐，死去也不以为是灾祸，这是因为他知道生与死不定。算算人所知道的，比不上他所不知道的；人活着的时间，比不上他没有生命的时间；用极为有限的生命去探究没有穷尽的东西，就会茫然失去自我。由此看来，你又怎么知道毫毛末端可以确定最小的限度，又怎么知道天地可以穷尽最大的范围呢？”

解说：

北海若通过对一切有形事物相对性的论述，打掉河伯对一切有形事物的分别对待。

在上两段中，北海若打掉了河伯心中对“大”的执着，但河伯又陷入了对“小”的执着。执着于“小”就无法完全去掉对“大”的执着。因此，北海若进一步点拨河伯，不仅事物的大是相对的，事物的小也是相对的。更进一步，事物存在时间的长与短、世俗中的得与失、人的生与死都是相对而言的。推而广之，人世间的一切有形事物的分别对待无不是相对的。

4. **河伯曰：“世之议者皆曰：‘至精[(1)]无形，至大不可围[(2)]。’是信[(3)]情乎？”**

(1) 至精：最小的。

(2) 围：范围。

(3) 信：实也（成玄英《庄子疏》）。

译文：

河伯说：“世俗的议论者都说：‘最小的东西没有形体，最大的东西无法度量’。这是事物的实情吗？”

解说：

河伯虽然明白了不能从大与小、长与短等分别对待的角度看待有形的事物，但又陷入了极大、极小这种无形的特殊事物的执着之中。

5. **北海若曰：“夫自细视大者不尽[(1)]，自大视细者不明。夫精，小之微[(2)]**

也；埒（fú）[3]，大之殷[4]也；故异便[5]。此势之有也。夫精粗者，期[6]于有形者也；无形者，数之所不能分也；不可围者，数之所不能穷也，可以言论者，物之粗也；可以意致[7]者，物之精也；言之所不能论，意之所不能察致者，不期精粗焉。

(1) 不尽：不能穷尽。

(2) 小之微：小中之小的。

(3) 埒：殷大也（成玄英《庄子疏》），大。

(4) 殷：大也（庆藩《庄子集释》）。

(5) 异便：各有便宜也（成玄英《庄子疏》），不同的东西各有所宜。

(6) 期：期望。

(7) 意致：意识可以到达。

译文：

北海若说："从小的角度看待大的东西，就看不全面；从大的角度看待小的东西，就看不分明。所谓精，就是小中最小的；所谓埒，就是大中最大的，所以事物各有其相宜之处。这也是由情势所决定的。所谓精与粗，都只是相对有形的东西而言的。至于无形的东西，就不能用数量来分别；无法确定范围，就不能用数量来穷尽。能够用语言来谈论的，都是粗的事物；可以用意识来分别的，都是细的事物。至于语言所不能谈论的，意识所不能分别的，就不能用粗细来谈论了。

解说：

北海若进一步打掉河伯对无形事物的分别对待。

日常事物的大与小、粗与细都是人们看待有形事物的角度，我们可以用言语、意念来通达。但是，无形的事物则无法用大小、粗细加以界定，无法用语言、意念等人为手段来通达，因而不能以分别对待的执着眼光来看待。

6. **是故大人[1]之行，不出乎害人[2]，不多[3]仁恩；动不为利，不贱门隶[4]；货财弗争，不多辞让；事焉不借人[5]，不多食乎力[6]，不贱贪污[7]；行**

殊乎俗，不多辟异[8]；为在从众[9]，不贱佞谄[10]；世之爵禄不足以为劝[11]，戮耻[12]不足以为辱；知是非之不可为分，细大之不可为倪[13]。闻[14]曰：‘道人不闻[15]，至德不得，大人无已。’约[16]分[17]之至也。”

（1）大人：从这一段“大人无已”可以看出，这里的“大人”即《逍遥游》中的“至人”，即心中无我的得道者。

（2）不出乎害人：无心害人（即使伤害了人也是无心的）。

（3）多：看重。

（4）门隶：看门的杂役。

（5）不借人：不借助他人之力。

（6）不多食乎力：食于分内，充足而已，不多贪求，疲劳心力（成玄英《庄子疏》），自食其力。

（7）不贱贪污：不以不自食其力为鄙（宣颖《南华经解》）。

（8）不多辟异：不标新立异。“辟异”，邪僻怪异。“辟”，通“僻”。

（9）从众：顺从众人。

（10）佞谄：花言巧语谄媚的人。

（11）劝：勉励。

（12）戮耻：刑戮，耻辱。

（13）倪：分别，界限。

（14）闻：听说。

（15）道人不闻：得道的人不追求名声。

（16）约：约束。

（17）分：分别。

译文：

所以，大人（得道者）行事，不存害人之心，但也不看重仁慈恩惠；行动不为利益，但也不轻视仆役；不与人争夺财物，但也不看重辞让；做事从不借助他人之力，但也不因自食其力而炫耀，也不以不自食其力为鄙；行为与世俗不同，但也不主张怪异邪僻；行为与普通人相同，但也不以奉承和谄媚为卑贱。世间的高官厚禄不足以鼓励他，刑戮和侮辱也不足以使他蒙羞。知道是与非没有标准，大与小不没有界限。我听说过这样的话：‘得道的人不求名声，有德的人一无所得，大人忘却自我。’这就是安于本分的最高境界。”

解说：

不出乎害人，不多仁恩——混同害与仁，无封。

动不为利，不贱门隶——心中没有贵贱之分，无封。

货财弗争，不多辞让——心中没有争与让之分，无封。

事焉不借人，不多食乎力，不贱贪污——心中没有自食其力与不自食其力的对错之分，无是非、无封。

行殊乎俗，不多辟异——心中没有同与异之分，无封。

为在从众，不贱佞谄——心中没有特立独行与谄媚世俗之分，无封。

世之爵禄不足以为劝，戮耻不足以为辱——心中没有奖与罚之分，无封。

知是非之不可为分，细大之不可为倪——心中没有是与非、细与大之分，无封、无是非。

道人不闻，至德不得，大人无己——不会刻意追求名声，不刻意追求所得，心中也没有自我，分别对应第一章的（圣人）无名、（神人）无功、（至人）无己。

有人认为，本段内容是后加的，与庄子思想不符。实际上，本段是上一段的自然延伸。如果没有本段的阐述，上一段就显得过于抽象，说服力不足。

7. **河伯曰：“若物之外，若物之内，恶至**(1)**而倪贵贱？恶至而倪**(2)**小大？”**

(1) 恶至：依据什么。“恶”，何。

(2) 倪：分别，界限。

译文：

河伯说：“从事物的外部，从事物的自身，用什么标准分别事物的贵贱？用什么标准确定事物的大小呢？”

解说：

对一切事物，包括有形的事物和无形的事物，得道者都不用分别的眼光加以对待（“若物之内”）。但是，在日常生活中，事物总是存在大与小、贵与贱分别的（“若物之外”）。河伯不知道应该怎样处理好这二者的关系，因而有此一问。

8. **北海若曰：“以道观之，物无贵贱；以物观之，自贵而相贱；以俗观之，贵贱不在己**[1]。**以差**[2]**观之，因其所大而大之，则万物莫不大；因其所小而小之，则万物莫不小；知天地之为稊（tí）米也，知豪末**[3]**之为丘山也，则差数**[4]**睹矣**。**以功**[5]**观之，因其所有而有之，则万物莫不有；因其所无而无之，则万物莫不无；知东西之相反而不可以相无，则功分**[6]**定矣**。**以趣**[7]**观之，因其所然**[8]**而然之，则万物莫不然；因其所非而非之，则万物莫不非；知尧桀之自然而相非，则趣操**[9]**睹矣**。

(1) 贵贱不在己：即贵贱都不是由自己决定的，而是由别人的看法决定。

(2) 差：差别。

(3) 豪末：毫毛的末端。豪，通“毫”。

(4) 差数：差别分寸（曹础基《庄子浅注》）。

(5) 功：功用。

(6) 功分：功用的大小之别。

(7) 趣：情趣（成玄英《庄子疏》）。

(8) 然：犹是也（成玄英《庄子疏》）。

(9) 趣操：情趣志操（成玄英《庄子疏》），取向特征。

译文：

北海若说：“从道的角度看，事物没有贵贱；从事物的角度看，事物以自身为贵而相互轻贱；从世俗的角度看，贵贱都不是由自身决定的。从事物差别的角度看，从一物大的方面而认为它是大的，那么万物没有不是大的；从一物小的方面而说它是小的，那么万物没有不是小的。明白了天地与稊米一样小，毫毛与山丘一样大，那么差别大小的本性就看得很清楚了。从事物的功效看，顺着物体有用的方面而认为它是有用的，那么万物莫不有用；从物体无用的方面而认为它是无用的，那么万物莫不无用。明白了东与西相反却彼此不可或缺，那么事物功效大小的本性就看得很清楚了。从情趣的角度看，顺着一物所肯定的角度加以肯定，那么万物都会受到肯定；顺着事物否定的一面加以否定，那么万物没有不被否定的。知道尧与桀都自认为正确而相互否定，那么人们的取向特征就可以看清楚了。

解说：

本段回答上一段的问题，即如何用无分别的眼光看待世俗中有分别的事物。

以道观之，物无贵贱——从道的角度看，物是无封的。

以物观之，自贵而相贱——从事物的角度看，物与物是有区别的，有是非好恶。

以俗观之，贵贱不在己——从世俗的角度看，事物的是非贵贱取决于世俗。

以差观之，因其所大而大之，则万物莫不大；因其所小而小之，则万物莫不小；知天地之为稊米也，知豪末之为丘山也，则差数睹矣——得道者生存在日常世界中，要遵从世俗习惯，否则就是有我的表现。但如果与普通人一样，将这些分别看作固定不变的，那就是有物的表现。为此，得道者应以无分别之心对待这些分别，将它们看作相对的。因为大小的分别是相对的，所以我们可以从某一视角，将万物划分为比天地都大。于是，天地与稊米一样，都是小的。我们也可以从另一视角，将万物划分为比秋毫末端都小，于是秋毫的末端与天地一样，都是大的。一切取决于我们所采用的标准。所以说，天地与稊米一样小，毫毛与山丘一样大，差别大小的本性由此就看得很清楚了（参见《齐物论》“天下莫大于秋豪之末而大山为小”一段的阐释）。

以功观之，因其所有而有之，则万物莫不有；因其所无而无之，则万物莫不无；知东西之相反而不可以相无，则功分定矣。以趣观之，因其所然而然之，则万物莫不然；因其所非而非之，则万物莫不非；知尧桀之自然而相非，则趣操睹矣——含义同上，所谓有用与无用、东与西、是与非等等一切分别也都是相对自己采用的标准而言的。

9. 昔者尧舜让而帝，之哙（kuài）让而绝[(1)]；汤武争而王，白公争而灭[(2)]。由此观之，争让之礼，尧桀之行，贵贱有时[(3)]，未可以为常也。梁[(4)]丽[(5)]可以冲城[(6)]，而不可以窒（zhì）穴[(7)]，言殊器[(8)]也；骐骥骅骝[(9)]，一日而驰千里，捕[(10)]鼠不如狸[(11)]狌[(12)]，言殊技也；鸱鸺[(13)]夜撮（cuō）[(14)]蚤[(15)]，察毫末，昼出瞋目[(16)]而不见丘山，言殊性也。故曰，盖（hé）[(17)]师是[(18)]而无非，师治而无乱乎？是[(19)]未明天地之理，万物之情者也。是犹师天而无地，师阴而无阳，其不可行明矣。然且语而不舍[(20)]，非愚则诬也。帝王殊禅[(21)]，三代殊继[(22)]。差其时，逆其俗者，谓之篡夫[(23)]；当其时，顺其俗者，谓之义之[(24)]徒。默默乎河伯！女[(25)]恶[(26)]知贵贱之门，小大之家[(27)]！”

(1) 之哙让而绝：之，燕相子之也。哙，燕王名也。子之，即苏秦之女婿也。秦弟苏代，从齐使燕，以尧让许由故事说燕王哙，令让位与子之，子之遂受。国人恨其受让，皆不服子之，三年国乱。齐宣王用苏代计，兴兵伐燕，于是杀燕王哙于郊，斩子之于朝，以绝燕国。岂非效尧舜之陈迹而祸至于此乎（成玄英《庄子疏》）。

(2) 白公争而灭：白公名胜，楚平王之孙，太子建之子也。平王用费无忌之言，纳秦女而疏太子，太子奔郑，娶郑女而生胜。太傅伍奢被杀，子胥奔吴，胜从奔吴，与胥耕于野。楚令尹子西迎胜归国，封于白邑，僭号称公。胜以郑人杀父，请兵报雠，频请不允，遂起兵反，楚遣叶公子高伐而灭之，故曰白公争而灭（成玄英《庄子疏》）。

(3) 有时：合适的时机。

(4) 梁：屋梁也（成玄英《庄子疏》）。

(5) 丽：屋栋也（成玄英《庄子疏》）。

(6) 冲城：攻城。“冲”，击也（成玄英《庄子疏》）。

(7) 窒穴：塞小孔。“窒”，塞也（成玄英《庄子疏》）。“穴”，孔。

(8) 殊器：(不同的场合）所用的器具不同。

(9) 骐骥、骅骝：都是古代骏马的名字。“骅骝”，周穆王八骏马之一。

(10) 捕：捉也（成玄英《庄子疏》）。

(11) 狸：野猫。

(12) 狌：黄鼠狼。

(13) 鸱鸺：猫头鹰。

(14) 撮：抓。

(15) 蚤：跳蚤。

(16) 瞋目：张大眼睛。

(17) 盖：通“盍”，何。

(18) 师是：以此为师。

(19) 是：此，这。

(20) 舍：停止。

(21) 殊禅：禅让的方式不一样。

(22) 殊继：继承的方式不一样。

(23) 篡夫：篡夺帝位的人。

(24) 之：原文的“之”是郭庆藩根据世德堂本补上的，似应该去掉。“义徒”对应“篡夫”。如果“之”字不去掉，“篡”与“夫”之间就应该有“之”字。

(25) 女：通“汝”，你。

(26) 恶：何。

(27) 家：门，意为界限、分辨。

译文：

从前，尧、舜通过禅让而成为君主，子之与燕王哙却因为禅让而灭亡；商汤、周武王通过争夺称王，楚国白公却因争夺被杀。由此看来，争与让之道，尧与桀的行为，是贵是贱要看时机，不是固定不变的。栋梁可以用来攻城，却不可以用来堵塞小洞，这是因为器物的用处不一样。骐骥、骅骝一日奔驰千里，捕捉老鼠却不如野猫与黄鼠狼，这是因为它们的技能不一样。猫头鹰夜里能捉跳蚤，能看见秋毫般的小东西，可白天睁大眼睛也看不见山丘，这是因为禀性不一样。所以说，哪能一味效法对的而抛弃错的，取法治而忽略乱的呢？这是不明白天地变化的道理、万物变动的实情啊。这就像只知效法天而忽视地、只知效法阴而忽视阳一样，这种做法显然是行不通的。然而还有人总是喋喋不休，那不是愚昧就是欺骗！帝王禅让各不相同，三代继承方式也各有差别。不合时机，违反世俗的人，被称为篡位独夫；合乎时机，顺应世俗的人，被称为大义之士。别再说什么了，河伯，你怎么会懂得万物贵与贱的区别、大与小的分辨呢！”

解说：

北海若举例说明上文所谓的贵与贱、大与小、有用与无用、是与非、好与恶等一切分别对待都是相对的，不是固定不变的。

昔者尧舜让而帝，之哙让而绝；汤武争而王，白公争而灭。由此观之，争让之礼，尧桀之行，贵贱有时，未可以为常也——都是禅让，有的成功有的失败；都是夺位，有的称帝有的灭亡。争与让没有一定的。

梁丽可以冲城，而不可以窒穴，言殊器也；骐骥骅骝，一日而驰千里，捕鼠不如狸狌，言殊技也；鸱鸺夜撮蚤，察毫末，昼出瞋目而不见丘山，言殊性也。故曰，盖师是而无非，师治而无乱乎？是未明天地之理，万物之情者也。是犹师天而无地，师阴而无阳，其不可行明矣。然且语而不舍，非愚则诬也——栋梁、骐骥骅骝、猫头鹰有时有用，有时无用。用与无用没有一定的。一切取决于是否适应时机、顺应世俗。

帝王殊禅，三代殊继。差其时，逆其俗者，谓之篡夫；当其时，顺其俗者，谓之义徒。默默乎河伯！女恶知贵贱之门，小大之家——无形的贵与贱、大与小等等一切分别也没有固定不变的标准。一切取决于当时的情景。

10. **河伯曰：“然则我何为乎，何不为乎？吾辞受(1)趣舍(2)，吾终(3)奈何？”**

(1) 辞受：推辞接受。

(2) 趣舍：取舍。

(3) 终：终究。

译文：

河神说：“那么，我应该干什么呢？又不应该干什么呢？对事物的辞让、接受、进取、舍弃，我究竟该如何面对呢？”

解说：

在上两段中，北海若只是阐述了得道者应该如何看待日常生活中事物的分别对待，但还没有告诉河伯，得道者在世俗中应该如何处理世事。所以，河伯有此一问。

11. **北海若曰："以道观之，何贵何贱，是谓反衍**(1)**；无拘而**(2)**志，与道大蹇**（jiǎn）(3)。**何少何多，是谓谢施**(4)**；无一**(5)**而行，与道参差**(6)。

(1) 反衍：犹反覆也（成玄英《庄子疏》），指正反的相互转变。

(2) 而：你。

(3) 蹇：违碍（林希逸《庄子口义》）。

(4) 谢施：施用代谢（成玄英《庄子疏》）。

(5) 一：固定。

(6) 参差：不齐。

译文：

北海若回答说："从道的角度看，哪有什么贵的，什么贱的呢？这称为正反相互转化；不要束缚你的心志，以致与大道相违背。哪里有什么少的，有什么多的呢？这称为代谢转化；行事不要执一己之见，以致与大道不合。

解说：

得道者要以无物之心对待日常生活中的贵贱、多少之分，因而不可固执己见，不可束缚心志，以致与事物自身相违逆。

12. **严**(1)**乎若国之有君，其无私德；繇**（yōu）**繇**(2)**乎若祭之有社**(3)**，其无私福；泛泛**(4)**乎其若四方之无穷，其无所畛域**(5)。**兼怀**(6)**万物，其孰**(7)**承**(8)**翼**(9)**？是谓无方**(10)。**万物一齐**(11)**，孰短孰长？道无终始，物有死生，不恃其成；一虚一满，不位**(12)**乎其形。年不可举**(13)**，时不可止；消息**(14)**盈虚，终则有**(15)**始。是所以语大义**(16)**之方，论万物之理也。物之生也，若骤若驰，无动**

而不变，无时而不移。何为乎，何不为乎？夫固[17]将自化[18]。”

(1) 严：严正的样子。

(2) 繇繇：通悠悠，自得的样子（曹础基《庄子浅注》）

(3) 社：土地神。

(4) 泛泛：普遍之貌也（成玄英《庄子疏》）。

(5) 畛域：限域。

(6) 怀：藏也（成玄英《庄子疏》）。

(7) 孰：谁。

(8) 承：承接。

(9) 翼：庇护。

(10) 无方：没有固定方向。

(11) 齐：齐一。

(12) 位：处，指固守。

(13) 举：存（宣颖《南华经解》）。

(14) 消息：消亡、生长。“息”，生。

(15) 有：又。

(16) 大义：指道。

(17) 固：本来。

(18) 自化：自然地变化。

译文：

要像一国之君那样严正，没有偏私的恩惠；要像受祭的土地神那样超然自得，没有偏私的保佑；要像向四方延伸的平地那样宽广无边，没有彼此的界限。包容万物，谁该受到特别的庇护呢？这就叫做无所偏向。万物都是同等的，谁是短的，谁是长的呢？道无终无始，而万物都有死有生，所以不能自恃一时的成功；万物时而空虚时而充实，没有固定的形态。岁月不可挽留，时间从不停息，万物消退、生长、充实、空虚，终而复始。这就是刚才所谈论的大道的原则，所讨论的万物的情理。万物的生长，犹如快马飞奔，一举一动无不在变化，无时无刻不在迁流。我们应该做什么呢？不应该做什么呢？万物本来就在自行变化着!”

解说:

北海若具体解答了河伯以什么为行动标准的问题：心无偏向，以事物自身为标准，顺随事物自身而为。

严乎若国之有君，其无私德；繇繇乎若祭之有社，其无私福；泛泛乎其若四方之无穷，其无所畛域——无偏私，无偏向，无限制，即心中没有是非好恶。

兼怀万物，其孰承翼？是谓无方。万物一齐，孰短孰长？道无终始，物有死生，不恃其成；一虚一满，不位乎其形。年不可举，时不可止；消息盈虚，终则有始——无封。

物之生也，若骤若驰，无动而不变，无时而不移。何为乎，何不为乎？夫固将自化——万物是变动不已的，所以得道者心中不能事先确定什么应该做、什么不应该做，而应心无自我，一切随实际情景（外物）而为。

13. **曰:“然则何贵于道邪?”**

译文:

（河神）说:“那么，道有什么可贵的呢?”

解说:

上文已经阐明了什么是道，如何才能合道。问题到这里似乎可以告一段落。然而世俗之人无论对什么事物都要追问它能给自己带来的好处。河伯心中也免不了这个念头，所以提出了这个问题。北海若是得道者，因而既不会刻意追问道所能带来的好处，也不刻意回避这个问题。

14. **北海若曰:“知道者必达于理，达于理者必明于权(1)，明于权者不以物害己。至德者，火弗(2)能热，水弗能溺，寒暑弗能害，禽兽弗能贼(3)。非谓其薄(4)之也，言察乎安危，宁(5)于祸福，谨于去就，莫之能害也。故曰，天在**

内，人在外，德在乎天。知天人之行，本乎天，位乎得(6)**；蹢（zhí）躅（zhú）**(7)**而屈伸，反**(8)**要**(9)**而语极。”**

(1) 权：权变。

(2) 弗：不。

(3) 贼：害。

(4) 薄：轻也（成玄英《庄子疏》），轻视。

(5) 宁：安。

(6) 得：自得。

(7) 蹢躅：徘徊不定。

(8) 反：通“返”。

(9) 要：道的关键。

译文：

海神回答：“领悟了大道的人，就必然通达事物之理，通达了事物之理的人，必然知道怎样应变，知道应变的人必然不会让外物伤害自己。对于得道的人，大火不能烧伤他们，洪水不能淹溺他们，严寒酷暑不能伤害他们，飞禽走兽不能侵害他们。这不是说他们轻视这些，而是说他们能觉察安全与危险的境地，安于穷困与通达的处境，谨慎地进退，因而没有什么能够伤害他们。所以说，自然的东西蕴含于内心，人为的东西显露在外，德就是合乎自然。知道自然和人为的行为，就能立足于自然之性而在人世间进退自在，屈伸自如，回归根本而谈论大道了。”

解说：

本段阐述悟道所带来的好处。

知道者必达于理，达于理者必明于权，明于权者不以物害己——得道者忘我而顺物。

至德者，火弗能热，水弗能溺，寒暑弗能害，禽兽弗能贼。非谓其薄之也，言察乎安危，宁于祸福，谨于去就，莫之能害也——能谨慎地随机应变，回避外在的危害（大火、洪水，严寒酷暑、飞禽走兽），从容对待穷困与通达的处境，让自己处于自得的境地。这里需要注意的是，得道者并不是因为追求道所带来的好处而去修道。否则就是执着于外物，不合道。当然，他们也不刻意回避世俗中所有的坏处。否则也不合道。得道者以无好恶之心坦然面对这些坏处。

天在内，人在外，德在乎天。知天人之行，本乎天，位乎得；蹢躅而屈伸，反要而语极——得道的德性是天生的，人的习惯则是后天习得的。以无我之心对待世俗，就能立足自性以应对千变万化的社会。

15. **曰："何谓天？何谓人[1]？"**

北海若曰："牛马四足，是谓天；落[2]马首，穿牛鼻，是谓人。故曰，无以人灭天，无以故[3]灭命，无以得[4]殉[5]名。谨守而勿失，是谓反[6]其真[7]。"

(1) 人：人为。

(2) 落：通"络"，笼住。

(3) 故：刻意而为。

(4) 得：贪。

(5) 殉：牺牲。

(6) 反：通"返"。

(7) 真：自然本性。

译文：

（河伯）说："什么是自然的？什么又是人为的？"

北海若回答说："牛马生来就有四条腿，这就是自然的；用辔头套在马头上，用缰绳穿过牛鼻子，这就是人为的。所以说，不要用人为的去摧毁天性的，不要用世俗的去破坏本性，不要为得失去追逐名利。谨守自然而不丧失，这就叫返归本真的天性。"

解说：

本段阐释如何修道。

自然生成的就是天生的，刻意造作的就是人为的。内心应顺随自然，不去追求人为的东西，但对于世俗之中人为的一切也不刻意拒绝，而是视天人如一（“天在内，人在外，德在乎天”）。这样就能真正得道。

文中“无以得殉名”之“名”包括名与利，参见《逍遥游》“尧让天下与许由”的故事解说。

16. **夔（kuí）[(1)]怜[(2)]蚿（xián）[(3)]，蚿怜蛇，蛇怜风，风怜目，目怜心。**

(1) 夔：古代传说中的独足兽。

(2) 怜：爱尚（成玄英《庄子疏》），羡慕。

(3) 蚿：百足虫（宣颖《南华经解》）。

译文：

独足兽夔羡慕多脚的蚿，蚿羡慕无脚的蛇，蛇羡慕无形的风，风羡慕眼睛，眼睛羡慕心。

解说：

第十六至十八段阐发河伯与北海若的故事中“无以人灭天”的含义。

每种动物都有其天生的自然功能，不必羡慕他物。一旦有了羡慕之心，就会产生成见，从而陷入相互羡慕的链条之中而不得逍遥。

这个故事疑有缺文。

17. **夔谓蚿曰：“吾以一足跉（chěn）踔（chuō）[(1)]而行，予无如[(2)]矣。今子[(3)]之使万足，独奈何？”**

蚿曰：“不然。子不见夫唾者乎？喷则大者如珠，小者如雾，杂而下者不可胜数也。今予动吾天机[(4)]，而不知其所以然。”

(1) 跉踔：跳踯也（成玄英《庄子疏》），跳着走。

(2) 予无如：我不如。“予”，我。

(3) 子：你。

(4) 天机：天生的本能。

译文：

夔对蚿说："我用一只脚跳着走，可我不如你呀，你看现在你能用上万只脚走路，你究竟是怎么做到的呢？"

蚿说："你错了。你没有看见过喷唾沫吗？喷出的大唾沫像珠子，小唾沫像雾滴，散落着落下，不可胜数。现在我只是凭自己的本能而行，连我自己都不知道其中的原因。"

解说：

夔羡慕蚿，这是自我的成见在作怪。至于蚿为什么能用这么多只脚走路，那是自然而然的事，就像打喷嚏一样自然。蚿自己也不明白其原因，也无需明白其原因。因为原因之后又有原因（参见《齐物论》中"知罔两问景"故事）。

18. **蚿谓蛇曰："吾以众足行，而不及子之无足，何也？"**

蛇曰："夫天机之所动，何可易(1)邪？吾安用足哉！"

蛇谓风曰："予动吾脊胁(2)而行，则有似(3)也。今子蓬蓬(4)然起于北海，蓬蓬然入于南海，而似无有，何也？"

风曰："然。予蓬蓬然起于北海而入于南海也，然而指我则胜我，鳅(qiū)(5)我亦胜我。虽然，夫折大木，蜚(6)大屋者，唯我能也，故以众小不胜为大胜也。为大胜者，唯圣人能之。"

(1) 易：改变。

(2) 胁：肋也（成玄英《庄子疏》）。

(3) 似：像也（成玄英《庄子疏》）。

(4) 蓬蓬：风声也（成玄英《庄子疏》）。

(5) 鳅：蹴也（宣颖《南华经解》），踏。

(6) 蜚：通"飞"。

译文：

蚿对蛇说："我用这么多只脚走路，反而不如你没脚，这是为什么呢？"

蛇说："我是靠自己的本能行走，怎么可能会改变呢？我哪里用得着脚呢！"

蛇对风说："我用我的脊柱和肋骨行走，就像有脚似的。现在你呼呼地从北海刮过来，又呼呼地向南海吹过去，好像一点形迹都没有，这是为什么呢？"

风说："是的，我呼呼地从北海吹过来，又呼呼向南海吹过去。然而，人们用手指就能挡住我，用腿脚踢也能战胜我。不过，折断大树、吹倒房屋，也只有我才能做到，所以虽然在小的方面不能取胜，却能在大的方面取得胜利。获得大的胜利，只有得道者才能做到。"

解说：

蚿羡慕蛇，蛇又羡慕风。这都是因为成见。实际上，蛇与风的本事都是出于其自身的本性。风在小的方面不能取胜，但能在大的方面取得胜利。这就是上文北海若所说的得道的好处。得道者不计较胜负，忘记得失，顺随自然，因而无往而不顺利。

前文有"风怜目，目怜心"，但后文并没有展开，疑有缺文。

19. **孔子游于匡[(1)]，宋[(2)]人围之数匝[(3)]，而弦歌不惙[(4)]。子路入见，曰："何夫子之娱[(5)]也？"**

(1) 匡：卫国地名，在今河北长垣县西南。

(2) 宋：当作卫（陆德明《经典释文》引司马彪说）。

(3) 匝：周，圈。

(4) 惙：赵谏议本作"辍"（郭庆藩《庄子集释》）。"辍"，止也（成玄英《庄子疏》）。

(5) 娱：乐也（成玄英《庄子疏》）。

译文：

孔子周游到匡地，卫国人把他的住所重重包围了起来，但孔子仍在不停地弹琴唱歌。子路进去拜见孔子，问："老师为什么还这么快乐呢？"

解说：

第十九至二十一段阐发前文河伯与北海若的故事中“无以故灭命”的涵义。

孔子对无可奈何之事安之若命，不计利、害与成、败，这是得道的表现。子路未得道，所以不理解。

20. **孔子曰：“来！吾语女**[(1)]。**我讳**[(2)]**穷**[(3)]**久矣，而不免，命也；求通久矣，而不得，时**[(4)]**也。当尧舜**[(5)]**而天下无穷人，非得也；当桀纣**[(6)]**而天下无通人，非知失**[(7)]**也；时势适**[(8)]**然。夫水行不避蛟龙者，渔父**[(9)]**之勇也；陆行不避兕（sì）**[(10)]**虎者，猎夫之勇也；白刃交于前，视死若生者，烈士之勇也；知穷之有命，知通之有时，临大难而不惧者，圣人之勇也。由**[(11)]**处**[(12)]**矣，吾命有所制**[(13)]**矣。**

无几何[(14)]**，将**[(15)]**甲**[(16)]**者进，辞**[(17)]**曰：“以为阳虎**[(18)]**也，故围之。今非也，请辞而退。**

(1) 女：通“汝”，你。

(2) 讳：忌也，拒也（成玄英《庄子疏》）。

(3) 穷：不得志，与“通”相对。

(4) 时：时运。

(5)《阙误》引张君房本尧舜下有“之时”二字（郭庆藩《庄子集释》）

(6)《阙误》引张君房本桀纣下有“之时”二字（郭庆藩《庄子集释》）。

(7) 知失：才智不足而失误（曹础基《庄子浅注》）。

(8) 适：遇（曹础基《庄子浅注》）。

(9) 渔父：渔夫。

(10) 兕：雌犀牛。一说为犀牛一类的猛兽。

(11) 由：即子路，名由。

(12) 处：安息也（成玄英《庄子疏》）。

(13) 制：分限也（成玄英《庄子疏》）。

(14) 无几何：没过多久。

(15) 将：率领。

(16) 甲：士兵。

(17) 辞：道歉。

(18) 阳虎：鲁国人，原为季孙氏家臣。定公六年，带兵侵犯匡地。因孔子长相像阳虎，所以匡人误以为是阳虎。

译文：

孔子说："过来，我告诉你！我长久以来就想摆脱不得志的窘境，可是无法做到，这是命运啊；我长久以来一直追求一帆风顺，可是无法实现，这是时运啊。生活在尧、舜的时代，天下没有一个不得志的人，这并不是因为他们智力超群；生活在桀、纣的时代，天下没有一个生活得意的人，也不是因为他们智力低下。是遇到的时世所造成的。在水中行走不躲避蛟龙，这是渔夫的勇敢；在陆地上行走不躲避犀牛、老虎，这是猎人的勇敢；白刀横在眼前，却视死如生，这是壮士的勇敢。知道不得志是命运的安排，明白得志是由时运决定，面临大难而不害怕，这是得道者的勇敢。仲由啊，稍安勿躁！我的命运自有天数啊！"

没过多久，统领士卒的军官走进来，深表歉意地说："我们以为你是阳虎，所以围住了你；现在知道你不是，请让我向你表示歉意，撤走军队。"

解说：

孔子无我顺物，因而不与命运对抗；心无是非好恶，所以大难而不惧。

我讳穷久矣，而不免，命也；求通久矣，而不得，时也——命运不可违，无我。

当尧舜之时而天下无穷人，非得也；当桀纣之时而天下无通人，非知失也；时势适然——时世不可改，无我。

水行不避蛟龙者，渔父之勇也；陆行不避兕虎者，猎夫之勇也；白刃交于前，视死若生者，烈士之勇也；知穷之有命，知通之有时，临大难而不惧者，圣人之勇也——心无是非好恶，因而面临大难而不惧。

21. **公孙龙[1]问于魏牟[2]曰："龙少学先王之道，长而明仁义之行；合同异[3]，离坚白；然不然[4]，可不可；困百家之知，穷众口之辩[5]；吾自以为至达[6]已。今吾闻庄子之言，汒（máng）焉[7]异之[8]。不知论之不及与，知之弗若与？今吾无所开吾喙（huì）[9]，敢问其方[10]。**

(1) 公孙龙：姓公孙名龙，名家代表人物。

(2) 魏牟：魏国公子，名牟，封于中山（河北定县）。

(3) 合同异，离坚白：将事物的同和异合二为一，将一物中的坚硬和白色分开。

(4) 然不然，可不可：把不对的说成对的，把不可的说成可。

(5) 穷众口之辩：使众人理屈词穷。"穷"，使……穷。

(6) 至达：最为通达。

(7) 汒焉：茫然。

(8) 异之：对此感到惊奇。

(9) 喙：口也（成玄英《庄子疏》）。

(10) 方：道也（成玄英《庄子疏》）。

译文：

公孙龙问魏牟说："我小时候学习先王之道，长大以后知晓仁义之行；能阐明事物同异合一、坚白相离的道理，能把别人认为不对的说成是对的，把别人认为不可的说成可的；能驳倒百家的知识，使众人理屈辞穷：我自以为是最明达的人了。现在，我听了庄子的言论，感到茫然不解。不知是我的论才比不上他呢，还是我的智力不如他？现在我已经没办法开口了，请教这其中的原因？"

解说：

第二十一至二十六段阐发前文河伯与北海若故事中所谓"无以得殉名"的含义。

仁义是儒家的理论，合同异、离坚白是名家的理论。这些都是分别之智。而在庄子看来，这是以有限的生命追逐无限的分别，最终会使人疲惫不堪（参见《养生主》第一段）。公孙龙的思想与庄子的无物、无封思想不同，甚至相反。所以，他无法理解庄子，才向魏牟请教。

22. **公子牟隐机[1]大息[2]，仰天而笑曰："子独不闻夫埳（kǎn）井[3]之蛙乎？谓东海之鳖曰：'吾乐与！出跳梁[4]乎井干[5]之上，入休[6]乎缺甃（zhòu）[7]之崖[8]；赴水则接腋（yè）[9]持颐[10]，蹶（jué）[11]泥则没足灭跗[12]；还[13]虷（hán）[14]蟹[15]与科斗[16]，莫吾能若[17]也。且夫擅[18]一壑（hè）[19]之水，而跨跱（zhì）[20]埳井之乐，此亦至[21]矣，夫子奚[22]不时[23]来入观[24]乎！'东海之鳖左足未入，而右膝已絷（zhí）[25]矣。于是逡巡[26]而却，告之海曰：'夫千里之远，不足以举[27]其大；千仞[28]之高，不足以极[29]其深。禹之时十年九潦（lào）[30]，而水弗为加益；汤之时八年七旱，而崖[31]不为加损。夫不为顷久[32]推移[33]，不以多少进退者，此亦东海之大乐也。'于是埳井之蛙闻之，適（tì）適[34]然惊，规规[35]然自失也。**

（1）隐机：靠着桌子。"机"，桌子。

（2）大息：叹息。"大"，通"太"。

（3）埳井：犹浅井也（成玄英《庄了疏》）。

（4）跳梁：即跳踉，跳跃（曹础基《庄子浅注》）。

（5）干：井栏也（成玄英《庄子疏》）。

（6）休：止。

（7）甃：井中累砖也（成玄英《庄子疏》）。

（8）崖：指井壁。

（9）接腋：承托两腋。

（10）持颐：托着腮帮。"颐"，腮帮

（11）蹶：踏（曹础基《庄子浅注》）。

（12）灭跗：淹没脚背。"跗"，脚背。

（13）还：顾视也（陆德明《经典释文》引司马彪说）。回头看。《御览》"还"字后有"视"字。

（14）虷：蚧蛤类。一说为孑孓（蚊子的幼虫）（曹础基《庄子浅注》）。

（15）蟹：螃蟹。

(16) 科斗：蝌蚪。“科”，蝌。“斗”，蚪。

(17) 若：相比。

(18) 擅：专也（成玄英《庄子疏》）。

(19) 壑：深沟，这里指井。

(20) 跨跱：盘踞。“跱”，安也（成玄英《庄子疏》）。

(21) 至：极点。

(22) 奚：何。

(23) 时：时时，常常。

(24) 入观：到井中看看。

(25) 絷：拘也（成玄英《庄子疏》）。

(26) 逡巡：小心退回。

(27) 举：称（曹础基《庄子浅注》）。

(28) 仞：周制八尺，汉制七尺。

(29) 极：穷尽。

(30) 潦：通“涝”（曹础基《庄子浅注》）。

(31) 崖：这里指海岸。

(32) 顷久：短暂长久。“顷”，短暂。

(33) 推移：变改也（成玄英《庄子疏》。

(34) 適適：惊恐之容（成玄英《庄子疏》。

(35) 规规：自失之貌（成玄英《庄子疏》。

译文：

魏牟靠着桌子长叹一声，仰天大笑地说：“你难道没有听说过浅井里青蛙的故事吗？井里的青蛙对东海里的大鳖说：‘我真快乐啊！出来后就可以在井口栏杆上蹦蹦跳跳，进去了就可以在破砖边休息休息；跳到水中，水就浮起我的两腋、托起我的两腮；踩在泥中，任烂泥盖过我的脚背；回头再看看水中的那些蚧蛤、小蟹和蝌蚪，没有一个有我快乐！再说，我独占一井之水、盘踞一井，这算是快乐至极了。先生为什么不随时进来看看呢？’东海之鳖左脚还没有伸进去，右膝就被绊住了。于是它小心地退了出来，然后把大海的情况告诉青蛙：‘千里之遥，不足以形容东海之大；千仞之高，不足以衡量东海之深。夏禹时代，十年有九年发水灾，而海水并没有因此增多；商汤时代，八年有七年闹旱灾，而海水并没有因此下降。海水不因为时间的长短而有所改变，不因为雨量的多少而有所增减，这是东海最大的快乐。’浅井的青蛙听了这一席话，非常吃惊，茫然不知所措。

解说：

本段用一则寓言说明公孙龙的成见。

井底之蛙生活在狭小的空间，因而不知道大海。直到听了东海之鳖的描述，井底之蛙才知道自己的狭隘。可参见前面河伯与北海若的对话。这里，井底之蛙暗指公孙龙，大海之鳖暗指庄子。

23. **且夫知不知是非之竟，而犹欲观于庄子之言，是犹使蚊负**[(1)]**山，商蚷**(jù)[(2)]**驰河也，必不胜任矣。且夫知不知论极妙之言而自适**[(3)]**一时之利者，是**[(4)]**非埳井之蛙与?**

(1) 负：背。

(2) 商蚷：马蚿也，亦名商距，亦名且渠（成玄英《庄子疏》）。

(3) 适：快意。

(4) 是：此，这。

译文：

再说，你公孙龙的才智无法知道是与非的究竟，想领悟庄子的言论，这就像让蚊虫背山、马蚿渡河一样无法胜任。而且你的智力不足以通晓极其玄妙的言论，却满足于口舌上的一时之利，这不就像是浅井里的青蛙一样吗?

解说：

公孙龙逞口舌之辩，处在是非之中。因而他无法通达无是无非的大道，只能自得其乐，恰似浅井里的青蛙。

24. 且彼方跐（cǐ）[(1)] 黄泉[(2)] 而登大（tài）皇[(3)]，无南无北，奭（shì）然[(4)] 四解[(5)]，沦[(6)] 于不测；无东无西，始于玄冥[(7)]，反[(8)] 于大通[(9)]。子乃[(10)] 规规[(11)] 然而求之以察，索[(12)] 之以辩，是直[(13)] 用管窥天，用锥指[(14)] 地也，不亦小乎！子往矣！

(1) 跐：《广雅》云，蹋也，蹈也，履也（陆德明《经典释文》）。

(2) 黄泉：地下泉水。

(3) 大皇：天也（成玄英《庄子疏》）。

(4) 奭然：释然，无牵挂的样子。“奭”，通“释”。

(5) 四解：四通八达（曹础基《庄子浅注》）。

(6) 沦：沉没。

(7) 玄冥：无分别对待的状态。

(8) 反：通“返”。

(9) 大通：指大道。

(10) 乃：却（曹础基《庄子浅注》）。

(11) 规规：经营之貌也（成玄英《庄子疏》）。

(12) 索：求。

(13) 直：但。

(14) 指：点，指测量（曹础基《庄子浅注》）。

译文：

况且庄子的思想下穷黄泉，上达苍天，不分南北，四面八方通达无阻，达到深不可测的境地；不分东西，源于无分别的玄妙之境，返回到广阔无边的大道。你竟琐碎地想用考察的手段、辩论的办法去探寻，这简直是用竹管窥天，用锥尖测地，不是太渺小了吗！你快离开吧！

解说：

庄子以无分别对待的眼光看待世界，因而与万物一体，世界也与之为一。而公孙龙想用辩论、考察的有分别的眼光去领悟庄子无分别对待的世界，只会无穷无尽地分别下去，看不到尽头。这当然就像用竹管窥天，用锥尖测地了。

跐黄泉而登大皇，无南无北，奭然四解，沦于不测；无东无西，始于玄冥，反于大通——无封、无物。

求之以察，索之以辩——有是非分别。

25. **且子独不闻夫寿陵[(1)]余子[(2)]之学行于邯郸[(3)]与？未得国能[(4)]，又失其故行[(5)]矣，直[(6)]匍匐[(7)]而归耳。今子不去，将忘子之故，失子之业。**

公孙龙口呿（qū）[(8)]而不合，舌举而不下，乃逸[(9)]而走。

(1) 寿陵：燕国地名，地址不详。

(2) 余子：弱龄未壮，谓之余子（成玄英《庄子疏》）。

(3) 邯郸：赵国首都。

(4) 国能：指赵国人走路的样子。

(5) 故行：以往走路的样子。

(6) 直：只。

(7) 匍匐：爬行。

(8) 呿：开也（成玄英《庄子疏》）。

(9) 逸：奔也（成玄英《庄子疏》）。

译文：

你没有听说过燕国寿陵少年去赵国邯郸学习走路的故事吗？他不但没有学会赵国人走路的方式，而且忘掉了原来走路的步法，最后只能爬着回家。现在如果你不尽快离开，就会忘掉你的老本行，失去自己的学业了。”

公孙龙听得合不拢嘴，舌头翘起而放不下，只好仓皇逃走了。

解说：

人的禀赋是天生的，无法改变（参见《养生主》“公文轩见右师”故事）。所以，魏牟劝他不要妄想学习庄子的思想，免得连自己原来的本事都忘记了。

26. **庄子钓于濮（pú）水[(1)]，楚王使[(2)]大夫二人往先[(3)]焉，曰：“愿以境内累[(4)]矣！**

庄子持竿不顾[5]，曰："吾闻楚有神龟，死已三千岁矣，王巾笥（sì）[6]而藏之庙堂之上。此龟者，宁[7]其死为留骨而贵乎？宁其生而曳尾[8]于涂[9]中乎？"

二大夫曰："宁生而曳尾涂中。"

庄子曰："往矣！吾将曳尾于涂中。"

(1) 濮水：濮，水名也，属东郡，今濮州濮阳县是也（成玄英《庄子疏》）。

(2) 使：派遣。

(3) 先：先去传达楚王的意思。

(4) 累：拖累，麻烦，指担任官职。

(5) 顾：回头看。

(6) 巾笥：包着布的竹箱。"笥"，竹箱子。

(7) 宁：宁可。

(8) 曳尾：摇着尾巴。

(9) 涂：泥。

译文：

庄子在濮水边垂钓，楚王派遣两位大臣去转达自己的心意说："希望将国家大事托付给您。"

庄子手拿钓竿，头也不回地说："我听说楚国有只神龟，已经死去三千年了，楚王用箱子盛着，包上布帛，珍藏在宗庙之上。这只神龟是宁愿死去留下骨头享有尊贵呢，还是宁愿活着拖着尾巴在泥地里爬行呢？"

两位大臣说："宁愿活着拖着尾巴在泥水里爬行。"

庄子说："那请回吧！我也想拖着尾巴在泥地里爬行。"

解说：

这个故事也是阐发前文河伯与北海若的故事中所谓"无以得殉名"的含义。

如果贪图高官之位，就会像神龟一样，虽然显得尊贵，但可能失去性命。

因此，庄子不愿意做官。

27. **惠子[(1)]相梁[(2)]，庄子往见之。或[(3)]谓惠子曰："庄子来，欲代子[(4)]相。"于是惠子恐，搜于国中三日三夜。**

庄子往见之，曰："南方有鸟，其名为鹓（yuān）鶵（chú）[(5)]，子知之乎？夫鹓鶵，发于南海而飞于北海，非梧桐不止，非练实[(6)]不食，非醴（lǐ）[(7)]泉不饮。于是鸱（chī）[(8)]得腐鼠，鹓鶵过之，仰而视之曰'吓[(9)]！'今子欲以子之梁国而吓我邪？"

（1）惠子：姓惠，名施，宋人，为梁惠王之相（成玄英《庄子疏》）

（2）相梁：在梁国做相。

（3）或：有人。

（4）子：你。

（5）鹓鶵：鸾凤之属，亦言凤子也（成玄英《庄子疏》）。

（6）练实：竹食也（成玄英《庄子疏》）。

（7）醴：甜。

（8）鸱：猫头鹰。

（9）吓：吓怒其声，恐其夺己也（陆德明《经典释文》引司马彪说）。

译文：

惠子做了梁惠王的宰相，庄子前去看望他。有人对惠子说："庄子前来梁国，是想取代你的相位。"于是惠子很恐慌，在城中整整搜了三天三夜。

庄子前去见惠子，对惠子说："南方有一种鸟，名叫鹓鶵，你知道吗？鹓鶵从南海出发，飞往北海，不是梧桐树就不休息，不是竹子的果实就不食，不是甘甜的泉水就不喝。正在这时，一只猫头鹰抓着了一只腐烂的老鼠，恰好看见一只鹓鶵飞过，猫头鹰就仰起头来，对着鹓鶵大叫一声：'吓！'现在你也想用你的梁国来吓我吗？"

解说：

这个故事从反面阐发前文河伯与北海若故事中所谓"无以得殉名"的含义。

惠子本是庄子的好友。但他一旦做了梁惠王的宰相，就贪恋相位而不顾朋友之情，乃至起了杀机。这是因为贪名（相位）而丧失了本性。庄子心中无贫穷富贵之分，所以，相位在庄子眼中就如同鹓鶵眼中的一只腐烂的老鼠。

28. **庄子与惠子游于濠[(1)]梁[(2)]之上。庄子曰："鯈（tiáo）[(3)]鱼出游从容，是鱼之乐也。"**

惠子曰："子非鱼，安知鱼之乐？"

庄子曰："子非我，安知我不知鱼之乐？"

惠子曰："我非子，固[(4)]不知子矣；子固非鱼也，子之不知鱼之乐，全矣。"

庄子曰："请循[(5)]其本[(6)]。子曰'汝安知鱼乐'云者，既已知吾知之而问我，我知之濠上也。"

(1) 濠：水名，今在安徽凤阳县北（曹础基《庄子浅注》）。

(2) 梁：桥。

(3) 鯈：白鯈也（成玄英《庄子疏》），俗称苍条鱼。

(4) 固：固然。

(5) 循：犹寻也（成玄英《庄子疏》）。

(6) 本：本源，指开始说的话。

译文：

庄子和惠子一同在濠水桥上游览。

庄子说："鯈鱼在水中悠闲自得地游来游去，这鱼儿真是快乐啊。"

惠子说："你不是鱼，怎么知道鱼快乐呢？"

庄子说："你不是我，怎么知道我不知道鱼快乐呢？"

惠子说："我不是你，固然不知道你；你本来也不是鱼，你也不知道鱼快乐，这样说就全面了。"

庄子说："还是让我们回到开头的话吧。当你说'你怎么知道鱼快乐'这句话时，就说明你已经知道我知道鱼快乐才问我的，我是在濠水的桥上知道的呀。"

解说：

这个故事阐发前文河伯与北海若故事中道是"言之所不能论、意之所不能察致，不期精粗”的含义。

我们从这段对话的第二句话开始分析。当惠子说“你不是鱼，怎么知道鱼快乐”这句话时，惠子就假定了人无法理解（知道）与自己不同的鱼是否快乐。庄子也认同这个前提。由此，庄子才能得出这样的结论：“你不是我，怎么知道我不知道鱼快乐呢?”虽然从人不理解（知道）鱼（是否快乐）不一定能严密地推出惠子不理解（知道）庄子（知道鱼是否快乐），但惠子和庄子都没有对惠子的假定提出异议。因此，惠子得出这样的结论：“我不是你，固然不知道你；你也不是鱼，你也不知道鱼快乐。”

对话到此，庄子似乎已经被驳倒了。但庄子提议回到他们开头的对话。开头当惠子说“你怎么知道鱼快乐”这句话时，就说明惠子能够理解（知道）与自己不同的庄子，否则怎么可能会问这句话呢？既然惠子理解（知道）庄子，那么惠子不是庄子就无法理解（知道）庄子的假设就不成立。这个前提不成立，后面的推论就都不成立。于是，惠子的反驳就坍塌了。因此，庄子才幽默地说，我是在桥上知道的呀。

从整个辩论看，庄子的反驳建立在惠子开始问的“你怎么知道鱼快乐”这句话上。惠子问这句话就表明，惠子是可以理解（知道）庄子的。而只要惠子能够理解（知道）庄子，惠子的反驳就不成立。其实，不一定非要这句话，只要惠子与庄子有交流，就说明惠子能够理解（知道）庄子。不过，这还不是庄子要表达的重点。庄子要表达的是，惠子明明理解（知道）庄子，却没有意识到自己理解（知道）庄子。这种感觉到物却没有意识到或注意到物的状态就是物的无物状态。

在这段对话中，庄子的话（也是一物）所呈现的描述（鱼儿快乐）功能，惠子注意到了，但这一句话能让惠子理解到，惠子却没有意识到或注意到。同一物（庄子的话）的某些环节被人注意到了，而另一些环节没有被人注意到。这就是环节性的无物形态。实际上，这种无物形态很常见。譬如我们在专心观察一个杯子的形状时，没有注意到杯子的颜色。但事后回忆时，却能想起杯子的颜色。当我们在观察杯子的形状时，杯子的颜色就是环节性的无物形态。这种环节性的无物形态与《道德经》、《庄子》其他地方所涉及的无物形态不同。

至　乐

“至乐”，即至极的快乐。庄子认为，至极的快乐是没有快乐与不快乐之别的快乐。

本篇可分为三大部分。第一部分为理论部分（从开头至“无为哉”）提出无为才能获得至极快乐的思想，包括三个小部分。第一小部分（从开头至“亦愚哉”）描述世人心中所谓的快乐与不快乐。第二小部分（从“夫富者”至“无有哉”）对世俗所谓的快乐进行批判。第三小部分（从“今俗之”至“无为哉”）通过否定世俗的快乐阐明无为才能获得至极的快乐。

第二部分（从“庄子妻死”至“果还乎”）从不同的角度阐发第一部分“至乐无乐”的思想，由五个故事组成。第一个故事（从“庄子妻死”至“故止也”）从生死如一的角度阐发“至乐无乐”的无为之乐思想。第二个故事（从“支离叔”至“何恶焉”）从顺随事物自然变化的角度阐发“至乐无乐”的无为之乐思想。第三个故事（从“庄子之楚”至“之劳乎”）从生死对比的角度阐发“至乐无乐”的无为之乐思想。第四个故事（从“颜渊东”至“而福持”）阐发只有以无为的态度顺随他人才能使他人获得“至乐无乐”的思想。第五个故事（从“列子行”至“果还乎”）从生死如一、忧乐如一的角度阐发“至乐无乐”思想。

第三部分（从“种有几”至“入于机”）通过描述自然界中物的循环往复变化（无封），阐发人们应以无为的态度对待事物，以使自己获得“至乐”。

我们将本篇的结构图示如下。

第一部分（从开头至“无为哉”）提出无为才能获得至极快乐的思想	第一小部分	从开头至“亦愚哉”	描述世人心中所谓的快乐与不快乐。
	第二小部分	从“夫富者”至“无有哉”	对世俗所谓的快乐进行批判。
	第三小部分	从“今俗之”至“无为哉”	通过否定世俗的快乐，阐明无为才能获得至极的快乐。
第二部分（从“庄子妻死”至“果还乎”）从不同的角度，阐发第一部分“至乐无乐”的思想	第一个故事	从“庄子妻死”至“故止也”	从生死如一的角度阐发“至乐无乐”的思想。
	第二个故事	从“支离叔”至“何恶焉”	从顺随事物自然变化的角度阐发“至乐无乐”的无为之乐思想。
	第三个故事	从“庄子之楚”至“劳乎”	从生死对比的角度阐发“至乐无乐”的无为之乐思想。
	第四个故事	从“颜渊东”至“而福持”	阐发只有以无为的态度顺随他人，才能使他人获得“至乐无乐”的思想。
	第五个故事	从“列子行”至“果还乎”	从生死如一、忧乐如一的角度阐发“至乐无乐”的思想。
第三部分	从“有几”至末尾	通过描述自然界中物的循环往复变化，阐发只有以无为的态度对待事物才能使获得“至乐”的思想。	

1. 天下有至[1]乐无有哉？有可以活身者无有哉？今奚[2]为奚据？奚避奚处？奚就奚去？奚乐奚恶？

(1) 至：极也（成玄英《庄子疏》）。

(2) 奚：何也（成玄英《庄子疏》）。

译文：

天下有没有至极的快乐呢？有没有可以养活生命的方法呢？（如果有）现在应做些什么？（所为）应依据什么？应回避什么？应安于什么？应趋就什么？

应舍弃什么？应喜欢什么？应讨厌什么？

解说：

本段提出什么是至极的快乐这个问题，以此引出下文。

2. **夫天下之所尊者，富贵寿善[1]也；所乐者，身安厚味美服好色音声也；所下者，贫贱夭[2]恶[3]也；所苦者，身不得安逸，口不得厚味，形不得美服，目不得好色，耳不得音声；若不得者，则大忧以[4]惧。其为形[5]也亦愚哉！**

(1) 善：所遇顺善（王先谦《庄子注解》）。

(2) 夭：夭折，短命。

(3) 恶：与善相反，指所遇不顺心。

(4) 以：而（曹础基《庄子浅注》）。

(5) 形：身体。

译文：

天下人所尊崇的，是富、贵、长寿和好名声；所喜爱的，是身体的舒适、肥甘的饮食、漂亮的服饰、好看的颜色、好听的声音；所讨厌的，是贫、贱、短命和坏名声；所苦恼的，是身体得不到安逸，嘴巴吃不到肥甘厚味，自身得不到漂亮的衣服，眼睛看不到美好的色彩，耳朵听不到悦耳的声音。如果得不到这些，就会忧愁焦虑。这样为身体考虑，不也太愚蠢了吗！

解说：

本段描述世人心目中的快乐与不快乐，为下文批判这种世俗的快乐做铺垫。

3. **夫富者，苦身疾作[1]，多积财而不得尽用，其为形也亦外[2]矣。夫贵者，夜以继日，思虑善否（pǐ）[3]，其为形也亦疏[4]矣。人之生也，与忧俱生，寿者惛惛[5]，久忧不死，何苦也！其为形也亦远矣。烈士为天下见善[6]矣，未足以活身。吾未知善之诚善邪，诚不善邪？若以为善矣，不足活身；以为不善**

矣，足以活人。故曰，“忠谏不听，蹲循[7]勿争。”故夫子胥[8]争之以残其形，不争，名亦不成。诚有善无有哉？

（1）疾作：勤勉劳动（陈鼓应《庄子今注今译》）。“疾”，快（曹础基《庄子浅注》）。

（2）外：疏远。

（3）否：与善的含义相反，指处事不当。

（4）疏：疏远。

（5）惛惛：即昏昏（陈鼓应《庄子今注今译》），指头脑不清晰。

（6）为天下见善：被天下人所称善。“为”，被；“见”，现（曹础基《庄子浅注》）。

（7）蹲循：逡巡（郭庆藩《庄子集注》引郭嵩焘说）。“逡巡”，却退也（郭庆藩《庄子集注》）。

（8）子胥：即伍子胥。吴王夫差，荒淫无道，子胥忠谏，以遭残戮（成玄英《庄子疏》）。

译文：

富人拼命辛苦工作，积攒了许多财富却享用不完，对自己的身体也太疏远了；贵人夜以继日，思考问题处理是非恰当，对自己的身体也太疏忽了。人活在世上，与忧愁共生，长寿昏昏沉沉，总在这种愁苦之中活着，多么痛苦啊！这样对待自己的生命，也太疏远了。刚烈之士为天下人所称善，却不能保住性命。我不知道这种善是真的善，还是真的不善？如果认为是善的，却不能保住生命；如果认为这是不善的，却能让别人活下来。所以说：“如果忠诚的劝谏不被听从，那就停下来不再争辩。”因此，伍子胥劝谏而身受残害，如果不争谏，就不能成就忠臣的名声。这样看，世间到底还有没有善呢？

解说：

本段接上一段，批判世俗所谓的快乐。

世俗的富人、贵人和长寿者各自因财富、名声和寿命所烦恼，所以，财富、名声和寿命这些都不能带来真正的快乐；世人所称赞的刚烈之士为成名而丧身，这只能让别人活命，因而也不是真正的快乐。

4. **今俗之所为与其所乐，吾又未知乐之果乐邪，果不乐邪？吾观夫俗之所乐，举群[1]趣[2]者，誙（kēng）誙[3]然如将不得已[4]，而皆曰乐者，吾未之乐也，亦未之不乐也。果有乐无有哉？吾以无为诚乐矣，又俗之所大苦也。故曰，“至乐无乐[5]，至誉无誉。”**

(1) 举群：成群（曹础基《庄子浅注》）。“举”，全部。

(2) 趣：趋向（曹础基《庄子浅注》）。

(3) 誙誙：趣死貌也（成玄英《庄子疏》）。

(4) 已：止也（成玄英《庄子疏》）。

(5) 无乐：是指心中没有快乐与不快乐之分。

译文：

现在，世俗之人所追求与所认为的快乐，我又不知道是真的快乐呢，还是不快乐？我看世俗之人所认为快乐的，成群结队追逐，好像至死都不会罢休，然后都说这是快乐的事。我不知这是快乐，还是不快乐。那么，世上到底有没有真正的快乐呢？我认为无为才算是真正的快乐，可世俗之人认为那是极大的痛苦。所以说：“至极的快乐就是心中没有快乐与不快乐之分，至高的荣誉就是心中没有荣誉与非荣誉之分。”

解说：

本段提出自己的观点：世俗之人的快乐并不是真正快乐的结论。真正的快乐是无为之乐——心中没有所谓的快乐与不快乐之分。参见本书对《养生主》“为善无近名、为恶无近刑”的分析。

5. **天下是非果未可定也。虽然，无为可以定是非。至乐活身，唯无为几[1]存[2]。请尝试言之。天无为以[3]之清，地无为以之宁，故两无为相合，万物皆化。芒（huǎng）乎芴（hū）乎[4]，而无从出[5]乎！芴乎芒乎，而无有象[6]乎！万物职职[7]，皆从无为殖[8]。故曰天地无为也而无不为也，人也孰[9]**

能得无为哉！

(1) 几：近也（成玄英《庄子疏》）。

(2) 存：在也（成玄英《庄子疏》）。

(3) 以：因（曹础基《庄子浅注》）。

(4) 芒乎芴乎：恍惚芒昧（成玄英《庄子疏》）。

(5) 无从出：没有出生的地方（曹础基《庄子浅注》）。

(6) 象：迹象。

(7) 职职：繁多貌也（成玄英《庄子疏》）。

(8) 殖：繁殖（曹础基《庄子浅注》《庄子浅注》。

(9) 孰：谁。

译文：

天下的是非确实无法确定。虽然如此，无为可以确定是非。至极的快乐就是养活自身，而只有无为才能实现这个目标。请让我试着加以说明：天无为因而清朗，地无为因而安宁，所以天、地这两个无为相合，万物才都得以变化生长。恍恍惚惚，不知道从什么地方出现！惚惚恍恍，好像没有任何痕迹！万物繁多，都从无为中产生。所以说，天地无为而无不为，世俗之人谁能够达到无为的境地呢！

解说：

本段阐释无为才能得到至极的快乐。

天本来是清明的，地本来是安宁的，因而天无为才能清朗、地无为才能安宁。天地无为才能生养万物，即无不为。实际上，一切物本身就是无物之物，人只有无为以顺随无物之物，才能发挥其自然的作用，达到无不为，从而能快乐地养活自身以达到至乐。

天无为以之清，地无为以之宁——天本来是清明的，地本来是安宁的。天不能保持清明，恐怕要崩裂；地不能保持安宁，恐怕要塌陷（道德经》第三十九章：“天得一以清，地得一以宁……天无以清将恐裂，地无以宁将恐发”）。所以说，“天无为以之清，地无为以之宁”。

芒乎芴乎，而无从出乎！芴乎芒乎，而无有象乎——恍惚就是“视之不见”、“视之不见”、“听之不闻”，即感觉到而感知不到的无物状态（《道德经》第十四章：“视之不见名曰夷，听之不闻名曰希，搏之不得名曰微……是谓惚恍”）。

6. **庄子妻死，惠子吊之，庄子则方(1)箕（jī）踞（jù）(2)鼓盆(3)而歌。**

惠子曰：“与人(4)居，长子老身(5)，死不哭亦足矣(6)，又鼓盆而歌，不亦甚乎！”

庄子曰：“不然。是(7)其始死也，我独何能无概(8)！然察其始而本无生，非徒(9)无生也而本无形，非徒无形也而本无气。杂乎芒（huǎng）芴（hū）(10)之间，变而有气，气变而有形，形变而有生，今又变而之死，是(11)相与(12)为(13)春秋冬夏四时行也。人且偃（yǎn）然(14)寝于巨室(15)，而我噭（jiào）噭(16)然随而哭之，自以为不通乎命，故止也。”

(1) 方：正。

(2) 箕踞：垂两脚如簸箕形也（成玄英《庄子疏》）。

(3) 鼓盆：敲打盆。“盆”，瓦缶也（成玄英《庄子疏》）。

(4) 人：这里指庄子的妻子。

(5) 长子老身：长养子孙，妻老死亡（成玄英《庄子疏》）。“子”，你。

(6) 亦足矣：也够过分了。

(7) 是：此，这，指庄子的妻子。

(8) 概：即慨，感触哀伤（陈鼓应《庄子今注今译》）。

(9) 非徒：不只。

(10) 芒芴：读同恍惚（储伯秀《义海纂微》）。

(11) 是：此，这，庄子妻子的生死变化过程。

(12) 相与：一起，共同。

(13) 为：进行。

(14) 偃然：安息貌也（成玄英《庄子疏》）。

(15) 巨室：以天地为室也（陆德明《经典释文》引司马彪说）。

(16) 噭噭：表现哭声的状声词（曹础基《庄子浅注》）。

译文：

庄子的妻子死了，惠子前来吊唁。庄子正岔开双脚坐着，边敲着瓦盆边唱歌。

惠子说："你妻子与你一起生活，她为你生育儿女，现在她年老而亡，你不哭泣也就罢了，怎么还敲盆唱歌呢？不是太过分了嘛！"

庄子说："不是这样的。她刚死的时候，我怎能不伤感呢！然而再仔细想想，她原本没有生命；不只没有生命，而且原本也没有形体；不只没有形体，甚至原本没有气。然后在恍恍惚惚之中，变出了气，气变化才有形体，有形体了才有生命，现在又变化而回归死亡，这是与春夏秋冬一道进行四季的自然运行。人家已经静静地躺在天地之间了，而我却在这里呜呜地哭泣。自认为这是没有通达生命之情，所以就停止了哭泣。"

解说：

这个故事从生死如一的角度阐发前文"至乐无乐"的无为之乐思想。

在庄子看来，人的生死不过是生于气而归于气的历程，这就如同春夏秋冬四季的运行一样，完全是自然而然的事情，生者大可不必为死者哀伤地哭泣。因此，与世人一样，庄子为妻子送行，也接受他人的吊唁。但与世人不同，他不仅不悲伤，相反还为死者唱歌。当然这里的唱歌既不是高兴，也不是不高兴，只是为妻子送行的仪式。至于妻子刚死的时候，庄子感到难过，那是因为妻子的死使庄子一时迷误罢了。

杂乎芒芴之间，变而有气，气变而有形，形变而有生，今又变而之死——阐释人产生的过程。恍惚"视之不见"、"视之不见"、"听之不闻"，即感觉到而感知不到的无物状态；无物之物产生气；气产生形；形产生命；生命死去又归于物自身，即无物之物。

7. 支离叔[1]与滑（gǔ）介叔[2]观于冥伯[3]之丘，昆仑之虚[4]，黄帝之所休[5]。俄而[6]柳[7]生其左肘，其意蹶（guì）蹶[8]然恶之。

支离叔曰："子[9]恶之乎？"

滑介叔曰："亡[10]，予何恶！生者，假借[11]也；假之而生生者，尘垢也。死生为昼夜。且吾与子观化[12]而化及我[13]，我又何恶焉！"

(1) 支离叔：谓支体离析，以明忘形也（成玄英《庄子疏》），虚构的人物。

(2) 滑介叔：犹骨稽也，谓骨稽挺特，以遗忘智也（成玄英《庄子疏》），虚构人物。

(3) 冥伯：山丘的名字。"冥"，暗也；"伯"，长也（成玄英《庄子疏》）。

(4) 昆仑之虚：通"墟"；昆仑之墟指比喻遥远渺茫、不易达到的境界(曹础基《庄子浅注》)。

(5) 休：息也（陆德明《经典释文》）。

(6) 俄而：一会儿。

(7) 柳：肉起疾（《广韵》）。

(8) 蹶蹶：惊动貌（成玄英《庄子疏》）。

(9) 子：你。

(10) 亡：无也（成玄英《庄子疏》）。

(11) 假借：寄托（曹础基《庄子浅注》）。

(12) 观化：无我（没有成见）地观察事物的变化。

(13) 化及我：自然的变化涉及我。

译文：

支离叔和滑介叔一起在冥伯山丘、昆仑的旷野上游览，那里是黄帝曾经休息过的地方。忽然间，滑介叔的左肘上长出了一个肉瘤，他流露出吃惊、厌恶的神色。

支离叔说："你讨厌它吗？"

滑介叔说："不会！我有什么讨厌的！生命，不过是外物的寄托，外物寄托了才有生命。这样的生命不过是尘垢而已。人的死与生就像昼夜一样自然交替。况且我正与你一道静观天地万物的变化，而今这自然的变化发生在我身上了，我又有什么厌恶的呢！"

解说：

这个故事从顺随事物自然变化的角度阐发前文“至乐无乐”的无为之乐思想。

滑介叔是得道者，视生命为外物的寄托，视生死为昼夜的运行，因而对手上突然长出的肉瘤根本不会在意，更谈不上厌恶。因此，当支离叔追问他是否厌恶自己左肘上的肉瘤时（厌恶是没有得道的表现），滑介叔断然予以否认。

8. 庄子之[1]楚，见空髑（dú）髅（lóu）[2]，髐（xiāo）然[3]有形，撽（qiào）[4]以马捶（chuí）[5]，因而问之，曰：“夫子贪生失理[6]，而为此乎？将[7]子有亡国之事，斧钺之诛，而为此乎？将子有不善之行，愧遗（wèi）[8]父母妻子之丑，而为此乎？将子有冻馁（něi）[9]之患，而为此乎？将子之春秋[10]故及此乎？”

（1）之：往。

（2）髑髅：死人骨头。

（3）髐然：无润泽也（成玄英《庄子疏》）。“髐”，白骨貌有枯形也（陆德明《经典释文》引司马彪说）。

（4）撽：打击也（成玄英《庄子疏》）。

（5）捶：鞭子（曹础基《庄子浅注》）。

（6）失理：违反天理。

（7）将：抑（曹础基《庄子浅注》）。

（8）遗：留给。

（9）馁：饿也（成玄英《庄子疏》）。

（10）春秋：犹年纪也（成玄英《庄子疏》）。

译文：

庄子到楚国去，看到一副骷髅，已干枯成形。庄子用马鞭敲了敲骷髅头问道：“先生是因为贪生违背天理而死去的呢？还是因为有亡国之事，被斧钺砍杀而死去的呢？还是因为你做了不善的事情，羞于给自己的父母、妻子、儿女丢脸而死去的呢？还是因为你有寒冷与饥饿的灾难而死去的呢？还是因为你的天年已尽所以死去的呢？”

解说：

第八至十段从生与死对比的角度阐发前文“至乐无乐”的无为之乐思想。

从庄子对骷髅头的问话可以看出，人活在世上，重重灾难，往往死于非命（在上述五种死去的方式中，只有最后一种属于寿终正寝）。

9. **于是语卒**(1)**，援**(2)**髑髅，枕而卧。夜半，髑髅见**(3)**梦曰：“子之谈者似辩士。视子所言，皆生人之累也，死则无此矣。子欲闻死之说乎？”**

庄子曰：“然。”

髑髅曰：“死，无君于上，无臣于下；亦无四时之事，从然(4)**以天地为春秋，虽南面王乐，不能过也。”**

(1) 卒：终也（成玄英《庄子疏》）。

(2) 援：引也（成玄英《庄子疏》），拿过来。

(3) 见：通“现”。

(4) 从然：从容也（陆德明《经典释文》）。

译文：

庄子说完，就拿起骷髅头枕着睡去了。半夜，骷髅头给庄子显梦说：“你说的话像个辩士。听你所说的那些，全是人活着时的麻烦，死后就没有这些了。你想听死人的情形吗？”

庄子说：“想。”

骷髅头说：“死后，在上没有君王，在下没有臣子；也没有四季需要操心之事，悠然自得地顺随天地生活，就算是南面称王之乐，也不能超过我。”

解说：

骷髅在庄子的梦中描述了死后自由自在的好处，与生的痛苦、灾祸形成对比。

10. **庄子不信，曰："吾使司命[1]复生子形，为[2]子骨肉肌肤，反[3]子父母妻子闾里[4]知识[5]，子欲之乎？"**

髑髅深矉（pín 颦）蹙（cù）頞（è 额）[6]曰："吾安[7]能弃南面王乐而复为人间之劳乎！"

（1）司命：掌管人生死的鬼神。

（2）为：造（曹础基《庄子浅注》）。

（3）反：通"返"。

（4）闾里：同一闾（古代若干户人家组成闾）里居住的人，指邻居熟人。

（5）知识：熟悉的人（曹础基《庄子浅注》）。

（6）深矉蹙頞：忧愁之貌也（成玄英《庄子疏》）。"矉"，通"颦"，皱眉；"頞"，通"额"（陈鼓应《庄子今注今译》）。"蹙"，收缩。

（7）安：哪。

译文：

庄子不信，说："我让掌司命神恢复你的形体，再造你的骨肉肌肤，归还给你的父母、妻儿、乡邻、熟人，你愿意吗？"

骷髅头皱着眉头说："我怎么会抛弃南面称王之乐，再去受人间之苦呢？"

解说：

庄子试探骷髅的结果表明，骷髅的快乐是真心的快乐。

既然人活着要遭受那么多的苦难，死后却快乐无忧，那么，生有什么值得留恋、死有什么值得害怕的呢？当然，庄子并不是说要厌生恋死（厌生恋死也是有封的表现），而是说要视生死如一。

11. **颜渊东之齐，孔子有忧色。子贡下席而问曰："小子敢问，回东之齐，夫子有忧色，何邪？"**

孔子曰："善哉汝问！昔者管子[1]有言，丘甚善之，曰：'褚（zhǔ）[2]小者不可以怀[3]大，绠（gěng）[4]短者不可以汲深[5]。'夫若是[6]者，以为命有所

成[7]而形有所适[8]也，夫不可损益。吾恐回与齐侯言尧舜黄帝之道，而重以燧(suì)人、神农之言。彼将内求于己而不得，不得则惑，人惑则死。

(1) 管子：即管仲。

(2) 褚：布袋（陈鼓应《庄子今注今译》）

(3) 怀：包藏也（成玄英《庄子疏》）。

(4) 绠：汲索也（成玄英《庄子疏》），取水的绳子。

(5) 汲深：取深井中的水。

(6) 是：此，这。

(7) 成：定（曹础基《庄子浅注》）。

(8) 适：适合。

译文：

颜渊东去齐国，孔子脸露忧愁。子贡离席问道："弟子请问，颜渊东去齐国，先生脸上有忧愁，为什么呢？"

孔子说："你问得好啊！从前管子有句话，我觉得非常好，他说：'袋子小的不可以装大东西；绳索短的不可以取深井里的水。'这样说来，他认为命是有定数的，形体有其适宜之地，无法增减。我担心颜渊会跟齐侯谈论尧、舜、黄帝之道，又加上燧人氏、神农氏的言论。齐侯会要求自己也这样，却做不到，做不到就会疑惑，人疑惑就会陷入死地。

解说：

第十一至十二段阐发只有以无为的态度顺随他人才能使他人获得"至乐无乐"的思想。

人的本性是自然的，难以改变的。颜回不懂得这些，因而去齐国后，可能会对没有悟道的齐侯谈论尧、舜、皇帝之道，甚至加上燧人氏、神农氏的言论。这样就会使得齐侯生硬地模仿他们，而模仿不成就会产生疑惑，疑惑就会让人陷入死地。

12. **且女[1]独不闻邪？昔者海鸟止于鲁郊，鲁侯御(yà)[2]而觞**

(shāng)[3]之于庙，奏《九韶》[4]以为乐，具太牢[5]以为膳。鸟乃眩视[6]忧悲，不敢食一脔（luán）[7]，不敢饮一杯，三日而死。此以己养[8]养鸟也，非以鸟养[9]养鸟也。夫以鸟养养鸟者，宜栖之深林，游之壇陆[10]，浮之江湖，食之鳅[11]鯈（tiáo）[12]，随行列而止，委蛇（yí）[13]而处。彼唯人言之恶闻[14]，奚[15]以夫[16]譊（náo）譊[17]为[18]乎！《咸池》[19]、《九韶》之乐，张[20]之洞庭之野[21]，鸟闻之而飞，兽闻之而走，鱼闻之而下入，人卒[22]闻之，相与还[23]而观之。鱼处水而生，人处水而死，彼必相与异，其好恶故[24]异也。故先圣不一其能，不同其事。名止于实，义设于适[25]，是[26]之谓条达[27]而福持[28]。"

(1) 女：通"汝"。

(2) 御：迎也（成玄英《庄子疏》），通"迓"，迎接（曹础基《庄子浅注》）。

(3) 觞：酒器，这里指以酒招待。

(4)《九韶》：舜乐名也（成玄英《庄子疏》）。

(5) 太牢：牛羊豖也（成玄英《庄子疏》）。

(6) 眩视：看得眼晕。

(7) 脔：切成小块的肉（曹础基《庄子浅注》）。

(8) 己养：养自己的方法，指养人的方式。

(9) 鸟养：养鸟的方式。

(10) 壇陆：水中陆地（曹础基《庄子浅注》）。

(11) 鳅：泥鳅。

(12) 鯈：苍条鱼（曹础基《庄子浅注》）。

(13) 委蛇：宽舒自得也（成玄英《庄子疏》）。

(14) 恶闻：讨厌听到（人的声音）。

(15) 奚：何。

(16) 夫：那个，指《九韶》之乐（曹础基《庄子浅注》）。

(17) 譊：喧聒也（成玄英《庄子疏》），喧闹。

(18) 为：语末助词（曹础基《庄子浅注》）。

(19)《咸池》：尧乐也（成玄英《庄子疏》）。

(20) 张：演奏。

(21) 洞庭之野：谓天地之间也（成玄英《庄子疏》）。

(22) 人卒：众人（曹础基《庄子浅注》）。

(23) 还：绕也（成玄英《庄子疏》）。

(24) 故：通“固”，本来（曹础基《庄子浅注》）。

(25) 义设于适：义理要确定得适宜（曹础基《庄子浅注》）。

(26) 是：此，这。

(27) 条达：条理通达（曹础基《庄子浅注》）。

(28) 福持：获得幸福；“持”，获得（曹础基《庄子浅注》）。

译文：

“你难道没有听过吗？从前，有只海鸟飞到了鲁城市郊，鲁侯把海鸟迎进太庙，送上好酒，演奏《九韶》之乐欢迎它，还用猪、牛、羊的肉作为膳食。可海鸟眼花缭乱，神情忧伤，不敢吃一口肉，不敢饮一杯酒，三天就死了。这是用养自己的方式养鸟，而不是用养鸟的方式养鸟。用养鸟的方式来养鸟，就应当让它在森林里栖息，在沙洲上闲游，在江湖中漂浮，吃着泥鳅和小鱼，随着鸟群行动，悠闲自在地生活。鸟讨厌听到人的声音，要那喧闹的音乐干什么呢？在洞庭的野外演奏《咸池》、《九韶》之类的乐曲，鸟儿听到就会飞走，野兽听到就会逃跑，鱼儿听到就会潜入水底，人听到了就会一起前来围观欣赏。鱼只有在水中才能生存，人在水中就会死亡；人和鱼的本性不同，因而其好恶本来就不一样。因此，古代得道者不要求人有同样的能力，不强求做同样的事情。只要名合乎实，该做的合乎自己的本性，这就叫条理通达而使快乐永在。”

解说：

人与鸟的本性不同。鲁侯不懂，以养人的方式养鸟，最终弄死了鸟。不仅人与鸟的本性不同，人与人之间也存在差异，因而得道者不强求他人，而是顺随人的本性，才能使人逍遥自在、快乐永在。

13. **列子行，食于道从**(1)**，见百岁**(2)**髑髅，攓**（jiǎn）(3)**蓬**(4)**而指之曰：“唯予与汝知而**(5)**未尝死，未尝生也。若果养**(6)**乎？予果欢乎？”**

(1) 从：道旁也（陆德明《经典释文》引司马彪说）。

(2) 百岁：指年代久远。

(3) 攓：拔也（成玄英《庄子疏》）。

(4) 蓬：乱草。

(5) 而：你。

(6) 养：读为恙（俞樾《庄子平议》），忧伤。

译文：

列子在旅途中坐在路边吃饭，看见一副百年的骷髅，就拔开杂草，指着骷髅说："只有我和你知道，你不曾有过死，也不曾有过生。你真的忧伤吗？我真的快乐吗？"

解说：

这个故事阐发前文生死如一、忧乐如一的"至乐无乐"思想。

列子视生死如一，不以生为快乐，不以死为悲伤，视生死如一（无封），因而说骷髅未尝死，自己未尝生；骷髅未必忧伤，自己未必就快乐。

唯予与汝知而未尝死，未尝生也——生死如一，无封。

若果养乎？予果欢乎——无所谓快乐忧伤，无是非好恶。

14. **种[1]有几[2]，得水则为㡭（jì）[3]，得水土之际则为蛙蠙（bīn）之衣[4]，生于陵屯[5]则为陵舄（xì）[6]，陵舄得郁栖[7]则为乌足[8]，乌足之根为蛴（qí）螬（cáo）[9]，其叶为蝴蝶。蝴蝶胥[10]也化而为虫，生于灶[11]下，其状若脱[12]，其名为鸲（qú）掇[13]。鸲掇千日为鸟，其名为干余骨[14]。干余骨之沫为斯弥[15]，斯弥为食醯（xī）[16]。颐辂[17]生乎食醯，黄軦（kuàng）[18]生乎九猷（yóu）[19]，瞀（mào）芮[20]生乎腐蠸（quán）[21]。羊奚[22]比乎不箰[23]，久竹[24]生青宁[25]；青宁生程[26]，程生马（注5），马生人，人又反入于机[27]。万物皆出于机，皆入于机。**

(1) 种：物，这里指有生命之物。

(2) 几：微（曹础基《庄子浅注》）。

(3) 䵷：水绵（曹础基《庄子浅注》）。

(4) 蛙蠙之衣：青苔也，在水中若张绵，俗谓之虾蟆衣也（成玄英《庄子疏》）。

(5) 陵屯：高地（陈鼓应《庄子今注今译》）。“屯”，阜也（成玄英《庄子疏》）。

(6) 陵舄：车前草也（成玄英《庄子疏》）。

(7) 郁栖：粪壤也（成玄英《庄子疏》）。

(8) 乌足：车前、泽泻的变种（曹础基《庄子浅注》）。

(9) 蛴（qí）螬：金龟子的虫子（曹础基《庄子浅注》）。

(10) 胥：不久（曹础基《庄子浅注》）。

(11) 竈：同“灶”（曹础基《庄子浅注》）。

(12) 脱：借为“蜕”（陈鼓应《庄子今注今译》），蜕壳、脱皮。

(13) 鸲掇：虫名（陈鼓应《庄子今注今译》）。

(14) 干余骨：可能是一种十分硬的甲虫（曹础基《庄子浅注》）。

(15) 斯弥：虫名（陈鼓应《庄子今注今译》）。

(16) 食醯：醋瓮里的蠛蠓（陈鼓应《庄子今注今译》）。

(17) 颐辂：虫名（陈鼓应《庄子今注今译》）。

(18) 黄軦：虫名（陈鼓应《庄子今注今译》）。

(19) 九猷：虫名（陈鼓应《庄子今注今译》）。

(20) 瞀芮：小蚊子（曹础基《庄子浅注》）。

(21) 腐蠸：萤火虫（陈鼓应《庄子今注今译》）。

(22) 羊奚：草名（陈鼓应《庄子今注今译》）。

(23) 不箰：不长竹的老笋子（曹础基《庄子浅注》）。

(24) 久竹：陈腐的竹（曹础基《庄子浅注》）。

(25) 青宁：虫名（陈鼓应《庄子今注今译》）。

(26) 程：秦人叫豹子为程（曹础基《庄子浅注》）。

(27) 机：即上文“种有几”之“几”（曹础基《庄子浅注》）。

译文：

物中有几，几得到水就会长成𪔵草，𪔵草一遇到水就能长出青苔，青苔在高地上就变成了车前草，车前草有了粪土变成乌足草，乌足草的根里会长出金龟子幼虫，它的叶子会变成蝴蝶，蝴蝶很快就会变成虫子。小虫生活在灶下，好像刚蜕了皮似的，它的名字叫干余骨。干余骨的唾沫会变成斯弥，斯弥又会变成蠛蠓。颐辂则从蠛蠓中生出，黄軦则生于九猷；蚊子则生于萤火虫。羊奚草跟不长笋的老竹结合在一起就会生出青宁；从青宁就会生出豹子，豹子会生出马，马又生出人，人死后又回归于几。万物都源于几又归于几。

解说：

历代注家对“几”、“𪔵”等等到底指什么众说纷纭、莫衷一是。本书则选取其中的一种解释，但未必是庄子所说的意思。从现在的眼光看，“几”、“𪔵”等等之间的这些变化也未必合乎事实。但我们对这些不必较真。我们只看其中的思路：通过展示自然界中物的循环往复变化（无封），阐发前文不要执着于生死寿夭的无为至乐思想。

达　生

“达生”，即为通达生命实情之意，与《养生主》所阐述的思想相同。

本篇阐述“弃世则无累”（抛开世上事物则身不劳累、心不忧虑）的养生思想。这里，“弃世”之“世”是指天地间一切东西，包括自我以及与自我相对的事物。按照《齐物论》的思想，“弃世”之“弃”包含三个层次：弃天地、弃事物、弃是非。天地是指混为一体的外在事物，因而弃天地就是物物不分、物我不分的忘我、忘物状态，即《齐物论》中的无物状态。弃事物就是物、我二分但物物混而不分的状态，即《齐物论》中的无封状态。弃是非就是物我相分、物物相分，但不以是非看待事物的状态，即《齐物论》中的无是非状态。因此，“弃世”就包括“弃事”与“遗生”两个方面和无物、无封、无是非三个层次。

本篇分为两大部分。第一部分为理论部分（从开头至“以相天”），提出“弃世则无累”的养生思想，包括两个小部分。第一小部分（从开头至“不免矣”）阐述养生的关键在于不去贪求生命所不需要的东西、不去追逐命运无可奈何的事情。第二小部分（从“夫欲免”至“以相天”）阐述“弃世则无累”的养生思想。

第二部分（从“子列子”至末尾）用十二个故事阐发第一大部分的思想。第一个故事（从“子列子”至“以其真”）从无我顺物（这里包含了无物、无封、无是非三个层次）以回避危害的角度阐发“弃世则无累”的养生思想。第二个故事（从“仲尼适”至“之谓乎”）从凝神以忘我（无我）的角度阐发“遗生则精不亏”的养生思想。第三个故事（从“颜渊问”至“者内拙”）从无物、无封的角度阐发前文“弃世则不累”的养生思想。第四个故事（从“田开之”至“者过也”）从顺随世俗习惯的角度阐发“弃世则无累”的养生思想。第五个故事（从“祝宗人”至“者何也”）这个故事从如何对待世间荣华富贵的角度（无是非）从反面阐发前文“弃世则无累”的养生思想。第六个故事（从“桓公田”至“之去也”）从如何对待鬼神的角度阐发“遗生则精不亏”的养生思想。第七个故事（从“纪渻子”至“反走矣”）以隐喻方法、从无我顺物的角度阐发“弃世”则“无累而正平”的思想。第八个故事（从“孔子观”至“然命也”）从无我以顺随习惯、世俗的角度阐发前文“弃世则无累”的养生思想。第九个故事（从“梓庆削”至“其是与”）从抛弃世俗得失、以忘我顺物的角度阐发“弃世则不累”的养生思想。第十个故事（从“东野稷”至“故曰败”）从去除主观尺度以顺随事物自身的角度反面阐发“弃世则不累”的养生思想。第十一个故事（从“工倕旋”至“之适也”）从去除主观尺度、抛却世俗是非的角度阐发“弃世则不累”的养生思想。第十二个故事（从“有孙休”至末尾）从如何对待世俗的是非善恶的角度阐发“弃世则不累”的养生思想。

我们将本篇的结构图示如下。

<table>
<tr><td rowspan="2">第一部分</td><td>第一小部分</td><td>从开头至“不免矣”</td><td>提出养生的关键在于不去贪求生命所不需要的东西、不去追逐命运无可奈何的事情。</td></tr>
<tr><td>第二小部分</td><td>从“夫欲免”至“以相天”</td><td>阐述“弃世则无累”的养生思想。</td></tr>
</table>

第二部分故事部分	第一个故事	从“子列子”至“以其真”	从无我顺物以回避危害的角度阐发“弃世则无累”的养生思想。
	第二个故事	从“仲尼适”至“之谓乎”	从凝神以忘我（无我）的角度阐发“遗生则精不亏”的养生思想。
	第三个故事	从“颜渊问”至“者内拙”	从无物、无封的角度阐发前文“弃世则不累”的养生思想。
	第四个故事	从“田开之”至“者过也”	从顺随世俗习惯的角度阐发“弃世则无累”的养生思想。
	第五个故事	从“祝宗人”至“者何也”	这个故事从反面阐发前文“弃世则无累”的养生思想。
	第六个故事	从“桓公田”至“之去也”	从如何对待鬼神的角度阐发“遗生则精不亏”的养生思想。
	第七个故事	从“纪渻子”至“反走矣”	以隐喻方法、从无我顺物的角度阐发“弃世”则“无累而正平”的思想。
	第八个故事	从“孔子观”至“然命也”	从无我以顺随习惯、世俗的角度阐发前文“弃世则无累”的养生思想。
	第九个故事	从“梓庆削”至“其是与”	从抛弃世俗得失、以忘我顺物的角度阐发“弃世则不累”的养生思想。
	第十个故事	从“东野稷”至“故曰败”	从去除主观尺度以顺随事物的角度反面阐发“弃世则不累”的养生思想。
	第十一个故事	从“工倕旋”至“之适也”	从去除主观尺度、抛却世俗是非的角度阐发“弃世则不累”的养生思想。
	第十二个故事	从“有孙休”至末尾	从如何对待世俗的是非善恶的角度阐发“弃世则不累”的养生思想。

1. **达**(1)**生之情者，不务**(2)**生之所无以为**(3)**；达命之情者，不务知之所无柰何**。

(1) 达：畅也，通也（陆德明《经典释文》），通达，彻底明白。

(2) 务：贪于分外，为己事务也（成玄英《庄子疏》），贪求。

(3) 无以为：身外之物，无所用也（林云铭《庄子因》），没什么作用。

译文：

通晓生命实情的人，不会去追逐无用的身外之物；通晓生命实情的人，不会去追逐无可奈何的事物。

解说：

这一段提出养生的要诀在于不去贪求生命所不需要的东西，不去追逐命运无可奈何的事情。

2. **养形必先之以物，物有余而形不养者有之矣；有生必先无离形**[1]**，形不离而生亡者有之矣。生之来不能却**[2]**，其去不能止。悲夫！世之人以为养形足以存生；而养形果不足以存生，则世奚**[3]**足为哉！虽不足为而不可不为者，其为不免矣。**

(1) 离形：离开形体，即死（曹础基《庄子浅注》）。

(2) 却：拒绝。

(3) 奚：何。

译文：

养活形体必先有物，但物有余而形体没有得到保养的世上有之；保有生命一定不能使形体丧失，但形体不丧失而生命丧失的世上有之。生命来时无法拒绝，生命去时无法制止。可悲啊！世俗的人以为养好了形体就足以养生。而如果保养好形体确实不足以养生，那么，世人所做的那些事情有什么值得去做的呢！虽然不值得做，但又不得不做，那就不免于劳累了。

解说：

本段阐明为什么养生的要诀在于不去贪求生命所不需要的东西、不去追逐无可奈何的事情。

具备物质条件不一定能养活形体，养活了形体也不一定能养生。因此，贪求物质、刻意保养形体对养生是不必要的事情（这里不是说刻意不要物质，刻意不保养形体，而是说要以顺随自然的心态对待物质与形体）。同时，生命又是自然的，来时无法拒绝，去时无法阻挡。人们对此无可奈何。既然如此，我们就不要去追逐那些无可奈何之事，给自己带来麻烦。

3. **夫欲免为形者，莫如弃世[1]。弃世则无累，无累则正平[2]，正平则与彼[3]更生[4]，更生则几[5]矣。事奚足弃而生奚足遗？弃事则形不劳，遗生则精不亏。夫形全精复，与天为一[6]。天地者，万物之父母也，合则成体，散则成始[7]。形精不亏，是谓能移[8]；精而又精[9]，反以相[10]天。**

(1) 弃世：弃却世间分外之事（成玄英《庄子疏》），指带来劳累的世间之事。

(2) 正平：心正气平（陈寿昌《南华真经正义》）。

(3) 彼：指事物自身，自然。

(4) 更生：日新之谓也（郭象《庄子注》），顺随事物变化。

(5) 几：近也（成玄英《庄子疏》），接近于道。

(6) 为一：混而为一。

(7) 始：万物混一、物我不分的无物状态。参见《齐物论》。

(8) 移：移者，迁转之谓也。夫不劳于形，不亏其精者，故能随变任化而与物俱迁也（成玄英《庄子疏》），顺随事物的变化。

(9) 精而又精：夫遣之又遣，乃曰精之又精，是以反本还元（成玄英《庄子疏》）。

(10) 相：助也（成玄英《庄子疏》）。

译文：

要想避免为形体所累，不如抛开世间俗务。抛开世间俗务，就没有劳累了。没有劳累，就能心正气平，心正气平就能顺随事物的变化，能顺随自然的变化就接近于大道了。世俗之事为什么要抛开、生命为什么要忘怀呢？抛开了那些世俗之事，身体就不会劳累；忘怀于生命（或自我），精神就不会亏损。身体保全了、精神恢复了，就能与自然融为一体。天地是产生万物的根源，天、地相合就混为一体，天、地离散就归于其自然本性。身体与精神都不亏损，就能顺随自然的变化；精而又精，使精神回归其本性，就能反过来辅助自然。

解说：

这一段提出弃世才能养生的思想。

为了解决不免于累（上一段最后一句）的问题，就要做到“弃世”。所谓“弃世”不是说要隐居起来与世隔绝（参见下文“田开之”故事），而是说要去掉那些与养生无关的东西。“弃世”就能让身体不劳累、精神不亏损，从而能让自己与自然融为一体。这样，不仅能养生，还能辅助自然。

这里，“弃世”之“世”指天地间的一切东西，包括自我与事物。按照《齐物论》的思想，“弃世”之“弃”包含三种含义：弃天地、弃事物、弃是非。庄子的天地指混为一体的外在事物，因而弃天地就是物物不分、物我不分的忘我、忘物状态，即《齐物论》中的无物状态。弃事物就是物、我二分但物物混而不分的状态，即《齐物论》中的无封状态（封即事物之间的界限）。弃是非就是物我二分、物物相分，但不以是非看待事物的状态，即《齐物论》中的无是非状态。因此，“弃世”就包括“弃事”与“遗生”（抛开世俗之事、要忘怀于生命）两个方面以及无物、无封、无是非三个层次（参见《齐物论》）。

文中的“散则成始”状态就是无物状态，“合则成体”状态就是无封状态。但天地万物能否“成体”、“成始”，不只取决于天地，也取决于人（视天地为一体，就“成体”；视天地与我为一体，就“成始”了）。所以说，只要人“精之又精”，使精神回复其本性，就可以反过来辅助自然。

4. 子列子(1)问关尹(2)曰：“至人(3)潜行(4)不窒(5)，蹈火不热，行乎万物之上而不栗(6)。请问何以至于此？”

（1）子列子：古人称师曰子，亦是有德之嘉名。具斯二义，故曰子列子，即列御寇也（成玄英《庄子疏》）。

（2）关尹：姓尹，名喜，字公度，为函谷关令，故曰关令尹真人（成玄英《庄子疏》）。

（3）至人：得道的人，参见《逍遥游》。“至”，到达，即成为真正的人，因而至人也称真人。

（4）潜行：谓潜行水中呼吸不窒，与下文“蹈火不热”文正相对（杨树达

《庄子拾遗》)。

(5) 窒：塞也（成玄英《庄子疏》)。

(6) 栗：恐惧。

译文：

列子先生问关尹说：“至人潜行在水中不会感到窒息，踩到火上不会被灼伤，行走在最高处也不会感到害怕。请问怎么能达到这种境界的呢?”

解说：

第四至六段的故事从无我顺物（这里包含了无物、无封、无是非三个层次）以回避危害的角度阐发前文“弃世则无累”的养生思想。

这里所描述的至人入水不溺、入火不热、行走到最高处上也不会害怕的表现，不是说火烧不死至人、水淹不死至人，而是说至人知道水火之性，所以能顺随水火之性，与水、火打交道而不受伤害（可参见《秋水》篇)。

5. **关尹曰：“是(1)纯气(2)之守也，非知巧果敢之列(3)。居(4)，予语女(5)！凡有貌象(6)声色者，皆物也，物与物何以相远(7)？夫奚足以至乎先(8)？是色(9)而已。则物之造乎(10)不形(11)而止乎无所化(12)，夫得是而穷之者，物焉(13)得而止焉(14)！彼将处乎不淫(15)之度，而藏乎无端之纪(16)，游乎万物之所终始，壹其性(17)，养其气，合其德(18)，以通乎物之所造(19)。夫若是者，其天守全，其神无郤(20)，物奚自(21)入焉！**

(1) 是：此，这，指这种情况。

(2) 纯气：纯和之气（成玄英《庄子疏》)。

(3) 列：类（曹础基《庄子浅注》)。

(4) 居：坐（曹础基《庄子浅注》)。

(5) 女：同“汝”，你。

(6) 貌象：外貌形象。

(7) 相远：相去甚远，差别很大。

(8) 先：物之先，指无物状态，是一种物我混而为一的状态，还没有呈现为日常的外形。参见《齐物论》。

(9) 色：形色，泛指一切可以见到的东西。

(10) 造乎：从某处而来，源自。

(11) 不形：无形，即“物之先”。

(12) 无所化：“物之先”是事物的原本状态，不为他物所化育，而能化育他物。

(13) 焉：哪。

(14) 焉：于此（曹础基《庄子浅注》）。

(15) 淫：沉浸，指追逐外物而失去自我。

(16) 无端之纪：变化无端，指大道。“端”，端绪。“纪”，纲纪，指变化之道。

(17) 壹其性：使心性纯一（曹础基《庄子浅注》）。

(18) 合其德：其德性与自然合一。

(19) 物之所造：自然也（成玄英《庄子疏》）。

(20) 郤：同“隙”，缝隙。

(21) 自：从也（成玄英《庄子疏》）。

译文：

关尹说：“这是因为他们守纯和之气的缘故，而不是靠智巧果敢能做到的。坐下，我来告诉你。凡是具有形象声色的，都属于物的范围，物与物之间怎么有那么大的差别？哪里能达到有物之先的境界呢？物都不过是形色而已。而有形之物是从无形之物中产生的，并终止于不为他物所化育的状态。如果能明白这些并能加以彻底通晓的，外物怎么能阻止他呢！他将处于不沉浸于外物的状态，藏心于变化无端的大道，遨游于万物（始与终）不分的境地。专一其本性，保持其纯和之气，使自己的自然德性合乎事物之性。像这样的人，其自然天性不失，精神自然凝聚，外物又怎么能侵害他呢！

解说：

这一段解释至人为什么会“弃世则无累”。

日常事物都有形象、声色，是从道中产生的。而道则是无形的、化育他物而不为他物所化育的。因此，如果想要顺随事物自身（道），就要忘我地与外物混为一体。至人不沉浸于外物（无我），以无物、无封的心态对待外物（“藏乎无端之纪，游乎万物之所终始”），这样就能保持其纯和之气（即前文的“正平”），使自己的天性合乎自然之性。因此，能顺随水、火的本性，而不受水、火的伤害。

凡有貌象声色者，皆物也——可视、可听、可触者都是物，参见（《齐物论》）。

则物之造乎不形而止乎无所化——道是“视之不见”、“听之不闻”、“搏之不得”，可以感觉但不能感知之物。参见第一章的解说。

处乎不淫之度——不追逐外物。

藏乎无端之纪，游乎万物之所终始，壹其性，养其气，合其德，以通乎物之所造——无我，与外物混而为一。

6. **夫醉者之坠车，虽疾**(1)**不死。骨节与人同而犯害**(2)**与人异，其神全**(3)**也，乘亦不知也，坠亦不知也，死生惊惧不入乎其胸中，是故遻（è）**(4)**物而不慴（shè）**(5)。**彼得全于酒而犹若是，而况得全于天乎？圣人藏于天，故莫之能伤也。**

复雠（chóu）(6)**者不折镆（mò）干**(7)**，虽有忮（zhì）心**(8)**者不怨飘瓦**(9)**，是以天下平均**(10)。**故无攻战之乱，无杀戮之刑者，由此道也。**

不开人之天，而开天之天(11)**，开天者德生，开人者贼**(12)**生。不厌其天，不忽于人，民几**(13)**乎以其真**(14)**！”**

(1) 疾：病，这里指摔伤。

(2) 犯害：受伤（曹础基《庄子浅注》）。

(3) 全：精神不外泄，凝聚状态。

(4) 遻：遇到（曹础基《庄子浅注》）。

(5) 慴：惧也（陆德明《经典释文》）。

(6) 雠：通“仇”。

(7) 镆干：镆耶、干将，都是古代名剑。

（8）忮心：忌恨之心（曹础基《庄子浅注》）。

（9）飘瓦：飘落的瓦片。

（10）平均：没有高低不平，指太平。

（11）不开人之天，而开天之天：不虑而知，开天也；知而后感，开人也（郭象《庄子注》）。

（12）贼：妨碍，与德（顺物）相反。

（13）几：接近于。

（14）以其真：以他们的自然本性行事。

译文：

“醉酒的人从车上摔下来，即使受伤了也不会摔死。他的骨节与别人相同，但受的伤害与别人不同，原因在于他的精神处于凝聚状态。乘车时不知道，坠车时也不知道，死生惊惧不能进入他的心里，所以碰到东西也感觉不到害怕。这种靠酒醉保持精神保全的人尚且能如此，何况那些顺随自然而获得精神保全的人呢？得道者混于自然之中，所以外物不能伤害他。

复仇的人不会去折断镆铘剑，即使心中再有恨，也不会去怪罪落在他头上的瓦片，因而天下就能保持太平。因此，没有战争之乱，没有杀戮之罚，就是缘于这个道理。

不要开启人为的东西，而要开启自然的东西。开启自然的东西就是自然的德性；开启人为的东西就妨碍生命。不厌恶自然的东西，不忽视人为的东西，百姓大概就能返朴归真了！”

解说：

这一段以三个例子阐明“弃世则无累”的思想。

醉酒的人从车上摔下来时，因为心中对危险与否没有分别（无是非），感觉不到危险，完全顺随外物（无物），所以与没喝酒的人相比，不会惊慌，反而可能摔得不重——“弃世”则身不劳累。

复仇的人对对方的宝剑没有好恶之情（无是非），心中有恨的人也不会怪罪自然落下的瓦片，因而不会去折断宝剑、怪罪瓦片——“弃世”则精神无困扰。因此，人只要顺其自然（即开启自然的东西），去除心中的是非好恶，就能避免危害、回避冲突，从而做到养生。这样，不仅自己不会受到不必要的伤害，而且能使百姓慢慢返朴归真。

不开人之天，而开天之天，开天者德生，开人者贼生——回归自然本性，去掉有我之我，就能做到“弃世”。

不厌其天，不忽于人，民几乎以其真——回归本性，顺随外物（人），就是得道者。

7. **仲尼适**[(1)]**楚，出**[(2)]**于林中，见痀（gōu）偻（lóu）**[(3)]**者承蜩（tiáo）**[(4)]**，犹掇**[(5)]**之也。**

仲尼曰：“子巧乎！有道邪？”

曰：“我有道也。五六月[(6)]**累丸二而不坠，则失者锱（zī）铢（zhū）**[(7)]**；累三**[(8)]**而不坠，则失者十一**[(9)]**；累五而不坠，犹掇之也。吾处身**[(10)]**也，若厥株**[(11)]**拘**[(12)]**；吾执**[(13)]**臂也，若槁木之枝；虽天地之大，万物之多，而唯蜩翼之知。吾不反不侧**[(14)]**，不以万物易蜩之翼，何为而不得！”**

孔子顾谓弟子曰：“用志不分，乃凝于神，其痀偻丈人[(15)]**之谓乎！”**

(1) 适：往。

(2) 出：经过（曹础基《庄子浅注》）。

(3) 痀偻：老人曲腰之貌（成玄英《庄子疏》）。

(4) 承蜩：取蝉也（成玄英《庄子疏》）。“蜩”，蝉。

(5) 掇：拾也（成玄英《庄子疏》）。

(6) 五六月：指经过五六个月的练习（陈鼓应《庄子今注今译》）。

(7) 锱铢：古时极轻的重量单位，比喻很少。

(8) 累三：即“累丸三”（曹础基《庄子浅注》），积类三个丸。

(9) 十一：十分之一。

(10) 处身：站在那里。

(11) 厥株：树墩（曹础基《庄子浅注》）。“橛”，木根部分（陈鼓应《庄子今注今译》）。

(12) 拘：谓斫残枯树枝也（成玄英《庄子疏》）。

(13) 执：用也（成玄英《庄子疏》）。

(14) 不反不侧：不左顾右盼。“反”，回头。“侧”，向旁边看。

(15) 丈人：对老人的尊称。

译文：

孔子前往楚国，经过一片树林时，看到一位驼背的老人在粘知了，好像在地上捡起东西那样容易。

孔子说：“你真太灵巧了！有什么诀窍吗？”

那位老人说：“我有诀窍。经过五六个月的练习，在竿头上叠起两个小球而不掉下来，那么粘知了失手的情况就会很少；叠起三个小球而不掉下来，那么粘知了失手的情况就不会超过十分之一；等到可以叠起五个小球而不掉下来，粘知了就像拾东西一样容易。我站在那里如同木桩；举起的手臂，就像枯木枝；天地虽然广阔，万物虽然众多，我只知道知了的翅膀。我从不左顾右盼，绝不因外物而分散我对知了翅膀的注意力，怎么粘不到知了呢！”

孔子回头对弟子说：“心志专一，就能凝聚精神，说的就是这位驼背的老人哪！”

解说：

这个故事从凝神以忘我（无我）的角度阐发前文“遗生则精不亏”的养生思想。

粘蝉老人经过训练，达到了忘记自我，才能做到心无旁骛、精神凝聚，进而做到粘蝉“犹掇之也”。“犹掇之也”可以看作是对世事的处理。

8. **颜渊问仲尼曰：“吾尝济[1]乎觞（shāng）深[2]之渊，津人[3]操舟[4]若神。吾问焉，曰：‘操舟可学邪？’曰：‘可。善游者数（sù）能[5]。若乃[6]夫没（mò）人[7]，则未尝见舟而便[8]操之也。’吾问焉而不吾告[9]，敢问何谓也？”**

仲尼曰：“善游者数能，忘水[10]也。若乃夫没人之未尝见舟而便操之也，彼视渊若陵[11]，视舟之覆犹其车却也。覆却万方[12]陈乎前而不得入其舍[13]，

恶（wū）[14]往而不暇！以瓦注[15]者巧，以钩[16]注者惮[17]，以黄金注者殙（hūn）[18]。其巧一也，而有所矜，则重外也。凡外重者内拙。”

(1) 济：渡。

(2) 觞深：渊名。

(3) 津人：谓津济之人也（成玄英《庄子疏》），摆渡的人。

(4) 操舟：撑船。“操”，捉也（成玄英《庄子疏》）。

(5) 数能：很快就能掌握。“数”，借为“速”（马叙伦《庄子义证》）。

(6) 若乃：假如，如果。

(7) 没人：谓能鹜没于水底（郭象《庄子注》），能潜水到水底。

(8) 便：轻巧（曹础基《庄子浅注》）。

(9) 不吾告：即不告吾（曹础基《庄子浅注》），不告诉我。

(10) 忘水：不把水放在心上。

(11) 陵：丘陵，小山。

(12) 万方：各种情形。“方”，方者，并也；方之本义为两舟相并，故方有并义（俞樾《庄子平议》）。

(13) 舍：犹心中也（成玄英《庄子疏》）。

(14) 恶：哪里。

(15) 注：射，射而堵物曰“注”（林希逸《庄子口义》）。

(16) 钩：带钩。

(17) 惮：忌惮，害怕。

(18) 殙：通“惛”（陈鼓应《庄子今注今译》）。

译文：

颜渊问孔子道：“我曾经渡过觞深深渊，摆渡者撑船如有神助。我问他说：‘撑船可以学吗？’摆渡者说：‘可以。会游泳的人很快就能学会。如果是能潜水的人，即使没见过船也能轻松撑船。’我问他原因，他不告诉我。请问老师这是什么意思呢？”

孔子回答：“会游泳的人之所以很快就能学会，是因为他忘了水的存在；至于能潜水的人不曾见过船也能马上撑船，是因为他将深渊看作丘陵，把翻船看作倒车。翻船、倒车的各种状况都呈现在他的眼前，却不能扰乱他的心，他就无往不轻松自如！用瓦片作赌注的人，心思灵巧；用带钩作赌注的人，心有顾忌；用黄金作赌注的人，就会心智混乱。赌博的技巧是一样的，但是有所爱惜，就看重外物了。凡是看重外物的，心思就会笨拙。”

解说：

这个故事从无物、无封的角度阐发前文“弃世则不累”的养生思想。

善于游泳的人忘记了水的存在（无物），能潜水的人对船可能出现的各种状况不动心（无是非好恶），因而学起来轻松自在。轻松自在就能很快地学会驾船。以赌博为例，赌博者对小的赌资不在意，因为能做到不在意（“弃世”），所以赌博的技巧就高超；赌博者对大的赌资在意，心中有了分别，难以做到“弃世”，所以心中就可能慌乱，无法发挥正常的水平。

忘水也……以瓦注者巧，以钩注者惮，以黄金注者殙。其巧一也，而有所矜，则重外也。凡外重者内拙——心中无物就能顺物而为，心中有物就会产生是非好恶，不能视实际情况而为。

9. **田开之(1)见周威公(2)。威公曰：“吾闻祝肾(3)学生(4)，吾子(5)与祝肾游，亦何闻焉？”**

田开之曰：“开之操拔(6)篲（huì）(7)以侍门庭，亦何闻于夫子！”

威公曰：“田子无让(8)，寡人愿闻之。”

开之曰：“闻之夫子曰：‘善养生者，若牧羊然，视其后者而鞭之。’”

威公曰：“何谓也？”

（1）田开之：姓田，名开之，学道之人（成玄英《庄子疏》）。

（2）周威公：莫显其名，食采于周，谥曰威也（成玄英《庄子疏》），东周王。

（3）祝肾：姓祝，名肾，怀道者也，姓祝名肾（成玄英《庄子疏》）。

（4）学生：学养生之术。

（5）吾子：尊称，相当于“您”。

（6）拔：把也（陆德明《经典释文》引李颐说）。

(7) 篲：帚也（陆德明《经典释文》）。

(8) 让：犹谦也（成玄英《庄子疏》），谦让。

译文：

田开之见周威公，威公说："我听说祝肾在学习养生之术，你又跟祝肾学习，也曾听到过什么教导吗？"

田开之说："我只是拿着扫帚做些打扫门庭的工作，哪能从先生那里听到什么教导呢？"

威公说："田先生不要谦让，我很希望听听。"

田开之说："我从老师那里听说：'善于养生的，就像牧羊一样，看到落后的羊就用鞭子催赶。'"

周威公问："什么意思？"

解说：

第九至十一段这个故事从顺随世俗习惯的角度阐发前文"弃世则无累"的养生思想。

文中所谓看到落后的羊就用鞭子催赶的意思是说，对那些不能"弃世"（抛开无谓的世俗之事）的人就提醒提醒。

10. **田开之曰："鲁有单（shàn）豹**[1]**者，岩居而水饮，不与民共利，行年七十而犹有婴儿之色；不幸遇饿虎，饿虎杀而食之。有张毅**[2]**者，高门**[3]**县（xuán）薄**[4]**，无不走也，行年四十而有内热之病以死。豹养其内而虎食其外，毅养其外而病攻其内，此二子者，皆不鞭其后者也。"**

(1) 单豹：姓单名豹，鲁之隐者也（成玄英《庄子疏》）。

(2) 张毅：姓张名毅，亦鲁人也（成玄英《庄子疏》）。

(3) 高门：高门，富贵之家也（成玄英《庄子疏》）。

(4) 县薄：谓悬帷薄于门首，闾阎之小户也（林云铭《庄子因》），指小户人家。"县"，通"悬"。

译文：

田开之说："鲁国有个人叫单豹，居在岩洞中，饮清泉之水，不与人争利，活到七十岁了，面色还像婴儿一样；不幸遇到饿虎，饿虎咬死他后吃掉了他。另有一个人叫张毅，无论是高门大户，还是小户人家，无不恭敬往来，活到四十岁就患内热病死了。单豹调养内心而老虎吃掉他的形体；张毅注意外在而疾病从内部侵害。这两个人，都是没有鞭赶落后羊群的人。"

解说：

单豹注重内在的养生，顺随身体之自然，但与世人隔离，没有顺随习俗之自然，所以虽然保养了身体，但为外物所侵害；张毅虽然想顺随世俗，但不知道简化习俗而为（得道者要简化习俗，参见《大宗师》"颜回问仲尼孟孙才"故事），而是与所有的人都往来应酬，也没有真正做到顺随习俗之自然，最后落得过度劳累而死。单豹和张毅的行为都没有做到顺随自然，因而都属于没有鞭赶落后羊群的人。

11. **仲尼曰："无入而藏(1)，无出而阳(2)，柴立其中央(3)。三者若得，其名必极(4)。夫畏涂(5)者，十杀一人，则父子兄弟相戒也，必盛卒徒(6)而后敢出焉，不亦知乎！人之所取畏者，衽（rèn）席(7)之上，饮食之间；而不知为之戒者，过也。"**

（1）无入而藏：偏滞于处，此单豹也（成玄英《庄子疏》），不要过于隐蔽而将自己藏起来，说的是单豹之类的人。

（2）无出而阳：偏滞于出，此张毅也；"阳"，显也（成玄英《庄子疏》），不要过于显露而彰显自己，说的是张毅之类的人。

（3）柴立其中央：不滞于出，不滞于处，出处双遣，如槁木之无情，妙舍二边，而独立于一中之道；"柴"，木也（成玄英《庄子疏》），既不彰显，又不隐藏，不露痕迹，像槁木一样不偏向任何一方。

（4）极：极致（林希逸《庄子口义》），指道。

（5）畏涂：路有劫贼，险难可畏（成玄英《庄子疏》）。"涂"，通"途"。

(6) 盛卒徒：人数众多。“盛”，多。

(7) 衽席：睡觉的地方，指色欲之事。“衽”，郑注《礼记》云，卧席也(陆德明《经典释文》引李颐说)。

译文：

孔子说：“不要过于隐蔽而将自己藏起来，也不要过于显露而彰显自己，要像槁木一样不偏不倚。如果做到了这三点，就可名之为至人。如果路上有盗贼，十人中有一人被杀，那么父子兄弟就会相互警戒，一定要结伴而行才敢经过，这不是也很明智吗！其实人所该害怕的，恰恰就是枕席之上，饮食之间；可是不知道对这些加以警惕，这是大过错呀。”

解说：

借孔子之口阐发“弃世”思想。

得道者既不刻意避世，也不追逐身外之物，而是以不回避、不显露的心态处世。一般人则不然，只知道防范身外之物，而疏于防范内在的侵害。这是因为身外之物比较容易防范——身外之物就像旅途中遇到强盗那样显而易见，十人中有一人被杀，人们自然就知道提高警惕。而内在的侵害如过分淫荡、过度饮食则不易立即发现其危害，因而被一般人忽视。

12. **祝宗人[1]元端[2]以临牢筴(cè)[3]，说(shuì)彘(zhì)[4]曰：“汝奚[5]恶死？吾将三月犊(huàn)[6]汝，十日戒，三日齐[7]，藉白茅[8]，加汝肩尻(kāo)[9]乎雕俎(zǔ)[10]之上，则汝为之乎？”为彘谋，曰不如食以糠糟而错[11]之牢筴之中，自为谋，则苟[12]生有轩冕之尊，死得于腞(zhuàn)[13]楯(shǔn)[14]之上、聚偻[15]之中则为之。为彘谋则去之，自为谋则取之，所异彘者何也？**

(1) 祝宗人：祝人，宗人，都是掌管祭祀的官员(曹础基《庄子浅注》)。

(2) 元端：衣冠(成玄英《庄子疏》)。

(3) 牢筴：猪圈。“牢”，豕室也(陆德明《经典释文》引李颐说)，“筴”，木栏也(陆德明《经典释文》)。

(4) 彘：猪。

(5) 奚：为何。

(6) 豢：养也（陆德明《经典释文》）。

(7) 齐：斋戒。“齐”，通“斋”。

(8) 藉白茅：垫上白茅草（以示恭敬）。“藉”，垫。

(9) 尻：屁股。

(10) 雕俎：雕有花纹的盛肉器（曹础基《庄子浅注》）。

(11) 错：通“措”，放置。

(12) 苟：如果。

(13) 腞：画饰也（成玄英《庄子疏》）。“腞”，通“篆”（陈寿昌《南华真经正义》）。

(14) 楯：通“輴”，丧车，载柩之车，画龙为饰，故曰“腞楯”（陈寿昌《南华真经正义》）。

(15) 聚偻：谓柩车饰也。众饰所聚，故曰“聚偻”（王念孙《庄子杂志》。

译文：

祭祀官身穿朝服来到猪圈旁边，对猪说：“你为何怕死呢？我要花三个月的时间喂养你，为你守戒十天，戒斋三天，在地上铺上白茅，把你的肩、臀放在雕有花纹的盛肉祭器上，你愿意吗？”为猪着想，就会说不如让它吃着糟糠，关在猪圈之中。为自己着想，那如果活着时能享有乘坐高贵车马的尊荣，死后能装在雕刻的柩车上面、彩饰的棺椁中，就愿意这样做。为猪着想，就无须那些白茅、雕俎之类的东西，为自己打算就只想谋取轩冕、柩车和棺椁，这不同于猪的到底是什么呢？

解说：

这个故事从如何对待世间荣华富贵的角度阐发前文“弃世则无累”的养生思想。

好好地将猪喂养大，然后恭敬地将猪杀掉。从猪的角度看，还不如吃糟糠、住猪圈，苟且地活着。但到人们为自己考虑时，就只知道生时能享富贵，死后有尊荣，不管是否成了轩冕、柩车和棺椁的祭品。

当然，庄子不是让人将已有的财富扔掉，而是说应以“正平”而“无累”的心态看待财富，即“虽有荣观燕处超然”（《道德经》），否则自己就变成了这些东西的祭品。

13. **桓公[(1)]田[(2)]于泽，管仲御，见鬼焉。公抚管仲之手曰：“仲父[(3)]何见?”对曰：“臣无所见。”**

公反[(4)]，诶（xī）诒（yí）[(5)]为病，数日不出。齐士有皇子告敖[(6)]者曰：“公则自伤，鬼恶能伤公！夫忿滀（xù）[(7)]之气，散而不反，则为不足；上而不下，则使人善怒；下而不上，则使人善忘；不上不下，中身当心，则为病。”

(1) 桓公：即齐桓公，姓姜，名小白，春秋五霸之一。

(2) 田：打猎。

(3) 仲父：齐桓公对管仲的尊称。

(4) 反：通“返”。

(5) 诶诒：呻吟（曹础基《庄子浅注》）。

(6) 皇子告敖：姓皇子，字告敖，齐之贤人也（成玄英《庄子疏》）。

(7) 愤滀：郁闷。“忿”，满也；“滀”，结聚也（陆德明《经典释文》引李颐说）。

译文：

齐桓公在野泽地中打猎，管仲驾车，桓公看见了鬼，就赶忙拉着管仲的手说：“仲父看到了什么?”管仲说：“我什么也没看见。”

桓公回去后，就呻吟着病倒了，好几天不出门。齐国有位书生，名叫皇子告敖，对桓公说：“你这是自我伤害，鬼哪能伤害你呢？如果郁结之气散而不回，就会使人精力不足。如果上升而下不通，就会使人易怒；如果下通而上不达，就会使人健忘；如果不上不下，就会郁结在身体中间、心的位置，那就会生病。”

解说：

第十三至十四段这个故事从如何对待鬼神的角度阐发前文“遗生则精不

亏”的养生思想。

人的心事过重就会造成气不畅通，进而生病。郁结的自然之气畅通了，病自然就会好。这既是生病的机理，也是皇子告敖在安慰齐桓公——他不是被鬼神伤害了，而是心理原因导致气不畅通。

14. **桓公曰：“然则有鬼乎？”**

曰“有。沈有履[(1)]，灶有髻（jì）[(2)]。户内之烦壤[(3)]，雷霆处之；东北方之下者，倍阿鲑（guī）蠪（lóng）[(4)]跃之；西北方之下者，则泆（yì）阳[(5)]处之。水有罔象[(6)]，丘有峷（shēn）[(7)]，山有夔（kuí）[(8)]，野有彷徨[(9)]，泽有委蛇（yí）[(10)]。”

公曰：“请问，委蛇之状何如？”

皇子曰：“委蛇，其大如毂（gǔ）[(11)]，其长如辕[(12)]，紫衣而朱冠。其为物也，恶闻雷车之声，则捧其首而立。见之者殆[(13)]乎霸。”

桓公辴（zhěn）然[(14)]而笑曰：“此寡人之所见者也。”于是正衣冠与之坐，不终日[(15)]而不知病之去也。

（1）沈：水下污泥之中，有鬼曰履（成玄英《庄子疏》）。

（2）灶有髻：灶神，其状如美女，着赤衣，名髻也（成玄英《庄子疏》）。

（3）烦壤：门户内粪壤之中，其间有鬼，名曰雷霆（成玄英《庄子疏》）。

（4）倍阿鲑蠪：人宅中东北墙下有鬼，名倍阿鲑蠪（成玄英《庄子疏》）。一说倍阿意为土堆，鲑蠪是神的名字。

（5）泆阳：豹头马尾，名曰泆阳（成玄英《庄子疏》）。

（6）罔象：状如小儿，赤黑色，赤爪，大耳，长臂（陆德明《经典释文》引司马彪说）。

（7）峷：其状如狗，有角，身有文彩（成玄英《庄子疏》）。

（8）夔：大如牛，状如鼓，一足行也（成玄英《庄子疏》）。

（9）彷徨：状如蛇，两头，五采文（陆德明《经典释文》引司马彪说））。

（10）委蛇：其状如蛇，两头，五采（成玄英《庄子疏》）。

（11）毂：车轮的中间部分。

（12）辕：车辕子，车前驾牲口的部分（曹础基《庄子浅注》）。

(13) 殆：差不多，接近。

(14) 辴：喜笑貌也（成玄英《庄子疏》）。

(15) 不终日：不到一天。

译文：

桓公问："那么，真有鬼吗？"

告敖回答："有。污水中有履鬼；灶里有髻鬼；屋内尘土集聚处有雷霆鬼；东北方墙脚下有倍阿鲑蠪鬼在那里蹦跳；在西北方的墙下，住着泆阳鬼；水里有罔象鬼；丘陵上有峷鬼；大山里有夔鬼；野外有彷徨鬼；草泽里有委蛇鬼。"

桓公说："请问，委蛇的形状是什么样的？"

告敖说："委蛇大如车轮，长如车辕，穿着紫衣，戴着红帽。这种东西，最讨厌听到雷车的声音，听到就抱着头站起来。看见它的人，大概要成为霸主。"

桓公听完，开怀大笑地说："这正是我见到的鬼。"于是整理好衣服和帽子，与皇子告敖坐着畅谈，不到一天的时间，桓公的病就不知不觉地痊愈了。

解说：

上一段皇子告敖说，齐桓公的病是由气不上不下引起的。从这一段可知，气之所以不上不下，是由于心病所产生的（心不能"遗生"导致桓公"精亏"）。

心病终需心药治。齐桓公是在草泽中见到鬼的，所以当他听到皇子告敖描述草泽中鬼的形象与自己所见到的相符（或许是管仲事先将齐桓公描述所见到的鬼的样子告知了皇子告敖），并听说见到这种鬼后会带来自己所希望的霸业时，他的郁结之气很快就畅通了，病也很快痊愈了（如果皇子告敖说见到这种鬼会带来厄运，估计齐桓公的病情就会加剧）。至于皇子告敖提到那么多的鬼，可能是为了消除齐桓公的疑心，因为一上来就说齐桓公所见到的鬼的形象，齐桓公会起疑心。

文章中出现了很多鬼神的名字，确切指的是什么鬼神，形状是什么样子的，历来注家的注解不尽相同。本书只是选取其中的一种。这对《庄子》一书的理解不会产生实质性的影响。

15. **纪渻（shěng）子[1]为王养斗鸡。**

十日而问："鸡已乎？"曰："未也，方虚憍[2]而恃气[3]。"

(1) 纪渻子：姓纪，字渻子（成玄英《庄子疏》）。

(2) 虚憍：虚浮骄傲。"憍"，通"骄"。

(3) 恃气：自恃意气（成玄英《庄子疏》）。

译文：

纪渻子为齐王驯养斗鸡。

过十天就问："鸡驯养好了吗？"

纪渻子回答说："没有，这鸡还虚浮骄傲而自恃意气。"

解说：

第十五至十八段这个故事以隐喻的方法、从无我顺物的角度阐发前文"弃世"则"无累而正平"的思想。

虚浮、骄傲、自恃意气都是有我的表现。有我就不能顺物，难以对其他鸡的行动做出自然的反应，不是优秀的斗鸡。

16. **十日又问，曰："未也。犹应[1]向[2]景[3]。"**

(1) 应：回应。

(2) 向：通"响"。

(3) 景：通"影"，影子。

译文：

过了十天，齐王又问。纪渻子回答说："还不行，它听到声音、看见影像，就会有反应。"

解说：

听见声音、看见影子就有反应，还是有我的表现，依然会为外物所动，还不是优秀的斗鸡。

17. **十日又问，曰："未也。犹疾视而盛气[1]。"**

(1) 疾视盛气：顾视速疾，意气强盛，目光犀利（成玄英《庄子疏》）。

译文：

又过了十天，齐王又问，纪渻子回答："还不行，它还是目光犀利，斗志旺盛。"

解说：

目光灵动说明还没有做到完全不追逐外物，气焰很盛说明还没有完全做到心态"平正"（有我），依然不是优秀的斗鸡。

18. **十日又问，曰："几[1]矣。鸡虽有鸣者，已无变[2]矣，望之似木鸡矣，其德全[3]矣，异鸡[4]无敢应，反走矣。"**

(1) 几：差不多。

(2) 无变：没有反应。

(3) 德全：精神不外泄。

(4) 异鸡：别的鸡。

译文：

再过了十天，齐王又问，纪渻子回答说："差不多了。即使别的鸡在叫唤，它也不为所动，看上去像只木头鸡。它精神凝聚，别的鸡都不敢应战，一看到它掉头就跑。"

解说：

听到别的鸡叫不为所动是无我而不追逐外物的表现，才能做到既不为外物所动，又对外物做出自然的反应。这才是"精不亏"的优秀斗鸡。

19. **孔子观于吕梁[1]，县水[2]三十仞[3]，流沫四十里，鼋（yuán）[4]鼍（tuó）[5]鱼鳖之所不能游也。见一丈夫[6]游之，以为有苦而欲死也，使弟子并流而拯之。数百步而出，被发行歌[7]而游于塘[8]下。**

孔子从而问焉，曰："吾以子为鬼，察子则人也。请问，蹈水[9]有道[10]乎？"

曰："亡[11]，吾无道。吾始乎故[12]，长乎性[13]，成乎命[14]。与齐[15]俱入，与汩（mì）[16]偕出，从水之道而不为私[17]焉。此吾所以蹈之也。"

孔子曰："何谓始乎故，长乎性，成乎命？"

曰："吾生于陵[18]而安于陵，故也；长于水而安于水，性也；不知吾所以然而然，命也。"

(1) 吕梁：一说在西河（山西省离石县），一说在彭城（江苏省铜山县）（陈鼓应《庄子今注今译》）。

(2) 县水：悬水，指水从上直流而下，似从上挂下来（曹础基《庄子浅注》）。"县"，通"悬"。

(3) 仞：长度单位，不同时期规定稍有不同，周人以七尺为一仞。

(4) 鼋：鳖的一种（曹础基《庄子浅注》）。

(5) 鼍：俗称猪婆龙，鳄鱼的一种（曹础基《庄子浅注》）。

(6) 丈夫：古代称成年男子为丈夫。

(7) 被发行歌：披着头发边走边唱。被，通"披"。"行歌"，边走边唱。

(8) 塘：岸也（成玄英《庄子疏》）。

(9) 蹈水：履深水（成玄英《庄子疏》），在水中行走。

(10) 道：方法，技巧。

(11) 亡：没有。

(12) 故：习俗。

(13) 性：习性。

(14) 命：本性。

(15) 齐：湍沸旋入，如硙心之转者，齐也（成玄英《庄子疏》），漩涡（陈鼓应《庄子今注今译》）。

(16) 汩：回复腾漫而反出者，汩也（成玄英《庄子疏》），涌流（陈鼓应

《庄子今注今译》)。

(17) 私：任水而不任己（郭象《庄子注》)。

(18) 陵：山地。一说为淩水，在江苏省宿迁故淩城一带，已废（曹础基《庄子浅注》)。

译文：

孔子在吕梁游览，只见瀑布高二三十丈，溅起的浪花达四十里，鼋、鼍、鱼、鳖都不能游过。这时孔子看见一个男子在水里游着，以为他有什么伤心事而投水自尽，就让弟子顺流赶去救他。可那男子游出数百步后又露出水面，披头散发地在堤岸下边走边唱。

孔子跟过去问道："我还以为你是鬼，仔细观察你是个人。请问水中行走有什么秘诀吗？"

那人回答说："没有，我没有什么秘诀。我开始安于习俗，慢慢变成习性，最后成了本性。与漩涡一块儿沉入水中，又随着涌流一道浮出水面，顺着水势而不凭人力。这就是我游水的秘诀。"

孔子说："什么是开始安于习惯，再变成习性，最后成了本性？"

那人回答："我生在高地就安于高地，这就是安于习俗；长在水边就安于水边，这就慢慢成为习性；不知道我为什么变成这样，这就是成为本性。"

解说：

这个故事从无我以顺随习惯、世俗的角度阐发前文"弃世则无累"的养生思想。

这位男子游泳技术高超的原因有三：一、自小生长在水边，就顺随水边生活的习惯。二、将这种习惯变成自己的习性。三、不追问所以然（变成了本性)，和漩涡一块儿沉入水底，又随着涌流一道游出水面，顺着水势而不由自己安排。

将这个故事与《养生主》中庖丁解牛的故事加以比较可以看出做事的三个阶段：一是适应环境、适应事物，不与事物对抗，不像普通杀牛匠那样只知拿刀乱砍；二是与环境、事物相一致，像庖丁解牛中优秀的杀牛匠那样，不拿刀砍骨头，只是到了关键的地方才用刀；三是自己与环境、事物融为一体，如庖丁解牛中的庖丁一样，“以神遇而不以目视”，完全凭着感觉就能将事情处理好。

始乎故——将习惯看作一物，不与之对抗，对应无是非好恶的有封状态。

长乎性——与习惯融为一体，对应无封状态。

成乎命——不仅与习惯融为一体，而且连一体的概念都没有（“不知吾所以然而然”），对应无物状态。

20. **梓（zǐ）庆[(1)]削木为鐻（jù）[(2)]，鐻成，见者惊犹鬼神。鲁侯见而问焉，曰：“子何术以为焉?”**

对曰：“臣工人，何术之有！虽然，有一焉。臣将为鐻，未尝敢以耗气也，必齐[(3)]以静心。齐三日，而不敢怀庆赏爵禄；齐五日，不敢怀非誉巧拙；齐七日，辄然[(4)]忘吾有四枝[(5)]形体也。当是[(6)]时也，无公朝[(7)]，其巧专而外骨（huá）[(8)]消；然后入山林，观天性[(9)]；形躯至矣，然后成见[(10)]鐻，然后加手[(11)]焉；不然则已[(12)]。则以天合天[(13)]，器之所以疑神[(14)]者，其由是与!”

(1) 梓庆：姓梓，名庆，鲁大匠也；亦云：梓者，官号（成玄英《庄子疏》）。

(2) 鐻：乐器，似夹锺（陆德明《经典释文》引司马彪说）。

(3) 齐：通“斋”，斋戒。

(4) 辄然：不敢动貌也（成玄英《庄子疏》），一说意为忽然（宣颖《南华经解》）。

(5) 枝：通“肢”。

(6) 是：此，这。

(7) 无公朝：既无意于公私，岂有怀于朝廷哉（成玄英《庄子疏》），忘记了朝廷。

(8) 骨：乱也（成玄英《庄子疏》），通“滑”。

(9) 天性：木材的自然质性。

(10) 见：通“现”

(11) 加手：用手制作。

(12) 已：停止。

(13) 以天合天：第一个天，指木匠合乎自然的高超技巧。第二个天，指树木的天然形态（就像鐻）。

(14) 疑神：像神功所做的一样。

译文：

木匠庆刻木做鐻。鐻做成后，看见的人无不惊叹其为鬼斧神工。鲁侯见了庆问道："你做鐻有什么诀窍呢？"

庆回答："我只是个木工，哪有什么诀窍！即便如此，我还是有一点值得说的。我将要做鐻了，从来不敢耗费精神，必定要斋戒使心清静。斋戒三天，心中就不敢有庆贺和得到爵禄的念头；斋戒五天，心中就不再存有毁誉巧拙的念头；斋戒七天，就彻底忘记了自己的四肢和形体。到了这个时候，心里就不知有朝廷，专心工作，外界的纷扰都消失了；然后进入山林，观察树木的天然质性；遇到树干与鐻的形态相合的，鐻的形象宛然呈现在眼前，这才动手制作。否则就不做。这样，我就与自然的木料合一了。做出的器物被认为是鬼斧神工，大概就是因为这些吧！"

解说：

这个故事从抛弃世俗得失以忘我顺物的角度阐发前文"弃世则不累"的养生思想。

庆制作的乐器之所以鬼斧神工，首先是因为他斋戒七天后达到了忘我顺物的境界，然后再去选择适合制作乐器的树木（顺着树木的本性），因而乐器自然天成。

文中斋戒三天忘了庆赏爵禄，斋戒五天忘了毁誉巧拙的念头，斋戒七天就忘记了形体，可以被看作是修道的过程，即由忘爵禄到忘毁誉，最后到忘形体。

臣将为鐻，未尝敢以耗气也，必齐以静心——无我。

齐三日，而不敢怀庆赏爵禄；齐五日，不敢怀非誉巧拙——无是非好恶，无名。

齐七日，辄然忘吾有四枝形体也……无公朝，其巧专而外骨消——无我、无物。

然后入山林，观天性；形躯至矣，然后成见鐻，然后加手焉——一无名之心对待有名之物，即《道德经》第二十八章所谓的“大制不割”。

以天合天——无我以顺物。

21. **东野稷**(1)**以御见庄公**(2)**，进退中**(3)**绳，左右旋中规**(4)。**庄公以为文**(5)**弗过**(6)**也，使之钩百**(7)**而反**(8)。

颜阖(9)**遇之，入见曰：“稷之马将败。”公密**(10)**而不应**。

少焉，果败而反。公曰：“子何以知之?”

曰：“其马力竭矣，而犹求焉，故曰败。”

(1) 东野稷：东野，姓；稷，名也（陆德明《经典释文》引李颐说)，孙卿作东野毕（陆德明《经典释文》引司马彪说)。)。

(2) 庄公：鲁庄公（陆德明《经典释文》引李颐说)），《荀子·哀公篇》载此事，庄公作定公（郭庆藩《庄子集释》引俞樾)。

(3) 中：合于。

(4) 规：木匠画圈用的工具。

(5) 文：所画规矩之文（罗勉道《南华真经循本》)。

(6) 弗过：不超过。

(7) 钩百：任马旋回，如钩之曲，百度反之，皆复其迹（成玄英《庄子疏》)，像弯曲的钩那样重复转了百圈。

(8) 反：通“返”。

(9) 颜阖：鲁国贤人，见《人间世》。

(10) 密：不说话。

译文：

东野稷因擅长驾车而被鲁庄公召见，他驾车时，前进后退像绳子一样直，左转右转像用规画的一样圆。庄公认为就是画图也做不到这样，就让他驾着马车转上一百圈再回来。

颜阖看到后，就进去见庄公说："东野稷的马将要出问题了。"庄公听了默不作声。

过了一会儿，东野稷果然失败而归。庄公问："你怎么知道的呢？"

颜阖回答说："马的力气已经耗尽了，还要强求它，所以我说必定会失败。"

解说：

本段从去除主观尺度以顺随事物自身的角度阐发前文"弃世则不累"的养生思想。

东野稷驾车前进后退像准绳那样直，左右旋转像圆规画的那样圆，这是按照他自己的想法而不是按照马的本性去驾驶，没有做到"弃事"，所以时间长了就会失败。

22. **工倕**（chuí）[(1)]**旋**[(2)]**而盖**[(3)]**规矩**[(4)]**，指与物化**[(5)]**而不以心稽**[(6)]**，故其灵台**[(7)]**一**[(8)]**而不桎**[(9)]。**忘足，屦**（jù）[(10)]**之适**[(11)]**也；忘要**[(12)]**，带之适也；知忘是非，心之适也；不内变，不外从，事会**[(13)]**之适也**。**始乎适而未尝不适者，忘适之适也**。

（1）工倕：尧时工匠，见《胠箧》。

（2）旋：圆也（陆德明《经典释文》）。

（3）盖：超过。

（4）规矩：偏义复词，只取规义（曹础基《庄子浅注》）。

（5）指与物化：手指完全顺随事物的变化，这里的事物可以是想象中的事物。

（6）稽：考察，思考。

（7）灵台：心。

（8）一：与物混而为一。

（9）桎：桎梏（成玄英《庄子疏》），指障碍。

（10）屦：鞋。

（11）适：合，舒适。

(12) 要：通“腰”。

(13) 会：(与事物) 相遇。

译文：

工倕徒手画圆就超过用规画的圆，他的手指随着他想画的东西变化，根本无需用心思考，所以他的心思专一而没有障碍。能使人忘了脚的鞋，才是真正舒适的鞋子；能使人忘了腰的腰带，才是真正舒适的腰带；忘掉了是非之知，才是真正安适的心灵；内没有变化，外不逐物，就是舒适的处事方式。从安适开始而无往不安适，那就是忘掉了安适的真正安适。

解说：

这个故事从去除主观尺度、抛却世俗是非的角度阐发前文“弃世则不累”的养生思想。

用工具画圆是第一个层次，无需工具就能画圆是第二个层次，无需思考、无需工具就能画好圆是最高层次。工倕达到了忘我状态，画圆达到了最高层次。同样，使人忘了脚的存在才是真正的好鞋子、使人忘了腰的存在才是真正的好腰带，用心时没有是非，内心不动、不追逐外物，才是舒适的处事方式。这种“弃世”方式合乎自然的养生方式。

工倕旋而盖规矩，指与物化而不以心稽，故其灵台一而不桎——无需思考就能画圆，是无我、无物的状态。

忘足，屦之适也；忘要，带之适也；知忘是非，心之适也——“忘足”、“忘要”则无物，“忘是非”即心无是非。

不内变，不外从，事会之适也。始乎适而未尝不适者，忘适之适也——心无是非，进而达到无我、无物。

23. **有孙休[1]者，踵[2]门而诧[3]子[4]扁庆子[5]曰：“休居乡不见[6]谓不修[7]，临难不见谓不勇；然而田原[8]不遇岁[9]，事君不遇世[10]，宾[11]于乡里，逐于州部[12]，则胡[13]罪乎天哉？休恶[14]遇此命也？”**

(1) 孙休：姓孙，名休，鲁人也（成玄英《庄子疏》）。

(2) 踵：至也（陆德明《经典释文》引司马彪说）。

(3) 诧：告也，叹也（成玄英《庄子疏》）。

(4) 子：对扁庆子的尊称。

(5) 扁庆子：扁，姓；庆子，字也（陆德明《经典释文》引李颐说）。

(6) 见：被。

(7) 不修：没修养。

(8) 田原：指耕种的田地。

(9) 不遇岁：逢岁不熟，禾稼不收（成玄英《庄子疏》），没遇上好年岁。

(10) 不遇世：处朝廷以事君，不遇圣明，不縻好爵（成玄英《庄子疏》），没碰上好时代。

(11) 宾：排斥（成玄英《庄子疏》）。“宾”，通“摈”

(12) 州部：州邑（曹础基《庄子浅注》）。

(13) 胡：何。

(14) 恶：为何。

译文：

有个名叫孙休的人，登门拜访老师扁庆子说：“我居住在乡里，没有人说我修养不好；面临危难时，没有人说我不勇敢；然而我耕种田地却没遇到好的年岁，侍奉国君却没遇上好的时代，被乡里人排斥，被州郡官放逐，我哪里得罪了上天？为什么遭此厄运呢？”

解说：

第二十三至二十六段这个故事从如何对待世俗的善恶、如何做到无我以顺物的角度阐发前文“弃世则不累”的养生思想。

孙休拥有世俗所称赞的道德和勇敢，反而处处遭受失败。自己想不明白，所以他求教于扁庆子。实际上，自矜于世俗的道德和勇敢是有我，有我就会陷入是非的漩涡之中。

24. **扁子曰：“子独不闻夫至人[1]之自行邪？忘其肝胆，遗[2]其耳目，芒**

然[3]彷徨[4]乎尘垢[5]之外，逍遥乎无事之业，是谓为而不恃[6]，长而不宰[7]。今汝饰知[8]以惊愚[9]，修身以明污[10]，昭昭[11]乎若揭[12]日月而行也。汝得全而[13]形躯，具而九窍[14]，无中道夭[15]于聋盲跛蹇（jiǎn）[16]而比于人数[17]，亦幸矣，又何暇乎天之怨哉！子往矣！”

（1）子独不闻夫至人：你难道没听说过至人吗？“子”，你。“至人”，真正顺随自然的人，见《逍遥游》。“至”，达到。

（2）遗：遗弃，这里指不在意。

（3）芒然：无心之貌也（成玄英《庄子疏》）。

（4）彷徨：自由自在的样子。

（5）尘垢：尘世。

（6）为而不恃：出自《老子》第二章。“恃”，以功自恃。

（7）长而不宰：出自《老子》第十章。“宰”，主宰。

（8）饰知：修饰自己的智慧。

（9）惊愚：使愚蠢的人受到惊吓。

（10）明污：显明他人的污秽。

（11）昭昭：光芒四射样子。

（12）揭：举（曹础基《庄子浅注》）。

（13）而：你。

（14）九窍：谓眼耳鼻舌口及下二漏也（成玄英《庄子疏》），参见《齐物论》。

（15）夭：短命而死，这里指残废。

（16）蹇：跛脚。

（17）比于人数：算作人。“比”，列（曹础基《庄子浅注》）。

译文：

扁子说：“你难道没有听说过至人的行事方式吗？忘掉自己的肝胆，抛弃自己的耳聪目明，无知无识地遨游于世俗之外，逍遥自在地从事无为之事，这就叫做作育万物但不为己能，养育万物但不加以控制。现在你文饰自己的智慧来惊吓众人，修养自身以显露他人的污秽，锋芒外露，好像举着太阳、月亮在走路。你还能保全形体，拥有九窍，而没有因聋、瞎、跛、瘸而亡，还列于正常人行列，已经是万幸了，哪里还有闲功夫抱怨上天呢！你回去吧！”

解说：

至人“弃事”——忘我（忘掉自己的肝胆、抛弃自己的耳聪目明、无知无识）、忘功，因而能自由自在地栖息于世。相反，孙休智慧外露、德行外显，使世俗之人显得污秽，这是有己、有名的表现，当然会遭到世俗之人的攻击。所以扁子说，孙休还算正常人已经是万幸了。

忘其肝胆，遗其耳目，芒然彷徨乎尘垢之外，逍遥乎无事之业——无我、无功。

为而不恃，长而不宰——无功。

今汝饰知以惊愚，修身以明污，昭昭乎若揭日月而行也——有功、有名。

25. **孙子出。扁子入，坐有间**(1)**，仰天而叹。弟子问曰：“先生何为叹乎？”**

扁子曰：“向(2)**者休来，吾告之以至人之德，吾恐其惊而遂至于惑也。”**

弟子曰：“不然。孙子之所言是邪？先生之所言非邪？非固(3)**不能惑是。孙子所言非邪？先生所言是邪？彼固惑而来矣，又奚**(4)**罪焉！”**

(1) 有间：一会儿。

(2) 向：刚才。

(3) 固：本来。

(4) 奚：何。

译文：

孙休走后，扁子进入屋来，坐了一会儿，就仰天叹息，弟子问他：“老师为什么叹息呢？”

扁子说：“刚才孙休来，我告诉他至人的德性，我担心他会受到惊恐而变得迷惑。”

学生说：“不是这样。孙休所说的话对吗？先生所说的话错吗？错的本来就不可能迷惑对的。孙休所说的错吗？先生所说的对吗？他本来就是迷惑而来的，你又有什么过错呀！”

解说：

扁子认为，人的禀性不同，行为方式就不同，不是每个人都能成为至人。自己将至人的话告诉给普通人，会使普通人产生迷惑。而扁子的学生用是非推理进行判断，这是一种主观臆断，因而下文遭到扁子的批驳。

26. **扁子曰：“不然。昔者有鸟止于鲁郊，鲁君说**(1)**之，为具太牢**(2)**以飨(xiǎng)**(3)**之，奏《九韶》**(4)**以乐之，鸟乃始忧悲眩视，不敢饮食。此之谓以己养养鸟也。若夫以鸟养养鸟者，宜栖之深林，浮之江湖，食之以委蛇（yí）**(5)**，则平陆而已矣。今休，款启**(6)**寡闻之民也，吾告以至人之德，譬之若载鼷(xī)**(7)**以车马，乐鴳（yàn）**(8)**以钟鼓也。彼又恶能无惊乎哉！”**

（1）说：通“悦”。

（2）太牢：具备牛、羊、猪三种祭品规格的祭祀。

（3）飨：喂。

（4）《九韶》：舜时的乐曲名。

（5）委蛇：泥鳅（陆德明《经典释文》引司马彪说）。

（6）款启：款，空也；启，开也；如空之开，所见小也（陆德明《经典释文》引李颐说），见识小。

（7）鼷：小鼠也（成玄英《庄子疏》）。

（8）鴳：雀也（成玄英《庄子疏》）。

译文：

扁子说：“不是这样的。从前有只鸟停在鲁国城郊，鲁君很喜欢它，就准备太牢的膳食来喂养它，演奏《九韶》之乐来取悦它，鸟却忧愁悲伤，眼花缭乱，不敢吃不敢喝。这叫做用养人的方法养鸟。如果用养鸟的方法养鸟，就应当让它在深林中栖息，在江湖里漂游，以泥鳅喂养，放之于原野。现在，孙休是个孤陋寡闻的人，我却告诉他至人的德性，这就好像用马车运载老鼠，用钟鼓来让鸩雀快乐一样，他又怎能不惊恐呢！”

解说：

孙休是孤陋寡闻的人，扁子给他讲至人的行为方式，会超出孙休的理解范围。所以扁子说，他这样做就如同用盛宴雅乐招待鸟、用马车拉老鼠、用钟鼓招鸟雀一样，不仅无用，反而会惊吓到他。

在这个故事中，扁子告诉孙休“弃事”以顺物，但恰恰忘了孙休不是至人。可见，扁子自己也没有做到“弃事”以顺物（顺孙休的禀性）。因此，扁子只是悟道了，还没有得道（悟道只是领悟了道，还没有身处于道之中。身处于道之中就是得道。参见《齐物论》相关的解说）。扁子的学生根本没有悟道。由此可见，得道是多么困难的事情！

山　木

本篇由九个故事组成，其宗旨都是阐明得道者只有做到忘我以顺物，才能逍遥自在地混迹于世。柳宗元说本篇可与《人间世》参看。

第一个故事（从“庄子行”至“之乡乎”）阐明只有做到忘我而无封、无物才能避免遭受世俗的伤害。第二个故事（从“市南宜僚”至“能害之”）阐明只有达到无我境界、去掉外物的牵累才能达到养生、治国的目的。第三个故事（从“北宫奢”至“者乎”）以北宫奢募收造钟的故事阐明只有忘记成功之心才能获得世俗的成功。第四个故事（从“孔子围”至“况人乎”）阐明人们只有做到和光同尘，才能像意怠鸟一样免除祸患，与世人和谐相处。第五个故事（从“孔子问”至“不待物”）阐明人与人之间的交往只有出于自然才真正可靠。第六个故事（从“庄子衣”至“征也夫”）阐明得道者应该顺随不同的自然情势而为才能混迹于世。第七个故事（从“孔子穷”至“而终矣”）阐述得道者应以顺其自然的心态对待世俗的沧桑变化。第八个故事（从“庄周游”至“不庭也”）从反面阐明得道者应以无利害之心面对世俗的利与害。第九个故事（从“阳子之”至“不爱哉”）阐明得道者应以“为善无近名”之心栖息在世俗社会之中。

我们将本篇的结构图示如下。

1	从“庄子行”至“之乡乎”	阐明只有做到忘我而无封、无物才能避免遭受世俗的伤害。	阐明得道者只有做到忘我以顺物，才能逍遥自在地混迹于世。
2	从“市南宜僚”至“能害之”	阐明只有达到无我境界、去掉外物的牵累才能达到养生、治国的目的。	
3	从“北宫奢”至“者乎”	以北宫奢募收造钟的故事阐明只有忘记成功之心才能获得世俗的成功。	
4	从“孔子围”至“况人乎”	阐明人们只有做到和光同尘才能像意怠鸟一样免除祸患，与世人和谐相处。	
5	从“孔子问”至“不待物”	阐明人与人之间的交往只有出于自然才真正可靠。	
6	从“庄子衣”至“征也夫”	阐明得道者应该顺随不同的自然情势而为才能混迹于世。	
7	从“孔子穷”至“而终矣”	阐述得道者应以顺其自然的心态对待世俗的沧桑变化。	
8	从“庄周游”至“不庭也”	本段从反面阐明得道者应以无利害之心面对世俗的利与害。	
9	从“阳子之”至“不爱哉”	阐明得道者应以“为善无近名”之心栖息在世俗社会之中。	

1. **庄子行于山中，见大木，枝叶盛茂，伐木者止其旁而不取也。问其故，曰：“无所可用。”庄子曰：“此木以不材得终其天年[1]。”**

夫子[2]出于山，舍[3]于故人之家。故人喜，命竖子[4]杀雁[5]而烹之。竖子请曰：“其一能鸣，其一不能鸣，请奚[6]杀？”主人曰：“杀不能鸣者。”

明日，弟子问于庄子曰：“昨日山中之木，以不材得终其天年；今主人之雁，以不材死；先生将何处？”

庄子笑曰：“周将处乎材与不材之间。材与不材之间，似之[7]而非也，故未免乎累。若夫乘道德[8]而浮游[9]则不然。无誉无訾（zī）[10]，一龙一蛇[11]，与时俱化，而无肯专为；一上一下[12]，以和为量[13]，浮游乎万物之祖[14]；物物[15]而不物于物[16]，则胡[17]可得而累邪！此神农黄帝之法则也。若夫万物之情，人伦[18]之传[19]，则不然。合则离，成则毁；廉则挫[20]，尊则议[21]，有为则亏，贤则谋，不肖则欺，胡可得而必乎哉！悲夫！弟子志[22]之，其唯道德之乡乎！”

（1）天年：自然寿命。

（2）夫子：指庄子。

（3）舍：借宿。

（4）竖子：童仆也（成玄英《庄子疏》）。

（5）雁：鹅也（郭庆藩《庄子集释》）。

（6）奚：何。

（7）之：指道。

（8）乘道德：顺自然（林希逸《南华真经口义》）。

（9）浮游：自由自在地混迹于世。

（10）訾：毁也（陆德明《经典释文》）。

（11）一龙一蛇：一时为龙，一时为蛇，意为变化无端，能伸能曲。

（12）一上一下：即一进一退（陈鼓应《庄子今注今译》）。

（13）量：行事的标准、准则。

（14）万物之祖：万物的根源，指道。

（15）物物：前一个“物”字指主宰的意思，后一个“物”指事物。

（16）物于物：为他物所主宰。

（17）胡：怎么。

（18）伦：类。

（19）传：流传。

（20）廉则挫：锐就会挫伤。“廉”，棱角。“挫”，挫伤（成玄英《庄子疏》）。

（21）议：非议。

（22）志：记也（成玄英《庄子疏》）。

译文：

庄子行走在山中，看见一棵大树。大树枝叶茂盛，伐木的人站在树旁却不砍伐。问什么缘故，伐木的人回答说：“这树没有什么用处。”庄子对弟子说：“这棵树因为不成材才得以享尽自然的寿命！”

庄子一行人从山中出来后，住在老朋友家里。老朋友很高兴，命僮仆杀一只鹅来款待老友。僮仆问道："一只鹅会叫，一只不会叫，请问杀哪一只呢？"主人说："杀那只不会叫的。"

第二天，弟子问庄子道："昨日山中的大树，因为不成材得以享尽自然的寿命；现在主人家的鹅，却因为不成材而被杀掉。老师你将如何处世呢？"

庄子笑着说："我将处于成材与不成材之间。成材与不成材之间，似乎接近大道，其实不然，所以还是不能完全免于祸患。如果顺其自然地栖息于世就不是这样了。无所谓赞誉无所谓诋毁，可以是龙可以是蛇，与世事一同变化，不偏执于一端；可上可下，以顺物为处世准则，游心于万物之始，役使外物而不被外物役使，哪里会有祸患？这就是神农、黄帝的处世法则。至于日常事物的实情、人世间的习俗，就不是这样的。有聚就有离，有成就有败；锐利就会有挫伤，尊崇的就会有非议，有为就会有损失；贤能就会被算计，无能的就会被欺侮。世事哪里会有必然的呢！可悲啊！弟子们要记住，凡事只有顺其自然呀！"

解说：

阐明只有做到忘我而无封、无物才能避免世俗的伤害。

树木因为没有用途而得以保命，鹅因为不会叫而被杀。从表面看，无论是有用还是无用都免不了祸患。但实际上，这是因为无论是以有用还是以无用为处世原则，都是以某种固定东西之"用"作为标准。心中存有"用"的念头就是有成见。有成见就无法顺随外物，就会处处碰壁，处处受到伤害。因此，庄子开头就回答说，自己将处于有用与无用之间，首先将学生心中那种"用"的观念打掉。但处于有用与无用之间，心中还会有"之间"这种东西存在，因而庄子接着说，得道者应顺应时势变化，不执着于任何不变的东西，包括"之间"的观念也要打掉，以顺物处世为准则，游心于万物之始（即还没有物、物之分，也没有物、我之分）。这样才能役使外物而不被外物役使，从而自由自在地栖息于世。

如果不能顺随外物、顺随世俗，而以世间的是非善恶作为自己处世的标准，那就不免为是非好恶所左右：聚，就会有离相随；成，就会有败；锐利，就会受到挫伤；尊贵，就会有非议；有为，就会有损害；贤能，就会被算计；

无能，就会被欺侮——无往不在世俗的枷锁之中。

周将处乎材与不材之间——去掉用和不用之分。

材与不材之间，似之而非也，故未免乎累——还有用与无用的“之间”存在，因而还要将气去除。

无誉无訾，一龙一蛇，与时俱化，而无肯专为；一上一下，以和为量——不执着于一端（如誉或訾），无分别，无是非好恶。

浮游乎万物之祖；物物而不物于物——通达无物之物，因而不会为物所役。

合则离，成则毁；廉则挫，尊则议，有为则亏，贤则谋，不肖则欺——执着于一端。无是非好恶，无分别，因而被物所役。

2. **市南宜僚(1)见鲁侯，鲁侯有忧色。市南子曰：“君有忧色，何也？”**

鲁侯曰：“吾学先王之道，修先君之业；吾敬鬼尊贤，亲而行之，无须臾(2)离居；然不免于患，吾是以(3)忧。”

(1) 市南宜僚：姓熊，名宜僚，隐于市南也（成玄英《庄子疏》）。

(2) 臾离：片刻，一会儿。

(3) 是以：因此。

译文：

市南宜僚去见鲁侯，看见鲁侯面带忧色。市南宜僚说：“君王面有忧色，是什么缘故呢？”

鲁侯说：“我学习先王之道，继承先君的基业；敬奉鬼神，尊重贤人，身体力行，没有片刻的懈怠，仍无法免除祸患，所以感到忧虑。”

解说：

这个故事阐明只有达到无我境界、去掉外物的牵累才能达到养生、治国的目的。

治国应当顺其自然，无为而治。鲁侯刻意敬奉鬼神、尊重贤人，恰恰是有为的表现。有为就不能免除祸患，也不能免除内心的忧虑。

3. **市南子曰：“君之除患之术浅矣！夫丰[(1)]狐文豹，栖于山林，伏于岩穴，静也；夜行昼居，戒也；虽饥渴隐约[(2)]，犹旦[(3)]胥疏[(4)]于江湖之上而求食焉，定也；然且不免于罔罗机辟[(5)]之患。是[(6)]何罪之有哉？其皮为之灾也。今鲁国独非君之皮邪？吾愿君刳（kū）形[(7)]去皮[(8)]，洒心[(9)]去欲，而游于无人之野。南越[(10)]有邑焉，名为建德之国[(11)]。其民愚而朴，少私而寡欲；知作[(12)]而不知藏[(13)]，与[(14)]而不求其报；不知义[(15)]之所适，不知礼之所将[(16)]；倡狂[(17)]妄行[(18)]，乃蹈[(19)]乎大方[(20)]；其生可乐，其死可葬。吾愿君去国捐[(21)]俗，与道相辅而行。”**

(1) 丰：大也（陆德明《经典释文》引司马彪说）。

(2) 隐约：逼困（陈鼓应《庄子今注今译》）。

(3) 旦：世德堂本作“且”（郭庆藩《庄子集释》）。

(4) 胥疏：胥疏二字，古通用，胥即疏也（郭庆藩《庄子集释》），远离。

(5) 罔罗机辟：捕捉鸟兽的工具。“罔”，通“网”。“辟”，开。“机辟”，捕禽兽的工具。

(6) 是：此，指狐狸和文豹。

(7) 刳形：忘身也（成玄英《庄子疏》）。

(8) 去皮：忘国也（成玄英《庄子疏》）。

(9) 洒心：忘智也（成玄英《庄子疏》）。

(10) 南越：虚构的地名。

(11) 建德之国：虚构的国名，意为有德行的国家。

(12) 作：耕作也（成玄英《庄子疏》）。

(13) 藏：藏贮也（成玄英《庄子疏》）。

(14) 与：给予。

(15) 义：宜也（成玄英《庄子疏》）。

(16) 将：行也（成玄英《庄子疏》）。

(17) 猖狂：无心也（成玄英《庄子疏》），没有约束的样子。

(18) 妄行：混迹也（成玄英《庄子疏》），随心所欲地行事。

(19) 蹈：踏，遵循。

(20) 大方：大方之道（成玄英《庄子疏》）。

(21) 捐：弃也（成玄英《庄子疏》）。

译文：

市南子说："你消除忧患的方法太浅薄了！大狐狸和花豹栖居在山林之中，隐伏在岩洞里面，这够安静了；夜出昼伏，这够警惕了；即使饥渴困乏，还是到远离于江湖的地方去觅食，这够安全了，然而还是不能避免遭受罗网机关的灾祸。它们有什么过错吗？它身上的皮毛带来了灾难。现在，鲁国不就是君王的皮毛吗？我希望君主能忘掉形体、舍弃国家、荡涤内心、摒弃欲念，遨游在杳无人迹的原野上。南越有个城邑，名叫建德之国。那里的百姓纯厚质朴，没有私心，没有贪欲；只知耕作而不知道贮藏，助人而不求回报；不知哪里用得着义，也不知怎样做才合乎礼；随心所欲，任意而为，都合乎大道；他们活着的时候逍遥自乐，死后安然归葬。我希望君王您放下国事、捐弃俗务，与大道相辅而行。"

解说：

大狐狸和花豹无论怎样谨慎都可能遭受祸患，拥有鲁国的鲁侯无论怎样以世俗的努力都无法去除内心的忧虑。这是自然之理。解决鲁侯问题的唯一方法就是忘记自我、不执着于国事，遨游于道德的境地。建德之国就是道德之地，那里的百姓都合乎大道（无贪欲、不计得失、忘怀礼义、无我地随心而为、不计生死之别）。

这里的建德之国不是指实际存在的国度，而是心中合道的国度。市南宜僚让鲁侯去建德之国，实际上是让他放下心中的是非好恶，以忘我之心对待一切事物。

4. **君曰："彼其道远而险，又有江山，我无舟车，柰何？"**

市南子曰："君无形倨（jù）[1]，无留居[2]，以为君车。"

(1) 形倨：倨傲其形（陆德明《经典释文》引司马彪说），形态倨傲。

(2) 无留居：无滞荣观（成玄英《庄子疏》），不留恋权位。

译文：

鲁侯说："去那里的路途遥远又艰险，又有山水阻隔，我没有车船，怎么办呢？"

市南子说："国君心中不倨傲，不贪恋权位，以此作为你的车。"

解说：

建德之国是内心的，所以当鲁侯以路途遥远艰险又没有车船为由推辞时，市南宜僚指出真正的障碍在于其内心倨傲、贪恋权位。

5. **君曰："彼其道幽远而无人，吾谁与为邻？吾无粮，我无食，安得而至焉？"**

市南子曰："少君之费(1)，寡君之欲，虽无粮而乃足。君其涉于江而浮于海，望之而不见其崖，愈往而不知其所穷。送君者皆自崖而反(2)，君自此远矣！故有人者(3)累，见有于人者(4)忧。故尧非有人，非见有于人也。吾愿去君之累，除君之忧，而独与道游于大莫(5)之国。方舟(6)而济(7)于河，有虚船(8)来触舟，虽有惼(9)心之人不怒；有一人在其上，则呼张歙（xī）(10)之；一呼而不闻，再呼而不闻，于是三呼邪，则必以恶声随之。向也不怒而今也怒，向也虚而今也实。人能虚己(11)以游世，其孰(12)能害之！"

(1) 费：花费。

(2) 反：通"返"。

(3) 有人者：有之以为己私也（郭象《庄子注》），役使他人的人。

(4) 见有于人者：为人所役用也（郭象《庄子注》）。

(5) 大莫：广漠（宣颖《南华经解》）。

(6) 方舟：两舟相并曰方舟（成玄英《庄子疏》）。"方"，并也（陆德明《经典释文》引司马彪说）。

(7) 济：渡。

(8) 虚船：空船。

(9) 惼：狭急也（成玄英《庄子疏》）。

(10) 张歙：开合，指喊叫。“歙”，敛也（陆德明《经典释文》）。

(11) 虚己：忘我。

(12) 孰：谁。

译文：

鲁侯说：“去那里的道路幽而无人，我与谁为伴呢？我没有粮食，没有食物，怎么能到达呢？”

市南子说：“减少你的耗费，节制你的欲念，即使没有粮食也够用。你渡过江河，漂向大海，远远望去不见边际，越向前走越不知尽头。送行的人都从岸边回来了，您从此远去了！所以说，奴役他人的人会受累，被人所役会忧愁。所以尧不役使他人，也从不被人役使。我希望去掉君王的牵累，去掉君王的忧患，单独与大道一起遨游在广漠的国度。两船并排渡河，突然有条空船撞过来，即使性子再褊狭的人也不会发怒；如果有一个人在那条船上，就会大声喊叫；喊一次没听见，喊第二次没听见，于是就会喊第三次，并说出恶声恶语了。刚才不发怒而现在发怒，那是因为原来船上没人而现在船上有人。一个人如果能像空船一样无心地遨游于世，那谁还能伤害他呢！”

解说：

无边无际的大海隐喻得道与不得道的限界。过了大海就得道了。怎样才能越过无边无际的大海而得道呢？去除贪欲，去除牵累，去除忧患，既没有役使他人之心，又不被人役使（这里可以看出，不是让鲁侯不治理国家，而是无为而治，否则就不会以尧为例），遨游于广漠的国度，从而达到无我、无物的境地，让自己逍遥自在。无我就像空船一样，当船造成障碍时，人们只会对有人的船发火，而不会对空船发火。

鲁侯如果做到了这些，就不会执着于国事，而是以无为的方式治国，哪里还会面带忧色呢？

少君之费，寡君之欲，虽无粮而乃足——无贪欲就能到达目标。

君其涉于江而浮于海，望之而不见其崖，愈往而不知其所穷。送君者皆自崖而反，君自此远矣——只有得道者才能通达无物之物，普通人无法通达，因而只能“自崖而反”。

故有人者累，见有于人者忧。故尧非有人，非见有于人也。吾愿去君之累，除君之忧，而独与道游于大莫之国——不役使人，不被人所役使，才可能通达无物之物（大莫之国）。

方舟而济于河，有虚船来触舟，虽有惼心之人不怒；有一人在其上，则呼张歙之——隐喻个人会与有物之物发生冲突，与无物之物则不会发生冲突。

6. **北宫奢**[(1)] **为卫灵公赋敛**[(2)] **以为钟**[(3)]**，为坛乎郭**[(4)] **门之外，三月而成上下之县（悬）**[(5)]。

王子庆忌[(6)] **见而问焉，曰：“子**[(7)] **何术之设？”**

奢曰：“一之间，无敢设也[(8)]。**奢闻之，‘既雕既琢，复归于朴。’侗（tóng）乎**[(9)] **其无识，傥（tǎng）乎**[(10)] **其怠疑**[(11)]；**萃**[(12)] **乎芒**[(13)] **乎，其送往而迎来；来者勿禁，往者勿止；从其强梁**[(14)]**，随其曲傅**[(15)]**，因其自穷**[(16)]**，故朝夕赋敛而毫毛不挫，而况有大涂（途）**[(17)] **者乎！”**

（1）北宫奢：名奢。居北宫，因以为姓。卫之大夫也（姓北宫）（成玄英《庄子疏》）。

（2）赋敛：似今之募缘之事（宣颖《南华经解》），募捐。

（3）种：乐器名也（成玄英《庄子疏》）。

（4）郭：外城为郭。

（5）县：通“悬”。

（6）庆忌：周王之子，周之大夫（成玄英《庄子疏》）。

（7）子：你。

（8）一之间，无敢设也：泊然抱一耳，非敢假设以益事也（郭象《庄子注》），守一无杂念，不敢采用什么技巧。“一”，纯一，混而为一。

（9）侗乎：无知貌（陆德明《经典释文》）。

（10）傥乎：无虑也（成玄英《庄子疏》），无心的样子。

（11）怠疑：迟钝的样子。“怠”，退也（成玄英《庄子疏》）。

（12）萃：聚也（成玄英《庄子疏》）。

（13）芒：不分明的样子。

(14) 强梁：多力也（陆德明《经典释文》），桀骜不驯。

(15) 曲傅：谓曲附己者随之也（陆德明《经典释文》引司马彪说）。

(16) 自穷：赋敛以为钟，犹《左传》昭公二十九年遂赋晋国一鼓铁以铸刑鼎，名为赋敛而听民之自致，故曰因其自穷（郭庆藩《庄子集释》引郭嵩焘说），尽百姓最大努力。“穷”，尽力。

(17) 涂：通“途”，路。

译文：

北宫奢为卫灵公募捐造钟，在城门外修了座坛，三个月就造好了上、下两层的钟架。

王子庆忌见了问道：“你有什么技巧？”

北宫奢说：“纯一无杂念，不敢用什么技巧。我听说过：‘既雕刻又切磋，最终要归于淳朴。’我好像无知无识，又像无心而迟钝；造钟的东西聚集，我好像心无算计，只是送往迎来；前来的不禁止，离开的不挽留；顺从那些反对的，放任那些支持的，一切尽自己的能力。所以，我早晚募款，但百姓丝毫感觉不到损伤，更何况那些领悟大道的人呢！”

解说：

这一段以北宫奢募捐造钟的故事阐明只有忘记成功才能获得世俗的成功。

北宫奢以自愿的原则募集民财造钟，只是顺随他人，从不与人们争论，心中无是无非。因此，人们不会对此事产生任何反感，也不会感到为难，自己很快就完成了任务。

7. **孔子围于陈蔡之间**(1)**，七日不火食**(2)**。**

大公任(3)**往吊**(4)**之曰：“子几死乎？”曰：“然。”**

“子恶死乎？”曰：“然。”

任曰：“予尝言不死之道。东海有鸟焉，其名曰意怠。其为鸟也，翂(fēn)**翂翐**(zhì)**翐**(5)**，而似无能；引援**(6)**而飞，迫胁**(7)**而栖；进不敢为前，退不敢为后；食不敢先尝，必取其绪**(8)**。是故**(9)**其行列不斥**(10)**，而外人卒**(11)

不得害，是以[12]免于患。直木先伐，甘井先竭。子其意者饰知以惊愚，修身以明污[13]，昭昭乎如揭[14]日月而行，故不免也。昔吾闻之大成之人[15]曰：'自伐[16]者无功，功成者堕（huī）[17]，名成者亏。'孰[18]能去功与名而还[19]与众人！道流而不明，居得行而不名处；纯纯常常[20]，乃比于狂；削迹捐[21]势，不为功名；是故无责于人，人亦无责焉。至人[22]不闻，子何喜哉？"

孔子曰："善哉！"辞其交游，去其弟子，逃于大泽；衣（yì）裘褐（hè）[23]，食杼（zhù）[24]栗；入兽不乱群，入鸟不乱行。鸟兽不恶，而况人乎！

(1) 孔子围于陈蔡之间：楚昭王召孔子，孔子自鲁聘楚，途经陈蔡二国之间。尼父徒众既多，陈蔡之人谓孔子是阳虎，所以起兵围之（成玄英《庄子疏》），可参见《天运》篇的注释。

(2) 火食：生火做饭。

(3) 大公任：名叫任的老者。"太公"，老者称也；"任"，名也（成玄英《庄子疏》）。"大"，通"太"。

(4) 吊：慰问。

(5) 翂翂翐翐：舒迟貌（陆德明《经典释文》引司马彪说），飞行迟缓的样子。

(6) 引援：援引徒侣（成玄英《庄子疏》）。

(7) 迫胁：胁相接（陈寿昌《南华真经正义》），指挤在一起。

(8) 绪：残也，谓残余也（陆德明《经典释文》引司马彪说），吃剩的食物。

(9) 是故：所以。

(10) 行列不斥：在群体中不受排除。"行列"，队伍（曹础基《庄子浅注》）。"斥"，排斥。

(11) 卒：终也（陆德明《经典释文》）。

(12) 是以：因此。

(13) 明污：显明别人的污秽。

(14) 揭：担也（陆德明《经典释文》引司马彪说）。

(15) 大成之人：与心怀成见的小成人相对，指得道的人。

(16) 伐：夸耀。

(17) 堕：通“毁”，败（曹础基《庄子浅注》）。

(18) 孰：谁。

(19) 还：返（曹础基《庄子浅注》）。

(20) 纯纯常常：纯纯者材素，常常者混物（成玄英《庄子疏》），淳朴又平常。

(21) 捐：抛弃。

(22) 至人：得道之人，即大成之人。

(23) 裘褐：粗陋的衣服。“裘”，皮衣服。“褐”，粗麻衣服。

(24) 杼：山栗。

译文：

孔子被围困在陈、蔡间，七天七夜无法生火煮饭。

太公任前往慰问说：“你快饿死了吧？”

孔子说：“是的。”

太公任说：“你讨厌死亡吗？”

孔子回答：“当然。”

太公任说：“我来试试谈谈不死之道。东海有种鸟，名叫意怠。这种鸟，飞行缓慢，好像没有什么本领；跟着群鸟飞行，栖息时和别的鸟挤在一起；前进时不敢飞在前头，后退时不敢落在后面；饮食时不敢先尝，一定要吃剩下的，所以它在队伍中不会遭到群鸟的排斥，外人最终无法伤害它，因而免于祸患。直树先被砍伐，甜水井先被汲干。你用心文饰你的才智以惊吓普通人，修养你的品行来彰显他人的浊秽，锋芒毕露好像担着日月在走路，所以不能免于祸患。从前我听得道的人说过：‘自己夸耀的不会成功，功成不退的就会失败，名声彰显的就会受损。’谁能够去掉功与名而回归普通人呢！大道流行而不显耀自身，德行广被而不处名；纯朴而又平常，自视愚狂；隐匿形迹抛弃权势，不为功名而活。因此不指责别人，别人也不指责自己。至人默默无闻，你为什么喜好呢？”

孔子说：“好呀！”于是辞别朋友，离开弟子，逃到旷野；穿着粗布衣服，吃着山栗；走进兽群，兽不惊慌；走进鸟群，鸟不乱飞。鸟兽都不讨厌他，何况人呢！

解说：

本段阐明人们只有做到和光同尘（忘我顺物），才能像意怠鸟一样免除祸患，与世人和谐相处。

大公任来点拨处于困境中的孔子，做人要像意怠鸟一样，既不超群出众又不脱离群体（《德充符》："有人之形，无人之情"）。超群出众就会显出他人的缺陷，他人就会产生算计之心；脱离群体，他人也会有伤害自己的机会。孔子听了大公任的忠告后，逃到山中，放弃功名利禄的思想，修炼到能与鸟兽为群的境界。如果孔子以这种心态回到人世，就不会再有陈蔡之患了。

翂翂翐翐，而似无能——无我。

引援而飞，迫胁而栖；进不敢为前，退不敢为后；食不敢先尝，必取其绪——"有人之形，无人之情"，无我、无物。

子其意者饰知以惊愚，修身以明污，昭昭乎如揭日月而行，故不免也——有我。

孰能去功与名而还与众人！道流而不明，居得行而不名处；纯纯常常，乃比于狂；削迹捐势，不为功名；是故无责于人，人亦无责焉——无名。

入兽不乱群，入鸟不乱行——无我顺物。

8. **孔子问子桑雽（hù）[(1)]曰："吾再逐于鲁[(2)]，伐树于宋，削迹于卫，穷于商周，围于陈蔡之间[(3)]。吾犯此数患，亲交益疏，徒友益散，何与（欤）？"**

子桑雽曰："子独不闻假[(4)]人之亡[(5)]与？林回[(6)]弃千金之璧，负赤子[(7)]而趋[(8)]。或曰："为其布[(9)]与（欤）？赤子之布寡矣；为其累与？赤子之累多矣；弃千金之璧，负赤子而趋，何也？'林回曰：'彼以利合，此以天属[(10)]也。'夫以利合者，迫[(11)]穷祸患害相弃也；以天属者，迫穷祸患害相收也。夫相收之与相弃亦远矣。且君子之交淡若水，小人之交甘若醴（lǐ）[(12)]；君子淡以亲，小人甘以绝。彼无故[(13)]以合者，则无故以离。"

孔子曰："敬闻命矣！"徐行翔佯[(14)]而归，绝学捐书，弟子无挹（揖）[(15)]于前，其爱益加进。

（1）子桑雽：姓桑，名雽，隐者也（成玄英《庄子疏》），疑即《大宗师》之子桑户。雽音户，则固与子桑户同矣（（俞樾《庄子平议》）。

（2）再逐于鲁：鲁昭公时，昭公想除掉季氏的势力，结果失败，出奔国外。孔子当时站在昭公一边，也被迫逃到齐国；鲁定公时，孔子为大司寇。齐人担心鲁国因此强大而危及自身，就送女乐给定公及季桓子，使鲁国君臣无心管理国事，于是，孔子逃到卫国（曹础基《庄子浅注》）。

（3）伐树于宋，削迹于卫，穷于商周，围于陈蔡之间：孔子的一系列遭遇，见《天运》篇注释。

（4）假：假，国名，晋下邑也（成玄英《庄子疏》）。

（5）亡：逃亡。

（6）林回：姓林，名回，假之贤人也（成玄英《庄子疏》）。

（7）赤子：婴儿。

（8）趋：快走。

（9）布：谓财帛也（郭象《庄子注》）。

（10）天属：天生相关。“属”，连也（陆德明《经典释文》引司马彪说））。

（11）迫：被迫。

（12）醴：甜酒。

（13）无故：无缘无故。

（14）翔佯：犹“徜徉”，徘徊（曹础基《庄子浅注》）。

（15）挹：通“揖”，作揖礼。

译文：

孔子问子桑雽说：“我两次被鲁国驱逐，在宋国受到伐树的耻辱，被卫国禁止居住，在商、周走投无路，在陈、蔡之间被围困。我遭受这些灾祸，亲戚、故交日渐疏远，学生、友人更加离散，是什么原因呢？”

子桑雽回答：“难道你没有听说过假国人逃亡的故事吗？假国人林回舍弃千金的玉璧，背着婴儿逃跑。有人问：‘为了财帛吗？婴儿价值很小；怕累赘吗？婴儿比璧玉累赘多了。舍弃千金的玉璧，背着婴儿逃难，为什么呢？’林回说：'与璧玉是利益关系，与这个孩子却是天性相关。'以利益结合的，被祸患所迫就会相互抛弃；以天性相连的，被祸患所迫反而会相互依靠。相互依靠与相互抛弃也相差太远了；况且君子之间的交情淡如水，小人之间的交情如甜酒；君子交情平淡却亲近，小人交情甘甜却会绝交。那些无缘无故结合的，也会无缘无故地分开。"

孔子说："我恭敬地接受您的指教！"于是悠闲自得地慢慢走回去，终止讲学，抛弃书籍。弟子不必向他行揖让之礼，可是他们对老师的爱戴之情反而更加深厚了。

解说：

这个故事阐明人与人之间的交往只有出于自然才真正可靠。

林回的例子说明，人与人之间的利益关系难以长久维持，只有出自天性的自然关系才可靠。以前，孔子四处碰壁，亲戚、朋友和学生日益疏远，这是因为孔子与他们结合的纽带是利益。一旦利益不在，关系当然就疏远。孔子终止讲学、抛弃书籍之后，学生与他之间就没有利益关系了，维系他们的是自然的情感，所以情感更加牢固。

9. **异日，桑雽又曰："舜之将死，真**(1)**泠**(2)**禹曰：'汝戒之哉！形莫若缘**(3)**，情莫若率**(4)**。缘则不离，率则不劳；不离不劳，则不求文**(5)**以待形；不求文以待形，固不待物**(6)**。'"**

(1) 真：王引之认为"迺"（乃）字误为"直"字，再误为"真"字。宣颖《南华经解》作"其"字。

(2) 泠：唐本为"命"字。"命"，晓示。

(3) 缘：顺也（成玄英《庄子疏》）。

(4) 率：率真。

(5) 文：纹饰，指礼节等外在的东西。

(6) 不待物：无需依赖它物。

译文：

有一天，桑雽又说："舜临死的时候，告诫禹说：'你要谨慎啊！外形不如顺随，情感不如率真。顺随就不会离散，率真就不会劳累；不离散不劳神，就无需以外在的东西来装饰外形；不需外在的东西装饰外形，就不需依赖他物了。’”

解说：

身形顺应外物，情感出于率真，都是自然本性的表现。出于自然就能逍遥自在地与他人混迹在一起。

10. **庄子衣大布**[(1)]**而补之，正緳**（xié）[(2)]**系履**[(3)]**而过魏王**[(4)]。**魏王曰：“何先生之惫**[(5)]**邪？”**

庄子曰：“贫也，非惫也。士有道德不能行，惫也；衣弊履穿[(6)]**，贫也，非惫也；此所谓非遭时也。王独不见夫腾猿乎？其得柟**（nán）**梓豫章**[(7)]**也，揽蔓**[(8)]**其枝而王长其间**[(9)]**，虽羿、蓬蒙**[(10)]**不能眄**（miàn）**睨**（nì）[(11)]**也。及其得柘**（zhè）**棘枳**（zhǐ）**枸**（gǒu）[(12)]**之间也，危行侧视，振动**[(13)]**悼栗**[(14)]**；此筋骨非有加急**[(15)]**而不柔也，处势不便，未足以逞其能也。今处昏上乱相之间，而欲无惫，奚**[(16)]**可得邪？此比干之见**[(17)]**剖心征**[(18)]**也夫！”**

(1) 大布：犹粗布也（成玄英《庄子疏》），粗布衣。

(2) 正緳：言整齐麻之一端，以纳束其履而系之；“正”，整（郭庆藩《庄子集释》引郭嵩焘），使麻丝的一段系整齐。

(3) 履：鞋子。

(4) 魏王：魏惠王也（成玄英《庄子疏》）。

(5) 惫：疲惫。

(6) 穿：磨破。

(7) 柟梓豫章：皆端直好木也（成玄英《庄子疏》）。“柟”，南树。“梓”，楸树。“豫章”，樟树。

(8) 揽蔓：犹把捉也（成玄英《庄子疏》）。

(9) 王长其间：率其属居其上而自为君长也（郭庆藩《庄子集释》引俞樾），在其间称王。

(10) 羿、逢蒙：都是古代善射的人。“羿”，古之善射人；“逢蒙”，羿之弟子也（成玄英《庄子疏》）。

（11）睥睨：犹斜视（成玄英《庄子疏》）。

（12）柘棘枸枳：并有刺之恶木也（成玄英《庄子疏》）。“柘”，桑树。“棘”，似枣树而小，多刺。“枸”，香橼。“枳”，别称枸橘茎上有刺。

（13）振动：指发抖。

（14）悼：惧也（庆藩案《庄子集释》）。

（15）加急：收紧（陈鼓应《庄子今注今译》）。

（16）奚：何。

（17）见：被。

（18）征：证验（成玄英《庄子疏》）。

译文：

庄子穿着打补丁的粗布衣服，用麻绳系着鞋子去见魏王。魏王说：“先生为什么如此疲惫呢？”

庄子说：“是贫穷，不是疲惫。读书人有道德而不能施行，才会疲惫；至于衣服破、鞋子烂，那是贫穷，不是疲惫。这就是所谓的生不逢时呀。君王难道没有看过跳跃的猿猴吗？当它们在楠、梓、豫、章这些大树上时，攀援树枝而称王称长其间，即便是羿、逢蒙这样的神箭手也不能小看它们。可到了柘、棘、枳、枸这些多刺的树丛中，它们就行动谨慎，小心翼翼，恐惧得发抖；这不是因为筋骨变得僵硬而不再柔软了，而是所处的形势不利，无法施展它们的本领。现在我处在君昏、臣乱的时代，要想不疲惫，哪里可能呢？比干被纣王剖心而死，那就是最好的例证啊！”

解说：

本段阐明只有顺随不同的自然情势而为才能混迹于世。

读书人有道而不能实施，就会疲惫。庄子是得道者，知道自然而为，天下有道就实现自己的想法，天下无道就只求保全性命。因此，庄子说，自己是贫穷，不是疲惫。

11. 孔子穷于陈蔡之间(1)，七日不火食(2)，左据(3)槁木，右击槁枝，而歌猋（biāo）氏(4)之风(5)，有其具(6)而无其数(7)，有其声而无宫角（jué）(8)，木声与人声，犁然(9)有当(10)于人之心。

颜回端拱(11)还目(12)而窥之。仲尼恐其广己(13)而造大(14)也，爱己而造哀也，曰："回，无受天损易，无受人益(15)难。无始而非卒(16)也，人与天一也。夫今之歌者其谁乎？"

(1) 孔子穷于陈蔡之间：见前一个故事。楚昭王聘请孔子。当孔子经过陈蔡之地时，蔡人见其人多，以为是贼，就包围了七天，以致没有粮食，不能生火做饭。

(2) 火食：生活做饭。

(3) 据：凭（成玄英《庄子疏》），靠。

(4) 猋氏：神农也（成玄英《庄子疏》）。

(5) 风：歌谣。

(6) 具：击木之具（陈寿昌《南华真经正义》）。

(7) 数：节奏（宣颖《南华经解》）。

(8) 无宫角：不合音律（宣颖《南华经解》）。

(9) 犁然：如犁田者，其土释然也（焦竑《庄子翼》）。

(10) 当：合。

(11) 端拱：拱手直立（陈鼓应《庄子今注今译》）。"端"，直。

(12) 还目：回目而视（成玄英《庄子疏》）。"还"，通"旋"。

(13) 广己：尊己（林云铭《庄子因》）。

(14) 造大：夸大。"造"，适也（陆德明《经典释文》引司马彪说）。

(15) 益：人为添加。

(16) 卒：终。

译文：

孔子被困于陈国、蔡国之间，七天无法生火做饭。孔子左手靠着枯树，右手敲着枯枝，唱起了神农时代的歌谣，有击木的器具却没有节奏，有敲击的声响却没有音律。敲木声和唱歌声听起来触动人心，让人感到舒服。

颜回在拱手站立着，转过眼来看着孔子。孔子担心颜回过于推崇自己以至于夸大，过分爱惜自己以至于哀伤，就说："颜回呀，不受自然的损害还容易，不接受他人的帮助却很难呀。世事没有什么不是开始就意味着结束的，人与自然都是一样的。现在唱歌的人又是谁呢?"

解说：

第十一至十五段阐述得道者应以顺其自然之心对待世俗的沧桑变化。

得道者忘我而顺随外物，因而面对困境，孔子自己能坦然处之。而颜回并没有得道，会受到世事变化的影响，所以孔子讲出一番自然之理开导颜回。

12. **回曰："敢问无受天损易。"**

仲尼曰："饥渴寒暑，穷桎（zhì）[(1)]**不行，天地之行也，运**[(2)]**物之泄**[(3)]**也，言与之偕逝**[(4)]**之谓也。为人臣者，不敢去之。执**[(5)]**臣之道犹若是，而况乎所以待天乎!"**

(1) 桎：塞也（成玄英《庄子疏》）。

(2) 运：动也（陆德明《经典释文》引司马彪说）。

(3) 泄：发也（陆德明《经典释文》引司马彪说）。

(4) 偕逝：一起变化。"偕"，俱也；"逝"，往也（成玄英《庄子疏》）。

(5) 执：执持（成玄英《庄子疏》），遵守。

译文：

颜回说："请问不受自然的损害还算容易。"

孔子说："饥渴寒暑，穷困不通，是天地自然的运行，事物的变化，意思也就是说，要与天地万物一起变化。譬如做臣子的，不敢逃避国君的命令。执守臣子之道的尚且如此，何况是对待自然呢!"

解说：

本段阐述上文不受自然的损害还算容易的含义。

自然的变化是人无法掌控的，因而面对自然的变化，人们比较容易接受。

只要能接受自然的变化，就能避开其伤害，所以说，不受自然的损害还算容易。

13. **“何谓无受人益难？”**

仲尼曰：“始用[1]四达[2]，爵禄并至而不穷，物之所利，乃[3]非己也，吾命其在外[4]者也。君子不为盗，贤人不为窃。吾若取之，何哉！故曰，鸟莫知于鷾（yì）鸸（ér）[5]，目之所不宜处，不给视[6]，虽落其实[7]，弃之而走。其畏人也，而袭[8]诸人间，社稷[9]存焉尔。”

(1) 用：(被上级）任用。

(2) 四达：处处顺利。

(3) 乃：是。

(4) 在其外：在这些东西之外，意为不属于我本分之内的。

(5) 鷾鸸：燕也（成玄英《庄子疏》）。

(6) 不给视：不多看。“给”，足，多（曹础基《庄子浅注》）。

(7) 实：食也（成玄英《庄子疏》）。

(8) 袭：入也（成玄英《庄子疏》）。

(9) 社稷：社者，所以居也；稷者，所以养也（郭庆藩《庄子集释》引郭嵩焘说），这里指燕子的窝。

译文：

颜回又问：“不接受人的帮助很难是什么意思呢？”

孔子说：“开始被任用就一切顺利，爵位和俸禄源源不绝而来。这些外物带来的好处，不是自己本来有的，而是我的命运偶然所遇到的外在东西。君子不做抢劫之事，贤人不做偷窃之事。我如果去获取这些外在的东西，是为了什么呢？所以说，鸟类没有比燕子更聪明的，燕子看见不适宜的地方，就不再看第二眼，即使掉落了口中的食物，也舍弃飞走。燕子虽然这么害怕人，但进入人的屋里，这是因为自己的巢窠在那儿。”

解说：

这一段阐述即使是得道者也难免遭遇世俗的困境，以提醒颜回不要将问题夸大。

世间的变化不可预料，它既能使一些人一涉世就享受源源不绝的爵位和俸禄，也会使一些人莫名其妙地陷入困境（譬如孔子在陈国、蔡国之间的遭遇）。得道者顺随外物，虽然能做到不受自然的损害（见上一段），但得道者也要生活在世俗之中（就像聪明而谨慎的燕子也要将巢窠建在人的屋子里一样），因而还是难免会陷入世俗的困境之中，要接受他人的助益。所以说，不接收他人的助益难。

鸟莫知于鷾鸸，目之所不宜处，不给视，虽落其实，弃之而走——燕子不贪外物，顺物而行。燕子隐喻得道者。

其畏人也，而袭诸人间，社稷存焉尔——但还是要进入任（人）的屋子里，因为它的巢窠在那儿。隐喻得道者无法离开世俗社会，因而无法完全逃脱世俗的利益。

14. **“何谓无始而非卒?”**

仲尼曰：“化其万物而不知其禅(1)之者，焉知其所终？焉知其所始？正而待之而已耳。”

(1) 禅：代也（成玄英《庄子疏》），代替。

译文：

颜回又问：“没有什么不是开始就意味结束是什么意思?”

孔子说：“变化万物而不知道谁会是替代者，怎么知道它的结束？怎么知道它的开始呢？以自然之正道对待就是了。”

解说：

事物本身是无封的，无所谓结束，无所谓开始。人只能顺随自然的变化。这是孔子在安慰颜回，正如灾难的来临不可预测一样，灾难的消除也无法预测，说不定困境马上就解除了，大可不必悲伤。

焉知其所终？焉知其所始——事物的无封性。参见《齐物论》“有始也者，有未始有始也者，有未始有夫未始有始也者”的解说。

15. **“何谓人与天一邪？”**

仲尼曰：“有人[(1)]，天也；有天[(2)]，亦天也。人之不能有天，性也，圣人晏然[(3)]体逝[(4)]而终矣！”

(1) 人：人为。

(2) 天：自然本性。

(3) 晏然：安也（成玄英《庄子疏》）。

(4) 体逝：体现天道的自然变化（曹础基《庄子浅注》）。

译文：

颜回又问：“人与自然都是一样的是什么意思？”

孔子说：“人为的，是出于自然；自然的，也是出于自然；人不能保持自然的本性，也是由天性所决定的。只有得道者能始终安然地顺随自然的变化！”

解说：

不能保持本性的非得道者是由自身的本性所决定的，得道者顺随自然，也是出于其自然的本性。既然如此，顺随自然好了。

16. **庄周游于雕陵[(1)]之樊[(2)]，睹一异鹊自南方来者，翼广七尺，目大运寸[(3)]，感[(4)]周之颡（sǎng）[(5)]而集于栗林。庄周曰：“此何鸟哉，翼殷[(6)]不逝[(7)]，目大不睹？”蹇[(8)]裳躩（jué）步[(9)]，执弹而留[(10)]之。睹一蝉，方得美荫而忘其身；螳螂执翳（yì）[(11)]而搏[(12)]之，见得而忘其形；异鹊从而利之，见利而忘其真[(13)]。庄周怵然曰：“噫！物固相累，二类相召[(14)]也！”捐[(15)]弹而反（返）走，虞人[(16)]逐而谇（suì）[(17)]之。**

庄周反[(18)]入，三月不庭[(19)]。蔺且（jū）[(20)]从而问之：“夫子何为顷间[(21)]甚不庭乎？”

(1) 雕陵：陵名（陆德明《经典释文》引司马彪说）。

(2) 樊：藩也（陆德明《经典释文》引司马彪说），篱笆。

(3) 目大运寸：犹言目大径寸耳（王念孙《庄子杂志》）。

(4) 感：触也（陆德明《经典释文》引李颐说）。

(5) 颡：额也（成玄英《庄子疏》）。

(6) 殷：大也（陆德明《经典释文》引司马彪说）。

(7) 逝：往也（成玄英《庄子疏》），指飞走。

(8) 蹇：拉起。

(9) 躩步：犹疾行也（陆德明《经典释文》引司马彪说）。

(10) 留：伺候也（成玄英《庄子疏》）。

(11) 执翳：执草以自翳也（陆德明《经典释文》引司马彪说），以树叶将自己隐蔽起来。“翳”，隐蔽。

(12) 搏：捕也（成玄英《庄子疏》）。

(13) 真：自身的自然本性。

(14) 相召：相互招引。

(15) 捐：弃也（成玄英《庄子疏》）。

(16) 虞人：守园者（林希逸《庄子口义》）。

(17) 谇：问之也（郭象《庄子注》）。

(18) 反：通“返”。

(19) 不庭：不出门庭（成玄英《庄子疏》）。

(20) 蔺且：姓蔺名且，庄子弟子（成玄英《庄子疏》）。

(21) 顷间：最近。“顷”，短时间。

译文：

庄周到雕陵的园林边游玩，看见一只怪鹊从南方飞来，那鸟翅膀宽有七尺，眼睛直径达一寸，碰到庄周的额头后落到栗林里。庄周说：“这是什么鸟呀，翅膀虽大却不能飞远，眼睛虽大却看不清晰？”于是，庄子拉起衣裳快步走了过去，拿着弹弓，等着那只鸟。这时，庄子突然看见一只蝉，正在舒服的浓荫下歇息而忘记了自身；一只螳螂正以树叶作隐蔽准备缚住那只蝉，看着眼前的利益也忘记了自身；那只怪鹊准备对螳螂下手，见到眼前的利益也忘了性命。庄周惊恐地说：“唉！万物本来是这样相互伤害的，两者因贪婪而相互招引呀！”于是扔掉弹弓掉头就跑，这时看守栗园的人在后面边追边骂。

庄周回到家中，三个月不出门。于是，弟子蔺且问他说："老师最近为什么总是不出门呢?"

解说：

本段从反面阐明得道者应以无利害之心面对世俗的利与害。

如果以利害而行动，那么万物都处于伤害的链条之中，螳螂捕蝉，怪鹊捕螳螂，庄子打怪鹊。庄子自身也不例外，因一时的贪欲而被看园子的人辱骂。

17. **庄周曰："吾守形(1)而忘身，观于浊水(2)而迷于清渊(3)。且吾闻诸夫子曰：'入其俗，从其令。'今吾游于雕陵而忘吾身，异鹊感吾颡，游于栗林而忘真，栗林虞人以吾为戮(4)，吾所以不庭也。"**

(1) 守形：追逐外物（之形）。

(2) 浊水：追逐鸟等外物之类的行为。

(3) 清渊：清泉，这里指自然天性。

(4) 戮：辱（王先谦《庄子集解》）。

译文：

庄周说："我追逐外物而忘记了自身，看见浊水而被清渊迷惑了。而且我听老师说过：'到一个地方，就遵从那里的风俗习惯。'现在，我来到雕陵游玩而忘记了自身，怪鸟碰上了我的额头，就追到栗林而忘了我的本性。栗林管理员辱骂我。这就是我不出门的原因。"

解说：

得道者心无清浊之分，既不排斥浊水，也不迷恋清渊。庄子来到雕陵栗园，因浊水（怪鹊）而被清渊迷惑了（指忘了雕陵栗园的禁令），所以被管理员辱骂。

18. **阳子(1)之(2)宋，宿于逆旅(3)。逆旅人有妾二人，其一人美，其一人恶(4)，恶者贵而美者贱。阳子问其故，逆旅小子(5)对曰："其美者自美(6)，吾**

不知其美也；其恶者自恶，吾不知其恶也。”

阳子曰：“弟子记之！行贤而去自贤之行，安(7)往而不爱哉！”

(1) 阳子：姓阳，名朱，字子居，秦人也（成玄英《庄子疏》）。

(2) 之：往。

(3) 逆旅：店也（成玄英《庄子疏》）。

(4) 恶：丑。

(5) 小子：对年级小的人的称呼（曹础基《庄子浅注》），这里指旅店主人。

(6) 自美：自以为美。

(7) 安：哪里。

译文：

阳子前往宋国，途中住宿在一家旅店。旅店老板有两个妻妾，其中一个长得漂亮，另一个长得丑陋。丑陋的受宠爱，漂亮的被冷落。阳子询问他缘由，旅店老板回答说：“那长得漂亮的自以为漂亮，但我不觉得她漂亮；那长得丑的自以为丑，但是我不觉得她丑。”

阳子说：“弟子们要记住！行善而没有行善之心，到哪里不受欢迎呢！”

解说：

本段阐明得道者应以“为善无近名”（《养生主》，意为做世俗所认为的善事却没有为善之心）的心态栖息在世俗社会之中。

长得漂亮而自以为美，说明心中有美丑之分，就惹得旅店老板反感。如果那美女长得美又不自以为美，一定会被旅店老板所宠爱。推而广之，做世俗的善事却没有为善之心，才不会被世人所讨厌，自己也会逍遥自在。

田子方

本篇阐述的内容与《齐物论》相似，阐释什么是道、什么样的人是得道的真人以及真人的表现，由十一个故事组成。

第一个故事（从开头至“我累耳”）描述真人的表现：外表如常人但内心没有圣智、仁义等是非观念。第二个故事（从“温伯雪子”至“容声矣”）描述真人如何对待世俗的礼仪——遵守礼仪却随机应变。第三个故事（从“颜渊”至“忘者存”）描述得道的关键在于顺随事物之自然，而不只在于外在的表现。第四个故事（从“孔子见”至“大全也”）通过老子之口阐述什么是道以及如何通达道。第五个故事（从“庄子见”至“谓多乎”）阐述得道者无名（参见《逍遥游》）。第六个故事（从“百里奚”至“以动人”）阐述得道者无心于爵禄（名）、忘怀生死（无封）。第七个故事（从“宋元君”至“画者也”）展示得道者自然率真的本性。第八个故事（从“文王观”至“斯须也”）描述得道者如何从政以及怎样对待爵禄。第九个故事（从“列御寇”至“殆矣夫”）通过伯昏无人无心的射箭方式展示真人的忘我境界。

第十个故事（从“肩吾问”至“已愈有”）阐释真人如何对待富贵爵禄。第十一个故事（从“楚王与”至末尾）阐述真人如何对待自身与国家之间的关系。

我们将本篇结构图示如下。

1	从开头至“我累耳”	描述真人的表现：外表如常人但内心没有圣智、仁义等是非观念。	本篇阐述什么是道、什么样的人是得道的真人以及真人的表现。
2	从“温伯雪子”至“容声矣”	描述真人如何对待世俗的礼仪——遵守礼仪并随机应变。	
3	从“颜渊”至“忘者存”	描述得道的关键在于顺随事物之自然，而不只在于外在的表现。	
4	从“孔子见”至“大全也”	通过老子之口阐述什么是道以及如何通达道。	
5	从“庄子见”至“谓多乎”	阐述得道者无名。	
6	从“百里奚”至“以动人”	阐述得道者无心于爵禄（名）、忘怀生死（无封）。	
7	从“宋元君”至“画者也”	展示得道者自然率真的无我本性。	
8	从“文王观”至“斯须也”	描述得道者如何从政以及怎样对待爵禄。	
9	从“列御寇”至“殆矣夫”	通过伯昏无人无心的射箭方式展示真人的忘我境界。	
10	从“肩吾问”至“已愈有”	阐释真人如何对待富贵爵禄。	
11	从“楚王与”至末尾	阐述真人如何对待自身与国家之间的关系。	

1. **田子方**(1)**侍坐于魏文侯**(2)**，数**（shuò）**称溪工**(3)。

文侯曰：“溪工，子(4)**之师邪（耶）?”**

子方曰：“非也，无择之里人(5)**也；称道数**（shuò）**当**(6)**，故无择称之。”**

文侯曰：“然则子无师邪?”

子方曰：“有。”

曰：“子之师谁邪?”

子方曰：“东郭顺子(7)**。”**

文侯曰：“然则夫子何故未尝称之?”

子方曰：“其为人也真(8)**，人貌而天虚**(9)**，缘**(10)**而葆真**(10)**，清而容物。物**

无道，正容[11]以悟之，使人之意也消。无择何足以称之!”

子方出，文侯傥然[12]终日不言，召前立臣而语（yù）之曰：“远矣，全德之君子！始吾以圣知之言仁义之行为至矣，吾闻子方之师，吾形解[13]而不欲动，口钳（qián）[14]而不欲言。吾所学者直[15]土梗[16]耳，夫魏真为我累耳!”

（1）田子方：姓田，名无择，字子方，魏之贤人也，文侯师也（成玄英《庄子疏》）。

（2）文侯：毕万七世孙，武侯之父也。姓溪，名工，亦魏之贤人（成玄英《庄子疏》）。

（3）溪工：姓溪，名工，亦魏之贤人（成玄英《庄子疏》）。

（4）子：你。

（5）里人：(与田子方）同居一里的人。“里”，古代若干家为一里。

（6）称道数当：称说言道，频当于理（成玄英《庄子疏》），说话往往合道、合理。

（7）东郭顺子：可能是虚构的人物。

（8）真：所谓真道人也（成玄英《庄子疏》）。

（9）天虚：自然的心性（曹础基《庄子浅注》）。“虚”，虚寂，指合乎自然。

（10）缘：顺（（成玄英《庄子疏》）。

（11）葆真：保持自然天性。

（12）傥然：失志貌（陆德明《经典释文》引司马彪说)，失意的样子。

（13）解：懈怠。

（14）口钳：嘴巴像被钳住了。

（15）直：只。

（16）土梗：土人也（成玄英《庄子疏》）。

译文：

田子方陪坐在魏文侯身旁，多次称赞豀工。

文侯问道：“豀工是你的老师吗?”

田子方说：“不是，他是我的同乡。他的言论往往十分恰当，所以我称赞他。”

文侯说：“那你自己没有老师吗？”

子方说：“有”。

文侯说：“你的老师是谁呢？”

田子方说：“东郭顺子。”

文侯说：“那么先生为什么不曾称赞过自己的老师呢？”

田子方回答说：“他为人纯真，虽然外形普通而心性合于自然，顺随他人而保持天真，处身清净而能容人。遇到不合道的人，他就端正自己以开悟他人，使其不合道之心消除。我哪里有资格称赞他呢？”

田子方出去了，魏文侯若有所失，整天不说话，将跟前的侍臣召过来，对他们说：“太深远了，德行完备的君子！当初我认为圣智的言论、仁义的行为就是极致，我听到子方老师这样的人，我的身体就像散开了一样不想动，嘴巴就像被钳住一样不想说。我过去所学到的只不过是些假东西，魏国真是我的累赘呀！”

解说：

这个故事描述真人的表现：外表如常人但内心没有圣智、仁义等是非观念。

豁工合乎世俗之善，所以田子方称赞他。田子方的老师东郭顺子心中无善无恶，忘我而顺物。所以，田子方无从称赞他。魏文侯听了田子方对东郭顺子的描述后，顿悟以前所推崇的圣智言论和仁义品行都还处在是非善恶之中，都是些土偶一样无用的东西，感到魏国是他的累赘。当然，真正的得道者以无为方式治国，对名利处之泰然，无所谓累赘不累赘。魏文侯还是没有悟道。

其为人也真，人貌而天虚，缘而葆真，清而容物——外在表现与普通人相同，但内心无我，没有是非好恶。

物无道，正容以悟之，使人之意也消——顺随他人而使他人合道，是无我之玄的表现。

2. **温伯雪子(1)适(2)齐，舍(3)于鲁。鲁人有请见之者，温伯雪子曰：“不**

可。吾闻中国[4]之君子，明乎礼义而陋[5]于知人心，吾不欲见也。”

至于齐，反[6]舍于鲁，是[7]人也又请见。温伯雪子曰：“往也蕲[8]见我，今也又蕲见我，是必有以振[9]我也。”

出而见客，入而叹。明日见客，又入而叹。其仆曰：“每见之[10]客也，必入而叹，何耶？”

曰：“吾固[11]告子矣：‘中国之民，明乎礼义而陋乎知人心。’昔之见我者，进退一成规，一成矩，从容一若龙，一若虎，其谏我也似子，其道我也似父，是以叹也。”

仲尼见之而不言。子路曰：“吾子[12]欲见温伯雪子久矣，见之而不言，何邪？”

仲尼曰：“若夫人者，目击而道存矣，亦不可以容声[13]矣。”

(1) 温伯雪子：姓温，名伯，字雪子，楚之怀道人也（成玄英《庄子疏》）。

(2) 适：往。

(3) 舍：寄宿。

(4) 中国：对中原一带的称呼。

(5) 陋：拙也（成玄英《庄子疏》）。

(6) 反：通“返”。

(7) 是：此，这。

(8) 蕲：求也（成玄英《庄子疏》）。

(9) 振：动也（成玄英《庄子疏》）。

(10) 之：此，这。

(11) 固：本来。

(12) 吾子：相当于您。

(13) 容声：目裁往，意已达，无所容其德音也（郭象《庄子注》）。

译文：

温伯雪子前往齐国，中途投宿在鲁国。鲁国有个人请求拜见他，温伯雪子说：“不行。我听说中原一带的君子，明于礼义却不善于了解人心，我不想见他”。

到了齐国之后，返回时又投宿在鲁国，那个人又请求拜见。温伯雪子说：“上次请求见我，现在又请求见我，那一定是有什么东西可以启发我。”

温伯雪子出去见了这个客人，进来后叹息不已。第二天又去见这位客人，进来后又叹息不已。他的仆人问道：“你每次见到这个客人，进来后就叹息，为什么呢？”

温伯雪子说：“我本来告诉过你：‘中原一带的人，明于礼义而不善了解人心。’刚才我见的那个人，进退有规有矩，举止从容，如龙又似虎；他劝告我时就像儿子对待父亲，引导我时就像父亲对待儿子，所以我叹息。”

孔子拜见温伯雪子后一言不发。子路问道：“老师很早就想拜见温伯雪子，见了他却一言不发，为什么呢？”

孔子说：“像他那样的人，视线一接触就能体会大道的存在，也不用多说什么了。”

解说：

这个故事描述真人如何对待世俗的礼仪——遵守礼仪并随机应变。

一般中原一带人只习礼仪，却不知顺随人心。所以，第一次求见时温伯雪子拒绝了孔子。孔子第二次求见时，温伯雪子不再拒绝（一再拒绝就是有我）。见到孔子后才发现，孔子不仅明礼义，而且能随机应变，不拘于世俗的固定模式。这正是得道者的表现。所以，温伯雪子惊叹不已。孔子见到温伯雪子就知道对方得道了。温伯雪子和孔子是真正的惺惺相惜。

进退一成规，一成矩——合乎世俗的礼仪。

从容一若龙，一若虎——无我以顺随规矩。

其谏我也似子，其道我也似父——处于自然情感，而不是出自是非好恶。

3. **颜渊问于仲尼曰：“夫子步亦步，夫子趋亦趋，夫子驰亦驰；夫子奔逸绝尘(1)，而回瞠(2)若乎后矣！”**

夫子曰：“回，何谓邪？”

曰：“夫子步，亦步也；夫子言，亦言也；夫子趋，亦趋也；夫子辩，亦

辩也；夫子驰，亦驰也；夫子言道，回亦言道也；及奔逸绝尘而回瞠若乎后者，夫子不言而信，不比[3]而周[4]，无器[5]而民滔[6]乎前，而不知所以然而已矣。”

仲尼曰：“恶（wū）[7]！可不察与！夫哀莫大于心死[8]，而人死亦次之。日出东方而入于西极[9]，万物莫不比方[10]，有目有趾[11]者，待是[12]而后成功，是出则存，是入则亡。万物亦然，有待也而死，有待也而生。吾一受其[13]成形，而不化[14]以待尽[15]，效[16]物而动，日夜无隙，而不知其所终；熏然[17]其成形，知命不能规[18]乎其前，丘以是[19]日徂（cú）[20]。

（1）奔逸绝尘：急走也（成玄英《庄子疏》），形容速度之快。“奔逸”，飞驰也；“绝尘”，去速而不见其尘也（林希逸《庄子口义》）。

（2）瞠：直目貌也（成玄英《庄子疏》）。

（3）比：偏党也（朱熹《论语章句集注》）。

（4）周：普遍。

（5）器：爵位也（成玄英《庄子疏》）。

（6）滔：大水涌聚。

（7）恶：相当于“唉”之类的词。

（8）心死：袭焉而不化，执焉而不移者也（郭庆藩《庄子集释》），指心不能顺随外物的变化。

（9）西极：西方的尽头。

（10）比方：从日为方向（宣颖《南华经解》）。

（11）有目有趾：目成见功，足成行功也（郭象《庄子注》）。“趾”，足也（成玄英《庄子疏》）。

（12）是：这，指太阳。

（13）其：太阳的自然运行。

（14）化：变化。

（15）待尽：在对待中消亡。

（16）效：顺随。

（17）熏然：熏然禀气成形，无物使之然也（成玄英《庄子疏》），自然而然的样子。

(18) 规：测度。

(19) 以是：因此。

(20) 徂：往也（成玄英《庄子疏》）。

译文：

颜渊问孔子说："先生慢走我也慢走，先生快走我也快走，先生奔跑我也奔跑，但如果先生奔走如飞绝尘而去，我就只能干瞪眼落在后面了！"

孔子说："颜回，这话什么意思？"

颜回说："先生慢走我也慢走，是指先生说话，我也说话；先生快走我也快走，是指先生辩论，我也辩论；先生奔跑，我也奔跑；是指先生谈道，我也谈道；等到先生奔走如飞绝尘而去，我只能干瞪眼落在后面，就是指先生不用开口却能取信于人，不用刻意亲热却能让人亲近，没有爵位却能使人们聚集在你周围。我不知道先生能达到这个地步的原因。"

孔子说："唉，这能不明察么！最悲哀的莫大于心死，身体的死亡还在其次。太阳从东方升起，从西边落下，万物无不顺从这个方向；有眼有脚的人，等到太阳升起后才能成事，日出而作，日落而息。万物都是这样，顺着太阳而消逝，顺着太阳而生成。我一旦因此禀受了形体，就不再擅自改变，直到生命的尽头，顺随外物而行动，日夜不曾停息，而不知自己的归宿。自然而然就结合为形体，我知道命运不可事前预测，因此每天只是顺随着自然的变化。

解说：

这个故事描述得道的关键在于顺随事物之自然，而不只在于外在的表现。

颜回只知道仿效孔子的行为，而不知道顺物而为，这是心死的表现。孔子则不然，内心没有执着，顺应事物而不去追问其所以然，就像顺随自然界中的日落日出一样，因而当孔子奔走如飞绝尘而去时，颜回就只能干瞪眼落在后面了。

夫哀莫大于心死——指固执自我，不知顺随外物变化。

吾一受其成形，而不化以待尽——顺随自身之自然。

效物而动，日夜无隙，而不知其所终——顺随自然而动。

熏然其成形，知命不能规乎其前，丘以是日徂——无我则为万物所归。

4. **吾终身与汝交一臂[(1)]而失之，可不哀与！女[(2)]殆[(3)]著（zhù）[(4)]乎吾所以著[(5)]也。彼[(6)]已尽矣，而女求之以为有，是求马于唐肆[(7)]也。吾服[(8)]女也甚忘[(9)]，女服吾也亦甚忘。虽然，女（汝）奚[(10)]患焉！虽忘乎故吾[(11)]，吾有不忘者[(12)]存。”**

（1）交一臂：即交臂。

（2）女：通“汝”，你。

（3）殆：近也（成玄英《庄子疏》），大概。

（4）著：见也（成玄英《庄子疏》）。

（5）所以著：指外在的表现。

（6）彼：指“所以著”。

（7）唐肆：空市场。“唐”，空（(曹础基《庄子浅注》）。“肆”，市（成玄英《庄子疏》）。

（8）服：思存之谓也（郭象《庄子注》）。

（9）甚忘：谓过去之速也（郭象《庄子注》）。

（10）奚：何。

（11）故吾：过去之我（有我）。

（12）不忘者：指顺随外物的德性。

译文：

我一直同你在一起，你却不理解其中的道理，可不悲哀吗？你大概只是看到了我的外在表现，那些表现已经逝去了，而你还当作存在的东西加以寻找，这就像到空荡的市场上去寻找马匹一样。我心中的你很快就会遗忘，你心中的我很快也会成为过去。即使如此，你又何需忧虑呢！即使忘掉了过去的我，我也有不会被遗忘的东西存在呀”。

解说：

颜回与孔子长期在一起，却只知道孔子的那些外在行为，而不知孔子的外在行为源于顺随外物的心。因此，孔子说，颜回的做法就像去卖完了马的市场去买马一样，肯定买不到马。而要解决颜回的问题，就要忘记过去，而保留顺随外物的精神。

女殆著乎吾所以著也——没有得道的表现。得道者“有人之形无人之情”（《德充符》），有人的外在表现，没有他人的是非好恶情感。

彼已尽矣，而女求之以为有——执着于物。

吾服女也甚忘，女服吾也亦甚忘——忘记彼此，即无我、无物。

5. **孔子见老聃，老聃新沐，方将被[(1)]发而干，慹（zhé）[(2)]然似非人。孔子便[(3)]而待之，少焉[(4)]见，曰：“丘也眩与，其信然与？向者先生形体掘[(5)]若槁木，似遗物离人[(6)]而立于独也。”**

老聃曰：“吾游心于物之初[(7)]。”

孔子曰：“何谓邪？”

(1) 被：通“披”。

(2) 慹：不动貌（陆德明《经典释文》引司马彪说）。

(3) 便：借为“屏”（章太炎《章太炎全集》），屏蔽。

(4) 少焉：一会儿。

(5) 掘：通“崛”，直立的样子（曹础基《庄子浅注》）。

(6) 遗物离人：超然物外、超越尘世。

(7) 物之初：物物未分的无物状态。

译文：

孔子去见老聃，老聃刚洗完头发，正披着头发等待晾干，一动不动地站在那里，不像个活人。孔子就退出去等候。过了一会儿见到老聃，孔子问道：“是我眼花了吗？还是真的是这样呢？刚才先生的身体一动不动有如枯木，似乎遗弃外物、脱离人世而独立存在。”

老聃说：“我的心遨游于万物未分的原初境地。”

孔子问：“这是什么意思？”

解说：

第五至八段通过老子之口阐述什么是道以及如何通达道。

老聃身如槁木、心如死灰，处于忘我的境界（参见《齐物论》中南郭子綦故事）。孔子尚未得道，所以感到疑惑。

6. **曰："心困焉而不能知，口辟[(1)]焉而不能言，尝为汝议乎其将[(2)]。至阴肃肃[(3)]，至阳赫赫[(4)]；肃肃出乎天，赫赫发乎地；两者交通成和而物生焉，或为之纪[(5)]而莫见其形。消息[(6)]满虚，一晦一明，日改月化，日有所为，而莫见其功。生有所乎萌[(7)]，死有所乎归[(8)]，始终相反乎无端而莫知乎其所穷。非是[(9)]也，且孰[(10)]为之宗！"**

（1）辟：口开不合也（成玄英《庄子疏》）。

（2）将：不确定，大概（曹础基《庄子浅注》）。

（3）肃肃：阴气寒也（成玄英《庄子疏》）。

（4）赫赫：阳气热也（成玄英《庄子疏》）。

（5）纪：纲纪。

（6）消息：消失增长。"消"，消失。"息"，增长。

（7）萌：萌于无物（成玄英《庄子疏》）。

（8）归：归向。

（9）是：这，指道。

（10）孰：谁。

译文：

老聃说："心好像被困住而无法知晓；嘴张着而无法说明。我就试着为你说个大概吧。至阴则异常寒冷，至阳则异常炎热，寒冷出自苍天，炎热发自大地；阴阳往来融合万物就产生了，似乎有什么东西在规范着它，却又看不见其形迹。阴阳二气消逝、增长、充盈、空虚，黑夜白昼交替，日迁月移，时时都在作用，但看不见它的功绩。生，有其来处，死，有所归向。死生终始，反复往来，但不知它将止于何处。如果不是这样，那又是谁在主宰这一切呢！"

解说：

道可以领悟但无法言说，无处不起作用却又看不见其形迹。我们能分辨的、能言说的都只是一些阴阳生万物、万物变化无端的现象。只有以忘我之心顺随这些现象，才能通达事物自身。孔子达不到这个境界，所以老聃只能从现象变化的角度给他推演。

心困焉而不能知，口辟焉而不能言——道是无物之物，无法言说。

至阴肃肃，至阳赫赫；肃肃出乎天，赫赫发乎地；两者交通成和而物生焉——万物由阴阳之气而成，所谓一生二（《道德经》第四十二章：“道生一，一生二，二生三，三生万物。万物负阴而抱阳，冲气以为和”）。一即《齐物论》的无封之物，二即《齐物论》的有封之物。

或为之纪而莫见其形。消息满虚，一晦一明，日改月化，日有所为，而莫见其功——无物之物无形、无功，它产生万物。万物由阴阳构成。阴阳此消彼长。

生有所乎萌，死有所乎归，始终相反乎无端而莫知乎其所穷——无物之物产生万物，万物又归于道。

7. **孔子曰：“请问游是**(1)**。”**

老聃曰：“夫得是，至美至乐也，得至美而游乎至乐，谓之至人。”

孔子曰：“愿闻其方。”

曰：“草食之兽不疾易薮（sǒu）(2)**，水生之虫不疾易水，行小变**(3)**而不失其大常**(4)**也，喜怒哀乐不入于胸次**(5)**。夫天下也者，万物之所一**(6)**也。得其所一而同焉，则四支**(7)**百体将为尘垢，而死生终始将为昼夜而莫之能滑（gǔ）**(8)**，而况得丧祸福之所介**(9)**乎！弃隶**(10)**者若弃泥涂**(11)**，知身贵于隶也，贵在于我而不失于变。且万化而未始**(12)**有极也，夫孰足以患心**(13)**！已为道者解乎此。”**

(1) 是：这，指上文的“物之初”境地。

(2) 不疾易薮：不担心改变湖泽。“疾”，患也；易，移也（成玄英《庄子疏》）。“薮”，草泽。

(3) 小变：小的变化，如生活在不同地方。

（4）大常：基本的生活习性，如吃草、喝水的本性。

（5）次：中也（陆德明《经典释文》引李颐说）。

（6）支：通“肢”。

（7）一：混而为一。

（8）滑：乱。

（9）介：际（宣颖《南华经解》），界限。

（10）隶：仆役。

（11）泥涂：泥土。

（12）未始：不曾。

（13）患心：使心忧虑。

译文：

孔子说：“请教如何游心于此。”

老聃回答：“达到这种境地，就无乐无忧伤。能领略到这种无乐无忧达到至乐的人，称为至人。”

孔子说：“我想听听达到这种境地的方法。”

老聃说：“吃草的动物不担忧改变吃草的地方，水生的虫类不害怕改变生活的水域，这些小的变化不会影响它的生存习性，喜怒哀乐就不会进入心中。天下由是万物构成的整体。明白万物是整体而与之混同，就会视四肢百骸如同尘垢，死亡、终始如同昼夜的更替，而不会受其扰乱，更何况得失祸福这些小变化呢！舍弃这些微不足道的东西就像丢弃泥土一样，知道自身比这些东西可贵。可贵在我自身，不会因变化而丧失。况且无穷无尽的变化而不曾有尽头，还有什么值得操心的呢！已经得道的人就能体悟这个道理。”

解说：

本段阐述达到无我、无封境界才能游心于物之根本。

万物是混同的（及无封，见《齐物论》），因而无需用分别的眼光看待事物。得道者明白这个道理，就视肢体的丧失、自身的死亡、如同昼夜的变化一样自然，又如同动物改变了吃草的地方、水生的虫类改变生活的水域一样，不值一提。

相对万物而言，人是根本，因而不可追逐外物，即无我。

草食之兽不疾易薮，水生之虫不疾易水，行小变而不失其大常也，喜怒哀乐不入于胸次——事物非根本性的变化不会影响自身，因而心无是非。

夫天下也者，万物之所一也。得其所一而同焉，则四支百体将为尘垢，而死生终始将为昼夜而莫之能滑，而况得丧祸福之所介乎——万物是无封的，自身无论怎样变化都属于万物，因而对福祸更不在乎。

弃隶者若弃泥涂，知身贵于隶也，贵在于我而不失于变。且万化而未始有极也，夫孰足以患心——相对于事物的变化而言，自身才是根本，其他东西的变化不能打动自心。

8. **孔子曰："夫子德配天地，而犹假[(1)]至言[(2)]以修心，古之君子，孰能脱[(3)]焉?"**

老聃曰："不然。夫水之于汋（zhuó）[(4)]也，无为而才[(5)]自然矣。至人之于德也，不修而物不能离焉，若天之自高，地之自厚，日月之自明，夫何修焉!"

孔子出，以告颜回曰："丘之于道也，其犹醯（xī）鸡[(6)]与（欤）! 微[(7)]夫子之发吾覆[(8)]也，吾不知天地之大全也。"

(1) 假：借助。

(2) 至言：至极之言，指合道之言。

(3) 脱：免也（成玄英《庄子疏》）。

(4) 汋：水自然涌出，非若泉之有源，而溪涧之交汇以流行也（郭庆藩《庄子集释》引郭嵩焘）。

(5) 才：本性（成玄英《庄子疏》）。

(6) 醯鸡：若酒上蠛蠓也（陆德明《经典释文》引司马彪说），一种小飞虫。

(7) 微：无，没有。

(8) 发吾覆：将覆盖的东西去掉，指启发自己。

译文：

孔子说："先生的德行与天地相配，还借助至言来修养心性，古时候的君子，还有谁能够免于修行呢?”

老聃说：“不是这样的。水自然流出，无需作为而本性就是如此；至人的德行，无需修行而万物自然无法离开，就像天本来就高，地本来就厚，太阳与月亮本来就亮，哪里用得着修行呢!”

孔子出来后，告诉颜回：“我对于大道，就像瓮中的小虫，如果不是老聃揭开盖子，我还不知道天地的全貌。”

解说：

孔子以为德性是修炼而成的，殊不知修炼只会破坏自然的德性。德性与其他事物一样，是自然生成的，教育只能起辅助作用。老子纠正了孔子对道、人的德性以及教育的看法。因此，孔子对颜回说，老子揭开了自己的盖子，让自己看到了广阔的天地。

夫水之于汋也，无为而才自然矣。至人之于德也，不修而物不能离焉，若天之自高，地之自厚，日月之自明，夫何修焉——得道不是靠修炼，而是靠自身的秉性。

9. 庄子见鲁哀公(1)。哀公曰：“鲁多儒士，少为先生方(2)者。”

庄子曰：“鲁少儒。”

哀公曰：“举(3)鲁国而儒服，何谓少乎?”

庄子曰：“周闻之，儒者冠圜(4)冠者，知天时；履句（gōu）屦（jù）(5)者，知地形；缓(6)佩玦(7)者，事至而断。君子有其道者，未必为其服也；为其服者，未必知其道也。公固(8)以为不然，何不号(9)于国中曰：‘无此道而为此服者，其罪死!’”

于是哀公号之五日，而鲁国无敢儒服者，独有一丈夫儒服而立乎公门。公即召而问以国事，千转万变而不穷。

庄子曰：“以鲁国而儒者一人耳，可谓多乎?”

(1) 庄子见鲁哀公：庄子是六国时人，与魏惠王、齐威王同时，去鲁哀公一百二十年，如此言见鲁哀公者，盖寓言耳（成玄英《庄子疏》），这不可能是事实，而是寓言。

(2) 方：术也（成玄英《庄子疏》）。

(3) 举：全。

(4) 圜：同“圆”(参见成玄英《庄子疏》)。

(5) 句屦：方鞋。“句”，方也（陆德明《经典释文》引李颐说)。

(6) 缓：缓者，五色绦绳，穿玉玦以饰佩也（成玄英《庄子疏》)。这里做动词用。

(7) 玦：玉玦。

(8) 固：一定。

(9) 号：号令也（陆德明《经典释文》)。

译文：

庄子见鲁哀公。鲁哀公说：“鲁国有很多儒士，但很少有学习先生学说的。”

庄子说：“鲁国的儒士很少。”

鲁哀公说：“整个鲁国都穿儒者的服装，怎么说儒士还少呢?”

庄子说：“我听说，儒士戴着圆帽，(表示) 知晓天时；穿着方鞋，(表示) 知晓地理；佩带五色丝绳系着的玉玦，(表示) 遇事能决断。君子有这种本事的，未必穿这种服装；穿这种服装的，未必知道这些本领。你一定认为不是这样，何不在鲁国发布命令说：‘没有本事而穿着儒者服装的人，其罪当死!’”

于是，在哀公发布这项命令的第五天，鲁国几乎没有人敢再穿着儒者服装了，只有一个男子穿着儒者服装站在宫殿外。鲁哀公召见他咨询国事。千变万化而应答不穷。

庄子说：“整个鲁国只有这么一个儒士，可以说多吗?”

解说：

本段阐明得道者无名的含义（参见《逍遥游》)。

穿儒者衣服表示懂天时、明地理、能决断，因而很多人都穿上这种服装，追逐由此带来的好处，给自己带来“名”(庄子的名包括世俗的名与利，参见《逍遥游》中所谓“名”与“有名”的含义)。得道者不追逐名（既不刻意追求，也不可以回避），所以才能顺随事物自身，通达事物，对世俗的疑难应答不穷。

10. **百里奚[1]爵禄不入于心，故饭[2]牛而牛肥，使秦穆公忘其贱，与[3]之政也。有虞[4]氏死生不入于心，故足以动人。**

（1）百里奚：姓孟，字百里奚，秦之贤人也。本是虞人，虞被晋亡，遂入秦国。初未遭用，贫贱饭牛。安于饭牛，身甚肥悦，忘于富贵，故爵禄不入于心（成玄英《庄子疏》）。

（2）饭：喂养。

（3）与：授与。

（4）有虞：舜也，姓妫氏，字重华（成玄英《庄子疏》）。

译文：

百里奚不把爵禄放在心上，所以养牛而牛肥壮，使秦穆公忘记了他的卑贱地位，把国事授予他。虞舜不把生死放在心上，所以他能触动他人。

解说：

这个故事阐述得道者无心于爵禄（无名）、忘怀生死（无封）。

不把爵禄放在心上，是忘记外物；不把死生放在心上，是忘记自我。忘记外物、忘记死生就能顺随自然，因而做事能成功。

11. **宋元君[1]将画图，众史[2]皆至，受揖[3]而立；舐笔和墨，在外者半。有一史后至者，儃（tǎn）儃[4]然不趋，受揖不立，因之舍。公使人视之，则解衣般礴（bó）[5]羸（luǒ）[6]。君曰："可矣，是[7]真画者也。"**

（1）宋元君：宋元公，名佐（《史记·宋微子世家》）。

（2）史：画师。

（3）受揖：古代臣子见君主，臣先拜，国君行揖答谢。受揖是接受国君的揖谢（曹础基《庄子浅注》）。

（4）儃儃：舒闲之貌（陆德明《经典释文》引李颐说），安闲的样子（成玄英《庄子疏》)。

(5) 般礴：谓箕坐也(陆德明《经典释文》引司马彪说)，盘腿而坐。

(6) 羸：同“裸”，光着身体(曹础基《庄子浅注》)。

(7) 是：这。

译文：

宋元君想要画图，许多画师都来了，接受国君的揖礼后站立在一旁，舔着笔，和着墨，(画师太多)还有一半的人站在门外。有一位画师晚到，见面时悠闲而行，接受揖见之礼后却不就位，而是直接回到他的住所。宋元君派人去看他，只见他解开衣服，光着身体，盘腿而坐。宋元君说：“行了，这位才是真正的画师。”

解说：

这个故事展示得道者自然率真的无我本性。

晚来的画师神态悠闲，遵守基本的礼节，但不拘于多余的礼节。回到住处后，显示出一副忘我的神态。只有这种彻底无视外物顺随外物的人才能与自然融为一体，从而画出真正自然的图画。

12. **文王[(1)]观于臧[(2)]，见一丈夫钓，而其钓莫钓[(3)]；非持其钓有钓[(4)]者也，常钓[(5)]也。**

(1) 文王：周文王。

(2) 臧：近渭水地名也(成玄英《庄子疏》)。

(3) 莫钓：不是真的在垂钓。

(4) 非持其钓有钓：不是拿着钓钩真的在垂钓。

(5) 常钓：不以得失经意，其于假钓而已(郭象《庄子注》)，钓常在手也(林希逸《庄子口义》)。

译文：

文王到臧地巡视，看见有位老人在垂钓，但那垂钓的样子不像是真的在垂钓；不是拿着钓钩真的在钓鱼，只是钓钩常在手而已。

解说：

这个故事描述得道者如何从政以及怎样对待爵禄。

钓鱼而没有钓鱼之心，是心无所执的合道行为，因而引起文王的注意。

13. **文王欲举**(1)**而授之政，而恐大臣父兄之弗安**(2)**也；欲终而释**(3)**之，而不忍百姓之无天**(4)**也。于是旦**(5)**而属**(6)**之大夫曰："昔者寡人梦见良人**(7)**，黑色而頿**(8)**，乘驳马**(9)**而偏朱蹄**(10)**，号**(11)**曰：'寓**(12)**而**(13)**政于臧丈人，庶几乎民有瘳（chōu）**(14)**乎！'"**

诸大夫蹴（cù）然(15)**曰："先君王**(16)**也。"**

文王曰："然则卜之。"

诸大夫曰："先君之命，王其无它(17)**，又何卜焉！"**

遂迎臧丈人而授之政。典法无更，偏令(18)**无出。三年，文王观于国，则列士**(19)**坏植散群**(20)**，长官**(21)**者不成德**(22)**，斔（yǔ）斛（hú）**(23)**不敢入于四竟**(24)**。列士坏植散群，则尚同也；长官者不成德，则同务也；斔斛不敢入于四竟，则诸侯无二心也。**

(1) 举：推举。

(2) 弗安：不服。"弗"，不。

(3) 释：放弃。

(4) 无天：失于覆荫（成玄英《庄子疏》）。

(5) 旦：清晨。

(6) 属：通"嘱"。

(7) 良人：贤良之人。

(8) 頿：通"髯"，胡须。

(9) 驳马：杂色马。

(10) 偏朱蹄：马蹄的一边为红色。

(11) 号：命令。

(12) 寓：寄寓，托付。

(13) 而：你。

(14) 瘳：病愈。

(15) 蹴然：惊惧的样子。

(16) 先君王：文王的父亲季历。

(17) 无它：不要有其他什么顾虑。

(18) 偏令：偏颇、极端之令。

(19) 列士：各种士人，如朝士、处士等（曹础基《庄子浅注》）。

(20) 坏植散群：宣二年《左传》，“华元为植”，杜注曰，“植，将主也”；列士必先有主，而后得有徒众，故欲散其群，必先坏其植也（俞樾《庄子平议》）。

(21) 长官：指下属官吏（曹础基《庄子浅注》）。

(22) 成德：不成就自己功德（而忽视公务）。

(23) 斔斛：都是称量单位。“斔”，庾，六斗四升也；“斛”，十斗为一斛。

(24) 竟：通“境”。

译文：

文王想要起用他，授予他朝政，可又担心大臣和父老兄弟们不安；想要作罢，但又不忍心百姓得不到庇荫。于是早朝时告诉大夫说：“昨晚我梦见了一位贤良的人，黑黑的面孔，长长的胡须，骑着一匹杂色马，那马蹄半侧是红的，他命令我说：‘把你的朝政托付给那位臧地老人，你的臣民可能就有救了。’”

大夫们都惊讶地说：“那是先王呀！”

文王说：“那么就卜一卦吧。”

大夫们说：“先王的命令，君王不要怀疑，又何须占卜呢！”

于是，文王迎接臧地老人，把朝政托付给他。制度法规没有更改，偏颇的政令不会发布。三年后，文王在国中视察，看到士人不结朋党，官员不夸耀自己的功德，不同的度量工具不敢进入国境。士人不结朋党，那是同心协力；官员不夸耀自己的功德，那是同心同德；不同的度量工具不再进入国境，那是诸侯没有异心。

解说：

不更改典章法规，不发布偏颇的政令，这是在上者无为的体现；不结朋党、不夸耀自己功德，这是国内士人和官员无为的体现。治理国家的人都能无为而治，百姓就会无为，连诸侯都没有异心，天下自然大治。这正是无为而无不为的体现。

14. **文王于是焉以为大师(1)，北面(2)而问曰："政可以及(3)天下乎？"臧丈人昧然(4)而不应，泛然(5)而辞，朝令而夜遁(6)，终身无闻。**

颜渊问于仲尼曰："文王其犹未邪？又何以梦为乎？"

仲尼曰："默(7)，汝无言！夫文王尽之(8)也，而(9)又何论刺(10)焉！彼直(11)以循(12)斯须(13)也。"

(1) 大师：君主的老师。"大"，通"太。

(2) 北面：君主南面而坐，这里表示尊敬。

(3) 及：推及。

(4) 昧然：沉默无语的样子。

(5) 泛然：泛泛而应、漫不经心的样子。

(6) 遁：逃走。

(7) 默：意为别做声。

(8) 尽之：做得完美。

(9) 而：你。

(10) 论刺：用语言加以讽刺。

(11) 直：只。

(12) 循：顺也（成玄英《庄子疏》）。

(13) 斯须：犹须臾也（成玄英《庄子疏》），一会儿。

译文：

于是，文王想拜臧地老人为太师，北面站立请教说："您的施政方法可以推行到天下吗？"臧地老人默不作答，漫不经心地推辞。早晨还在发布命令，夜晚就逃跑了，从此杳无音信。

颜渊请教孔子说："文王还是不能完全取信于人吧？又干嘛要以梦来说事呢？"

孔子说："别做声，你不要再说了！文王做得非常完美了，你又何必指责他呢？他只不过是顺应众人于一时罢了。"

解说：

臧地老人无心为政（得道者都是不得已才为政），但又不想直接拒绝文王（拒绝就是心有是非）。因而他对文王的任命，漫不经心地说些推辞的话（就像一般人的谦辞），然后偷偷地走掉。颜回不懂得其顺其自然的行为方式，因而对文王开始启用臧地老人的方式有质疑。实际上，众人的心态就是自然，顺众人的心态而为就是顺其自然。文王是真正的合道之人。

15. **列御寇为伯昏无人(1)射，引(2)之盈贯(3)，措(4)杯水其肘上，发之，适矢复沓（tà）(5)，方矢复寓(6)。当是时，犹象人(7)也。**

伯昏无人曰："是射之射，非不射之射也。尝与汝登高山，履(8)危石，临百仞之渊，若能射乎？"

于是无人遂登高山，履危石，临百仞之渊，背逡巡(9)，足二分垂在外，揖(10)御寇而进(11)之。御寇伏地，汗流至踵。

伯昏无人曰："夫至人者，上窥青天，下潜(12)黄泉，挥斥(13)八极(14)，神气不变。今汝怵（chù）(15)然有恂（xún）(16)目之志，尔于中(17)也殆矣夫！"

(1) 伯昏无人：虚构的人物，可参见《德充符》。

(2) 引：拉。

(3) 盈贯：满镞也（成玄英《庄子疏》），满弓。

(4) 措：置也（成玄英《庄子疏》）。

(5) 适矢复沓：刚射出一箭又接着一箭与之重合。"适"，往；"沓"，重也（成玄英《庄子疏》）。

(6) 方矢复寓：第二箭才发出，第三箭已放在弦上。"寓"，寄也（成玄英《庄子疏》）。

(7) 象人：木偶土梗人也（成玄英《庄子疏》）。

(8) 履：踩。

(9) 逡巡：犹却行也（成玄英《庄子疏》），后退而行。

(10) 揖：请。

(11) 进：让也（成玄英《庄子疏》）。

(12) 潜：测也，与窥之意相近（郭庆藩《庄子集释》）。

(13) 挥斥：犹纵放也（郭象《庄子注》）。

(14) 八极：八方。

(15) 怵然：害怕的样子。

(16) 恂：惧也（成玄英《庄子疏》）。

(17) 中：射中。

译文：

列御寇给伯昏无人表演射箭技术。列御寇拉满弓，在臂上放置一杯水，第一箭刚离弦，第二箭就射出；第二箭才射出，第三箭已经扣在弦上了。这时候，列御寇像木头人似的一动也不动。

伯昏无人说："这是心中有箭的射法，不是心中无箭的射法。我想与你登上高山，脚踏危石，身临百丈深渊，你还能射箭吗?"

于是，伯昏无人登上高山，脚踏着危石，身临百丈深渊，背对着深渊后退，脚有二分悬空在外，请列御寇上前。列御寇趴在地上，汗流到脚后跟。

伯昏无人说："至人，上窥青天，下测黄泉，纵横八方，神情如常。现在看你这恐惧害怕的样子，你想射中恐怕很难了。"

解说：

这个故事通过伯昏无人心中无箭的射箭方式展示真人的忘我境界。

列御寇所展现的是射箭的技术，是有心射箭，属于有我、有物。有物在心，关键时刻就会恐惧。而伯昏无人无心射箭，属于忘我、无物，所以能无往而不畏惧，身临深渊也不在话下。

16. 肩吾[1]问于孙叔敖[2]曰："子三为令尹[3]而不荣华，三去之[4]而无忧色。吾始也疑子[5]，今视子之鼻间栩（xǔ）栩[6]然，子之用心独奈何？"

孙叔敖曰："吾何以[7]过人哉！吾以其来不可却[8]也，其去不可止也，吾以为得失之非我也，而无忧色而已矣。我何以过人哉！且不知其在彼乎，其在我乎？其在彼邪？亡[9]乎我；在我邪？亡乎彼。方将踌躇[10]，方将四顾，何暇[11]至乎人贵人贱哉！"

(1) 肩吾：隐者，见《逍遥游》与《大宗师》。

(2) 孙叔敖：楚之贤人也（成玄英《庄子疏》）。

(3) 令尹：楚国宰相称谓。

(4) 三去之：三次被免去令尹职务。

(5) 疑子：怀疑孙叔敖对免去职务不介意是假装的。"子"，你。

(6) 栩栩：欢畅之貌也（成玄英《庄子疏》）。

(7) 何以：有什么。

(8) 却：拒绝。

(9) 亡：失也（成玄英《庄子疏》）。

(10) 踌躇：逍遥自得的样子。

(11) 何暇：哪有时间。

译文：

肩吾请教孙叔敖说："你曾经三次为令尹而不感到荣耀，三次被免职而没有忧愁之色，起初我还怀疑你是伪装的，现在看到你鼻间那么欣然自得，你心里究竟是怎样想的呢？"

孙叔敖说："我哪里有什么过人之处啊！我认为令尹职位来时不可推辞，离去时不可阻挡。我认为令尹职位的得与失都不在于我，所以就没有忧愁之色而已。我哪里有什么过人之处啊！再说，不知可贵的在令尹呢，还是在我？如果在令尹，那就与我无关；如果是在我，就与令尹无关。我正悠闲自在，环顾四方，哪里有闲功夫去顾及人间的贵与贱呢！"

解说：

本段阐释真人如何对待富贵爵禄。

令尹职务的得失，不是孙叔敖所能控制的，因而他对得失毫不在乎，即心无是非好恶。同时，如果可贵的在于令尹那个职务，那就与自己无关；如果可贵的在于自己，那就不必在乎令尹。因此，孙叔敖对三任令尹不感到荣耀，对三次被免也不感到忧愁。

17. **仲尼闻之曰："古之真人，知者不得说[(1)]，美人不得滥[(2)]，盗人不得劫，伏戏[(3)]黄帝不得友。死生亦大矣，而无变乎己[(4)]，况爵禄乎！若然者，其神经乎大山而无介[(5)]，入乎渊泉而不濡[(6)]，处卑细[(7)]而不惫，充满天地，既以与人，己愈有[(8)]。"**

(1) 说：游说。

(2) 滥：美色之姿，不得淫滥（成玄英《庄子疏》）。

(3) 伏戏：即伏羲。"戏"，通"羲"。

(4) 无变乎己：不改变自己。

(5) 介：碍也（成玄英《庄子疏》）。

(6) 濡：沾湿。

(7) 卑细：低贱。

(8) 既以与人，己愈有：《道德经》八十一章相应的文字为"既以为人，己愈有"。"既"，尽。

译文：

孔子听到后说："古代的真人，智者无法游说，美色不能诱惑，强盗不能劫取，伏羲、黄帝无法与之为友。死生是如此重大，但不能影响他，何况是爵禄呢？像这样的人，他的精神穿越大山而不会有阻碍，潜入深渊而不会被淹没，身处卑微而不会感到疲惫，精神充满天地，给予别人越多，自己反而越富足。"

解说：

本段是孔子以真人的表现赞美孙叔敖。

真人无己，因而外在的游说、美色、暴力、权势，乃至生死都不会有什么作用，哪里会在乎令尹之位呢？正因为如此，至人才可以悠游于天地之间而没有障碍；心中无得失，无私地给予，反而得到更多（当然至人并不在乎得失）。

18. **楚王**[1] **与凡君**[2] **坐，少焉，楚王左右曰凡亡者三**[3]**。凡君曰："凡之亡也，不足以丧吾存**[4]**。夫'凡之亡不足以丧吾存'，则楚之存**[5] **不足以存存**[6]**。由是观之，则凡未始亡而楚未始存也。"**

(1) 楚王：楚文王（成玄英《庄子疏》）。

(2) 凡君：凡僖侯楚文王（成玄英《庄子疏》）。"凡"，国名，在汲郡共县（陆德明《经典释文》引司马彪说），在今河南省辉县西南。

(3) 楚王左右曰凡亡者三：楚王左右言凡亡者三人也（俞樾《庄子平议》），似应为楚王左右的人三次报告说凡国亡了。

(4) 丧吾存：丧失我的存在。

(5) 存：保存楚国的存在。

(6) 存存：(楚国的存在不能) 保证楚王的存在。

译文：

楚王和凡国国君在一起，一会儿功夫，楚王左右的人就三次前来报告说，凡国灭亡了。凡国国君说："凡国灭亡，不会丧失我的存在。既然'凡国灭亡不会丧失我的存在'，那么楚国存在也不会保证你的存在。由此看来，凡国不曾灭亡而楚国不曾存在了。"

解说：

这个故事阐述真人如何对待自身与国家之间的关系。

凡国国君明白，相对自身而言，国家是身外之物。因此，即使凡国灭亡了，也不等于自身不存在了。同样，即使楚国存在，也不等于楚国国君存在。既然凡国的灭亡和楚国的存在与他们二人的存亡没有什么直接关系，那么对于他们而言，凡国、楚国的存在与灭亡就没有什么分别。所以说，"凡未始亡而楚未始存也"。

这个故事也可以理解为，凡国国君无得失之心，对凡国之亡和楚国之存一样看待，所以说，"凡未始亡而楚未始存也"。参见（成玄英《庄子疏》）。

知北游

本篇阐述道的性质以及通达道的途径，由三部分组成。

第一部分（从“知北游”至“为知言”）用一个故事阐明道的性质以及通达道的途径。

第二部分（从“天地有”至“于大矣”）提出本篇思想：道是自然的，得道者顺随自然才能通达道。

第三部分用十个故事进一步阐释第二部分的理论。第一个故事（从“齧缺问”至“何人哉”）从悟道的角度阐发第二部分“至人无为、大圣不作、观于天地”的含义。第二个故事（从“舜问乎”至“而有邪”）从道的性质阐述第二部分“至人无为、大圣不作、观于天地”的含义。第三个故事（从“孔子问”至“谓大得”）从道的性质以及悟道方法阐述第二部分“至人无为、大圣不作、观于天地”的含义。第四个故事（从“东郭子”至“积散也”）从道无处不在的性质以及如何悟道的角度阐发第二部分“至人无为、大圣不作、观于天地”的含义。第五个故事（从“婀荷甘”至“乎太虚”）从道不可说的角度阐发第二部分所说的“至人无为、大圣不作、观于天地”的含义。第六个故事（从“于是泰”至“乎太虚”）阐述第二部分道“莫知其根”（没有人知道它的根源）的本性以及通达道的要求。第七个故事（从“光曜问”至“至此哉”）阐明只有做到第二部分所说的“至人无为、大圣不作、观于天地”才能达到“无无”境界。第八个故事（从“大马之”至“不资焉”）阐述只有做到第二部分所谓的“至人无为、大圣不作、观于天地”才能领悟道。第九个故事（从“冉求问”至“是者也”）阐述如第二部分“至人无为、大圣不作、观于天地”才能通达道、领悟道生万物的含义。第十个故事（从“颜渊问”至末尾）阐述第二部分只有做到前文“至人无为、大圣不作、观于天地”才能自在地栖息于世。

我们将本篇的结构图示如下。

第一部分		从“知北游”至“为知言”	阐明道的性质以及通达道的途径。
第二部分		从“天地有”至“于大矣”	提出本篇思想：道是自然的，得道者顺随自然才能通达道。
第三部分用十个故事进一步阐释第二部分的理论。	1	从“齧缺问”至“何人哉”	从如何悟道的角度阐发第二部分“至人无为、大圣不作、观于天地”的含义。
	2	从“舜问乎”至“而有邪”	从道的性质的角度阐述第二部分“至人无为、大圣不作、观于天地”的含义。
	3	从“孔子问”至“谓大得”	从道的性质以及悟道方法的角度阐述第二部分“至人无为、大圣不作、观于天地”的含义。
	4	从“东郭子”至“积散也”	从道无处不在的性质以及如何悟道的角度阐发第二部分“至人无为、大圣不作、观于天地”的含义。
	5	从“妸荷甘”至“乎太虚”	从道不可说的角度阐发第二部分所说的“至人无为、大圣不作、观于天地”的含义。
	6	从“于是泰”至“乎太虚”	阐述第二部分道“莫知其根”的本性以及通达道的要求。
	7	从“光曜问”至“至此哉”	阐明只有做到“至人无为、大圣不作、观于天地”才能达到“无无”境界。
	8	从“大马之”至“不资焉”	阐述只有做到第二部分所谓的“至人无为、大圣不作、观于天地”才能领悟道。
	9	从“冉求问”至“是者也”	阐述只有像第二部分“至人无为、大圣不作、观于天地”那样才能通达道、领悟道生万物的含义。
	10	从“颜渊问”至末尾	阐述第二部分只有做到前文“至人无为、大圣不作、观于天地”才能自在地栖息于世。

1. **知[1]北游于玄水[2]之上，登隐弅**（fén）[3]**之丘，而适遭[4]无为谓[5]焉。**

知谓无为谓曰："予欲有问乎若[6]：何思何虑则知道？何处何服[7]则安道？何从何道[8]则得道？"三问而无为谓不答也，非不答，不知答也。

(1) 知：识也（宣颖《南华经解》），虚构人名。

(2) 玄水：虚构的水名。"玄"，黑色，深奥，也代表北方。

(3) 隐弅：隐出弅起，丘貌（陆德明《经典释文》引李颐说），虚构的地名。"弅"，隐出弅起，丘貌（陆德明《经典释文》引李颐说），突起。

(4) 适遭：正碰上。

(5) 无为谓：虚构的人名。

(6) 若：你。

(7) 服：行，作为。

(8) 何道 ：什么途径。

译文：

知向北游览到玄水岸边，登上隐弅山，正巧遇到了无为谓。知对无为谓说："我想向你请教几个问题：怎样思索、怎样考虑才能领悟道？怎样处世、怎样行动才能合于道？通过什么途径、采用什么方法才能获得道？"知接连问了三次，但无为谓都没有回答。他不是不想回答，而是不知道怎么样回答。

解说：

这个故事阐明道的性质以及通达道的途径。

知所问的思索、行动、方法都是针对日常具体事物的分别对待方式，无法通达事物本身。通达事物本身需要用非分别对待的感受方式，所以无为谓无法用回答。

2. **知不得问，反[1]于白水[2]之南，登狐阕[3]之上，而睹狂屈[4]焉。知以之言也问乎狂屈。狂屈曰："唉！予[5]知之，将语若，中欲言而忘其所欲言。"**

(1) 反：通"返"。

(2) 白水：虚构的水名。

(3) 狐阕：狐者疑似夷犹，阕者空静无物（成玄英《庄子疏》），虚构的丘名，意为疑心消失。“夷犹”，迟疑不决。

(4) 狂屈：虚构的人名。“狂屈”，猖狂放曲，不拘行迹也（宣颖《南华经解》）。

(5) 予：我。

译文：

知没有得到答案，就回到白水的南岸，登上狐阕山丘，看见了狂屈。知就把同样的问题再次向狂屈请教，狂屈说：“唉，我知道答案，正想告诉你，心中想说可忘掉了那些想要说的话。”

解说：

心中知道什么是道，即知道什么是事物自身。但是，言说这种判断的方式将事物置于所知的模式之中，就会产生是非好恶，事物不再是事物自身了。狂屈欲说而忘言，说明他并不执着于该模式。从这一点看，他已经悟道了。但他没有做到依道而行（言说道），因而下文说他近于道，还没有真正得道。

3. **知不得问，反于帝宫，见黄帝而问焉。黄帝曰：“无思无虑始知道，无处无服始安道，无从无道始得道。”**

知问黄帝曰：“我与若知之，彼与彼(1)不知也，其孰(2)是邪？”

黄帝曰：“彼无为谓真是也，狂屈似之(3)；我与汝终不近也。夫知者不言，言者不知，故圣人行不言之教。道不可致(4)，德不可至。仁可为也，义可亏也，礼相伪也。故曰，‘失道而后德，失德而后仁，失仁而后义，失义而后礼。礼者，道之华而乱之首也。’(5)故曰，‘为道者日损，损之又损之以至于无为，无为而无不为也。’(6)今已为物也，欲复归根(7)，不亦难乎！其易也，其唯大人(8)乎！

(1) 彼与彼：指无为谓与狂屈。

(2) 孰：谁。

(3) 似之：接近大道。

(4) 致：得也（成玄英《庄子疏》），得道。

(5) 引号中的五句出自《道德经》三十八章。

(6) 引号中的三句出自《道德经》四十八章。“损”，损有为。

(7) 复归根：《道德经》第十六章“复归其跟”。“根”，事物的本原，即大道。

(8) 大人：得道的人。

译文：

知又没有得到答案，回到黄帝宫中，见到黄帝后，就将同样的问题向黄帝请教。黄帝说：“不思索、不考虑才能领悟道，无处所、不妄动才能合于道，没有固定途径、没有固定方法才能获得道。”

知问黄帝道：“我和你都知道，而无为谓和狂屈二人却不知道，我们四人到底谁是对的呢?”

黄帝说：“无为谓真正领悟了道，狂屈则接近于道；我和你还是没有接近道。懂得道的人不说，言说道的人不懂道，所以得道者不用言语来教人。道无法获得，德无法达到。仁可以靠作为来实现的，义（因追逐某类东西因而）有亏损，礼则是虚伪相欺的。所以说，‘丧失道就会出现下德，丧失下德就会出现仁，丧失仁就会出现义，丧失义就会出现礼。礼，是忠信不足，是祸乱的开始’。所以说，‘求道要将知一天天减少。减少再减少，以达到无为之境。无为才能无事不成’。现在把道变成物了，想要返回本原，不也太难了吗！要是容易做到的，恐怕只有得道的大人啊！

解说：

无为谓无知无言，真正面对事物本身，因而真正合乎道；狂屈领悟了道，但对道有所言说，因而还没有完全得道（《道德经》第一章：“道，可道，非常道”），只是接近于道；黄帝只是言说了什么是道。而道不可言说，因而他还没有完全领悟道。

夫知者不言，言者不知，故圣人行不言之教——道不可言，《道德经》第一章说，“道，可道，非常道”。

道不可致，德不可至——道、德是无物之物，因而“不可致”、“不可为”。

仁可为也——有偏爱就是有为。

义可亏也——不仅有偏爱，而且对偏爱之物加以追逐。追逐此物就会亏彼物。

礼相伪也——上礼社会丧失了基本的忠信，只能以礼这种模式来维系。这种模式会造成虚伪。

失道而后德，失德而后仁，失仁而后义，失义而后礼。礼者，道之华而乱之首也——上德社会的人以无我之心对待事物，不以德为德，因而这种社会是合道的淳朴社会。下德社会的人以有我之心对待事物，因而是一种不合道的社会。上仁社会的君主采取“以正治国”的方式，但奇正相生，其结果可能就是君主的善带来恶的果。因此，相对下德社会，仁的社会就等而下之。上义社会的人不仅对事物产生了偏爱，而且还趋利避害。因此，上义社会相对于上仁社会，又等而下之。上礼社会的人不仅趋利避害，而且整个社会连基本的忠信都几乎丧失了。与上义社会相比，这种社会就更等而下之。

为道者日损，损之又损之以至于无为，无为而无不为也——得道者不刻意追求日常分别之知，也不回避日常的分别，而是以无分别之心对待日常分别之知。因此，首先要将分别之心不断减少，最终达到心无分别，这样才可能做到以无分别之心对待日常的分别之学。心无分别就不会妄为。不妄为，就能顺随事物的自然运行，做到无事不成。

今已为物也，欲复归根，不亦难乎！其易也，其唯大人乎——从有物之物回归无物之物这个根，必须领悟无物之物并依此而为。这只有领悟道并依道而为的得道者才能做到。

4. **生也死之徒，死也生之始，孰知其纪[(1)]！人之生，气之聚也；聚则为生，散则为死。若死生为徒，吾又何患！故万物一[(2)]也，是其所美者为神奇，其所恶者为臭腐；臭腐复化为神奇，神奇复化为臭腐。故曰‘通天下一气耳’。圣人故贵一。”**

(1) 纪：纲纪，指生死的根本原因。

(2) 万物一：万物混而为一。

译文：

“生是死的延续，死是生的开始，谁能知道其中的原因！人的出生，不过是气的聚合。气聚合就形成生命，气散了就会死亡。如果死与生是同类的，那我又忧患什么呢？所以，万物都是一体的。人们把那些认为美的视为神奇，把那些认为丑的视为臭腐。但臭腐的东西又可以转化为神奇，神奇的东西又可以转化为臭腐。所以说，‘贯通天下的只是一气罢了’。因此，得道者看重万物的混一性。”

解说：

万物由气而成，气聚则成一物，气散则该物散（死）。但此物散（死）则彼物生。聚与散、生与死是相互转化的，因而生死如一、万物如一，神奇与腐朽如一。而有言就会将事物二分，从而遮蔽事物自身。只有无言才能面对事物自身。

这里的气是指构成事物的质料。《道德经》第四十二章说：“万物负阴而抱阳，冲气以为和。”

生也死之徒，死也生之始——生死是相互连续的，是无封的。

人之生，气之聚也；聚则为生，散则为死——生死相互连续的根源在于气。

故万物一也，是其所美者为神奇，其所恶者为臭腐；臭腐复化为神奇，神奇复化为臭腐——神奇与臭腐之间是无封的。

5. **知谓黄帝曰：“吾问无为谓，无为谓不应我，非不我应，不知应我也。吾问狂屈，狂屈中欲告我而不我告，非不我告，中欲告而忘之也。今予问乎若，若知之，奚故**[(1)] **不近？”**

黄帝曰：“彼其真是也，以其不知也；此其似之也，以其忘之也；予与若终不近也，以其知之也。”

狂屈闻之，以黄帝为知言。

(1) 奚故：什么缘故。“奚”，何。

译文：

知又问黄帝说："我问无为谓，但无为谓不回答我，他不是不回答我，而是不知道如何回答。我问狂屈，狂屈内心想告诉我却没有告诉我，不是不想告诉我，而是心里想告诉我，却忘记了想说的话。现在我请教你，你知道这些道理，为什么说与道隔了一层呢？"

黄帝说："那真正明白这点的，是因为他心中没有道；那接近于道的，因为他忘了要说什么；我和你终究与道相隔，因为我们知道要说什么。"

狂屈听了这番话，认为黄帝的话是真正懂得大道的言论。

解说：

无为谓无言，因而能真正面对事物本身；狂屈想说却忘记了想说的话，因而接近于道（见上面的分析）。语言会遮蔽道，但传道又离不开语言，是否得道的关键在于说话时的心态。黄帝虽然有所言说，但他知道言说就会将事物模式化，他是以不执着的心态在言说。这种言说就不会遮蔽事物自身。因此，狂屈认为黄帝也懂得道。

6. **天地有大美而不言，四时有明法[2]而不议，万物有成理[3]而不说。圣人者，原[4]天地之美而达[5]万物之理，是故至人无为，大圣不作[6]，观于天地之谓也。**

(1) 大美：大的功德。

(2) 明法：分明的自然秩序、自然条理。

(3) 成理：自然形成之理。

(4) 原：古义意为泉水从石头下流出，意为顺流、顺随。

(5) 达：通达。

(6) 不作：不造作。

译文：

天地有大美却不言语，四季运行有序却不议论，万物变化具有自然生成的条理却不说话。所谓得道者，就是顺随天地的大美而通达万物之理，所以说，至人不妄为，得道者不妄动，说的就是取法天地的意思。

解说：

第六段至第七段提出本篇思想：道是自然的，得道者顺随自然才能通达道。

天地、四时、万物都有其自然之理，得道者顺随自然，因而不妄为、不妄动。

天地有大美而不言，四时有明法而不议，万物有成理而不说——天地万物都有其本身的自然之道而不言说。

圣人者，原天地之美而达万物之理，是故至人无为，大圣不作，观于天地之谓也——得道者顺随天地万物。

7. **今彼**(1)**神明至精**(2)**，与**(3)**彼百化**(4)**。物已死生方圆**(5)**，莫知其根也，扁然**(6)**而万物自古以固存。六合**(7)**为巨，未离其内；秋豪**(8)**为小，待之成体。天下莫不沈浮**(9)**，终身不故**(10)**；阴阳四时运行，各得其序。惛（hūn）然**(11)**若亡而存，油然**(12)**不形而神，万物畜**(13)**而不知。此之谓本根，可以观**(14)**于天矣。**

(1) 彼：上文的天地万物。

(2) 神明至精：彼神圣明灵，至精极妙（成玄英《庄子疏》）。最为微妙。

(3) 与：随。

(4) 百化：无穷的变化。

(5) 生死方圆：夫物或生或死，乍方乍圆，变化自然，莫知根绪（成玄英《庄子疏》），或生或死、或方或圆，变化无端。

(6) 扁然：遍生之貌也（成玄英《庄子疏》）。“扁”，通“遍”。

(7) 六合：天地四方。

(8) 秋豪：兽逢秋景，毛端生豪，豪极微细，谓秋豪也（成玄英《庄子疏》），细小如秋天的毛端。“豪”，通“毫”。

(9) 沈浮：升沉变化。“沈”，“沉”。

(10) 故：日新也（郭象《庄子注》）。

(11) 惛然：惛然如昧，似无而有（成玄英《庄子疏》），昏暗不分明的样子。

(12) 油然：油然无系，不见形象，而神用无方（成玄英《庄子疏》），自然而生、不露痕迹的样子。

(13) 畜：养育。

(14) 观：见也（成玄英《庄子疏》）。

译文：

天地灵明精妙，得道者与万物一道，变化无穷。万物忽死、忽生、忽方、忽圆，没有人知道其中的本原。万物生生不息，自古以来就一直存在着。天地万物虽大，却不超出它的范围；秋毫虽然微小，也依赖它而生成。万物无时不浮沉变化，始终不会停息；阴阳、四时的运行，也各有自身的秩序。大道似有似无，若存若亡，自然而然地产生，没有形迹却有神奇的功用。万物靠它养育而不知。这就叫根本，由此可见天道自然了。

解说：

这一段阐释道的性质。

道是无物之物，万物由道而生。所以说，道是无处不在、变动不居的，无法见其形而有功用。我们以分别对待的方式根本无法知晓事物自身。得道者无心地顺随万物，因而能合乎道。

今彼神明至精，与彼百化——得道者顺随外物的变化，即无我。

物已死生方圆，莫知其根也，扁然而万物自古以固存。六合为巨，未离其内；秋豪为小，待之成体——万物生于道，因而万物的千变万化离不开道这个本原。

天下莫不沈浮，终身不故；阴阳四时运行，各得其序。惛然若亡而存，油然形而神，万物畜而不知——道在万物中作用，却不可见。

此之谓本根，可以观于天矣——从上述现象中见到道这个本原。

8. 啮（niè）缺[(1)]问道乎被衣[(2)]，被衣曰："若[(3)]正汝形，一[(4)]汝视，天和[(5)]将至；摄[(6)]汝知[(7)]，一汝度[(8)]，神将来舍[(9)]。德将为汝美，道将为汝居，汝瞳（tóng）焉[(10)]如新生之犊[(11)]而无求其故[(12)]！"

(1) 啮缺：王倪弟子（成玄英《庄子疏》），见《齐物论》。

(2) 被衣：王倪之师也（成玄英《庄子疏》），即《应帝王》中的蒲衣子。

(3) 若：你。

(4) 一：混一，无分别。

(5) 天和：自然的和气。

(6) 摄：收敛。

(7) 知：分别之智。

(8) 度：犹形也（俞樾《庄子平议》）。

(9) 舍：居。

(10) 瞳焉：无知直视之貌（成玄英《庄子疏》）。

(11) 犊：小牛。

(12) 故：缘故。

译文：

啮缺向被衣问道，被衣说："你端正你的外形，收敛你的视觉，自然的和气就会来到；收敛你的聪明，你的外形，你的自然精神就会聚集。德将会为你显示完美，道将成为你的居所，你那天真无邪的样子就像初生的小牛犊，不去追问事物的原委！"

解说：

这个故事从如何悟道的角度阐发前文"至人无为、大圣不作、观于天地"的含义。

收敛神、形就能做到忘我，忘我则能顺随外物。顺随外物就自然不会问其所以然。

若正汝形，一汝视……摄汝知，一汝度——收敛自我，不追逐外物。

汝瞳焉如新生之犊而无求其故——不追问原因，无物、无是非。

9. **言未卒，啮缺睡寐[1]。被衣大说[2]，行歌而去之，曰："形若槁骸[3]，心若死灰，真其实知[4]，不以故[5]自持。媒媒[6]晦晦，无心而不可与谋。彼何人哉!"**

(1) 寐：睡。

(2) 说：通"悦"。

(3) 槁骸：枯骨。

(4) 真其实知：所知道的是真实的。

(5) 故：故旧。

(6) 媒媒：晦貌（陆德明《经典释文》引李颐说），无知无识的样子。

译文：

被衣的话还没有说完，啮缺就睡着了。被衣大为高兴，唱着歌走了："身体好像枯骸，内心犹如死灰，真正领悟了大道，不固执自己的成见，无知无识的样子，没有心计而不可与之谋划事情。那是什么人啊!"

解说：

被衣正说着，啮缺就睡着了，说明啮缺已经领悟了被衣的话，真正得道了。得道的人身如枯骸、心如死灰（即不追逐外物，参见《齐物论》），无知无识，没有算计之心。

形若槁骸，心若死灰——无我。

媒媒晦晦，无心而不可与谋——心中无是无非。

10. **舜问乎丞[1]曰："道可得而有乎?"**

曰："汝身非汝有也，汝何得有夫道?"

舜曰："吾身非吾有也，孰有之哉?"

曰："是天地之委[2]形也；生非汝有，是天地之委和[3]也；性命非汝有，是天地之委顺也；孙子[4]非汝有，是天地之委蜕[5]也。故行不知所往，处不知所持，食不知所味。天地之强阳[6]气也，又胡[7]可得而有邪!"

(1) 丞：古之得道人，舜师也（成玄英《庄子疏》）。一说为官名。

(2) 委：《国策·齐策》，“愿委之于子”，高注曰，委，付也。成二年《左传》，“王使委于三吏”，杜注曰，委，属也。“天地之委形”，谓天地所付属之形也。下三委字并同（俞樾《庄子平议》），委托。

(3) 和：和顺。

(4) 子孙：《阙误》引张君房本“孙子”作“子孙”（郭庆藩《庄子集释》）。

(5) 蜕：蜕变。

(6) 强阳：犹运动耳（郭象《庄子注》）。

(7) 胡：哪里。

译文：

舜问丞说：“道可以获得而占有吗？”

丞说：“你的身体不属于你所有，你怎么能够占有大道呢？”

舜说：“我的身体不属于我，那谁拥有呢？”

丞说：“是天地赋予你形体；生命不是你所拥有的，这是天地所托付的和谐之气；性命也不是你所拥有，这是天地所托付的和顺之气；子孙也不是你所拥有的，这是天地委托、蜕变的产物。因此，行走时不知去哪里，居住时不知固守何处，饮食不知其滋味。这都是天地间气运动的结果，怎么可以拥有呢？”

解说：

这个故事从道的性质的角度阐述前文“至人无为、大圣不作、观于天地”的含义。

人的身体都是天地之气运行的结果，子孙则是自然之气所托付生命的延续。正因为连这些都不是自己所拥有的，所以人不可以固守某物（包括自己的身体）。只有忘我以顺物（行走时不知去哪里，居住时不知身在何处，饮食时不知滋味）的人才能通达事物自身。

（汝身）是天地之委形也；生非汝有，是天地之委和也；性命非汝有，是天地之委顺也；孙子非汝有，是天地之委蜕也——我们无法控制事物自身，包括自己的身体和性命。

行不知所往，处不知所持，食不知所味——能感觉到物但不能感知到物，才能通达事物自身（道）。

天地之强阳气也——具体事物由阴、阳、气三者构成。《道德经》第四十二章说："万物负阴而抱阳，冲气以为和。"

11. 孔子问于老聃曰："今日晏[(1)]闲，敢问至道。"

老聃曰："汝齐戒，疏瀹（yuè）[(2)]而[(3)]心，澡雪[(4)]而精神，掊击[(5)]而知！夫道，窅（yǎo）[(6)]然难言哉！将为汝言其崖略[(7)]。

夫昭昭[(8)]生于冥冥[(9)]，有伦[(10)]生于无形，精神生于道，形本[(11)]生于精[(12)]，而万物以形相生，故九窍[(13)]者胎生，八窍[(14)]者卵生。其来无迹，其往无崖，无门无房[(15)]，四达之皇[(16)]皇也。邀[(17)]于此者，四肢强，思虑恂[(18)]达，耳目聪明，其用心不劳，其应物无方[(19)]。天不得不高，地不得不广，日月不得不行，万物不得不昌，此其道与！

(1) 晏：安也（成玄英《庄子疏》）。

(2) 瀹：犹洒濯也（成玄英《庄子疏》），洗涤。

(3) 而：你。

(4) 澡雪：犹精洁也（成玄英《庄子疏》）。

(5) 掊击：打破也（成玄英《庄子疏》）。

(6) 窅：幽深不明的样子。

(7) 崖略：大概。"崖"，分也（成玄英《庄子疏》）。"略"，大略。

(8) 昭昭：明亮的样子。

(9) 冥冥：昏暗的样子。

(10) 伦：形，与"生于无形"之"无形"相对。

(11) 本：粗大的形体，与"生于精"之"精"相对。

(12) 精：精微，指不可分别的事物。

(13) 九窍：人兽九窍而胎生（成玄英《庄子疏》）。

(14) 八窍：禽鱼八窍而卵生（成玄英《庄子疏》）。

(15) 无门无房：不知途径，不知归宿。"门"，门径，途径。"房"，归宿

（曹础基《庄子浅注》）。

（16）皇：大也（成玄英《庄子疏》）。

（17）邀：循（（郭庆藩《庄子集释》俞樾说）。

（18）恂：通也（成玄英《庄子疏》）。

（19）无方：没有固定的模式。

译文：

孔子请教老聃说："今天您悠闲无事，我想请教什么是至道。"

老聃说："你先斋戒，洗涤你的心灵，纯净你的精神，去掉你的智巧！大道，幽深难以表达呀！我只能给你说个大概。

昭明的东西生于昏暗，有形的东西生于无形，精神生于大道，有形之物生于精微之物。而万物都借助于形相互产生，因此，拥有九窍的动物是胎生的，拥有八窍的动物是卵生的。它来无踪迹，去无边际，没有门径，没有归宿，四通八达，广阔无边。顺随这个大道的，就四肢强健，思虑通达，耳聪目明，用心而不劳累，顺应外物变动不居。天不得不高，地不得不广，日月不得不运行，万物不得不昌盛，这就是道啊！

解说：

这个故事从道的性质以及悟道方法的角度阐述前文"至人无为、大圣不作、观于天地"的含义。

汝齐戒，疏瀹而心，澡雪而精神，掊击而知——去除自我以达到无我。

昭昭生于冥冥，有伦生于无形，精神生于道，形本生于精——道是无物之物，因而冥冥，但有物之物产生于无物之物（"昭昭生于冥冥"），有形之物产生于无形之物，所以说，"有伦生于无形"，"形本生于精"。万物产生于道，精神也不例外。

其来无迹，其往无崖，无门无房，四达之皇皇也——无物之物可以感觉但无法感知，不可模式化。

邀于此者，四肢强，思虑恂达，耳目聪明，其用心不劳，其应物无方——通达道的好处。得道者心无是非好恶，但也不刻意排斥好的结果。

天不得不高，地不得不广，日月不得不行，万物不得不昌——道的功用。

12. **且夫博[(1)]之不必知，辩之不必慧，圣人以断[(2)]之矣。若夫益之而不加益，损之而不加损者，圣人之所保也。渊渊乎其若海，巍巍[(3)]乎其若山[(4)]，终则复始也，运[(5)]量[(6)]万物而不匮[(7)]。则君子之道，彼其外[(8)]与！万物皆往资[(9)]焉而不匮，此其道与！**

(1) 博：博学。

(2) 以断：已经断言。“以”，通“已”。“断”，与下一句的“保”相对。

(3) 巍巍：高大貌也（成玄英《庄子疏》）。

(4) 若山：依马叙伦说补（陈鼓应《庄子今注今译》）。

(5) 运：运载。

(6) 量：容纳。

(7) 匮：匮乏。《阙误》引文如海、刘得一本“匮”字俱作“遗”（郭庆藩《庄子集释》）。

(8) 外：指还没有入道之门。

(9) 资：资助。

译文：

“况且，博学的人不一定有真知，辩论的人不一定有真见，得道者已经这样断言了。如果增多却不加多、减损却不减少，是得道者所要持守的。道深邃如海，高大如山，终而复始，运载、容纳万物而没有遗漏。那么，那些所谓君子之道，只是在这些之外吗！万物全都从它那里获取资助而从不匮乏的，才是道啊！

解说：

事物自身不可分别，因而无法像对象物一样靠博学、辩论掌握。它不可增加，也不减少；无处不在，日常之物无不从道生。所以说，世俗所谓博学、善辩的君子是无法领悟道的。

且夫博之不必知，辩之不必慧，圣人以断之矣——道是无物之物，无我才能顺随道，“博”、“辩”则有我，无法通达道。《道德经》第八十一章说：“善者不辩，辩者不善；知者不博，博者不知”。

若夫益之而不加益，损之而不加损者，圣人之所保也——无物之物不存在增减。

渊渊乎其若海，巍巍乎其若山——无物之物没有深与浅、高与低之分。

终则复始也，运量万物而不匮——万物又回归无物之物，所以说，“终则复始也，运量万物而不匮”。但这些都是道的外在性质。

万物皆往资焉而不匮——万物产生于无物之物。这是道的内在性质。

13. **中国[1]有人焉，非阴非阳[2]，处于天地之间，直且[3]为人，将反于宗[4]。自本观之，生者，喑（yīn）噫（yì）[5]物也。虽有寿夭[6]，相去几何[7]？须臾[8]之说也。奚[9]足以为尧桀之是非！果蓏（luǒ）[10]有理[11]，人伦[12]虽难，所以相齿[13]。圣人遭[14]之而不违[15]，过之而不守[16]。调[17]而应之，德也；偶[18]而应之，道也；帝之所兴，王之所起也。**

（1）中国：中原一带的国家。

（2）非阴非阳：不分阴阳，阴阳合一。

（3）直且：姑且。“直”，但。

（4）反于宗：返回本原。“反”，通“返”。

（5）喑噫：聚气貌（陆德明《经典释文》引李颐说）。

（6）夭：夭折，短寿。

（7）几何：多少。

（8）须臾：一会儿。

（9）奚：哪里。

（10）果蓏：在树曰果，在地曰蓏（成玄英《庄子疏》）。

（11）理：自然生长之理。

（12）人伦：人与人的关系。

（13）相齿：相互间以长幼次序对待。

（14）遭：遇。

（15）违：违背。

(16) 守：留舍。

(17) 调：调合之谓也（郭象《庄子注》）。

(18) 偶：调合之谓也（郭象《庄子注》）。谐和。

译文：

“中原一带有人既不偏于阴也不偏于阳，居住在天地之间，只不过具备人的形体，最终将返其本原。从本原的角度看，所谓生，就是气的聚合而已，虽然有长寿、短命之分，但相差又有多少呢？人的一生都是转瞬之间的事，哪里值得分别尧与桀的是与非呢！瓜、果各有其生长之理，人们的伦理关系虽然复杂，还是可以长幼有序相处。得道者对于这些从不违拗，事过之后也从不滞留。调和而顺应的，就是德；无心而适应的，就是道；帝就是因它而兴的，王就是借它而起的。

解说：

道是无物之物，万物产生于道，又归于道。因此，得道的人不分阴阳、生死、是非，不执着于形体；对于外物，包括世俗习惯，不违逆，但也不执着——违逆、留恋都是有我而不顺随外物的表现。

非阴非阳——不分阴阳，即无名、无是非。

将反于宗——万物，包括人会返回道这个本原。

自本观之，生者，喑醷物也——万物由阴、阳、气构成。《道德经》第四十二章说：“万物负阴而抱阳，冲气以为和”。

虽有寿夭，相去几何？须臾之说也。奚足以为尧桀之是非——人生都很短暂，变动不居，因而无法确定是非对错。参见《齐物论》“方生方死，方死方生；方可方不可，方不可方可”一段的解说。

果蓏有理，人伦虽难，所以相齿——事物自然会形成自然之理。

圣人遭之而不违，过之而不守。调而应之，德也；偶而应之，道也——得道者顺随外物之理，不执己见，即无我。

14. **人生天地之间，若白驹**[1]**之过郤**[2]**，忽然而已。注然、勃然**[3]**，莫不**

出(4)焉；油然、漻（liáo）然(5)，莫不入(6)焉。已化而生，又化而死，生物哀之，人类悲之。解其天弢（tāo）(7)，堕（huī）(8)其天袠（zhì）(9)，纷乎宛乎(10)，魂魄将往，乃身从之，乃大归(11)乎！不形之形，形之不形，是人之所同知也，非将至(12)之所务也，此众人之所同论也。彼至则不论，论则不至。明见(13)无值(14)，辩不若默。道不可闻，闻不若塞。此之谓大得(15)。"

（1）白驹：骏马也，亦言日也（成玄英《庄子疏》），指骏马。

（2）郄：通"隙"。"隙"，孔也（陆德明《经典释义》）。

（3）注然、勃然：注勃是生出之容（成玄英《庄子疏》）

（4）出：出入者，变化之谓耳，言天下未有不变也（郭象《庄子注》）。

（5）油然、漻然：油漻是入死之状（成玄英《庄子疏》），指变化迅速。"漻"，通"寥"，寂静。

（6）入：出入者，变化之谓耳，言天下未有不变也（郭象《庄子注》）。

（7）弢：囊藏也（成玄英《庄子疏》），弓套。

（8）堕：通"隳"，毁坏。

（9）袠：束囊也（成玄英《庄子疏》），书袋。

（10）纷乎宛乎：变化烟煴（郭象《庄子注》），快速变化。

（11）大归：指死亡。

（12）将至：将要得道的人。

（13）明见：看得清楚。

（14）值：会遇也（成玄英《庄子疏》）。

（15）大得：得大道。

译文：

"人生活在天地之间，就像飞驰的骏马掠过孔隙，只是一刹那的事。万物生机勃勃，无不自然生长；枯萎消失，无不自然而死。已经变化而生，再变化而死，生物为之哀伤，人类感到悲痛。解开自然的弓套，解除自然的束缚，变迁转化，魂魄离开时，身形也将随之而去，这是返其本原啊！从无形到有形，再从有形归于无形，这是人们都知道的，但不是得道者所追求的，这是众人所共同议论的。得道的人议论，议论没有真正得道（得道的人不议论，议论者没有得道)。看得清楚的不懂大道，巧辩不如沉默。道不可听见，听见还不如塞耳不听，这才是真正的得道。”

解说：

人的身体是魂魄暂时的借居地，生与死都是自然的，因而死不值得悲，生不值得喜。这个道理也不值得议论，议论就会有所执，会阻碍人体悟大道。因此，真正得道的人任由生死之自然而不辩论。

人生天地之间，若白驹之过郤，忽然而已——人生短暂，因而不能以人自身的知识作为判断是非的标准。

注然、勃然，莫不出焉；油然、漻然，莫不入焉。已化而生，又化而死——无物之物产生有物之物，有物之物又回归无物之物。

解其天弢，堕其天袠，纷乎宛乎，魂魄将往，乃身从之——不以自身的是非好恶束缚自己，就不会“哀之”、“悲之”。

不形之形，形之不形——无形之物产生有形之物，有形之物又回归无形之物。

彼至则不论，论则不至。明见无值，辩不若默。道不可闻，闻不若塞——道是无物之物，不可言说，无法看见，无法辩论，无法听见。《道德经》第一章说：“道，可道，非常道。”《道德经》第十四章说：“视之不见名曰夷，听之不闻名曰希，搏之不得名曰微。此三者不可致诘，故混而为一。”《道德经》第八十一章说：“信言不美，美言不信；善者不辩，辩者不善。”

15. **东郭子**(1)**问于庄子曰：“所谓道，恶**(2)**乎在？”**

庄子曰：“无所不在。”

东郭子曰：“期而后可(3)**。”**

庄子曰：“在蝼蚁。”

曰：“何其下(4)**邪？”**

曰：“在稊（tí）、稗（bài）(5)**。”**

曰：“何其愈下邪？”

曰：“在瓦甓（pì）(6)**。”**

曰："何其愈甚邪？"

曰："在屎溺[7]**。"**

东郭子不应。

（1）东郭子：居在东郭，故号东郭子（成玄英《庄子疏》）。

（2）恶：何。

（3）期必后可：欲令庄子指名所在（郭象《庄子注》），一定要指出道所在的地方才可以。

（4）下：卑下。

（5）稊、稗：两种杂草。

（6）甓：砖。

（7）溺：通"尿"。

译文：

东郭子向庄子请教道："所谓的道究竟在什么地方呢？"

庄子说："无所不在。"

东郭子问："你一定要说出一个具体的地方。"

庄子说："在蝼蚁身上。"

东郭子说："怎么在这么卑下的地方呢？"

庄子说："在稗草里。"

东郭子说："怎么越说越卑下了呢？"

庄子说："在瓦块砖头中。"

东郭子："真是越说越过分了！"

庄子说："在屎尿里。"

东郭子再也不吭声了。

解说：

这个故事从道无处不在的性质以及如何悟道的角度阐发前文"至人无为、大圣不作、观于天地"的含义。

道是事物自身，即无物之物。万物产生于无物之物，因而有日常之物的地方先有无物之物。东郭子以为道既然如此难以领悟，那一定是世俗中某种高贵的事物，不会存在于蝼蚁身上，更不会存在于稗草、瓦块砖头中。因此，当庄子说道存在于屎尿中时，东郭子一定认为庄子是在胡说八道，所以不再理会庄子。

16. **庄子曰："夫子之问也，固**(1)**不及质**(2)。**正获**(3)**之问于监**(4)**市履狶**(5)**也，每下愈况**(6)。**汝唯莫必**(7)**，无乎逃物**。**至道若是**(8)**，大言**(9)**亦然**。**周、遍、咸**(10)**三者，异名同实，其指**(11)**一也**。

(1) 固：本来。

(2) 质：实质，指事物自身，即道。

(3) 正获：市场管理官员名获。"正"，官号也，则今之市令也；"获"，名也（成玄英《庄子疏》）。一说正、获都是市场监督官员。

(4) 监：市场管理人员。

(5) 履狶：通过踩猪腿以了解猪的肥瘦。"履"，踩。"狶"，猪也（成玄英《庄子疏》）。

(6) 每下愈况：越是下面的部位越能反应猪的状况。"况"，像（曹础基《庄子浅注》）。

(7) 汝唯莫必：你只有不绝对（限于某物)。"莫"，不要。"必"，绝对。

(8) 是：此，这样。

(9) 大言：有关至道的言论。

(10) 周、遍、咸：都是全的意思。

(11) 指：含义。

译文：

庄子说："先生问的问题，本来就没有触及本质。有个市场监督官向屠夫请教如何用脚踩的方法辨别猪的肥瘦，（屠夫说）越往下面的部位越能反应猪的肥瘦。你不必局限于某物，道不离于物。至道是这样，至道的言论也是这样。周、遍、咸三个字，名称不同，但实质相同，所指的东西是一样的。

解说：

正获之问于监市履狶也，每下愈况——道无处不在，一切事物都体现着道，从普通的事物中更容易领悟道。

汝唯莫必，无乎逃物——道就在物之中，不在物之外，因而不必限于某物。

至道若是，大言亦然。周、遍、咸三者，异名同实，其指一也——大道、大道之言离不开物，就像周、遍、咸三个字虽然名称不同，但涵义都是全的意思一样。（就像周、遍、咸三者，其名不同，但所表达的意义是一样的）。

17. **尝相与游乎无何有之宫(1)，同合而论(2)，无所终穷乎！尝相与无为乎！澹而静乎！漠(3)而清乎！调(4)而闲乎！寥已(5)吾志，无往焉而不知其所至。去而来而不知其所止，吾已往来焉而不知其所终；彷徨(6)乎冯（píng）闳（hóng）(7)，大知入焉(8)而不知其所穷。物物者(9)与物无际(10)，而物有际者，所谓物际者也；不际之际，际之不际者也。谓盈虚衰杀(11)，彼为盈虚非盈虚，彼为衰杀非衰杀，彼为本末非本末，彼为积散非积散也。”**

（1）无何有之宫：谓玄道处所也；无一物可有，故曰无何有也（成玄英《庄子疏》）。

（2）同合而论：从混而为一的观点看。

（3）漠：清（郭庆藩《庄子集注》）。

（4）调：调和（成玄英《庄子疏》）。

（5）寥已：寂寥，虚寂。“已”，通“矣”。

（6）彷徨：放任（成玄英《庄子疏》）。

（7）冯闳：虚旷之貌（成玄英《庄子疏》）。

（8）大知入焉：言大圣知之人，能会于寂寥虚旷之理（成玄英《庄子疏》），得道者领悟寂寥之理。

（9）物物者：支配万物的，指大道。

（10）际：崖畔也（成玄英《庄子疏》），界限。

（11）衰杀：老病为衰杀（成玄英《庄子疏》）。

译文：

让我们一道遨游于无何有之所，从混一的角度说，道是无穷无尽的。让我们一起无为而处吧！恬淡而宁静吧！寂寥而清幽吧！平和而安闲吧！我的心里虚空宁寂，无所不往但又不知道往何处去，去了归来而又不知道应停留在哪里，我来来往往却不知终点所在；在虚旷的境域里遨游，得道之人不知道哪里是终极。主宰万物的与万物之间没有界限，而物有界限，就是日常所谓万物之间的界限。没有界限的界限就是界限中的没有界限。以盈、虚、衰、减来说，那使盈虚为盈虚的，自身没有盈虚；那使衰减为衰减的，自身没有衰减；那使万物终始的，自身并没有本末；那使万物有集有散的，自身并没有聚散。”

解说：

心中无物则无处不是无何有之乡。如何做到心中无物？无为而处、恬淡宁静，用顺随事物的混一、不加分别的心态看事物。这样，事物就没有始终、没有界限，没有盈、虚、衰、减，没有本末聚散。而这一切都是因为道在起作用。

尝相与游乎无何有之宫——无物之境，参见《逍遥游》“惠子谓庄子曰吾有大树”故事的解说。

同合而论，无所终穷乎——无封。

澹而静乎！漠而清乎！调而闲乎！寥已吾志——无我。

无往焉而不知其所至，去而来而不知其所止，吾已往来焉而不知其所终；彷徨乎冯闳，大知入焉而不知其所穷——无我、无物。

物物者与物无际，而物有际者，所谓物际者也；不际之际，际之不际者也。谓盈虚衰杀，彼为盈虚非盈虚，彼为衰杀非衰杀，彼为本末非本末，彼为积散非积散也——无物、无封以及如何以无物无封之心对待有物之物。

18. **妸（ē）荷甘[(1)]与神农[(2)]同学于老龙吉[(3)]。神农隐几[(4)]阖（hé）户昼瞑[(5)]，妸荷甘日中[(6)]奓（zhā）[(7)]户而入曰：“老龙死矣！”神农隐几拥杖[(8)]而起，嚗（bó）然[(9)]放杖而笑，曰：“天[(10)]知予[(11)]僻陋[(12)]慢訑（dàn）[(13)]，故弃**

予而死。已矣夫子！无所发[14]予之狂言而死矣夫！”

弇（yǎn）堈（gāng）吊[15]闻之，曰：“夫体道[16]者，天下之君子所系[17]焉。今于道，秋豪[18]之端万分未得处一焉，而犹知藏其狂言而死，又况夫体道者乎！视之无形，听之无声，于人之论者，谓之冥冥[19]，所以论道，而非道也。”

（1）妸荷甘：姓妸，字荷甘（成玄英《庄子疏》），虚构的人物。

（2）神农：非三皇之神农也，则后之人物耳（成玄英《庄子疏》），不是三皇五帝所说的神农。

（3）老龙吉：怀道人也（陆德明《经典释文》引李颐说））。

（4）隐几：靠着桌子。“隐”，凭也（成玄英《庄子疏》），依靠。“几”，桌子。

（5）阖户昼瞑：白天关门睡觉。“阖”，合。“瞑”，通“眠”。

（6）日中：中午。

（7）奓：开也，亦排也（成玄英《庄子疏》）。

（8）拥杖：拿着手杖。

（9）嚗然：放杖声也（陆德明《经典释文》引李颐说）。

（10）天：指老龙吉。

（11）予：我。

（12）僻陋：偏僻鄙陋（成玄英《庄子疏》）。

（13）慢訑：慢訑不专（成玄英《庄子疏》）。“訑”，通“诞”，荒唐（曹础基《庄子浅注》）。

（14）发：启发。

（15）弇堈吊：姓弇，名堈，隐者也（成玄英《庄子疏》）。

（16）体道：体悟大道。

（17）系：属也（成玄英《庄子疏》），归属。

（18）豪：通“毫”。

（19）冥冥：看不清的样子。

译文：

妸荷甘与神农一同求学于老龙吉。神农大白天关着门靠着桌子睡觉，中午时分，妸荷甘推门而入说："老龙吉死了！"神农拿着拐杖站起来，啪的一声又丢开拐杖，笑着说："先生知道我见识短浅，行为荒唐，所以舍我而去。完了，先生没有以至道来启发我就去了！"

弇堈吊听说了后说："体悟大道的人，是天下君子所依赖的。现在老龙吉对于道，连秋毫末端的万分之一都没有得到，老龙吉尚且怀藏至言而死，何况是那些真正体悟大道的人呢！大道，看上去没有形状，听起来没有声音，那些谈论道的人，说它冥暗幽深。那些谈论什么是道的人，并不是真正的道啊。"（那些谈论的人所说的道，并不是真正的道。"）

解说：

这个故事从道不可说的角度阐发前文所说的"至人无为、大圣不作、观于天地"的含义。

视之无形，听之无声，于人之论者，谓之冥冥——《道德经》第十四章说："视之不见名曰夷，听之不闻名曰希，搏之不得名曰微……是谓无状之状，无物之象。是谓惚恍。"因此，道视之无形，听之无声，是冥冥之物。

所以论道，而非道也——《道德经》第一章说："道，可道、非常道。"道不可言，可言者非道。

19. **于是泰清(1)问乎无穷(2)曰："子(3)知道乎？"**

无穷曰："吾不知。"

又问乎无为(4)。无为曰："吾知道。"

曰："子之知道，亦有数(5)乎？"

曰："有。"

曰："其数若何？"

无为曰："吾知道之可以贵，可以贱，可以约(6)，可以散，此吾所以知道之数也。"

(1) 泰清：虚构人物。"泰"，大也（成玄英《庄子疏》）。

(2) 无穷：虚构人物。

(3) 子：你。

(4) 无为：虚构人物。

(5) 数：名数（成玄英《庄子疏》），具体性质。

(6) 约：聚（成玄英《庄子疏》）。

译文：

于是，泰清问无穷说："你懂得道吗？"

无穷回答："我不懂得。"

又去请教无为。无为回答说："我懂得道。"

泰清说："你懂得的道，有具体性质吗？"

无为说："有。"

泰清说："道的具体性质是什么呢？"

无为说："我知道的道可以尊贵，也可以卑贱，可以聚合，可以离散，这就是我所说的道的性质。"

解说：

明白道，知晓道的性质，言说道的贵贱聚散，这些恰恰是不明白道的表现（见上一段的解说）。因此，在下文遭到无始的批判。

20. **泰清以之言也问乎无始[1]曰："若是，则无穷之弗知[2]与无为之知，孰是而孰非乎？"**

无始曰："不知深矣，知之浅矣；弗知内矣，知之外矣。"

于是泰清中[3]而叹曰："弗知乃知乎！知乃不知乎！孰知不知之知？"

无始曰："道不可闻，闻而非也；道不可见，见而非也；道不可言，言而非也。知形形[4]之不形乎！道不当名。"

无始曰："有问道而应之者，不知道也。虽问道者，亦未闻道。道无问[5]，问无应。无问问之，是问穷[6]也；无应应之，是无内[7]也。以无内待问穷，若是[8]者，外不观乎宇宙，内不知乎大（太）初[9]，是以[10]不过乎昆仑[11]，不游乎太虚。"

(1) 无始：虚构人名。

(2) 弗知：不知。

(3) 中：《释文》引崔譔本作“卬”字。“卬”同“仰”。

(4) 形形：使有形的东西显现，指道。第一个“形”字为动词，第二个“形”字指物。

(5) 无问：不可问。

(6) 穷：空也（成玄英《庄子疏》）。

(7) 无内：道无问，意揣夫道而问之，是先自穷也，故曰问穷。道无应之，是徇外也，故曰无内（郭庆藩《庄子集释》引郭嵩焘说），追逐外物故无内。

(8) 若是：如果是这样。“是”，此，这样。

(9) 大初：道本也（成玄英《庄子疏》）。

(10) 是以：所以。

(11) 不过乎昆仑：不能超越高远的境界。“昆仑”：比喻高远的境界。

译文：

泰清拿这番话去请教无始说：“如果这样的话，那么无穷的不知与无为的知，究竟谁对谁错呢？”

无始说：“不知的深刻理解了道，知的理解浮泛；不知是内行，知是外行。”

于是泰清仰头感叹：“不知实际就是知啊！知实际就是不知啊！有谁懂得不知之知呢？”

无始说：“道是无法听到的，可以听到的就不是道；道是无法看见的，可以看见的就不是道；道是无法言传的，可以言传的就不是道。知道主宰有形的是无形的吗！道不应有名称。”

无始又说：“有人问道就回答的人，是不懂道的。就连那问道的人，也不懂得道。道无法问，问了也无从回答。无法问却偏要问，所问就是空洞的问；无从回答却偏要回答，就是追逐外物。以追逐外物之心对待空洞的问题，这样，外不能观察广阔的宇宙，内不能理解大道的本原，所以不能跨越高远的昆仑，也不能遨游清虚之境。”

解说：

道无法听到、无法看见、无法言传，因而问道的人与回答什么是道的人都不明白道。强行问和强行答都不可能通达道本身。

不知深矣，知之浅矣；弗知内矣，知之外矣……弗知乃知乎！知乃不知乎！孰知不知之知……道不可闻，闻而非也；道不可见，见而非也；道不可言，言而非也。知形形之不形乎！道不当名——道不可感知，不可言说，无法看见，无法听见，是无形的无物之物。《道德经》第一章说："道，可道、非常道。"《道德经》第十四章说："视之不见名曰夷，听之不闻名曰希，搏之不得名曰微……是谓无状之状，无物之象。是谓惚恍。"

21. **光曜[(1)]问乎无有[(2)]曰："夫子有乎？其[(3)]无有乎？"**

无有弗应也[(4)]。光曜不得问，而孰[(5)]视其状貌，窅（yǎo）然[(6)]空然，终日视之而不见，听之而不闻，搏[(7)]之而不得也。

光曜曰："至矣！其孰[(8)]能至此乎！予[(9)]能有无矣，而未能无无也；及为无有矣[(10)]，何从至此哉！"

（1）光曜：是能视之智也（成玄英《庄子疏》），虚构人名。

（2）无有：所观之境也（成玄英《庄子疏》），虚构人名。

（3）其：还是。

（4）无有弗应也：《淮南子·道应》篇"光曜不得问"上有"无有弗应也"五字（俞樾《庄子平议》）。"弗应"，不回应。

（5）孰：通"熟"，仔细。

（6）窅然：深远不明的样子。

（7）搏：抓。

（8）孰：谁。

（9）予：我。

（10）及为无有矣：及为"无"，而又不免于有矣（宣颖《南华经解》）。

译文：

光曜请教无有说："先生是有呢？还是没有呢？"

无有不吭声，光曜问不下去，就仔细端详他的外貌，一副深远而空虚的样子。整天看却并没有真的看；听却并没有真的听；摸却并没有真的摸。

光曜说："这是最高境界啊，谁还能达到这种境界呢！我能够达到'无'的境界，却不能达到'无无'的境界；我达到了无，却有'有'了，又怎能达到他那种境界呢?"

解说：

这个故事阐明只有做到前文所说的"至人无为、大圣不作、观于天地"才能达到的"无无"境界。

"有"、"无"相生，有"无"就有"有"（参见《齐物论》）。但是，达到"无"的境界或"有"的境界，不能通达事物自身。只有连"无"也不执着，即达到"无无"的境界，才能与物混而为一，通达物自身。

窅然空然，终日视之而不见，听之而不闻，搏之而不得也——无物之物无法见、无法听、无法触摸。《道德经》第十四章说："视之不见名曰夷，听之不闻名曰希，搏之不得名曰微……是谓无状之状，无物之象。是谓惚恍。"

予能有无矣，而未能无无也；及为无有矣——有或无只能呈现日常事物，只有达到无无境界，才能通达事物自身。参见《齐物论》。

22. **大马(1)之捶钩者(2)，年八十矣，而不失豪芒(3)。大马曰："子(4)巧与(欤)？有道与?"**

曰："臣有守也。臣之年二十而好捶钩，于物无视也，非钩无察也。是用之者，假(5)不用者也以长得其用，而况乎无不用者乎！物孰不资(6)焉!"

(1) 大马：楚之大司马也（成玄英《庄子疏》），官名。

(2) 捶钩者：为大司马锻制兵器的工匠。"捶"，打锻也；"钩"，腰带也(成玄英《庄子疏》)。

(3) 豪芒：指微小。

(4) 子：你。

(5) 假：借助。

(6) 资：助。

译文：

为司马家锻造带钩的工匠，年纪虽然八十了，干起活来却不会有丝毫的误差。大司马问他：“你是有技巧呢？还是有道？”

老工匠回答：“我有自己所持守的。我二十岁时就喜好制造带钩，对别的东西我一眼都不看，不是带钩就不在意。这种制造带钩所采用的方法，就是凭借心无旁骛才得以返回作用的，更何况那些（因无为）而无不用的人呢！（更何况那些自己无为因而万物为其所用的人呢）万物哪能不助成他呢？”

解说：

这个故事阐明只有达到前文所谓的“至人无为、大圣不作、观于天地”才能领悟道。

专心致志于某一件事，不追逐其他事情，就能练就一技之长；如果以无用之心对待事物，那么万物就都为其所用。

是用之者，假不用者也以长得其用，而况乎无不用者乎——“假不用者也以长得其用”还是有心而为，“无不用者”则是无心而为。无为而为就能成为如庖丁解牛故事中庖丁那样的得道者。

23. **冉求[(1)]问于仲尼曰：“未有天地可知邪？”**

仲尼曰：“可。古犹今也。”

冉求失问而退，明日复见，曰：“昔者吾问‘未有天地可知乎？’夫子曰：‘可。古犹今也。’昔日吾昭然[(2)]，今日吾昧然[(3)]，敢问何谓也？”

仲尼曰：“昔之昭然也，神者先受[(4)]之；今之昧然也，且又为不神者求邪？无古无今，无始无终。未有子孙而有子孙，可乎？”

(1) 冉求：姓冉，名求，孔子学生。

(2) 昭然：明白的样子。

(3) 昧然：糊涂的样子。

(4) 受：虚心以待命（成玄英《庄子疏》）。

译文：

冉求请教孔子说："没有天地以前的情形可以知道吗？"

孔子说："可以，古代跟现在一样。"

冉求不知如何继续问下去，就告退了。第二天又来见孔子，问道："昨天我问'没有天地以前的情形可以知道吗？'先生回答说：'可以，古代跟现在一样。'昨天我心里还明白，今天却糊涂了，请问这是为什么呢？"

孔子说："昨天你心里明白，是以心神去领悟的；今天你糊涂了，是没有以心神去领悟（而是将其当作对象加以追问）。没有古代就没有现在，没有开始就没有终结。没有子孙以前就有子孙，可能吗？"

解说：

这个故事阐述只有做到"至人无为、大圣不作、观于天地"才能通达道，领悟道生万物的含义。

古代与现在，事物自身永远是事物自身，无古无今，无始无终。如果对事物自身加以思索，那就将其变成了有差别的具体物。具体物与具体物就不相同了，因而无法通达道。（通过思索具体物无法通达道。）

古犹今也——古今如一，即无封。

昔之昭然也，神者先受之——没有感知只有感觉，即以无我之心对待。

今之昧然也，且又为不神者求邪——没有以无我之心对待，而以有我之心对待。

无古无今，无始无终。未有子孙而有子孙，可乎——古今不分，始终不分，即无封。

24. **冉求未对。仲尼曰："已**(1)**矣，未应**(2)**矣！不以生生死**(3)**，不以死死生**(4)**。死生有待邪？皆有所一体**(5)**。有先天地生者物邪？物物者**(6)**非物。物出不得先物也，犹**(7)**其有物也。犹其有物也，无已。圣人之爱人也终无已者，亦乃取**(8)**于是**(9)**者也。"**

(1) 已：止也（成玄英《庄子疏》）。

(2) 未应：不必回应。

(3) 生死：使死者复生。

(4) 死生：使生者死。

(5) 一体：死生聚散，各自成一体耳，故无所因待也（成玄英《庄子疏》），混为一体。

(6) 物物者：产生物之物，即道。

(7) 犹：且（曹础基《庄子浅注》）。

(8) 取：效法。

(9) 是：此，天道。

译文：

冉求没有应答。孔子说："算了，不必回答了！不会因为生而将死的也生起来；不会因为死而将生的也让其死掉。死和生难道是相互对待的吗？生和死是一个整体。有先于天地而生的物吗？生成万物的不是物。物的生成不会先于道，由道才产生万物。道产生万物，就没有穷尽。得道者（无心之）爱人也是无止境的，这是取法于自然之道。"

解说：

不以生生死，不以死死生——生与死不是对待关系，因而生死是无封的。

有先天地生者物邪？物物者非物。物出不得先物也，犹其有物也。犹其有物也，无已。——无物之物不是日常之物，但它生成万物，物再不断生成物。

圣人之爱人也终无已者，亦乃取于是者也——得道者效法道，以大爱对待万物。

25. **颜渊问乎仲尼曰："回尝闻诸夫子曰：'无有所将**(1)**，无有所迎。'回敢问其游**(2)**。"**

(1) 将：送也（成玄英《庄子疏》）。

(2) 游：心之所游。

译文：

颜渊请教孔子说："我曾听老师说过：'不要有所送，不要有所迎。'我想问怎样达到这种境界。"

解说：

这个故事阐述只有做到前文"至人无为、大圣不作、观于天地"才能自在地栖息于世。

得道者无我。无我则无所送、无所迎，无分别对待，游心于事物自身（参见《大宗师》中"南伯子葵"的故事）。

26. **仲尼曰："古之人，外化而内不化**[1]**，今之人，内化而外不化**[2]**。与物化者，一不化**[3]**者也。安**[4]**化安不化？安与之相靡**[5]**？必与之莫多**[6]**。狶（xī）韦氏**[7]**之囿（yòu）**[8]**，黄帝之圃**[9]**，有虞氏**[10]**之宫，汤武之室。君子之人，若儒墨者师，故以是非相整（jī）**[11]**也，而况今之人乎！圣人处物不伤物。不伤物者，物亦不能伤也。唯无所伤者，为能与人**[12]**相将迎。山林与！皋（gāo）壤**[13]**与！使我欣欣然而乐与！乐未毕也，哀又继之。哀乐之来，吾不能御，其去弗能**[14]**止。悲夫，世人直**[15]**为物逆旅**[16]**耳！夫知遇而不知所不遇，知能能**[17]**而不能所不能。无知无能者，固人之所不免也。夫务免乎人之所不免者，岂不亦悲哉！至言**[18]**去言，至为去为。齐**[19]**知之所知，则浅矣。"**

（1）内不化：内心守道不变。

（2）外不化：不能顺外物。

（3）一不化：（化）与不化混而为一。

（4）安：何，何时，哪。

（5）靡：通"摩"，摩擦。

（6）莫多：不加以分别，即与之混而为一。

（7）狶韦氏：狶韦、轩辕、虞舜、殷汤、周武，并是圣明王也（成玄英《庄子疏》）。

（8）囿：园子。

(9) 圃：园圃。

(10) 有虞氏：虞舜。

(11) 相䪡：相互攻击（陈鼓应《庄子今注今译》）。

(12) 人：敦煌本“人”作“之”（郭庆藩《庄子集释》）。

(13) 皋壤：原野（陈鼓应《庄子今注今译》）。

(14) 弗能：不能。

(15) 直：只是。

(16) 逆旅：客舍也（成玄英《庄子疏》），旅馆。

(17) 能能：只能做到我们所能做到的事。

(18) 至言：合道的言论。

(19) 齐：齐一，同等看待。

译文：

孔子说：“古代的人，顺随外物变化但内心保持道；现在的人，内心变化而不能顺物变化。随外物变化的，能与不化者混一。何时变化、何时不变？哪能与外物相违逆呢？一定要与外物混一。狶韦氏的园子，黄帝的园圃，虞舜的宫殿，商汤、周武王的宫室（名字不同，实质都一样）。那些称作君子的人，像儒家、墨家的师辈，尚且以是非相诋毁，何况现在的普通人呢！得道者与外物相处却不伤害外物。不伤害外物的，外物也不能伤害他。正因为无所伤害，才能与外物相往来。山林啦，旷野啦，这都使我感到十分欢乐！可是欢乐还没有结束，悲哀又接踵而至。欢乐、悲哀来了，我无法阻挡；它们离去，我也无法制止。可悲啊，世人只不过是外物寄居的旅舍罢了。人们只知道遇到的，却不知道不曾遇到的；只能做力所能及的，而不能做力所不能及的。有所不知道、有所不能够，本来就是人们所不可避免的。而世人一定要追求自己所不能免的东西，岂不可悲吗！最高的言论是没有言论，最大的行动是没有妄为。要想人人所知的都一样，那实在太浅陋了。”

解说：

古之人，外化而内不化——无我，顺随外物而不离道。

内化而外不化——有我，内心无道而不顺随外物。

与物化者，一不化者也——顺随外物变化的，与不化也为一，即无封。

安化安不化？安与之相靡？必与之莫多——不存在先验的变与不变，顺随事物而变，与事物为一。

狶韦氏之囿，黄帝之圃，有虞氏之宫，汤武之室——名字不同，实质都一样。

君子之人，若儒墨者师，故以是非相？也，而况今之人乎——儒家、墨家不能顺随外物，因而产生是非，相互争论不已。

圣人处物不伤物。不伤物者，物亦不能伤也。唯无所伤者，为能与人相将迎——顺随外物，则与外物相和谐。

乐未毕也，哀又继之。哀乐之来，吾不能御，其去弗能止——有乐就有哀，只有无乐无忧的至乐才是真正的乐。

悲夫，世人直为物逆旅耳！夫知遇而不知所不遇，知能能而不能所不能。无知无能者，固人之所不免也。夫务免乎人之所不免者，岂不亦悲哉——天地是无穷的，人所知所遇的只是微小的一部分。因此，以自己所知的去判断天地，就会带来是非痛苦。

至言去言，至为去为——道是无物之物，不可言说。言说就将其变成了有物之物。

齐知之所知——人们所知的本来就不同，想将人们的知同一，就会带来是非。

杂　篇

杂篇由十一篇文章组成，一些人认为其中的大部分出自庄子之手，少部分则存在疑问，如苏轼认为，《让王》《盗跖》《说剑》和《渔父》四篇不是庄子的作品。作者认为，杂篇与庄子整体思想是一致的。至于有些篇目是不是出自庄子之手，目前的证据都不充分。

杂篇诸篇的篇名与外篇一样，大都取自正文开始的两到三个字（个别篇目如《庚桑楚》则稍有不同），并没有特别的含义。

庚桑楚

本篇阐述什么是道、如何修道。本篇可能是《齐物论》不成熟的作品，可参看《齐物论》。

这一篇包括两大部分。第一大部分由一个故事（从“老聃之”至“食者也”）组成，讲述南荣趎悟道的过程。庚桑楚明白什么是道，但他无法让南荣趎知道什么是道，所以他让南荣趎去求教老子。最后，老子通过养生这一突破口使南荣趎领悟了道。

第二大部分（从“宇泰定者”至末尾）从理论上阐述上面这个故事，包括三个部分。第一部分（从“宇泰定者”至“则使之也”）阐述只有心静才能悟道以及心不静所带来的祸患。第二部分（从“道通”至“非一也”）阐述事物的无封性、无物性以论证为什么心静才能悟道。第三部分（从“古之人”至“非一也”）在第二小部分的基础上提出悟道的三境界：无物境界、无封境界、无是非境界。第三部分（从“有生”至末尾）阐释悟道者如何面对第二部分的是非性、无封性，包括三段。第一段（从“有生”至“相顺也”）阐发得道者如何面对事物的无是非性。第二段（从“羿工乎”至“无有也”）阐述得道者如何面对事物的无封性。第三段（“介者”至末尾）阐述得道者如何在世俗之中生存——以无物之心对待世俗中的是非、封和物，从而真正面对事物自身。

我们将本篇的结构图示如下。

<table>
<tr><td>第一大部分</td><td>从“老聃之”至“食者也”</td><td colspan="3">讲述南荣趎悟道的过程。</td></tr>
<tr><td rowspan="5">第二大部分</td><td>第一部分</td><td colspan="2">从“宇泰定者”至“则使之也”</td><td>阐述只有心静才能悟道以及心不静所带来的祸患。</td></tr>
<tr><td>第二部分</td><td colspan="2">从“道通”至“非一也”</td><td>阐述事物的无封性、无物性以论证为什么心静才能悟道。</td></tr>
<tr><td rowspan="3">第三部分阐释悟道者如何面对第二部分的是非性、无封性</td><td>第一段</td><td>从“有生”至“相顺也”</td><td>阐发得道者如何面对事物的无是非性。</td></tr>
<tr><td>第二段</td><td>从“羿工乎”至“无有也”</td><td>阐述得道者如何面对事物的无封性。</td></tr>
<tr><td>第三段</td><td>从“介者”至末尾</td><td>阐述得道者如何在世俗之中生存。</td></tr>
</table>

1. **老聃之役(1)有庚桑楚(2)者，偏得老聃之道，以北居畏垒之山(3)，其臣(4)之画然(5)知者去之，其妾之挈然(6)仁者远之；拥肿(7)之与居，鞅掌(8)之为使。居三年，畏垒大壤（rǎng）(9)。畏垒之民相与言曰：“庚桑子之始来，吾(10)洒然(11)异之。今吾日计之而不足，岁计之而有余。庶几(12)其圣人乎！子(13)胡(14)不相与尸(15)而祝(16)之，社而稷之(17)乎?”**

(1) 役：学徒弟子也（陆德明《经典释文》引司马彪说）。

(2) 庚桑楚：名楚，老君之弟子，盖隐者也（成玄英《庄子疏》）。

(3) 畏垒之山：山名，在鲁国（成玄英《庄子疏》），又云在梁州（郭庆藩《庄子集释》），也可能是虚构的山名。

(4) 臣：仆隶（成玄英《庄子疏》）。

(5) 画然：明察的样子（曹础基《庄子浅注》）。

(6) 挈然：显示貌（褚伯秀《南华真经义海纂微》）。

(7) 拥肿：朴也（郭象《庄子注》），质朴。

(8) 鞅掌：淳朴自得之貌也（成玄英《庄子疏》）。

(9) 壤：丰也（陆德明《经典释文》），通“穰”。

(10) 吾：我，我们。

(11) 洒然：微惊貌也（成玄英《庄子疏》）。

(12) 庶几：差不多。

(13) 子：畏垒之民之间的相互称呼。

(14) 胡：为何。

(15) 尸：主也（成玄英《庄子疏》），代表死人受祭的活人。

(16) 祝：祝祭（成玄英《庄子疏》）。

(17) 社而稷之：为立社稷，建其宗庙（成玄英《庄子疏》）。

译文：

老聃的弟子中有位叫庚桑楚的，独得老聃之道，居住在北边的畏垒山之中。他的仆人中有炫耀才智的就会被辞退，侍女中有标榜仁义的就会被疏远。只有那些敦厚的人跟他住在一起，朴实的人留下来供他差使。在畏垒山居住三年之后，畏垒粮食大丰收。于是，畏垒的老百姓互相商量说："庚桑子刚来畏垒山时，我们都对他的做法感到惊讶。现在我们的收益，以天计算感到不足，但以年计算就富足有余。他大概是得道者吧！我们何不给他设立神位加以祈祷，并且给他设立宗庙呢？"

解说：

这个故事主要讲述老子让南荣趎悟道的过程。庚桑楚明白什么是道，但他无法让南荣趎领悟道，所以他让南荣趎去求教老子。最后，老子通过养生这一突破口让南荣趎领悟了道。

庚桑楚远离智巧、炫耀的人，与敦厚朴实的人在一起，是合道者的做法。这种风气影响到当地，使当地的百姓因此而富裕。而当地的百姓从开始对他的做法感到不理解，到后来开始接受，最终还要为他建庙。这些说明庚桑楚虽然得道，但还没有完全达到和光同尘（为他建庙）的境界。所以，他只能算是悟道者，还不是得道者。

其臣之画然知者去之，其妾之挈然仁者远之；拥肿之与居，鞅掌之为使——去知、去仁，追求淳朴、敦厚。

今吾日计之而不足，岁计之而有余—— 成玄英认为："所谓贤圣之人，与四时合度，无近功故日计不足，有远德故岁计有余。”所谓与四时合度，即顺随事物。

2. 庚桑子闻之，南面而不释然[(1)]。弟子异[(2)]之。庚桑子曰：“弟子何异于予？夫春气发而百草生，正得秋而万宝成[(3)]。夫春与秋，岂无得而然哉？天道已行矣。吾闻至人，尸居[(4)]环堵[(5)]之室，而百姓猖狂[(6)]不知所如往。今以畏垒之细民[(7)]而窃窃[(8)]焉欲俎（zǔ）豆[(9)]予于贤人之间，我其[(10)]杓（biāo）[(11)]之人邪！吾是以[(12)]不释于老聃之言。”

(1) 释然：高兴的样子。

(2) 异：诧异。

(3) 正得秋而万宝成：天地以万物为宝，至秋而成也（陆德明《经典释文》）。

(4) 尸居：像尸主（神主牌）一样寂静而居（曹础基《庄子浅注》）。

(5) 环堵：四面环各一堵，谓之环堵也，所谓方丈室也（成玄英《庄子疏》）。“堵”，一丈曰堵（陆德明《经典释文》引司马彪说）。

(6) 猖狂：无拘无束的样子。

(7) 细民：小民，指老百姓。

(8) 窃窃：背地里偷偷商量。

(9) 俎豆：祭祀用的器具。“俎”，切肉之几；豆，盛脯之具；皆礼器也（成玄英《庄子疏》）。

(10) 其：岂（曹础基《庄子浅注》）。

(11) 杓：王云，斯由己为人准的也（陆德明《经典释文》），关注的目标。

(12) 是以：因此。

译文：

庚桑子听到这件事，南面而坐，心里不高兴。他的弟子感到非常诧异。庚桑子说：“你们为什么对我感到奇怪呢？春天气息勃发，百草生长，到了秋天，自然果实累累。春天与秋天，难道没有原因就能这样吗？这是天道的自然运行。我听说，得道的至人安静地居住在狭小的斗室之内，而百姓无拘无束，不知道要去哪里。现在畏垒的百姓却私下想把我列入贤人的行列加以供奉，我难道是当靶子的人吗？我想起老聃的教诲，因此感到心里不快乐。”

解说：

春生秋实是自然之理，无需人力。只要做到顺随自然，畏垒山的百姓就会富足。百姓却将功劳归于庚桑楚。由此庚桑楚意识到自己还没有完全和光同尘，只能算是贤人而不是无己的至人。

夫春气发而百草生，正得秋而万宝成。夫春与秋，岂无得而然哉？天道已行矣——春生求实是自然之理，无需人力。

吾闻至人，尸居环堵之室，而百姓猖狂不知所如往——至人无为，百姓逍遥。

今以畏垒之细民而窃窃焉欲俎豆予于贤人之间，我其杓之人邪——畏垒百姓要供奉自己，说明自己还没有做到无己、无为，还不是至人。

3. **弟子曰：“不然。夫寻常[(1)]之沟，巨鱼无所还[(2)]其体，而鲵（ní）[(3)]鳅为之制[(4)]；步[(5)]仞之丘陵，巨兽无所隐其躯，而孽狐[(6)]为之祥[(7)]。且夫尊贤授能，先善[(8)]与利，自古尧舜以然，而况畏垒之民乎！夫子亦听矣！”**

（1）寻常：八尺曰寻，倍寻曰常（成玄英《庄子疏》），指狭窄的地方。

（2）还：回也（陆德明《经典释文》），转身。

（3）鲵：小鱼而有脚，此非鲲大鱼也（成玄英《庄子疏》）。

（4）制：折也（陆德明《经典释文》），与“还”字同义，转身的意思。

（5）步：六尺曰步（成玄英《庄子疏》）。

（6）孽狐：妖孽的狐狸（曹础基《庄子浅注》）。

（7）祥：善也（陆德明《经典释文》引崔譔说）。

（8）先善：以善为先。

译文：

弟子说：“不是这样的。在小的水沟里，大鱼没有转身的空间，可是泥鳅回旋自如；在矮小的山丘上，大兽无法藏身，可是狐狸悠游自在。再说，尊重贤人，举用能者，有善先用，与其利禄，自古代的尧舜以来就是这样的，何况是畏垒山的百姓呢！老师还是顺从他们吧！”

解说：

弟子的劝谏包括两个理由：一、要顺从形势。浅水之中，泥鳅活动自如，大鱼却无法活动；矮山之上，狐狸乐得其所，大兽却无法藏身。而畏垒山就相当于浅水、矮山，庚桑楚无法完全按照自己的意志行事，因而要顺从民意。二、尊重贤人，举用能者，有善先用，与其利禄，这些连尧舜都要遵行的德行，庚桑楚没有理由不遵循。

4. **庚桑子曰：“小子来！夫函车之兽**(1)**，介**(2)**而离山，则不免于罔罟(gǔ)**(3)**之患；吞舟之鱼，砀（dàng）**(4)**而失水，则蝼**(5)**蚁能苦之。故鸟兽不厌**(6)**高，鱼鳖不厌深。夫全其形生之人，藏其身也，不厌深眇**(7)**而已矣。**

且夫二子(8)**者，又何足以称扬哉！是其于辩也，将妄凿垣**(9)**墙而殖**(10)**蓬蒿**(11)**也。简**(12)**发而栉（zhì）**(13)**，数米而炊，窃窃**(14)**乎又何足以济世哉！举贤则民相轧**(15)**，任知则民相盗。之**(16)**数物**(17)**者，不足以厚民**(18)**。民之于利甚勤，子有杀父，臣有杀君，正昼**(19)**为盗，日中**(20)**穴阫（péi）**(21)**。吾语女**(22)**，大乱之本，必生于尧舜之间，其末存乎千世之后。千世之后，其必有人与人相食者也！”**

(1) 函车之兽：其兽极大，口能含车（成玄英《庄子疏》）。

(2) 介：独也（陆德明《经典释文》）。

(3) 罔罟：网罗。

(4) 砀：砀溢（（郭庆藩《庄子集释》），溢出。

(5) 蝼：据《御览》九三五、九四七等补（马叙伦《庄子义证》、王叔岷《庄子校释》）。

(6) 厌：满足。

(7) 眇：远也（成玄英《庄子疏》）。

(8) 二子：指尧、舜。

(9) 垣：矮墙。

(10) 殖：种植。

(11) 蓬蒿：一种野草。

(12) 简：择。

(13) 栉：梳发。

(14) 窃窃：司马云，细语也；一云，计校之貌（陆德明《经典释文》引司马彪说）。

(15) 轧：伤也（成玄英《庄子疏》）。

(16) 之：此。

(17) 数物：指贤、能、善、利。

(18) 厚民：令百姓淳厚也（成玄英《庄子疏》）。

(19) 正昼：正午。

(20) 日中：正午。

(21) 阫：墙也（陆德明《经典释文》引向秀说）

(22) 女：通“汝”，你。

译文：

庚桑子说：“年轻人，上前来！口能吞车的巨兽，如果单独离开山林，就无法避免遭受罗网之祸；口能吞船的大鱼，一旦漂流而失去了水，蚂蚁就能使它痛苦不堪。所以鸟兽不嫌山高，鱼鳖不嫌水深。保全形体与本性之人，隐匿自身，不会藏身于远地。

况且，尧与舜这两个人又有什么值得称赞的呢！他们那样分别贤、能、善、利，就像是胡乱地毁坏城墙而去种植蓬蒿一样。挑着头发来梳洗，数着米粒来做饭，这般斤斤计较的琐碎方式，又怎么能救助百姓呢！举荐贤才，百姓就会相互伤害；举用能者，百姓就会相互欺诈。这些做法，不能使百姓淳朴。百姓迫切追逐利益，于是弄得儿子杀父亲、臣子杀国君、白天抢劫、日中穿墙。我告诉你，大乱的根源，必定起于尧舜的时代，而流弊千年之后还会存在。千年之后，一定会出现人吃人的现象！”

解说：

庚桑楚的回答也包含两个层次：一、大鱼、大兽不能离开深水、高山，否则就会有危险。而百姓的做法恰恰是逼自己离开高山、深水。二、尧舜遵奉贤人、任用能人、推崇善人、施利与人的做法违背自然之道，是斤斤计较、无事生非之举，最终会弄得百姓相互欺骗、相互伤害，并危及后世。

凿垣墙而殖蓬蒿也。简发而栉，数米而炊，窃窃乎又何足以济世哉！举贤则民相轧，任知则民相盗——有功、妄为。

5. **南荣趎（chú）[(1)]蹴（cù）然[(2)]正坐曰："若趎之年者已长矣，将恶[(3)]乎托业[(4)]以及此言[(5)]邪？"**

庚桑子曰："全汝形，抱汝生[(6)]，无使汝思虑营营[(7)]。若此三年，则可以及此言矣。"

(1) 南荣趎：姓南荣，名趎，庚桑弟子也（成玄英《庄子疏》）。

(2) 蹴然：惊悚貌（成玄英《庄子疏》），十分惊讶的样子。

(3) 恶：何。

(4) 托业：言受学（林希逸《庄子口义》）。

(5) 此言：指庚桑楚上述"藏身深眇"等语。

(6) 抱汝生：保汝生；"抱"，保也，相亲保也（郭庆藩《庄子集释》）俞樾说，即养生。

(7) 营营：辛苦追逐的样子。

译文：

南荣趎听了，十分惊讶，端坐着问："像我这么大年纪的人，通过什么样的学习，才能达到您所说的那种境界呢？"

庚桑子说："保全你的形体，养护你的生命，不要让你的心志陷入纷乱之中。这样，三年下来，就可以达到这种境界了。"

解说：

庚桑楚告诉南荣趎求道的方式是保养生命，不追逐外物，不让心志陷入纷乱之中。这种说法合乎庄子思想，但比较笼统，没有针对南荣趎自身存在的具体问题。因此，南荣趎无法领悟。

6. **南荣趎曰："目之与形，吾不知其异也，而盲者不能自见；耳之与形，吾不知其异也，而聋者不能自闻；心之与形，吾不知其异也，而狂者不能自得。形之与形亦辟(1)矣，而物或间(2)之邪，欲相求而不能相得。今谓趎曰：'全汝形，抱汝生，勿使汝思虑营营。'趎勉(3)闻道达耳矣！"**

(1) 辟：开也（成玄英《庄子疏》）。

(2) 间：别也（成玄英《庄子疏》）。

(3) 勉：强也（陆德明《经典释文》），勉强。

译文：

南荣趎说："眼睛的形状，我不知有什么不同，可是盲人看不见；耳朵的形状，我不知有什么不同，可是聋子却听不见；心的形态，我不知有什么不同，可是疯子却无法控制自己。形体与形体之间本来是相通的，或许是什么东西阻塞了吧？我想领悟你的思想却做不到。现在您对我说：'保全你的身形，养护你的生命，不要让你的思虑陷入纷乱之中。'我努力求道，但只能勉强听进耳朵里而已！"

解说：

庚桑楚没有真正得道，不能击中南荣趎的要害，只能泛泛而谈。因此，南荣趎告诉庚桑楚，自己即使听了他的教导，也只能听进耳朵里，却不能领悟，就像盲人虽然有眼睛却看不见东西、聋子虽然有耳朵却听不见声音、疯子虽然有心却不能控制自己一样。

7. **庚桑子曰："辞尽矣。奔蜂(1)不能化藿（huò）蠋（zhú）(2)，越鸡(3)不能伏(4)鹄(5)卵，鲁鸡(6)固能矣。鸡之与鸡，其德非不同也，有能与不能者，其才固有巨小也。今吾才小，不足以化子(7)。子胡(8)不南见老子！"**

(1) 奔蜂：细腰土蜂也（成玄英《庄子疏》）。有的版本"奔蜂"上原有

“曰”字。陈碧虚《庄子阙误》引江南古藏本及李张二本都为方格。

(2) 藿蠋：豆藿中大青虫（陆德明《经典释文》引司马彪说），豆子中长的一种虫子。“藿”，豆也；“蠋”，豆中大青虫（成玄英《庄子疏》）。

(3) 越鸡：荆鸡也（成玄英《庄子疏》）。

(4) 伏：孵。

(5) 鹄：天鹅。

(6) 鲁鸡：今之蜀鸡也（成玄英《庄子疏》）。

(7) 子：你。

(8) 胡：为什么。

译文：

庚桑子说：“我的话说尽了。小土蜂不能孵化出豆叶虫，越鸡不能孵化天鹅蛋，而鲁鸡就可以。鸡与鸡之间，其作为鸡的德性没有什么不同，但是存在能与不能的差别。这是因为人的才能本来就有大有小。现在我的才能小，不足以教化你，你何不到南方去拜见老子呢？”

解说：

人的能力本来就有大有小，庚桑楚觉得自己竭尽全力了，但天生的能力有限（能力是天然生成的），所以推荐南荣趎前去拜见老子。

8、**南荣趎赢[1]粮，七日七夜至老子之所。**

老子曰：“子自楚[2]之所来乎？”南荣趎曰：“唯[3]。”

老子曰：“子何与人偕[4]来之众也？”南荣趎惧然顾其后。

老子曰：“子不知吾所谓乎？”

南荣趎俯而惭，仰而叹曰：“今者吾忘吾答，因失吾问。”

(1) 赢：裹也，担也（成玄英《庄子疏》）。

(2) 楚：指庚桑楚。

(3) 唯：应答声。

(4) 偕：俱也（成玄英《庄子疏》），指南荣趎带着满腹的疑惑与自己一起来。

译文：

南荣趎就带着干粮，走了整整七天七夜，这才来到老子的住处。

老子说："你是从庚桑楚那儿来的吧?"南荣趎说："是的。"

老子说："你怎么与这么多人一起来呀?"南荣趎惊讶地回头看看身后。

老子说："你不明白我是在说什么吗?"

南荣趎十分惭愧地低下了头，接着又仰头叹息说："现在我忘记了应该如何回答，因而也忘记了要问的问题。"

解说：

老子从南荣趎忧愁的外貌中知道他忧心忡忡，所以问他怎么与这么多人一起来（隐喻心中有沉重的负担）。这一当头棒喝，让南荣趎一时迷失自我（但不是悟道者的忘我）。

9. **老子曰："何谓也?"**

南荣趎曰："不知乎？人谓我朱愚[1]**。知乎？反愁我躯。不仁则害人，仁则反愁我身；不义则伤彼，义则反愁我己。我安**[2]**逃此而可？此三言者，趎之所患也，愿因楚**[3]**而问之。"**

(1) 朱愚：智术短小之谓（（郭庆藩《庄子集释》）引郭嵩焘说)。

(2) 安：哪里。

(3) 因楚：通过庚桑楚的介绍。"因"，凭借。

译文：

老子说："什么意思呢?"

南荣趎说："不智，人们就说我智术短浅；智，反而给自己带来痛苦。不仁，就会伤害他人；仁，反而使自身愁苦。不义，就会害他人；义，反而使自身愁苦。我怎么才能避免这种两难的处境呢？这三者是我所忧虑的，我希望凭借庚桑楚的介绍而获得你的赐教。"

解说：

南荣趎内心被困于智与不智、仁与不仁、义与不义等等是非分别之中，因而迷茫不已。其实，去掉这些分别，自然就解脱了。

10. **老子曰：“向[1]吾见若[2]眉睫之间，吾因以得汝[3]矣，今汝又言而信之。若规规然[4]若丧父母，揭[5]竿而求诸[6]海也。女[7]亡人[8]哉，惘惘[9]乎！汝欲反汝情性而无由[10]入，可怜哉！”**

(1) 向：刚才。

(2) 若：你。

(3) 得汝：得知你的心理。

(4) 规规：失神貌（陆德明《经典释文》引李颐说），一云细小貌（陆德明《经典释文》）。

(5) 揭：举。

(6) 诸：之、于的合音。

(7) 女：通“汝”，你。

(8) 亡人：如流亡之人（宣颖《南华经解》）。

(9) 惘惘：失意的样子。

(10) 无由：没有途径。

译文：

老子说：“刚才我观察你眉目之间的神色，就知道你的心理了。现在又从你的话中得到了确认。你失神的样子好像丧失了父母，又好像拿着竹竿去探测大海。你确实丧失了本性，迷惘得很呀。你想回归本来的真情实性却无从下手，真是可怜啊！”

解说：

南荣趎用智与不智、仁与不仁、义与不义等是非好恶的方式通达道，不仅不可能成功，反而离道越远，让自己疲惫不堪（参见《养生主》）。因此，老子说他失神的样子，好像失去了母亲，又好像用竹竿去探测大海，不知所措，十分迷茫。

11. **南荣趎请入就舍，召其所好**[1]**，去其所恶，十日自愁，复见老子。**

老子曰："汝自洒濯[2]**，熟**[3]**哉郁郁**[4]**乎！然而其中津津**[5]**乎犹有恶也**[6]。**夫外韄（hù）**[7]**者不可繁**[8]**而捉**[9]**，将内揵（jiàn）**[10]**；内韄者不可缪（móu）**[11]**而捉，将外揵。外内韄者，道德不能持**[12]**，而况放**[13]**道而行者乎！"**

（1）召其所好：寻求自己的所好，与"去其所恶"相对。

（2）洒濯：洗涤。

（3）熟：通"孰"，何（曹础基《庄子浅注》）。

（4）郁郁：闷闷不乐的样子。

（5）津津：犹有发见于外者（褚伯秀《南华真经义海纂微》），流露在外的样子。

（6）犹有恶也：恶计未尽也（陆德明《经典释文》引李颐说））。

（7）韄：系缚（成玄英《庄子疏》），通"缚"。

（8）繁：繁变（（郭庆藩《庄子集释》）引郭嵩焘说)。

（9）捉：控制。

（10）揵：关闭（成玄英《庄子疏》）。

（11）缪：关揵也（成玄英《庄子疏》），关闭。

（12）持：自持。

（13）放：依也（陆德明《经典释文》）。

译文：

南荣趎请求留在馆舍受教，寻求自己所认为好的，革除自己所认为坏的，十天后，南荣趎还是不得要领而忧愁，于是再去拜见老子。

老子说："你自行洗心革面，为什么还闷闷不乐呢？可见你心中还是恶念外溢。如果为外物所束缚，就不能靠一个个地根除，而要靠约束内心；如果为内心所束缚，就不能靠约束内心控制，而要靠约束外在感官的方式；如果内、外都被束缚，那么即使是有道、有德之人也没有办法根除，何况是依道而行的初学者呢!”

解说:

南荣趎还是在好与坏之间打转，这就将自己与事物本身隔绝了，无法修道。因此，老子告诉他，去除外部的束缚，要靠约束内心，不能用一个个去把捉的方式；去除内心的束缚，要靠控制耳目等一个个感官，而不能靠约束内心。这是告诉南荣趎要找到一个突破口（内或外）入手，循序渐进，才可能悟道。因此，下文南荣趎就以养生问题请教。

12. **南荣趎曰:“里人[1]有病，里人问之，病者能言其病，然其病者犹未病也。若趎之闻大道，譬犹饮药以加病也，趎愿闻卫生[2]之经[3]而已矣。”**

(1) 里人：同居一里的人。古代五家为邻，五邻为里。

(2) 卫生：卫护全生（成玄英《庄子疏》），养护生命。

(3) 经：常也（成玄英《庄子疏》）。

译文:

南荣趎说:“邻居生病了，乡邻们来问候，如果病人能说出自己的病症，那么这人还不算严重。像我这样的人听到大道，就好比服药后反而加重了病情一样，我只希望听到养护生命的道理。”

解说:

听了老子的开示，南荣趎觉得自己连本身的问题都弄不清楚，因而不指望能得道，只希望能懂些养生的道理就行。于是，下文老子就以养生为突破口加以指点。

南荣趎说如同服药后反而加重了病情一样，意为听了老子的话更不知道从哪里下手。至于养生，养生就需要领悟道，不领悟道哪能养生？南荣趎没明白这个道理。

13. **老子曰:“卫生之经，能抱一[1]乎？能勿失[2]乎？能无卜筮[3]而知吉**

凶乎？能止乎？能已乎？能舍诸[4]人而求诸已乎？能翛（xiāo）[5]然乎？能侗（tǒng）[6]然乎？能儿子[7]乎？儿子终日嗥（háo）[8]而嗌（yì）[9]不嗄（shà）[10]，和之至也；终日握而手不掜（nǐ）[11]，共其德[12]也；终日视而目不瞚[13]，偏不在外[14]也。行不知所之[15]，居不知所为，与物委蛇（yí）[16]，而同其波。是卫生之经已。"

（1）抱一：守真不二也（成玄英《庄子疏》），与外物混而为一。

（2）失：指失本性。

（3）卜筮：占卜。

（4）诸：诸，于也（成玄英《庄子疏》）。"止"、"已"，指不追逐外物与他人，而是无心地顺随外物与他人。

（5）翛：顺也（陆德明《经典释文》引崔譔说）。不执着于外物而顺随外物。

（6）侗然：直而无累之谓（陆德明《经典释文》），心无执着则无牵挂。

（7）儿子：婴儿。

（8）嗥：嘑号（成玄英《庄子疏》），号哭。

（9）嗌：喉塞也（成玄英《庄子疏》）。

（10）嗄：声破（成玄英《庄子疏》）。

（11）掜：手不拳曲也（（郭庆藩《庄子集释》引俞樾说）；言无有准拟揣度（（郭庆藩《庄子集释》引郭嵩焘说），指心无算计的样子。

（12）共其德：犹曰同其性（林希逸《庄子口义》）。

（13）瞚：动也（成玄英《庄子疏》）。

（14）偏不在外：不偏滞于外尘也（成玄英《庄子疏》），即不执着于外物。

（15）之：往。

（16）委蛇：顺随外物的样子。

译文：

老子说："养生之道，能做到与物混而为一吗？能不失本性吗？能不求助于占卜就知道吉凶吗？能不追逐分外之事吗？能做到适可而止吗？能不效法他人而只求于己吗？能无拘无束吗？能逍遥自在吗？能像天真的婴儿吗？婴儿整天啼哭而咽喉却不会嘶哑，这是因为他气息十分平和；婴儿整天握着小手而双掌不弯曲，这是他的行为合乎他的天性；婴儿整天瞪着小眼而不转动，这是因为他不执着于外物。行走时不知所往，安居不知所为，顺应外物，随波逐流：这就是养护生命的道理了。”

解说：

在这一段中，老子以养生为突破口，引导南荣趎进入道之门。

老子提出的几个养生问题实际上就是修道要达到的状态：不失本性，不追逐外物，就像婴儿一样，虽然有哭泣、有行动，但气息平和，出于本性，不受外物影响。这样，就能通过控制内在的欲望以解决外物束缚的问题。

卫生之经，能抱一乎？能勿失乎——不追逐外物，不失本性。“能抱一乎”可参见《道德经》第十章“载营魄抱一，能无离乎”。

能无卜筮而知吉凶乎？能止乎？能已乎？能舍诸人而求诸己乎——不外求，无我而顺物。

能翛然乎？能侗然乎——顺随外物则无累。

能儿子乎？儿子终日嗥而嗌不嗄，和之至也；终日握而手不掜，共其德也；终日视而目不瞚，偏不在外也。行不知所之，居不知所为，与物委蛇——无欲的样子。《道德经》第五十五章有“终日号而不嘎，和之至也。知和曰常，知常曰明，益生曰祥，心使气曰强”。

14. **南荣趎曰：“然则是[1]至人之德已乎？”**

曰：“非也。是乃所谓冰解冻释者，能乎？夫至人者，相与交食乎地而交[2]乐乎天，不以人物利害相撄（yīng）[3]，不相与为怪，不相与为谋，不相与为事，翛然而往，侗然而来。是谓卫生之经已。”

(1) 是：此，这。

(2) 交：共也（成玄英《庄子疏》）。

(3) 撄：扰乱也（成玄英《庄子疏》）

译文：

南荣趎说："那么，这就是至人的自然德性吗？"

老子回答："不是的。这只是所谓的冰冻消解而已，能算至人吗？所谓至人，与人们共食于地，同乐于天，不因人、物、利害而受到扰乱，不与世俗相异，不参与谋划，不参与俗务，无拘无束而往，无知无识而来。这就是养护生命的道理。"

解说：

上文只涉及自然界的物，还没有涉及社会，因而还没有做到与事物打成一片。这一段描述得道者如何处于社会之中：去除执着，与他人打成一片，但又不受外在的人、物、利害的影响；不标新立异，但又不参与谋划，不参与俗务，自由地栖息于社会之中。能做到对自然之物、社会之物都不执着，就能解决内心愁苦的问题。

是乃所谓冰解冻释——只是做到"无人之情"（《德充符》）。

夫至人者，相与交食乎地而交乐乎天，不以人物利害相撄，不相与为怪，不相与为谋，不相与为事，翛然而往，侗然而来——做到"有人之形"（《德充符》。

15. **曰："然则是至乎？"**

曰："未也。吾固告汝曰：'能儿子乎？'儿子动不知所为，行不知所之，身若槁木之枝而心若死灰。若是者，祸亦不至，福亦不来。祸福无有，恶有人灾也！"

译文：

南荣趎说："那么，这就是最高境界吗？"

老子说："还不算。我已经告诉过你：'能像无欲的婴儿那样吗？'婴儿行动时不知要干什么，行走时不知道要去哪里，身体像枯木而心像死灰。像这样的人，灾祸不会降临，幸福也不会到来。没有祸和福，哪还会有人为的灾害呢！”

解说：

上面两段分别解决了外物束缚和内心愁苦两个问题，这好像给人一个感觉，内在的问题和外在的问题是不同的。实际上，内、外是一体的。因此，老子说，只有在行动中像婴儿一样，“身若槁木之枝而心若死灰”。不仅外在的身和内在的心都解脱了，而且身、心的分别也都消除了。这样，才能彻底解决南荣趎所面临的问题。

儿子动不知所为，行不知所之，身若槁木之枝而心若死灰——既做到“无人之情”，又做到“有人之形”。

若是者，祸亦不至，福亦不来——无我顺物，不与物对抗，物不会伤害自己，因而无祸，也无所谓福（心无福祸之分）。

16. **宇**(1)**泰**(2)**定者，发乎天光**(3)。**发乎天光者，人见其人，物见其物。人有修者，乃今有恒；有恒者，人舍之，天助之。人之所舍**(4)**，谓之天民**(5)**；天之所助，谓之天子**(6)。

(1) 宇：器宇也（陆德明《经典释文》）。

(2) 泰：泰然而定（郭象《庄子注》）。

(3) 天光：自然之光。

(4) 舍：舍止（成玄英《庄子疏》）。

(5) 天民：合乎天道的人。

(6) 天子：为天所佑的人。

译文：

心境安定的人，就会发出自然的光芒。发出自然光芒的人，就会呈现出自身的自然之性，进而使物显示物自身的本性。人能修养自己，才能保持自然的光芒；保持自然的光芒，人就归附于他，上天就会帮助他。人们所归附的，就叫自然之民；上天所帮助的，就叫自然之子。

解说：

本篇以下部分是对上面这个故事的理论阐述。

第十六至二十一段阐述得道者只有心静才能悟道。

人的内心安静就合乎自然，合乎自然就会发出自然之光，就会顺随人、顺随物，进而让人与物呈现自身，也会使人来归附、上天来帮助。

宇泰定者，发乎天光——不追逐外物，则自心合乎自然，发出自然之光。

17. **学者，学其所不能学也；行者，行其所不能行也；辩者，辩其所不能辩也**。**知止乎其所不能知，至矣；若有不即是**(1)**者，天钧**(2)**败之**。

(1) 不即是：不是。

(2) 天钧：自然的界限。

译文：

学习，就是学习他还没有学会的东西；实践，就是实践不能做到的事情；辩论，就是讲他辩不清的道理。知道停留在所不知道的境域，是最高的境界。假如有人不是这样做，自然就会惩罚他。

解说：

本段从反面阐述怎样才能做到不追逐外物，从而使心境安静。

学习、实践和辩论都是追逐那些自己还不明白的东西，而这些东西是无穷无尽的。如果不停追逐这些，就会使人疲惫不堪（《养生主》），心境也无法安静。因此，只有知道停留在所不知道（不分别、不执着）的境域，不追逐外物，才能使心境安静。

学者，学其所不能学也；行者，行其所不能行也；辩者，辩其所不能辩也。知止乎其所不能知，至矣——不可妄学、妄行，要知其所止，顺随自然。

18. **备**(1)**物以将**(2)**形，藏不虞**(3)**以生心**(4)**，敬中**(5)**以达彼**(6)**，若是而万**

恶[7]至者，皆天也，而非人也，不足以滑（gǔ）[8]成，不可内[9]于灵台[10]。灵台者有持，而不知其所持，而不可持者也。

(1) 备：具也（陆德明《经典释文》）。

(2) 将：养（陈鼓应《庄子今注今译》）。

(3) 虞：亿度之谓郭象《庄子注》），预想。

(4) 生心：养心。

(5) 中：心。

(6) 达彼：指通达于外境。

(7) 恶：指灾患。

(8) 滑：乱也（成玄英《庄子疏》）。

(9) 内：入（成玄英《庄子疏》）。

(10) 灵台：心也（成玄英《庄子疏》）。

译文：

拥有物质是为了养护形体，去除思虑是为了养护内心。谨守内心（不追逐外物）以通达外在事物。如果做到这些，还会有各种灾祸，那就是天意，不是人力，因而不足以扰乱自性，不可让其进入内心。作为灵台的内心是有所持守的，但应是无心地持守，并且不可刻意去持守固定的东西。

解说：

本段阐述得道者如何平静地面对世俗的祸患。

用必要的物质养身体，去除思虑养心，以达到无我顺物的状态。这样，就能尽量消除灾祸。如果在此状态下还有灾祸，那就坦然面对，安之若命。因此，得道者不是没有任何灾祸，而是先顺物以最大限度地消除灾祸，然后（如果还有灾祸）以无我之心态对待灾祸。参见《秋水》篇相关的论述。

若是而万恶至者，皆天也，而非人也，不足以滑成，不可内于灵台——如果不追逐外物、顺随外物还有灾祸，那就以无是非好恶之心对待。得道者心无是非好恶。

灵台者有持，而不知其所持，而不可持者也——有物而不执着于物。

19. **不见其诚[(1)]已而发[(2)]，每发而不当，业[(3)]入而不舍[(4)]，每更[(5)]为失[(6)]。为不善乎显明之中者，人得而诛之；为不善乎幽闲之中者，鬼得而诛之。明乎人，明乎鬼者，然后能独行。**

(1) 诚：指真正做到上文的“无思虑”。

(2) 发：表现出来，指与外在事物打交道。

(3) 业：事也（成玄英《庄子疏》）。

(4) 舍：舍弃。

(5) 更：更加。

(6) 失：错误。

译文：

如果不是出于诚心而作为，怎么作为都会不恰当；不当之事进入心中却不能舍弃，就会有更大的失误。在光天化日下做不当之事，人会处罚他；在阴暗隐蔽之处做不善之事，鬼神会处罚他。对人和鬼神都光明磊落，才能独行于世。

解说：

本段从反面阐述内心不安静所带来的世俗祸患。

心不能诚而无思虑，处置事情就不会适当，就会遭到人和鬼的惩罚。因此，只有真正做到无思虑，才能光明磊落地独行于世。

不见其诚己而发，每发而不当——有功而作为，则作为不当。

业入而不舍，每更为失——执着于事（有物），则更为错误。

为不善乎幽闲之中者，鬼得而诛之——在阴暗隐蔽之处做不善之事，会受到自然的处罚。

20. **券（quàn）[(1)]内者，行乎无名[(2)]；券外者，志乎期[(3)]费[(4)]。行乎无名者，唯庸[(5)]有光；志乎期费者，唯贾（gǔ）人[(6)]也，人见其跂[(7)]，犹之魁[(8)]然。**

(1) 券：分也，分内（成玄英《庄子疏》）。

(2) 无名：不执着于名，可参见《逍遥游》“圣人无名”的解说。

(3) 期：卒也（成玄英《庄子疏》），终止。

(4) 费：谓财用也（郭庆藩《庄子集释》引俞樾说）。

(5) 庸：常。

(6) 贾人：生意人。

(7) 跂：踮起脚尖。

(8) 魁然：安也（成玄英《庄子疏》）。

译文：

按本分行事的，行事就不会有行迹；务分外之事的，志向是在求钱财。行动不露痕迹的人，常有自身的光辉；志在求钱财的，只不过是商人而已，别人看见他在踮着脚走路，他自己还觉得很安稳。

解说：

本段继续阐释不能心静所带来的祸患。

无思虑则安于本分。安于本分，行事就不执着于名。不执着于名就是得道者，万物就会归附。反之，追逐外物的，不能容人，也不能容己，因而物和人都与之作对，给自身带来莫大的危害。

21. **与物穷(1)者，物入(2)焉；与物且(3)者，其身之不能容，焉能容人！不能容人者无亲，无亲者尽人(4)，兵莫憯（cǎn）(5)于志(6)，镆（mò）鎁（yé）(7)为下；寇(8)莫大于阴阳，无所逃于天地之间。非阴阳贼(9)之，心则使之也。**

(1) 穷：谓终始（郭象《庄子注》）。

(2) 入：舍止之谓也（成玄英《庄子疏》），顺随外物（人），就能容纳外物（人），外物（人）就会归附。

(3) 且：通“阻”，与物格格不入（曹础基《庄子浅注》）

(4) 尽人：尽是他人（成玄英《庄子疏》），意为无亲人。

(5) 憯：憯与惨同。《说文》：惨，毒也。字或作“憯”。方言：惨，杀也。

与训毒义相近（郭庆藩《庄子集释》）。

（6）志：心志。

（7）镆铘：古代宝剑名。

（8）寇：敌也（成玄英《庄子疏》）。

（9）贼：害。

译文：

与万物顺随的，万物就会归附于他；与外物抵牾的，他自身都不能包容，哪还能包容他人呢！不能包容他人的，就无人与之亲近，无人亲近就自绝于他人了。兵器莫毒于人心，镆铘宝剑还在其次；最大的敌人是阴阳之患，天地间无从逃避。不是阴阳来伤害你，而是人心招致的啊。

解说：

本段继续阐述不能心静所带来的祸患。

得道者顺随外物。顺随外物则外物归附。不顺随外物的人就无法与人亲近，自绝于人。自绝于人的人不仅会受到人的惩罚，还会受到阴阳失调所招致的祸患。

22. **道通(1)，其分也(2)，成也(3)。其成也毁也。所恶(4)乎分者，其分也以备(5)；所以恶乎备者，其有以备。故出(6)而不反(7)，见其鬼(8)；出而得，是谓得死。灭(9)而有实(10)，鬼之一(11)也。以有形者象(12)无形者而定矣。**

（1）通：贯通为一。

（2）分：分割，与“成”相对。

（3）成也：高山寺本“其分也”下有“成也”二字（郭庆藩《庄子集释》）。

（4）恶：厌恶。

（5）备：完备。

（6）出：追逐外物。

（7）反：通“返”。

(8) 见其鬼：动之死地，故见为鬼也（成玄英《庄子疏》）。

(9) 灭：本性泯灭。

(10) 实：实际，指形体。

(11) 鬼之一：与鬼为一也（成玄英《庄子疏》）。

(12) 象：似也（成玄英《庄子疏》）。

译文：

道遍于万物，万物有分就有成，有成就有毁。人们之所以讨厌区分，是因为分割时有求完备之心；之所以厌恶完备，是因为完备还求完备。所以心逐外物不能返归自身，就会接近死期；心逐外物得其所欲，就步入死地了。泯灭自性而徒有外形，与鬼何异。以有形的东西效法无形之道，就可以获得安宁了。

解说：

上面几段阐释事物的无物性，本段则阐释物的无封性。

万物本来是一体的，在日常生活中就要作分割，成为具体的物。普通人做不到无封（封即界限），眼中只存在有分别的事物，因而就会去追逐所谓的完备。实际上，有封之物来自无封之物（参见《齐物论》）。这是以有限的生命追逐无限的完备，内心当然不会安宁（参见《养生主》）。所以说其接近死期、步入死地、与鬼何异。得道者就以无物之心来对待这些具体的物，既不求完备，也不讨厌分别。

道通，其分也，成也。其成也毁也——无物之物是无分别的，日常事物才有分别。有分就有成。

所恶乎分者，其分也以备；所以恶乎备者，其有以备——普通人在分之先有完备的心理，所以分而求完备。追求完备也是追逐外物。

以有形者象无形者而定矣——道无形象，以有形之物效法道，就可以获得安宁了。

23. **出无本[1]，入无窍[2]。有实[3]而无乎处[4]，有长[5]而无乎本剽[6]，有所出而无窍者有实。有实而无乎处者，宇[7]也。有长而无本剽者，宙[8]也。有**

乎生，有乎死，有乎出，有乎入，入出[9]而无见其形，是谓天门[10]。天门者，无有也，万物出乎无有。有不能以有为有，必出乎无有，而无有一无有[11]。圣人藏乎是[12]。

(1) 出无本：道生来没有本原。

(2) 入无窍：不知道哪里去。窍：孔也（陆德明《经典释文》）。

(3) 实：实际存在。

(4) 处：处所。

(5) 长：增长。

(6) 剽：崔云，末也（陆德明《经典释文》）。

(7) 宇：四方上下为宇（陆德明《经典释文》）。

(8) 宙：往古来今曰宙（陆德明《经典释文》）。

(9) 入出：《阙误》引张君房本"入出"作"出入"（郭庆藩《庄子集释》）。

(10) 天门：自然之门。

(11) 一无有：将有、无混而为一。这是无物、无封（封即界限）的表现，参见《齐物论》。

(12) 是：这。

译文：

道产生时看不见根源，消失时看不见归宿。它有实际存在而没有处所，绵延存在而没有终始。有实际存在而没有处所的，叫做宇；有绵延存在而没有终始的，叫做宙。有生、有死、有出、有入，出、入都不见形痕的，叫自然之门。所谓自然之门，就是"无有"，万物都出于"无有"。"有"不可生自"有"，必定出自"无有"，而"无有"则将"有"、"无"混一。得道者就游心于这种境界。

解说：

本段继续阐述事物的无封性。

宇宙万物自身不是"有"，不是"无"，也不是"有"、"无"混一之"一"

（无封），而是连“一”都没有的事物，即无物。得道者以无物之心看待具体的物，就无所谓生、灭、处所、长短，一切都这样自然而然。参见下一段的分析。

24. **古之人，其知有所至[(1)]矣。恶乎至？有以为未始[(2)]有物者，至矣，尽矣，弗[(3)]可以加矣。其次以为有物矣，将以生为丧[(4)]也，以死为反[(5)]也，是以分已[(6)]。其次曰始无有，既而有生，生俄而死；以无有为首，以生为体，以死为尻[(8)]；孰知有无死生之一守[(9)]者，吾与之为友。是三者[(10)]虽异，公族[(11)]也，昭景[(12)]也，著[(13)]戴[(14)]也，甲（屈）[(15)]氏也，着封[(16)]也，非一也？**

（1）至：极致。

（2）未始：不曾。

（3）弗：不。

（4）丧：失也（成玄英《庄子疏》）。

（5）反：通“返”。

（6）是：此，这。已：通“矣”。

（7）俄而：一会儿。

（8）尻：屁股。

（9）一守：一体。

（10）三者：谓以无为首，以生为体，以死为尻是也（成玄英《庄子疏》）。

（11）公族：犹如楚家于一姓之上分为三族（成玄英《庄子疏》）。

（12）昭景：即昭氏、景氏，这是公族三姓中的两族。

（13）著：显赫。

（14）戴：任职。

（15）甲：公族三姓之一。

（16）封：封邑。

译文：

古时候的人，他们的见识达到了极高的境界。那是什么样的境界呢？他们认为，宇宙间不曾有世俗之物存在，这就已经到头了，到顶了，再也无法超越了。其次，他们认为，宇宙间虽然存在物，但他们把生成看成丧失，把死亡看做回归，这已经有所分别了。再次，认为宇宙间开始什么都没有，后来有了生成，生成不久又很快消亡；把"无有"看作是头，把生成看作躯体，把消亡看作尾椎。谁能知道有、无、生成、灭亡本来就是一体的，我就跟他交朋友。以上三者（无、生、灭）虽有不同，却出自同一根源，就像楚国王族中昭、景二姓以任职而显赫，屈姓则代表封邑而彰显，他们不都是同一楚国的公族姓氏吗？

解说：

本段在总结上面几段的基础上提出事物自身呈现的三种方式。

第一种境界是事物的无物状态。第二种境界视生死如一，但还是有生死分别的状态，即《齐物论》中的有物有封无是非状态。第三种境界将事物看作不断变化，有、无、生、死之间存在区别。但将有、无、生、死看作是一体的，就像昭、景、屈原本是出于同姓一样。这是《齐物论》中的有物无封、无物状态。

25. **有生黬（àn）(1)也，披(2)然曰移是(3)。尝言移是，非所言(4)也。虽然，不可知(5)者也。腊者(6)之有膍（pí）(7)胲（gāi）(8)，可散而不可散也(9)；观室(10)者周(11)于寝庙(12)，又适(13)其偃（yǎn）(14)焉，为是举(15)移是。**

(1) 黬：黑斑，霉点，指缺点。

(2) 披：纷纷然（曹础基《庄子浅注》）。

(3) 移是：去掉这。是：此，这。

(4) 非所言：不是能用语言讲清楚的。

(5) 不可知：指不为一般人所知。

(6) 腊者：大祭也（成玄英《庄子疏》）。

(7) 膍：牛百叶也（陆德明《经典释文》引司马彪说）。

(8) 胲：牛蹄也（成玄英《庄子疏》）。

(9) 可散而不可散也：终究要散去但暂时还不能散去（祭祀还没完）。

(10) 观室：游览居室。

(11) 周：遍。

(12) 寝庙：住所，有东西有厢房的叫寝，东西无厢房的叫庙（曹础基《庄子浅注》）。

(13) 适：往。

(14) 偃：屏厕也（陆德明《经典释文》引司马彪说）。

(15) 举：举例。

译文：

有生命的人就会有缺点，人们纷纷说要去掉缺点、改变是非。让我们尝试说说去掉是非的问题，（虽然）不是能说清楚的。即使说清楚了，也不是一般人所能明白的。就像腊月大祭时备有牛百叶、牛蹄，祭祀完毕就可分散下去，而祭祀没完却不可；又譬如参观宫室的人（参观前无需上厕所），转了一圈寝殿庙堂后，要去上厕所。这些例子全都说明了是非变化不定。

解说：

第二十五至二十九段阐述得道者怎样对待事物的无是无非性。

改变世俗所谓的缺点就需要某种标准。但日常生活中恰恰不存在绝对的标准，就像腊月大祭时，不可分散牛胃和牛蹄，祭祀后又要开始分散。又像参观宫室，参观前无需上则所；参观完又要去厕所。一切都是相对的。

26. **请常言移是。是以生为本，以知为师，因以乘**[(1)] **是非；果有名实，因以己为质**[(2)]**；使人以为己节**[(3)]**，因以死偿节。若然者，以用为知，以不用为愚，以彻**[(4)] **为名，以穷**[(5)] **为辱。移是，今之人也，是**[(6)] **蜩与学鸠**[(7)] **同于同**[(8)] **也。**

(1) 乘：凭借。

(2) 质：主（郭象《庄子注》）。

(3) 节：节操（成玄英《庄子疏》）。

(4) 彻：通彻（成玄英《庄子疏》），通达。

(5) 穷：穷塞。

(6) 是：这。

(7) 蜩与学鸠：蜩同于鸠，鸠同于蜩，故曰同于同也（成玄英《庄子疏》），指固执一己之见的人，见《逍遥游》。

(8) 同于同：同于所同（一样有我）。

译文：

请让我再进一步谈谈改变是非的问题：它是以生存为根本，以才智为老师，由此生出是非；果真有名与实的分别，是由于以自身为判断标准，让人以自己为节操，又用死来保全这一节操。像这样的人，以用于世为智慧，以不用于世为愚蠢，以通达为荣耀，以穷困为羞耻。改变是非，现在的人正是如此，就如知了与斑鸠一般的见识。

解说：

本段继续阐释没有得道的人是怎样面对是非、面对世俗之名。

固执于生存、智力才有是非；以自己为标准，才有名实的分辨。这种人以用于世为成功，以通达为荣，以穷困为耻。殊不知这些恰恰与知了和斑鸠一样，属于一孔之见（见《逍遥游》）。

27. **蹍（niǎn）(1)市人之足，则辞(2)以放鹜（ào）(3)，兄则以妪(4)，大亲(5)则已(6)矣。故曰，至礼有不人(7)，至义不物(8)，至知不谋(9)，至仁无亲(10)，至信辟(11)金。**

(1) 蹍：蹈也（陆德明《经典释文》引李颐说），踩。

(2) 辞：道歉。

(3) 放鹜：傲慢（成玄英《庄子疏》）

(4) 妪：表示怜爱的声音（曹础基《庄子浅注》）。

(5) 大亲：父母（成玄英《庄子疏》）。

(6) 已：算了。

(7) 不人：视人若己（郭象《庄子注》），不分人我。

(8) 不物：不分物我。

(9) 谋：谋划。

(10) 无亲：不分亲疏。

(11) 辟：除也（陆德明《经典注释》），摈除。

译文：

踩了街上人的脚，就要道歉说自己放肆了；如果是兄弟，就怜惜抚慰；如果是父母，就无需说什么。所以，最高的礼不分人我，最高的义不分物我，最高的智无需谋虑，最大的仁无所偏爱，最大的信无需金钱为凭。

解说：

本段阐释什么是真正的仁义礼智信。

蹍市人之足，则辞以放骜，兄则以妪，大亲则已矣。故曰，至礼有不人——踩了不同人的脚后，与自己越亲的人，越不用讲礼节。可见，真正的礼是不分人我的。由此推论，义不分物我，智无需谋虑，仁无所偏爱，信无需金钱为凭。

28. **彻[(1)]志之勃[(2)]，解心之谬[(3)]，去德之累，达[(4)]道之塞[(5)]。贵、富、显[(6)]、严[(7)]、名、利六者，勃志也。容[(8)]、动[(9)]、色[(10)]、理[(11)]、气、意六者，谬心也。恶、欲、喜、怒、哀、乐六者，累德也。去、就[(12)]、取、与[(13)]、知、能六者，塞道也。此四六[(14)]者不荡[(15)]胸中则正，正则静，静则明，明则虚，虚则无为而无不为也。**

(1) 彻：乱也（成玄英《庄子疏》）

(2) 勃：乱也（成玄英《庄子疏》）。

(3) 谬：系缚也（成玄英《庄子疏》）。

(4) 达：疏通。

(5) 塞：阻塞。

(6) 显：显贵。

(7) 严：尊严。

(8) 容：美的容貌。上一句与下一句都带有情感色彩，这一句也应带有情感色彩，所以这句的“好”应为美的容貌，“动”应为善的举动，“色”应为好的容貌。

(9) 动：善的举动。

(10) 色：好的颜色。

(11) 理：辞理（成玄英《庄子疏》）。

(12) 就：趋近。

(13) 与：给予。

(14) 四六：指上述四个方面、每方面六项内容。

(15) 荡：动荡。

译文：

消解意志的错乱，解除心灵的束缚，去除对德性的拖累，打通对大道的堵塞。高贵、富裕、尊显、威严、名声、利禄，这六者是扰乱意志的。美的容貌、善的举动、好的面色、争辩之理、不平之气、心中妄念，这六者是束缚心灵的东西。憎恶、爱欲、欣喜、愤怒、悲哀、欢乐，这六者是拖累德性的。离开、趋就、贪取、给予、智虑、才干，这六者是堵塞大道的。如果这四个方面、六种情况不在胸中激荡，内心就会平正，内心平正就会宁静，宁静就会明澈，明澈就会虚寂，虚寂就会不妄为而又无所不为。

解说：

本段阐述得道者如何消除是非——去掉一切好恶。

四个方面、六种情况是扰乱人本性的东西。去掉这些东西，人心就会安宁，就会合道。

29. **道者，德之钦**[(1)]**也；生者，德之光也；性者，生之质**[(2)]**也。性之动，谓之为；为之伪，谓之失。知者，接**[(3)]**也；知者，谟**[(4)]**也；知者之所不知，犹睨（nì）**[(5)]**也。动以不得已之谓德，动无非我之谓治**[(6)]**，名相反而实相顺也。**

(1) 钦：陈也（俞樾《庄子平议》）。

(2) 质：本也（成玄英《庄子疏》）。

(3) 接：交接（成玄英《庄子疏》）。

(4) 谟：谋划。

(5) 睨：视也（陆德明《经典释文》）。

(6) 治：率性而动，不舍我效物，合于正理，故不乱（成玄英《庄子疏》）。

译文：

道为德所展现；生是德显示的光辉；本性，是生的根本所在；出于本性的活动就是作为。作为流于虚伪称为过失。知是（与外物）应接，智是（内心的）谋划；智者有所不知，就像斜眼看物，所见有限。行动出于不得已叫做德，行动合乎自然就叫不乱，这两者名义相反而实质是相顺的。

解说：

本段阐释去掉是非、顺随自然就能自然合道。

德性、生命、本性都出于大道。而妄为（性之动）、虚伪（为之伪）、谋划（知）违逆大道。合道的行动出于不得已，合道的行动顺随自然。

30. **羿（yì）[(1)]工[(2)]乎中微[(3)]而拙乎使人无己誉。圣人工乎天[(4)]而拙乎人[(5)]。夫工乎天而俍（liáng）[(6)]乎人者，唯全人[(7)]能之。唯虫能虫[(8)]，唯虫能天[(9)]。全人恶[(10)]天？恶人之天？而况吾天乎人乎[(11)]！**

(1) 羿：古之善射人（成玄英《庄子疏》）。

(2) 工：巧也（成玄英《庄子疏》）。

(3) 中微：射中细小的东西。

(4) 天：自然。

(5) 人：人为，与“天”相对。

(6) 俍：善也（成玄英《庄子疏》）。

(7) 全人：无缺陷的人，指能顺应事物的得道者。

(8) 唯虫能虫：只有虫类能安于虫之本性。

(9) 唯虫能天：只有虫能顺随自然。

(10) 恶：哪里。

(11) 天乎人乎：不见人天之异，都任之也（成玄英《庄子疏》），指全人心中无天人之分。

译文：

羿善于射中细小的东西，但拙于使别人不称誉自己；圣人善于顺应自然，但拙于应合人为的东西。善于顺应自然而又善于应合人世的，只有得道的全人才能做到。只有虫能安于虫性，只有虫能配合自然。全人哪里会知道什么自然呢？哪里会有人为的自然？何况刻意分别什么自然的和人为的呢！

解说：

第三十至三十一段阐释得道者怎样对待事物的无封性。

羿工乎中微而拙乎使人无己誉。圣人工乎天而拙乎人——做不到无我，因而还没有得道。

夫工乎天而俍乎人者，唯全人能之——无我而顺物，是真正的得道者。

唯虫能虫，唯虫能天——得道者可以视自己如虫，因而能顺天。"唯虫能虫"与《应帝王》"啮缺问于王倪"故事中"一以己为马，一以己为牛"的含义相同。

全人恶天？恶人之天？而况吾天乎人乎——得道者不分人为与自然。

31. **一雀适[(1)]羿，羿必得之，威[(2)]也；以天下为之笼，则雀无所逃。是故汤以胞[(3)]人笼[(4)]伊尹[(5)]，秦穆公以五羊之皮笼百里奚[(6)]。是故非以其所好笼之而可得者，无有也。**

(1) 适：到，过。

(2) 威：崔本作"或"也（陆德明《经典注释》）。

(3) 胞：赵谏议本"胞"作"庖"（郭庆藩《庄子集释》）

(4) 笼：笼络。

(5) 伊尹：伊尹，有莘氏之媵臣，能调鼎，负玉鼎以干汤。汤知其贤也，又顺其性，故以庖厨而笼之（成玄英《庄子疏》）。

(6) 百里奚：百里奚没狄，狄人爱羊皮，秦穆公以五色羊皮而赎之。又云百里奚好着五色羊皮裘，号曰五羖大夫（成玄英《庄子疏》）。

译文：

一只鸟雀飞过羿的面前，羿能否射中它，是存在变数的；如果将天下当作鸟笼，那么鸟雀就无处可逃了。因此，商汤用厨师之职来笼络伊尹，秦穆公用五张羊皮来笼络百里奚。所以说，不利用他人的爱好而能笼络人，那是没有的事。

解说：

本段用例子具体阐述得道者怎样对待事物的无封性。

让羿射鸟不一定能做到百发百中。但如果对万物不加分别，而以混一的天地当作笼子，那就会无物不中。如何以天下为笼子？顺随笼络对象的本性加以笼络。

32. **介**(1)**者拸（chǐ）**(2)**画**(3)**，外**(4)**非誉也；胥靡**(5)**登高而不惧，遗死生也。夫复謵（xí）不馈**(6)**而忘人，忘人，因以为天人矣。故敬之而不喜，侮之而不怒者，唯同乎天和者为然。出怒不怒，则怒出于不怒矣；出为无为，则为出于无为矣。欲静则平气，欲神则顺心，有为也。欲当则缘**(7)**于不得已，不得已之类，圣人之道。**

(1) 介：被砍掉一条腿。

(2) 拸：去也（郭象《庄子注》）。

(3) 画：所以饰容貌也（郭象《庄子注》）；装也，装严服饰，本为容仪（成玄英《庄子疏》）。

(4) 外：置之度外。

(5) 胥靡：刑徒人也（陆德明《经典释文》引司马彪说）。

(6) 复謵不馈：谓人语言慑伏以下我而我报之（（郭庆藩《庄子集释》）引郭嵩焘说）。“謵”，慑伏。“馈”，回馈，指报复。

（7）缘：顺也（成玄英《庄子疏》）。

译文：

被砍断了脚的人不会修饰自己，因为他已经不在意毁誉了；囚徒登高不会感到恐惧，因为他已经将生死置之度外。别人再三恐吓，自己却不报复，好像忘掉了他人；忘掉他人的，就可称作自然之人。所以，别人恭敬他，他也不感到高兴；侮辱他，他也不感到愤怒，这只有顺随自然之性的人才能做到。（表面上）虽然发怒，但他们内心并不感到愤怒，那么怒气出于无怒之心；虽然有所作为，但他们并不是有心而为，那么这种作为就出于无为。如果心灵想要宁静，就要平和气息；如果想要使精神通达妙境，就要顺应内心；如果想使自己的作为恰到好处，行事就要出于不得已。不得已而为，就是得道者之道。

解说：

本段阐述得道者如何在世俗之中生存：以无物之心对待世俗中的是非分别和界限（封）的分别，从而真正面对事物自身。

砍了脚的人不修饰脚，刑徒不怕登高，因为他们已经不在乎了。同样，得道者忘记了威吓、恭敬、侮辱、愤怒、妄为，从而心平气和、顺遂外物，因为他们不在乎自我了。这里的忘记愤怒是指内心无怒，只是表面发怒；这里的不妄为是指顺其自然的作为，而不是像死灰一样静止不动。

徐无鬼

本篇阐述人性无从改变，得道者对人性只能“无求，无失，无弃”，“循古而不摩”（无所妄求，无所丧失，无所舍弃。顺常事物自身而不与外物对立）。

本篇可以分为四大部分。第一部分（从开头至“天师而退”）阐述得道者行事要顺随事物自身的思想，包括三个故事。第一个故事（从开头至“君之侧乎”）表明得道者游说时应顺随对象自身。第二个故事（从“徐无鬼见武侯”至“夫偃兵哉！”）阐明无所妄求、顺随自然才能真正消除杀伐。第三个故事（从“黄帝将见大隗”至“称天师而退”）阐释得道者要去除智巧、超然物外、顺其自然，才能通达事物，治理好国家。

第二部分（从“知士无思虑”至“悲夫！”）阐述人的本性生成，得道者只能顺随而无法改造。

第三部分（“庄子曰”至“知之矣”）包括八个故事，阐发第二大部分的思想。第一个故事（从“庄子曰”至“造于怨也”）阐发第二部分“辩士无谈说之序则不乐”的含义。第二个故事（从“庄子送葬”到“吾无与言之矣”）在怀念故人的同时也阐发了第二大部分得道者行事要顺随对象的观念。第三个故事（从“管仲有病”到“则隰朋可”）阐述主政者要有顺随他人本性的天赋。第四个故事（从“吴王浮于江”至“国人称之”）阐发第二大部分有权势者不可夸耀权势。第五个故事（从“南伯子綦”至“而日远矣”）阐述得道的栖世者要做到忘我顺物、和光同尘。第六个故事（从“仲尼之楚”至“大人之诚”）阐述得道者要顺其自然、无心顺物才能处理好世事。第七个故事（从“子綦有八子”至“食肉而终”）阐述得道者应安守本分，“无求”份外的爵禄。第八个故事（从“啮缺”至“知之矣”）阐述得道者应“无求”于仁义。

第四大部分（从“有暖姝者”至末尾）阐述得道者要顺随外物，不可追逐外物，可以分为三段。第一段（从“有暖姝者”至“于羊弃意”）从反面阐述如果做不到“无求，无失，无弃”、“循古而不摩”就可能成为浅见自喜的人、偷安自得的人、劳形自苦的人。第二段（从“以目视目”至“大定持之”）阐述真人“无求，无失，无弃”、“循古而不摩”，因而不会成为上述三种人。第三段（从“故足”至末尾）阐述真人如何做到“无求，无失，无弃”、“循古而不摩”以顺随自然之道。

我们将本篇的结构图示如下。

<table>
<tr><td rowspan="3">第一部分</td><td rowspan="3">阐述得道者行事要顺随事物自身的思想</td><td>第一个故事</td><td>从开头至“君之侧乎”</td><td>表明得道者游说时应顺随对象自身。</td></tr>
<tr><td>第二个故事</td><td>从“徐无鬼见武侯”至“夫偃兵哉！”</td><td>阐明无所妄求、顺随自然才能真正消除杀伐。</td></tr>
<tr><td>第三个故事</td><td>从“黄帝将见大隗”至“称天师而退”</td><td>阐释得道者要去除智巧、超然物外、顺其自然，才能通达事物，治理好国家。</td></tr>
<tr><td>第二部分</td><td>阐述人本性无法改造</td><td colspan="2">从“知士无思虑”至“悲夫！”</td><td>阐述人的本性生成，得道者只能顺随而无法改造。</td></tr>
</table>

第三部分	阐发第二大部分人本性无法改造的思想。	第一个故事	从“庄子曰”至“造于怨也”	阐发第二大部分“辩士无谈说之序则不乐”的含义。
		第二个故事	从“庄子送葬”到“吾无与言之矣”	阐发了第二大部分得道者行事要顺随对象的观念。
		第三个故事	从“管仲有病”到“则隰朋可”	阐述主政者要有顺随他人本性的天赋。
		第四个故事	从“吴王浮于江”至少“国人称之”	阐发第二大部分有权势者不可夸耀权势。
		第五个故事	从“南伯子綦”至“而日远矣”	阐述得道的栖世者要做到忘我顺物、和光同尘。
		第六个故事	从“仲尼之楚”至“大人之诚”	阐述得道者要顺其自然、无心顺物才能处理好世事。
		第七个故事	从“子綦有八子”至“食肉而终”	阐述得道者应安守本分，“无求”份外的爵禄。
		第八个故事	从“啮缺”至“知之矣”	阐述得道者应“无求”于仁义。
第四部分	阐述得道者要顺随外物，不可追逐外物。	第一段	从“有暖姝者”至“于羊弃意”	阐述如果做不到“无求，无失，无弃”、“循古而不摩”就可能成为浅见自喜的人、偷安自得的人、劳形自苦的人。
		第二段	从“以目视目”至“大定持之”	阐述真人“无求，无失，无弃”、“循古而不摩”才不会成为上述三种人。
		第三段	从“故足”至末尾	阐述真人如何做到“无求，无失，无弃”、“循古而不摩”以顺随自然之道。

1. 徐无鬼[1]因[2]女商[3]见魏武侯[4]，武侯劳[5]之曰：“先生病[6]矣！苦于山林之劳，故乃肯见于寡人。”

徐无鬼曰：“我则劳于君，君有何劳于我！君将盈耆欲[7]，长[8]好恶，则性命之情病矣；君将黜[9]耆欲，掔（qiān）[10]好恶，则耳目病矣。我将劳君，君有何劳于我！”武侯超然[11]不对。

(1) 徐无鬼：姓徐，字无鬼，隐者也（成玄英《庄子疏》）。

(2) 因：靠，通过。

(3) 女商：姓女，名商，魏之宰臣（成玄英《庄子疏》）。

(4) 魏武侯：名击，文侯之子，治安邑（陆德明《经典释文》）。

(5) 劳：慰问。

(6) 病：指困乏。

(7) 盈耆欲：满足嗜好欲望。“耆”，通“嗜”。

(8) 长：滋长。

(9) 黜：去掉。

(10) 掔：引去也（陆德明《经典释文》引崔譔说）。

(11) 超然：怅然（陆德明《经典释文》引司马彪说）。

译文：

徐无鬼通过女商的引见拜见魏武侯，魏武侯慰问他说：“先生太疲乏了！山林生活一定很劳苦吧，所以肯前来见寡人。”

徐无鬼说：“我是前来慰问君侯的，君侯有什么可以慰问我的呢！君侯如果想满足嗜欲，放纵自己的好恶，那么生命的自然之性就会受伤害；君侯如果想断绝嗜欲，去除自己的好恶，那么耳目的享受就会受到影响。我正是来慰问你的，君侯有什么可慰问我的呢！”武侯听了怅然若失，无法应答。

解说：

这个故事阐述得道者要顺随事物。

徐无鬼是得道之人，清贫的生活有利于养生，有助于修道。魏武侯是世俗中人，欲望没得到满足就会难受，满足嗜欲就会伤害生命。因此，徐无鬼说是他慰问魏武侯。

2. **少焉，徐无鬼曰：“尝语君，吾相狗也。下之质[(1)]执[(2)]饱而止，是狸德[(3)]也；中之质若视日[(4)]，上之质若亡其一[(5)]。吾相狗，又不若吾相马也。吾相马，直者中[(6)]绳，曲者中钩，方者中矩，圆者中规，是国马[(7)]也，而未若天下马[(8)]也。天下马有成材[(9)]，若恤若失[(10)]，若丧其一，若是[(11)]者，超轶[(12)]绝**

尘[13]，不知其所。”武侯大悦而笑。

(1) 质：禀赋。

(2) 执：守。

(3) 狸德：猫之捕鼠，饱而止矣，故曰是狸德也；“狸”，猫也（俞樾《庄子平议》）。

(4) 视日：意气高远，望如视日（成玄英《庄子疏》）。

(5) 亡其一：好像忘了身体。“亡”，通“忘”。“一”，身也（陆德明《经典释文》）。

(6) 中：合乎。

(7) 国马：国中的上品马。

(8) 天下马：天下的好马。

(9) 成材：言自然已足，不须教习也（陆德明《经典释文》）。

(10) 若恤若失：忘我的样子。“恤”，刘文典疑是“灭”字之误，忘我的意思。

(11) 是：此，这。

(12) 超轶：超越。“轶”，过也（成玄英《庄子疏》）。

(13) 绝尘：尘土来不及飞扬就跑过去了，形容奔跑之快。

译文：

过了一会儿，徐无鬼说：“我来告诉君王我的相狗术。下等资质的狗，只求填饱肚子就行，与野猫的禀性相同；中等资质的狗，好像总看着太阳（意气高远）；上等资质的狗，好像忘掉了自身的存在。我的相狗术又不及我的相马术。我相马时，马身直的地方要合乎墨线，曲的地方要合乎弯钩，方的地方要合乎直尺，圆的地方要合乎圆规，这样的马就是国马了，但还比不上天下之马。天下之马具有天生的材质，好像忘了自我，好像忘记了自身与外界的存在。这样的马，跑起来奔逸绝尘，不知其所往。”魏武侯听了，高兴得笑了起来。

解说：

在上一段，徐无鬼因为开示魏武侯而将谈话气氛弄得有些尴尬，所以徐无鬼随机应变（顺随外物），换成了相狗、相马的话题。魏武侯听后很高兴，可见谈话内容顺随了魏武侯的心理。

徐无鬼的相狗术、相马术也是以合乎自然为标准的。真正的好狗是忘我的。下等资质的狗，只知吃喝；中等资质的狗神态高傲。这种狗看起来是好狗，实际上还没有做到神态安闲（忘我），因而不是最好的狗。规矩是人为的标准，因而合乎规矩的马也不是天下最好的马。天下之马是自然生成的（参加《大宗师》“南伯子葵”故事），能做到忘我、忘物。

3. **徐无鬼出，女商曰：“先生独何以说吾君乎？吾所以说(1)吾君者，横说之则以《诗》、《书》、《礼》、《乐》，从(2)说之则以《金板》、《六弢（tāo）》(3)，奉事而大有功者不可为数(4)，而吾君未尝启齿(5)。今先生何以说吾君，使吾君说若此乎？”**

徐无鬼曰：“吾直(6)告之吾相狗马耳。”

女商曰：“若是乎？”

曰：“子不闻夫越之流人(7)乎？去国数日，见其所知(8)而喜；去国旬月(9)，见所尝见于国中者喜(10)；及期（jī）(11)年也，见似人(12)者而喜矣；不亦去人滋(13)久，思人滋深乎？夫逃虚空(14)者，藜（lí）藋（diào）(15)柱(16)乎鼪（shēng）鼬（yòu）(17)之径，踉（liàng）(18)位(19)其空，闻人足音跫（qióng）然(20)而喜矣，又况乎昆弟亲戚之謦（qǐng）欬（kài）(21)其侧者乎！久矣夫莫以真人之言(22)謦欬吾君之侧乎！”

(1) 说：通“悦”。

(2) 从：通“纵”。

(3)《金版》、《六弢》：《周书》篇名也，或言秘谶也（陆德明《经典释文》引司马彪、崔譔说）。

(4) 不可为数：无法用数字计算。

(5) 启齿：开口笑。

(6) 直：只。

(7) 越之流人：越国被流放之人。“流人”，被流放的人。“流人”，有罪见流徙者也（陆德明《经典释文》引司马彪说），被流放的人。

(8) 知：认识的人。

(9) 旬月：十天、一个月。

(10) 所尝见于国中者：虽非相识，而国中曾见故人，见之而欢也（成玄英《庄子疏》）。

(11) 期：一整年。

(12) 似人：似所认识的人。

(13) 滋：越。

(14) 虚空：故坏冢处为空虚也（陆德明《经典释文》引司马彪说），空旷的荒野。

(15) 藜藋：泛指杂草。“藜”，蒿也。藋即今所谓灰藋也（郭庆藩《庄子集释》）。

(16) 柱：塞也（陆德明《经典释文》引司马彪说）。

(17) 鼪鼬：黄鼠狼。

(18) 踉：舒言之言曰跄踉，急言之曰踉（郭庆藩《庄子集释》引郭嵩焘说）。

(19) 位：居处。

(20) 跫然：喜貌（陆德明《经典释文》引司马彪说）。

(21) 謦欬：咳嗽，喻言笑也（陆德明《经典释文》引李颐说）。

(22) 真人之言：让魏武侯熟悉亲切的话。“真人”，得道的人（见《大宗师》篇），这里指能顺随他人心意的人。

译文：

徐无鬼出来后，女商问道：“先生究竟是用什么办法让我的国君那么高兴的呢？我用以取悦我们君王的，横说用《诗》、《书》、《礼》、《乐》，竖说用《金版》、《六弢》，为君王所做的大有成效的事情不可计数，但国君从来没有开口笑过。现在先生究竟用什么取悦我们的国君，使君王这样高兴呢？”

徐无鬼说："我只不过告诉他我的相狗术、相马术罢了。"

女商说："真就这些吗？"

徐无鬼说："难道你没有听说过被流放的越国人吗？离开国家几天后，看到认识的人就十分高兴；离开国家十天、一月之后，看到曾在国内见过的人就非常高兴；等到离开国家一年之后，看到貌似见过的人就很高兴；不是离开故人越久，思念就越深吗？至于那些逃亡到空旷原野地方的人，杂草把黄鼠狼出入的路径都堵塞了，长久居住在空旷无人之地，听到有人走路的脚步声就会高兴起来，更何况是有兄弟亲戚在他身边说笑呢？很久没有谁用真实的言语在君主身边说笑了吧！"

解说：

魏武侯每天操劳国家大事，而女商每次跟他谈论的还是那一套，因而无法让魏武侯高兴（不同的君王反应不一样，这是由人的自然本性决定的）。当徐无鬼用狗、马之类的事情与魏武侯交流时，魏武侯就如同见到久别的亲人那样高兴。这肯定是魏武侯曾经喜好的事情。女商对此视而不见（不知顺其自然），当然不会让魏武侯高兴。

4. **徐无鬼见武侯，武侯曰："先生居山林，食芧（xù）栗[(1)]，厌[(2)]葱韭，以宾[(3)]寡人，久矣夫！今老邪？其[(4)]欲干[(5)]酒肉之味邪？其寡人亦有社稷之福邪？"**

徐无鬼曰："无鬼生于贫贱，未尝敢饮食君之酒肉，将来劳君也。"

君曰："何哉，奚[(6)]劳寡人？"

曰："劳君之神与形。"

武侯曰："何谓邪（耶）？"

徐无鬼曰："天地之养也一[(7)]，登高不可以为长，居下不可以为短。君独为万乘（shèng）[(8)]之主，以苦一国之民，以养耳目鼻口，夫神者不自许[(9)]也。夫神者，好和而恶奸；夫奸，病也，故劳之。唯君所病之，何也？"

(1) 芧栗：橡子。

(2) 厌：通"餍"，饱食。

(3) 宾：通“摈”，弃。

(4) 其：还是。

(5) 干：求也（陆德明《经典释文》引李颐说）。

(6) 奚：何也（成玄英《庄子疏》）

(7) 一：混而为一。

(8) 万乘：拥有万辆战车的大国。

(9) 许：自得（宣颖《南华经解》）。

译文：

徐无鬼拜见魏武侯，武侯说：“先生住在山林里，吃着橡子，饱食大葱、韭菜，抛弃寡人已经很久了。现在你是上了年岁吗？还是为了尝尝酒肉的美味呢？还是我的国家有鸿福了？”

徐无鬼说：“我出身贫贱，从不敢奢望享用君王的酒肉美食，我是来慰问君侯的。”

武侯说：“这是从何说起？你怎样慰问我呢？”

徐无鬼说：“我要慰问你的精神和形体。”

武侯说：“这话怎么讲呢？”

徐无鬼说：“天地养育万物之理是一样的。身居高位不能认为高贵，居于下位不能认为微贱。君侯是万乘的国君，劳苦一国的百姓来满足你眼耳口鼻的享用，心神却不能怡然自得。人的心神喜欢和谐而厌恶偏私；偏私就会得病，所以我特地前来慰问你。只有你患这种病，为什么呢？”

解说：

这个故事可以看作上述故事的另一个版本，阐明无所妄求、顺随自然才能真正消灭杀伐，利于养生。

徐无鬼过着清贫的生活，魏武侯以一国百姓的劳苦供自己享受，二人好像不平等。但自然之手是没有好恶的，对谁都一样。清平的生活虽然辛苦，但有利于养生；奢侈的生活虽然会让感官得到享受，但使精神受不了，影响身体。所以，徐无鬼说自己是来慰问魏武侯的。

5. **武侯曰："欲见先生久矣。吾欲爱民而为义偃[1]兵，其可乎？"**

徐无鬼曰："不可。爱民，害民之始也；为义偃兵，造兵之本[2]也；君自此为之，则殆[3]不成。凡成美，恶器[4]也；君虽为仁义，几且[5]伪哉！形固造形[6]，成固有伐[7]，变固外战[8]。君亦必无盛鹤列[9]于丽谯（qiáo）[10]之间，无徒骥[11]于锱（zī）坛[12]之宫，无藏逆于得，无以巧胜人，无以谋胜人，无以战胜人。夫杀人之士民，兼人之土地，以养吾私与吾神者，其战不知孰善？胜之恶乎在？君若勿已[13]矣，修胸中之诚，以应天地之情而勿撄[14]。夫民死已脱[15]矣，君将恶乎用夫偃兵哉！"

（1）偃：息也（陆德明《经典释文》）。

（2）本：根源。

（3）殆：近也（成玄英《庄子疏》）。

（4）恶器：凶器。

（5）几且：几乎。"几"，近也（成玄英《庄子疏》）。

（6）形固造形：一种情势（仁义）必定造成另一种情势（虚伪）。

（7）成固有伐：成功了必定夸耀。"伐"，伐，美也（郭庆藩《庄子集释》）。

（8）变固外战：失败了就会变为公开的战争。"外战"，对外作战。

（9）鹤列：谓兵如鹤之列行（陆德明《经典释文》引李颐说）。

（10）丽谯：高楼也，言其华丽嶕峣也（成玄英《庄子疏》）。

（11）徒骥：步兵、骑兵。"徒"，步也（陆德明《经典释文》引司马彪说）。

（12）锱坛：坛名（陆德明《经典注释》）。

（13）勿已：不止。

（14）撄：扰也（成玄英《庄子疏》）。

（15）脱：脱离（死地）。

译文：

武侯说："我想见先生很久了。我想爱护百姓，为道义而停止用兵，这可以吗?”

徐无鬼说:“不行。爱护百姓,是祸害百姓的开始;为义而停止用兵,是制造战争的开端。君王如果从这方面着手,恐怕是不会成功的。凡有心成就美名的,反而会作恶。君侯虽然想施行仁义,却近似作伪!有形迹的(仁义)必定造成有形迹的(虚伪);如果成功了,必定会夸耀;一旦有变故,一定会生出战祸。君侯千万不要在高楼之间大张旗鼓地陈列军队,不要在锱坛宫前集合步卒骑士,不要违逆自然取胜,不要以巧诈取胜,不要以谋略取胜,不要以战争打败别人。杀害他国的士卒和百姓,兼并他国的土地,用来满足自己的身体和私欲,不知这种战争好在哪里?所谓的胜利又在哪里?君侯不如停止杀伐,修养心中的诚意,以顺应天地的自然状况,不要去扰乱它的运行。这样,百姓就可以脱离死亡的威胁,君侯又何需谈什么停止战争呢!”

解说:

魏武侯提出为道义而停止战争,之所以遭到了徐无鬼的反对,这是因为:首先,为了道义而停止战争就会让人为了名声而作伪,进而作恶,最终还是免不了争斗,违背自然;其次,与其停止战争,不如不炫耀自己的军队,不以违逆、智巧、谋划和战争来取胜,也不靠杀死他国百姓来满足自己的欲望,而做到顺其自然。再次,与其刻意地为了道义去停止战争,不如诚心对待百姓,顺随百姓之自然。这样才可以真正消除战争。

爱民,害民之始也;为义偃兵,造兵之本也;君自此为之,则殆不成。凡成美,恶器也;君虽为仁义,几且伪哉——名是由分别对待而生的,相反者相成(参见《齐物论》和《道德经》第二章)。而爱与害、义与不义、美与恶都是名。因此,有爱就有害,有义就有不义,有美就有恶。消除的方法是去掉爱、义、美。

形固造形,成固有伐,变固外战——形是名。有名则与万物抵牾。作为君主,就会有战伐之事。

无藏逆于得,无以巧胜人,无以谋胜人,无以战胜人——逆、巧、谋、战都是有为。有为则会与他人产生无限的冲突。

6. 黄帝将见大隗（wěi）[1]乎具茨（cí）[2]之山，方明为御，昌宇骖乘[3]，张若謵（xí）朋前马[4]，昆阍（hūn）滑（gǔ）稽后车[5]；至于襄城[6]之野，七圣皆迷，无所问涂[7]。

适遇牧马童子，问涂焉，曰："若[8]知具茨之山乎？"曰："然。"

"若知大隗之所存乎？"曰："然。"

黄帝曰："异哉小童！非徒知具茨之山，又知大隗之所存[9]。请问为[10]天下。"

小童曰："夫为天下者，亦若此而已矣，又奚事焉！予少而自游于六合[11]之内，予适有瞀（mào）病[12]，有长者教予曰：'若乘日之车[13]。而游于襄城之野'今予病少痊，予又且复游于六合之外[14]。夫为天下亦若此而已。予又奚[15]事焉！"

（1）大隗：大隗，神名也；一云：大道也（陆德明《经典注释》），古之至人也（成玄英《庄子疏》）。

（2）具茨：在荥阳密县东，今名泰隗山（陆德明《经典释文》引司马彪说）。

（3）骖乘：在右为骖，在左为御（成玄英《庄子疏》）。

（4）前马：在马前做向导。

（5）后车：车后为从也（成玄英《庄子疏》）。

（6）襄城：今汝州有襄城县，在泰隗山南，即黄帝访道之所也（成玄英《庄子疏》《庄子注疏》）。

（7）涂：通"途"。道也（成玄英《庄子疏》）。

（8）若：你。

（9）存：在也（成玄英《庄子疏》）。

（10）为：治理。

（11）六合：上、下、四方。

（12）瞀病：谓风眩冒乱也（成玄英《庄子疏》）。

（13）乘日之车：以日为车也（陆德明《经典释文》引司马彪说）。

（14）六合之外：指尘世之外。

（15）奚：何。

译文：

黄帝要到具茨山去拜见大隗，方明驾车，昌宇陪乘，张若、謵朋在马前引导，昆阍、滑稽在车后跟随。来到了襄城郊外，七位圣人都迷路了，无从问路。

正遇上一位牧马的小孩，他们向小孩问路，说：“你知道具茨山在哪吗？”小孩回答说：“知道。”

又问：“你知道大隗居住的地方吗？”小孩回答说：“知道。”

黄帝说：“这个孩子真与众不同啊！不仅知道具茨山，而且知道大隗的居所。请问怎样治理天下？”

小孩说：“治理天下，也不过这样罢了，又何必生事呢！我小时候自己遨游于尘世，患了眼花病，有位长者教我说：‘你可以乘太阳车到襄城郊外逍遥地遨游。’现在我的病情稍好了，我又将遨游于尘世之外。治理天下也不过如此罢了，又何须生事啊！”

解说：

这个故事阐释得道者要去除智巧、超然物外、顺其自然，才能通达事物，治理好国家。

皇帝的随从都是世俗中有智慧的人，所以会迷路。那个小孩以前遨游在尘世之内，执着于尘世，因而患了眼病（可以理解为看不清世事）。后来得到长者的指点，遨游于尘世之外，现在他不仅没有眼病，还不会迷失道路。由此他知道，治理天下也不过是遨游于尘世之外、顺随外物而已。

7. **黄帝曰：“夫为天下者，则诚非吾子[(1)]之事。虽然，请问为天下。”小童辞[(2)]。**

黄帝又问。小童曰：“夫为天下者，亦奚以异乎牧马者哉！亦去其害马者[(3)]而已矣！”

黄帝再拜稽首[(4)]，称天师[(5)]而退。

(1) 吾子：对男子的敬称。

(2) 辞：拒绝回答。

(3) 害马者：谓分外之事也（成玄英《庄子疏》）。

(4) 稽首：以头叩地。

(5) 天师：合自然之师。

译文：

黄帝说："治理天下，实在不是你操心的事。虽然如此，我还是要请教你如何治理天下。"小孩不回答。

黄帝再一次请教。小孩说："治理天下，与牧马又有什么不同之处呢！也不过是去除对马有害的东西而已！"黄帝听了再次叩首拜谢，尊称小孩为天师而离开。

解说：

黄帝将治国与其他的事情分别看待，因而认为小孩不懂治国。这是有封的表现。所以小孩不回答。在皇帝的再三请教下，小孩才回答说治国如同养马。养马只需将危害马的东西去除，马自身就可以成长，无需采取有为的手段。而皇帝身边都是些有为之人（如方明），因此，治国如何也就可想而知。经过小孩的指点，黄帝明白了以前治国存在的问题，因而尊称小孩为天师。

8. **知士**[(1)]**无思虑之变则不乐，辩士无谈说之序**[(2)]**则不乐，察**[(3)]**士无凌谇(suì)**[(4)]**之事则不乐，皆囿（yòu）**[(5)]**于物者也**。

(1) 知士：智谋知士。

(2) 序：层次（曹础基《庄子浅注》）。

(3) 察：严杀之貌也（（俞樾《庄子平议》）。

(4) 凌谇：凌辱责骂（曹础基《庄子浅注》）。"谇"，责骂。

(5) 囿：局限。

译文：

智谋之士没有思虑上的变化就不高兴，好辩之士没在谈论中分出高低就不高兴，苛察之士没有可以凌辱责骂的事情就不高兴，这些人都为外物所局限。

解说：

第八、九段阐明人的本性是天生的，只能顺随而无从改变。

9. **招世之士兴朝**[1]**，中民**[2]**之士荣官**[3]**，筋力**[4]**之士矜难**[5]**，勇敢之士奋患**[6]**，兵革**[7]**之士乐战，枯槁之士**[8]**宿名**[9]**，法律之士广治**[10]**，礼教之士敬容**[11]**，仁义之士贵际**[12]**。农夫无草莱**[13]**之事则不比**[14]**，商贾无市井之事**[15]**则不比。庶人有旦暮之业**[16]**则劝**[17]**，百工有器械之巧则壮**[18]**。钱财不积则贪者忧，权势不尤**[19]**则夸者悲。势物**[20]**之徒乐变**[21]**，遭时有所用，不能无为也。此皆顺比于岁**[22]**，不物于易**[23]**者也，驰其形性，潜**[24]**之万物，终身不反**[25]**，悲夫！**

(1) 招世之士兴朝：推荐忠良，招致人物之士，可以兴于朝廷也（成玄英《庄子疏》）。

(2) 中民：善治民也（陆德明《经典释文》引李颐说）。

(3) 荣官：以官为荣。

(4) 筋力：身体强壮的人。

(5) 矜难：以御难自矜（宣颖《南华经解》）。

(6) 奋患：奋发雄豪，涤除祸患（成玄英《庄子疏》），奋勇除患。

(7) 兵革：持兵披甲（曹础基《庄子浅注》）。

(8) 枯槁之士：食杼衣褐，形容顑頷（成玄英《庄子疏》），指隐士。

(9) 宿名：获取名声。“宿”，取（俞樾）。

(10) 广治：多求治事（林希逸《庄子口义》）。

(11) 敬容：矜敬容貌（成玄英《庄子疏》），注重容貌。

(12) 贵际：谓相与交际，仁义之用行乎交际之间者也（(郭庆藩《庄子集释》引郭嵩焘说），注重人际关系。

(13) 草莱：治草莱之事（俞樾《庄子平议》），指耕种。

(14) 比：和乐（成玄英《庄子疏》）。

(15) 市井之事：指经商。

（16）旦暮之业：指日常事情。

（17）劝：勉励（成玄英《庄子疏》）。

（18）壮：盛也（成玄英《庄子疏》）。

（19）尤：甚也（成玄英《庄子疏》）。

（20）势物：以势陵物（成玄英《庄子疏》）。

（21）变：变故。

（22）顺比于岁：投合一时，顺世俯仰。“顺比”，投合；“岁”，时（曹础基《庄子浅注》）。

（23）不物于易：各自囿于一物，不能相易（王先谦《庄子注解》），不能将顺随时世变通。

（24）潜：沉溺。

（25）反：通“返”。

译文：

推举人才的人乐于振兴朝廷，善治百姓的人以做官为荣，身强体壮的人以战胜危难自夸，英勇无畏的人不顾自身除患，久战沙场的人乐于征战，隐居山林的人在意名声，推崇法治的人喜欢揽事，崇尚礼教的人注重仪容，仁义之士看重交往。农夫没有耕耘之事就不安，商人没有买卖之事就不高兴，百姓有事可做就会勤勉，百工有制造精巧器械的技能就会气壮。钱财积攒得不多，贪婪的人就会忧虑；权势不盛，贪恋权位的人就会悲伤。仗势凌人的人热衷于变诈，遇到时机就会大显身手，不能做到清静无为。这些人都是只能顺时投机，局限于一物而不能变通的人。他们放纵形体与本性，沉沦于外物之中，终身不会醒悟，真是可悲啊！

解说：

这两段具体描写了不同类型人的表现。他们的共同特征是追逐外物，而不能顺随外物的变化，所以无法逍遥自在地栖息于尘世。

10. **庄子曰：“射者非前期[1]而中，谓之善射，天下皆羿[2]也，可乎？”**

惠子曰："可。"

庄子曰："天下非有公是[3]也，而各是其所是，天下皆尧也，可乎？"

惠子曰："可。"

庄子曰："然则儒墨杨秉[4]四，与夫子[5]为五，果孰[6]是[7]邪？或者若鲁遽（jù）[8]者邪？其弟子曰：'我得夫子之道矣，吾能冬爨（cuàn）[9]鼎而夏造冰矣。'鲁遽曰：'是[10]直[11]以阳召阳，以阴召阴[12]，非吾所谓道也。吾示子乎吾道。'于是为之调瑟，废[13]一于堂，废一于室，鼓宫[14]宫动，鼓角[15]角动，音律同矣。夫或改调一弦，于五音无当也，鼓之，二十五弦皆动，未始[16]异于声，而音之君[17]已。且若是[18]者邪？"

（1）前期：预先设定目标。

（2）羿：后羿，古代神射手。

（3）非有公是：各私其是，故无公是也（成玄英《庄子疏》），没有一致认可的东西。

（4）杨秉：杨朱、公孙龙。"秉"，公孙龙字也（成玄英《庄子疏》）。

（5）夫子：指惠施。

（6）孰：谁。

（7）是：对。

（8）鲁遽：姓鲁，名遽，周初时人（成玄英《庄子疏》）。

（9）爨：烧。

（10）是：此，这。

（11）直：只。

（12）以阳召阳以阴召阴：千年灰阳也，火又阳也，此是以阳召阳；井中阴也，水又阴也，此是以阴召阴（成玄英《庄子疏》）。

（13）废：置也（陆德明《经典注释》）。

（14）宫：古代五音之一。

（15）角：古代五音之一。

（16）未始：不曾。

（17）音之君：众音之主。

（18）是：这，这样。

译文：

庄子说："如果射箭的人不事先确定目标而射中的，就说他善于射箭，那么普天下都成为羿了，可以这样说吗？"

惠子说："可以。"

庄子说："如果天下没有公认的标准，如果各人以自己的标准为准，那么普天下都成为尧了，可以这样说吗？"

惠子说："可以。"

庄子说："那么儒者、墨者、杨朱、公孙龙四家，加上你就是五家，到底谁是对的呢？或者就像名叫鲁遽的人那样吗？鲁遽的弟子说：'我得了先生之道了，我能够在冬天烧鼎，在夏天造冰。'鲁遽说：'这只不过是用阳招来阳，用阴招来阴，并不是我所谓的道术。我给演示我的道术。'于是为此调整好瑟弦，将一张瑟放在堂上，将另一张瑟放在内室，弹奏（这张瑟的）宫音（，那张瑟的）宫音也响起来；弹奏（这张瑟的）角音，（那张瑟的）角音也响起来，（那是因为）音律相同的原因。如果改动其中一弦的音调，让它与五音不合，然后再弹奏，二十五根弦就都会跟着响起来，声音并没有什么不同，只是以改动的那根弦作为众音的主音而已。你们都是像鲁遽这样的吧？"

解说：

这个故事阐发前文"辩士无谈说之序则不乐"的含义。

没有预定目标而误中靶子的人不能称为神射手（神射手是相对目标而言的），没有标准而自说自话的人不能称为正确的（正确是相对对方而言的）。同样，儒者、墨者、杨朱、公孙龙和惠子等五家之间也没有什么对与错的标准，他们之间的辩论就类似鲁遽"同声相求"、鲁遽的弟子"阴阳相召"的道术，都是自以为是的，没有什么对与不对（一切都是相对的）。文中弹奏这张瑟的角音，那张瑟的角音也响起来，其原因是物理学上的共振现象。

11. **惠子曰："今夫儒墨杨秉，且方与我以辩，相拂(1)以辞，相镇(2)以声，而未始吾非(3)也，则奚若(4)矣？"**

庄子曰："齐人蹢（zhí）子[5]于宋者，其命阍（hūn）[6]也不以完[7]，其求钘（xíng）[8]钟也以束缚[9]，其求唐子[10]也而未始出域[11]，有遗类[12]矣！夫楚人寄[13]而蹢[14]阍者，夜半于无人之时而与舟人斗，未始离于岑[15]而足以造于怨也。"

(1) 拂：拂逆，指批驳。

(2) 镇：压服。

(3) 非：错。

(4) 奚若：怎么样。

(5) 蹢子：足疾而行（宣颖《南华经解》）。

(6) 阍：守门人也（成玄英《庄子疏》）。

(7) 不以完：令形不全（陆德明《经典释文》）。

(8) 钘：小钟也（成玄英《庄子疏》）。

(9) 束缚：包起来。

(10) 唐子：逃走的人。"唐"，失也（郭象《庄子注》）。

(11) 未始出域：不走出乡域之外，只在乡域之内寻找。

(12) 遗类：遗，亡也，亡其种类故也（陆德明《经典释文》）。

(13) 寄：居。

(14) 蹢：怒责（（俞樾《庄子平议》）。

(15) 岑：岸也（郭象《庄子注》）。

译文：

惠子说："现在，如果儒者、墨者、杨朱、公孙龙和我辩论，用语言相互指责，用声音相互压制，却没有谁能判定我是错的，你怎么看呢？"

庄子说："有个齐国人把他的残疾儿子放到宋国，因为那里守门的人都是残疾人；他得到个小钟，却用绳子小心捆好（唯恐有破损）；有人寻找丢失的儿子而不走出村外去寻找。这与你们的情形相类似吧！楚国有个人寄居在别人家，却又斥责守门人；半夜无人时和船夫打斗，船还没有靠岸边，就已经结下了冤仇。"

解说：

对于这种没有意义的辩论，惠子还要强词夺理，所以遭到庄子的揶揄。同时，这也说明了惠子辩士的本性（为辩而辩，乐在辩中）。

惠子辩解说，儒、墨、杨朱、公孙龙并不能证明是自己错的。实际上，即使不能证明惠子是错的，也不能说明惠子是对的。因此，庄子说惠子辩论追求枝节（辩论时不错）而忘了辩论的根本，就像齐国人对残疾的儿子不痛惜，对小钟却十分重视，寻找丢失的儿子却不走出村子去找一样，都是舍本逐末。其结果就是自以为是，处处与人发生冲突——住在别人家里却责骂守门人、坐别人的船却和撑船人打架。

12. **庄子送葬，过惠子之墓，顾[(1)]谓从者曰："郢[(2)]人垩（è）[(3)]慢[(4)]其鼻端若蝇翼[(5)]，使匠石[(6)]斲（zhuó）[(7)]之。匠石运斤成风[(8)]，听[(9)]而斲之，尽垩[(10)]而鼻不伤，郢人立不失容[(11)]。宋元君[(12)]闻之，召匠石曰：'尝试为寡人为之。'匠石曰：'臣则尝能斲之。虽然，臣之质[(13)]死久矣。'自夫子[(14)]之死也，吾无以为质矣，吾无与言之矣。"**

（1）顾：回头。

（2）郢：楚都也（成玄英《庄子疏》），在今湖北省江陵县。

（3）垩：白善土也（成玄英《庄子疏》）。

（4）慢：通"漫"，涂（曹础基《庄子浅注》）。

（5）若蝇翼：像苍蝇翅膀（一样薄）。

（6）匠石：名石的匠人。

（7）斲：砍。

（8）运斤成风：挥动斧头带出一阵风。"斤"，斧头。

（9）听：任凭。

（10）尽垩：把石灰削尽。

（11）不失容：脸不变色。

（12）宋元君：即宋元公，名佐，宋平公之子，参见《田子方》。

（13）质：对也（成玄英《庄子疏》），搭档。

(14) 夫子：指惠施。

译文：

庄子送葬，经过惠子的坟墓，回头对跟随的人说："有个郢地人，把白善土抹在鼻尖上，如苍蝇的翅膀一样薄，然后他让匠石用斧头削去白土。匠石挥动斧子呼呼作响，那人任凭匠石砍削。石灰被全部砍掉了，鼻子却没受一点伤。那个郢人站在那里，面不改色。宋元君听说这件事，把匠石找来说：'请你也跟我试试'。匠石说：'我以前确实能这样削去石灰。不过，我的搭档已经死了很久了。'自从惠施死后，我没有搭档了！没有可以与之论辩的人了！"

解说：

这个故事在怀念故人的同时，也阐发了前文得道者行事要顺随对象的观念。

惠子去世后，庄子说他失去了切磋的对象。这既表达了对故人的怀念之情，同时说明相互切磋也要顺随外物，视对象而定，就像郢地匠人要看他的搭档一样。如果郢地匠人不看对象就与宋元君成为搭档，就很可能会将宋元君的鼻子削掉。

13. **管仲[(1)]有病，桓公问之，曰："仲父[(2)]之病病矣[(3)]，可不讳云[(4)]，至于大病[(5)]，则寡人恶[(6)]乎属（zhǔ）国[(7)]而可？"**

管仲曰："公谁欲与？"

公曰："鲍叔牙[(8)]。"

曰："不可。其为人洁廉[(9)]善士也，其于不己若[(10)]者不比[(11)]之，又一闻人之过，终身不忘。使之治国，上且钩[(12)]乎君，下且逆乎民。其得罪于君也，将弗久矣！"

(1) 管仲：管仲，姓管，名仲，字夷吾，齐相也，是鲍叔牙之友人（成玄英《庄子疏》）。

(2) 仲父：齐桓公小白对管仲的尊称。

(3) 病病：言是病极重也（成玄英《庄子疏》）。

(4) 讳云：不忌讳地说。

（5）大病：至死也（成玄英《庄子疏》）。

（6）恶：何。

（7）属国：委以国事。

（8）鲍叔牙：姓鲍，字叔牙，贞廉清絜善人也（成玄英《庄子疏》）。

（9）洁廉：廉洁。

（10）不已若：即不若已者（曹础基《庄子浅注》），不如自己的人。

（11）不比：不能和混（成玄英《庄子疏》）。

（12）钩：约束。

译文：

管仲有病了，齐桓公问他说："仲父您的病很重了，可忌讳不说，到了您大病不起，那么我把国事托付给谁合适呢？"

管仲说："你打算给谁呢？"

齐桓公说："鲍叔牙。"

管仲说："不可以。鲍叔牙是廉洁的善人，他对于不如自己的人就不来往，且一听到别人的过错，就一辈子不忘。如果让他治理国家，对上会约束国君，对下会违逆民意。不用多长时间，他就会得罪国君。"

解说：

这个故事阐述主政者要顺随人的天赋本性。

治国之道应该是对上要顺君王，对下以百姓之心为心，和光同尘。鲍叔牙对待是非过于分明，因而不适合托付国事。

14. **公曰："然则孰可？"**

对曰："勿已[(1)]，则隰（xí）朋[(2)]可。其为人也，上忘而下畔[(3)]，愧不若黄帝而哀不已若者。以德分人谓之圣，以财分人谓之贤。以贤临人[(4)]，未有得人者也；以贤下人[(5)]，未有不得人者也。其于国有不闻也，其于家有不见也。勿已，则隰朋可。"

（1）勿已：不得已。

(2) 隰朋：姓隰，名朋，齐贤人也（成玄英《庄子疏》）。

(3) 畔：《列子》中为“不畔”二字（宣颖《南华经解》），不叛离。

(4) 临人：居高临下对待他人。

(5) 下人：居于他人之下。

译文：

齐桓公说：“那谁合适呢？”

官仲回答说：“不得已的话，隰朋还可以。隰朋为人，能使在上位者忘记自己，使在下位者不背叛自己，他自愧不如黄帝而同情那些不如自己的人。以道德去感化他人的，称为得道者；以财物去周济他人的，称为贤人。以贤人自居而驾临于他人之上的，没有能得人心的；以贤能之名而谦恭待人的，就没有不得人心的。隰朋对国事不会事事过问，对于家庭不会事事计较。不得已的话，还是用隰朋吧。”

解说：

隰朋能使在上位者和在下位者都不反对他，并且仰慕贤者，同情不如自己的人，不事事苛察。他虽然没有做到顺随他人，但也不与他人对立，比鲍叔牙强。所以管仲说，如果没有合适的人选，就用隰朋。

15. **吴王浮**[1]**于江，登乎狙**[2]**之山。众狙见之，恂**[3]**然弃而走，逃于深蓁**[4]。**有一狙焉，委蛇**[5]**攫（jué）**[6]**搔**[7]**，见**[8]**巧乎王。王射之，敏给**[9]**搏捷**[10]**矢。王命相**[11]**者趋**[12]**射之，狙执死**[13]。

王顾谓其友颜不疑[14]**曰：“之**[15]**狙也，伐**[16]**其巧恃其便**[17]**以敖予**[18]**，以至此殛（jí）**[19]**也！戒之哉！嗟乎，无以汝色骄人哉！”颜不疑归而师董梧**[20]**以助**[21]**其色，去乐辞显**[22]**，三年而国人称之**。

(1) 浮：渡江。

(2) 狙：猕猴也（成玄英《庄子疏》）。

(3) 恂然：怖惧也（成玄英《庄子疏》）。

(4) 蓁：棘丛也（成玄英《庄子疏》）。

(5) 委蛇：从容也（成玄英《庄子疏》）。

(6) 攫：接也（成玄英《庄子疏》）。

(7) 搔：抓。

(8) 见：通“现”。

(9) 敏给：敏给二字同义（（郭庆藩《庄子集释》）俞樾说)，敏捷。

(10) 搏捷：迅速接住。“搏”，接也。“捷”，接（俞樾《庄子平议》）。

(11) 相：助也，谓王之左右也（成玄英《庄子疏》）。

(12) 趋：急也（陆德明《经典注释》）。

(13) 执死：见执而死也（陆德明《经典释文》引司马彪说)。

(14) 颜不疑：姓颜，字不疑，王之友也（成玄英《庄子疏》）。

(15) 之：这。

(16) 伐：夸。

(17) 便：敏捷。

(18) 敖予：对我傲慢。“敖”，通“傲”。“予”，我。

(19) 殛：死也（成玄英《庄子疏》）

(20) 董梧：姓董。名梧，吴之贤人也（成玄英《庄了疏》）。

(21) 助：赵谏议本为“锄”字（郭庆藩《庄子集释》）。

(22) 去乐辞显：除其美色，去其声乐（成玄英《庄子疏》）。

译文：

吴王渡过长江，登上一座猕猴集居的山。猴群看见吴王一行人，都惊惶逃走，躲进荆棘丛中。但有一只猴子，从容不迫地上窜下跳，向吴王卖弄它的灵巧。吴王用箭射它，他敏捷地接住箭。吴王下令左右上前放箭，猴子被射死。

吴王转身对他的朋友颜不疑说：“这只猴子夸耀它的灵巧，傲视我，才会落得这样的下场！引以为戒啊！唉，不要用你的神态傲视他人啊！”颜不疑回来后，就拜董梧为师，改掉以前骄傲的神态，去除淫乐，辞掉荣华。三年之后，国人都称赞他。

解说：

这个故事阐发前文有权势者不可夸耀权势的含义。

猴子在吴王面前展示其灵巧，傲视吴王，所以被射杀。颜不疑是吴王的朋友，也容易因为吴王的宠爱而骄傲。因此，他听了吴王的话后，以猴子为戒，小心谨慎（忘我）。否则，他最终可能落得和那只猴子一样的下场。

16. **南伯子綦（qí）[1]隐[2]几[3]而坐，仰天而嘘[4]。颜成子[5]入见曰："夫子[6]，物之尤[7]也。形固[8]可使若槁骸[9]，心固可使若死灰乎？"**

(1) 南伯子綦：犹是齐物中南郭子綦也（成玄英《庄子疏》）。

(2) 隐：靠。

(3) 几：桌子。

(4) 嘘：缓缓地吐气。

(5) 颜成子：颜成，子綦门人也（成玄英《庄子疏》），即《齐物论》中的颜成子游。

(6) 父子：先生，指南伯子綦。

(7) 尤：甚也（成玄英《庄子疏》），突出。

(8) 固：固然。

(9) 槁骸：枯骨。

译文：

南伯子綦靠着桌子坐着，仰起头来缓缓地吐着气。颜成子进来看见了，问道："先生，您真是出类拔萃！形体固然可以让它像枯骨一般，心灵真的可以使之像死灰一样吗？"

解说：

这个故事阐述得道的栖居者要做到忘我顺物、和光同尘。

心如死灰、形如槁木是一种忘我状态。因而还没有悟道的颜成子对此种状态大为惊讶（可参见《齐物论》）。

17. **曰：“吾尝居山穴[(1)]之中矣。当是时也，田禾[(2)]一睹我，而齐国之众三贺之。我必先之[(3)]，彼故知之；我必卖[(4)]之，彼故鬻（yù）[(5)]之。若我而不有之，彼恶[(6)]得而知之？若我而不卖之，彼恶得而鬻之？嗟乎！我悲人之自丧[(7)]者，吾又悲夫悲人者，吾又悲夫悲人之悲者，其后而日远矣。”**

（1）山穴：齐南山穴也（陆德明《经典释文》引李颐说）。“穴”，山洞。

（2）田禾：即齐太公和（郭庆藩《庄子集释》引卢文弨说）。

（3）先之：名声在先。

（4）卖：指卖弄名声。

（5）鬻：买。

（6）恶：哪里。

（7）自丧：犹亡失也（成玄英《庄子疏》），丧失自我。

译文：

南伯子綦说：“我曾隐居在洞穴之中。那个时候，齐君公田禾一来看望我，齐国的百姓就会再三向他祝贺。我想必定是自己先有名声显示于世，他才会知道我；必定是我卖弄名声，他才会来买我的名声。假如我没有名声，他怎么会知道我呢？假如我不是卖弄名声，他哪里能够买到我的名声呢？唉，我悲叹那些因自炫名声而迷失自我的人，我又悲叹那些悲叹别人的人，我进而又悲叹那些对别人的悲叹表示悲叹的人，此后我便一天天远离这些了。”

解说：

以前，齐王不时来看望南伯子綦，说明南伯子綦一定有与别人不一样的地方，也表明南伯子綦还没有做到“有人之形”——行为表现上与别人一样的境界（《德充符》），因而与齐王之间形成了类似买卖的关系。由此，南伯子綦警觉自己还是在追逐外物，丧失了自我。从此，南伯子綦再不追逐外物，也不对他人的悲叹动心，而是做到心如死灰，远离世俗，从而达到“无人之情”（参见《德充符》）的境界。文中的悲叹，无论是悲叹他人丧失自我的人，还是悲叹那些悲叹他人的人，乃至悲叹那些对别人的悲叹表示悲叹的人，都是有我逐物的表现。

18. **仲尼之[(1)]楚，楚王觞（shāng）[(2)]之，孙叔敖[(3)]执爵而立，市南宜僚[(4)]受酒而祭曰："古之人乎！于此言已。"**

曰："丘也闻不言之言矣，未之尝言，于此乎言之。市南宜僚弄丸而两家之难解[(5)]，孙叔敖甘寝秉羽而郢人投兵[(6)]。丘愿有喙三尺[(7)]。"

（1）之：往。

（2）觞：酒器之总名也（陆德明《经典释文》引李颐说）），这里指用酒招待。

（3）孙叔敖：案《左传》，孙叔敖是楚庄王相，孔子未生。哀公十六年，仲尼卒后，白公为乱。宜僚未尝仕楚。又宣十二年传，楚有熊相宜僚，则与叔敖同时，去孔子甚远。盖寄言也（陆德明《经典注释》），姓孙，名叔敖，楚庄王相，参见《田子方》篇。

（4）市南宜僚：姓熊，字宜僚，楚之贤人，亦是勇士沈默者也。居于市南，因号曰市南子焉（成玄英《庄子疏》），楚之勇士也，善弄丸（陆德明《经典释文》引司马彪说）），参见《山木》篇。

（5）市南宜僚弄丸而两家之难解：楚白公胜欲因作乱，将杀令尹子西。司马子綦言熊宜勇士也，若得，敌五百人，遂遣使屈之。宜僚正上下弄丸而戏，不与使者言。使因以剑乘之，宜僚曾不惊惧，既不从命，亦不言佗。白公不得宜僚，反事不成，故曰两家难解（成玄英《庄子疏》）。"丸"，球。

（6）孙叔敖甘寝秉羽而郢人投兵：叔敖蕴藉实知，高枕而逍遥，会理忘言，执羽扇而自得，遂使敌国不侵，折冲千里之外，楚人无事，修文德，息其武略（成玄英《庄子疏》）。"甘寝"，安寝恬卧（陆德明《经典释文》引司马彪说））。"秉羽"，收执羽扇。"投兵"，谓无所用也（郭庆藩《庄子集释》）。

（7）有喙三尺：希望有三尺长的嘴巴来说话，意为我没有那么长的嘴来称道此事。"喙"，口也（成玄英《庄子疏》）。"三尺"，匕首剑（陆德明《经典释文》）。

译文：

孔子来到楚国，楚王设宴款待他，孙叔敖手拿着酒器站在一旁，市南宜僚接过酒来致祭词说："古人在这种场合就要发表意见了。"

孔子说："我曾听过无言之言，没有向人说过，要在这里说说。市南宜僚弄玩着弹丸就使两家的危难得以解脱，孙叔敖恬然安卧手拿羽扇就使楚国免除干戈。我真希望自己有三尺长的嘴巴来说说这件事！"

解说：

这个故事阐述得道者要顺其自然、无心顺物，才能处理好世事。

市南宜僚和孙叔敖以无为的行动消弭了战乱，合乎自然之道。想用语言对自然的东西加以评论是不可能的，所以孔子说希望自己有三尺长的嘴巴。无言之言指顺随自然之言。

19. **彼[(1)]之谓不道之道，此[(2)]之谓不言之辩，故德总乎道之所一[(3)]。而言休[(4)]乎知之所不知，至矣。道之所一者，德不能同也；知之所不能知者，辩不能举[(5)]也；名若儒墨而凶矣[(6)]。故海不辞东流，大之至也；圣人并包天地，泽及天下，而不知其谁氏。是故生无爵，死无谥（shì），实[(7)]不聚，名不立，此之谓大人。狗不以善吠为良，人不以善言为贤，而况为大乎！夫为大不足以为大，而况为德乎！夫大备[(8)]矣，莫若天地；然奚[(9)]求焉，而大备矣。知大备者，无求，无失，无弃，不以物易己也。反[(10)]己而不穷，循[(11)]古而不摩[(12)]，大人之诚。**

(1) 彼：指孙叔敖与市南宜僚之事。

(2) 此：指孔子不言之事。

(3) 德总乎道之所一：德（个人所得的道）统属在道的同一性中。

(4) 休：止。

(5) 举：全说清楚。

(6) 名若儒墨而凶矣：儒墨之所以凶，以有儒墨之名也（郭嵩焘）。"而"，则。

(7) 实：实利。

(8) 备：具足也（成玄英《庄子疏》）。

(9) 奚：何。

(10) 反：通“返”。

(11) 循：顺也（成玄英《庄子疏》）。

(12) 摩：抵牾。

译文：

市南宜僚和孙叔敖所做的，可以称作是不言之道；孔子的话，可以称作不言之辩，所以德性都处于道的自然混一之中。而言语要停止于知所不及的地方，这就是最高的境界了。道所混一的，是德无法涵盖的；知所不能知道的，辩论是无法全部遍及的，像儒家、墨家那样，名就会招致灾祸。因此，大海不会拒绝向东流，是大到了极点；得道者包容天地，恩泽惠及天下，百姓却不知道他是谁。因此，在世时没有爵禄，死后也没有谥号，财货不聚，名声不立，这就是大人。狗不因为善叫就是好狗，人不因为善言就是贤人，何况是大人呢！有心追求伟大，就不足以成为伟大，又何况是修德之人呢！大无法与天地相比的，然而天地哪会有所求呢？它自身就具备大。知道大而完备，就自然无所追求，无所谓丧失，无所谓舍弃，不因外在的东西而改变自己。回归本性就不陷入困窘之中，顺随古之道就不与外物抵牾。这是大人的自然德性。

解说：

得道者要像市南宜僚和孙叔敖那样无为而为，像孔子那样不言而言。这样的德性就与道混一了。道与德本来就无法言说，无法辩论。因此，得道者不拒绝任何事物，不追求任何东西，效法天地之大，顺随常道，从而与万物混而为一，自身又没有混一之心。这样就会成为大人，成就德性。否则，像儒家、墨家那样分辨是非，就会带来祸患。

彼之谓不道之道，此之谓不言之辩，故德总乎道之所一——道不可说，不可言。

道之所一者，德不能同也；知之所不能知者，辩不能举也——道是物自身，德是人之所得（道）。辩论只涉及我们知道的，不知道的则无从辩论，因而是非（辩论）无法通达道。

生无爵，死无谥，实不聚，名不立——得道者不求名、不求实。

知大备者，无求，无失，无弃，不以物易己也。反己而不穷，循古而不摩——得道者无得无失。不追逐外物，不与物冲突。

20. 子綦[1]有八子，陈[2]诸[3]前，召九方歅（yīn）[4]曰："为我相吾子，孰[5]为祥[6]？"

九方歅曰："梱（kǔn）[7]也为祥。"

子綦瞿（jù）然[8]喜曰："奚若[9]？"曰："梱也将与国君同食以终其身。"

子綦索然[10]出涕曰："吾子何为以至于是极[11]也！"

九方歅曰："夫与国君同食，泽及三族[12]，而况父母乎！今夫子闻之而泣，是御[13]福也。子则祥矣，父则不祥。"

子綦曰："歅，汝何足以识之，而梱祥邪？尽于酒肉，入于鼻口矣，而[14]何足以知其所自来[15]？吾未尝为牧而牂（zāng）[16]生于奥[17]，未尝好田[18]而鹑（chún）生于宎（yǎo）[19]，若[20]勿怪，何邪？吾所与吾子游者，游于天地。吾与之邀[21]乐于天，吾与之邀食于地；吾不与之为事，不与之为谋，不与之为怪；吾与之乘[22]天地之诚而不以物与之相撄[23]，吾与之一委蛇（yí）[24]而不与之为事所宜[25]。今也然有世俗之偿[26]焉！凡有怪征[27]者，必有怪行，殆[28]乎非我与吾子之罪，几[29]天与之也！吾是以[30]泣也。"

（1）子綦：楚司马子綦也（成玄英《庄子疏》）。

（2）陈：行列也（成玄英《庄子疏》）。

（3）诸：于也（成玄英《庄子疏》）。

（4）九方歅：九方，姓也；歅，名也（成玄英《庄子疏》），善相马人，《淮南子》作九方皋，传说为秦穆公时人。

（5）孰：谁。

（6）祥：吉祥，指有福气。

（7）梱：子綦儿子之名。

（8）瞿然：惊骇之貌（郭庆藩《庄子集释》）。

（9）奚若：怎么样？

（10）索然：涕下貌（陆德明《经典释文》引司马彪说），流泪的样子。

（11）是极：这种绝境。"是"，这。

(12) 三族：谓父母族也，妻族也（成玄英《庄子疏》）。

(13) 御：拒扞也（成玄英《庄子疏》），抵御，拒绝。

(14) 而：你。

(15) 所自来：来自哪里。“自”，从也（成玄英《庄子疏》）。

(16) 牂：牝羊也（陆德明《经典释文》），母羊。

(17) 奥：西南隅未地，羊位也（成玄英《庄子疏》）。

(18) 田：狩猎。

(19) 宎：东南隅辰地也，辰为鹑位；故言牂鹑生也（成玄英《庄子疏》）。

(20) 若：你。

(21) 邀：遇也（郭象《庄子注》）。

(22) 乘：顺。

(23) 撄：扰乱。

(24) 委蛇：犹纵任也（成玄英《庄子疏》），顺随的样子。

(25) 宜：适宜。

(26) 偿：报答。

(27) 怪征：怪异的征兆。

(28) 殆：危也（成玄英《庄子疏》）。

(29) 几：近也（成玄英《庄子疏》）。

(30) 是以：因此。

译文：

子綦有八个儿子，把他们叫到面前，将九方歅请来说：“你给我的儿子们相相面，看谁有福气？”

九方歅说：“梱最有福气。”

子綦惊骇地问道：“什么样的福气呢？”

九方歅回答：“梱将来会与国君一同饮食，直至终身。”

子綦流着眼泪说：“我这儿子怎么会走到这个地步呢！”

九方歅说：“能跟国君共饮食，恩泽惠及三族，何况是父母呢！现在您听了反而哭泣，这是拒绝接受福分呀。看来儿子有福了，可父亲没有这福分。”

子綦说：“歅，你怎么会知道其中的道理呢，梱就真的有福吗？享受酒肉美味，只不过是酒肉进入口鼻而已，你怎么知道酒肉是从什么地方来的？我没有放牧而西南屋角却有羊出现，没有打猎而东南屋角却有鹌鹑出现，对此你不感到奇怪，为什么呢？我和儿子所遨游之处，乃是天地之间。我和他同乐于天，共食于地；我不跟他求功业，不跟他出谋划策，不跟他标新立异，我和他顺随天地的本性而不与天地相违逆，我和他逍遥于世而不去选择什么合适的事物。现在居然会得到世俗的酒肉之报！凡是有怪异的征兆，必定会有怪异的事情，危险呀！这恐怕并不是我和我儿子的罪过，大概是上天降下的灾祸！因此我才哭泣啊。”

解说：

本篇阐述得道者应安守本分，“无求”（无所妄求）份外的爵禄。

与国君共食，在世俗的人看来，是福分，也是荣耀。但在子綦看来，这件事显得奇怪，不合乎自然，可能会带来灾祸。因而子綦不禁哭泣。什么是合自然的呢？不牧羊而羊自然生长，不打猎而有鹌鹑；与天地同乐，不出谋划策、不标新立异、顺随外物而不知道所谓的对与不对。

吾未尝为牧而牂生于奥，未尝好田而鹑生于宎，若勿怪，何邪——一切都是自然的，无需人力。

吾所与吾子游者，游于天地。吾与之邀乐于天，吾与之邀食于地；吾不与之为事，不与之为谋，不与之为怪；吾与之乘天地之诚而不以物与之相撄，吾与之一委蛇而不与之为事所宜——处世顺随自然。

21. **无几何**[(1)] **而使梱之**[(2)] **于燕，盗得之于道，全**[(3)] **而鬻**[(4)] **之则难，不若刖(yuè)**[(5)] **之则易，于是乎刖而鬻之于齐，适**[(6)] **当**[(7)] **渠公**[(8)] **之街，然身食肉而终。**

(1) 无几何：没多久。

(2) 之：往。

(3) 全：形体完好。

(4) 鬻：卖。

(5) 刖：砍去一条腿。

(6) 适：正。

(7) 当：代主当街（成玄英《庄子疏》）。

(8) 渠公：或云，渠公，齐之富室，为街正，买捆自代，终身食肉至死。一云，渠公屠者，与捆君臣同食肉也（陆德明《经典释文》）。

译文：

没过多久，梱被派遣到燕国，强盗在途中俘虏了他。强盗觉得形体完好的人难以卖掉，不如砍去他的一条腿反而容易卖掉，于是就砍断一条腿，把他卖到齐国，正好替渠公看守街门，但一辈子都能吃上肉。

解说：

梱果然终身有肉吃，却以失去一条腿为代价，这就是他的父亲子綦所说的灾祸。当然，子綦不是算命的，不知道儿子会被砍掉一条腿，只是觉得有怪异的福分，就会有怪异的祸患。

22. **啮缺**[(1)] **遇许由，曰："子将奚**[(2)] **之？"**

曰："将逃尧[(3)]**。"**

曰："奚谓邪？"

曰："夫尧，畜畜[(4)] **然仁，吾恐其为天下笑。后世其人与人相食与！夫民，不难聚也；爱之则亲，利之则至，誉之则劝，致**[(5)] **其所恶则散。爱利出乎仁义，捐**[(6)] **仁义者寡，利**[(7)] **仁义者众。夫仁义之行，唯且无诚**[(8)]**，且假**[(9)] **乎禽**[(10)] **贪者器**[(11)]**。是以一人之断制**[(12)] **利天下，譬之犹一覕（piē）**[(13)] **也。夫尧知贤人**[(14)] **之利天下也，而不知其贼**[(15)] **天下也，夫唯外乎贤者知之矣。"**

(1) 啮缺：虚构的人名，见《齐物论》。

(2) 奚：哪里。

(3) 逃尧：逃避尧，因为尧要将帝位禅让给自己。

(4) 畜畜：恤爱勤劳之貌（陆德明《经典释文》引王穆夜说）。

(5) 致：给予。

(6) 捐：弃。

(7) 利：利用。

(8) 无诚：不真诚，虚伪。

(9) 假：借助。

(10) 禽：指捕捉禽兽。

(11) 器：工具。

(12) 断制：决断，裁制。

(13) 覘：暂见貌（陆德明《经典释文》引司马彪说））。

(14) 贤人：这里指行仁义的人。

(15) 贼：害。

译文：

啮缺遇见许由，问许由说："你要到哪里去呢？"

许由回答："我要逃避尧。"

啮缺说："为什么呢？"

许由说："尧大力推行仁，我恐怕他将会为天下人所耻笑。后世肯定会人与人互相残食啊！百姓，不难聚集；爱他，就会亲近；有利，就会靠拢；称赞他，就会勤勉；给他们所厌恶的东西，就会离散。爱、利都出于仁义，无视仁义的人少，利用仁义获利的人多。仁义的行为，不仅会带来虚伪，还会成为贪婪者借用的工具。这是以一个人的决断支配天下之利，就像一瞥之见。尧知道贤人有利于天下，却不知道贤人会祸害天下，只有不在乎贤人的人才懂得这个道理。"

解说：

本段阐述得道者应"无求"于仁义。

推行仁义，就会有人假借仁义之名，行贪利之实。最终会弄得人与人互相残食。尧只看到仁义的好处，却看不到由此带来的危害，所以许由要逃避尧。

畜畜然仁，吾恐其为天下笑。后世其人与人相食与——有是就有非；有仁义，就有相反的不仁义。

23. **有暖（xuān）姝（shū）**[(1)] **者，有濡（rú）需**[(2)] **者，有卷（quán）娄（lóu）**[(3)] **者。**

所谓暖姝者，学一先生之言，则暖暖姝姝而私自说[(4)] **也，自以为足矣，而未知未始有物也**[(5)]**，是以谓暖姝者也。**

(1) 暖姝：自许之貌也（成玄英《庄子疏》），自得的样子。

(2) 濡需：谓偷安须臾之顷（陆德明《经典注释》），苟且偷安。

(3) 卷娄：犹拘挛也（陆德明《经典注释》），疲劳的样子。

(4) 说：通“悦”。

(5) 未始有物也：自然状态本来无物（无固定存在物），参见《齐物论》，这里指不要执着于一家之言。

译文：

有浅见自得的人，有苟且偷安的人，有劳形自苦的人。

所谓浅见自得的人，就是只学了一家学说，就暗自高兴，心满意足，自以为是饱学之士了，却不知事物本来是无物之物。所以称之为浅见自得的人。

解说：

这个故事阐述如何成为“无求，无失，无弃”、“循古而不摩”的人。这需要做到不执于外（暖姝者）、不偷安自得（濡需者）、不炫耀己能（卷娄者）。

第一种人属于浅见自喜的有我者。

事物的本原是无物之物，任何世俗的学说都是一孔之见，所以不可执着。而浅见自喜的人执着于一家之言，自鸣得意。

24. **濡需者，豕（shǐ）虱**[(1)] **是**[(2)] **也，择疏鬣（liè）**[(3)] **自以为广宫**[(4)] **大囿**[(5)]**，奎**[(6)] **蹏（tí）**[(7)] **曲隈（wēi）**[(8)]**，乳间股脚，自以为安室利处**[(9)]**，不知屠者之一旦鼓**[(10)] **臂布草**[(11)] **操**[(12)] **烟火，而已与豕俱焦也。此以域**[(13)] **进，此以域退，此其所谓濡需者也。**

(1) 豕虱：寄生在猪身上的虱子。“豕”，猪。

(2) 是：这样。

(3) 疏鬣：疏长的猪毛。

(4) 宫：宫殿。

(5) 囿：园子。

(6) 奎：两髀之间（《说文解字》）。

(7) 蹏：蹄（曹础基《庄子浅注》）。

(8) 曲隈：胯内也（郭庆藩《庄子集释》）

(9) 利处：好的居处。

(10) 鼓：举起。

(11) 布草：铺开柴禾。

(12) 操：拿起。

(13) 域：境域，地方，指猪的身体。

译文：

所谓苟且偷安的人，就像猪身上的虱子，选择猪身上稀疏毛长的地方，就以为是广阔的宫室园林；蹄下胯内、乳间投脚处，就认为是安全便利场所，却不知一旦屠夫举起手臂，铺上柴禾，生起烟火，自己就会与猪一块儿烧焦了。像这样随着环境进退存亡的，就是所谓偷安自得的人。

解说：

第二种人是偷安自得的人。

事物是变动不居的，得道者应顺物而行。如果不顾世事的变化而偷安自得，就会陷入困境。

25. **卷娄者，舜也。羊肉不慕蚁，蚁慕羊肉，羊肉膻**(1)**也。舜有膻行，百姓悦之，故三徙成都，至邓**(2)**之虚**(3)**而**(4)**十有万家。尧闻舜之贤，举之童**(5)**土之地，曰冀得其来之泽。舜举乎童土之地，年齿长矣，聪明衰矣，而不得休归**(6)**，所谓卷娄者也。**

(1) 膻：膻腥。

(2) 邓：地名，在今河南南阳附近。

(3) 虚：赵谏议本作“墟”(郭庆藩《庄子集释》)。

(4) 而：则（曹础基《庄子浅注》)。

(5) 童：地无草木曰童（成玄英《庄子疏》)。

(6) 休归：退居家中休息。

译文：

所谓劳形自苦的，就是像舜那样。羊肉并不喜欢蚂蚁，但蚂蚁喜欢羊肉，因为羊肉膻腥。舜因有膻腥的行为，百姓就喜欢他，所以他三次迁都，抵达邓之旷野就聚集了十几万人家。尧听说舜的贤能，就选派他到不毛的荒芜地方，说希望他能给百姓带来恩泽。舜被派往到这个不毛的荒芜之地后，年岁逐渐大了，反应也迟钝了，却不能回家休息，这就是所谓劳形自苦的人。

解说：

第三种人有世俗所谓的才能，于是被人所用，最终弄得自己劳苦不堪。

26. **是以神人恶众至**(1)**，众至则不比**(2)**，不比则不利也。故无所甚**(3)**亲，无所甚疏，抱德**(4)**炀（yáng）**(5)**和以顺天下，此谓真人**。

(1) 恶众至：即讨厌（以膻行）招致民众。

(2) 比：和也（成玄英《庄子疏》)。

(3) 甚：非常。

(4) 抱德：抱守自然的德性。

(5) 炀：温也（成玄英《庄子疏》)。

译文：

因此，神人讨厌众人归附，众人归附就会不和睦，不和睦就会发生不利的事情。因此，他没有格外亲近的人，也不会有格外疏远的人，抱守自然的德性，培养和顺之气以顺应天下，这就叫做真人。

解说：

如何避免成为上述的三种人呢？不招惹众人，对谁也不亲近，对谁也不疏远，没有亲属的分别对待。抱守自然的德性以顺随外物。这就叫做真人。

27. **于蚁弃知，于鱼得计，于羊弃意**(1)。**以目视目，以耳听耳，以心复心**(2)。**若然者，其平也绳**(3)**，其变也循**(4)。**古之真人，以天待之**(5)**，不以人入天**。

(1) 于蚁弃知，于鱼得计，于羊弃意：蚁之附膻也，有利而趋之也，即其知也；羊之膻也，与以可歆之利也，即其意也。蚁无知而有知，羊无意而有意，惟膻之利也。鱼相忘于江湖，人相忘于道术，何膻之可慕哉！故曰于鱼得计（郭庆藩《庄子集释》引郭嵩焘说），如蚂蚁放弃喜欢膻味的心思，如鱼相忘于水，如羊放弃散发膻味以吸引他物的心意。

(2) 以心复心：让心归复心，即不追逐外物。

(3) 其平也绳：像绳子那样直。

(4) 循：顺也（成玄英《庄子疏》）。

(5) 之：陈碧虚《庄子阙误》引张君房本为“人”字。

译文：

真人如蚂蚁放弃喜欢膻味的心思，如鱼相忘于水，如羊放弃散发膻味以吸引他物的心意。用眼睛只看眼睛所能见的，用耳朵只听耳朵所能听的，用心灵只领悟心灵所能领悟的。如果能做到这样，他的内心就会平静如绳，能顺随外物的变化。古代的真人，以自然之道对待人事，不以人事干扰自然。

解说：

第二十七至三十段阐述真人持本性、不妄求，“无求，无失，无弃”、“循古而不摩”，因此不会成为上述的三种人。

古代的真人让耳朵、眼睛、心灵都回归自身，内心无成见，顺随自然而不追逐外物。

于蚁弃知，于鱼得计，于羊弃意——不追逐外物。

以目视目，以耳听耳，以心复心——恪守本分，不追逐外物。

28. **古之真人，得之也生，失之也死；得之也死，失之也生。药也，其实堇（jǐn）(1)也，桔（jié）梗（gěng）(2)也，鸡壅（yōng）(3)也，豕零(4)也，是时为帝(5)者也，何可胜言！**

句（gōu）践(6)也以甲楯(7)三千栖(8)于会稽(9)。唯种(10)也能知亡之所以存，唯种也不知其身之所以愁。故曰，鸱（chī）(11)目有所适，鹤胫（jìng）(12)有所节(13)，解(14)之也悲。

(1) 堇：乌头也，治风痹（成玄英《庄子疏》）。

(2) 桔梗：治心腹血（成玄英《庄子疏》）。

(3) 鸡壅：鸡头草也，服延年（成玄英《庄子疏》）。

(4) 豕零：猪苓根也，似猪卵，治渴病（成玄英《庄子疏》）。

(5) 帝：药分君臣，君（帝）指主要的药，臣指辅助的药。

(6) 句践：越王，春秋时越国国君。

(7) 甲楯：盔甲与防身的武器。

(8) 栖：登山曰栖（陆德明《经典释文》引李颐说）。

(9) 会稽：即会稽山，在浙江绍兴城东。

(10) 种：越大夫名也；《吴越春秋》云：姓文，字少禽（陆德明《经典释文》）。

(11) 鸱：猫头鹰，又名鸱鸮。

(12) 胫：小腿。

(13) 节：分寸（曹础基《庄子浅注》）。

(14) 解：去也（郭象《庄子注》）。

译文：

古代的真人，得到就能生存，失去就会死亡；也可能获得就会死亡，失去反而会生存。譬如药材，不过就是些乌头、桔梗、鸡头草、猪苓根之类的东西，可这些一旦遇到时机就可能成了治病的主药。这样的事情怎么说得清楚呢？

越王勾践带三千士兵困守在会稽山上时，只有文种知道通过什么方式能从败亡中求生存，也只有文种不知道自己为什么会有杀身之祸。所以说，猫头鹰的眼睛只适应于夜晚看东西，鹤的双腿虽然长却适宜，截短了就会悲哀。

解说：

得失为什么不可妄求？因为事物自身无法事先确定，就像用药一样变化不定，又譬如文种能让国家生存，却不能让自己生存，猫头鹰夜晚能看见东西，白天却不能，鹤的双腿很长，但截短了就会悲哀，事物哪有一定的呢？

29. **故曰，风之过河也有损焉，日之过河也有损焉。请只**[(1)]**风与日相与守河，而河以为未始**[(2)]**其擾**[(3)]**也，恃**[(4)]**源而往者也。故水之守土也审**[(5)]**，影之守人也审，物之守物也审。**

(1) 请只：纵使（胡文英《庄子独见》）。

(2) 未始：未曾。

(3) 擾：损也（成玄英《庄子疏》）。

(4) 恃：赖也（成玄英《庄子疏》）。

(5) 审：安定也（成玄英《庄子疏》）。

译文：

所以说，风吹过河面，河水就会有所减损；太阳照着河水，河水也会有所减损。但纵然风和太阳一起吹晒河水，河水也不会有所减少，那是因为有水源不断流入。所以，水守住土才是稳当的，影子守着人才是稳当的（不然就会消失），事物守住他物才会稳当（不然就倒塌）。

解说：

本段接上一段阐述不可因追逐外物而丧失本性。

风和太阳都能使河水减少，但河水终究没有减少。这是因为源头有活水注入，河守着水。与此类似，在变动不居的世事面前，人只有持守自身的本性才会安定，就像影子守着人才安定、事物依靠它物才安定一样。

30. **故目之于明也殆[1]，耳之于聪也殆，心之于殉[2]也殆。凡能[3]其于府[4]也殆，殆之成也不给改[5]。祸之长也兹[6]萃[7]，其反[8]也缘[9]功，其果[10]也待久。而人以为己宝，不亦悲乎！故有亡国戮民无已[11]，不知问是[12]也。**

(1) 殆：危险。

(2) 殉：逐也（成玄英《庄子疏》）。

(3) 能：才能。

(4) 府：脏府（成玄英《庄子疏》），脏腑。

(5) 不给改：不及改（郭庆藩《庄子集释》）。

(6) 兹：通“滋”。

(7) 萃：聚也（成玄英《庄子疏》）。

(8) 反：通“返”。

(9) 缘：由于。

(10) 果：功效。

(11) 无已：不停。

(12) 是：此，这。

译文：

所以，眼睛一味求明，就会带来危险；耳朵一味求聪，也会带来危险；心灵一味追逐外物，同样会带来危险；内心藏着智巧，也一样会危险。而危险一旦降临，就来不及改正。灾祸滋长越来越多，而要返归本性就要修养之功，获得修养效果需要很长的时间。可人们以耳聪、目明、心巧这些为宝，不是太可悲了吗？所以亡国戮民的事从没中断过，是因为人们不探究其原因。

解说：

本段接上一段继续阐述不持守本性的危害。

像眼睛、耳朵不守本性就会危险一样，心不守本性而去追逐外物，就会带来危险。危害一旦形成就难以改变，并不断生长，想要消除就非常困难。

31. **故足之于地也践(1)，虽践，恃其所不蹍**（zhǎn）(2)**而后善博(3)也；人之于知也少，虽少，恃其所不知而后知天之所谓也。知大一(4)，知大阴(5)，知大目(6)，知大均(7)，知大方(8)，知大信(9)，知大定，至矣。大一通之，大阴解之，大目视之，大均缘(10)之，大方体之，大信稽(11)之，大定持(12)之。**

（1）践：两“践”字并当作“浅”，或字之误，或古通用也，足之于地，止取容足而已，故曰足之于地也浅……下文曰，“人之知也少，虽少，恃其所不知而后知天之所谓也”。“少”与“浅”，文义相近。若作“践”则不可通矣（俞樾《庄子平议》）。

（2）蹍：通“践”，踏（陈鼓应《庄子今译今注》）。

（3）博：博远（曹础基《庄子浅注》）。

（4）大一：指阴阳不分、物我不分的状态。

（5）大阴：至静（林希逸《庄子口义》）。

（6）大目：各视其所见为大目（成玄英《庄子疏》），顺物之见，而不执己见。

（7）大均：因其本性，令各自得，则大均也（成玄英《庄子疏》），自然之分。

（8）大方：心不执着于方位的方位。

（9）大信：顺无妄的事情本身。

（10）缘：顺也（成玄英《庄子疏》）。

（11）稽：合（曹础基《庄子浅注》）。

（12）持：守。

译文：

所以，脚所踏的地方很少，即使很少，但要靠未曾踩到的地方，然后才可能去远的地方；人所知道的，虽然很少，但要依赖所不知道的，才能领悟自然之道。知道“大一”（阴阳不分），知道“大阴”（静而无功），知道“大目”（顺物而见），知道“大均”（自然的分界），知道“大方”（无固定方位的方位），知道“大信”（顺物无妄心），知道“大定”（不妄动），就达到了最高境界。“大一”就能贯通万物；“大阴”就能消解一切；“大目”就能不固执己见；

“大均”就能顺物之自然；“大方”则能通达事物；“大信”就能顺物之情；“大定”，就能静心对待事物。

解说：

第三十一至三十二段阐述真人如何做到“无求，无失，无弃”、“循古而不摩”以顺随自然之道。

真人所知道的很少，要依赖所不知道的，才能真正体悟事物。因此只有做到混而为一、静而无动才能合乎自然之道。

故足之于地也践，虽践，恃其所不蹍而后善博也；人之于知也少，虽少，恃其所不知而后知天之所谓也——知的相对性，没有绝对的知，即无是非。

大一通之——与物混而为一就能贯通万物。

大阴解之——静而无功就能消解一切。

大目视之——不固执己见就能顺物而见。

大均缘之——顺随自然之分就能顺物之自然。

大方体之——无固定方位的方位就能通达事物。

大信稽之——无妄心就能顺物之情。

大定持之——不妄动就能静心对待事物。

32. **尽有天**(1)**，循有照**(2)**，冥有枢**(3)**，始有彼**(4)。**则其解之也似不解之者，其知之也似不知之也，不知而后知之。其问之也，不可以有崖**(5)**，而不可以无崖。颉**（xié）**滑**（gǔ）(6)**有实，古今不代**(7)**，而不可以亏，则可不谓有大扬搉**（què）(8)**乎！阖**(9)**不亦问是已，奚惑然为**(10)**！以不惑解惑，复于不惑，是**(11)**尚**(12)**大不惑**。

（1）尽有天：尽之则有天，即做到了上述所说的就能合乎自然（曹础基《庄子浅注》）。

（2）循有照：指顺随上述所说的就有觉照。“循”，顺也（成玄英《庄子疏》）。

（3）枢：枢要，合乎自然的枢要。

（4）始有彼：始有之者彼也，故我述而不作（郭象《庄子注》）。

（5）崖：边界。

（6）颉滑：万物纷扰（成玄英《庄子疏》）。

（7）代：改变。

（8）扬搉：许慎云，扬搉，粗略法度；王云，搉略而扬显之（陆德明《经典释文》）。"搉"，敌也。敌当作敲。说文：搉，敲击也。汉书五行志搉其眼，师古注云：搉，谓敲击去其精也。敌敲二文以形近而误（郭庆藩《庄子集释》）。

（9）阖：何不也（成玄英《庄子疏》）。

（10）奚惑然为：为何这样迷惑？"奚"，何。"然"，这样。"为"，疑问助词，相当于"呢"（曹础基《庄子浅注》）。

（11）是：此，这。

（12）尚：大概，庶几。

译文：

做到了上述所说的就能合乎自然，顺随上述所说的就有觉照，与万物混一就掌握了大道的枢纽，事物之始就有彼端（所以我只是顺随）。对大道理解了，好像是没有理解似的；知好像是没有知，不知然后才会真知。追问它，心中不可设定界限，但又不可没有界限。万物纷扰都有它的本性，古今没有什么改变，不可能亏损它，这些可不就是大道的大致轮廓吗！为什么也不追问其中的道理，有什么好迷惑的呢？用不迷惑之理去消除自身的迷惑，然后再回到不迷惑的境地，这样才能彻底不惑。

解说：

接上一段阐述，虽然事物没有界限（因为物是无封的），但日常生活需要分界限，因而得道者以无分别之心看待这些分别（不迷惑。参见《齐物论》）。

尽有天，循有照，冥有枢，始有彼——顺随万物，与物混而为一。

则其解之也似不解之者，其知之也似不知之也，不知而后知之。——理解、知道不能通达道，只有以无我、无名之心才能通达。

其问之也，不可以有崖，而不可以无崖——以有封之心也不能通达道，只有以无封之心才能通达。

则　阳

本篇阐述得道者应“周尽一体矣而不知其然”（视万物为一体，却不知道所以然）的思想。本篇包括三大部分。

第一部分（从开头至“公阅休”）为一个故事，这个故事阐释（第二部分）只有“周尽一体矣而不知其然”的人才能游说他人。

第二部分（从“圣人达”至“众间者也”）提出并阐明本篇得道者应“周尽一体矣而不知其然”（视万物为一体，却不知道所以然）的思想。

第三部分（从“冉相氏”至末尾）阐发第二部分的思想，包括八个故事。第一个故事（从“冉相氏”至“无内无外”）阐释得道者如何以“周尽一体矣而不知其然”的心态看待世界。第二个故事（从“魏莹”至“譬犹一吷也”）阐释得道者要以“周尽一体矣而不知其然”的心态看待世界。第三个故事（从“孔子之楚”至“其室虚矣”）阐述得道者“周尽一体矣”，不在意世俗的荣华富贵。第四个故事（从“长梧”至“溲膏是也”）以比喻的方式阐述得道者要以“周尽一体”之心对待自己的身体。第五个故事（从“柏矩”至“责而可乎”）阐述统治者要“周尽一体”：不故意设置障碍，以免让百姓贪求分外之物而遭殃。第六个故事（从“蘧伯玉”至“与然乎”）阐述得道者“周尽一体矣而不知其然”才能获得真知。第七个故事（从“仲尼”至“足以识之”）阐释得道者应“周尽一体”，不可执着于儒家所谓的礼仪。第八个故事（从“少知”至末尾）阐述得道者要“周尽一体”，顺随地方习俗，顺随天地万物，既不有为，也不不为。

我们将本篇结构图示如下。

第一部分	从开头至“公曰休”	阐释只有“周尽一体矣而不知其然”的人才能游说他人。
第二部分	从“圣人达”至“间者也”	提出并阐明本篇得道者应“周尽一体矣而不知其然”的思想。
第三部分 第一个故事	从“冉相氏”至“无内无外”	阐释得道者如何以“周尽一体矣而不知其然”的心态看待世界。
第三部分 第二个故事	从“魏莹”至“譬犹一吷也”	阐释得道者要以“周尽一体矣而不知其然”的心态看待世界。
第三部分 第三个故事	从“孔子之楚”至“其室虚矣”	阐述得道者“周尽一体矣”，不在意世俗的荣华富贵。
第三部分 第四个故事	从“长梧”至“溲膏是也”	以比喻的方式阐述得道者要以“周尽一体”之心对待自己的身体。
第三部分 第五个故事	从“柏矩”至“责而可乎”	阐述统治者要“周尽一体”：不故意设置障碍，以免让百姓贪求分外之物而遭殃。
第三部分 第六个故事	从“蘧伯玉”至“与然乎”	阐述得道者“周尽一体矣而不知其然”才能获得真知。
第三部分 第七个故事	从“仲尼”至“足以识之”	阐释得道者应“周尽一体”，不可执着于儒家所谓的礼仪。
第三部分 第八个故事	从“少知”至末尾	阐述得道者要“周尽一体”，顺随地方习俗，顺随天地万物而为。

1. **则阳[(1)]游于楚，夷节[(2)]言[(3)]之于王[(4)]，王未之见，夷节归。**

彭阳见王果[(5)]曰：“夫子何不谭[(6)]我于王？”

王果曰：“我不若公阅休[(7)]。”

彭阳曰：“公阅休奚为者邪？”

曰：“冬则擉（chuō）[(8)]鳖于江，夏则休[(9)]乎山樊[(10)]。有过而问者，曰：‘此予宅也。’夫夷节已不能，而况我乎！吾又不若[(11)]夷节。夫夷节之为人也，无德而有知[(12)]，不自许[(13)]，以之神其交[(14)]，固[(15)]颠冥[(16)]乎富贵之地，非相助以德，相助消[(17)]也。夫冻者假[(18)]衣于春，暍（yē）[(19)]者反[(20)]冬乎冷风。夫楚王之为人也，形尊而严；其于罪也，无赦[(21)]如虎；非夫佞（nìng）[(22)]人正德，其孰能桡（náo）（挠）[(23)]焉！

(1) 则阳：姓彭，名阳，字则阳，鲁人（成玄英《庄子疏》）。

(2) 夷节：夷姓，名节，楚臣也（成玄英《庄子疏》）。

(3) 言：介绍。

(4) 王：楚文王。

(5) 王果：楚贤人（陆德明《经典释文》引司马彪说）。

(6) 谭：通“谈”。

(7) 公阅休：隐者之号也（成玄英《庄子疏》）。

(8) 擉：刺也（陆德明《经典释文》引司马彪说），通“戳”。

(9) 休：息。

(10) 山樊：傍也（陆德明《经典释文》引李颐说）。

(11) 不若：不及。

(12) 无德而有知：没有得道但有世俗的智巧。

(13) 不自许：不以有德者自居。

(14) 神其交：交往广泛。“神”，伸（王叔岷《庄子校释》）。

(15) 固：长久。

(16) 颠冥：犹迷惑也（陆德明《经典释文》引司马彪说）。

(17) 消：毁损德性。

(18) 假：假借，依靠。

(19) 暍：中暑。

(20) 反：通“返”。

(21) 赦：宽恕。

(22) 佞：善于逢迎。

(23) 桡：阻挠。

译文：

则阳游历到了楚国，夷节把他引荐给楚文王，可楚文王没有接见他，夷节就回去了。

则阳拜见王果，说：“先生为什么不向楚王推荐我呢？”

王果说：“我不如公阅休。”

彭则阳问："公阅休是做什么的？"

王果说："他冬天在河里刺鳖，夏天在山边休息。有过路的问他，他说：'这是我的住宅。'夷节尚且帮不上忙，何况是我呢？我又比不上夷节。夷节的为人，缺少德行却有世俗的智巧，不自视过高，因此交游广泛；一直沉迷于富贵之乡，不但对德性没什么帮助，反而有损德性。春天受冻的人靠衣服（御寒），中暑的人则期待着如冬天的冷风。楚王的为人，外表高贵而又威严；对有罪的人如猛虎般毫不宽恕；如果不是善于逢迎的人和德行端正之士，谁能说服他呢！

解说：

这个故事阐释只有"周尽一体矣而不知其然"的人才能游说他人。

游说他人要视对方的为人而定，就像春天受冻的人需要衣服，中暑的人则需要冬天般的冷风。楚王高贵而威严，对人毫不宽恕，只有善于逢迎的人和德行端正之士才能说服他。夷节虽然有世俗的智慧，为人谦逊，交游广泛，但他的德行有所损伤。因此，夷节难以说服楚王（德行有亏）。王果就更不行了。而公阅休则不然，他冬大到河里刺鳖，夏天在山脚休息，并将其看作自己的住宅，正是一个通达之人，因而有可能说服楚王。

有过而问者，曰："此予宅也"——以天地为住宅，是无封者的表现。

2. **故圣人，其穷也使家人忘其贫，其达也使王公忘爵禄而化卑**[(1)]**。其于物也，与之为娱**[(2)]**矣；其于人也，乐物之通而保己焉；故或不言而饮人以和，与人并立而使人化，父子之宜。彼其乎归居**[(3)]**，而一**[(4)]**闲**[(5)]**其所施**[(6)]**。其于人心者若是其远也。故曰待公阅休。"**

（1）化卑：居高而以卑为本也（陆德明《经典释文》）。

（2）娱：快乐。

（3）归居：各居其位（成玄英《庄子疏》）。

（4）一：闲静而不二（郭象《庄子注》）。

（5）闲：清静。

（6）施：施行。

译文：

因此，得道者在贫穷的时候，能使人忘掉其贫困，在通达的时候，能使王公贵族忘掉爵禄而变得谦卑。他对于万物，能和悦对待；对于人，能与之打成一片而又不失自己的本性；因而即使不发一言也能使人觉得舒服；与人并立，就能感化他人，使父子关系各得其宜。他安居家中，对一切无所施为。他与常人相差如此之远。所以说（使楚王信服）要等公阅休。”

解说：

本段继续说明为什么公阅休能说服楚王。

公阅休无我，因而使人忘记贫穷富贵。他与人相处，能与人打成一片，无言却能感化他人，又不改变自己的本性，是一位“周尽一体矣而不知其然”的真人，因而能说服楚王。但文中并没有说公阅休是否去游说楚王。

3. **圣人达绸缪（móu）(1)，周尽一体(2)矣，而不知其然，性也。复命(3)摇(4)作而以天为师，人则从而命(5)之也。忧乎知而所行恒(6)无几时，其有止也若之何！**

(1) 绸缪：犹缠绵也（陆德明《经典释文》）。

(2) 周尽一体：无外内而皆同照（郭象《庄子注》）。

(3) 复命：归于本性。

(4) 摇：动也（陆德明《经典释文》）。

(5) 命：命名。

(6) 恒：常。

译文：

得道者通达纷纭事物之理，视万物为一体，却不知道所以然，这是出于他的本性。静、动都以自然为师，人们就称他为得道者。世人忧心智巧不足，但实际上，人的所作所为并不会持久，智巧总会有终止，有什么办法呢？

解说：

第三至五段提出并阐明得道者应“周尽一体矣而不知其然”的思想。

通达自然之理，视万物为一，效法自然，就合道了。世人则相反，忧心自己智巧不足。但智巧总有终止，所以无法持久。

4. **生而美者，人与之鉴**[1]**，不告则不知其美于人也。若知之，若不知之，若闻之，若不闻之，其可喜也终无已，人之好之亦无已，性也。圣人之爱人也，人与之名，不告则不知其爱人也。若知之，若不知之，若闻之，若不闻之，其爱人也终无已，人之安之亦无已，性也。**

(1) 鉴：镜子。

译文：

生来就漂亮的人，别人给他一面镜子，但不相告，就不知道自己比别人漂亮。好像知道，又好像不知道，好像听说，又好像没听说，她受人喜爱的特质就不会消失，人们对她的喜欢也不会消失，这是出于自然的本性。得道者爱人，人们给他名声，别人如果不告诉他，他仍不知道自己爱人。他好像知道，又好像不知道，好像听说，又好像没有听说，这样他就不会停止爱他人，人们安于他的爱也没有终止，这是出于自然的本性。

解说：

本段举例说明为什么按照本性行事却不知道所以然的人才是得道者。

生来漂亮的人如果不知道自己漂亮，就会保持原来的本性；她如果知道自己比别人漂亮，可能就会变得骄傲，人们就可能不再喜欢她了。同样，得道者不知道自己的本性而顺自己的本性行事，就会爱人，也会被人所爱。如果他知道了自己的本性，就有可能不按本性行事，也不是得道者了。

5. **旧国旧都**[1]**，望之畅然；虽使丘陵草木之缗（mín）**[2]**，入之者十九**[3]**，犹之畅然。况见见闻闻**[4]**者也，以十仞之台县**[5]**众间**[6]**者也！**

(1) 旧国旧都：比喻人的自然本性。

(2) 緡：合也（成玄英《庄子疏》）。

(3) 入之者十九：入者，谓入于丘陵草木所掩蔽之中也。入之者十九，则其出于外而可望见者止十之一耳，而犹觉畅然喜悦，故继之曰况见见闻闻者也（俞樾《庄子平议》），（故乡）被草木掩盖了十分之九。

(4) 见见闻闻：见所见，闻所闻（陆德明《经典释文》）。

(5) 县：同“悬”。

(6) 众间：众人耳目之间（俞樾《庄子平议》）。

译文：

自己的国家与故乡，一看到就心情舒畅；即使被丘陵草木掩盖了十之八九，心里还是畅快。更何况亲见亲闻到了自己的本来面目呢，这就像十仞高台悬于众人的眼前一样！

解说：

本段阐释合乎本性才是人真正的快乐之源。

人面对自己的国家和家乡，即使很荒凉，一看到也会高兴。如果见到自身的本性，那就更高兴了。

6. **冉相氏**(1)**得其环中**(2)**以随成**(3)**，与物无终无始，无几**(4)**无时。日与物化者，一不化**(5)**者也，阖**(6)**尝舍之！夫师天而不得师天**(7)**，与物皆殉**(8)**，其以为事也若之何？夫圣人未始有天，未始有人，未始有始，未始有物，与世偕行而不替**(9)**，所行之备而不洫**(10)**，其合之也若之何？汤**(11)**得其司御门尹**(12)**登恒**(13)**为之傅之，从师而不囿**(14)**；得其随成**(15)**。为之司其名**(16)**；之名赢法**(17)**，得其两见**(18)**。仲尼之尽虑**(19)**，为之傅**(20)**之。容成**(21)**氏曰：“除日无岁**(22)**，无内无外。”**

(1) 冉相氏：三皇以前无为皇帝也（成玄英《庄子疏》）。

(2) 环中：圆环的中心。圆环的中心与圆环的边沿距离都一样，没有偏向，比喻人对事物没有自身的是非好恶。参见《齐物论》。

(3) 随成：随物而成。

(4) 几：时。

(5) 一不化：一而不化，即与物混一、随物变化。

(6) 阖：何也（成玄英《庄子疏》）。

(7) 师天而不得师天：若有心效法自然就不是真正的效法自然。“天”，自然。

(8) 殉：丧失。

(9) 替：废。

(10) 备而不洫：完备也不放弃。“洫”，放弃（曹础基《庄子浅注》）。

(11) 汤：商汤。

(12) 司御门尹：官名（宣颖《南华经解》）。

(13) 登恒：人名（宣颖《南华经解》）。

(14) 囿：局限。

(15) 得其随成：即上文“得其环中以随成”。

(16) 为之司其名：使他获得与实相应的名。“司”，察也（郭庆藩《庄子集释》）。

(17) 嬴法：无心也（成玄英《庄子疏》）。

(18) 两见：指名与实。

(19) 尽虑：绝虑。

(20) 傅：辅。

(21) 容成：古之圣王也（成玄英《庄子疏》）。

(22) 除日无岁，无内无外：除日则无岁，无内则无外。

译文：

冉相氏悟出了圆环的中心之理，因而能顺随万物生成，与万物相处不分终始，无日无时。时时与物一同变化的，自身混一而不变化，何曾离开自性？有心效法自然就没有效法自然，只是追逐外物而已，这样做结果会怎么样呢？得道者心中不曾有自然，不曾有人，不曾有开始，不曾有物，与世俗混同而没有间断，所行完满，没有欠缺，他是怎样做到与外物契合的呢？商汤得到司御门尹登恒，就拜他为师，随从师傅学习，却不局限于师傅的教训，因而能顺物之性。自己担当这名声，而以无心对待，结果名声与事迹反而都为众人所知。仲尼排除一切思虑，以此为自己的老师。容成氏说：“没有时日就不会有年岁，没有内就没有外。”

解说：

本段阐释得道者要以“周尽一体矣而不知其然”的心态看待世界。

冉相氏心中无是无非，顺随外物，效法自然而没有效法自然之心，因而所行完满，没有欠缺；商汤不计名声，反而得到名声。文中所谓没有时日就不会有年岁，没有内就没有外，意为要时刻以无物之心对待世俗的一切。

得其环中以随成，与物无终无始，无几无时——环没有偏向，隐喻没有是非。

日与物化者，一不化者也，阖尝舍之！夫师天而不得师天，与物皆殉——无我之人顺随外物而不追逐外物。

夫圣人未始有天，未始有人，未始有始，未始有物，与世偕行而不替，所行之备而不洫——无物、无封、无是非。参见《齐物论》。

其合之也若之何？汤得其司御门尹登恒为之傅之，从师而不囿；得其随成——顺随外物（人）。

为之司其名；之名赢法，得其两见。仲尼之尽虑，为之傅之——不求名反而不失名。

除日无岁，无内无外——无封。

7. 魏莹(1)与田侯牟(2)约，田侯牟背之。魏莹怒，将使人刺之。

犀首(3)闻而耻之曰：“君为万乘之君也，而以匹夫从仇(4)！衍请受甲(5)二十万，为君攻之，虏其人民，系其牛马，使其君内热(6)发于背。然后拔其国。忌(7)也出走，然后抶（chì）(8)其背，折其脊。”

(1) 魏莹：魏惠王名也（成玄英《庄子疏》）。

(2) 田侯牟：《史记》威王名因齐。田齐诸君无名牟者，惟桓公名午，与牟字相似。牟或午之讹。然齐桓公午与梁惠王又不相值也（俞樾《庄子平议》)。

(3) 犀首：魏官名也（陆德明《经典释文》），这里是指担任该官职的公孙衍。

(4) 从仇：犹报仇也（成玄英《庄子疏》）。

(5) 受甲：率领士兵。

(6) 内热：国破人亡而怀恚怒，故热气蕴于心，痈疽发于背也（成玄英《庄子疏》）。

(7) 忌：齐国将领田忌。

(8) 抶：击也（成玄英《庄子疏》）。

译文：

魏惠王与田侯牟订立盟约，但田侯牟违背，魏惠王魏莹大怒，准备派人行刺田侯牟。

犀首公孙衍听说后觉得可耻，对魏惠王说："君主是拥有万乘兵车的国君，竟然用匹夫的手段来报仇！我请求统领二十万大军，为你去攻打齐国，俘获齐国的百姓，夺取他们的牛马，让齐国的国君心急如焚，引发脊背生疮，然后消灭齐国。如果田忌望风而逃，就用鞭抽打他的后背，打断他的脊骨。"

解说：

本段阐释如何以"周尽一体"的原则处理世俗国家的事务。

企图刺杀者处在名声的是非得失之中，主张攻打齐国的公孙衍也处在是非得失之中。因而下文华子说公孙衍是好乱的人。

8. **季子**[1]**闻而耻之曰："筑十仞之城，城者既十仞矣，则又坏之，此胥靡**[2]**之所苦也。今兵不起七年矣，此王之基也。衍乱人，不可听也。"**

(1) 季子：魏国的贤臣。"子"，对有德者的称谓。

(2) 胥靡：徒役人也（成玄英《庄子疏》），服劳役者。

译文：

季子听了公孙衍的方法认为可耻，说："要建筑十仞高的城墙，已经修建七仞高了，又去毁掉它，这是服劳役者都感到痛心的事。现在已经七年没有战争了，这是君王的基业。公孙衍实在是挑起祸端的人，不能听从他的主张。”

解说：

季子不主张攻打齐国，好像不计较名声的得失。其实不然，他不主张攻打齐国的理由是因为一旦发生战争，就会破坏魏国长久和平的局面，从而动摇魏君的基业，就如同要建筑十仞高的城墙，筑到了七仞高，却又毁掉它。因此，下文华子说极力主张不攻打齐国的人，也是好乱的人，也是处在名声的是非得失之中。

9. **华子**(1)**闻而丑之，曰：“善言伐齐者，乱人也；善言勿伐者，亦乱人也；谓伐之与不伐乱人也者，又乱人也。”**

君曰：“然则若何”

曰：“君求其道而已矣！”

惠子(2)**闻之而见戴晋人**(3)。**戴晋人曰：“有所谓蜗（wō）者，君知之乎？”**

曰：“然。”

“有国于蜗之左角者曰触氏(4)**，有国于蜗之右角者曰蛮氏**(5)**，时相与争地而战，伏尸数万，逐北**(6)**旬有五日**(7)**而后反。”**

(1) 华子：亦魏之贤臣也（成玄英《庄子疏》）。

(2) 惠子：惠施。

(3) 戴晋人：梁之贤者也，姓戴，字晋人（成玄英《庄子疏》）。

(4) 触氏：虚构的国名。

(5) 蛮氏：虚构的国名。

(6) 逐北：追逐败兵。“北”，军走曰北（陆德明《经典释文》）。

(7) 旬有五日：十五天。“有”，通“又”。

译文：

华子听到这些话后认为可耻，说：“劝说攻打齐国的人，是好乱的人；劝说不攻打齐国的人，也是好乱的人；认为主张攻打与不攻打都是好乱的人的人，也是好乱的人。”

魏王说：“那该怎么办呢？”

华子说：“君主依大道而行就是了！”

惠子听了这件事，就引见戴晋人去见魏惠王。戴晋人说：“有一种东西叫蜗牛，君主知道吗？”

魏王说：“知道。”

（戴晋人）说：“在蜗牛的左角有个国家，叫触氏，在蜗牛的右角也有个国家，叫蛮氏。这两个国家常常为争夺土地而战，伤亡数万人，胜者追赶败兵，十五天才能回来。”

解说：

主张攻打与不攻打齐国的人、评论攻打与不攻打齐国得失的人都在计较名声的得失。所以，华子说他们都是好乱的人。在戴晋人看来，田侯牟违背盟约而挑起争端就如同在蜗牛的左右角之间打斗，看起来好像是很大的事，实则不值一提。

10. **君曰：“噫！其虚言与？”**

曰：“臣请为君实[(1)]之。君以意在四方上下有穷乎？”

君曰：“无穷。”

曰：“知游心于无穷，而反在[(2)]通达之国[(3)]，若存若亡乎？”

君曰：“然。”

曰：“通达之中有魏，于魏中有梁[(4)]，于梁中有王。王与蛮氏，有辩[(5)]乎？”

君曰：“无辩。”

客出而君惝（chǎng）然[(6)]若有亡[(7)]也。

客出，惠子见。君曰：“客，大人也，圣人不足以当之。”

惠子曰：“夫吹筦[(8)]也，犹有嗃（xiāo）[(9)]也；吹剑首[(10)]者，吷（xuè）[(11)]而已矣。尧舜，人之所誉也；道尧舜于戴晋人之前，譬犹一吷也。”

（1）实：证实（曹础基《庄子浅注》）。

(2) 反在：反察；“在”，察（曹础基《庄子浅注》）。

(3) 通达之国：人能达到的地方。

(4) 梁：魏国都城大梁，在今河南省开封县一带。

(5) 辩：分别。

(6) 惝然：怅恨貌也（成玄英《庄子疏》）。

(7) 亡：失。

(8) 管：竹管。

(9) 嗃：大声（成玄英《庄子疏》）。

(10) 剑首：谓剑环头小孔也（陆德明《经典释文》引司马彪说）。

(11) 吷：小声也（成玄英《庄子疏》）。

译文：

魏王说：“嗨！那是虚构的吧？”

戴晋人说：“让我为你证实这件事。你认为四方上下有尽头吗？”

魏王说“没有尽头。”

戴晋人说：“如果知道游心于无穷的境域，再返回舟车能到达的有限的地方，那恐怕就若存若无吧？”

魏王说：“是的。”

戴晋人又说：“在四海之内舟车能到达的地方有个魏国，魏国之中有大梁城，在大梁城里有君王。君主与那蛮氏相比，有什么区别吗？”

魏王回答说：“没有区别。”

戴晋人辞别后，魏王心中怅然若失。

戴晋人走后，惠子晋见。魏王说：“戴晋人，真是伟大，圣人也不能和他相提并论。”

惠子说：“吹奏竹管，会有很大的声音；吹起剑环孔，就只有一丝的响声。尧与舜，是人们所赞誉的；在戴晋人面前称赞尧舜，就好比那一丝声音而已。”

解说：

戴晋人运用对比的方法向魏君阐明所争东西的微不足道：天地比人能到达

的地方大，人能到达的地方比魏国大，魏国比大梁大，大梁城中有魏君。因此，与天地相比，魏君简直不值一提（这个论证类似于《秋水》中北海若所用的方法）。魏君及其他人都遵循尧舜之道，处在是非之中。但戴晋人心无是非。因此，惠子说，在戴晋人面前称赞尧舜，尧舜就好比吹起剑环孔发出的一丝声音，微不足道。

11. **孔子之楚，舍于蚁丘(1)之浆(2)。其邻有夫妻臣妾登极(3)者，子路曰："是(4)稯（zōng）稯(5)何为者邪？"**

仲尼曰："是圣人(6)仆也。是自埋(7)于民，自藏于畔(8)。其声销(9)，其志无穷，其口虽言，其心未尝言，方且与世违而心不屑与之俱(10)。是陆沉(11)者也，是其市南宜僚(12)邪？"

(1) 蚁丘：山名（陆德明《经典释文》引李颐说）。

(2) 浆：指卖浆人家。

(3) 极：屋栋也（陆德明《经典释文》引司马彪说）。

(4) 是：此。

(5) 稯稯：聚貌（陆德明《经典释文》引李颐说）。

(6) 圣人：指下文的市南宜僚。

(7) 埋：隐居。

(8) 畔：垅畔。

(9) 声销：销声匿迹。

(10) 俱：一起。

(11) 陆沉：当显而反隐，如无水而沉也（陆德明《经典释文》引司马彪说），如陆地沉于水，指隐于世。

(12) 市南宜僚：姓熊，字宜僚，居于市南，故谓之市南宜僚也（成玄英《庄子疏》）。

译文：

孔子前往楚国，住在蚁丘山一户卖浆人家。卖浆人邻居的夫妻仆婢全都爬到屋顶来看孔子。子路说："这么多人聚集在一起是在干什么呢？"

孔子说："这些都是得道者家里的仆人。得道者混迹于民间，藏身于田园。他的声名寂寂无闻，但心志游于无穷；嘴里虽然有所言论，但心里始终无所言说；与世人不同，不屑于同流合污。这位隐居于世的高人，恐怕就是市南宜僚吧？"

解说：

这个故事阐述得道者"周尽一体矣"而不在意世俗的荣华富贵。

市南宜僚与他人混迹在一起，没有名声，心却合道。有所言论，却不执着于言；看起来与世人一样，心却不与世人同流合污。这正是"有人之形无人之情"的表现（《德充符》）。

12. **子路请往召之。**

孔子曰："已[(1)]矣！彼知丘之著于已[(2)]也，知丘之适[(3)]楚也，以丘为必使楚王之召己也，彼且以丘为佞人[(4)]也。夫若然者，其于佞人也羞闻其言，而况亲见其身乎！而[(5)]何以为存[(6)]？"

子路往视之，其室虚矣。

(1) 已：停止。

(2) 著于已：清楚了解自己（市南宜僚）。

(3) 适：往。

(4) 佞人：取巧的人。

(5) 而：你。

(6) 存：在也（成玄英《庄子疏》）。

译文：

子路请求前去把他找来。

孔子说："算了吧！他知道我对他十分了解，又知道我要去楚国，认为我一定会说服楚王召见他，他把我看作谄媚之人。像这样的人，羞于听谄媚之人的言谈，何况是亲自见面呢！你又怎么见得到他呢？"

子路前往看他，屋子里果然空无一人。

解说：

市南宜僚躲避孔子有两个原因：一、市南宜僚认为孔子去楚国是谄媚的行为，他不想听谄媚者的言论，因而不愿意见孔子。二、市南宜僚认为孔子去楚国后会让楚王召见自己，他更不愿意见楚王。

13. **长梧封人**[(1)]**问子牢**[(2)]**曰："君为政焉勿卤莽**[(3)]**，治民焉勿灭裂**[(4)]**。昔予**[(5)]**为禾**[(6)]**，耕而卤莽之，则其实亦卤莽而报予；芸**[(7)]**而灭裂之，其实亦灭裂而报予。予来年变齐**[(8)]**，深其耕而熟耰（yōu）**[(9)]**之，其禾蘩以滋**[(10)]**，予终年厌飧（sūn）**[(11)]**。"**

(1) 长梧封人：即长梧子。"长梧"，地名，其地有长树之梧，因以名焉（成玄英《庄子疏》）。"封人"，即此地守疆之人（成玄英《庄子疏》）。

(2) 子牢：孔子弟子，即琴牢（陆德明《经典释文》引司马彪说）。

(3) 卤莽：鲁莽。

(4) 灭裂：轻薄也（成玄英《庄子疏》）。

(5) 予：我。

(6) 为禾：种庄稼。

(7) 芸：耕耘。

(8) 变齐：变更也，谓变更所法也（陆德明《经典释文》引司马彪说）。"齐"，同也（陆德明《经典释文》）。

(9) 熟耰：仔细耕作。"耰"，锄也（陆德明《经典释文》引司马彪说）。

(10) 蘩以滋：禾苗蘩茂，子实滋荣（成玄英《庄子疏》）。

(11) 厌飧：饱食。

译文：

长梧的封疆官员对子牢说："你为政不可鲁莽，管理百姓不要草率。从前我种庄稼，耕地时粗疏对付，土地也只是以马马虎虎的收成报答我；锄草时随便应付，土地也以微薄收成回报我。来年我改变了方式，深耕细作，禾苗就长得十分茂盛，我一整年粮食有余。"

解说：

这个故事以比喻的方式阐述得道者要以“周尽一体”之心对待自己的身体。

耕种时不用心，收成就微薄；耕种时尽力，收成就不错。这是自然之理。同样，政事草率鲁莽，政绩自然也不佳。

14. **庄子闻之曰：“今人之治其形，理其心，多有似封人之所谓，遁[1]其天，离其性，灭其情，亡其神，以众为[2]。故卤莽其性者，欲[3]恶之孽[4]，为性萑（huán）[5]苇[6]蒹葭（jiā）[7]，始萌以扶吾形[8]，寻[9]擢[10]吾性；并[11]溃漏[12]发，不择所出，漂（瘭）疽[13]疥痈（yōng）[14]，内热溲（sōu）膏[15]是也。”**

(1) 遁：逃（成玄英《庄子疏》），违背。

(2) 众为：所谓卤莽也（陆德明《经典释文》）。

(3) 欲：欲望。

(4) 孽：害。

(5) 萑：荻。

(6) 苇：芦苇。

(7) 蒹葭：初生的芦苇。

(8) 扶吾形：保养我的身体。

(9) 寻：不久。

(10) 擢：拔。

(11) 并：一并。

(12) 溃漏：人冷疮也（成玄英《庄子疏》）。

(13) 漂疽：热毒肿也（成玄英《庄子疏》）

(14) 疥痈：疮。“痈”，亦疽之类也（成玄英《庄子疏》）

(15) 溲膏：排泄膏状小便。今称乳糜尿。

译文：

庄子听后说：“现在人在对待自己的身体、调理自己的内心时，就像这位封疆官员所说的一样，违背自然，背离天性，泯灭真情，丧失心神，胡乱折腾。所以用粗疏卤莽的办法对待本性的，欲念与邪恶的危害，就如同狄草芦苇般遮蔽了本性，开始时以这些欲望满足形体，不久就伤害自己的本性，于是上泄下露，到处出毛病，毒疮流浓、内热形成乳糜尿就是这样形成的。”

解说：

在对待自己的身体和内心时，有些人就像封疆人开始种庄稼一样，草率鲁莽，违背自身的本性，顺着自身的欲望恣意妄为，久而久之就会百病丛生。

15. **柏矩[(1)]学于老聃，曰：“请之[(2)]天下游。”**

老聃曰：“已矣！天下犹是[(3)]也。”

(1) 柏矩：怀道之士，老子门人也（成玄英《庄子疏》）。“柏”，姓。“矩”，名。

(2) 之：往。

(3) 是：这。

译文：

柏矩在老聃门下学习，说：“请让我游历天下。”

老聃说：“算了，天下和这里一样。”

解说：

这个故事阐述统治者要“周尽一体”：不故意设置障碍，以免让百姓贪求分外之物而遭殃。

如果能悟道，眼下事物处处都是道；如果不能悟道，哪里都无法见道。因此，《道德经》第四十七章说，“其出弥远，其知弥少”。

16. **又请之，老聃曰；“汝将何始？**

曰：“始于齐。”

至齐，见辜人[(1)]焉，推而强之[(2)]，解朝服而幕[(3)]之，号天而哭之曰：“子

乎子乎！天下有大菑(4)，子独先离(5)之，曰莫为盗！莫为杀人！荣辱立，然后睹所病；货财聚，然后睹所争。今立人之所病，聚人之所争，穷困(6)人之身使无休时，欲无至此，得乎！

(1) 辜人：受刑处死而弃市的人。“辜”，罪也（成玄英《庄子疏》）。

(2) 推而强之：将尸体推倒。“强”，同“僵”，仆倒。

(3) 幕：覆盖。

(4) 菑：通“灾”。

(5) 离，通“罹”，罹难。

(6) 困：困扰。

译文：

柏矩再次请求，老聃说：“你打算从哪里开始？”

柏矩说：“先去齐国。”

到了齐国，柏矩看见一个受刑示众者的尸体，他将尸体倒卧，然后脱下自己的朝服盖在上面，仰天大哭说：“先生呀！先生呀！天下有大祸，偏偏你先碰上。俗话说不要做强盗，不要杀人！确立了荣辱，就会出现犯罪行为；财货聚积，就会看到各种争斗。现在确立了人们犯罪目标物，聚集人们所争夺的对象，让人们贫困而不能停止，想要免于灾难，可能吗？

解说：

灾难的形成在君主。君主一旦让人们有了荣辱观念，就会产生贪婪之心；一旦聚集了财货，人们就会产生争斗。因此，《道德经》第三章说，“不尚贤，使民不争；不贵难得之货，使民不为盗；不见可欲，使民心不乱”。

17. **古之君人者，以得为在民，以失为在己；以正为在民，以枉为在己；故一形有失其形(1)者，退而自责。今则不然。匿(2)为物而愚不识，大为难而罪不敢，重为任而罚不胜(3)，远其涂(4)而诛不至。民知力竭，则以伪继之，日出多伪，士民安取不伪！夫力不足则伪，知不足则欺，财不足则盗。盗窃之行，于谁责而可乎？”**

（1）形有失其形：施刑有所不当；“形”，通“刑”（曹础基《庄子浅注》）。

（2）匿：隐藏。

（3）不胜：完不成任务。

（4）涂：通“途”。

译文：

“古时候的君主，把所得归于百姓，把所失归于自己；认为正道在百姓，过错在自己；所以施刑有所不当，就退而自责。现在却不是这样，故意隐匿真相以愚弄不知的百姓，制造困难而加罪于那些畏难的人，加重任务而处罚那些不能胜任的人，延长路程而诛杀那些走不到的人。百姓耗尽了智慧和力量，就用虚假来应付；（君主）成天弄虚作假，百姓怎会不虚伪呢？力量不够就虚伪，智巧不足就欺诈，财力不济就偷盗。盗窃成风，究竟应该责怪谁呢？”

解说：

这一段描述君主是如何给百姓制造灾难的。

君主人为制造困难、弄虚作假愚弄百姓，而后用暴力惩罚百姓。百姓不能应付，就作假、欺骗、盗窃，最终灾难降临到头上。

18. **蘧伯玉[(1)]行年[(2)]六十而六十化[(3)]，未尝不始于是之[(4)]而卒诎（qū）[(5)]之以非也，未知今之所谓是之非五十九非也。万物有乎生而莫见其根[(6)]，有乎出而莫见其门[(7)]。人皆尊其知之所知而莫知恃其知之所不知而后知，可不谓大疑乎！已[(8)]乎已乎！且无所逃。此所谓然与，然乎？**

（1）蘧伯玉：姓蘧，名瑗，字伯玉，卫之贤大夫也（成玄英《庄子疏》），参见《人间世》。

（2）行年：经过的岁月，即年龄。

（3）化：随着年龄变化。

（4）是之：认为正确。

（5）诎：通“黜”，贬斥。

(6) 根：根本，指大道。

(7) 门：门径，指道。

(8) 已：停止。

译文：

蘧伯玉六十岁了而六十年来都在与时变化，未尝不是开始时认为是对的，后来又认为是错的；不知道现在认为是对的，不是五十九岁时认为是错的。万物产生却看不见它的本根，有其出处却看不见它的门径。人人都看重自己智力所能知的，却不知道凭借自己智力所不知道的才可能有真知，这难道不是最大的疑惑吗？罢了罢了！世人逃避不了这种错误。这就是所谓的对吗，果真对吗？

解说：

本段阐述得道者“周尽一体矣而不知其然”才能获得真知。

蘧伯玉行年六十而六十化，未尝不始于是之而卒诎之以非也，未知今之所谓是之非五十九非也——是非随人的认知改变，没有确定的是非，因而蘧伯玉总是在变。

万物有乎生而莫见其根，有乎出而莫见其门。人皆尊其知之所知而莫知恃其知之所不知而后知——物的本原是无物之物，真知建立在对无物之物的所谓知（不知之知）上。

19. **仲尼问于大（tài）史[1]大弢（tāo）、伯常骞、狶（xī）韦[2]曰：“夫卫灵公饮酒湛[3]乐，不听国家之政；田猎毕弋[4]，不应诸侯之际[5]；其所以为灵公者何邪？”**

大弢曰：“是因是[6]也。”

伯常骞曰：“夫灵公有妻三人，同滥[7]而浴。史鰌（qiú）[8]奉御[9]而进所[10]，搏[11]币[12]而扶翼[13]。其慢[14]若彼之甚也，见贤人若此其肃也，是其所以为灵公也。”

狶韦曰：“夫灵公也死，卜葬于故墓[15]不吉，卜葬于沙丘[16]而吉。掘之数

仞，得石椁[17]焉，洗而视之，有铭焉，曰：‘不冯其子[18]，灵公夺而里[19]之。’夫灵公之为灵也久矣，之二人[20]何足以识之！”

（1）太史：官号也（成玄英《庄子疏》）。

（2）大弢、伯常骞、狶韦：皆史官之姓名也（成玄英《庄子疏》）。

（3）湛：乐之久也（陆德明《经典释文》）。

（4）毕弋：猎兽捕鸟。“毕”，大网。“弋”，绳系箭而射也（成玄英《庄子疏》）。

（5）际：交际，会盟等事。

（6）是因是：乱而不损曰灵。灵即无道之谥也。此是因其无道，谥之曰灵，故曰是因是也（成玄英《庄子疏》）。“是”，此。这。

（7）滥：浴器也（陆德明《经典释文》）。

（8）史鳅：姓史，字鱼，卫之贤大夫也（成玄英《庄子疏》）。

（9）奉御：犹今言召对（林希逸《庄子口义》）。

（10）所：卫灵公与妻妾同浴之所。

（11）搏：执。

（12）币：帛也（陆德明《经典释文》）。

（13）扶翼：谓公及浴女相扶翼自隐也（陆德明《经典释文》引司马彪说），与浴女扶着隐蔽起来。

（14）慢：怠慢。

（15）故墓：事先挖好的墓穴（曹础基《庄子浅注》）。

（16）沙丘：地名。

（17）石椁：石制的棺椁。

（18）不冯其子：古之葬者谓子孙无能凭依以保其墓（郭庆藩《庄子集释》引郭嵩焘说）。

（19）里：赵谏议本作“埋”（郭庆藩《庄子集释》）。

（20）之二人：这二人，指大弢、伯常骞。

译文：

孔子请教太史大弢、伯常骞、狶韦说：“卫灵公饮酒作乐无度，不过问国家政务；经常打猎捕鸟，不参与诸侯盟会；死后凭什么谥号为灵公呢？”

大弢说：“这样的谥号是因为他无道的德行。”

伯常骞说：“卫灵公有三个妻子，他和三个妻子同在一个浴盆中沐浴。史鳝奉诏来到王宫，公及浴女拿起布帛隐藏起来，他为人如此淫乱，但对贤人如此地恭敬，这就是他死后谥号为灵公的原因。”

狶韦说：“卫灵公死后，经过占卜，认为葬在事先祖先的墓穴中不吉利，葬在沙丘才合适。掘地数仞深时，发现一具石椁，洗干净一看，上面刻有一段文字：‘子孙保不住祖坟，灵公取而居之。’灵公被谥为‘灵’早就注定了，大弢和伯常骞怎么能够知道这些呢！”

解说：

这个故事阐释得道者应“周尽一体”而不可执着于儒家所谓的礼仪。

卫灵公生前荒淫无度，不过问朝政，死后却被谥为灵公。名与实不符，所以孔子请教大弢、伯常骞和狶韦三位。大弢认为，这个谥号就暗含荒淫无度的意思；伯常骞认为，卫灵公虽然荒淫无度，但尊敬贤人，所以谥为卫灵公；狶韦则告知孔子，真实原因是在卫灵公寻找墓地时，挖出的棺椁上的铭文有“灵公取而居之”的字样，所以谥号为卫灵公。儒家对谥号的名与实非常重视，而卫灵公的谥号却源于一块石碑，与其生前的作为毫无关系。这个故事既可以看作是对儒家重名的挖苦，也可以看作是知（谥号）的不可靠。

20. 少知[(1)]问于大（tài）[(2)]公调曰：“何谓丘里[(3)]之言？”

大公调曰：“丘里者，合十姓百名而以为风俗也，合异以为同，散同以为异。今指马之百体而不得马，而马系[(4)]于前者，立其百体而谓之马也。是故丘山积卑而为高，江河合水而为大[(5)]，大人合并而为公。是以自外入者，有主[(6)]而不执[(7)]；由中出者，有正而不距[(8)]。四时殊气，天不赐[(9)]，故岁成；五官[(10)]殊职，君不私，故国治；文武[(11)]，大人不赐，故德备；万物殊理，道不私，故无名。无名故无为，无为而无不为。时有终始，世有变化。祸福淳淳[(12)]，至有所拂[(13)]者而有所宜[(14)]；自殉[(15)]殊面[(16)]，有所正者有所差。比于大泽，百材皆度[(17)]；观于大山，木石同坛。此之谓丘里之言。”

(1) 少知：虚构人名。

(2) 大：赵谏议本作“太”(郭庆藩《庄子集释》)，“太公调”是虚构的人名，意为广大公正协和万物。

(3) 丘里：四井为邑，四邑为丘，五家为邻，五邻为里。古者邻里井邑，士风不同，犹今乡曲各自有方俗，而物不齐同(陆德明《经典释文》引李颐说)。古者十家为丘，二十家为里(成玄英《庄子疏》)。

(4) 系：拴。

(5) 合水而为大：水乃小字之误(俞樾《庄子平议》)，合小为大。

(6) 主：主意。

(7) 执：执着。

(8) 距：通“拒”。

(9) 赐：偏与(曹础基《庄子浅注》)

(10) 五官：司徒、司马、司空、司士、司寇。

(11) 文武：宣颖《南华经解》本为“文武殊才”，王叔岷《庄子校释》认为应为“特能”二字。

(12) 淳淳：流动流貌(陆德明《经典释文》)

(13) 拂：违逆。

(14) 宜：顺意。

(15) 殉：逐。

(16) 面：方向。

(17) 度：量，指量才而用。

译文：

少知向大公调求教说：“什么是丘里之言?”

大公调说：“所谓丘里，就是聚集十姓百人所形成的共同习俗；把差异的结合而成为相同的，把相同的分散为差异的。现在指着马身上的上百个部位都不能称之为马，而将马拴在眼前，各个部位结合在一起才可以称为马。因此，山丘积聚小土堆才成就其高，江河汇聚众流才成就其大，大人听取众人的意见才成就其公而无私。所以，事物从外界进入内心，虽有主意却并不固执己见；

内心向外表达的东西，虽然有理但不排斥他人。四季的气候不同，天不偏私某一个季节，因此形成年岁；官吏有不同的职能，国君没有偏私，所以国家才能得以治理；文臣武将有各种不相同的本事，大人不偏爱，因此德行完备；万物有各自之理，道不偏私，因此无名。无名也就无为，无为就无所不成。时序有终始，世事有变化。祸福永远在流转，有违逆就有相合；各自追求不同的方面，有恰当也有偏差。譬如大泽中，各种树木都有自己的用处；再看看大山，树木岩石混在一起。这就称为丘里之言。”

解说：

这个故事阐述得道者要“周尽一体”，顺丘里之言，顺随天地万物而为。

丘里之言实际上就是一个地方的习俗。一个地方的习俗就像一匹马一样。虽然任何部位都不能称为马，但马在眼前时，不同部位就可以称为一匹马。因此，得道者不排除习俗中任何不同的意见（意见是习俗的组成部分）。既不固执己见，又不排斥他人，完全顺世间的福祸、得失而不加干预。

无名故无为，无为而无不为——广义的无我包括无名、无为（参见《逍遥游》）。无为就是不妄为，自己不妄为，事物自身就能自然而为。

21. **少知曰：“然则谓之道，足乎？”**

大公调曰：“不然。今计物之数，不止于万，而期(1)曰万物者，以数之多者号(2)而读(3)之也。是故天地者，形之大者也；阴阳者，气之大者也；道者为之公。因其大以号而读之则可也，已有之(4)矣，乃将得比(5)哉！则若以斯辩(6)，譬犹狗马，其不及(7)远矣。”

(1) 期：限。

(2) 号：语。

(3) 读：称。

(4) 有之：有物之名。

(5) 比：大道与物比。

(6) 辩：通“辨”，辨别。

(7) 不及：无法相比。

译文：

少知问："那么将丘里之言称之为道，可以吗？"

大公调说："不可以。现在计算物的种类，不止于万，而简单有限地称为万物，是用数目中最多的来指代它。所以天地，是形体中最大的；阴阳，是气中最大的；道则总括一切。因为它广大无边而称之为道是可以的。已经有了道的名称，而丘里之言怎能与道相提并论呢？如要将大道和丘里之言相比，就好像拿狗与马比，差别就太大了！"

解说：

道总括一切，且不可言说。丘里之言虽然包括很多名称，但它不包含所有的事物，所以不能说它是道自身——任何物都不是道自身。

22. **少知曰："四方之内，六合[(1)]之里，万物之所生恶[(2)]起？"**

大公调曰："阴阳相照[(3)]相盖[(4)]相治[(5)]，四时相代[(6)]相生相杀，欲恶去就于是桥[(7)]起，雌雄片合[(8)]于是庸[(9)]有。安危相易，祸福相生，缓急相摩，聚散以成。此名实之可纪[(10)]，精微之可志[(11)]也。随序[(12)]之相理[(13)]，桥运[(14)]之相使，穷则反[(15)]，终则始。此物之所有，言之所尽，知之所至，极物而已。睹道之人，不随其所废，不原[(16)]其所起，此议之所止。"

(1) 六合：四方上下。

(2) 恶：何。

(3) 相照：相应（林希逸《庄子口义》）。

(4) 相盖："盖"、"害"古字通。阴阳或相害，或相治，犹下句云四时相代相生相杀也（（郭庆藩《庄子集释》）引俞樾说）。

(5) 相治：相济。

(6) 相代：相互替换。

(7) 桥：起貌也（成玄英《庄子疏》）。

(8) 片合：分合（林希逸说）。

(9) 庸：常。

(10) 纪：头绪。

(11) 志：记。

(12) 随序：变化相随，有次序也（陆德明《经典释文》）。

(13) 理：治。

(14) 桥运：如桔槔一样翘起，意即一头翘起则一头垂落；“桥”，桔槔（曹础基《庄子浅注》）。

(15) 反：通“返”。

(16) 原：追溯。

译文：

少知问：“四方之内，天地之间，万物是从哪里产生的？”

大公调说：“阴阳相互感应、相消相长；四时相互更替、相生相杀。爱、恨、去、就，突然而起，雌雄交合，于是产生万物。安危相互变化，祸福相互产生，缓急相互交替，聚散因而形成。这些是有名实可辨认的，有精微可以记载的。随着四时运行之理，阴阳交替活动，物极则返，终而复始。这都是万物共有的现象。言语能穷尽的，识见能达到的，只是限于具体物的范围而已。领悟了大道的人，不追问物的消逝，也不探究物的源起，这是议论所停止的地方。”

解说：

本段阐述道顺随事物自身，远离语言、有为和不为。

“阴阳相照相盖相治，四时相代相生相杀，欲恶去就于是桥起，雌雄片合于是庸有。安危相易，祸福相生，缓急相摩，聚散以成。此名实之可纪，精微之可志也——道以相反相成的方式生成万物，如有前就有后，有左就有右。因此，《道德经》第二章说，“故有无相生，难易相成，长短相较，高下相倾，音声相和，前后相随”。《道德经》第四十二章说，“万物负阴而抱阳，冲气以为和”。

随序之相理，桥运之相使，穷则反，终则始——无物之物生成日常之物，日常之物又归于无物之物。日常之物以相反相成的方式生成。

此物之所有，言之所尽，知之所至，极物而已。睹道之人，不随其所废，不原其所起，此议之所止——道自身不可言说，不可感知，只能感觉。

23. 少知曰："季真[1]之莫为[2]，接子[3]之或使[4]，二家之议，孰[5]正[6]于其情，孰遍于其理？"

(1) 季真：齐之贤人，俱游稷下（成玄英《庄子疏》）。

(2) 莫为：不为。"不为"与"无为"不同。"不为"是彻底不做；"无为"是不妄为，当为则为，不当为则不为。

(3) 接子：齐之贤人，俱游稷下（成玄英《庄子疏》）。

(4) 使：为也。有为（成玄英《庄子疏》）。

(5) 孰：谁。

(6) 正：合。

译文：

少知又问："季真主张不为，接子主张有为，二者的观点，谁合乎实情，谁偏于情理？"

解说：

少知至此还没有彻底明白，在不为和有为之间狐疑。实际上，彻底不为与有为都属于特殊的妄为，都不合乎道。无为应是当为则为，不当为则不为；即便作为时也无有为之心。

24. 大公调曰："鸡鸣狗吠，是人之所知；虽有大知，不能以言[1]读[2]其所自化[3]，又不能以意[4]其所将为。斯[5]而析之，精至于无伦[6]，大至于不可围，或之使，莫之为，未免于物而终以为过[7]。或使则实，莫为则虚。有名有实，是物之居；无名无实，在物之虚。可言可意，言而愈疏。未生不可忌，已死不可徂[8]。死生非远也，理不可睹。或之使，莫之为，疑之所假[9]。吾观之本，其往无穷；吾求之末，其来无止。无穷无止，言之无也，与物同理；或使莫为，言之本也，与物终始。道不可有，有不可无。道之为名，所假而行。或

使莫为，在物一曲[10]，夫胡[11]为于大方[12]？言而足，则终日言而尽道；言而不足，则终日言而尽物。道物之极[13]，言默不足以载[14]；非言非默，议有所极。”

(1) 言：言语。

(2) 读：分析。

(3) 自化：自身的自然变化。

(4) 意：推测。

(5) 斯：剖析（曹础基《庄子浅注》）。

(6) 无伦：无比，指微细无比。

(7) 未免于物而终以为过：不免于受具体物的限制而为不当之言（曹础基《庄子浅注》）。

(8) 徂：赵谏议本徂作“阻”（郭庆藩《庄子集释》）。

(9) 假：凭借。

(10) 一曲：一个方面（曹础基《庄子浅注》）。

(11) 胡：哪里。

(12) 大方：大道。

(13) 极：极致。

(14) 载：记载，表达。

译文：

大公调说：“鸡鸣狗叫，这是人人都知道的；可即使具有超人的才智，也不能用言语来说明它们叫的原因，也不能用心去推测它们会怎么做。按照这种分析，细至无与伦比，大到不可限量，不管是有为的主张或不为的观点，都是在万物形迹上立论，所以不免有偏差。有为之说拘泥于实，不为的观点流于虚。有名有实，是物的范围；无名无实，不属于物的范围。可以言说、可以意会的，越说离道就越远。未生的不能禁止，已经死亡的不能阻挡。死生并不遥远，但其中的道理却无法看透。有为与不为的主张，都会使人产生疑惑。我看事物的原本，事物的过去是无穷无尽的；我寻找事物的迹象，事物的未来没有终了。无穷无尽不是言语所能表达的，与物之理一样不可言说；有为、不为的主张，是日常言论的依据，与物象是一样的。道不属于有，有不可能变成无。大道这个名称，只不过是假借的名称。有为、不为的主张，各偏执于物的一隅，怎能达于大道呢？如果是无偏私的言语，那么整天说话都合于道；如果是偏私的言语，那么整天说话都不利于物。道是物的极限，言语和缄默都不足以表达；既不言语也不缄默，这是议论的极限。

解说：

鸡鸣狗吠，是人之所知；虽有大知，不能以言读其所自化，又不能以意其所将为。斯而析之，精至于无伦，大至于不可围，或之使，莫之为，未免于物而终以为过——道不可言，就像我们无法解释鸡鸣狗叫的原因一样。

或使则实，莫为则虚。有名有实，是物之居；无名无实，在物之虚。可言可意，言而愈疏——道不属于有为，也不属于不为，因而不可言说。

未生不可忌，已死不可徂。死生非远也，理不可睹。或之使，莫之为，疑之所假。吾观之本，其往无穷；吾求之末，其来无止。无穷无止，言之无也，与物同理；或使莫为，言之本也，与物终始。道不可有，有不可无——道为什么不属于有为，也不属于不为？因为事物生灭不已，没有固定的形象。

道之为名，所假而行。或使莫为，在物一曲，夫胡为于大方——道这个名称只是一个名词，有为、不为都固定于一个方面，因而无法通达道。

言而足，则终日言而尽道；言而不足，则终日言而尽物。道物之极，言默不足以载；非言非默，议有所极——不偏私而顺道的言论，怎么说都合道，偏私而不顺随道的言论怎么说都不合道。

外　物

本篇阐释“外物不可必”（事物没有一定的）的无是无非观念。

本篇包括三部分。第一部分（从开头至“而道尽”）是本篇的核心，提出“外物不可必”的无是无非思想。

第二部分（从“庄周”至“亦明矣”）阐述第一部分的思想，包括六个故事。第一个故事（从“庄周”至“鱼之肆”）通过描述与天地精神独往来的庄子因贫困借粮而遭奚落的经历，阐释第一大部分“外物不可必”的观念。第二个故事（从“任公子”至“亦远矣”）阐述第一大部分只有以“不可必”之心才能悟道。第三个故事（从“儒以诗”至“口中珠”）用第一大部分“外物不可必”的思想嘲弄儒家。第四个故事（从“老莱子”至“终矜尔”）阐释“外物不可必”、追逐眼前的利益可能会带来万世的祸患。第五个故事（从“宋元君”至“言者处也”）通过神龟死后灵验、生前却无法预测自己死亡的事实阐明第一大部分“外物不可必”的思想。第六个故事（从“惠子”至“亦明矣”）阐释第一大部分无用未必真的无用的“外物不可必”思想。

第三部分（从“庄子”至末尾）阐发第一部分“外物不可必”的思想，包括五小部分。第一小部分（从“庄子曰”至“承意不彼”）阐明“外物不可必”，因而不可崇古薄今，也不可沉溺于世。第二小部分（从“目彻”至“神者不胜”）阐释因为“外物不可必”，所以一切要顺其自然，以保持心灵顺畅。第三小部分（从“德溢乎名”至“知其然”）从反面阐释“外物不可必”，一味追逐外物就会有伤德行。第四小部分（从“演门”至“因以踣河”）阐释正因为“外物不可必”，所以得道者会顺事物之自然。没有得道的人则各有其主观的行事方式。第五小部分（从“演门”至末尾）阐释“外物不可必”的思想，不可一味仿效，而要得意忘言。

我们将本篇结构图示如下。

第一部分		从开头至“而道尽”	提出“外物不可必”的无是无非思想。
第二部分	第一个故事	从“庄周”至“鱼之肆”	通过庄子因贫困借粮而遭奚落的经历阐释第一大部分“外物不可必”的观念。
	第二个故事	从“任公子”至“亦远矣”	阐述第一大部分只有以“不可必”之心才能悟道。
	第三个故事	从“儒以诗”至“口中珠”	用第一大部分“外物不可必”的思想嘲弄儒家。
	第四个故事	从“老莱子”至“终矜尔”	“外物不可必”、追逐眼前的利益可能会带来万世的祸患。
	第五个故事	从“宋元君”至“言者处也”	通过神龟故事阐明第一大部分“外物不可必”的思想。
	第六个故事	从“惠子”至“亦明矣”	阐释第一大部分无用未必真的无用的“外物不可必”思想。
第三部分	第一小部分	从“庄子曰”至“承意不彼”	阐明“外物不可必”，不可崇古薄今也不可沉溺于世。
	第二小部分	从“目彻”至“神者不胜”	阐释因为“外物不可必”，所以要顺其自然以保持心灵顺畅。
	第三小部分	从“德溢乎名”至“知其然”	从反面阐释“外物不可必”，一味追逐外物就会有伤德行。
	第四小部分	从“演门”至“因以踣河”	阐释正因为“外物不可必”，所以要顺事物之自然。
	第五小部分	从“演门”至末尾	阐释“外物不可必”，所以要得意忘言。

1. **外物不可必**[(1)]**，故龙逄（páng）**[(2)]**诛，比干**[(3)]**戮，箕子**[(4)]**狂，恶来**[(5)]**死，桀纣亡。人主莫不欲其臣之忠，而忠未必信，故伍员**[(6)]**流于江，苌（cháng）弘**[(7)]**死于蜀，藏其血三年而化为碧。人亲莫不欲其子之孝，而孝未必爱，故孝己**[(8)]**忧而曾参**[(9)]**悲。木与木相摩则然**[(10)]**，金与火相守则流。阴阳错行，则天地大絯**[(11)]**，于是乎有雷有霆，水中有火**[(12)]**，乃焚大槐。有甚忧两**

陷[13]而无所逃，螴（chén）蜳（dūn）[14]不得成，心若县[15]于天地之间，慰暋（mín）[16]沈屯[17]，利害相摩，生火甚多，众人焚和[18]，月[19]固不胜火[20]，于是乎有僓（tuí）然[21]而道尽。

（1）必：确定。

（2）龙逢：即关龙逢，夏桀贤臣，因直谏被杀，见《人间世》。

（3）比干：商纣庶叔，因直谏被剖心，见《大宗师》。

（4）箕子：商纣庶叔，因直谏不被采纳，害怕被害而装疯，见《大宗师》。

（5）恶来：纣王奸臣，后与纣王一起被杀。

（6）伍员：伍子胥，见《胠箧》篇。

（7）苌弘：周灵王时（一说周敬王）贤臣，因谗言被放逐。归蜀后自杀，其血化为碧玉，见《胠箧》篇。

（8）孝己：殷高宗之子，遭母后虐待而死。

（9）曾参：孔子弟子，字子舆。

（10）然：通“燃”。

（11）绞：通“骇”。

（12）水中有火：谓电也（陆德明《经典释文》引司马彪说）。

（13）两陷：陷入利害两端。

（14）螴蜳：犹怵惕也（成玄英《庄子疏》）。

（15）县：通“悬”。

（16）慰暋：郁闷。“慰”，郁也；“暋”，闷也（陆德明《经典释文》）。

（17）沈屯：沉郁（曹础基《庄子浅注》）。“沈”，深也；“屯”，难也（陆德明《经典释文》引司马彪说）。

（18）众人焚和：众人因计较利害而伤了内心和顺之气。

（19）月：形容人和顺的心境，与“火”相对。

（20）火：烦躁的心境。

（21）僓然：颓废的样子；“僓”，通“颓”（宣颖《南华经解》）。

译文：

外在的事物是没有一定的，所以关龙逢被诛，比干被杀，箕子装疯，恶来身死，桀、纣灭亡。君主没有不希望他的臣子忠心，然而忠心之臣未必能取得君主的信任，所以，伍员被抛尸于江中，苌弘死于西蜀，血被人收藏了起来，三年后化作碧玉。做父母的无不希望子女孝顺，然而孝顺的未必能得到父母的喜爱，所以孝己感到愁苦而曾参感到悲伤。木与木摩擦就会起火，金与火相接触就会熔化。阴阳错乱运行，就会引起天地的震动，于是雷声隆隆，雨中夹着闪电，能把大槐树都烧掉。人们忧喜过度，陷入利害之中而无法逃避，心神郁闷不得安宁，一颗心就好像高悬在天地之间，苦闷忧愁，利害得失就会在心中交战，焦躁烦乱，世俗之人就这样烧毁了内心的平和之气，和顺的心境禁不住欲望的焚烧，就会使精神颓废，天性荡然无存。

解说：

本段是本篇的核心，提出“外物不可必”的无是无非思想。

事物自身是无物之物，是变动不居的。没有什么东西是确定不变的，因而忠臣可能被杀，奸臣可能被诛，孝子也可能不受宠爱；木与木相摩擦就会燃烧，金与火相接触就会熔化，引起各种意外的事情。如果不明白这个道理，人就会陷于喜忧、利害、得失的交织之中而失去自性。

2. **庄周家贫，故往贷[1]粟于监河侯[2]。监河侯曰：“诺[3]。我将得邑金[4]，将贷子[5]三百金，可乎？”**

庄周忿（fèn）然[6]作色[7]曰：“周昨来，有中道[8]而呼者。周顾视车辙[9]中，有鲋鱼[10]焉。周问之曰：‘鲋（fù）鱼来[11]！子何为者邪？’对曰：‘我，东海之波臣[12]也。君岂有斗升之水而活我哉？’周曰：‘诺。我且[13]南游吴越之王，激[14]西江[15]之水而迎子，可乎？’鲋鱼忿然作色曰：‘吾失我常与[16]，我无所处。吾得斗升之水然[17]活耳，君乃言此，曾（céng）[18]不如早索[19]我于枯鱼[20]之肆[21]！’”

（1）贷：借。

（2）监河侯：监河之官（陈鼓应《庄子今注今译》），魏文侯也（成玄英《庄子疏》）。

（3）诺：犹今语“唉”，是许诺的状声词（曹础基《庄子浅注》）。

(4) 邑金：采邑的租税。

(5) 子：你。

(6) 忿然：生气的样子。

(7) 作色：变色。

(8) 中道：途中。

(9) 辙：车轮碾过留下的痕迹。

(10) 鲋鱼：鲫鱼。

(11) 来：语助词（陈鼓应《庄子今注今译》）。

(12) 波臣：犹曰水官（林希逸《庄子口义》）。

(13) 且：将。

(14) 激：阻遏水势使之急流（曹础基《庄子浅注》）。

(15) 西江：蜀江。惟蜀江从西来，故谓之西江是也（成玄英《庄子疏》）。

(16) 常与：常相与，经常在一起的，指水中。

(17) 然：则（曹础基《庄子浅注》）。

(18) 曾：竟。

(19) 索：求。

(20) 枯鱼：犹干鱼也（陆德明《经典释文》引李颐说），干鱼。

(21) 肆：市场。

译文：

庄周家里贫穷，所以前往监河侯那里借粮。监河侯说："好的，等我收封地的税金后，就借给你三百金，可以吗？"

庄周脸色大变说："我昨天来的时候，半道上听到有人喊我。我回头一看，在车轮碾过的坑洼中有一条鲫鱼。我问它：'鲫鱼，你这是怎么了呀？'鲫鱼回答道：'我是东海的水官。你有升斗之水救活我吗？'我说：'行啊，我将到南方去游说吴越的君王，让他们引西江之水来救你，可以吗？'鲫鱼生气地说：'我失去了生存的水，没有存身之处了。现在只要升斗之水就能活命，而你竟这样耍花腔，还不如干脆早点到干鱼店里找我呢！'"

解说：

这个故事通过庄子借粮的经历表明“外物不可必”的观念。

既然忠臣如龙逢、比干、箕子、伍员和奸臣恶来都可能被杀，那么水中的官员鲫鱼被困于坑洼也没有什么希奇，与天地精神独往来的庄子因贫穷被监河侯奚落也不值得大惊小怪。至于庄子的生气变色，当然是做给监河侯看的，而他心中并不会有好恶。因为他知道能否借到粮食是“不可必”的。

3. **任公子**[(1)]**为大钩巨缁**[(2)]**，五大犗**（jiè）[(3)]**以为饵，蹲乎会**（kuài）**稽**[(4)]**，投竿东海，旦旦**[(5)]**而钓，期年**[(6)]**不得鱼。已而**[(7)]**大鱼食之，牵巨钩，錎没**[(8)]**而下，骛**[(9)]**扬而奋鬐**（qí）[(10)]**，白波若山，海水震荡，声侔**[(11)]**鬼神，惮赫**[(12)]**千里。任公子得若**[(13)]**鱼，离**[(14)]**而腊**（xī）[(15)]**之，自制河**[(16)]**以东，苍梧**[(17)]**已（以）北，莫不厌**[(18)]**若鱼者。已而后世辁**（quán）**才**[(19)]**讽说之徒，皆惊而相告也。夫揭**[(20)]**竿累（缧）**[(21)]**，趣（趋）**[(22)]**灌渎**[(23)]**，守鲵鲋**[(24)]**，其于得大鱼难矣，饰小说**[(25)]**以干**[(26)]**县令**[(27)]**，其于大达**[(28)]**亦远矣，是以未尝闻任氏之风俗，其不可与经于世**[(29)]**亦远矣。**

（1）任公子：任国之公子（成玄英《庄子疏》）。“任”，国名，

（2）缁：黑绳也（成玄英《庄子疏》）。

（3）犗：阉了的牛。牛阉后长得特别肥壮（曹础基《庄子浅注》）。

（4）会稽：即会稽山，在浙江绍兴城东。

（5）旦旦：每天。

（6）期年：一周年。

（7）已而：不久。

（8）錎没：沉没（曹础基《庄子浅注》），“錎”，通“陷”。

（9）骛：乱跑。

（10）鬐：通“鳍”，鱼鳍。

（11）侔：同。

（12）惮赫：震惊。

（13）若：此。

(14) 离：剖开。

(15) 腊：腌制。

(16) 制河：浙江，今在会稽钱塘（陆德明《经典释文》引司马彪说）。

(17) 苍梧：山名，又名九疑山，在今湖南省宁远县。

(18) 厌：饱食。

(19) 辁才：浅薄之人。“辁”，用平面圆木制成而没有辐条的车轮，十分粗糙（曹础基《庄子浅注》）。

(20) 揭：举。

(21) 累：细绳也（成玄英《庄子疏》）。

(22) 趣：趋向。

(23) 灌渎：小水渠。

(24) 鲵鲋：小鱼。“鲵”，一种小鱼。“鲋”，鲋鱼。

(25) 小说：浅陋的言论。

(26) 干：求也（成玄英《庄子疏》）。

(27) 县令：求好名声。“县”，通“悬”，高。

(28) 大达：大道。

(29) 经于世：善于处理世事。

译文：

任国公子制作了一个巨大的吊钩和粗大的吊绳，用五十头牛作为钓饵，蹲在会稽山上，将钓竿投到东海，日复一日地钓着，可一整年都没有钓到一条鱼。后来，有条大鱼吞食了鱼饵，牵着大钩沉入海中，上下翻腾，鱼鳍摆动，掀起的白浪像山一般高，海水震荡，鱼的吼声犹如鬼神，震惊千里。任公子钓到这条大鱼之后，就把它剖开腊干，于是从浙江以东，到苍梧以北，没有人不饱吃这条鱼的。后来，那些见识浅陋又喜好议论的人，都觉得这件事十分惊奇，于是奔走相告。拿着小竿细绳等候在小沟渠旁，守着些小鱼，可想钓到大鱼就很难了。以浅薄的学说去追求美名的人，这对于领悟大道而言，差得太远了。因此，不曾领略过任氏之风的人，不可与其谈论世务，因为相差太远了。

解说：

这个故事阐述以“不可必”之心才能悟道。

任公子无心于钓大鱼，却钓得吞舟之鱼。而那些以“可必”之心想钓得大鱼的人却无法钓到大鱼。大道就相当于大鱼，世俗学说就相当于小鱼。不以无得之心而想以世俗的学说悟道的人，就像那些浅薄之徒成天蹲在小沟里，永远不能钓到吞舟之鱼一样。

4. 儒[1]以《诗》、《礼》发冢[2]，大儒胪[3]传曰：“东方作矣[4]，事之何若？”

小儒曰：“未解[5]裙[6]襦（rú）[7]，口中有珠。诗固有之曰：‘青青之麦，生于陵陂[8]。生不布施[9]，死何含珠为[10]！’[11]接[12]其鬓（bìn），压[13]其顪（huì）[14]，儒[15]以金椎控[16]其颐[17]，徐[18]别[19]其颊[20]，无伤口中珠！”

(1) 儒：儒生。

(2) 发冢：挖坟墓。

(3) 胪：苏林注《汉书》云，上传语告下曰胪（陆德明《经典释文》）。

(4) 东方作矣：谓日出也（陆德明《经典释文》引司马彪说)，东方亮了。

(5) 解：剥下。

(6) 裙：下裳。

(7) 襦：短衣。

(8) 陵陂：山坡。

(9) 布施：施舍。

(10) 为：疑问助词（曹础基《庄子浅注》）。

(11) 此是逸诗，久遭删削（成玄英《庄子疏》）。

(12) 接：撮也（成玄英《庄子疏》）。

(13) 压：按也（成玄英《庄子疏》）。

(14) 顪：颐下毛也（陆德明《经典释文》引司马彪说)。

(15) 儒：《艺文类聚》“儒”作“而”字。曹础基《庄子浅注》认为“儒”字是错字。

(16) 控：打也（成玄英《庄子疏》）。

(17) 颐：下巴。

(18) 徐：慢慢。

(19) 别：打开。

(20) 颊：双腮。

译文：

儒生盗墓时引用《诗》、《书》。大儒生引用诗句问："太阳快升起来了，事情进展得如何？"小儒回答说："死人的裙子和短袄还没脱下，他口中还含着颗珠子。"

大儒生又用诗说："《诗》上早就有这样的诗句：'青青的麦苗，长在山坡上。活着不施舍，死了何必含珠！'抓住他的鬓毛，扯住他的胡须，再用锤子敲打他的下巴，慢慢地分拨开他的两颊，不要损坏了口中的珠子！"

解说：

这个故事用"外物不可必"的思想嘲弄儒家。

儒家用《诗》、《书》来教人为善。谁能料想到，在这里《诗》、《书》却成了儒生用来粉饰盗掘坟墓的工具呢？世事有一定的吗？

5. **老莱子[1]之弟子出[2]薪，遇仲尼，反[3]以告，曰："有人于彼，修[4]上而趋下[5]，末偻[6]而后耳[7]，视若营四海[8]，不知其谁氏之子。"**

老莱子曰："是[9]丘也。召而来。"

仲尼至。曰："丘！去汝躬矜[10]与汝容知[11]，斯[12]为君子矣。"

仲尼揖而退，蹙然[13]改容而问曰："业[14]可得进乎？"

老莱子曰："夫不忍一世之伤而骜[15]万世之患，抑[16]固[17]窭（jù）[18]邪，亡[19]其略[20]弗及[21]邪？惠以欢为[22]，骜终身之丑[23]，中民[24]之行进[25]焉耳，相引以名，相结以隐[26]。与其誉尧而非桀，不如两忘而闭其所誉。反无非伤也[27]。动无非邪也[28]。圣人踌躇[29]以兴事[30]，以每成功[31]。柰何哉其载[32]焉终矜[33]尔！"

(1) 老莱子：楚之贤人隐者也，常隐蒙山（成玄英《庄子疏》）。

(2)《阙误》引张君房本出下有“拾”字（郭庆藩《庄子集释》）。

(3) 反：通“返”。

(4) 修：长。

(5) 趋下：下短也（陆德明《经典释文》引李颐说）。

(6) 末偻：末上，谓头前也，又谓背膂也（陆德明《经典释文》引李颐说），头朝前背部隆起。

(7) 后耳：耳朵后贴。

(8) 营四海：经营天下。

(9) 是：此。

(10) 躬矜：自身矜持。

(11) 容知：表现得有智慧。

(12) 斯：则。

(13) 蹙然：惊恐貌（成玄英《庄子疏》）。

(14) 业：学业，学道的事。

(15) 骜：通“傲”，轻视。

(16) 抑：或者。

(17) 固：本来。

(18) 窭：贫。

(19) 亡：无。

(20) 略：智略。

(21) 弗及：不能达到。

(22) 惠以欢为：即以欢为惠（曹础基《庄子浅注》）。“惠”，施惠予人。

(23) 丑：羞耻。

(24) 中民：平常人。

(25) 进：走向。

(26) 隐：私（俞樾《庄子平议》）。

(27) 反无非伤也：违反物性，无不伤损（成玄英《庄子疏》）。

(28) 动无非邪也：扰动心性无不是邪道。

(29) 踌躇：从容的样子。

(30) 兴事：作事。

(31) 以每成功：每每成功。

(32) 载：负。

(33) 矜：傲。

译文：

老莱子的弟子外出打柴，途中遇见孔子，回来问老莱子："我在路上碰到个人，上身长，下身短，额头突出，背脊弯曲，两耳后贴，看眼光好像在思考天下大事，不知道他到底是什么人。"

老莱子说："那一定是孔丘。你去叫他来。"

孔子来了，老莱子说："孔丘，去掉你矜持的行为和机智的外貌，就可以成为君子了。"

孔丘作揖而退下，脸色改变，不安地问："我的德业可以提高吗?"

老莱子说："不忍心见到一世的痛苦，却忽视了万世的祸患，是浅陋呢，还是智力不够呢？以施惠于人博取别人的欢心，却忽视了终身的耻辱，中等之人容易走向这一步。他们以名声来相互招引，用私利来相互吸引。与其称赞唐尧而非议夏桀，不如遗忘两者，放弃毁誉之心。背逆本性就会造成伤害，动摇心性就会生出邪念。得道者从容行事，因而总是成功。你为什么总是自矜于自己的行为呢?"

解说：

这个故事阐释追逐眼前的利益可能会带来万世的祸患。

夫不忍一世之伤而骜万世之患，抑固窭邪，亡其略弗及邪？惠以欢为，骜终身之丑，中民之行进焉耳，相引以名，相结以隐——是非是相对的，短期的是会造成长期的非。

与其誉尧而非桀，不如两忘而闭其所誉。反无非伤也。动无非邪也——心无是非则能得道。

6. 宋元君[1]夜半而梦人被发[2]窥[3]阿门[4]，曰：“予自[5]宰路[6]之渊，予为清江[7]使[8]河伯[9]之所，渔者余且（jū）[10]得予[11]。”

元君觉，使人占之，曰：“此神龟也。”

君曰：“渔者有余且乎？”

左右曰：“有。”

君曰：“令余且会朝[12]。”

明日，余且朝。君曰：“渔何得？”

对曰：“且之网得白龟焉，其圆五尺。”

君曰：“献若[13]之龟。”

龟至，君再[14]欲杀之，再欲活之，心疑，卜之，曰：“杀龟以卜吉。”乃刳（kū）[15]龟，七十二钻[16]而无遗筴（cè）[17]。

仲尼曰：“神龟能见梦[18]于元君，而不能避余且之网；知（智）能七十二钻而无遗筴，不能避刳肠之患。如是，则知有所困，神有所不及也。虽有至知，万人谋之。鱼不畏网而畏鹈（tí）鹕（hú）[19]。去小知而大知明，去善而自善矣。婴儿生无石[20]师而能言，与能言者处也。”

(1) 宋元君：宋国国君，谥号元，见《田子方》篇。

(2) 被发：散发。“被”，通“披”。

(3) 窥：偷看。

(4) 阿门：侧门，小门。“阿”，屋曲檐也（陆德明《经典释文》引司马彪说）。

(5) 自：从。

(6) 宰路：江畔渊名（成玄英《庄子疏》）。

(7) 清江：江名。

(8) 使：出使。

(9) 河伯：黄河神，见《秋水》篇。

(10) 余且：姓余，名且，打鱼的人。

(11) 予：我。

(12) 会朝：朝见。

(13) 若：你。

(14) 再：多次。

(15) 刳：剖开。

(16) 钻：占卜时灼钻龟板。每占必钻龟（宣颖《南华经解》）。

(17) 遗筴：失误。“筴”，一种占卜用的蓍草。

(18) 见梦：托梦。“见”，通“现”。

(19) 鹈鹕：一种水鸟，专门吃鱼。

(20) 石师：有的版本为“硕”（陆德明《经典释文》）。“硕师”，大师。

译文：

宋元君半夜梦见有人披头散发地在侧门旁窥看，对他说：“我来自宰路深渊，作为清江的使者到河伯那里去，却被渔夫余且捉住了。”

元君醒来，就叫人来占卜，占卜者说：“这是只神龟。”

元君问：“渔夫有叫余且的吗？”

左右回答说：“有。”

元君说：“叫余且来朝见我。”

第二天，余且前来朝见。元君问：“你打鱼时捕捞到了什么？”

余且回答说：“我用网捕到了一只白龟，周长有五尺。”

元君说：“把你捕获的白龟献上来”。

白龟送到后，宋元君一会儿想杀掉它，一会儿又想养活它，心里犹豫不决，又让人占卜，卜者说：“杀掉白龟用于占卜，大吉利。”于是杀掉白龟用来占卜，占了七十二卦没有一卦不灵验的。

孔子说：“神龟能托梦给宋元君，却不能逃避余且的鱼网；它的智巧能占卜七十二次而无不灵验，却不能逃脱剖腹挖肠的下场。这样看来，智巧也有行不通的时候，神灵也有达不到的地方。即使有再高超的智慧，也抵挡不了万人的算计。鱼不畏惧鱼网却害怕鹈鹕。去掉小聪明，方才显示大智慧；除去日常所谓的善，则至善自显。婴儿生下来并没有高明的老师教他就会说话，是因为他跟会说话的人在一起。”

解说：

这个故事通过神龟死后灵验、生前却无法预测自己死亡的事实阐明前文“外物不可必”的思想。

神龟很有智巧，被抓后能托梦给宋元君，被杀后占卜七十二次无不灵验，却招致被杀的下场——“外物不可必”。因此，孔子说，去掉小聪明（灵验）方能显示大智慧（活命），除去日常所谓的善而顺随变动不居的外物，则无善无恶的至善自显。

虽有至知，万人谋之。鱼不畏网而畏鹈鹕——心有是非智巧则与他人冲突，因而会遭万人算计。网指事物自身（道），鹈鹕是指小智巧。

7. **惠子谓庄子曰：“子[(1)]言无用。”**

庄子曰：“知无用而始可与言用矣。天[(2)]地非不广且大也，人之所用容足耳。然则厕[(3)]足而垫[(4)]之致黄泉，人尚有用乎？”惠子曰：“无用。”

庄子曰：“然则无用之为用也亦明矣。”

(1) 子：你。

(2) 天：《续古逸丛书》“天”作“夫”字。

(3) 厕：通“侧”，旁边。

(4) 垫：掘也（成玄英《庄子疏》）。

译文：

惠子对庄子说：“你的言论没有什么用处。”

庄子说：“知道无用，才能够跟他谈论有用。大地不能不说是广大的了，人所用的只是容足之地。然而，如果把立脚之外的地都挖到黄泉，那人所站立的那一小块地还有用吗？”惠子说：“没用。”

庄子说：“这样说来，无用之所以有用就很明显了。”

解说：

这个故事阐释前文无用未必真的无用的“外物不可必”思想。

将自己所没有踩的地方都挖掉（因为没有用），那么立足的地方也不能立足了。可见原先认为没用的却是有用的。谁能断定什么东西到底有没有用呢？

8. 庄子曰："人有能游[1]，且得不游乎？人而不能游，且得游乎？夫流遁[2]之志，决绝[3]之行，噫（yī），其非至知厚德之任[4]与！覆坠而不反[5]，火驰[5]而不顾，虽相与为君臣[7]，时也，易世而无以相贱。故曰至人不留行[8]焉。

(1) 游：自乐，"逍遥游"之"游"。

(2) 流遁：流荡逐物，逃遁不反（成玄英《庄子疏》）。

(3) 决绝：执志确然（成玄英《庄子疏》）。

(4) 任：作为。

(5) 反：通"返"。

(6) 火驰：火速。

(7) 与为君臣：相互易位为君臣。

(8) 留行：执着于自己的所作所为。

译文：

庄子说："人如果能悠闲自适，那么何往而不自得呢？人如不能悠闲自适，那么何往而自得呢？逐物的心志，固执的行为，唉，恐怕不是真知大德之人的作为吧！沉溺于世俗而不回头，如火般追逐外物而不知返，虽然有的是君、有的是臣，但那只是时运而已。如果情势变化了，就不会以原来的标准分别贵贱了。所以说至人无所偏执。

解说：

第八段至第九段阐释"外物不可必"因而得道者对世事不可偏执的思想。

如果沉溺于世，就会陷入成败之中；一旦情势变了，是非成败又可能颠倒。因此，真人悠闲自适，顺随世俗而为，但不执着君臣之分。既不逃离人世，也不沉溺于世俗，对世事无所偏执。

9. **夫尊古而卑今，学者之流也。且以狶韦氏[1]之流观今之世，夫孰[2]能不波[3]，唯至人乃能游于世而不僻[4]，顺人而不失己。彼教不学[5]，承意不彼[6]。**

(1) 狶韦氏：三皇已前帝号也（成玄英《庄子疏》），参见《大宗师》。

(2) 孰：谁。

(3) 波：变动。

(4) 僻：邪僻。

(5) 彼教不学：世人之教，我无心去学习。

(6) 承意不彼：表面接受，但内心不接受。

译文：

崇古薄今，是学者之流。如果狶韦氏之流看待当今之世，那谁能不随波逐流呢？只有至人才逍遥于世而不偏颇，顺随众人而不失自我。世人所教的，我无心去学；表面接受，但不必认同他们。

解说：

“外物不可必”，因而人们不可崇古薄今，也不可沉溺于世。

世俗学者心怀成见，薄古非今。如果用狶韦氏的观念看待当今之世，谁都有问题。得道的至人则不然，他们顺随众人，但不失去自我。

10. **目彻[1]为明，耳彻为聪，鼻彻为颤（shān）[2]，口彻为甘，心彻为知，知彻为德。凡道不欲壅[3]，壅则哽[4]，哽而不止则跈（niǎn）[5]，跈则众害生。物之有知者恃[6]息[7]，其不殷[8]，非天之罪。天之穿之，日夜无降[9]，人则顾[10]塞其窦[11]。胞[12]有重阆[13]，心有天游[14]。室无空虚，则妇姑[15]勃谿（xī）[16]；心无天游，则六凿[17]相攘[18]，大林丘山之善于人也，亦神[19]者不胜[20]。**

(1) 彻：通也（成玄英《庄子疏》）。

(2) 颤：通“膻”，善辨气味（曹础基《庄子浅注》）。

(3) 壅：堵塞。

(4) 哽：塞也（陆德明《经典释文》）。

(5) 跈：反乱（曹础基《庄子浅注》）。

(6) 恃：依靠。

(7) 息：气息。

(8) 殷：大。

(9) 天之穿之，日夜无降：自然畅通，日夜不停留。“穿”，穿通（成玄英《庄子疏》）。“降”，止也（成玄英《庄子疏》）。

(10) 顾：反。

(11) 窦：孔。

(12) 胞：指下文“室”。“心无天游，则六凿相攘”是对“心有天游”的阐发，“室无空虚，则妇姑勃谿”是对“胞有重阆”的阐发，所以，“胞”就是“室”。

(13) 阆：空也（成玄英《庄子疏》）。

(14) 天游：自然活动。

(15) 妇姑：婆婆与儿媳。

(16) 勃谿：争斗也（成玄英《庄子疏》）。

(17) 六凿：孔也（成玄英《庄子疏》）。

(18) 攘：谓六情攘夺（陆德明《经典释文》引司马彪说），扰。

(19) 神：心神。

(20) 不胜：乐不可支。

译文：

眼光通畅就是明，耳朵通畅就是聪，鼻子通畅就是敏，口舌通畅就是甘，心灵通畅就是智，智力通畅就是德。凡是合道的就不会壅塞，有壅塞就会有梗阻，有梗阻而不排除就会冲突，冲突就会产生各种危害。有知觉的物靠气息的流通，气息不畅通，那就不是自然的过失。自然的气息贯穿孔窍，日夜不停，人们却总是堵塞孔窍。屋内要有空隙的地方，内心要有遨游自然的空间；室内没有空隙的地方，婆媳就会争吵；内心运行不顺畅，六窍就会相扰。森林与山丘之所以引人入胜，是由于人们的心神在其中乐不可支。

解说：

本段阐释因为“外物不可必”，所以要顺其自然才能保持心灵顺畅。

与眼耳鼻舌要畅通（自然状态）一样，心灵也要畅通。万物都要畅通，否则就会有祸患。

11. **德溢**(1)**乎名，名溢乎暴**(2)**，谋稽**(3)**乎謑（xián）**(4)**，知出乎争，柴**(5)**生乎守**(6)**，官事**(7)**果**(8)**乎众宜**(9)**。春雨日时，草木怒生**(10)**，铫（yāo）鎒（nòu）**(11)**于是乎始修，草木之到植**(12)**者过半而不知其然。**

(1) 溢：荡。

(2) 暴：外露。

(3) 稽：考也（成玄英《庄子疏》）。

(4) 謑：急也（郭象《庄子注》）。

(5) 柴：塞也（郭象《庄子注》）。

(6) 守：执也（郭象《庄子注》）。

(7) 管事：所主管的事。

(8) 果：成也（俞樾《庄子平议》）。

(9) 众宜：与众人相适应。

(10) 怒生：旺盛生长。

(11) 铫鎒：耕田的农具。“铫”，大锄。“鎒”，锄。

(12) 到植：“倒植”，倒生。“到”，唐写本为“倒”字，通“倒”（宣颖《南华经解》）。“植”，锄拔反之更生者曰到植（陆德明《经典释文》引司马彪说）。

译文：

德行的外溢是由于名声，名声的外溢是由于显摆，计谋源于急迫，智巧源于争端，闭塞源于固执。官事在于顺应民众。春雨应时而降，草木勃然而生，于是开始整修农具，除草之后又有过半的倒生出来，而自己不知其所以然。

解说：

本段从反面阐释“外物不可必”。

追逐外物就会带来名声、计谋和智巧；固执又会产生闭塞。因此，合乎道德的做法是顺随外物。以官事做比方，官员如果能顺随民意，就会一切顺利。

春雨日时，草木怒生，铫鎒于是乎始修，草木之到植者过半而不知其然——时节到了，百姓修理农具，除草之后又有过半的倒生出来，做官的还不知道（无为而治）。

12. **静然可以补病**(1)**，眦**(2)**搣**(3)**可以休老**(4)**，宁**(5)**可以止遽**(6)。**虽然，若是**(7)**，劳者之务也，非佚**(8)**者之所未尝过而问焉**。**圣人之所以駴**(9)**天下，神人未尝过而问焉；贤人所以駴世，圣人未尝过而问焉；君子所以駴国，贤人未尝过而问焉；小人所以合时，君子未尝过而问焉**。

(1) 补病：养病。

(2) 眦：内外眼角。

(3) 搣：本亦作“搣”，《广韵》：搣，按也，摩也（（郭庆藩《庄子集释》引卢文弨说）。

(4) 休老：防止衰老。

(5) 宁：安宁。

(6) 遽：疾速也（成玄英《庄子疏》）。

(7) 是：此。

(8) 佚：安宁。“佚”，通“逸”。

(9) 駴：谓改百姓之视听也（陆德明《经典释文》引王穆夜说）。

译文：

静下心来可以调养病体，按摩双眼可以延缓衰老，安定可以平息急躁。即便如此，那都是操劳的人所做的，心境闲逸的人不去过问。圣人做惊动天下的事，神人不曾去过问；贤人做惊动天下的事，圣人不曾去过问；君子做惊动国人的事，贤人不曾去过问；小人做出苟合一时的事，君子不曾去过问。

解说：

本段阐释因为“外物不可必”，所以得道者顺事物之自然。

虽然心静、按摩、安宁对人都有好处，但真正安逸的人却不这样。与真正安逸的人不过问不安逸的人一样，得道的神人对儒家的得道者所做的自以为惊动天下的事不以为意（不过问）。同样，圣人不过问贤人所做的自以为惊动天下的事，贤人不过问君子所做的自以为惊动天下的事，君子不过问小人所做的自以为惊动天下的事。这里，圣人、贤人、君子、小人是儒家分别人的等级（没有神人），此处的圣人不是庄子所谓的得道者（如不是《逍遥游》中的圣人），而是儒家的圣人。

13. **演门[(1)]有亲死者，以善毁[(2)]爵[(3)]为官师[(4)]，其党人[(5)]毁而死者半。尧与许由天下，许由逃之；汤与务光[(6)]，务光怒之，纪他[(7)]闻之，帅弟子而踆[(8)]于窾（kuǎn）水[(9)]，诸侯吊之，三年，申徒狄[(10)]因以踣（bó）河[(11)]。**

(1) 演门：宋城门名（陆德明《经典释文》）。

(2) 善毁：以居丧（行孝道）毁容。

(3) 爵：封爵。

(4) 官师：一官之长（曹础基《庄子浅注》）。

(5) 党人：乡党，同乡人。

(6) 务光：夏时人，见《大宗师》篇。

(7) 纪他：传说中的隐者，见《大宗师》篇。

(8) 踆：同“蹲”。

(9) 窾水：水名。

(10) 申徒狄：姓申徒，名狄。

(11) 踣河：投河。“踣”，向前扑倒。

译文：

演门都城那里有个人死了双亲，由于他善于哀伤毁容而被封为一官之长，于是，他的同乡竞相仿效，结果死去大半。尧要禅让天下给许由，许由便逃走了；商汤想把天下禅让给务光，务光因此大发脾气；纪他听说了这件事，率领弟子隐居到窾水之旁，诸侯知道了纷纷前往慰问；三年之后，申徒狄仰慕他的风范，投河自尽了。

解说：

本段阐释“外物不可必”而要得意忘言。

仿效哀伤毁容而做官的人，他的同乡死者过半；仿效拒绝王位的人，最终投河自尽。这都是不知“外物不可必”的表现。

14. **荃**(1)**者所以在鱼，得鱼而忘荃；蹄者所以在兔，得兔而忘蹄**(2)**；言者所以在意，得意而忘言。吾安得夫忘言之人而与之言哉！”**

(1) 荃：《道藏》本、赵谏议本、覆宋本作“筌”字。“筌”，捕鱼的竹器。

(2) 蹄：捕兔子的工具。

译文：

鱼篓是用来捕鱼的，捕到鱼就忘掉鱼篓；兔网是用来捕捉兔子的，捕到兔子后就忘掉兔网；言语是用来表达意义的，明白了意义就忘掉言语。我到哪里能寻找到得意忘言的人和他交谈呢。”

解说：

道不可言（《道德经》第一章：“道，可道，非常道”），但离开语言就无法言道。得道者以言语言说，但不执着于言语，能做到得意忘言。

寓　言

本篇讲述庄子所运用的寓言、重言和卮言的写作方法。所谓卮言（顺随事物自身之言）就是“和以天倪”（合乎自然的分际）的写作方法。

本篇包括两部分。第一部分（从开头至“天倪也”）提出《庄子》一书中的三种写作手法：寓言、重言和卮言。寓言是借助第三者的话以增加说服力，重言是借助精通世事的长者的话以增加说服力，卮言是顺随事物之自然而言。其中，寓言手法占全书的十分之九，重言手法占十分之七，卮言手法则处处体现。寓言、重言有交叉重复，二者都体现卮言精神。

第二部分（从“庄子谓”至末尾）阐释第一部分的思想，阐发卮言的含义，包括五个故事。第一个故事（从“庄子谓”至“及彼乎”）阐发“卮言”的含义：无义利、无是非好恶。第二个故事（从“曾子再”至“乎前也”）从反面阐发“卮言”的含义。第三个故事（从“颜成子”至“有鬼邪”）描写颜成子游达到前文“和以天倪”、掌握“卮言”的修道过程。第四个故事（从“众罔两”至“有问乎”）阐明“和以天倪”、掌握“卮言”的含义。第五个故事（从“阳子居”至末尾）阐明前文“和以天倪”的含义。

我们讲本篇结构图示如下。

第一部分	从开头至“天倪也”	三种写作手法	寓言，重言，卮言。
第二部分	第一个故事	从“庄子谓”至“及彼乎”	阐发“卮言”的含义。
	第二个故事	从“曾子再”至“乎前也”	从反面阐发“卮言”的含义。
	第三个故事	从“颜成子”至“有鬼邪”	描写颜成子游达到前文“和以天倪”、掌握“卮言”的修道过程。
	第四个故事	从“众罔两”至“有问乎”	阐明“和以天倪”、掌握“卮言”的含义。
	第五个故事	从“阳子居”至末尾	阐明前文“和以天倪”的含义。

1. **寓言十九**(1)**，重言**(2)**十七，卮**(3)**言日出**(4)**，和以天倪**(5)。

(1) 寓言十九：寄之他人，则十言而九见信（郭象《庄子注》）。

(2) 重言：长老乡闾尊重者也。老人之言，犹十信其七也（成玄英《庄子疏》）。

(3) 卮：夫卮器，满即倾，空则仰，随物而变，非执一守故者也；施之于言，而随人从变，已无常主者也（陆德明《经典释文》引王穆夜说），随物而动。

(4) 日出：日新也（郭象《庄子注》）。

(5) 天倪：自然之分。“倪”，边际。

译文：

寓言占十分之九，重言占十分之七，卮言则处处展现，合于自然的分际。

解说：

本段提出《庄子》一书中的三种写作手法：寓言、重言和卮言。所谓寓言是借助他人之口所说出的话。同样的话，借助他人之口说出，比自己说更令人信服。所谓重言就是借助有见识的老人所说出的话。有见识的老人所说出的话令人信服。所谓卮言就是合乎自然的话。

寓言手法占十分之九，重言手法占十分之七，卮言手法则处处体现。寓言、重言有重复的部分，否则不可能寓言占十分之九、重言还能占十分之七（也有人认为是十分之九或十分之七有误）。寓言、重言都要符合卮言的原则。

2. **寓言十九，藉[(1)]外[(2)]论之。亲父不为其子媒[(3)]。亲父誉之，不若非其父者也；非吾罪也，人之罪也。与己同则应，不与己同则反；同于己为是之，异于己为非之。**

（1）藉：借也（陆德明《经典释文》）。

（2）外：他人。

（3）媒：做媒。

译文：

寓言占了十分之九，是借助外人来论说。父亲不给自己的儿子做媒。因为父亲夸赞自己的儿子，不如别人称赞；这不是我的过错，而是普通人猜疑的过错。与自己的观点相同的就应和，与自己观点不同的就反对；与自己观点一致的就肯定它，与自己观点不一致的就否定它。

解说：

本段解释什么是寓言、为什么要运用寓言。

因为普通人只认可与自己观点相同的，不认可与自己观点不同的，容易相信第三者的话。所以，运用寓言能增加说服力。

3. **重言十七，所以已言[(1)]也，是为耆艾[(2)]。年先矣，而无经纬[(3)]本末[(4)]以期[(5)]年耆者，是非先[(6)]也。人而无以先人[(7)]，无人道[(8)]也；人而无人道，是之谓陈人[(9)]。**

（1）已言：止其争辩（林希逸《庄子口义》）。"已"，止。

（2）耆艾：年长的人。六十岁为耆，五十岁为艾。

（3）经纬：本指织品的纹理（曹础基《庄子浅注》），指处世的本领。

(4) 本末：事物的始终、原委。

(5) 期：待也（成玄英《庄子疏》）。

(6) 非先：不能算年长。

(7) 先人：过人。

(8) 人道：为人之道。

(9) 陈人：陈久之人（郭象《庄子注》）。

译文：

重言占了十分之七，是为了终止争论，因为这是长者的言论。如果年龄虽长，但对世事没有与其年岁相符的见识，也不能算是长者。一个长者如果见识没有超人之处，就没有尽其为人之道；没有尽其为人之道，就叫做老朽。

解说：

重言是借助精通世事的长者的话来增加说服力。这里的长者是指年纪大且有相应见识的人，否则他的话就不是重言。

4. **卮言日出，和以天倪[(1)]，因以曼衍[(2)]，所以穷年[(3)]。不言则齐[(4)]，齐与言不齐[(5)]，言与齐不齐也，故曰无言。言无言[(6)]，终身言，未尝不[(7)]言；终身不言，未尝不言[(8)]。有自[(9)]也而可，有自也而不可；有自也而然，有自也而不然。恶乎然？然于然。恶乎不然？不然于不然。恶乎可？可于可。恶乎不可？不可于不可。物固[(10)]有所然，物固有所可，无物不然，无物不可。非卮言日出[(11)]，和以天倪，孰得其久！万物皆种也，以不同形[(12)]相禅[(13)]，始卒[(14)]若环，莫得其伦[(15)]，是谓天均[(16)]。天均者天倪也。**

(1) 天倪：自然的分际。

(2) 曼衍：无心也（成玄英《庄子疏》）。

(3) 穷年：终其天年。

(4) 不言则齐：无言论则万物没有分别。“齐”，齐一，等同，即《齐物论》之“齐”。

(5) 齐与言不齐：齐与言不等同，所以不齐。

(6) 言无言：言无言之言，言而不执着于言。

(7) 不：《道藏》、成玄英《庄子疏》等都没有无“不”字。

(8) 未尝不言：不是不说话（而是以无物之心而言）。

(9) 自：由也（郭象《庄子注》）。

(10) 固：本来。

(11) 日出：经常运用。

(12) 形：状态。

(13) 禅：代也（成玄英《庄子疏》）。

(14) 始卒：始终。

(15) 伦：端倪（（郭庆藩《庄子集释》引郭嵩焘说）。

(16) 天均：自然之分。

译文：

卮言则随处可见，合乎自然的分际，无心地顺随事物的变化，这样就能尽享天年。不说话则事物就自然齐一；齐一加上（有分别的）言论就不齐一了，（有分别的）言论与齐一也不齐，所以说，不要（有分别的）言论。如果言论是无分别的，那么即使终身在说话，也等于无言；如果有分别，即使终身无言，也不是无言。可以，自有可以的原因；不可以，自有不可以的原因。是，自有是的原因；不是，自有不是的原因。为什么是？是有是的本性，为什么不是？不是有不是的本性。事物有是的本性，为什么可以？事物有其可以的本性，为什么不可以？事物本来有不可以的本性。万物本来就有可以的道理。没有什么东西绝对不是，也没有什么东西绝对不可。如果不能顺随自然而言，合乎自然的分际，怎么能维持长久呢？万物都是不同的种类，以不同的状态相互衔接，循环终始，不知端倪，这就叫作自然之分。自然之分就是自然而然的分际。

解说：

本段阐释什么是顺随事物之自然的卮言以及为什么要使用卮言。

事物虽然有自然的分际，但没有绝对的分别，万物是齐一的（参见《齐物论》）；所谓可与不可、是与不是的分别是相对而言的。因此，如果是分别的言论，那么万物与言就不齐一；如果是无分别的卮言，那么这种言语与齐一的万物也齐一，从而将是与不是、可与不可混而为一。本段与《齐物论》“何谓和之以天倪”段有些文字相同，可参看。

言无言终身言，未尝不言；终身不言，未尝不言——无心则有言也是无言，有心则无言也是有言。一切取决于是否有心、有我。

有自也而可，有自也而不可；有自也而然，有自也而不然。恶乎然？然于然。恶乎不然？不然于不然。恶乎可？可于可。恶乎不可？不可于不可——日常事物的是非是不确定的。

物固有所然，物固有所可，无物不然，无物不可。非卮言日出[11]，和以天倪，孰得其久！万物皆种也，以不同形相禅，始卒若环，莫得其伦，是谓天均。天均者天倪也——既然没有确定的是非，那么以什么知道我们的行动呢？顺随事物自身而为。

5. **庄子谓惠子曰：“孔子行年六十而六十化[1]，始时所是，卒而非之，未知今之所谓是之非五十九非也。”**

(1) 化：与时俱也（郭象）。

译文：

庄子对惠子说：“孔子年岁六十了，六十年中还在与时俱进，开始认为是对的，后来又认为是错的，不知道现在认为是对的，就不是五十九岁时所认为不对的！”

解说：

这个故事阐发“卮言”的含义。

事物是变动不居的，因而如果没掌握卮言，就会处在是非好恶之中。孔子六十岁了还在改变自己的观点，下文又说孔子悟道了，说明孔子在五十九岁时还没有掌握卮言。

6. **惠子曰：“孔子勤志[1]服知[2]也。”**

庄子曰："孔子谢[3]之矣，而其未之尝言[4]。孔子云：'夫受才乎[5]大本[6]，复灵[7]以生。鸣而当律[8]，言而当法，利义陈乎前，而好恶是非直[9]服人之口而已矣。使人乃以心服，而不敢蘁（è）[10]立，定天下之定[11]。'已乎[12]已乎！吾且不得及彼乎！"

（1）勤志：励志勤行（成玄英《庄子疏》）。

（2）服知：运用心智。"服"，用也（成玄英《庄子疏》）。

（3）谢：弃绝。

（4）未之尝言：即未尝言之。

（5）乎：于（成玄英《庄子疏》）。

（6）大本：大道。

（7）复灵：复于灵命（成玄英《庄子疏》）。

（8）鸣而当律：一开口就合乎法则。"鸣"，声也；"当"，中也（成玄英《庄子疏》）。

（9）直：只。

（10）蘁：逆也（陆德明《经典释文》）。

（11）定天下之定：确立天下的准则。

（12）已乎：罢了。

译文：

惠子说："孔子是专心致志、运用智巧吗？"

庄子说："孔子已经放弃智巧了，未尝多言。孔子说：'人的才智受之于自然，含灵性而生。发声合乎声律，说话合于法度。面对利与义，喜欢分辨好坏是非，就只能使人口服而已。要使人心服而不敢违逆，那就要确立天下的定规。'算了吧算了吧，我还比不上孔子呢！"

解说：

孔子认为，义利之辨、好恶是非都属于狭隘的成见，不是自然的东西；人的禀赋源于自然，发声自然合律，话语自然合法度，顺随事物之定规（即上文的"和以天倪"）。孔子的这些话就是"卮言"。因此，庄子反驳惠子说，孔子已经超越了世俗的东西，自己不如孔子。

7. **曾子[1]再仕而心再化[2]，曰："吾及亲[3]仕，三釜[4]而心乐；后仕，三千锺[5]而不洎[6]，吾心悲。"**

(1) 曾子：姓曾，名参，孔子弟子。

(2) 再化：内心的感受再次变化。

(3) 及亲：趁父母在世。

(4) 釜：六斗四升（成玄英《庄子疏》）。

(5) 锺：六斛四斗（成玄英《庄子疏》）。

(6) 洎：及也（郭象《庄子注》）。

译文：

曾参第二次做官时，心境发生了变化，他说："双亲在世时我做官，俸禄只有三釜而心里感到快乐；父母去世后再做官，俸禄三千钟，但没法赡养双亲了，所以心里很悲伤。"

解说：

这个故事从反面阐发"卮言"的含义。

心里有悲伤就还处在是非好恶之中，因而曾子之言不是卮言。

8. **弟子问于仲尼曰："若参者，可谓无所县[1]其罪[2]乎？"**

曰："既已县矣。夫无所县者，可以有哀乎？彼视三釜三千锺，如观雀蚊虻相过乎前也。"

(1) 县：通"悬"，系，吊。

(2) 罪：指利禄。

译文：

弟子问孔子："像曾参这样的，可以说没有为俸禄之网牵系吧？"

孔子说："已经有所牵系了。如果心无牵系，还会有悲伤吗？心无牵系的人看待三釜、三千钟的俸禄，就像看到鸟雀、蚊虻从眼前飞过一样不在意。”

解说：

学生只看到了曾子好像不在乎俸禄。实际上，曾子的俸禄虽然增多了，但父母不在，无法赡养，所以他感到悲伤。这说明曾子还在间接地计较俸禄的多少。悲伤与计较使曾子不得逍遥。

9. **颜成子游**(1)**谓东郭子綦**(2)**曰：“自吾闻子**(3)**之言，一年而野**(4)**，二年而从**(5)**，三年而通**(6)**，四年而物**(7)**，五年而来**(8)**，六年而鬼入**(9)**，七年而天成**(10)**，八年而不知死，不知生，九年而大妙**(11)。

(1) 颜成子游：子綦弟子也（成玄英《庄子疏》），参见《齐物论》篇。

(2) 东郭子綦：居在郭东，号曰东郭，犹是齐物篇中南郭子綦也（成玄英《庄子疏》）。

(3) 子：你。

(4) 野：质朴也（成玄英《庄子疏》）。

(5) 从：顺从。

(6) 通：通达。

(7) 物：与物同也（郭象）。

(8) 来：为众归也（成玄英《庄子疏》）。

(9) 鬼入：神会理物（成玄英《庄子疏》）。

(10) 天成：合自然成（成玄英《庄子疏》）。

(11) 大妙：玄妙的境界。“妙”，精微也（成玄英《庄子疏》）。

译文：

颜成子游对东郭子綦说：“自从我听了你的教诲后，一年就返归淳朴，两年就顺从世俗，三年就通达事理，四年就与物混同，五年后众物来集，六年后神鬼来舍，七年就合于自然，八年就混同生死，九年之后就达到玄妙的境界。”

解说：

第九至十段这个故事描写颜成子游达到前文“和以天倪”、掌握“卮言”

的修道过程。

前三年达到熟悉世事的程度，第四年就能与物混同。但这里的混同与得道者的混同不一样。得道者的混同前提是达到了无我、无物状态，即已经彻底悟道了。而这里所谓的混同是心中有物的状态。第五年的众物来归、第六年的神鬼来舍也一样没有达到无我、无物的状态。直到第七年合乎自然，才达到了心无是非的境界；第八年玄同生死，才达到了无封境界。第九年最终达到了悟道的玄妙境界（无物）。达到无物的玄妙境界，才能做到“和以天倪”。这时，如果再回头看看玄同生死、心无是非等等境界，就会是另一番景象。

10. **生有为，死也(1)。劝公(2)以其死也有自(3)也；而生阳(4)也，无自也。而果然乎？恶(5)乎其所适(6)？恶乎其所不适？天有历数(7)，地有人据(8)，吾恶乎求之？莫知其所终，若之何其无命也？莫知其所始，若之何其有命也？有以相应也，若之何其无鬼邪？无以相应也，若之何其有鬼邪？”**

(1) 生有为，死也：生而有为则丧其生（郭象《庄子注》）。

(2) 公：指天道（曹础基《庄子浅注》）。

(3) 自：由也（郭象《庄子注》）。

(4) 生阳：指赋予生机。

(5) 恶：哪里。

(6) 适：适宜。

(7) 历数：时间度数，如年月日时之类。

(8) 人据：适合人居住的地方。

译文：

人生在世如果妄为，就会走向死路。奉劝世人，生命终结是有原因的。生命产生于阳气，是没有来由的。你果真是这样的吗？哪是适宜的？哪是不适宜的呢？天有自身的变化，地有方域版图，我还去哪里寻找呢？没有人知道生命的归向，怎么能断定没有命运？没有人知道生命的起始，又怎么能断定有命运？如果物与物相应，怎么能说没有鬼神呢？如果物与物不相应，又怎么说有鬼神呢？”

解说：

人生在世，没有东西是不变的。如果不顺物而为，就会走向死路。没有人知道生命的起始、归向（无封），也没有人知道有没有命运，有没有鬼神，一切都是不确定的（无是非）。

11. **众罔两[1]问于景[2]曰："若[3]向[4]也俯而今也仰，向也括撮（cuō）[5]而今也被发[6]，向也坐而今也起，向也行而今也止，何也？"**

（1）罔两：影外微阴也（成玄英《庄子疏》），参见《齐物论》。

（2）景：通"影"。

（3）若：你。

（4）向：刚才。

（5）括撮：束发。"撮"，束发也（成玄英《庄子疏》）。

（6）被发：散发。"被"，"披"。

译文：

众多影子旁边的微阴问影子："你刚才低头，现在仰头；刚才束发，现在披发；刚才坐着，现在站着；刚才行走，现在停下。为什么呢？"

解说：

第十一至十二段这个故事阐明前文"和以天倪"、掌握"卮言"的含义。

事物自身是无物之物，本来就是变动不居的，因而没有什么固定的标准。影外的微阴执着于某种标准，所以对影子的不断变化产生了质疑。

12. **景曰："搜搜[1]也，奚稍问[2]也！予[3]有而不知其所以[4]。予，蜩（tiáo）甲[5]也，蛇蜕[6]也，似之而非[7]也。火与日，吾屯[8]也；阴与夜，吾代[9]也。彼吾所以有待邪？而况乎以无有待者乎！彼来则我与之来，彼往则我与之往，彼强阳[10]则我与之强阳。强阳者又何以有问乎？"**

（1）搜搜：无心运动之貌也（成玄英《庄子疏》），一说意为区区。

(2) 奚稍问：何消问。“奚”，何。“稍”，通“屑”。

(3) 予：我。

(4) 所以：原因。

(5) 蜩甲：蝉壳。

(6) 蛇蜕：蛇脱皮。

(7) 似之而非：自己的行为像蝉脱壳、蛇脱皮一样，但又与之不同。

(8) 屯：聚也（成玄英《庄子疏》）。

(9) 代：谢也（成玄英《庄子疏》）。

(10) 强阳：运动之貌也（成玄英《庄子疏》）。

译文：

影子回答：“区区小事，何劳询问？我有这样的行止却不知道原因。我像蝉脱壳吗？像蛇蜕皮吗？像但又不像。有了火与阳光，我就显现；等到阴天与黑夜，我就消失。有形的火和阳光是我所要依赖的吗？何况那些没有依赖的东西呢！它来了，我便随之而来；它去了，我就随之而去；它运动，我就随之活动。顺之而动而已，又有什么可问的呢？”

解说：

蝉脱壳就有了新的蝉，蛇蜕皮就有了新的蛇。同样，影子变化后就有了不同的影子。它们都依赖他物。所不同的是，前两者是有实体的，后者是无实体的。因此，影子说，像但又不像。影子的生灭依赖能分别对待的火与阳光。火与阳光尚且变动不已，自己当然也就变动不居。至于自己不依赖的东西（道），更是无从言说。可参见《齐物论》“罔两问景”的故事。

13. **阳子居[1]南之[2]沛[3]，老聃西游于秦，邀[4]于郊[5]，至于梁[6]而遇老子。老子中道[7]仰天而叹曰：“始以汝为可教，今不可也。”**

阳子居不答。至舍[8]，进盥[9]漱[10]巾栉（zhì）[11]，脱屦（jù）[12]户外，膝行而前曰：“向者弟子欲请夫子，夫子行不闲，是以[13]不敢。今闲矣，请问其过。”

老子曰：“而[14]睢（huī）睢盱（xū）盱[15]，而谁与居？大白若辱，盛德

若不足[16]**。”**

（1）阳子居：姓杨，名朱，字子居（成玄英《庄子疏》）。

（2）之：往。

（3）沛：地名，今江苏徐州。

（4）邀：迎候。

（5）郊：郊外。

（6）梁：大梁，今河南开封。

（7）中道：途中。

（8）舍：旅馆。

（9）盥：洗手器具。

（10）漱：漱口。

（11）栉：梳子。

（12）屦：麻鞋。

（13）是以：因此。

（14）而：你。

（15）睢盱：躁急威权之貌也（成玄英《庄子疏》）。

（16）大白若辱，盛德若不足：引自《道德经》第四十一章。

译文：

阳子居前往南方的沛地，老聃正好西游到秦地。阳子居在沛地郊外迎候老聃，到梁地见到了老聃。在途中，老子仰天长叹：“当初我以为你可以教导，现在看起来不行。”

阳子居没回话。到了旅店后，阳子居恭敬地奉上各种盥洗用具，把鞋子脱在门外，然后膝行上前说：“刚才弟子想请教先生，先生在旅途中没有空闲，所以不敢打扰。现在有空了，请您告诉我不可教导的原因。”

老子说：“你一副傲慢的神态，谁愿和你相处呢？最洁白的东西好像有污点，最具德行的人好像有所不足。”

解说：

这个故事阐明前文“和以天倪”的含义。

得道之人心中无我、无是非、无贵无贱。而阳子居神态傲慢，这是心中有我的表现。有我，人们就会敬而远之（从后文看，阳子居似乎是有权势之人）。阳子居听了老子之言，就虚心接受，说明他还是可以教育的。老子说他不可教育，这是激将法。

14. **阳子居蹴（cù）然**(1)**变容**(2)**曰：“敬闻命矣！”**

其往也，舍者(3)**迎将**(4)**，其家公**(5)**执席**(6)**，妻执巾栉（zhì）**(7)**，舍者**(8)**避席，炀者**(9)**避灶。其反**(10)**也，舍者与之争席矣。**

(1) 蹵然：惭悚也（成玄英《庄子疏》）。

(2) 变容：改变态度。

(3) 舍者：旅店的人。

(4) 将：送。

(5) 家公：旅舍主人（陈鼓应《庄子今注今译》）。

(6) 执席：安排席位。

(7) 巾栉：毛巾、梳子。

(8) 舍者：先来的客人。

(9) 炀者：做饭的人。“炀”，烤。

(10) 反：通“返”。

译文：

阳子居听了羞惭变色说：“敬听先生的教导。”

阳子居刚来旅店的时候，店里的人都来迎接，旅舍男主人亲自安排座席，女主人拿着毛巾梳子侍候，先来的旅客都得让座，厨师离开灶火。等到他离开旅馆的时候，旅店的客人与他争夺座位。

解说：

心中有我则人人敬而远之，去掉心中之我就能与他人打成一片。这正是庄子“有人之形”的注脚（《德充符》）。

让　王

本篇阐述“道之真以治身”（道的真谛是养生）、“养志者忘形，养形者忘利，致道者忘心”（养心志的人忘了养形体，养形体的人忘了利益，追求大道的人忘了心机）的思想。

本篇可以分为三部分。第一部分包括八个故事（从开头至“为君反也”），阐发后文“道之真以治身”的含义。

第二部分（从“故曰”至“之重哉”）提出本篇“道之真以治身”的思想。

第三部分（从“子列子”至末尾）阐释第二大部分“养志者忘形，养形者忘利，致道者忘心”的含义，包括九个故事。第一个故事（从“子列子”至“杀子阳”）阐释第二大部分“道之真以治身”的含义。第二个故事（从“楚昭王”至“不受也”）阐发后文“养志者忘形，养形者忘利，致道者忘心”的含义。第三个故事（从“原宪”至“不忍为也”）阐释后文“养志者忘形，养形者忘利，致道者忘心”的含义。第四个故事（从“曾子”至“忘心矣”）提出并阐释“养志者忘形，养形者忘利，致道者忘心”的思想。第五个故事（从“孔子”至“之得也”）通过颜回与孔子的对话阐述上文“养志者忘形，养形者忘利，致道者忘心”的含义。第六个故事（从“中山公子”至“其意矣”）阐释“养形者忘利”的含义：如果做不到“忘利”，就应该顺随自身的欲望而不可强行压制。第七个故事（从“孔子”至“共首”）阐发“养志者忘形，养形者忘利，致道者忘心”的含义。第八个故事（从“舜以天下”至“庐水”）通过卞随、瞀光、伊尹三个人的表现阐释“养志者忘形，养形者忘利，致道者忘心”的含义。第九个故事（从“昔周”至末尾）从反面阐述“养形者忘利，致道者忘心”的含义。

我们将本篇结构图示如下。

第一部分	从开头至“为君反也”	用八个相似的故事阐发后文“道之真以治身”的含义。	
第二部分	从“故曰”至“之重哉”	提出本篇“道之真以治身”的思想。	
第三部分阐释第二大部分“养志者忘形、养形者忘利、致道者忘心”的含义	第一个故事	从“子列子”至“杀子阳”	阐释“道之真以治身”的含义。
	第二个故事	从“楚昭王”至“不受也”	阐发“养志者忘形、养形者忘利、致道者忘心”的含义。
	第三个故事	从“原宪”至“不忍为也”	阐发“养志者忘形、养形者忘利、致道者忘心”的含义。
	第四个故事	从“曾子”至“忘心矣”	提出“养志者忘形、养形者忘利、致道者忘心”的含义。
	第五个故事	从“孔子”至“之得也”	通过颜回与孔子的对话阐述“养志者忘形、养形者忘利、致道者忘心”的含义。
	第六个故事	从“中山公子”至“其意矣”	阐释“养形者忘利”的含义：如果做不到“忘利”，就应该顺随自身的欲望而不可强行压制。
	第七个故事	从“孔子”至“共首”	阐发“养志者忘形、养形者忘利、致道者忘心”的含义。
	第八个故事	从“舜以天下”至“庐水”	通过卞随、瞀光、伊尹三个人的表现阐释“养志者忘形、养形者忘利、致道者忘心”含义。
	第九个故事	从“昔周”至末尾	从反面阐述“养形者忘利，致道者忘心”的含义。

1. **尧以天下让许由，许由不受。又让于子州支父**(1)**，子州支父曰：“以我为天子，犹**(2)**之可也。虽然，我适**(3)**有幽忧**(4)**之病。方且治之，未暇治天下也。”夫天下至重也，而不以害其生，又况他物乎！唯无以天下为者，可以托天下也**(5)**。**

(1) 子州支父：姓子，名州，字支父，怀道之人，隐者也（成玄英《庄子疏》）。

(2) 犹：还。

(3) 适：刚刚。

(4) 幽忧：隐忧。“幽”，深。

(5) 唯无以天下为者，可以托天下也：《道德经》第十三章：故贵以身为天下，若可寄天下；爱以身为天下，若可托天下。意为 只有把生命看得比天下还重的人，才可以将天下交付给他；只有把生命看得比天下更值得爱的人，才可以将天下托付给他。

译文：

尧将君位让给许由，许由不接受。他又让给子州支父，子州支父说：“让我做国君，是可以考虑的。不过，我刚患有隐疾，正想治疗，没有时间去治理天下。”天下是贵重的东西，但也不能让它妨碍自己的生命，更何况是其他的事呢！只有那些不以天下为意的人，才可以寄托天下。

解说：

这个故事阐述后文“道之真以治身”的含义。

天下是最贵重的东西，但在子州支父看来，天下不如自己的生命重要。正因为他将生命看得比天下还要重，不因天下贵重而去追逐，所以尧才会有将天下让与他的打算。

2. **舜让天下于子州支伯**[1]。**子州支伯曰：“予适有幽忧之病，方且治之，未暇治天下也。”故天下大器也，而不以易生，此有道者之所以异乎俗者也。**

(1) 子州支伯：即上文的子州支父。

译文：

舜要将君位让给子州支伯，子州支伯说：“我患有重病，正准备治疗，没有时间去治理天下。”所以即使是天下这种贵重的东西，也不以生命去换取，这就是有道的人与世俗的人不同的地方。

解说：

这个故事的含义与上一段相同。

3. **舜以天下让善卷[1]，善卷曰："余[2]立于宇宙之中，冬日衣皮毛，夏日衣葛[3]絺（chī）[4]；春耕种，形足以劳动；秋收敛，身足以休食；日出而作，日入而息，逍遥于天地之间而心意自得。吾何以天下为哉！悲夫，子[5]之不知余也！"遂不受。于是去而入深山，莫知其处。**

（1）善卷：姓善，名卷，隐者（成玄英《庄子疏》）。

（2）余：我。

（3）葛：一种草。

（4）絺：细葛布。

（5）子：你。

译文：

舜想将君位禅让给善卷，善卷说："我昂首站立在天地之间，冬天穿皮毛，夏天穿粗布；春天耕种，身体能够劳动；秋天收获，身子能够安养；太阳出来就去工作，太阳下山就休息，逍遥自在地栖息于天地之间，已经心满意足了。我要君位有什么用？可悲呀，你太不了解我了！"善卷不肯接受，然后离开住处逃进深山，没有人知道他的去向。

解说：

善卷通过自己的劳作就能生活得逍遥自在，他没有追求更多利益的欲望，也就没有追求名的欲望。因此，君位对他而言没什么意义（参见《逍遥游》"尧让天下"的故事）。

4. **舜以天下让其友石户之农[1]，石户之农曰："卷卷[2]乎后[3]之为人，葆力[4]之士也！"以舜之德为未至也，于是夫负[5]妻戴[6]，携子以入于海，终身**

不反也。

(1) 石户之农："石户"，地名也。"农"，人也，今江南唤人作农。此则舜之友人也（成玄英《庄子疏》）。

(2) 卷卷：用力貌（郭象《庄子注》）。

(3) 后：君，指舜。

(4) 葆力：勤力（曹础基《庄子浅注》）。

(5) 负：背。

(6) 戴：用头顶顶东西（曹础基《庄子浅注》）。

译文：

舜想要将君位让给他的朋友石户的农夫，石户的农夫说："你做国君多么辛苦，真是个劳碌的人呀！"石户的农夫认为舜的德行还不够，于是丈夫背起家当，妻子顶着东西，带着子女隐居到海岛，终生没有再回来。

解说：

这个故事还是阐发后文"道之真以治身"的含义。

5. **大（tài）王亶（dǎn）父[(1)]居邠（bīn）[(2)]，狄人[(3)]攻之；事之以皮帛而不受，事之以犬马而不受，事之以珠玉而不受，狄人之所求者土地也。大王亶父曰："与人之兄居而杀其弟，与人之父居而杀其子，吾不忍也。子[(4)]皆勉居[(5)]矣！为吾臣与为狄人臣奚[(6)]以异！且吾闻之，不以所用养[(7)]害所养[(8)]。"因杖筴（cè）[(9)]而去之。民相连而从之，遂成国于岐山[(10)]之下。夫大王亶父，可谓能尊生[(11)]矣。能尊生者，虽贵富不以养伤身，虽贫贱不以利累形[(12)]。今世之人居高官尊爵者，皆重失之[(13)]，见利轻亡其身，岂不惑哉！**

(1) 亶父：周朝的始祖，王季的父亲，文王的祖父。

(2) 邠：又作"豳"，地名，在山西省彬县。

(3) 狄人：猃狁也（成玄英《庄子疏》）。

(4) 子：你们，指邠地百姓。

(5) 励居：好好地居住下去（曹础基《庄子浅注》）。

(6) 奚：何。

(7) 用养：土地也（成玄英《庄子疏》）。

(8) 所养：百姓也（成玄英《庄子疏》）。

(9) 筴：策，拐杖。

(10) 岐山：地名，在陕西省。

(11) 尊生：珍重生命。

(12) 累形：劳累身体。

(13) 重失之：把失去高官爵禄的事看得太重。

译文：

大王亶父住在邠地，狄人前来进犯。大王亶父拿兽皮和布帛奉送给狄人，他们不肯接受；把狗和马奉送给狄人，他们也不肯接受；把珍珠宝玉奉送给狄人，他们还是不肯接受；狄人所要的是土地。大王亶父说："与人家的兄长居住在一起而杀死他的弟弟，与人家的父亲居住在一起而杀死他的儿子，我不忍心这样去做。你们好好住在这里吧！做我的臣子与做狄人的臣子有什么不同呢！而且我听说，不能用养人的土地去危害其所养的百姓。"于是他拄着拐杖离开了邠地。老百姓连续不断地跟从，到岐山脚下又建立了新的国家。大王亶父可以说是善于养生的人。能尊重生命的，即使处在富贵中也不会伤害其身体，即使处在贫贱中也不会拖累形体。现今那些身居高位的人，都把失去官位看得太重，见到利禄就轻易地牺牲自己的生命，岂不太糊涂了吗！

解说：

这个故事通过大王亶父的故事阐明后文"道之真以治身"的含义。

6. **越人三世弑其君(1)，王子搜(2)患之，逃乎丹穴(3)。而越国无君，求王子搜不得，从之丹穴。王子搜不肯出，越人熏之以艾(4)。乘以王舆(5)。王子搜援(6)绥(7)登车，仰天而呼曰："君乎君乎！独不可以舍我乎！"王子搜非恶为君也，恶为君之患也。若王子搜者，可谓不以国伤生矣，此固越人之所欲得为君也。**

(1) 越人三世弑其君：越王翳被他的儿子杀掉；越人又杀掉他的儿子，立无余为君；无余又被杀掉，立无颛为国君。“弑”，臣杀君、子杀父为弑。

(2) 王子搜：即无颛，搜是王子之名，

(3) 丹穴：南山洞也（成玄英《庄子疏》）。

(4) 艾：艾草。

(5) 王舆：国君坐的车。

(6) 援：拉着。

(7) 绥：车上的绳子。

译文：

越人杀害了三代国君，王子搜害怕，就逃到了丹穴洞中。越国没有国君了，又找不到王子搜，就搜寻到那个山洞。王子搜不出来，越人就用艾草去熏他。请他坐上君王的车。王子搜拉着车绳上车，仰天呼喊：“君位啊！君位啊！难道就不肯放过我吗?”王子搜不是讨厌做国君，而是讨厌做国君所带来的祸患。像王子搜这样的人，可以说不以君位伤害生命，这正是越国人要他做国君的原因。

解说：

王子搜之所以不肯做国君，是因为国君之位会危及生命。在无危险的养生和有危险的君位之间，当然选择前者。

7. 韩魏相与争侵地。子华子[1]见昭僖（xī）侯[2]，昭僖侯有忧色。子华子曰：“今使天下书铭[3]于君之前，书之言曰：‘左手攫[4]之则右手废，右手攫之则左手废，然而攫之者必有天下。’君能攫之乎?”

昭僖侯曰：“寡人不攫也。”

子华子曰：“甚善！自是[5]观之，两臂重于天下也，身亦重于两臂。韩之轻于天下亦远矣，今之所争者，其轻于韩又远。君固[6]愁身伤生以忧戚不得也！”

僖侯曰：“善哉！教寡人者众矣，未尝得闻此言也。”子华子可谓知轻重

矣。

(1) 子华子：魏国贤人，《则阳》篇中魏之华子。

(2) 昭僖侯：韩国昭侯 (韩国无昭僖侯)。

(3) 铭：书记也 (成玄英《庄子疏》)，契约之类的东西。

(4) 攫：夺取。

(5) 是：此，这。

(6) 固：乃 (曹础基《庄子浅注》)。

译文：

韩国和魏国互相掠夺土地。子华子前去拜见昭僖侯，昭僖侯面有忧愁之色。子华子说："现在让天下人在你面前写下誓约，盟约上说：'左手拿盟约就废掉右手，右手拿盟约就废掉左手，但得到盟约的就拥有天下。'你愿意去取这盟约吗？"

昭僖侯说："我不愿意。"

子华子曰："很好！这样看来，两臂比天下重要，而身体又比两臂更重要。韩国远比天下轻，现在所争夺的，又远比韩国轻。你何必愁坏身体伤害性命，去担心得不到土地呢！"

僖侯说："说得好！劝我的人多了，但从来没有听到这样的话。"子华子可以说是知道轻重的了。

解说：

子华子以后文"道之真以治身"的道理劝谏昭僖侯。

8. **鲁君**[(1)]**闻颜阖 (hé)**[(2)]**得道之人也，使人以币**[(3)]**先焉。颜阖守**[(4)]**陋闾**[(5)]**，苴布**[(6)]**之衣而自饭牛**[(7)]。**鲁君之使者至，颜阖自对**[(8)]**之。使者曰："此颜阖之家与？"颜阖对曰："此阖之家也。"使者致币，颜阖对曰："恐听者谬而遗 (wèi)**[(9)]**使者罪，不若审**[(10)]**之。"使者还，反审之，复来求之，则不得已**[(11)]。**故若颜阖者，真恶富贵也**。

(1) 鲁君：鲁哀公，或云，鲁定公也 (成玄英《庄子疏》)。

(2) 颜阖：姓颜，名阖，见《人间世》篇。

(3) 币：币帛。

(4) 守：居。

(5) 陋闾：陋巷。

(6) 苴布：粗麻布。

(7) 饭牛：喂牛。

(8) 对：接待。

(9) 遗：给。

(10) 审：仔细查明。

(11) 已：通“矣”。

译文：

鲁君听说颜阖是个得道的人，就派人去送钱财以表达心意。颜阖住在破旧的巷子里，穿着粗布衣服，正在亲自喂牛。鲁君使者来后，颜阖亲自接待。使者问：“这是颜阖的家吗?”颜阖回答：“是颜阖的家。”使者送上钱财，颜阖说：“恐怕你听错了，会让你受责罚的，你不如再回去问个明白。”使者回去问清楚后，再来找颜阖，但颜阖已经不知去向了。所以像颜阖这样的人，是真正厌恶富贵的人。

解说：

这个故事阐述下文“道之真以治身”的含义。

颜阖自己贫困不堪，却拒绝接受鲁君的钱财。借用上文的话说，他不是怕钱财，而是怕钱财给自己带来的羁绊。得道者将逍遥自在看得比身外的钱财重要。

9. **故曰，道之真**(1) **以治身，其绪余**(2) **以为国家**(3)**，其土苴**(4) **以治天下。由此观之，帝王之功，圣人之余事也，非所以完身养生也。今世俗之君子，多危身弃生以殉**(5) **物，岂不悲哉！凡圣人之动作也，必察其所以之**(6) **与其所以为。今且**(7) **有人于此，以随侯之珠**(8) **弹千仞之雀，世必笑之。是何也？则其所**

用者重而所要者轻也。夫生者，岂特随侯珠[9]之重哉！

(1) 真：精髓。

(2) 绪余：残余。“绪”，残也（成玄英《庄子疏》）。

(3) 为国家：治理国家。

(4) 土苴：渣滓。“苴”，草也（成玄英《庄子疏》）。

(5) 殉：逐也（成玄英《庄子疏》），追逐。

(6) 所以之：所以往。

(7) 且：高山寺本“今”下无“且”字（郭庆藩《庄子集释》）。

(8) 随侯之珠：随国近濮水，濮水出宝珠，即是灵蛇所衔以报恩，随侯所得者，故谓之随侯之珠也（成玄英《庄子疏》）。

(9) 珠：俞樾认为“侯”后应有“珠”字。

译文：

所以说，道的真谛是养生，它的剩余部分才是用来治理国家的，它的渣滓才用来治理天下。这样看来，帝王的功业不过是圣人的余事，不能用来养生。现在，世俗之中所谓的君子，多半危害身体、不顾生命去追逐外物，岂不可悲吗！当圣人有所行动时，一定要看清如何做以及那样做的原因。现在假如有这么一个人，他用随侯的宝珠去打高飞千仞的鸟雀，世人一定会嘲笑他。这是为什么呢？因为他所用的贵重，而所求取的太轻微了。生命，又岂止如随侯的宝珠般贵重呢？

解说：

本段提出本篇“道之真以治身”的核心思想。

得道者无我、无物，并以此观念养生，不追逐外物。而世俗的功业，包括帝王之业，都是外物。所以庄子说，放弃养生去追逐世俗的东西，就像用随侯的宝珠去射高飞千仞的鸟雀，是愚蠢的行为。

10. **子列子[1]穷，容貌有饥色。客有言之于郑子阳[2]者曰：“列御寇，盖[3]有道之士也，居君之国而穷，君无乃[4]为不好士[5]乎？”郑子阳即令官遗**

(wèi)[6]之粟。子列子见使者，再拜而辞。

使者去，子列子入，其妻望[7]之而拊心[8]曰："妾闻为有道者之妻子，皆得佚[9]乐，今有饥色。君过[10]而遗先生食，先生不受，岂不命邪[11]！"

子列子笑谓之曰："君非自知我也。以人之言而遗我粟，至其罪我也又且以人之言，此吾所以不受也。"其卒[12]，民果作难而杀子阳。

(1) 子列子：即列御寇，参见《逍遥游》篇。

(2) 子阳：郑相也（成玄英《庄子疏》）。

(3) 盖：发语词。

(4) 无乃：岂不是。

(5) 好士：重视人才。

(6) 遗：送。

(7) 望：怨（师古说，杨伯峻《列子校释》引）。

(8) 拊心：拍胸口（表示痛心）。

(9) 佚：通"逸"。

(10) 过：遇。本亦作遇（陆德明《经典释文》）。

(11) 岂不命邪：高山寺本"岂不命邪"作"岂非命也哉"（郭庆藩《庄子集释》）。

(12) 卒：后来。

译文：

列子生活贫穷，面带饥色。有人对郑子阳说："列御寇是有道之士，居住在你的国家里却生活穷困，你岂不是不喜好贤士吗？"郑子阳马上派人给列子送粮食。列子见到使者后，再三辞谢不接受。

使者走后，列子回到屋内，他的妻子拍着胸口埋怨："我听说得道者的妻子，都能过着安逸的生活，现在我们都面带饥色。相国关心你，派人来送粮食，你却不接受，岂不是命该受穷吗！"

列子笑着对妻子说："相国自己并不了解我，而是听了别人的话才给我送粮食，将来他又会因为别人的话而加罪于我，这是我不肯接受的原因。"后来，百姓果然造反，杀死子阳。

解说：

这个故事还是阐释前文“道之真以治身”的含义。

列子之所以拒绝郑子阳派人送来的粮食，不是讨厌粮食，而是不愿因为粮食给自己带来危险。

11. **楚昭王[1]失国，屠羊说（yuè）[2]走而从于昭王。昭王反[3]国，将赏从者，及屠羊说。屠羊说曰：“大王失国，说失屠羊；大王反国，说亦反屠羊。臣之爵禄已复矣，又何赏之有！”**

王曰：“强[4]之！”

屠羊说曰：“大王失国，非臣之罪，故不敢伏其诛；大王反国，非臣之功，故不敢当其赏。”

王曰：“见[5]之！”

屠羊说曰：“楚国之法，必有重赏大功而后得见，今臣之知不足以存国而勇不足以死寇[6]。吴军入郢，说畏难而避寇，非故随大王也。今大王欲废法毁约而见说，此非臣之所以闻于天下也。”

王谓司马子綦[7]曰：“屠羊说居处卑贱而陈义[8]甚高，子綦为我延[9]之以三旌[10]之位。”

屠羊说曰：“夫三旌之位，吾知其贵于屠羊之肆[11]也；万锺之禄，吾知其富于屠羊之利也；然岂可以贪爵禄而使吾君有妄施[12]之名乎！说不敢当，愿复反吾屠羊之肆。”遂不受也。

(1) 昭王：名轸，平王之子也（成玄英《庄子疏》）。

(2) 屠羊说：名叫说的屠羊者。

(3) 反：通“返”。

(4) 强：强令他接受。

(5) 见：参见。

(6) 死寇：消灭敌寇。

(7) 司马子綦：楚国将军。“司马”，官名。“子綦”，人名。

(8) 陈义：陈说理由。

(9) 延：引之上殿。

(10) 三旌：三公也（成玄英《庄子疏》）。

(11) 肆：市场。

(12) 妄施：赏罚不当。

译文：

楚昭王弃国逃亡时，屠羊说跟随昭王。昭王复国以后，要奖赏跟随他的人，轮到屠羊说。屠羊说说："大王丧失国家，我也丢掉了屠羊的工作；大王复国，我也能继续屠羊。我的爵禄已经恢复，还有什么可奖赏的！"

昭王说："强迫他接受！"

屠羊说说："大王丧失国家，不是我的过错，所以我不接受惩罚；大王恢复国土，也不是我的功劳，所以我也不敢接受奖赏。"

昭王说："让他来见我！"

屠羊说说："楚国的法律规定，一定要有受大赏、立大功的人才能晋见，现在我的才智不足以保存国家，勇敢不足以消灭敌寇。吴军进入楚国郢都，我害怕灾难而逃避敌人，并不是有心跟随大王。现在大王要毁弃法令而召见我，这不是我愿意传闻于天下的事。"

昭王对司马子綦说："屠羊说身份卑贱而所说的道理高明，你替我延揽他担任三公之职。"

屠羊说说："三公的职位，我知道它比屠羊的地位高贵；万钟的俸禄，我知道它比屠羊所得丰厚得多；但我怎么可以贪图爵禄而让君王蒙受胡乱封赏的坏名声呢！我不敢接受，还是希望恢复我屠羊的职位。"最终他还是没有接受。

解说：

这个故事阐发后文"养志者忘形，养形者忘利，致道者忘心"的含义。

屠羊说不接受违规奖赏、不愿意违规晋见、不愿违规做三公，拒绝外在的利益，都是为了不破坏既有的规矩。合道者顺随习俗规矩而不计利益。

12. **原宪**[(1)]**居鲁，环堵**[(2)]**之室，茨**（cí）[(3)]**以生草**[(4)]**；蓬户**[(5)]**不完，桑以为**

枢[6]；而瓮牖（yǒu）[7]二室，褐以为塞[8]；上漏下湿，匡[9]坐而弦。

子贡[10]乘大马，中绀（gàn）而表素[11]，轩车[12]不容巷[13]，往见原宪。原宪华冠[14]縰（xǐ）履[15]，杖藜[16]而应门。

子贡曰："嘻！先生何病？"

原宪应之曰："宪闻之，无财谓之贫，学而不能行谓之病。今宪，贫也，非病也。"子贡逡巡[17]而有愧色。

原宪笑曰："夫希世而行[18]，比周[19]而友，学以为人，教以为己，仁义之慝（tè）[20]，舆马之饰，宪不忍为也。"

（1）原宪：孔子弟子，姓原，名思，字宪。

（2）环堵：周环各一堵，谓之环堵，犹方丈之室也（成玄英《庄子疏》）。

（3）茨：以草盖屋，谓之茨也（成玄英《庄子疏》）。

（4）生草：谓新生未干之草（郭庆藩《庄子集释》）。

（5）蓬户：用蓬草织成的门户。

（6）桑以为枢：用桑条做门的转轴。

（7）瓮牖：用破瓮做窗户。"牖"，窗户。

（8）褐以为塞：用粗布衣塞住缝隙。"褐"，粗衣也（成玄英《庄子疏》）。

（9）匡：正也（成玄英《庄子疏》）。

（10）子贡：名赐，孔子学生。

（11）中绀而表素：绀为中衣，加素为表（陆德明《经典释文》引李颐说），里面是黑红色衣服，外面罩上白色衣服。"绀"，黑红色。

（12）轩车：高大华贵的车辆。

（13）不容巷：街巷容不下。

（14）华冠：桦树皮做的帽子。

（15）縰履：縰履，谓履无跟也（郭庆藩《庄子集释》引李颐说）。

（16）杖藜：以藜为杖。

（17）逡巡：却退貌也（成玄英《庄子疏》）。

（18）希世而行：所行常顾世誉而动，故曰希世而行（陆德明《经典释文》），视世俗的荣誉而行动。"希"，望也（陆德明《经典释文》引司马彪说）。

(19) 比周：亲近、合得来。“比”，近。“周”，合。

(20) 慝：奸恶也（成玄英《庄子疏》）。

译文：

原宪居住在鲁国，居室只有方丈大小。屋顶是用青草铺盖的，门户残破不堪，用蓬蒿做成，用桑条做成门枢；用破瓮做窗户，用粗布衣隔成两个房间；屋顶漏雨，地上潮湿。原宪却端坐弹琴。

子贡乘着高头大马，穿着黑红色衣服，素白色的外套，高大的马车进不了巷子。子贡只好走着去见原宪。原宪戴着桦树皮做的破帽子，穿着没后跟的草鞋，拄着藜杖来开门迎接。

子贡问：“哎呀！先生患了什么病呢?”

原宪回答：“我听说，没有钱财叫做贫穷，学道而不能施行叫做病。我现在是贫穷，而不是病。”子贡听了进退不安，面带愧色。

原宪笑着说：“迎合世俗行事，周旋结交朋友，求学是为了让人看着自己，教人是为显摆自己，假托仁义而为奸恶之事，用装饰华丽的车马来炫耀自己，这是我原宪不屑于做的事。”

解说：

这个故事阐发后文“养志者忘形，养形者忘利，致道者忘心”的含义。

安贫乐道不仅是儒家的处世原则，而且合乎庄子的思想。原宪行事不为利益，交友不以世情，求学、教人不为显摆，不追逐外物，忘记心机，正是后文所谓的“养志者忘形，养形者忘利，致道者忘心”之人。

13. **曾子**(1)**居卫，缊袍**(2)**无表**(3)**，颜色肿哙**（kuài）(4)**，手足胼**（pián）**胝**（zhī）(5)。**三日不举火**(6)**，十年不制衣，正冠**(7)**而缨绝**(8)**，捉衿而肘见**(9)**，纳屦而踵决**(10)。**曳縰**(11)**而歌《商颂》**(12)**，声满天地，若出金石。天子不得臣，诸侯不得友。故养志者忘形，养形者忘利，致道者忘心矣。**

(1) 曾子：姓曾名参，字子舆，孔子弟子。

(2) 缊袍：用麻丝作的袍子。“缊”麻缊为絮（陆德明《经典释文》引司

马彪说）

（3）无表：外破而露其絮（林希逸《庄子口义》）。

（4）肿哙：肿而带有病色（曹础基《庄子浅注》）。

（5）胼胝：手脚上长出的老茧。

（6）举火：生火做饭。

（7）正冠：整理帽子。

（8）缨绝：帽带子断了。

（9）捉衿而肘见：拉衣襟肘就露出来了。“衿”，通“襟”。“见”，“现”。

（10）纳屦而踵决：穿上鞋，鞋的脚后跟就破了。“屦”，鞋。“踵”，脚后跟。“决”，裂开。

（11）曳縰：扶曳而行（林希逸《庄子口义》）。

（12）《商颂》：《诗经》的一部分。

译文：

曾子居住在卫国，穿着麻絮做的破袍子，面色浮肿，手脚磨出了老茧。三天不生火做饭，十年不添置新衣。扶正帽子，帽带就断了；拉拉衣襟，胳膊就露出来了；穿上鞋子，鞋后跟就破裂了。拖着破鞋吟唱《商颂》，声音充满天地，像从金石乐器中演奏的一样。天子不能以他为臣子，诸侯不能与他结为朋友。所以养心志的人忘了养形体，养形体的人忘了利益，追求大道的人忘了心机。

解说：

第十三至十四段这个故事提出并阐释“养志者忘形，养形者忘利，致道者忘心”的思想。

14. **孔子谓颜回曰：“回，来！家贫居卑**(1)**，胡**(2)**不仕乎？”**

颜回对曰：“不愿仕。回有郭(3)**外之田五十亩，足以给飦**（zhān）(4)**粥；郭内之田十亩，足以为丝麻；鼓琴足以自娱，所学夫子之道者足以自乐也。回不愿仕。”**

孔子愀（qiǎo）然[5]变容曰："善哉回之意！丘闻之，'知足者不以利自累也，审[6]自得者失之而不惧，行修于内者无位而不怍[7]'。丘诵之久矣，今于回而后见之，是[8]丘之得也。"

（1）居卑：居处简陋。

（2）胡：为什么。

（3）郭：城郭。

（4）飦：广雅云，糜也（陆德明《经典释文》），稀饭。

（5）愀然：表情改变的样子（曹础基《庄子浅注》）。

（6）审：明辨。

（7）怍：羞也（成玄英《庄子疏》）。

（8）是：此，这。

译文：

孔子对颜回说："颜回，过来！你家境贫寒，居室简陋，为什么不去做官呢？"

颜回回答："不愿意做官。我在城外有五十亩田，足以让我喝上薄粥；在城内有十亩田，足以让我穿上丝麻；弹琴足以自娱，所学先生之道足以自乐。我不愿做官。"

孔子动容地说："好极了，你的意愿！我听说过，'知足的人不会因利禄而使自己受累，自得的人受了损失也不恐惧，修养内心的人没有爵位也不感到羞愧。'我诵读这些话很久了，现在才在颜回的身上见到，这是我的收获。"

解说：

这个故事通过颜回与孔子的对话阐述上文"养志者忘形、养形者忘利、致道者忘心"的含义。

得道者无我，因而自足、自得，不在乎做官，忘记一切外在的利益。

15. **中山公子牟[1]谓瞻子[2]曰："身在江海之上，心居乎魏阙[3]之下，柰何？"**

(1) 中山公子牟：魏公子名牟，封中山，故曰中山公子牟也（成玄英《庄子疏》）。

(2) 瞻子：魏之贤人也（成玄英《庄子疏》）。

(3) 魏阙：巍然高大的城门（曹础基《庄子浅注》）。

译文：

中山公子牟对瞻子说："虽然身体隐居在江海之上，但是内心眷恋着朝廷的荣华富贵，该怎么办呢？"

解说：

这个故事阐释如果做不到"忘利"就不可强行压制。

身处在江海而内心眷恋着朝廷的富贵，这是有我逐物的表现，不合乎养生之道。

16. **瞻子曰："重生。重生则利轻。"**

中山公子牟曰："虽知之，未能自胜[(1)]也。"

瞻子曰："不能自胜则从[(2)]，神无恶乎！不能自胜而强不从者，此之谓重伤[(3)]。重伤之人，无寿类[(4)]矣。"

魏牟，万乘[(5)]之公子也，其隐岩穴也，难为于布衣之士；虽未至乎道，可谓有其意矣。

(1) 自胜：自我克制。

(2) 从：顺从。

(3) 重伤：犹再伤也（郭庆藩《庄子集释》引俞樾说）。

(4) 无寿类：不属于长寿之类。

(5) 万乘：有万辆战车的国家。

译文：

瞻子说："重视生命。重视生命就会轻利禄。"

中山公子牟说："即便知道，但还是不能克制自己。"

瞻子说："既然不能克制自己，就顺随它，且精神上也不要厌恶。不能克制自己而又强制不顺随，这就叫双重受伤。双重受伤的人，就不是长寿一类的人了。"

魏牟，是万乘大国的公子，隐居在岩穴之中，比贫民要困难得多；虽然还没有达到得道的境界，但可以说有向道之心。

解说：

重视生命就要不逐外物、轻利禄。但如果不能克制自身的欲望，就应顺随它。否则，危害就会更大。

文中说魏牟没有达到得道的境界，但可以说是有志向的了。这是指他虽然不能依道而为，但他已经明白了如果想养生就要轻利禄。

17. **孔子穷于陈蔡**[(1)]**之间，七日不火食，藜羹不糁**（sǎn）[(2)]**，颜色甚惫**[(3)]**，而弦歌于室。颜回择菜，子路、子贡相与言曰："夫子再逐于鲁**[(4)]**，削迹于卫**[(5)]**，伐树于宋**[(6)]**，穷于商周**[(7)]**，围于陈蔡，杀夫子者无罪，藉**[(8)]**夫子者无禁**[(9)]**。弦歌鼓琴，未尝绝音，君子之无耻也若此乎？"**

（1）穷于陈蔡：楚昭王聘请孔子。当孔子经过陈蔡之地时，蔡人见其人多，以为是贼，就包围了七天，以致没有粮食，不能生火做饭。

（2）藜菜不糁：野菜汤中没有米粒。"藜"，野菜。"糁"，米粒。

（3）惫：疲惫。

（4）再逐于鲁：鲁昭公时，昭公想除掉季氏的势力，失败后出奔国外。孔子也被迫逃到齐国。鲁定公时，孔子为大司寇。齐人担心鲁国因此强大，就送女乐给定公及季桓子，使鲁国君臣无心管理国事，于是，孔子逃到卫国（曹础基《庄子浅注》）。

（5）削迹于卫：见《天运》注释。

（6））伐树于宋：见《天运》注释。

（7）穷于商周：传说孔子曾到周问礼，不仅没有什么收获，还被老子讥讽一番。"穷"，不得志。

（8）藉：毁也，凌藉也（陆德明《经典释文》）。

（9）无禁：不禁止。

译文：

孔子被围困在陈、蔡之间，七天无法生火做饭，只有不见米粒的藜菜羹汤充饥，师生面色疲惫不堪，然而孔子还在屋内弹琴唱歌。颜回择菜，子路与子贡相互议论说："先生两次被逐出鲁国，在卫国没有存身之地，在宋国讲学受到伐树的侮辱，在商、周走上绝路，现在被围于陈、蔡之间，杀害先生的人无罪，凌辱先生的无人制止。先生竟然还在弹琴唱歌，乐声不绝，君子还有像他这样不知耻的吗？"

解说：

这个故事阐发"养志者忘形、养形者忘利、致道者忘心"的含义。

穷困、通达在于命运，安心接受命运才是得道者的行为。子路、子贡受世俗荣辱观的影响，所以不能理解孔子。

18. **颜回无以应，入告孔子。孔子推琴喟然**(1)**而叹曰："由**(2)**与赐**(3)**，细人**(4)**也。召而来，吾语之。"**

子路子贡入。子路曰："如此者可谓穷矣！"

孔子曰："是(5)**何言也！君子通于道之谓通，穷于道之谓穷。今丘抱仁义之道以遭乱世之患，其何穷之为**(6)**！故内省而不穷于道，临难而不失其德，天寒既至，霜雪既降，吾是以知松柏之茂也。陈蔡之隘**(7)**，于丘其幸乎！"**

孔子削然(8)**反琴**(9)**而弦歌，子路扢（xì）然**(10)**执干**(11)**而舞。子贡曰："吾不知天之高也，地之下也。"**

（1）喟然：嗟叹貌（成玄英《庄子疏》）。

（2）由：即子路。

（3）赐：即自贡。

（4）细人：见识浅陋的人。

（5）是：此，这。

（6）为：犹谓也（成玄英《庄子疏》）。

(7) 隘：通“厄”，困厄。

(8) 削然：取琴声也（成玄英《庄子疏》）。

(9) 反琴：再拿起琴（曹础基《庄子浅注》）。

(10) 扢然：奋勇貌也（成玄英《庄子疏》）。

(11) 干：楯也（陆德明《经典释文》）。

译文：

颜回无法回答，就进去告诉孔子。孔子放下琴，感慨长叹说：“子由和子贡都是浅见的人啊。叫他们来，我告诉他们。”

子路、子贡进屋。子路说：“这种状况真可以说是穷困了！”

孔子说：“这是什么话！君子领悟道的叫做通，没领悟道的叫做穷。现在我心怀仁义之道而遭逢乱世的祸患，怎么说是穷困呢！所以内心反省就不会隔绝大道，面临危难而不丧失德性，天寒已到，霜雪已降，我因此知道松柏的茂盛。陈、蔡的厄运，值得我庆幸！”

孔子再拿起琴继续弹琴唱歌，子路兴奋地拿起盾牌起舞。子贡说：“我真不知道天有多高、地有多厚呀！”

解说：

领悟道的叫做通，没领悟道的叫做穷，与世俗的遭遇无关。因此，孔子不仅不计较自己的遭遇，还认为这是对自己的历练。当然，心怀仁义之道未必合乎庄子的思想，但这里只是就孔子不计较自己的遭遇这一点而言的。

19. **古之得道者，穷亦乐，通亦乐。所乐非穷通也，道德于此，则穷通为寒暑风雨之序**(1)**矣。故许由娱于颍阳**(2)**而共伯**(3)**得乎共**(4)**首。**

(1) 序：变化程序（曹础基《庄子浅注》）。

(2) 颍阳：地名，在今湖北省襄阳。

(3) 共伯：名和，周王之孙也（成玄英《庄子疏》）。

(4) 共：赵谏议本“共”作“丘”（郭庆藩《庄子集释》）。“丘首”，即丘首山，在今河南省。

译文：

古代得道的人，穷厄时快乐，通达时也快乐。所乐的并不是穷厄和通达，而是一旦领悟了大道，就会把穷困和通达看成像天有寒暑风雨一样自然。因此，许由能在颍阳愉快地生活，共伯能在首阳山下自得其乐。

解说：

得道的人无论穷困、通达都会保持无欢乐、无痛苦的快乐——养形者忘利。

20. **舜以天下让其友北人无择(1)，北人无择曰："异哉后(2)之为人也，居于畎（quǎn）亩(3)之中而游尧之门(4)！不若是(5)而已，又欲以其辱行漫(6)我。吾羞见之。"因自投清泠(7)之渊。**

(1) 北人无择：北方之人，名曰无择，舜之友人也（成玄英《庄子疏》）。

(2) 后：君也（成玄英《庄子疏》）。

(3) 畎亩：农田。"畎"，田间小沟。

(4) 游尧之门：指即帝位。

(5) 不若是：不仅这样。"是"，此。

(6) 漫：玷污。

(7) 清泠：渊名，在南阳郡西崿山下（成玄英《庄子疏》）。

译文：

舜想把天下让给他的朋友北人无择，北人无择说："君主的为人真奇怪呀！你本来出身于耕种之家，却置身于尧的门前！不仅如此，还想用其丑恶的行为来玷污我。我羞于见他。"于是，自己投于清泠之渊而死。

解说：

本篇阐述"养志者忘形，养形者忘利，致道者忘心"的含义。

不为世间的荣华而动心，是得道者的表现。不过，投水自尽则不是得道者的所为。

21. **汤将伐桀，因[1]卞随[2]而谋，卞随曰："非吾事也。"**

汤曰："孰可?"

曰："吾不知也。"

汤又因瞀（mào）光[3]而谋，瞀光曰："非吾事也。"

汤曰："孰可?"

曰："吾不知也。"

汤曰："伊尹[4]何如?"

曰："强力[5]忍垢[6]，吾不知其它也。"

(1) 因：通过。

(2) 卞随：姓卞，名随，隐者。

(3) 瞀光：一作"务光"，姓务名光，隐者。

(4) 伊尹：姓伊，名尹，字贽，佐世之贤人也（成玄英《庄子疏》）。

(5) 强力：顽强（曹础基《庄子浅注》）。

(6) 垢：耻辱。

译文：

汤要攻打夏桀，找卞随来商量，卞随说："这不是我的事。"

汤问："找谁可以?"

卞随说："我不知道。"

汤又找瞀光来商量，瞀光说："这不是我的事。"

汤说："找谁可以呢?"

瞀光说："我不知道。"

汤问："伊尹怎么样?"

瞀光说："有毅力能忍辱，其他的我就不知道了。"

解说：

这个故事通过卞随、瞀光、伊尹三个人的表现阐释"养志者忘形，养形者忘利，致道者忘心”的含义。

卞随说不知道，是不愿意参与世俗的纷争——忘心机；瞀光也说不知道，但间接推荐了伊尹，还是用心于其间。伊尹则身处世俗的纷争之中。

22. **汤遂与伊尹谋伐桀，剋[1]之，以让卞随。卞随辞曰：“后[2]之伐桀也谋乎我，必以[3]我为贼[4]也；胜桀而让我，必以我为贪也。吾生乎乱世，而无道之人再来漫[5]我以其辱行，吾不忍数闻也。”乃自投椆[6]水而死。**

(1) 剋：通“克”，战胜。

(2) 后：君。

(3) 依世德堂本“必”字后有“以”字。

(4) 贼：残忍。

(5) 漫：玷污。

(6) 椆水：在颍川郡界（成玄英《庄子疏》）。

译文：

汤就和伊尹谋划如何攻伐夏桀，结果打败了夏桀，汤便想将君位让与卞随。卞随推辞说：“君主攻打夏桀之前找过我，一定认为我是残忍之人；打败夏桀后又让位于我，一定认为我是贪婪之人。我生在乱世之中，无道的人又用他耻辱的行为两次玷污我，我受不了一次次的打扰。”于是卞随投椆水而死。

解说：

不介入世间的纷争，不贪恋世间的荣华就是“养形者忘利”。

23. **汤又让瞀光曰：“知者谋之，武者遂[1]之，仁者居之，古之道也。吾子[2]胡[3]不立乎?”**

瞀光辞曰：“废上[4]，非义也；杀民，非仁也；人犯其难，我享其利，非廉也。吾闻之曰，非其义者，不受其禄，无道之世，不践其土。况尊我[5]乎！吾不忍久见也。”乃负石而自沈于庐水[6]。

(1) 遂：完成。

(2) 吾子：相当于“您”。

(3) 胡：为什么。

(4) 废上：废弃君主，指废除夏桀。

(5) 尊我：指推为天子。

(6) 庐水：在辽西北平郡界也（成玄英《庄子疏》），一说在古北平郡界。

译文：

汤又想将天下让给瞀光，说：“有智的人策划，勇武的人完成，仁慈的人就位，这是自古以来的道理。先生为什么不即天子之位呢?”

瞀光推辞说：“废掉君王，这是不义；杀害百姓，这是不仁；别人冒险犯难，我坐享其成，这是不廉。我听说，对不义的人，不能接受他的利禄；对无道的国家，不能踏入它的土地。何况还要尊我为君主呢！我无法长期忍受这种情况。”于是瞀光背着石头沉入庐水自杀了。

解说：

得道者不提倡仁、义、廉，但遵循仁、义、廉。不提倡是因为无我，而遵循是顺随外物的体现。但文中两人投水而死并不合乎庄子精神。

24. **昔周之兴，有士二人处于孤竹(1)，曰伯夷、叔齐。二人相谓曰：“吾闻西方有人，似有道者，试往观焉。”至于岐阳(2)，武王闻之，使叔旦(3)往见之，与盟曰：“加富二等(4)，就官一列(5)。”血牲而埋之(6)。**

(1) 孤竹：国名，在今河北省迁安县。

(2) 岐阳：岐山之阳，文王所都之地，今扶风是也（成玄英《庄子疏》）。

(3) 叔旦：即周公，名旦，武王之弟。

(4) 加富二等：加禄二级（成玄英《庄子疏》）。

(5) 就官一列：授予一等官爵。“就”，授予。“一列”，一等。

(6) 血牲而埋之：用牲口血涂在盟书上，并把它埋在地下（曹础基《庄子浅注》）。

译文：

从前，周朝兴起的时候，孤竹国有两个贤士，名叫伯夷、叔齐。这两个人商量说："听说西方有个人，好像是有道者，我们前去看看吧。"到了岐阳，武王听说他们来了，就派叔旦去看望，并与他们订立盟约说："加禄二级，授一等官。"将牲口血涂在盟约上，将其埋藏在地下。

解说：

这个故事从反面阐述"养形者忘利，致道者忘心"的含义。

伯夷、叔齐是得道之人，周公却以官位爵禄吸引他们，只能适得其反。

25. **二人相视而笑曰："嘻，异哉！此非吾所谓道也。昔者神农之有天下也，时祀**(1)**尽敬而不祈喜**(2)**；其于人也，忠信尽治**(3)**而无求焉。乐与政为政，乐与治为治，不以**(4)**人之坏自成也，不以人之卑自高也，不以遭时自利也。今周见殷之乱而遽**(5)**为政，上谋而下行货**(6)**，阻**(7)**兵而保威，割牲而盟以为信，扬行**(8)**以说**(9)**众，杀伐以要利，是推乱**(10)**以易暴也。吾闻古之士，遭治世不避其任，遇乱世不为苟存。今天下闇**(11)**，殷德衰，其**(12)**并乎周以涂**(13)**吾身也，不如避之以絜**(14)**吾行。"二子北至于首阳之山，遂饿而死焉。若伯夷叔齐者，其于富贵也，苟可得已，则必不赖**(15)**。高节戾行**(16)**，独乐其志，不事于世，此二士之节也。**

(1) 时祀：四时的祭祀。

(2) 祈喜：求福。祈，求也；喜，福也（成玄英《庄子疏》）。

(3) 尽治：尽心处理。

(4) 以：因为。

(5) 遽：速也（成玄英《庄子疏》）。

(6) 行货：求利益。

(7) 阻：恃。

(8) 扬行：宣扬自己的行为。

(9) 说：通"悦"。

(10) 推乱：造成混乱。

(11) 闇：昏暗。

(12) 其：与其。

(13) 涂：污也（成玄英《庄子疏》）。

(14) 絜：通“洁”。

(15) 赖：依。

(16) 戾行：砥砺操行，与“高节”含义相同。戾，通“厉”。

译文：

二个人相视而笑说：“呀，真奇怪呀！这不是我们所谓的道。过去，神农氏治理天下的时候，四时祭祀十分诚敬，但并不是为求福；他对待百姓，忠信诚实尽力治理，但无所求。乐于从政的就让他从政，乐于参与治理的就让他参与治理。不以别人的失败来显示自己的成功，不以他人的卑微来显示自己的高贵，不趁他人的危机来谋取自己的利益。现在，周朝看到殷商混乱，就急于夺取政权，崇尚谋略，广散财货，依仗武力，耀武扬威，宰杀牲口订立盟约以作为誓，宣扬自己的德行以获得民心，屠杀攻伐以求取利益，这是制造祸乱来代替暴政。我听说古代的贤士，遇到盛世不逃避责任，遇到乱世不苟且偷生。现在天下昏暗，周室的德行已衰，我们与周同它相处来玷污自己，不如避开它以保持高洁的品行。”二人向北来到首阳山，饿死在那里。像伯夷叔齐这样的人，他们对于富贵，即使可以苟且获得，也不去获取。表现出高尚的节操、高雅的行为，自得其乐，不去迎合世俗，这是两位贤士的节操。

解说：

得道者顺自然而为，行动不为某种目的。周朝乘人之危，费尽心力推翻商朝，所以伯夷叔齐不认同周朝的这种行为。不过，得道者不会因此而饿死自己，而是混迹于世俗之中。因此，伯夷、叔齐并不是《庄子》一书中的得道之士。

盗　跖

本篇以庄子思想既批判儒家的观念，又批判世俗社会中一味追逐富贵名声的行为。

本篇包含三个故事。第一个故事（从开头至“虎口哉”）借盗跖之口以庄子的无是无非思想批判儒家以虚伪是非之说盗取名声、危害社会。第二个故事（从“子张”至“其患也”）借满苟得之口以庄子思想批判子张所主张的仁、义等观念。第三个故事（从“无足问”至末尾）借知和之口以庄子思想批判世俗社会中一味追逐富贵名声的行为。

我们将本章的结构图示如下。

第一个故事	从开头至“虎口哉”	借盗跖之口以庄子的无是无非思想批判儒家以虚伪是非之说盗取名声、危害社会。
第二个故事	从“子张”至“其患也”	借满苟得之口以庄子思想批判子张所主张的仁、义等观念。
第三个故事	从“无足问”至末尾	借知和之口以庄子思想批判世俗社会中一味追逐富贵名声的行为。

1. **孔子与柳下季**(1)**为友，柳下季之弟，名曰盗跖**（zhí）(2)。**盗跖从卒**(3)**九千人，横行天下，侵暴诸侯，穴**(4)**室枢**(5)**户，驱人牛马，取人妇女，贪得忘亲，不顾父母兄弟，不祭先祖。所过之邑，大国守城，小国入保**(6)**，万民苦之。**

孔子谓柳下季曰：“夫为人父者，必能诏(7)**其子；为人兄者，必能教其弟。若父不能诏其子，兄不能教其弟，则无贵父子兄弟之亲矣。今先生，世之才士**

也，弟为盗跖，为天下害，而弗能[8]教也，丘窃为先生羞之。丘请为先生往说之。”

柳下季曰：“先生言为人父者必能诏其子，为人兄者必能教其弟，若子不听父之诏，弟不受兄之教，虽今先生之辩，将柰之何哉！且跖之为人也，心如涌泉，意如飘风，强足以距[9]敌，辩足以饰非，顺其心则喜，逆其心则怒，易辱人以言。先生必无往。”

（1）柳下季：姓展，名禽，字季，食采柳下，故谓之柳下季；亦言居柳树之下，故以为号（成玄英《庄子疏》）。

（2）盗跖：禽之弟名也（成玄英《庄子疏》）。

（3）从卒：跟随的士兵。

（4）穴：穿穴（成玄英《庄子疏》），穿过。

（5）枢：门轴。

（6）保：通“堡”，小城。

（7）诏：教也（陆德明《经典释文》）。

（8）弗能：不能。

（9）距：通“拒”。

译文：

孔子和柳下季是朋友，柳下季的弟弟，名叫做盗跖。盗跖手下有九千人，横行天下，侵犯诸侯；穿门破户，掠夺牛马，抢夺妇女；贪求利益忘记亲友，不顾及父母兄弟，也不祭奠祖先。他们所经过之地，大的国家严守城池，小的国家退入城堡，百姓深受其苦。

孔子对柳下季说：“为人父母的，一定压迫教育自己的子女；为人兄长的一定能教导自己的弟弟。假如做父亲的不能教育自己的子女，做兄长的不能教导自己的兄弟，那么父子、兄弟之间的亲情关系也就没有什么可贵的了。现在，先生是当今的贤士，然而兄弟被叫作盗跖，成为天下的祸害，而你不能加以管教，我私下替先生感到羞愧。我愿替你前去劝说他。”

柳下季说：“先生说，做父亲的必定能教育好自己的子女，做兄长的必定能教育好自己的弟弟，假如子女不听从父亲的劝诫，兄弟不接受兄长的教育，那么即使像先生这样能言善辩的人，又能把他怎么样呢？况且盗跖为人，心思如喷泉般滔滔不绝，感情像骤起的暴风般变幻无常，强悍足以抗拒敌人，辩才足以掩盖错误，顺从他的心意就高兴，违背他的意愿就发怒，随意用言语侮辱别人。先生可千万不要去见他。”

解说：

这个故事借盗跖之口以庄子的无是无非思想批判儒家以虚伪是非之说盗取名声、危害社会。

庄子认为，人生来就有自己的本性，教育不是任何情况下都能起作用的。教育只有对那些愿意接受教育的人（这也是天生的）才有用。孔子笃信教育能改变任何人，因而主动前往劝说盗跖。

2. **孔子不听，颜回为驭**[(1)]**，子贡为右**[(2)]**，往见盗跖。盗跖乃方休卒徒大（tài）山之阳**[(3)]**，脍**[(4)]**人肝而餔**[(5)]**之。孔子下车而前，见谒者**[(6)]**曰：“鲁人孔丘，闻将军高义，敬再拜谒者。”**

谒者入通，盗跖闻之大怒，目如明星，发上指冠，曰：“此夫[(7)]**鲁国之巧伪**[(8)]**人孔丘非邪？为我告之：尔作言造语，妄称文武**[(9)]**，冠枝木之冠**[(10)]**，带死牛之胁**[(11)]**，多辞缪**[(12)]**说，不耕而食，不织而衣，摇唇鼓舌，擅**[(13)]**生是非，以迷天下之主，使天下学士不反**[(14)]**其本，妄作孝弟**[(15)]**而儌幸**[(16)]**于封侯富贵者也。子之罪大极**[(17)]**重，疾走归！不然，我将以子**[(18)]**肝益**[(19)]**昼餔（bǔ）**[(20)]**之膳！’”**

（1）驭：驾车。

（2）右：右骖，在车右边陪乘的人。

（3）大山之阳：泰山的南面。“大山”，泰山。“阳”，山之南。

（4）脍：切细。

（5）餔：食也（成玄英《庄子疏》）。

（6）谒者：传达接待的人。

（7）此夫：这个（曹础基《庄子浅注》）。

（8）巧伪：狡猾虚伪。

(9) 文武：指周文王、周武王之道。

(10) 枝木之冠：冠多华饰，如木之枝繁（陆德明《经典释文》引司马彪说）。

(11) 带死牛之胁：取牛皮为大革带（《经典释文》引司马彪说）。“胁”，肋也（成玄英《庄子疏》）。

(12) 缪：通“谬”。

(13) 擅：专。

(14) 反：通“返”。

(15) 弟：通“悌”。

(16) 儌幸：冀望也（成玄英《庄子疏》），希望。

(17) 极：借为殛，诛也（（俞樾《庄子平议》）。

(18) 子：你。

(19) 益：增加。

(20) 昼餔：午餐。“餔”，食也（成玄英《庄子疏》）。

译文：

孔子听不进，就让颜回驾着车，子贡坐在他的右侧，前去拜访盗跖。盗跖正带着手下的人在泰山的南边休息，炒人肝而食。孔子下车后走上前去，对传达的人员说：“鲁国人孔丘，听说将军的高义，特地前来拜访将军。”

接待的人员入内通报，盗跖听完，勃然大怒，目如明星，怒发冲冠，说：“那不就是鲁国的巧诈虚伪之人孔丘吗？替我告诉他：‘你胡言乱语，假托文王、武王的主张，头上带着装饰繁多的帽子，腰上围着宽宽的牛皮带，大量散布邪说；不耕而食，不织而衣，成天摇唇鼓舌，无端搬弄是非，迷惑天下的君王，让天下的读书人不知返回本业，假托孝悌之名侥幸求得封侯而成为富贵之人。你罪大恶极，赶快滚回去！要不然，我就拿你的心肝来做成午餐！’”

解说：

盗跖批驳孔子的思想：巧诈虚伪，假托文王、武王的主张，成天胡说八道，搬弄是非，实际上都是为了人间的富贵。

3. 孔子复通曰："丘得幸[(1)]于季，愿望履[(2)]幕下[(3)]。"

谒者复通，盗跖曰："使来前！"

孔子趋[(4)]而进，避席反走[(5)]，再拜盗跖。盗跖大怒，两展其足[(6)]，案[(7)]剑瞋目，声如乳虎[(8)]，曰："丘来前！若[(9)]所言，顺吾意则生，逆吾心则死。"

(1) 幸：亲近，指自己与柳下季交好。

(2) 履：踩。

(3) 幕下：却退（成玄英《庄子疏》）。

(4) 趋：疾行也（成玄英《庄子疏》）

(5) 反走：退步而走（曹础基《庄子浅注》）。

(6) 两展其足：伸开双腿。

(7) 案：通"按"。

(8) 乳虎：哺乳期间的雌老虎。

(9) 若：你。

译文：

孔子请求再次通报，对接待人员说："我有幸认识柳下季，希望能来帐下亲自拜见将军。"

接待人员再次进去通报，盗跖说："让他进来！"

孔子快步走进帐幕，又避席退后几步，再拜盗跖。盗跖大怒，叉开双腿，手按宝剑，怒目而视，声如母虎，说："孔丘上前！你所说的话，合乎我的心意就饶你一命，不合我的心意就要你死。"

解说：

盗跖伸开双腿，手按宝剑，毫无礼仪。而孔子则避席退后几步，再拜盗跖，按照儒家的礼节拜见。这可以看作是儒家不失礼节的行为，也可以看作是孔子迂腐的表现。

4. 孔子曰："丘闻之，凡天下有三德：生而长大[(1)]，美好无双，少长贵贱

见而皆说[2]之，此上德也；知维天地[3]，能辨[4]诸物，此中德也；勇悍果敢，聚众率兵，此下德也。凡人有此一德者，足以南面称孤矣。今将军兼此三者，身长八尺二寸，面目有光，唇如激丹[5]，齿如齐贝[6]，音中黄锺[7]，而名曰盗跖，丘窃[8]为将军耻不取[9]焉。将军有意听臣[10]，臣请南使吴越，北使齐鲁，东使宋卫，西使晋楚，使为将军造大城数百里，立数十万户之邑，尊将军为诸侯，与天下更始[11]，罢兵休卒，收养昆弟[12]，共[13]祭先祖。此圣人才士之行，而天下之愿也。”

(1) 长大：高大。

(2) 说：通“悦”。

(3) 知维天地：智识可以包罗天地（陈鼓应《庄子今注今译》）。“维”，包罗。

(4) 辩：通“辨”。

(5) 激丹：艳红明亮的丹砂。“激”，明也（陆德明《经典释文》引司马彪说）。

(6) 齐贝：整齐的珠子（曹础基《庄子浅注》）。“贝”，珠也（成玄英《庄子疏》）。

(7) 黄锺：六律声也（成玄英《庄子疏》）。

(8) 窃：暗暗。

(9) 不取：认为不应当如此。

(10) 臣：孔子自称。

(11) 更始：重新开始。

(12) 昆弟：兄弟。

(13) 共：通“供”。

译文：

孔子说：“我听说，天下大凡有三种美德：生来就身材高大，长得漂亮无双，无论老少尊卑见到他都很喜欢，这是上等的德性；才智包罗天地，能分辨各种事物，这是中等的德性；勇武果敢，聚众率兵，这是下一等的德行。凡是有其中一种德行，就足以南面称王了。现在将军兼备三种美德，身高八尺二寸，面目炯炯有神，嘴唇犹如鲜艳的朱砂，牙齿犹如整齐的珠贝，声音合于黄钟，但是，名字却叫盗跖，我私下替将军感到羞耻。将军如果愿意听从我的劝告，我愿意向南出使吴国、越国，往北出使齐国、鲁国，往东出使宋国、卫国，往西出使晋国、秦国，让各国替将军建造方圆数百里的大城，建立数十万户的封邑，尊将军为诸侯，与天下人一道开启新的一页，罢兵休战，收养兄弟，祭祀祖先。这是圣人的作为，天下人的愿望。”

解说：

孔子认为，有三种禀赋不能封侯却被称为盗跖，是一件羞耻的事。这是以世俗的是非判断人。用儒家那一套来劝谏盗跖，简直是对牛弹琴——对牛弹琴者没有顺随外物之自然。

5. **盗跖大怒曰：“丘来前！夫可规(1)以利而可谏以言者，皆愚陋恒民(2)之谓耳。今长大美好，人见而悦之者，此吾父母之遗德(3)也。丘虽不吾誉(4)，吾独不自知？**

且吾闻之，好面誉人者，亦好背而毁之。今丘告我以大城众民，是欲规我以利而恒民畜(5)我也，安可久长也！城之大者，莫大乎天下矣。尧舜有天下，子孙无置锥之地；汤武立为天子，而后世绝灭；非以其利大故邪？

(1) 规：规劝。

(2) 恒民：常人，一般人。

(3) 遗德：遗传的德性。

(4) 面誉：当面称誉。

(5) 畜：养。

译文：

盗跖听了勃然大怒，说：“孔丘你过来！凡是可以用利禄来劝导、用言语来诱谏的，都是愚蠢浅陋的普通百姓。现在，我身材高大，面目英俊，人们见了都喜欢，这是我的父母遗留给我的。就算你孔丘不当面吹捧我，我自己难道就不知道吗？

而且我听说过，喜欢当面夸奖别人的，也喜欢背后诋毁别人。现在，你允诺我为我建大城、聚集我的部下，这是在用利益诱惑我，把我当成普通人来收买，这怎么可能是长久之计呢！说到最大的城市，没有大过天下的。尧、舜虽然拥有天下，但子孙没有立锥之地；商汤、武王虽贵为天子，后代却灭绝了，这不正是他们利益过多的缘故吗？

解说：

盗跖认为，凡是可以用利禄来规劝、用言语来劝谏的，都是愚蠢浅陋的顺民。因此，孔子开出封侯的这些优惠条件，自己既能得到，也会失去；心中有是（说好话），就一定有非（说坏话）。这些倒都符合庄子精神。

6. **且吾闻之，古者禽兽多而人少，于是民皆巢居以避之，昼拾橡栗**[(1)]**，暮栖木上，故命之曰有巢氏之民。古者民不知衣服，夏多积薪，冬则炀（yàng）**[(2)]**之，故命之曰知生之民。神农之世，卧则居居**[(3)]**，起则于于**[(4)]**，民知其母，不知其父，与麋鹿共处，耕而食，织而衣，无有相害之心，此至德之隆**[(5)]**也。然而黄帝不能致德**[(6)]**，与蚩尤**[(7)]**战于涿鹿**[(8)]**之野，流血百里。尧舜作**[(9)]**，立群臣，汤放其主**[(10)]**，武王杀纣。自是之后，以强陵**[(11)]**弱，以众暴寡。汤武以来，皆乱人之徒也。**

(1) 橡栗：橡子、栗子。

(2) 炀：烤火取暖。

(3) 居居：安静之容（成玄英《庄子疏》）。

(4) 于于：自得之貌（成玄英《庄子疏》）。

(5) 至德之隆：最高的道德境地。“隆”，盛。

(6) 致德：达到至德。

(7) 蚩尤：原始部落的首领。

(8) 涿鹿：今河北省涿县。

(9) 作：称帝。

(10) 放其主：放逐自己原先的君主。

(11) 陵：通“凌”。

译文：

“况且，我听说过，古时候，禽兽多而人口少，人们只能在树上筑巢而居以避野兽，白天拾取橡子、栗子，晚上就睡在树上，所以叫做有巢氏之民。古代的人不知道穿衣服，于是夏天多存积柴草，冬天用来烧火取暖，因此，称他们为知道生存的人。神农时代，人们睡觉时安安静静，行动时悠游自在，人们只知道自己的母亲，而不知道自己的父亲，与麋鹿生活在一起，耕田而食，织布而衣，没有相互伤害之心，这就是道德昌盛的时代。然而，黄帝不能达到这样的道德境地，与蚩尤在涿鹿的郊野上鏖战，流血百里。尧、舜称帝之后，开始设置百官，商汤则放逐了自己的国君，武王杀死了自己的国君纣王。从此以后，世上总是以强欺弱，以众欺寡。自汤、武以来，都是祸害百姓之徒啊。

解说：

本段通过回顾历史来批判儒家推崇的那些人给百姓造成的危害。

上古民风淳朴，顺其自然地生活。自从皇帝开始，再到儒家所推崇的尧舜、文王、武王，都越来越祸害百姓。

7. **今子**[(1)]**修文武之道，掌天下之辩**[(2)]**，以教后世，缝衣**[(3)]**浅带，矫言**[(4)]**伪行，以迷惑天下之主，而欲求富贵焉，盗莫大于子。天下何故不谓子为盗丘，而乃谓我为盗跖？**

(1) 子：你。

(2) 辩：舆论。

(3) 缝衣：大衣也（陆德明《经典释文》）。

(4) 矫言：做作的语言。

译文：

“现在，你研习文、武的治国之术，掌控天下的舆论，并依此教化后世，宽衣浅带，言行造作，靠迷惑天下的诸侯而求取富贵，天下最大的强盗莫过于你了。天下人为什么不称你为盗丘，而称我是盗跖呢？

解说：

这是盗跖指责孔子的第一桩罪行。盗跖盗人财物性命，固然是盗。而孔子盗名，更是“盗”。

8. **子以甘辞**[(1)]**说子路而使从之，使子路去其危**[(2)]**冠，解其长剑，而受教于子，天下皆曰孔丘能止暴禁非。其卒**[(3)]**之也，子路欲杀卫君**[(4)]**而事不成，身菹（zū）**[(5)]**于卫东门之上，是子教之不至也。**

(1) 甘辞：甜言蜜语。

(2) 危：高也（陆德明《经典释文》引李颐说）。

(3) 卒：后来。

(4) 卫君：卫庄公蒯聩。

(5) 菹：剁成肉酱。

译文：

你用甜言蜜语说服子路，让他跟随你，使子路摘去高冠，解下长剑，接受你的那一套说教，而天下人竟然都说你孔丘能够消除暴力，防止他人犯错误。可是到最后，子路想要杀掉卫君（却因解下长剑荒废了武功）而不能成功，在卫国东门之上被剁成了肉酱，这就是你那套说教的失败。

解说：

本段盗跖提出对孔子的第二项指责。孔子巧舌如簧，使子路接受自己的教育，解下了自己擅长的长剑。这既违背了子路的本性，又导致子路丧命。

9. **子自谓才士圣人邪？则再逐于鲁，削迹于卫，穷于齐，围于陈蔡**[(1)]**，不容身于天下。子教子路菹此患，上无以为身，下无以为人，子之道岂足贵邪？**

世之所高，莫若黄帝，黄帝尚不能全德[(2)]**，而战涿鹿之野，流血百里。尧不慈**[(3)]**，舜不孝**[(4)]**，禹偏枯**[(5)]**，汤放其主，武王伐纣，文王拘羑（yǒu）里**[(6)]**。**

此六[7]**子者，世之所高也，孰**[8]**论之，皆以利惑其真而强反其情性，其行乃甚可羞也。**

（1）再逐于鲁，削迹于卫，穷于齐，围于陈蔡：见《天运》篇注释。

（2）全德：德行完美。

（3）尧不慈：传说尧杀其弟弟丹朱。

（4）舜不孝：传说舜放逐他的父亲瞽瞍。

（5）偏枯：传说大禹晚年半身不遂。

（6）羑里：殷代监狱名，在今河南省牖城。

（7）六：陈碧虚《庄子阙误》引江南古藏本为“七”。“七子”，即上文的黄帝、尧、舜、禹、汤、武王、文王。

（8）孰：通“熟”，仔细。

译文：

你不是自称才士圣人吗？可是你两次被鲁国驱逐，被卫国禁止居住，在齐国被逼得走投无路，在陈、蔡之间遭到围困，弄得天下没有容身之地。你教育子路，让子路遭此大祸，你自己也上不足以保身，下不能帮助他人，你的那套说教有什么可贵之处呢？

“世俗之人所尊崇的人，没有超过黄帝。黄帝尚且不能保全自然的德性，在涿鹿的旷野上与人鏖战，流血百余里。尧不慈，舜不孝，禹则半身不遂，商汤放逐自己的国君，武王征伐自己的国君商纣，文王曾被自己的国君囚禁在羑里。这七个人都是世俗之人所尊崇的，但如果仔细分析起来，他们都是被利益迷惑了本心，强迫自己违逆真实性情，他们的行为是非常可耻的。

解说：

总之，孔子的学说上不能保自身，下不能保他人，所尊崇的对象都被利益所迷惑，丢失了本性。孔子学说所推崇的圣人不过是虚伪利禄之徒。

10. **世之所谓贤士，伯夷、叔齐**[1]。**伯夷、叔齐辞孤竹之君而饿死于首阳之山**[2]**，骨肉不葬。鲍焦饰行非世，抱木而死**[3]。**申徒狄**[4]**谏而不听，负石自**

投于河，为鱼鳖所食。介子推[5]至忠也，自割其股以食（sì）[6]文公[7]，文公后背之，子推怒而去，抱木而燔[8]死。尾生[9]与女子期[10]于梁[11]下，女子不来，水至不去，抱梁柱而死。此六子者，无异于磔犬[12]流豕[13]操瓢而乞者，皆离名[14]轻死，不念本[15]养寿命者也。

世之所谓忠臣者，莫若王子比干、伍子胥。子胥沈江[16]，比干剖心[17]，此二子者，世谓忠臣也，然卒为天下笑。自上观之，至于子胥比干，皆不足贵也。

丘之所以说我者，若告我以鬼事，则我不能知也；若告我以人事者，不过此矣，皆吾所闻知也。

（1）伯夷、叔齐：都是孤竹君之子

（2）饿死于首阳之山：事迹见《天运》篇注释。

（3）鲍焦饰行非世，抱木而死：鲍焦姓鲍，名焦，周时隐者也。饰行非世，廉洁自守，荷担采樵，拾橡充食，故无子胤，不臣天子，不友诸侯。子贡遇之，谓之曰："吾闻非其政者不履其地，污其君者不受其利。今子履其地，食其利，其可乎？"鲍焦曰："吾闻廉士重进而轻退，贤人易愧而轻死。"遂抱木立枯焉（成玄英《庄子疏》）。"饰行"，粉饰自己的行为。"非世"，不满当时社会。

（4）申徒狄：见《大宗师》篇及《外物》篇注释。

（5）介子推：晋文公臣子。

（6）食：给他人东西吃。

（7）文公：晋文公。

（8）燔：烧。

（9）尾生：一本作微生，《战国策》作尾生高。

（10）期：约会。

（11）梁：桥。

（12）磔犬：被屠宰的狗。"磔"，裂。

（13）流豕：漂在水中的死猪，古代以猪祭祀河神。"豕"，猪。

（14）离名：被追求名声的思想所蒙蔽（曹础基《庄子浅注》）。"离"，通"罹"。

(15) 念本：顾念根本。

(16) 子胥沈江：见《胠箧》篇注释。“沈”，通“沉”。

(17) 比干剖心：见《人间世》篇注释。

译文：

“世人所称道的贤士，有伯夷、叔齐。伯夷、叔齐辞去孤竹国的君位，却饿死在首阳山，连尸体都没有埋葬。鲍焦装作清高，非议世俗，最终抱着枯树而死。申徒狄进谏没被接纳，就背着石头投河而死，尸体被鱼鳖吃掉。介子推最为忠心，割下自己大腿上的肉给晋文公吃，文公后来却背弃了他，子推怒而离去，抱着大树被焚烧而死。尾生和女子在桥下约会，女子没有来，河水涨上来了他也不离去，竟抱着桥柱子被淹而死。这六个人，无异于被屠宰的狗、抛入河中的猪、拿着瓢乞讨的乞丐，都是重视名声而轻视死亡，不顾念生命根本以养天年的人。

“世人所谓的忠臣，莫过于王子比干和伍子胥。但子胥被抛尸江中，比干被剖心而死，这两个人都是世人所说的忠臣，最终却被天下人讥笑。由此看来，伍子胥、王子比干，都不值得推崇。

“你用来说服我的，假如是有关鬼的事，那我不知道真假；假如是有关人世间的事，就不过如此，都是我听说过的。

解说：

本段对儒家所谓的清高、忠诚、信用等等信念加以批判。

11. **今吾告子以人之情，目欲视色，耳欲听声，口欲察味，志气欲盈**(1)**。人上寿百岁，中寿八十，下寿六十，除病瘐**(2)**死丧忧患，其中开口而笑者，一月之中不过四五日而已矣。天与地无穷，人死者有时，操有时之具**(3)**而托于无穷之间，忽然无异骐骥之驰过隙也。不能说**(4)**其志意，养其寿命者，皆非通道者也。**

丘之所言，皆吾之所弃也，亟(5)**去走归，无复言之！子之道，狂狂汲汲**(6)**，诈巧虚伪事也，非可以全真也，奚足论哉！”**

孔子再拜趋走，出门上车，执辔三失，目芒[7]然无见，色若死灰，据轼[8]低头，不能出气。归到鲁东门外，适遇柳下季。柳下季曰："今者[9]阙[10]然数日不见，车马有行色，得微[11]往见跖邪？"

孔子仰天而叹曰："然。"

柳下季曰："跖得无逆汝意若前[12]乎？"

孔子曰："然。丘所谓无病而自灸[13]也，疾走料[14]虎头，编[15]虎须，几不免虎口哉！"

(1) 盈：得到满足。

(2) 瘦：瘦当为瘐，字之误也；瘐，亦病也（郭庆藩《庄子集释》引王念孙说）。

(3) 具：工具，指身体。

(4) 说：通"悦"。

(5) 亟：急。

(6) 狂狂伋伋：极力钻营的样子。"狂狂"，失性也；"伋伋"，不足也（成玄英《庄子疏》）。

(7) 芒：通"茫"。

(8) 轼：车前横木。

(9) 今者：近来。

(10) 阙：缺。

(11) 得微：莫非。"微"，无。

(12) 若前：如前面所说。

(13) 无病而自灸：没有病自己针灸，指无事自找苦吃。"灸"，针灸。

(14) 料：通"撩"。

(15) 编：借"揙"，抚（陈鼓应《庄子今注今译》）。

译文：

现在我来告诉你人之常情，眼睛想要看到色彩，耳朵想要听到声音，嘴巴想要品尝滋味，意志想要得到满足。人生在世，高寿的一百岁，中寿的八十岁，低寿的六十岁，除掉疾病、死亡、忧患之外，能开口欢笑的时间，一个月之中不过四五天而已。天地的存在是无穷的，而人生是有限的，以有限的生命寄托在无穷的天地之间，就快（如）骏马闪过空隙一般。凡是不能愉悦自己的心意而保其寿命的人，都不是通达大道的人。

“你所说的那些，全都是我要废弃的，你赶快离开，不要再废话了！你这套主张，钻营求利，全是巧诈、虚伪的东西，不能保全真性，哪里还值得谈论呢！”

孔子再拜，快步离去，出门上车，手里的缰绳掉了三次，眼睛茫然什么也看不见，脸色犹如死灰，扶着车前横木，低着头，不能喘气。

回到鲁国东门外，正遇到柳下季。柳下季说：“你最近好几天都没露面，车马有外出的样子，你是不是去见跖了？”

孔子仰天长叹道：“是的。”

柳下季说：“跖莫不是像先前我所说的那样违逆了你的心意吧？”

孔子说：“是的。我正是所谓的无病而自行针灸，莽撞前去撩拨虎头、捋虎须，几乎不免落入虎口啊！”

解说：

上文盗跖批驳了儒家那一套价值后，亮出自己的观点——常人的本性喜欢满足自己的欲望，而且难以改变。

12. **子张[(1)]问于满苟得[(2)]曰：“盍（hé）[(3)]不为行[(4)]？无行[(5)]则不信，不信则不任[(6)]，不任则不利。故观之名，计之利，而义真是[(7)]也。若弃名利，反[(8)]之于心，则夫士之为行，不可一日不为乎！”**

（1）子张：孔子弟子，姓颛孙，名师，字子张（成玄英《庄子疏》）。

（2）满苟得：姓满，名苟得，假托为姓名，曰苟且贪得以满其心，求利之人也（成玄英《庄子疏》）。

（3）盍：通“曷”，何不。

（4）为行：修养品行。

（5）无行：没有好品行。

（6）不任：不被任用。

(7) 是：对。

(8) 反：乖逆（成玄英《庄子疏》）。

译文：

子张问满苟得："你为什么不修德行？没有德行就不能取信于人，不能取信于人就不被任用，不被任用就不能获取利益。所以，无论从名的角度看，还是从利的角度看，义确实很重要。如果抛弃名利，反求于心，读书人的所作所为，也不能一天不讲仁义呀！"

解说：

这个故事借满苟得之口以庄子思想批判子张所主张的仁、义等观念。

子张用利禄来劝满苟得修养德行、讲求仁义。

13. **满苟得曰："无耻者富，多信[(1)]者显。夫名利之大者，几[(2)]在无耻而信。故观之名，计之利，而信真是也。若弃名利，反之于心，则夫士之为行，抱[(3)]其天[(4)]乎！"**

(1) 多信：犹多言也（成玄英《庄子疏》）。

(2) 几：近。

(3) 抱：守。

(4) 天：自然。

译文：

满苟得说："无耻的人富有，吹牛的人显贵。那些获得大名大利的，几乎全是靠无耻吹牛骗取他人信任而取得的。所以，从名誉的角度看，从利禄的角度看，吹牛骗取他人的信任才是根本。假如抛弃名利，反求于心，那么读书人的所作所为，就应该保有其自然的本性。"

解说：

满苟得顺着子张的思路，认为获利最大的不是讲信用者，而是无耻吹牛的人；如果反求于心，那么读书人应该保有其自然本性。这是用庄子的观点批判满苟得的说法（包括儒家观念和世俗观念）。

14. **子张曰：“昔者桀纣贵为天子，富有天下，今[1]谓臧聚[2]曰，汝行如桀纣，则有怍色[3]，有不服之心者，小人所贱也。仲尼墨翟，穷为匹夫，今谓宰相曰，子行如仲尼墨翟，则变容易色[4]称不足者，士诚贵也。故势为天子，未必贵也；穷为匹夫，未必贱也；贵贱之分，在行之美恶。”**

（1）今：假说之辞（曹础基《庄子浅注》）。

（2）臧聚：指偷窃的人。“臧”，谓臧获也；“聚”，谓揽窃，即盗贼小人也（成玄英《庄子疏》）。

（3）怍色：惭愧的表情。

（4）变容易色：改变脸色表示惭愧。

译文：

子张说：“从前桀和纣贵为天子，富有天下，但现在如果对小偷说，你的行为就像桀纣，他们也会面带愧色，产生不服之心，小人也鄙视桀纣的行为。仲尼和墨翟，是穷困的百姓，但现在如果对宰相说，你的行为如同仲尼、墨翟，他就会改变表情，谦恭地说自己还差得远，读书人确实推崇二人。所以说即使有天子的权势，也未必尊贵；穷困如普通人，也不一定卑贱；尊与贱的区别，在于德行的好坏。”

解说：

子张用当下人们对好人、坏人的看法来规劝满苟得。

15. **满苟得曰：“小盗者拘，大盗者为诸侯，诸侯之门，义士存焉。昔者桓公小白杀兄入嫂[1]而管仲为臣，田成子[2]常杀君窃国而孔子受币[3]。论则贱之，行则下之[4]，则是言行之情悖战[5]于胸中也，不亦拂[6]乎！故书曰：‘孰恶孰美？成者为首，不成者为尾。’”**

（1）桓公小白杀兄入嫂：齐桓公名小白，杀其兄子纠，纳其嫂焉（成玄英

《庄子疏》）。

(2) 田成子：即田常，又称陈恒，他杀死齐简公而专国政，见《胠箧》篇的注释。

(3) 孔子受币：只见于本文，他书未见有记载（曹础基《庄子浅注》）。

(4) 下之：甘为之下。

(5) 悖战：冲突。“悖”，逆也（成玄英《庄子疏》）。

(6) 拂：戾也（成玄英《庄子疏》）。

译文：

满苟得说：“小的强盗被拘捕，大的强盗却成了诸侯，诸侯的门下，就存在仁义。从前齐桓公小白杀他的哥哥，娶他的嫂子，而管仲却做了他的臣子；田成子常杀了齐简公，窃取了齐国，孔子却接受他的钱财。评论时瞧不起他们，行动时又甘愿屈从，于是言论和行动就在胸中交战，这不太矛盾了吗！所以古书上说：‘谁坏谁好？成功的就是首领，失败的就居于人下了。’”

解说：

满苟得批驳子张（实际是儒家主张）：现实中无所谓是非，仁义的标准、君子与小人之分掌握在有权势者手中。

16. **子张曰：“子[(1)]不为行，即将疏戚无伦[(2)]，贵贱无义，长幼无序；五纪[(3)]六位[(4)]，将何以为别乎？”**

(1) 子：你。

(2) 无伦：失去了人与人之间的正常关系。“伦”，理也（成玄英《庄子疏》）。

(3) 五纪：即五伦，指父子、君臣、夫妇、长幼、朋友。

(4) 六位：君、臣、父、子、夫、妇。

译文：

子张说：“如果你不修德行，就会使疏亲之间失去伦常，尊贱之间没有规矩，长幼之间没有秩序；五伦六位又怎么区别呢？”

解说：

子张又诉诸儒家的人伦关系思想，说明修养儒家德行的重要性。

17. **满苟得曰：“尧杀长子，舜流母弟**[1]**，疏戚有伦乎？汤放桀，武王杀纣，贵贱有义乎？王季为适**[2]**，周公杀兄**[3]**，长幼有序乎？儒者伪辞**[4]**，墨者兼爱，五纪六位将有别乎？**

（1）舜流母弟：传说舜流放同母兄弟象。

（2）王季为适：周太王本应传位给嫡子，但传给了王季，王季的两个哥哥泰伯和仲雍就逃到吴国（曹础基《庄子浅注》）。“适”，通“嫡”。

（3）兄：指管叔、蔡叔，周公兄弟。

（4）伪辞：假话。

译文：

满苟得说：“尧杀掉长子，舜流放同胞弟弟，亲疏之间有伦常吗？商汤流放夏桀，武王杀死商纣，贵贱之间有规矩吗？王季僭越为嫡子，周公杀死兄长，长幼之间有秩序吗？儒家的虚伪言辞，墨家主张的兼爱，五纪和六位还有区别吗？

解说：

满苟得用历史事实反驳子张认为存在所谓的亲疏、君臣、长幼等等有关伦常的主张，指责儒家的等级观念、墨家的兼爱观念都是虚伪的。

18. **且子**[1]**正为名，我正为利。名利之实，不顺于理，不监**[2]**于道。吾日**[3]**与子讼**[4]**于无约**[5]**曰：‘小人殉**[6]**财，君子殉名。其所以变其情，易其性，则异矣；乃至于弃其所为而殉其所不为，则一也。’故曰，无为小人，反殉而天**[7]**；无为君子，从天之理。若枉若直，相**[8]**而**[9]**天极**[10]**；面观四方，与时消息**[11]**。若是若非，执而圆机**[12]**；独成而意**[13]**，与道徘徊**[14]**。无转（专）而**

行[15]，无成而义，将失而所为[16]。无赴而富[17]，无殉而成[18]，将弃而[19]天。

(1) 子：你。

(2) 监：通“鉴”，明。

(3) 日：《阙误》引张君房本“日”作“昔”(郭庆藩《庄子集释》)。

(4) 讼：谓论说也 (成玄英《庄子疏》)，争论。

(5) 无约：假托的人名。

(6) 殉：追逐。

(7) 反殉而天：反过来在追寻你的自然天性。“而”，你。

(8) 相：助。

(9) 而：你。

(10) 天极：自然之道 (成玄英《庄子疏》)。

(11) 消息：消长变化。“消”，消亡；“息”，生息 (曹础基《庄子浅注》)。

(12) 圆机：循环变化的枢纽 (曹础基《庄子浅注》)。

(13) 独成而意：自己实现自己的心意。

(14) 徘徊：犹转变意也 (成玄英《庄子疏》)。

(15) 无转而行：不要固执于自己的行为。“转”，读为“专”(郭庆藩《庄子集释》引王念孙说)，执着。

(16) 所为：真性也 (成玄英《庄子疏》)。

(17) 无赴而富：不要追逐富贵。

(18) 无殉而成：不要急于追逐成功。“殉”，贪，追求。

(19) 而：你。

译文：

“况且你正在求名，我正在求利。名与利的实质，不合于天理，也不明于大道。我曾经与你在无约面前争论说：‘小人为财而死，君子为名而死。他们之所以改变真情、损害本性，原因虽然不同，但舍弃所应当做的，去追逐不应当做的方面却是一样的。’所以说，不要去做小人，要反求自己的天性；不要去做君子，要顺从自然的天理。或曲或直，要顺随自己的本性；观照四方，顺随四时变化。或是或非，都要把握事物变化的枢纽；不逐外物而顺从自己的本心，与大道同游。不要固执你的行为，不要成就所谓的义，那将丧失你的真性。不要追逐富贵，不要追求成功，那将失掉你的自然本性。

解说：

满苟得认为自己求利，子张求名，二人都丧失了本性。因此，不要执着于什么君子与小人之分，而要心无是非，顺随外物，不执着于某种东西，包括仁义、富贵和成功。这正是庄子的思想。

19. **比干剖心，子胥抉眼(1)，忠之祸也；直躬证父(2)，尾生溺死，信之患也；鲍子立干(3)，申子不自理(4)，廉之害也；孔子不见母(5)，匡子不见父(6)，义之失也。此上世之所传，下世之所语，以为士者正其言，必其行，故服(7)其殃，离(8)其患也。**”

(1) 比干剖心，子胥抉眼：比干忠谏于纣，纣云，闻圣人之心有九窍，遂剖其心而视之。子胥忠谏夫差，夫差杀之，子胥曰：“吾死后，抉眼县于吴门东以观越之灭吴也。”斯皆至忠而遭其祸也（成玄英《庄子疏》）。

(2) 直躬证父：直躬证实他父亲偷羊（《论语·子路》）。

(3) 鲍子立干：见上文“鲍焦刨木而死”。“干”，树干。

(4) 申子不自理：申子，晋献公太子申生也，遭丽姬之难，枉被谗谤，不自申理，自缢而死矣（成玄英《庄子疏》）。“理”，申诉。

(5) 孔子不见母：孔子滞耽圣迹，历国应聘，其母临终，孔子不见（成玄英《庄子疏》）。

(6) 匡子不见父：姓匡，名章，齐人，劝谏他的父亲，结果被父亲逐出家门。匡章终身不见他父亲（曹础基《庄子浅注》）。

(7) 服：受（曹础基《庄子浅注》）。

(8) 离：通“罹”，遭受。

译文：

比干被剖心，子胥被挖眼，这是忠造成的祸害；直躬指证他父亲偷羊，尾生被水淹死，这是信造成的祸患；鲍焦抱树而死，申生不申辩而自缢，这是廉造成的毒害；孔子未能为母送终，匡子没有见到父亲，这是行义所造成的问题。这些都是上世的传闻，当代人所谈论的话题，认为读书人要言论正直，严格按所学的去行动，以致人们受其害，遭其祸。”

解说：

满苟得再次以历史阐明儒家和世俗所谓的忠、信、廉、义等行为是违背人性的。世上没有所谓客观的是非标准。文中说孔子未能为母送终，是指孔子因固守某种观念（如自己负有推行仁义的责任）而奔波在外，未能给母亲送终。所以，成玄英《庄子疏》说，“孔子滞耽圣迹，历国应聘，其母临终，孔子不见。”

20. **无足**(1)**问于知和**(2)**曰：“人卒**(3)**未有不兴名**(4)**就利者。彼富则人归之，归则下之，下则贵之。夫见**(5)**下贵者，所以长生安体**(6)**乐意**(7)**之道也。今子**(8)**独无意焉，知不足邪，意**(9)**知而力不能行邪，故**(10)**推**(11)**正不忘邪？”**

(1) 无足：虚构的人名，意为不知足。

(2) 知和：虚构的人名，意为知足、适宜。

(3) 人卒：人众。

(4) 兴名：喜欢名声。

(5) 见：被。

(6) 安体：使身体舒服。

(7) 乐意：使心情愉快。

(8) 子：你。

(9) 意：通“抑”（曹础基《庄子浅注》），还是。

(10) 故：通“固”。

(11) 推：求。

译文：

无足问知和：“人们没有不喜欢追逐名声、谋取利益的。谁富有，人们就归附他，归附他就会服从他，服从就会尊崇他。受到他人的尊崇正是长寿、安康、快乐之道。现在唯独你没有这种追逐名利的想法，是智慧不足呢？还是有这想法而能力不够呢？还是你在一味追求你的正道而无暇他顾呢？”

解说：

这个故事借知和之口以庄子思想批判世俗社会中一味追逐富贵名声的行为。

无足认为人应该追求世俗的名声、利益，而知和却没有这样做，所以无足感到好奇。

21. **知和曰：“今夫此人[(1)]以为与己同时而生，同乡而处者，以为夫绝俗过世[(2)]之士焉；是[(3)]专[(4)]无主正[(5)]，所以览古今之时，是非之分也，与俗化[(6)]。世去至重[(7)]，弃至尊[(8)]，以为其所为也；此其所以论长生安体乐意之道，不亦远乎！惨怛（dá）[(9)]之疾，恬愉[(10)]之安，不监[(11)]于体；怵[(12)]惕之恐，欣欢之喜，不监于心；知为为而不知所以为，是以贵为天子，富有天下，而不免于患也。”**

（1）此人：指兴名就利者。

（2）绝俗过世：超越世俗。

（3）是：此，这。

（4）专：一，全。

（5）无主正：内心无主见。

（6）与俗化：与世俗混同。

（7）至重：生也（成玄英《庄子疏》），指生命。

（8）至尊：道也（成玄英《庄子疏》）。

（9）惨怛：悲也（成玄英《庄子疏》）。

（10）恬愉：乐也（成玄英《庄子疏》）。

（11）监：察。

（12）怵：惊惧。

译文：

知和说："假定现在有这么一个人，看到跟自己是同一时代、同一乡里的，就认为是超越世俗的人；其实这样的人内心并无主心骨，这样去观察古今的不同和是非的分际，只不过是与流俗同化。舍弃重要的，离开尊贵的，追求他想要追求的东西；这样来看所谓长寿、安康、快意之道，不是差得太远了吗！悲痛的疾病，愉快的安适，不是从形体表现出来的；惊惕的恐惧，欢欣的喜悦，不是由心灵显露出来的。你知道你所做的，却不知道你为什么这样做，所以即使贵为天子，富有天下，还是不能免于忧患。"

解说：

本段批判了两种人，心无主见者和追逐外物者。

内心领悟道就能顺随世俗、混合是非。但顺随世俗、混合是非者未必悟道，反而可能心无主见。离开道去谈论世俗的利益、名声、悲伤、愉快、痛苦、喜悦，那只是被外物牵引，而不是顺随外物的行为，所以不能免于祸患。

22. **无足曰："夫富之于人，无所不利，穷[1]美究埶[2]，至人之所不得逮[3]，贤人之所不能及，侠[4]人之勇力而以为威强，秉[5]人之知谋以为明察，因人之德以为贤良，非享国而严若君父[6]。且夫声色滋味权势之于人，心不待学而乐之，体不待象[7]而安之。夫欲恶避就[8]，固不待师，此人之性也。天下虽非我，孰[9]能辞[10]之！"**

(1) 穷：犹尽也（陆德明《经典释文》）。

(2) 埶：通"势"，权势。

(3) 逮：等到。

(4) 侠：通"挟"，利用。

(5) 秉：持。

(6) 君父：君主。

(7) 象：仿效。

(8) 欲恶避就：欲求、憎恶、避开、趋就。

(9) 孰：谁。

(10) 辞：拒绝。

译文：

无足说："财富对于人，无所不利，能够享尽人间的善美和威势，至人无法得到，贤人也不能企及，可以利用别人的勇力而为自己的威势，运用别人的智谋来显示自己的明察，借别人的德行来显示自己的贤良，虽然没有国土却像君主一样威严。而且人们对于声色、滋味、权势，不必学习就喜欢，无需模仿身体就安适。欲念、厌恶、回避、俯就，本来就无师自通，这是人的本性。天下人虽然非议我，但谁能拒绝这一切呢？"

解说：

无足还在强调富贵给人带来的好处：借助他人显示自己的威势、明察、贤良、威严；享受这些好处还无师自通。

23. **知和曰："知者之为，故动以百姓[(1)]，不违其度[(2)]，是以[(3)]足而不争，无以为故不求。不足故求之，争四处而不自以为贪；有余故辞之，弃天下而不自以为廉。廉贪之实，非以迫外[(4)]也，反监[(5)]之度[(6)]。势为天子而不以贵骄人，富有天下而不以财戏[(7)]人。计其患，虑其反[(8)]，以为害于性，故辞而不受也，非以要[(9)]名誉也。尧舜为帝而雍[(10)]，非仁天下也，不以美害生也；善卷、许由[(11)]得帝而不受，非虚辞让也，不以事害己。此皆就其利，辞其害，而天下称贤焉，则可以有之，彼非以兴名誉[(12)]也。"**

(1) 动以百姓：因百姓而动。

(2) 度：分寸。

(3) 是以：因此。

(4) 迫外：受外在的影响。

(5) 监：察。

(6) 度：气量。

(7) 戏：戏弄。

(8) 反：反面作用。

(9) 要：求。

(10) 雍：和也（成玄英《庄子疏》）。

(11) 善卷、许由：相传为尧舜时的隐士，见《让王》篇。

(12) 兴名誉：沽名钓誉。

译文：

知和说："智者所作所为，顺依百姓之心，不违反百姓的意愿，因此，内心满足而不跟人争夺，顺其自然就无贪求。不知足才会贪求不已，四处争夺而不认为是贪婪；知足才会处处辞让，舍弃天下也不认为是清廉。廉洁与贪婪的本质，并不取决于外在的影响，而应反观内在的气量。有天子的权势，却不以尊贵骄人；富有天下，却不用财富侮辱他人。衡量祸患，正反思考，认为会有害于自己的本性，所以才推辞不接受，并不是为了获取名声。尧与舜做帝王时推让帝位，并不是对天下仁爱，而是不想以荣耀损害自己的性命；善卷与许由不接受尧、舜的禅让，也不是假意辞让，而是不想以国事伤害自己。这些都是趋利避害的行为，因而人们称赞他们贤明，这些称誉对他们是当之无愧的，不过他们并不是有心去追逐名誉的。"

解说：

知和提出自己的观点。

得道者顺随外物，顺百姓之心，处世知足，不会为名声乃至天下等外在的东西伤害自身。因此，尧、舜辞让帝王之位，善卷与许由不接受帝王之位。

24. **无足曰："必持[1]其名，苦体[2]绝甘[3]，约养[4]以持生，则亦犹[5]久病长阨[6]而不死者也。"**

(1) 持：守。

(2) 苦体：令身体劳苦。

(3) 绝甘：抛弃美味。

(4) 约养：穷养。

(5) 犹：《阙误》引江南古藏本“亦”下有“犹”字（郭庆藩《庄子集释》）。

(6) 阨：通“厄”，困厄。

译文：

无足说：“如果一定要保有世俗之名，劳累自身，弃绝美味，节俭给养以维持生命，就无异于久病困厄而不死亡的人了。”

解说：

无足对安于平淡的生活不屑一顾。

25. **知和曰：“平[1]为福，有余为害者，物莫不然，而财其甚者也。今富人，耳营[2]钟鼓管籥（yuè）[3]之声，口嗛（qiè）[4]于刍豢[5]醪（láo）[6]醴[7]之味，以感其意，遗忘其业[8]，可谓乱矣；侅（gāi）[9]溺[10]于冯（píng）气[11]，若负重行而上阪[12]，可谓苦矣，贪财而取慰[13]，贪权而取竭[14]，静居则溺[15]，体泽则冯（píng）[16]，可谓疾矣；为欲富就利，故满若堵耳而不知避，且冯而不舍[17]，可谓辱矣；财积而无用，服膺（yīng）[18]而不舍，满心戚醮（qiáo）[19]，求益而不止，可谓忧矣；内则疑刦（jié）请[20]之贼，外则畏寇盗之害，内周[21]楼疏[22]，外不敢独行，可谓畏矣。此六者，天下之至害也，皆遗忘而不知察，及其患至，求尽性竭[23]财，单以反一日之无故[24]而不可得也。故观之名则不见，求之利则不得，缭意绝体[25]而争此，不亦惑乎！”**

(1) 平：不多不少（曹础基《庄子浅注》）。

(2) 营：谋求。

(3) 管籥：箫笛之流也（成玄英《庄子疏》）。

(4) 嗛：快也（郭庆藩《庄子集释》），称适也（成玄英《庄子疏》），快意。

(5) 刍豢：禽兽中食草者为刍，吃肉者为豢，指肉类。

(6) 醪：醇酒。

(7) 醴：甜酒。

(8) 业：事业。

(9) 侅：饮食至咽为侅（陆德明《经典释义》）。

(10) 溺：即尿字。

(11) 冯气：涨气。“冯”，通“凭”，满。

(12) 阪：土坡。

(13) 取慰：带来疾病。“取”，带来，“慰”读做“怼”，病（曹础基《庄子浅注》）。

(14) 取竭：耗散精力。

(15) 溺：沉溺与嗜好。

(16) 体泽则冯：其身体充肥则冯满有骄涨之意（林希逸《庄子口义》）。

(17) 冯而不舍：贪求不已。“冯”，通“凭”，胀满。

(18) 服膺：时常挂在心上（曹础基《庄子浅注》）。

(19) 戚醮：烦恼也（成玄英《庄子疏》）。

(20) 刦请：强求（曹础基《庄子浅注》）。

(21) 周：围。

(22) 楼疏：楼上的窗户加上防护措施。“疏”，窗。一说为交疏的意思。

(23) 性竭：生命消亡。

(24) 反一日之无故：用钱返一天无事。“反”，通“返”。

(25) 缭意绝体：指身心受困扰。“缭意”，心神缭乱；“绝体”，尽全身之力（曹础基《庄子浅注》）。

译文：

知和说：“够用就是幸福，有余就是祸害，万物都是这样的，而财物有余就危害更严重。现在的富人，满耳都是钟鼓箫管的声音，满嘴都是美味的肉食美酒，以刺激他的欲望，遗忘了他的正当事情，可以说是迷乱极了；体内气涨难受，如同负重爬坡，可以说是痛苦极了；贪求财物而带来疾病，贪求权势而耗尽心力，安静时就沉溺于嗜欲，精神饱满时就盛气凌人，可以说是病态；为了贪图富贵、追求私利，获取的财物堆得像墙那样高也不知满足，且越发不知收敛，真可说是羞辱极了；财富积累却没有用处，心中念念不忘，满心烦恼，一味贪多，不知休止，真可说是忧愁极了；在家里就担忧小偷窃贼，在外面就害怕强盗伤害，屋内遍设防盗设备，外出不敢独行，可以说恐怖极了。这六者是天下的大害，人们全都遗忘而不知反省。等到祸患来临时，想用全部钱财换取一日安宁也不可能。所以，从名来说看不见，从利来说得不到，还要劳烦身心争来争去，岂不太糊涂了吗!”

解说：

针对无足的观念，知和历数钱财多而带来的祸患。当然，这并不是钱财带来的，而是贪财之心带来的。如果钱财多，自己却以平常心看待，就如同钱财合适一样，不会有烦恼。

说　剑

很多人认为本篇文风类似纵横家的游说之词，因而怀疑它不属于庄子学派的作品。其实，本篇是以天子之剑、诸侯之剑、庶人之剑隐喻得道之人、合道之人、妄为之人的处事方式。得道者知道这三种剑，但心中无剑。

1. **昔赵文王(1)喜剑，剑士夹门(2)而客三千余人，日夜相击于前，死伤者岁百余人，好之不厌。如是(3)三年，国衰，诸侯谋之。**

太子悝（kuī）(4)患之，募左右曰："孰能说王之意止剑士者，赐之千金。"左右曰："庄子当能。"

太子乃使人以千金奉庄子。庄子弗受，与使者俱，往见太子曰："太子何以教周，赐周千金？"

太子曰："闻夫子明圣，谨奉千金以币从者(5)。夫子弗受，悝尚何敢言！"

庄子曰："闻太子所欲用周者，欲绝王之喜好也。使臣上说大王而逆王意，下不当太子，则身刑而死，周尚安所事金乎？使臣上说大王，下当太子，赵国何求而不得也！"

太子曰："然。吾王所见，唯剑士也。"

庄子曰："诺。周善为剑。"

太子曰："然吾王所见剑士，皆蓬头突鬓(6)垂冠(7)，曼胡之缨(8)，短后之衣，瞋目而语难(9)，王乃说(10)之。今夫子必儒服而见王，事必大逆。"

庄子曰："请治(11)剑服。"治剑服三日，乃见太子。太子乃与见王，王脱白刃待之。庄子入殿门不趋，见王不拜。王曰："子欲何以教寡人，使太子先焉？"

曰："臣闻大王喜剑，故以剑见王。"

王曰："子之剑何能禁制(13)？"

曰："臣之剑，十步一人，千里不留行。"

王大悦之，曰："天下无敌矣！"

庄子曰："夫为剑者，示之以虚，开之以利[14]，后之以发，先之以至。愿得试之。"

王曰："夫子休就舍，待命设戏[15]请夫子。"

(1) 赵文王：赵惠王，名何，赵武灵王之子也（成玄英《庄子疏》）。

(2) 夹门：拥门（林希逸《庄子口义》）。

(3) 是：此，这样。

(4) 悝：惠文王之后为孝成王丹，则此太子盖不立（俞樾《庄子平议》）。

(5) 币从者：赠千金以充从者之币帛也（成玄英《庄子疏》），不直接说送给庄子，委婉其词表示尊敬。

(6) 突鬓：鬓毛突出（成玄英《庄子疏》）。

(7) 垂冠：将欲斗，故冠低倾也（陆德明《经典释文》）。

(8) 曼胡之缨：帽缨像丝带、像胡须。"曼"：古书注多引"曼"作"缦"（马叙伦《庄子义证》、刘文典《庄子补正》、王叔岷《庄子校释》），丝织品。"胡"，胡须。

(9) 语难：恶语相向，"欲斗之时，以语相诘难"（林希逸《庄子口义》）。一说为说话不流利，勇士愤气积于心胸，言不流利也（陆德明《经典释文》）。

(10) 说：通"悦"。

(11) 治：做。

(12) 脱白刃：拔出白色的利剑。

(13) 禁制：禁暴制服敌人（陈鼓应《庄子今注今译》）。

(14) 开之以利：给人显示可乘之机（陈鼓应《庄子今注今译》）。

(15) 设戏：指安排比赛。

译文：

从前赵文王喜好剑术，聚在门下的剑客达到三千多人，他们日夜在赵文王面前比试剑术，一年死伤多达百余人，而赵文王乐此不疲。这样经过三年，国势逐渐衰败，诸侯们便开始暗中图谋赵国。

太子悝感到十分担忧，召集左右商量说："谁能够说服改变父王心意，让他远离那些剑客的，我赏赐他千金。"左右的人说："庄子能够做到。"

于是，太子派人奉送千金给庄子。庄子不肯接受，随使者一道去见太子，说："太子对我有什么见教呢，要赏赐我千金？"

太子说："听说先生是圣明之人，所以谨此奉上千金来犒赏先生的仆人。先生不接受，我还敢再说什么！"

庄子说："我听说太子要我所做的是断绝赵王对剑术的爱好。假如我上游说赵王而违拗了他的心意，下又不符合太子的意愿，那我将会遭刑戮而死，我还要千金做什么用呢？假如我上能说服赵王，下能合于太子的心意，那么我在赵国想要什么而得不到呢！"

太子说："是这样的。不过，父王所愿意见的，只有剑客。"

庄子说："好，我就十分擅长剑术。"

太子说："不过，父王眼中所见到的剑客，全都头发蓬乱，鬓毛突起，帽子低垂，帽缨如带，上衣后襟都很短，怒目相向，张口就骂，父王见了这种模样的才会高兴。现在先生如果是穿着儒服去见父王，事情一定不妥。"

庄子说："请为我准备剑客穿的服装。"花了三天时间，剑客的服装制成了，庄子就穿着去面见太子。太子与庄子一道去见赵王，赵王手中拿着利剑等待庄子。庄子进了殿门既不加快脚步，见了赵王又不跪拜。赵王说："你有什么指教，还要让太子给你引荐？"

庄子说："我听说大王爱好剑术，所以我凭剑术来晋见大王。"

赵王说："那你有什么克敌制胜的本事呢？"

庄子说："我的剑术，十步之内可以杀人，千里之外没人能阻挡。"

赵王听了大喜，说："那就天下无敌了！"

庄子说："用剑的技巧，先是故意露出破绽，给人以可乘之机，后于敌手出剑，先于敌手击中。我希望试试我的剑法。"

赵王说："先生先回到馆舍休息，我安排好比赛后再来请先生。"

解说：

这个故事以天子之剑、诸侯之剑、庶人之剑隐喻得道之人、合道之人、安为之人的处事方式，暗示君主无为治国的道理。

庄子是得道之人，心随外物，因而听从太子的意见，穿上剑客的服装，假扮剑客，口里说着内行的话，钓起赵王的胃口，为劝谏赵王做好铺垫。至于太子奉送的千金，庄子是不会放在眼里的，所以找出合乎情理的借口辞掉了。

2. **王乃校[1]剑士七日，死伤者六十余人，得五六人，使奉剑于殿下，乃召庄子。王曰："今日试使士敦剑[2]。"**

庄子曰："望之久矣。"

王曰："夫子所御[3]杖[4]，长短何如？"

曰："臣之所奉[5]皆可。然臣有三剑，唯王所用，请先言而后试。"

王曰："愿闻三剑。"

曰："有天子剑，有诸侯剑，有庶人剑。"

王曰："天子之剑何如？"

曰："天子之剑，以燕溪[6]石城[7]为锋[8]，齐岱[9]为锷[10]，晋魏为脊[11]，周宋为镡（xin）[12]，韩魏为夹[13]；包以四夷，裹以四时[14]；绕以渤海，带以常山[15]；制以五行[16]，论以刑德；开以阴阳，持以春夏，行以秋冬。此剑，直之无前，举之无上，案[17]之无下，运之无旁，上决[18]浮云，下绝[19]地纪[20]。此剑一用，匡[21]诸侯，天下服矣。此天子之剑也。"

（1）校：考校取其胜者也（陆德明《经典释义》引司马彪说）。

（2）敦剑：比剑。"敦"，比（高亨《诸子新笺》）。

（3）御：用也（成玄英《庄子疏》）。

（4）杖：指剑。

（5）所奉：指平日所用的剑；"奉"，通"棒"（曹础基《庄子浅注》）。

（6）燕溪：地名，在战国时的燕国。

（7）石城：地名，在塞外（成玄英《庄子疏》）。

（8）锋：剑端也（成玄英《庄子疏》），剑的尖端。

（9）齐岱：齐国泰山。

（10）锷：刃也（成玄英《庄子疏》）。

（11）脊：剑背。

(12) 镡：环也（成玄英《庄子疏》）。

(13) 夹：一本作“铗”（陆德明《经典释文》）。“铗”，剑把。

(14) 四时：四季。

(15) 常山：即恒山，在今河北省正定县北。

(16) 五行：金、木、水、火、土。

(17) 案：通“按”。

(18) 决：劈开。

(19) 绝：截断。

(20) 地纪：地基（陈鼓应《庄子今注今译》）。

(21) 匡：匡正。

译文：

于是赵王让剑客们相互较量了七天，死伤者达六十多人，最后精选出五六人，让他们拿着剑在宫殿下等候，再命人去召庄子。赵王说：“今天请你和剑客们比剑。”

庄子说：“我盼望已久。”

赵王说：“先生所使用的宝剑，长短多少？”

庄子说：“我所使用的剑，长短都可以。不过我有三种剑，任凭大王选用，请让我先做说明，然后再比试。”

赵王说：“我愿意先听听你介绍你所谓的三种剑。”

庄子说：“我有天子之剑，诸侯之剑，庶民之剑。”

赵王说：“天子之剑是怎样的？”

庄子说：“天子之剑，以燕溪、石城为剑端，以齐国、泰山为剑刃，以晋国、魏国为剑背，以周朝、宋国为剑环，以韩国、魏国为剑把；用四夷包着，用四时裹着，以渤海环绕，以恒山为带；用五行来统驭，用刑德来论断；用阴阳来开合，用春秋来扶持，用秋冬来运行。这种剑，向前则无人能在它前面，举起则无人能在它上面，按低则无人能在它下面，挥动则无人能在其旁，上可斩浮云，下可断地脉。这种剑一出手，就可以匡正诸侯，使天下宾服。这是天子之剑。”

解说：

天子之剑是以天地自然及其五行四时为剑，因而这种剑所向无敌，百姓自然顺从。这隐喻国君应以顺其自然的方式无为地治理国家。

3. **文王芒[1]然自失，曰："诸侯之剑何如？"**

曰："诸侯之剑，以知勇士为锋，以清廉士为锷，以贤良士为脊，以忠圣士为镡，以豪桀[2]士为夹。此剑，直之亦无前，举之亦无上，案之亦无下，运之亦无旁；上法圆天以顺三光[3]，下法方地以顺四时，中和民意以安四乡[4]。此剑一用，如雷霆之震也，四封[5]之内，无不宾服而听从君命者矣。此诸侯之剑也。"

(1) 芒：通"茫"。

(2) 豪桀：豪杰。

(3) 三光：日、月、星。

(4) 四乡：四方。

(5) 四封：四境。

译文：

赵文王听了茫然若失，说："诸侯之剑是什么样子的呢？"

庄子说："诸侯之剑，以智勇之士为剑尖，以清廉之士为剑刃，以贤良之士为剑脊，以忠诚之士为剑环，以豪杰之士为剑把。这种剑，向前也无人能在其前，举起也无人能在其上，按低也无人能在其下，挥起也无人能在其旁。这种剑上效法天，以顺日月星辰；下效法地，以顺四时运转，中则顺随民意，安定四方。这种剑一旦使用，就好像雷霆震动，四境之内没有不归服听从国君号令的。这就是诸侯之剑。"

解说：

诸侯之剑以人为剑，效法自然及四时，因而诸侯之剑也能号令天下，百姓因其势而顺从。这隐喻诸侯虽有所作为但尚不妄为地治理国家。

4. 王曰："庶人之剑何如？"

曰："庶人之剑，蓬头突鬓垂冠，曼胡之缨，短后之衣，瞋目而语难。相击于前，上斩颈领，下决肝肺。此庶人之剑，无异于斗鸡，一旦命已绝矣，无所用于国事。今大王有天子之位而好庶人之剑，臣窃为大王薄之。"

王乃牵[(1)]而上殿。宰人[(2)]上食[(3)]，王三环[(4)]之。庄子曰："大王安坐定气，剑事已毕奏[(5)]矣。"

于是文王不出宫三月，剑士皆服毙其处也[(6)]。

(1) 牵：带，指领着庄子。

(2) 宰人：膳食官。

(3) 上食：奉上饮食。

(4) 三环：绕了三圈。

(5) 毕奏：说完。

(6) 服毙其处也毙：高山寺本及卷子本"服毙其处也"并作"伏毙其处矣"(郭庆藩《庄子集释》)，伏剑自杀。"服"，通"伏"。

译文：

赵王说："庶人之剑又是什么样的呢？"

庄子说："庶人之剑，头发蓬乱，鬓毛突起，帽子低垂，帽缨如带，上衣襟很短，怒目相向，张口就骂；在众人面前相互击斗，上斩头颅，下刺肝肺，这就是庶人之剑，跟斗鸡没有什么不同，一旦丧命，对国事就没有什么用处。现在大王拥有天下的尊位，却喜好庶人之剑，我私下认为大王这样做不值得。"

于是，赵文王领着庄子走到殿上。膳食官送上饭菜，赵王绕着酒席走了三圈。庄子说："大王安定地坐下来，平心静气，关于剑的事情我已说完了。"

于是，赵文王三个月不走出宫门一步，剑士们都在自己的住处自杀了。

解说：

庶人之剑靠武力与他人争斗，跟斗鸡没什么分别。这隐喻普通人不懂得无为之道，处处妄为，最终可能会因此丢掉自己的性命。赵文王听完庄子关于三剑的论述后能幡然悔改，不失为一位好君主。

渔　父

这个故事通过渔夫之口指出孔子以礼乐等是非方式和妄为方式进行教化的后果——危害社会，淹没自己的本性。

1. 孔子游乎缁帷之林(1)，休坐乎杏坛(2)之上。弟子读书，孔子弦歌鼓琴，奏曲未半。有渔父者，下船而来，须眉交白(3)，被发揄（yú）袂（mèi）(4)，行原以上(5)，距(6)陆而止，左手据(7)膝，右手持颐(8)以听。曲终而招子贡、子路，二人俱对(9)。

客指孔子曰："彼何为者也？"

子路对曰："鲁之君子也。"

客问其族(10)。子路对曰："族孔氏。"

客曰："孔氏者何治(11)也？"

子路未应，子贡对曰："孔氏者，性(12)服(13)忠信，身行仁义，饰(14)礼乐，选(15)人伦(16)，上以忠于世主，下以化于齐民(17)，将以利天下，此孔氏之所治也。"

又问曰："有土之君与？"

子贡曰："非也。"

"侯王之佐与？"

子贡曰："非也。"

客乃笑而还(18)，行言曰："仁则仁矣，恐不免其身；苦心劳形以危其真(19)。呜呼，远哉其分于道(20)也！"

(1) 缁帷之林：茂密如黑色帷幕的树林。"缁"，黑也（成玄英《庄子疏》），一说黑林名（陆德明《经典释文》引司马彪说）。

(2) 杏坛：杏树环绕的高台。“坛”，泽中之高处（陆德明《经典释文》引司马彪说）。

(3) 须眉交白：胡须头发都白了。

(4) 被发揄袂：披散头发挥动挥袖。“被”：通“披”。“揄”挥也；“袂”，袖也（成玄英《庄子疏》）。

(5) 行原以上：沿着河岸而上。“以”，而。

(6) 距：至也（成玄英《庄子疏》）。

(7) 据：按（曹础基《庄子浅注》）。

(8) 颐：下巴。

(9) 俱对：一起对话。

(10) 族：氏族，指氏。

(11) 治：从事。

(12) 性：秉性。

(13) 服：信守。

(14) 饰：修饰。

(15) 选：序，谓序列李勉《庄子总论及分篇评注》。

(16) 人伦：人与人之间的道德关系。

(17) 齐民：平民（曹础基《庄子浅注》）。

(18) 还：转身。

(19) 真：天性。

(20) 分于道：离于道。

译文：

孔子到缁帷树林中游览，坐在杏坛上休息。弟子们读书，孔子则唱歌弹琴。一首曲子还没弹到一半，有位渔父走下船来，胡须眉毛都已经花白了，披着头发，挥动袖子，沿着河岸而上，走到高地时就停下脚步，左手顶着膝盖，右手托起下巴，静静地听着歌。那首曲子演奏完毕后，他就召唤子贡、子路，二人一起走过去回话。

渔父指着孔子问他们说：“这人是做什么的？”

子路回答："他是鲁国的君子。"

渔父问孔子的姓氏。子路回答："他姓孔。"

渔父说："孔氏是从事什么职业的呢？"

子路还没回答，子贡就说："孔氏，坚守忠信，践行仁义，规范礼乐，制定人伦规范，对上忠于国君，对下教化百姓，要为天下谋福利。这就是孔氏所从事的事业。"

渔父又问："他是位拥有土地的国君吗？"

子贡说："不是"。

渔父接着问："那他是君主的辅佐之臣吗？"

子贡回答："也不是"。

于是渔父笑着走开了，边走边说："孔氏的仁也算是仁，但恐怕不能免于自身的祸患；劳心劳力危害本性。唉，他离大道太远了！"

解说：

这个故事通过渔夫之口指出孔子以礼乐等是非方式和妄为方式教化的后果危害社会，淹没自己的本性。

孔子不是国君，不是大臣，却从事国君与大臣该做的事情（规范礼乐，整治人伦规范，教化百姓）。这与他的身份不符，没有做到顺其自然。因此，渔父说他劳心劳力，危害本性，远离大道。

2. 子贡还，报孔子。孔子推琴而起曰："其圣人与！"乃下求之，至于泽畔，方将杖拏（nú）(1)而引(2)其船，顾(3)见孔子，还乡(4)而立。孔子反走(5)，再拜而进。

客曰："子(6)将何求？"

孔子曰："曩（nǎng）(7)者先生有绪言(8)而去，丘不肖，未知所谓，窃待于下风(9)，幸闻咳唾(9)之音以卒(10)相(11)丘也！"

客曰："嘻！甚矣子之好学也！"

孔子再拜而起曰："丘少而修学，以至于今，六十九岁矣，无所得闻至教，敢不虚心！"

客曰："同类相从，同声相应，固天之理也。吾请释[13]吾之所有而经[14]子之所以[15]。子之所以者，人事也。天子诸侯大夫庶人，此四者自正[16]，治之美也，四者离位[17]而乱莫大焉。官治其职，人忧其事，乃无所陵[18]。故田荒室露[19]，衣食不足，征赋不属（zhǔ）[20]，妻妾不和，长少无序，庶人之忧也；能不胜任，官事不治，行不清白，群下荒怠，功美[21]不有，爵禄不持[22]，大夫之忧也；廷无忠臣，国家昏乱，工技不巧，贡职[23]不美，春秋后伦[24]，不顺天子，诸侯之忧也；阴阳不和，寒暑不时，以伤庶物，诸侯暴乱，擅[25]相攘伐[26]，以残民人，礼乐不节，财用穷匮，人伦不饬[27]，百姓淫乱，天子有司之忧也。今子既上无君侯有司之势而下无大臣职事之官，而擅饰礼乐，选人伦，以化齐民，不泰[28]多事乎！

（1）杖拏：撑船。"杖"，撑。通"拏"，船桨（曹础基《庄子浅注》）。

（2）引：引去，指撑开（曹础基《庄子浅注》）。

（3）顾：回头。

（4）乡：通"向"。

（5）反走：退行几步，表示尊敬。

（6）子：你。

（7）曩：向也（成玄英《庄子疏》），刚才。

（8）绪言：余言也（俞樾《庄子平议》），未尽之言。

（9）下风：下方，表示谦卑。

（10）咳唾：喻言笑（陈鼓应《庄子今注今译》）。

（11）卒：终。

（12）相：助。

（13）释：推（曹础基《庄子浅注》）。

（14）经：经营也（陆德明《经典释文》），分析。

（15）所以：所为。

（16）自正：各任其职（林希逸《庄子口义》）。

（17）离位：不守本位。

（18）陵：通"凌"，乱也（成玄英《庄子疏》）。

（19）露：败坏（曹础基《庄子浅注》）。

(20) 不属：不继。“属”，连结。

(21) 功美：功业荣誉（曹础基《庄子浅注》）。

(22) 持：保持。

(23) 贡职：这里指贡品。

(24) 春秋后伦：朝觐落在他人之后。“伦”，类。

(25) 擅：擅作主张。

(26) 攘伐：攻杀。“攘”，除也（成玄英《庄子疏》）。

(27) 饬：整顿。

(28) 泰：通“太”。

译文：

子贡回去后，把这些告诉了孔子。孔子推开琴站起身来说：“那是位圣人吧！”于是，孔子走下杏坛，去追赶那位渔父。追赶到湖边，渔父正准备拿着船桨撑船离去，一回头看见了孔子，就转身朝着孔子站立。孔子后退几步，再拜上前。

渔父说：“你有什么事吗？”

孔子说：“刚才先生的话还没说完就离开了，我愚钝，不能领会其中的含义，所以特地前来向你求教，希望有幸聆听先生的教诲，以便对我有所帮助！”

渔父说：“唉！你真是好学啊！”

孔子起身再拜，说：“我从小立志于求学，到如今已经六十九岁了，仍没有听到过至理，怎么敢不虚心呢！”

渔父说：“同类相聚集，同声相呼应，这原本是自然的道理。请让我就我所知道的，来分析分析你的行为。你所做的是人事。天子、诸侯、大夫、庶民，这四种人如果各守职分，就是治理的最高境界了；如果不守其责，就会产生极大的混乱。官吏尽其职责，百姓各虑其事，就不会相互侵扰。所以田地荒芜，房屋破漏，衣食不足，赋税不能缴纳，妻妾不和睦，长幼没有次序，这是普通百姓的烦恼。能力不能胜任，公事不能妥善处理，行为不够廉洁，属下玩忽职守，功绩全无，爵禄不保，这是大夫的烦恼。朝廷没有忠臣，国家混乱，百工技艺不精，贡品不够精美，朝觐落于他人，不称天子之意，这是诸侯的烦恼。阴阳不调，寒暑不合时令，伤害万物；诸侯暴乱，擅自相互征杀，残害百姓；礼乐不合节度，财物匮乏，人伦得不到规范，百姓淫乱，这是天子和主管官吏的烦恼。现在你上无君侯执政的地位，下无大臣主事的官职，却擅自修饰礼乐，制定人伦规范，以此教化百姓，那不是太多事了吗！

解说：

天子、诸侯、大夫、庶民都要谨守各自的职守，而孔子既不是国君，又不是诸侯，也不是大臣，却干些国君、诸侯与大臣的事情。这不符合庄子的思想。

3. **且人有八疵[(1)]，事有四患，不可不察也。非其事而事之，谓之摠(zǒng)[(2)]；莫之顾[(3)]而进[(4)]之，谓之佞[(5)]；希意[(6)]道言，谓之谄；不择是非而言，谓之谀；好言人之恶，谓之谗；析交[(7)]离亲，谓之贼；称誉诈伪以败恶[(8)]人，谓之慝[(9)]；不择善否（pǐ）[(10)]，两容颊（jiá）适[(11)]，偷[(12)]拔[(13)]其所欲，谓之险。此八疵者，外以乱人，内以伤身，君子不友，明君不臣。所谓四患者：好经[(14)]大事，变更易常，以挂[(15)]功名，谓之叨[(16)]；专知[(17)]擅事[(18)]，侵人自用[(19)]，谓之贪；见过不更[(20)]，闻谏愈甚，谓之很[(21)]；人同于己则可，不同于己，虽善不善，谓之矜[(22)]。此四患也。能去八疵，无行四患，而始可教已。”**

(1) 疵：毛病。

(2) 摠：通“总”，包揽（曹础基《庄子浅注》）。

(3) 顾：理睬。

(4) 进：进身投靠（曹础基《庄子浅注》）。

(5) 佞：花言巧语。

(6) 希意：揣度他人心理。

(7) 析交：离间朋友。“析”，分。

(8) 败恶：诋毁。

(9) 慝：奸邪。

(10) 否：坏。

(11) 两容颊适：善恶皆容，颜貌调适也（陆德明《经典释文》），装出两幅面孔讨好双方。“两容”，两幅面孔。“颊”，容貌。“适”，合适。

(12) 偷：暗。

(13) 拔：取（李勉《庄子总论及分篇评注》）。

(14) 经：理（曹础基《庄子浅注》）。

(15) 挂：悬取（曹础基《庄子浅注》）。

(16) 叨：为“饕”之重文（马叙伦《庄子义证》）。

(17) 专知：自以为是。

(18) 擅事：擅自行事。

(19) 自用：刚愎自用。

(20) 更：改。

(21) 很：很戾之人（成玄英《庄子疏》）。

(22) 矜：妄自尊大。

译文：

“况且人有八种毛病，事有四种祸患，不可以不明察。不是自己分内的事而去做，叫做包揽；别人不理会而进言，叫做巧佞；揣摩别人心意而说话，叫做谄媚；不分是非来说话，叫做阿谀；喜欢背地说别人的坏话，叫做谗言；离间亲朋好友，叫做陷害；称赞伪诈的人来诋毁有德行的人，叫做邪恶；不分善恶，两边讨好，以获取所欲求的，叫做阴险。有这八种毛病的，对外则扰乱他人，对内则伤害自身，君子不和他交朋友，明主不用他做臣子。所谓四患是指：喜欢折腾大事，变更常规习惯，用以图功名，这叫作贪取功名；自作聪明，独断专行，侵犯他人，刚愎自用，这叫做贪婪；知过不改，听到劝说反而变本加厉，这叫做固执；别人与自己意见相同的就认可，与自己不同的，就算是对的也说是错的，这叫做傲慢。这是四种祸患。能够去掉这八种毛病、根除这四种祸患，才可以受教。”

解说：

渔父指出，做人要避免犯八种过错、四种祸患，实际是以此批评孔子。

4. 孔子愀（qiǎo）然[1]而叹，再拜而起曰："丘再逐于鲁，削迹于卫，伐树于宋，围于陈蔡[2]。丘不知所失，而离[3]此四谤[4]者何也？"

(1) 愀然：惭竦貌也（成玄英《庄子疏》），面带愧色的样子。

(2) 再逐于鲁，削迹于卫，伐树于宋，围于陈蔡：参见《天运》篇注释。

(3) 离：通"罹"，遭。

(4) 谤：侮辱。

译文：

孔子面带愧色长叹一声，再拜而起说："我两次被逐出鲁国，在卫国没有存身之地，在宋国遭到伐树的羞辱，又被围困在陈国、蔡国之间。我不知道有什么过失，竟遭到这四次打击？"

解说：

前文说孔子不是国君，不是大臣，却制定礼乐规范，整治人伦规范，教化百姓，恰恰犯了上文所说的八种过错、四种祸患。而孔子竟然还问自己遭受打击的原因，所以下文渔父说他太难觉悟了。

5. 客凄然变容曰："甚矣子之难悟也！人有畏影恶迹[1]而去之走[2]者，举足愈数[3]而迹愈多，走愈疾而影不离身，自以为尚迟[4]，疾走不休，绝力而死。不知处阴[5]以休影[6]，处静以息迹，愚亦甚矣！子审仁义之间，察同异之际，观动静之变，适[7]受与[8]之度[9]，理好恶之情，和喜怒之节，而几于不免矣。谨修而[10]身，慎守其真，还以物与人[11]，则无所累矣。今不修之身而求之人，不亦外乎！"

(1) 畏影恶迹：害怕自己的影子，厌恶自己的足迹。

(2) 去之走：去影子、足迹而快跑。

(3) 数：通"速"。

(4) 尚迟：还嫌慢。

(5) 处阴：到阴暗地。

(6) 休影：使影子消失。

(7) 适：恰当。

(8) 受与：接受、给予。

(9) 度：尺度。

(10) 而：你。

(11) 还以物与人：将物与人还给其自身，即不执着于物。

译文：

渔父悲伤变色，对孔子说："你这人实在太难醒悟了！有个人害怕自己的影子，讨厌自己的足迹，总想要甩掉它，但跑得越快，足迹就越多，就算跑得再快，影子也不离身。他还以为是跑得慢了，于是快速奔跑不停，最后力竭而死。他不知道，只要到阴暗的地方，影子就会自然消失，停下脚步足迹就会不复存在，这人实在愚蠢得很！你审察于仁义之间，明辨事物同异的分际，观察动静的变化，掌握取舍的分寸，梳理好恶的情感，调和喜怒的节度，你就几乎不能免于祸。你只要谨慎修身，保持你的本性，让物与人各归本身，那就不会有什么牵累了。现在你不修自身反而去苛责他人，这不是本末倒置吗？

解说：

孔子想以仁与义、同与异、观与察、取与舍、好与恶、喜与怒等分别对待的方式处理世俗问题，是有我、有物的表现。有我、有物就自然会与外物冲突。不改变行为方式而想摆脱冲突就如同想通过快跑以摆脱自己影子的人一样，只会给自己带来祸患。而摆脱自己影子的方法是在阴影处停下来，摆脱世俗祸患的方法是不执着于物，让物归于自身，不用去管什么仁义、好恶。

6. **孔子愀然曰："请问何谓真？"**

客曰："真者，精诚之至也。不精不诚，不能动人。故强哭者虽悲不哀，强怒者虽严不威，强亲者虽笑不和。真悲无声而哀，真怒未发而威，真亲未笑而和。真在内者，神动于外，是所以贵真也。其用于人理[1]**也，事亲则慈孝，事君则忠贞，饮酒则欢乐，处丧则悲哀。忠贞以功为主，饮酒以乐为主，处丧**

以哀为主，事亲以适[2]为主，功成之美，无一其迹[3]矣。事亲以适，不论所以[4]矣；饮酒以乐，不选其具矣；处丧以哀，无问其礼矣。礼者，世俗之所为也；真者，所以受于天也，自然不可易也。故圣人法天[5]贵真，不拘于俗。愚者反此。不能法天而恤[6]于人，不知贵真，禄禄[7]而受变于俗，故不足。惜哉，子之蚤[8]湛[9]于人伪而晚闻大道也!”

(1) 人理：人伦（成玄英《庄子疏》）。

(2) 适：顺适。

(3) 无一其迹：不可一其事迹也（成玄英《庄子疏》），没有统一的标准。

(4) 所以：所用的手段。

(5) 法天：效法自然。

(6) 恤：忧，担心。

(7) 禄：通“碌”（宣颖《南华经解》），平庸。

(8) 蚤：通“早”。

(9) 湛：通“耽”，沉溺。

译文：

孔子悲伤地说：“请问什么是所谓的真?”

渔父回答：“所谓真，就是精诚的最高状态。不精不诚，就不能动人。所以勉强哭泣的人，外表虽然悲痛却并没有哀伤；勉强发怒的人，外表虽然严厉却没有威势；勉强亲热的人，虽然笑容满面却并不和顺。真正的悲痛没有哭声却很哀伤，真正的愤怒未曾发作却很威严，真正亲热的人未曾含笑却很和顺。真实存在于内心，精神才能表露于外，这就是本真的可贵。将它用于人伦，侍奉双亲就会孝顺，辅助国君就会忠贞，饮酒时就会欢乐，居丧时就会悲伤。忠贞以建功为主，饮酒以欢乐为主，居丧以哀伤为主，侍亲以适意为主。建立完美的功业，是不拘什么具体事迹的；侍亲求安适，就不考虑采用什么方式；饮酒求欢乐，就不挑剔使用什么器皿；居丧求哀伤，就不必讲哪种礼仪。礼仪，是世俗所为的；本性，是受于自然，出于自然就不可改变。所以，圣人效法自然，重视本真，不拘泥于世俗。愚昧的人则相反，不能效法自然却去忧虑人事，不知道重本真却随流俗而变化，因此总是不能满足。可惜啊，你过早地被世俗所熏陶，听闻大道太晚了。”

解说：

孔子不知道诚心对待事物，让事物各安本性，而是倡导礼乐，从外在规范内心，追逐外在的东西，忘记了什么才是本真。

7. 孔子又再拜而起曰：“今者丘得遇也，若天幸然。先生不羞[(1)]而比[(2)]之服役[(3)]，而身教之。敢问舍[(4)]所在，请因受业而卒学大道。”

客曰：“吾闻之，可与往者与之，至于妙道；不可与往者，不知其道，慎勿与之，身乃无咎。子勉之！吾去子矣，吾去子矣！”乃刺船[(5)]而去，延[(6)]缘[(7)]苇间。

(1) 不羞：不以为耻。

(2) 比：列。

(3) 服役：仆人，这里指弟子。

(4) 舍：居处。

(5) 刺船：撑船（曹础基《庄子浅注》）。

(6) 延：沿。

(7) 缘：顺。

译文：

孔子再拜后起身说：“今天我有幸遇上先生，好像上天宠幸于我。先生如不嫌弃请把我当作弟子，亲自教诲我。请问先生住在哪里，好让我受业于先生门下，以真正领悟大道。”

渔父说：“我听说，可与他共适大道的，就与他交往；无法共适妙道的，慎勿与之交往，自己才可免于祸患。你好自为之吧！我走了！我走了！”于是他撑船而去，沿着芦苇河岸。

解说：

人的禀赋是天生的。从孔子以往的行为看，他天生追逐外物，无法悟道。

因而渔父不想与他多交往。

8. 颜渊还车，子路授绥[1]，孔子不顾，待水波定，不闻拏音而后敢乘。

子路旁车而问曰："由[2]得为役[3]久矣，未尝见夫子遇人如此其威[4]也。万乘之主，千乘之君，见夫子未尝不分庭伉礼[5]，夫子犹有倨敖之容。今渔父杖拏逆立[6]，而夫子曲要磬折[7]，言拜而应[8]，得无[9]太甚乎？门人皆怪夫子矣，渔人何以得此乎？"

孔子伏轼[10]而叹曰："甚矣由之难化也！湛于礼义有间[11]矣，而朴鄙之心至今未去。进，吾语汝！夫遇长不敬，失礼也；见贤不尊，不仁也。彼非至人，不能下人，下人不精[12]，不得其真，故长伤身。惜哉！不仁之于人也，祸莫大焉，而由独擅之。且道者，万物之所由也，庶物失之者死，得之者生，为事逆之则败，顺之则成。故道之所在，圣人尊之。今渔父之于道，可谓有矣，吾敢不敬乎！"

(1) 授绥：把车绳交给。"绥"，缰绳。

(2) 由：即子路。

(3) 为役：做弟子。

(4) 威：敬畏。

(5) 伉礼：以平等的礼节相待。"伉"，对也（成玄英《庄子疏》）。

(6) 逆立：对面立（林希逸《庄子口义》）。

(7) 曲腰磬折：弯腰鞠躬如磬那样弯曲。"要"，通"腰"（陈鼓应《庄子今注今译》）。"磬折"，其鞠躬如磬之弯（李勉《庄子总论及分篇评注》）。"磬"，乐器。

(8) 言拜而应：先拜而后才回应。

(9) 得无：难道不。

(10) 轼：车前横木。

(11) 有间：有相当一段时间。

(12) 不精：不真诚。

译文：

颜渊调转马车，子路递过绳索，孔子不理会，直到水面平静，听不见了桨声，才敢登上马车。

子路靠着车子问："我在先生门下伺候很久了，从未看见先生对人这么尊敬过。万乘的国君，千乘的君侯，先生没有不与之分庭抗礼的，甚至还流露出傲慢的表情。现在这个渔父拿着船桨站在对面，先生却弯腰鞠躬，听了渔父的话后还要再拜才说话，岂不是太过分了吗？弟子们都对先生的行为感到奇怪，一个渔人凭什么值得这样尊重呢？"

孔子扶着车前的扶手叹息说："子路真是难以教化啊！你沉湎于礼义中有些时日了，可粗野的心态到现在还没有除去。过来，我告诉你！遇到长辈不恭敬，这是失礼；见到贤人不尊重，这是不仁。倘若他不是至人，就不能使人谦下，对人谦下而不真诚，就不能保持自己的本性，所以也会常常伤害自己。可惜啊！人如果不仁，就没有比这更大的祸害了，子游偏偏是这样的人。而且大道是产生万物所遵循的，万物失去它就会消亡，得到它才能生存，违逆它就会失败，顺随它就能成功。因此，大道之所在，得道者尊重它。现在渔父对于大道，可以说得之于身了，我怎敢不尊敬呢？"

解说：

子路不理解孔子，因为他是从礼的角度进行判断的；孔子批评子路，也是从礼的角度进行判断的。他们的区别只是在对待渔父的具体礼节上。因此，孔子所谓的道是他自己所理解的道，而不是渔父所说的道，难怪渔父不愿收他做弟子。

列御寇

本篇阐述得道者“安其所安，不安其所不安”（安于自然之道，不安于人为）的思想，包括三部分。第一部分（从开头至“安其所安”）阐明不能“安其所安”者会陷入辛劳忧虑的困境，包含两个故事。第一个故事（从开头至“敖游者也”）阐明不能“安其所安”者会陷入辛劳忧虑的困境。第二个故事（从“郑人”至“安其所安”）提出并阐述得道者要“安其所安，不安其所不安”的思想。

第二部分（从“庄子曰”至“不知大宁”）阐述“安其所安，不安其所不安”才能领悟道。

第三部分（从“宋人”至“真人能之”）阐述第二大部分“安其所安，不安其所不安”的思想，包括两个故事。第一个故事（从“宋人”至“子行矣”）阐发“众人安其所不安”的思想。第二个故事（从“鲁哀公”至“真人能之”）阐述“安其所安，不安其所不安”的治国思想。

第四部分（从“孔子”至“命者遭”）阐释得道者应“安其所安”、顺随人性的思想。

第五部分（从“人有见”至末尾）继续阐发得道者“安其所安，不安其所不安”的思想，包括三个故事。第一个故事（从“人有见”至“粉乎”）阐述众人不可“安其所不安”，否则即使侥幸成功，也是取祸之道。第二个故事（从“或聘于”至“可得乎”）阐述得道者应“安其所安”，谨于去就。第三个故事（从“人有见”至末尾）阐述得道者应“安其所安”，不以分别的眼光看待世俗礼仪。

我们将本篇图示如下。

第一部分	第一个故事	从开头至“敖游者也”	阐明不能“安其所安”者会陷入辛劳忧虑的困境。
	第二个故事	从“郑人”至“安其所安”	提出并阐述得道者要“安其所安，不安其所不安”的思想。
第二部分	从“庄子曰”至“不知大宁”		阐述“安其所安，不安其所不安”才能领悟道。
第三部分	第一个故事	从“宋人”至“子行矣”	阐发“众人安其所不安”的思想。
	第二个故事	从“鲁哀公”至“真人能之”	阐述“安其所安，不安其所不安”的治国思想。
第四部分	从“孔子”至“命者遭”		阐释得道者应“安其所安”、顺随人性的思想。
	第一个故事	从“人有见”至“粉乎”	阐述众人不可“安其所不安”，否则即使侥幸成功，也是取祸之道。
	第二个故事	从“或聘于”至“可得乎”	阐述得道者应“安其所安”，谨于去就。
	第三个故事	从“人有见”至末尾	阐述得道者应“安其所安”，不以分别的眼光看待世俗礼仪。

1. **列御寇[(1)]之[(2)]齐，中道[(3)]而反[(4)]，遇伯昏瞀（mào）人[(5)]。伯昏瞀人曰：“奚方[(6)]而反？”**

曰：“吾惊焉。”

曰：“恶[(7)]乎惊？”

曰：“吾尝食于十浆[(8)]，而五浆先馈[(9)]。”

伯昏瞀人曰：“若是[(10)]，则汝何为惊已[(11)]？”

曰：“夫内诚不解[(12)]，形谍[(13)]成光，以外镇[(14)]人心，使人轻乎贵老[(15)]，而[(16)]其所患。夫浆人特[(17)]为食羹之货，无多余之赢[(18)]，其为利也薄，其为权也轻，而犹若是，而况于万乘之主乎！身劳于国而知尽于事，彼将任我以事而效我以功，吾是以惊。”

(1) 列御寇：即列子，参见《逍遥游》。

(2) 之：往。

(3) 中道：中途。

(4) 反：通“返”。

(5) 伯昏瞀人：似为《德充符》中的伯昏无人。

(6) 奚方：什么原因。“奚”，何。“方”，原因。

(7) 恶：何。

(8) 十浆：十家并卖浆也（陆德明《经典释文》引司马彪说），十家店铺都卖浆。

(9) 馈：赠送。

(10) 是：这样。

(11) 已：通“矣”。

(12) 解：悬解（成玄英《庄子疏》），指去掉内在的有我之见。

(13) 形谍：在外表上流露出来。“谍”，义同渫，泄（曹础基《庄子浅注》）。

(14) 镇：服也（成玄英《庄子疏》）。

(15) 轻乎贵老：不重视老人。

(16) 鳌：《循本》云，犹“酿”也（宣颖《南华经解》）。

(17) 特：只。

(18) 赢：赢利。

译文：

列御寇前往齐国，半路就返回来，遇见了伯昏瞀人。伯昏瞀人问：“你为什么中途而返呢？”

列御寇说：“我受到了惊吓。”

伯昏瞀人又问：“怎么受到惊吓？”

列御寇说：“我到十家卖浆店里去饮浆，竟有五家争先送给我。”

伯昏瞀人说：“即便如此，你怎么就受到惊吓呢？”

列御寇说：“内心的情欲没有去掉，外表就露出神采，这就会震服人心，使人不尊重老者而尊重我，从而给我带来祸患。卖浆人只是做些汤水之类的小买卖，没有多少赢利，收入很微薄，也没什么权势，都这样对待我，何况是万乘的君主呢？身体为国操劳，心智耗于政事，他会将重任交给我，要我达成功效。我因此受到惊吓。”

解说：

这个故事阐明不能“安其所安”者会陷入辛劳忧虑的困境。

列御寇从卖浆人的竞争之心看出两点：一、齐国人为了利益费尽心力，不尊重老者而看重利益。二、列御寇自己达到无我，没有做到和光同尘。因此，列御寇如果到了齐国成为齐国的臣子，齐国国君就会要求他达到相应的功效，他从此就不能逍遥自在了。

2. **伯昏瞀人曰：“善哉观乎！女**(1)**处己**(2)**，人将保**(3)**女矣！”**

(1) 女：同“汝”，你。

(2) 处己：安处己身（成玄英《庄子疏》）。

(3) 保：附也（陆德明《经典释文》引司马彪说）。

译文：

伯昏瞀人说：“你真善于观察呀！你等着吧，别人将会归附于你！”

解说：

列御寇因害怕齐国相互竞争的风俗而离开，这是不能和光同尘、心有善恶的表现。心有善恶则世俗之人会因利而聚集，因而伯昏瞀人断定，很快就会有人前来归附。

3. **无几何**(1)**而往**(2)**，则户外之屦（jù）**(3)**满矣。伯昏瞀人北面而立，敦**(4)**杖蹙**(5)**之乎颐**(6)**，立有间**(7)**，不言而出。**

(1) 无几何：没多久。

(2) 往：伯昏瞀人到列御寇住所。

(3) 屦：麻鞋。

(4) 敦：竖也（陆德明《经典释文》引司马彪说）。

(5) 蹙：紧贴（曹础基《庄子浅注》）。

(6) 颐：下巴。

(7) 有间：一会儿。

译文：

没过多久，伯昏瞀人前去拜访列御寇，只见列御寇门外摆满了鞋子。伯昏瞀人朝北站立，用拐杖顶着下巴。站了一会儿，没说一句话就走了。

解说：

伯昏瞀人已经提醒列御寇，世俗之人会前来归附。伯昏瞀人从所见到的情形发现，他的话并没有引起列御寇的重视，所以伯昏瞀人不再多言。

4. **宾者(1)以告列子，列子提屦，跣(2)而走，暨(3)乎门，曰："先生既来，曾(4)不发药(5)乎？"**

曰："已矣(6)，吾固告汝曰人将保汝，果保汝矣。非汝能使人保汝，而汝不能使人无保汝也，而(7)焉(8)用之感豫(9)出异(10)也！必且(11)有感，摇(12)而本才(13)，又无谓(14)也。与汝游者又莫汝告也，彼所小言(15)，尽人毒(16)也。莫觉莫悟，何相孰也(17)！巧者劳而知者忧，无能者无所求，饱食而敖游，泛(18)若不系之舟，虚而敖游者也。"

(1) 宾者：谓通客之人（陆德明《经典释文》），接待人员。

(2) 跣：光着脚。

(3) 暨：及，到。

(4) 曾：竟。

(5) 发药：比喻教诲之言。

(6) 已矣：罢了。

(7) 而：你。

(8) 焉：何也（成玄英《庄子疏》）。

(9) 感豫：感到愉快。"豫"，愉快。

(10) 出异：与众不同。

(11) 且：将。

(12) 摇：动也（成玄英《庄子疏》）。

(13) 本才：本性。“才”，赵谏议本作“性”，依郭注及成《疏》似均作“性”（郭庆藩《庄子集释》）。

(14) 无谓：无可奈何。

(15) 小言：言不入道，故曰小言（陆德明《经典释文》）。

(16) 人毒：以其多患，故曰人毒（陆德明《经典释文》）。

(17) 孰：《说文》，孰，食余也。孰食曰孰，假借为详审之义（郭庆藩《庄子集释》），详审。

(18) 泛：漂浮不定。

译文：

接待人员将此事告诉了列子，列子提着鞋子，光着脚就跑了出来，跑到门口说：“先生既然已经来了，竟然不说句话指点我呢?”

伯昏瞀人说：“算了，我已经说过了，人们会自动前来归附你的，现在果然有人前来归附。不是你能让人们归附，而是你不能让人们不来归附。你为什么要这样讨人欢心而表现得与众不同呢！必定是有什么动摇了你的本性，自己又无可奈何。与你交友的人又不告诉你，他们那些琐碎的言论，全都是毒害人的。他们都没有觉悟，哪能相互提醒呢？巧者辛劳，智者忧虑，不用智巧的人没有什么追求，填饱肚子，到处嬉游，就像没系绳子的船在漂游，心无思虑自在遨游。”

解说：

列御寇不能做到和光同尘，与众人表现不同，因而众人前来归附。这些没有悟道的人与列御寇相互沉迷。

5. **郑人缓[1]也呻吟[2]裘氏[4]之地。祇（45）三年而缓为儒[5]，河润[6]九里[7]，泽及三族[8]，使其弟墨[9]。儒墨相与辩，其父助翟[10]。十年而缓自杀。其父梦之曰：“使而[11]子为墨者予[12]也。阖[13]胡[14]尝视其良[15]，既为秋柏[16]**

之实矣?"

(1) 缓：人名。

(2) 呻吟：吟咏之谓（成玄英《庄子疏》）。

(3) 裘氏：郑地名。

(4) 衹：只。

(5) 为儒：成为儒者。

(6) 河润：恩泽，惠及。

(7) 九里：形容地方广远。“里”，古代五家为邻，五邻为里。

(8) 三族：父族、母族、妻族。

(9) 墨：墨者。

(10) 翟：缓弟弟的名字。

(11) 而：你。

(12) 予：我。

(13) 阖：语助也（陆德明《经典释文》）。一说为“何不”，“胡”字是多余的。

(14) 胡：何也（陆德明《经典释文》）。

(15) 良：良或作埌，音浪，冢也（陆德明《经典释文》）。

(16) 秋柏：秋天的柏树。一说为楸树、柏树。

译文：

郑国有个人，名叫缓，在裘氏这个地方读书。只用三年，缓就成了一名儒者，像河水般滋润着九里，恩惠泽及三族，并且让他的弟弟成为墨者。二人就用儒家和墨家的思想相互争辩，父亲则帮助弟弟。十年后，缓自杀了，他给父亲托梦说：“让你的儿子成为墨家的人是我。你为什么不到我的坟墓上看看，秋天的柏树已经结出果实了！”

解说：

这个故事阐述得道者要“安其所安，不安其所不安”的思想。

缓自己执着于儒家的是非，又让他弟弟成为墨家。儒家、墨家本来就相互对立，因而他们兄弟会发生争论。既然有争论，父亲站在弟弟的一边又有什么好生气的呢？

6. **夫造物者之报**[1] **人也，不报其人而报其人之天**[2]。**彼故使彼**[3]。**夫人**[4] **以己为有以异于人以贱**[5] **其亲，齐人之井饮**[6] **者相捽**[7] **也。故曰今之世皆缓也。自是**[8]，**有德者以不知也，而况有道者乎！古者谓之遁天之刑**[9]。

(1) 报：报答。

(2) 天：人的自然本性。

(3) 彼故使彼：缓的弟弟的天性使他成为墨家。

(4) 人：指缓。

(5) 贱：责怪。

(6) 井饮：喝泉水。

(7) 捽：揪，抓。

(8) 自是：自以为是。

(9) 遁天之刑：逃避自然而带来的惩罚。“天”，自然。

译文：

造物者所赋予人的，不是赋予他人为的东西，而是赋予他自然的本性。缓的弟弟的天性使他成为墨家。缓却以为自己才能与众不同，因而责怪他的父亲偏心，就像齐人挖井饮水（以为能造泉水），因而与前来饮水的人扭打一样。所以说，现在世间的人都是缓这样的人，自以为是。有德行的人认为这是不明智的，更何况是得道的人呢！古时候称这是违背自然而带来的惩罚。

解说：

人的本性是天赋予的，缓的弟弟天性就是墨家。缓只是让弟弟的天性发挥出来而已，就像挖井水，水是地下生出来的，挖井水的人只是让水流出来。

7. **圣人安其所安**[1]，**不安其所不安**[2]；**众人安其所不安，不安其所安**。

(1) 所安：自然的东西。

(2) 所不安：人为的东西。

译文：

得道者安于自然，不安于人为；普通人安于人为，而不安于自然。

解说：

本段提出本篇的中心思想——得道者“安其所安，不安其所不安”。

上文中，缓的弟弟有墨家的禀赋，这是自然；将这种禀赋发挥出来，是顺其自然。将自然的东西归于自然，就是得道者的行为。普通人贪天功为己有，却不知道顺其自然，因而与外物摩擦不断。

8. **庄子曰：“知道易，勿言难。知而不言，所以之天**(1)**也；知而言之，所以之人也；古之人，天而不人**(2)。”

(1) 之天：通达自然。“之”，通往。

(2) 人：人为的东西。

译文：

庄子说：“领悟道容易，领悟道而不说出来很难。领悟道而不说，就合乎自然；领悟了而说出来，就合乎人为。古代的人，合乎自然而不追求人为的东西。”

解说：

第八至十一段阐述如何才能领悟道。

本段阐述道可以领悟但不可言说的性质。

9. **朱泙（pēng）漫**(1)**学屠龙**(2)**于支离益**(3)**，单**(4)**千金之家**(5)**，三年技成而无所用其巧**。

(1) 朱泙漫：姓朱，名泙漫。

(2) 屠龙：屠龙之术。

(3) 支离益：姓支离，名益。

(4) 单：尽也（成玄英《庄子疏》），通“殚”。

(5) 家：家产。

译文：

朱泙漫向支离益学习屠龙之术，耗尽了千金家产，花了三年时间学成了技术，却没有地方可以施展他的技术。

解说：

本段接上一段继续阐释道与言语的关系。

屠龙的技术指华丽的言语，学成屠龙技术没有地方可以施展隐喻言说道时华丽的言语没有什么用。

10. **圣人以必不必，故无兵；众人以不必必之，故多兵；顺于兵[1]，故行有求。兵，恃之则亡。**

(1) 顺于兵：有仗就打（曹础基《庄子浅注》）。

译文：

得道者对所谓必然的事物也不认为是必然的，所以没有纷争；普通人将非必然也视为必然，因而纷争不已。习惯于纷争的，所以处世就有所求。纷争，依恃它就会自取灭亡。

解说：

本段接上一段阐述如何通达道。

得道者无物，因而没有什么东西是必然的，无所谓是非；普通人心中有物，有是非，因而处处与人争夺、贪求，最终自取灭亡。

11. **小夫[1]之知，不离苞苴[2]竿（gān）牍[3]，敝[4]精神乎蹇浅[5]，而欲兼济道[6]物，太一[7]形虚[8]。若是[9]者，迷惑于宇宙，形累不知太初[10]。彼**

至人者，归精神乎无始而甘冥[11]乎无何有之乡[12]。水流乎无形，发泄[13]乎太清[14]。悲哉乎！汝为知在毫毛[15]，而不知大宁[16]！

(1) 小夫：匹夫也（成玄英《庄子疏》）。

(2) 苞苴：香草也（成玄英《庄子疏》）。

(3) 竿牍：竹简也（成玄英《庄子疏》）。

(4) 敝：疲劳，耗费。

(5) 蹇浅：琐碎之事。“蹇”，跛。

(6) 道：赵谏议本作“导”（郭庆藩《庄子集释》）。

(7) 太一：与世界混而为一。

(8) 形虚：无形。

(9) 若是：如果这样。“是”此，这样。

(10) 太初：物物未分的无封境界。

(11) 冥：赵本作“瞑”（郭庆藩《庄子集释》）。

(12) 无何有之乡：指无物境界，参见《逍遥游》的解说。

(13) 发泄：流露。

(14) 太清：虚寂的境界。

(15) 毫毛：指琐细的事。

(16) 宁：安。

译文：

凡夫的心智，离不开相互应酬交际，在那些琐碎的小事情上耗费精神，却想着普济众生引导众物，达到万物不分的境界。像这样的人，会被宇宙万象所迷惑，身形劳苦却不知万物未分的妙境。那些至人，精神归于万物未分的境界，安眠于虚寂无物之乡。像水流无形，出于清虚的源头。可悲啊！把心思耗费在琐碎小事上，而不懂得宁静至极的境界。

解说：

本段阐述怎样才能领悟大道。

至人混同万物，不关心琐事的是非，因而逍遥自在，领悟大道。相反，普通人心思耗费在琐碎的事情上，被万物表面的不同所迷惑，与外界纷争不已，因而不可能悟道。

12. **宋人有曹商[1]者，为宋王使秦。其往也，得车数乘；王说[2]之，益车百乘。反于宋，见庄子曰："夫处穷闾[3]阨巷[4]，困窘[5]织屦（jù）[6]，槁项[7]黄馘（xù）[8]者，商之所短[9]也；一悟万乘之主而从车[10]百乘者，商之所长也。"**

庄子曰："秦王有病召医，破痈（yōng）[9]溃痤[10]者得车一乘，舐[11]痔者得车五乘，所治愈下[12]，得车愈多。子[13]岂治其痔邪，何得车之多也？子行矣！"

(1) 曹商：姓曹，名商，宋人也（成玄英《庄子疏》）。

(2) 说：通"悦"

(3) 穷闾：偏僻的巷子。"闾"，居也（《广雅》）。

(4) 阨巷：狭窄的巷子。"阨"，隘。

(5) 困窘：贫苦。"窘"，急也（成玄英《庄子疏》）。

(6) 屦：草鞋。

(7) 槁项：脖子干枯。"槁"，干枯。"项"，脖子。

(8) 馘：谓头痛而色黄（俞樾《庄子平议》）。

(9) 短：不擅长。

(10) 从车：随从的车。

(11) 痈：痒热毒肿也（成玄英《庄子疏》）。

(12) 痤：毒疮。

(13) 舐：舔。

(14) 下：卑下。

(15) 子：你。

译文：

宋国有个人，名叫曹商，曹商为宋王出使秦国。去秦国的时候，宋王赏赐了他几辆车子。秦王很喜欢他，又赐他百乘车辆。曹商回到宋国后，见到庄子，说："住在狭窄的陋巷，窘迫到以织鞋为生，饿得脖子细长，面色饥黄，这是我曹商不如别人的地方；一朝让大国国君欣赏，随行的车子就有百辆之多，这是我的长处。"

庄子说："秦王有病召请医生，破除脓包、毒疮的，可以获得一辆车子；舔治痔疮的人，可获得五乘车子。所治的地方越卑下，得到的车子就越多。你难道是给秦王舔痔疮了吗？怎么得到这么多的车子呢？你走开吧！"

解说：

这个故事阐发"众人安其所不安"的思想。

周旋于君主之间，不能谨于去就，看君主脸色行事，毫无自在可言。竟然还敢在庄子面前炫耀，当然只能自取其辱。

13. **鲁哀公问乎颜阖[(1)]曰："吾以仲尼为贞幹[(2)]，国其有瘳[(3)]乎？"**

曰："殆[(4)]哉圾[(5)]乎仲尼！方且饰羽而画[(6)]，从事华辞[(7)]，以支[(8)]为旨[(9)]，忍性[(10)]以视民而不知不信[(11)]，受乎心，宰乎神，夫何足以上民[(12)]！彼宜女[(13)]与？予颐[(14)]与？误而可[(15)]矣。今使民离实学伪，非所以视民也，为后世虑，不若休[(16)]之。难治也。"

(1) 颜阖：姓颜名阖，鲁国人，见《人世间》篇。

(2) 贞幹：犹云栋梁（林云铭《庄子因》），通"桢幹"，原指筑墙用的木条，桢树立在墙的两头，幹树立在墙的两边，这里借用来指国家重臣（曹础基《庄子浅注》）。

(3) 瘳：病愈。

(4) 殆：近也（成玄英《庄子疏》）。

(5) 圾：危也（成玄英《庄子疏》）。

(6) 画：饰画。

(7) 华辞：华丽的词语。

(8) 支：支离。

(9) 旨：宗旨。

(10) 忍性：压抑自己的天性。

(11) 信：诚信。

(12) 上民 ：统治百姓。

(13) 女：通“汝”，指鲁哀公。

(14) 颐：养。

(15) 误而可：谓国可以有瘳则误矣（郭庆藩《庄子集释》）。

(16) 休：作罢。

译文：

鲁哀公问颜阖：“我想将仲尼作为国家栋梁，国家就可以治理好了吧？”

颜阖说：“恐怕就危险了！孔子习惯雕刻文饰，讲究华丽的词藻，以枝节为主旨，压抑天性以教化百姓，而不知道自己没有诚实的品行，这样的东西禀受于内心，主宰着精神，怎么能够管理好百姓呢！仲尼果真适合于你吗？让他养育百姓吗？那误事是一定了。现在让人民丢掉朴实而学习虚伪，这不是管理百姓之道，为后世着想，就不如算了。用他难以治理好鲁国。”

解说：

第十三至十五段阐述“安其所安，不安其所不安”的治国思想。

管理百姓的人要顺从百姓的天性。而孔子讲究雕刻修饰，喜欢华丽的文辞，与人性相违背，这样无法治理好国家。

14. **施于人而不忘，非天布**(1)**也。商贾不齿**(2)**，虽以事齿之，神者弗齿**。

(1) 天布：出于自然的布施（曹础基《庄子浅注》）。

(2) 不齿：看不起。

译文：

施恩于人却念念不忘，就不是自然的施与，连商人都瞧不起，即使偶尔提及，神人也不齿。

解说：

帮助人却抱有助人之心，这是求利的行为。所以，商人和神人都瞧不起这样的行为。帮助人而无助人之心，才是出于自然的无我行为。

15. **为外刑**[1] **者，金**[2] **与木**[3] **也；为内刑者，动**[4] **与过**[5] **也。宵人**[6] **之离**[7] **外刑者，金木讯**[8] **之；离内刑者，阴阳食之**[9]。**夫免乎外内之刑者，唯真人能之**。

(1) 外刑：外在的处罚。

(2) 金：刀锯斧钺（郭象《庄子注》）。

(3) 木：谓捶楚桎梏（郭象《庄子注》）。

(4) 动：内心烦恼。

(5) 过：懊悔。

(6) 宵人：犹小人也（郭庆藩《庄子集释》）。

(7) 离：通“罹”，罹难。

(8) 讯：拷问。

(9) 阴阳食之：阴阳残食之。

译文：

外在的刑罚，是金属和木质刑具；内在的刑罚，是烦恼与懊悔。小人受外在刑罚的，是用金属和木质刑具来拷问；受内在刑罚，是被阳阴之气所侵害。能够免于内、外刑罚的，只有真人能做到。

解说：

真人无我而顺物。无我就没有内在阴阳的侵害，顺物就不会为追逐外物而涉险，不会受到金属和木质刑具的外在处罚。小人则不然，任意妄为因而受到金属和木质刑具的处罚，心怀是非因而受到阴阳的侵害。

16. **孔子曰：“凡人心险于山川，难于知天；天犹有春秋冬夏旦暮之期，人者厚貌深情**[1]。**故有貌愿**[2] **而益**[3]**，有长**[4] **若不肖**[5]**，有顺懁**[6] **而达**[7]**，有坚**[8] **而缦**[9]**，有缓而焊**[10]。**故其就义**[11] **若渴者，其去义若热**。**故君子远使之而观其忠，近使之而观其敬，烦使之而观其能，卒**[12] **然问焉而观其知，急与**

之期而观其信，委之以财而观其仁，告之以危而观其节[13]，醉之以酒而观其侧[14]，杂之以处而观其色。九征[15]至，不肖人得矣。”

(1) 深情：情感隐藏得深。

(2) 愿：谨愿（俞樾《庄子平议》），谨慎、厚道。

(3) 益：益当作溢。溢之言骄溢也（俞樾《庄子平议》），通“溢”，骄傲。

(4) 长：貌似长者。

(5) 不肖：不好。

(6) 懁：急也（成玄英《庄子疏》）。

(7) 达：通达。

(8) 坚：坚强。

(9) 缦：软弱（曹础基《庄子浅注》），与“坚”相对。

(10) 焊：急也（成玄英《庄子疏》）。

(11) 就义：追求仁义。

(12) 卒：通“猝”，突然。

(13) 节：气节。

(14) 侧：作则……则者，法则也（俞樾《庄子平议》）。

(15) 征：验证，考研。

译文：

孔子说：“人心比山川还险恶，比天还难以知晓；天还有春夏秋冬和早晚变化的周期，人却是外貌敦厚，情感深藏。因此，有的人貌似恭谨而内心骄傲，有的人貌似长者而内心不正，有的人外表急躁而通达事理，有的人外表坚强而内心软弱，有的人外表温和而内心急躁。所以有的人赴义如饥似渴，抛弃道义也像避火一般。因此，对于君子，让他去远方，以观察他是否忠诚；让他在跟前办事，以观察他是否恭敬；让他处理琐事，以考察是否有能力；突然向他提问，以考察他是否机智；给他急促的期限，以观察他是否守信；把财物委托给他，以观察他是否清廉；告诉他处境危急，以观察他是否有节操；让他醉酒，以观察他们是否守礼仪，让男女杂处，以观察他是否好色。从这九个方面加以考验，就可以看出不贤的人来。”

解说：

第十六至十九段阐释得道者应“安其所安”、顺随人性的思想。

人的本性是自然的，变动不居且彼此不同，不能以固定的模式来判定人，但在不同的情景下，可以了解人的不同天性。

17. **正考父**(1)**一命**(2)**而伛**（yǔ）(3)**，再命**(4)**而偻**(5)**，三命**(6)**而俯**(7)**，循墙而走**(8)**，孰敢不轨**(9)**！如而夫**(10)**者，一命而吕钜**（jù）(11)**，再命而于车上儛**(12)**，三命而名诸父**(13)**，孰**(14)**协**(15)**唐、许**(16)**！**

(1) 正考父：宋大夫，孔子的第七代祖先（曹础基《庄子浅注》）。

(2) 一命：第一次任命为官。

(3) 伛：曲，弯腰。

(4) 再命：再次任命。

(5) 偻：曲。

(6) 三命：第三次任命。

(7) 俯：身伏于地。

(8) 循墙而走：沿着墙走，形容谦虚。

(9) 不轨：不遵守法度。

(10) 而夫：谓凡夫也（郭象《庄子注》）。

(11) 吕钜：《说文》，钜，大刚也。亦通作巨，大也。吕钜，谓自高大，当为矜张之意（郭庆藩《庄子集释》引郭嵩焘说），自高自大。

(12) 儛：通“舞”。

(13) 名诸父：喊叔伯父的名字。“诸父”，伯叔也（成玄英《庄子疏》）。

(14) 孰：谁。

(15) 协：同。

(16) 唐、许：唐，唐尧；许，许由：皆崇让者也。言考父与而夫，谁同于唐许也（郭庆藩《庄子集释》引郭嵩焘说）。

译文：

正考父第一次被任命为士时，逢人就谦虚地曲着背；第二次被任命为大夫时，逢人就弯下腰；第三次被任命为卿时，逢人就俯着身子，沿墙根走路，像这样谦恭，哪还敢去做违法的事呢！假如是凡夫，第一次被任命为士时，就会傲慢自大；第二次被任命为大夫时，就会在车上手舞足蹈；第三次被任命为卿时，就要直呼叔伯父的名字。像这些凡夫俗子，谁能做到像唐尧、许由那样谦让呢？

解说：

得道的人无我、无物，即使身处高位，也谦恭地与人打成一片。而凡夫俗子心中有我，一旦得势，就会忘乎所以。

18. **贼**(1)**莫大乎德有心**(2)**而心有睫**(3)**，及其有睫也而内视**(4)**，内视而败矣。凶德有五**(5)**，中德**(6)**为首。何谓中德？中德也者，有以自好**(7)**也而呲**(8)**其所不为者也。**

(1) 贼：害。

(2) 德有心：有心为德。

(3) 心有睫：谓以心为睫也（俞樾《庄子平议》），心如张开的眼目。

(4) 内视：凭主观判断。

(5) 凶德有五：谓心耳眼舌鼻也（成玄英《庄子疏》）。

(6) 中德：以心中自是为得，故曰中德（成玄英《庄子疏》）。

(7) 自好：用心中所好者自以为是，不同己为者訾而非之（成玄英《庄子疏》），自以为是。

(8) 呲：訾，诋毁（曹础基《庄子浅注》）。

译文：

最大的祸害莫过于有心为德，且心如张开的眼睛，心上有眼睛就会顾虑多，顾虑多就会导致失败。凶德有五种，而中德是主要的。什么叫中德？所谓中德，就是自以为是而诋毁自己所不赞同的。

解说：

有心为德、心眼太多就是有为、有我。有我就会产生自大之心，就会张扬自己，贬低他人。

19. **穷[(1)]有八极[(2)]，达有三必[(3)]，形[(4)]有六府[(5)]。美髯[(6)]长大壮丽勇敢，八者俱过人也，因以是穷[(7)]。缘循[(8)]，偃佒（yǎng）[(9)]，困畏不若人[(10)]，三者俱通达。知慧外通[(11)]，勇动多怨，仁义多责。达生之情者傀（guī）[(12)]，达于知（智）者肖[(13)]；达大命[(14)]者随，达小命[(15)]者遭。**

（1）穷：困，与达相反。

（2）八极：指下文的美、髯、长、大、壮、丽、勇、敢。

（3）三必：指下文的缘循、偃佒，困畏。

（4）形：身。

（5）六府：六脏。

（6）髯：胡须。

（7）因以是穷：因为这（八个方面自我感觉良好）而受贫困。

（8）缘循：循，顺也，缘物顺他，不能自立也（成玄英《庄子疏》），顺随。

（9）偃佒：俯仰从人（郭庆藩《庄子集释》引郭嵩焘说）。“佒”，通“仰”。

（10）困畏不若人：指怯弱谦下。

（11）外通：显露在外。

（12）傀：伟也（郭庆藩《庄子集释》）。

（13）肖：渺小（曹础基《庄子浅注》）。

（14）大命：天命。

（15）小命：人命（曹础基《庄子浅注》）。

译文：

困厄源于八个方面，通达由三种原因所致，就像人有六腑。貌美、须长、身高、魁梧、健壮、华丽、勇武、果敢，这八项胜过他人，就会因此招致困顿。顺其自然、俯仰随人、怯弱不如人，这三项就能遇事通达。智巧与敏捷的就容易显露在外，勇猛与好动的就会招致怨恨，行仁、尚义的就会受到责难。通达生命实情的人，心胸开阔；精通智巧的人，心胸狭窄；明白天命的人就顺随自然；只知人命的人忍受一切。

解说：

世俗的好坏没有确定的后果。世人喜爱的八项容易让人骄傲，骄傲会给自己带来麻烦；世人不喜欢的三项让人顺随他人，因而会遇事而安，处世顺利。同样，智巧、敏捷、勇猛、好动、行仁、尚义这六种行为会给人带来麻烦。知道这些道理，就是通达生命实情、明白天命的人。反之，精通智巧、只知人命的人就会遭遇困境。

20. **人有见宋王[1]者，锡[2]车十乘，以其十乘骄稚[3]庄子。**

庄子曰："河上有家贫恃纬[4]萧[5]而食者，其子没[6]于渊，得千金之珠。其父谓其子曰：'取石来锻[7]之！夫千金之珠，必在九重之渊而骊龙[8]颔[9]下，子[10]能得珠者，必遭其睡也。使[11]骊龙而寤，子尚奚[12]微[13]之有哉！'今宋国之深，非直[14]九重之渊也；宋王之猛，非直骊龙也；子能得车者，必遭[15]其睡也。使宋王而寤[16]，子为齑（jī）[17]粉夫！"

(1) 宋王：成玄英《庄子疏》认为是宋襄王。

(2) 锡：通"赐"。

(3) 稚：骄（郭庆藩《庄子集释》）。

(4) 苇：芦也（成玄英《庄子疏》），芦苇。

(5) 萧：蒿也（成玄英《庄子疏》），芦荻。

(6) 没：潜入。

(7) 锻：捶碎。

(8) 骊龙：黑龙也（成玄英《庄子疏》）。

(9) 颔：下巴。

(10) 子：你。

(11) 使：假使。

(12) 奚：何。

(13) 微：一点点。

(14) 直：只。

(15) 遭：遇。

(16) 寤：醒过来。

(17) 齑：切成碎末的菜，比喻粉身碎骨。

译文：

有人去拜见宋王，宋王赏赐他十乘车子，他就拿车子在庄子面前炫耀。

庄子说："河边有个贫困家庭，靠编织芦苇糊口，他的儿子潜入深渊，得到一枚价值千金的宝珠。父亲对儿子说：'快拿石块砸碎它！价值千金的宝珠，必定是在九重深渊黑龙的下巴下面，你能获得宝珠，一定是正碰上黑龙睡着了。倘若黑龙醒过来，你还想有命吗?'现在宋国的险恶，不止九重深渊；宋王的凶残，也不是黑龙可比的。你能得到车子，一定是碰上宋王睡着了。如果宋王醒来，你就将粉身碎骨了。"

解说：

本段阐述众人不可"安其所不安"，否则即使侥幸成功，若不知收敛，也是取祸之道。

21. 或(1)聘于庄子。庄子应其使曰："子见夫牺牛(2)乎？衣(3)以文绣(4)，食（sì）(5)以刍(6)叔(7)，及其牵而入于大庙(8)，虽欲为孤犊(9)，其可得乎！"

(1) 或：有人。

(2) 牺牛：祭祀用的牛。

(3) 衣：穿上。

(4) 文绣：有花纹的织绣。

(5) 食：饲。

(6) 刍：草。

(7) 叔：豆子。

(8) 大庙：帝王的祖庙。“大”，通“太”。

(9) 犊：小牛。

译文：

有人想聘请庄子。庄子对使者说：“你见过祭祀用的牛吗？披着花纹锦绣，吃着草料大豆，可等到牵着进入太庙的时候，想要做头孤单的小牛，还有可能吗？”

解说：

本段阐述得道者应“安其所安”，谨于去就。参见《秋水》篇。

22. **庄子将死，弟子欲厚葬之。庄子曰：“吾以天地为棺椁**（guǒ）[1]**，以日月为连璧**[2]**，星辰为珠玑**[3]**，万物为赍**（jī）[4]**送。吾葬具岂不备**[5]**邪？何以加此！”**

(1) 棺椁：外棺内椁。

(2) 连璧：双璧。

(3) 玑：玉不圆者（成玄英《庄子疏》）。

(4) 赍：赠送。

(5) 备：齐备。

译文：

庄子即将去世，弟子们准备厚葬他。庄子说：“我以天地为棺椁，以日月为双璧，以星辰为珠玑，以万物为陪葬。我陪葬的物品难道还不够齐全吗？还有什么比这更好的呢！”

解说：

这个故事阐述得道者应“安其所安”，不以分别的眼光看待世俗礼仪。

23. **弟子曰：“吾恐乌[1]鸢[2]之食夫子也。”**

庄子曰：“在上为乌鸢食，在下为蝼蚁食，夺彼与此，何其偏也！”

(1) 乌：乌鸦。

(2) 鸢：老鹰。

译文：

弟子说：“我们害怕乌鸦和老鹰会啄先生的尸体。”

庄子说：“尸体放在地上被乌鸦和老鹰吃，埋在土里被蚂蚁吃，从乌鸦老鹰的嘴里抢过来给蚂蚁，怎么这样偏心呢！”

解说：

弟子们心中有分别，所以主张厚葬。但庄子心中没有分别对待，在他眼里将尸体放在地上与厚葬没有分别。

《庄子》一书，以高飞万里的大鹏（得道者）开始，以庄子之死为结束（最后一篇《天下》不只是庄子思想，所以本篇是庄子思想的最后一篇）。这样的布局虽然展现了庄子死生如一的逍遥思想，但也让人对生命的最终归宿感慨万千。由此可见，庄子对《庄子》一书的精心编排。

24. **以不平平[1]，其平也不平；以不征[2]征，其征也不征。明者[3]唯为之使[4]，神者[5]征之。夫明之不胜神也久矣，而愚者恃其所见入于人[6]，其功外[7]也，不亦悲乎！**

(1) 以不平平：用不平的心求平等。

(2) 征：应也（郭象《庄子注》）。

(3) 明者：自炫已明的人。

(4) 为之使：为外物驱使。

(5) 神者：神人，参见《逍遥游》注释。

(6) 入于人：沉溺于世俗之中。

(7) 外：疏。

译文：

用偏见之心去追求公平，这样的公平就不是真正的公平；以不应合之心去应合自然，这样的应合就不是真正的应合。自以为明智的人只会为人所驱使，不妄为的神人可以应和自然。自以为明智的人不如神人，这由来已久了。而愚昧的人还总是自恃成见而沉溺于人世，其结果总是违背意愿的，这不是很可悲吗！

解说：

本段暗示庄子对于身后之事真正做到了心无偏见。

假公平、假应合处于心中，自以为明智，实际上正是是非、成见的表现。有是非成见当然就会沉溺于世俗之中而不能自拔。

天　下

本篇总结了中国古代思想，是中国最早的一篇学术史论文，包括七个学派。第一个学派是具有完备“内圣外王之道”的儒家学派。第二个学派是从儒家分流出来、针对儒家的墨家学派。第三、第四个学派是稷下学派，分为宋钘、尹文学派，彭蒙、田骈、慎到学派。第五、第六个学派是道家学派，分为老聃、关尹学派，庄子学派。最后是惠子学派。

从大的方面，可以分为三个学派，即儒家学派、道家学派和名家学派，墨家学派是从儒家学派而来，稷下学派思想主要源于道家学派。宋钘、尹文学派主张劳苦自己救助百姓、治理国家，彭蒙、田骈、慎到学派主张心如死灰、不顾外物。老子则既不会刻意劳苦自己救助百姓、治理国家，也不会心如死灰、不顾外物，而是以无我之心对待万物，顺其自然地治理百姓。与老子有所不同，庄子对治理国家没有系统论述，本人则不参与任何国家的治理。庄子与老子的不同可参见绪言。

惠子的思想比较庞杂，详细讨论起来篇幅较大，且由于资料太少，很多命题还没有定论。因而作者就将自己认可的解释放在注释中，不再展开论述。

我们将这些学派列表如下。

		代表人物	主要观点	评价
儒家	从“离于宗”至“天下裂”		内圣外王之道	合天道。
墨家	从“不侈于”至“士也夫”	墨子、禽滑厘等	其生也勤，其死也薄	普通人无法忍受其劳苦。

稷下学派	“不累于”至“是而止”	宋钘、尹文	救民之斗，禁攻寝兵，救世之战。请欲固置五升之饭足矣。	劳苦自己以救百姓。
	“公而不”至“闻者也”	彭蒙、田骈、慎到	无建己之患，无用知之累。莫之是莫之非。	心如死灰，不顾外物。
道家	“以本为”至“真人哉”	关尹、老聃学派	知其雄，守其雌……知其白，守其辱。	既不会不顾外物，又不劳苦自身。
道家	“芴漠无”至“之尽者”	庄子	不敖倪于万物，不谴是非，以与世俗处。	
名家	“惠施”至末尾	惠施	略	略

1. **天下之治[1]方术[2]者多矣，皆以其有为不可加[3]矣。古之所谓道术者，果[4]恶（wū）[5]乎在？曰：“无乎不在。”曰：“神[6]何由降？明[7]何由出？”“圣有所生，王有所成，皆原[8]于一[9]。”**

（1）治：研究。

（2）方术：一方之术（曹础基《庄子浅注》），即下文介绍的某一方面的学说，不属于道。

（3）不可加：无以复加。

（4）果：究竟。

（5）恶：何。

（6）神：妙物之名（成玄英《庄子疏》）。

（7）明：智周为义（成玄英《庄子疏》），智慧。

（8）原：本。

（9）一：指混一的大道。

译文：

天下研究学术的人很多，都认为自己所掌握的学说已经到了登峰造极、无以复加的水平。古时候所说的道术，究竟在哪里呢？回答是：“无处不在。”如果再问：“（造化的）灵妙的能力从哪里降临？（人的）智慧又从哪里产生？”回答是："圣人的诞生，明王的出现，都本于混一的道。"

解说：

道无处不在，得道者的诞生、能力、道术等都来源于混一之道。

2. **不离于宗**[1]**，谓之天人。不离于精**[2]**，谓之神人。不离于真**[3]**，谓之至人。以天为宗，以德为本，以道为门，兆**[4]**于变化，谓之圣人。以仁为恩，以义为理，以礼为行，以乐为和，熏然**[5]**慈仁，谓之君子。以法为分，以名为表**[6]**，以参**[7]**为验**[8]**，以稽**[9]**为决**[10]**，其数一二三四**[11]**是也，百官以此相齿**[12]**，以事为常。以衣食为主，蕃息**[13]**畜藏**[14]**，老弱孤寡为意，皆有以养，民之理也。**

(1) 宗：道的根本。

(2) 精：道的精妙。

(3) 真：自然本性。

(4) 兆：征兆。

(5) 熏然：温和慈爱的样子（曹础基《庄子浅注》）。

(6) 表：标志。

(7) 参：比较。一说"参"意为"操"，即实际行动。

(8) 验：验证。

(9) 稽：考核。

(10) 决：判断。

(11) 数一二三四：等级秩序好像一二三四那样清楚。

(12) 齿：秩序。

(13) 蕃息：蕃滋生息（成玄英《庄子疏》）。

(14) 畜藏：畜积藏储（成玄英《庄子疏》）。

译文：

不脱离道的本源的，称为天人。不违背道的精妙的，称为神人。不违背道的真谛的，称为至人。以自然为根本，以德性为依据，以大道为门径，能预见征兆而顺随事物变化的，称为圣人。用仁来施行恩惠，用义来判定事理，用礼来规范行为，用音乐来陶冶性情，表现温和而又慈祥的，称为君子；用法度来确定职分，以名号来作为标准，以比较为征验，以考核作决策，如同一二三四那样清楚，官吏根据这些标准确定职位；以处理日常之事为工作，以衣食为主要事务，以生产储藏为所虑之事，使老弱孤寡得到照料，这就是养民的道理。

解说：

本段接上段，继续阐述根据道的不同呈现，发展出了不同的思想，成就了不同的人。

3. **古之人其备[1]乎！配[2]神明，醇[3]天地，育万物，和天下，泽及百姓，明于本数[4]，系于末度[5]，六通[6]四辟[7]，小大精粗，其运[8]无乎不在。其明而在数度[9]者，旧法世传之史[10]尚多有之。其在于诗书礼乐者，邹鲁之士[11]搢绅[12]先生多能明之。《诗》以道志，《书》以道[13]事，《礼》以道行，《乐》以道和，《易》以道阴阳，《春秋》以道名分[14]。其数[15]散于天下而设[16]于中国者，百家之学时或称而道之。**

(1) 备：完备。

(2) 配：合也（成玄英《庄子疏》）。

(3) 醇：借为准（章太炎《章太炎全集》）。

(4) 本数：本原，指道的根本。

(5) 末度：道的末节（陈鼓应《庄子今注今译》）。

(6) 六通：与上下四方相通。

(7) 四辟：与四季相通。“辟”，通（曹础基《庄子浅注》）。

(8) 运：作用。

(9) 数度：即本数末度。

(10) 世传之史：社会上流传的史书。

(11) 邹鲁之士：指儒家。“邹”，孟子出生地。“鲁”，孔子出生地。

(12) 搢绅：指为官者。“搢”，笏也，亦插也；“绅”，大带也（成玄英《庄子疏》）。

(13) 道：表达。

(14) 名分：名位职守。

(15) 数：道术之数。

(16) 设：设立（曹础基《庄子浅注》）。

译文：

古代的人不是很完备吗！合乎造化的神妙，效法天地，养育万物，调和天下，恩惠泽及百姓，明白大道的根本，贯通于法度等末节，东西南北上下无不通达，四时季节无不顺畅，大小精粗的事物，都无所不在地存在着它的作用。那些古代道术表现在典规法度方面，像旧时的法规和世代相传的史籍里，还保存很多。它们存在于《诗》、《书》、《礼》、《乐》中，邹鲁一带的儒生以及官吏乡绅们，大多能够通晓。《诗》是用来表达志向的，《书》是用来记述政事的，《礼》是用来规范行为的，《乐》是用来调和性情的，《易》是用来阐明阴阳变化的，《春秋》是用来界定尊卑名分的。这些典章散布在天下，在各个国家实行，各个学派时常加以引述、称颂。

解说：

古代得道者的行为合乎道德，儒家的《诗》、《书》、《礼》、《乐》对这些加以纪录，因而使这些有关道术的学说留存下来了。

3. **天下大乱，贤圣不明，道德不一，天下多得一察**(1)**焉以自好**(2)**。譬如耳目鼻口，皆有所明，不能相通。犹百家众技也，皆有所长，时有所用。虽然，不该**(3)**不遍，一曲之士**(4)**也。判**(5)**天地之美，析**(6)**万物之理**(7)**，察**(8)**古人之全，寡能备于天地之美，称神明之容**(9)**。是故内圣外王之道，闇**(10)**而不明，郁**(11)**而不发，天下之人各为其所欲焉以自为方**(12)**。悲夫，百家往而不反**(13)**，必不合矣！后世之学者，不幸不见天地之纯，古人之大体，道术将为天下裂**(14)**。**

(1) 一察：一管之见。

(2) 自好：自以为是。

(3) 该：通。

(4) 一曲之士：一孔之见的人。

(5) 判：分割。

(6) 析：支离。

(7) 理：纹理。

(8) 察：离散。

(9) 容：美（曹础基《庄子浅注》）。

(10) 闇：通“暗”。

(11) 郁：窒塞不通。

(12) 方：即前文的方术。

(13) 反：通“返”。

(14) 裂：分离。

译文：

后来天下大乱，贤圣的主张不能彰显，道德的标准也不统一，天下的人多执一孔之见以炫耀于世。譬如眼、耳、口、鼻等各有其作用，却不能相互贯通。就像百家的各种技艺一样，各有其所长，适时才各有其所用。然而，这样的人既不兼备又不周全，只能算是偏执于一孔之见的人。他们分割了天地的纯美，离析了万物的常理，肢解了古人的道术，很少能具备天地的纯美，不再与自然的神妙相符。所以内圣外王之道，晦暗不明，窒塞不通，天下人都认为自己所欲的就是道术。可悲啊！各家学派越走越远，不能返归正道，必然不合于道术！后代的学者，就不能见到天地的纯美和古人道术的全貌，道术就这样被天下人割裂了。

解说：

古代的学问涉及内圣外王之道，是一个整体。但由于天下大乱，圣贤学说被埋没，偏执之人各个根据自己的一孔之见割裂了圣贤学说，从而遮蔽了道术。下文就阐述各家的一孔之见。

4. **不侈[1]于后世，不靡[2]于万物，不晖[3]于数度，以绳墨自矫[4]而备[5]世之急，古之道术有在于是[6]者。墨翟[7]禽滑厘[8]闻其风而说[9]之，为之大[10]过，已[11]之大循[12]。作为《非乐》，命之曰《节用》；生不歌，死无服[13]。墨子泛爱兼利而非斗，其道不怒[14]；又好学而博，不异[15]，不与先王同，毁古之礼乐。**

(1) 侈：奢侈。

(2) 靡：通“糜”，浪费。

(3) 晖：眩惑（曹础基《庄子浅注》）。

(4) 自矫：自我勉励（曹础基《庄子浅注》）。

(5) 备：应对（曹础基《庄子浅注》）。

(6) 是：这样。

(7) 墨翟：姓墨，鲁国人，墨家学派创始人。

(8) 禽滑厘：姓禽，字滑厘，墨翟学生。

(9) 说：通“悦”。

(10) 大：通“太”。

(11) 已：止，遏制。

(12) 大循：过甚（林希逸《庄子口义》）。

(13) 死无服：谓无衣衾棺椁等资葬之服，言其穷俭惜费也（成玄英《庄子疏》）。

(14) 不怒：不怨怒于物（成玄英《庄子疏》）。

(15) 不异：不标新立异。这句话也可以这样断句：“好学，而博不异”（陈鼓应《庄子今注今译》）。

译文：

不以奢侈教示后世，不浪费万物，不眩惑于礼仪法度，用各种规矩约束自己，以防备世人的急难之用。古时的道术有这方面的内容，墨翟、禽滑厘听说这种风教就十分喜爱。不过，做得太过了，对人的欲望节制得太过度了。作《非乐》，讲说《节用》；提出生时不作乐，死后无服饰。墨子主张泛爱、兼利，反对战争，教人不怨怒；他又好学而博闻，不求新异，不与前代帝王相同，毁弃古代的礼乐。

解说：

本段阐述墨家的基本主张，它将外在的东西（规矩）固定化以严格约束自己，帮助他人。这不合乎人的本性，也不合乎庄子顺其自然的思想。

5. **黄帝有《咸池》，尧有《大章》，舜有《大韶》，禹有《大夏》，汤有《大濩（huò）》，文王有《辟雍》之乐，武王、周公作《武》(1)。古之丧礼，贵贱有仪(2)，上下有等，天子棺椁（guǒ）(3)七重，诸侯五重，大夫三重，士再重(4)。今墨子独生不歌，死不服，桐棺(5)三寸而无椁，以为法式(6)。以此教人，恐不爱人；以此自行，固不爱己。未败墨子道(7)，虽然，歌而非歌，哭而非哭，乐而非乐，是果类乎(8)？其生也勤，其死也薄，其道大（太）觳（què）(9)；使人忧，使人悲，其行难为也，恐其不可以为圣人之道，反天下之心，天下不堪。墨子虽独能任，奈天下何！离于天下，其去王也远矣。**

(1)《武》：已上是五帝三王乐名也（成玄英《庄子疏》）。

(2) 仪：仪法（成玄英《庄了疏》），规矩法则。

(3) 棺椁：外棺内椁。

(4) 再重：两重。

(5) 桐棺：桐木做的棺。

(6) 法式：规矩。

(7) 未败墨子道：言我固论之如此，亦不足以遂废其道也（宣颖《南华经解》）。

(8) 果类乎：类，近也。言如此果与人情相近乎（林希逸《庄子口义》）

(9) 大觳：太刻薄。“大”，通“太”。“觳”，薄也（郭庆藩《庄子集释》引郭嵩焘说）。

译文：

黄帝时有《咸池》乐，唐尧时有《大章》乐，虞舜时有《大韶》乐，夏禹时有《大夏》乐，商汤时有《大濩》乐，周文王时有《辟雍》乐，武王、周公制作《武》乐。古代的丧礼，贵贱有不同的规范，上与下有等级的差别，天子的棺椁有七层，诸侯的是五层，大夫的是三层，士的是两层。现在墨家却独自主张生时不唱歌，死后无服饰，只用三寸桐棺而没有外棺，把这作为规矩。用这个来教世人，恐怕也不是真的爱人；用这些来约束自己，也不是真的爱惜自己。这不影响墨子学说。即使如此，当唱歌时却不许唱歌，当哭泣时却不许哭泣，当奏乐时却不许奏乐，这样做果真合乎人情吗？生时勤劳，死后薄葬，这种学说太苛刻了。让人忧苦，让人悲伤，实行起来非常困难。这恐怕不能算圣人之道，违反了天下人的心愿，天下之人不堪忍受。即使墨子自己能够做到，奈何天下人不能遵守！背离了天下人，距离王道也就很远了。

解说：

正因为墨子的思想违反人的本性，对一般人显得过于苛刻，不尽人情，所以一般人无法忍受。无法忍受就说不上是圣人之道。

6. **墨子称道曰：“昔禹之湮（yān）(1)洪水，决(2)江河而通四夷(3)九州也，名山三百，支川三千，小者无数。禹亲自操(4)橐（tuó）(5)耜（sì）(6)而九杂(7)天下之川；腓（féi）(8)无胈（bá）(9)，胫（jìng）(10)无毛，沐甚雨(11)，栉（zhì）(12)疾风，置(13)万国(14)。禹大圣也而形劳天下也如此。”使后世之墨者，多以裘(15)褐(16)为衣，以跂（jī）(17)蹻（jué）(18)为服，日夜不休，以自苦为极(19)，曰：“不能如此，非禹之道也，不足谓墨。”**

(1) 湮：塞也（成玄英《庄子疏》）。

(2) 决：开凿。

(3) 四夷：四方的少数民族地区。

(4) 操：拿着。

(5) 橐：盛土器也（成玄英《庄子疏》），盛土的器具。

(6) 耜：掘土具也（成玄英《庄子疏》），掘土的工具。

(7) 九杂：聚合。“九”，本亦作“鸠”，聚也（陆德明《经典释文》引司马彪说）。一说意为九度。

(8) 腓：小腿肚。

(9) 胈：白肉。

(10) 胫：小腿。

(11) 甚雨：大雨。

(12) 栉：梳头发。

(13) 置：安置。

(14) 万国：指许多地方。

(15) 裘：兽皮。

(16) 褐：粗衣。

(17) 屐：通“屐”，木制的鞋子。

(18) 蹻：草鞋（曹础基《庄子浅注》）。

(19) 极：最高准则。

译文：

墨子说：“从前，大禹堵塞洪水，疏导长江、黄河以沟通四夷九州，当时大河有三百，支流有三千，小河不计其数。大禹亲自拿着盛土和挖土的工具以汇聚了天下的江河。他累得大腿没有肉，小腿没有毛，大雨淋着身体，狂风梳着头发，终于安置了万国。禹是大圣人，为了天下这样操劳。”因此，他让后世的墨者，多用粗布做衣服，脚穿木屐子和草鞋，日夜劳作不息，以自苦为准则，说：“不这样做，就不符合夏禹的道，也不配称作墨家。”

解说：

本段解释墨家所效法的吃苦原则。

7. **相里勤[(1)]之弟子五侯[(2)]之徒，南方之墨者苦获、已齿、邓陵子[(3)]之属，俱诵《墨经》，而倍谲[(4)]不同，相谓别墨[(5)]；以坚白同异之辩相訾[(6)]，以觭(jī)偶[(7)]不仵[(8)]之辞相应；以巨子[(9)]为圣人，皆愿为之尸[(10)]，冀得为其后世[(11)]，至今不决[(12)]。**

墨翟、禽滑厘之意则是，其行则非也。将使后世之墨者，必自苦以腓无胈胫无毛相进[(13)]而已矣。乱之上也，治之下也[(14)]。虽然，墨子真天下之好也，

将求之不得也，虽枯槁不舍也。才士(15)**也夫**。

(1) 相里勤：姓相里，名勤，墨家代表人物。

(2) 五侯：姓五名侯，墨派后学。

(3) 苦获、已齿、邓陵子：都是墨家学者。

(4) 倍谲：分歧。“倍”，通“背”（郭庆藩《庄子集释》）。“谲”，异也（成玄英《庄子疏》）。

(5) 别墨：非正统墨家。

(6) 訾：毁也（成玄英《庄子疏》）。

(7) 觭偶：独唱曰觭，对辩曰偶（成玄英《庄子疏》）。

(8) 觭偶不仵：奇数、偶数对立不合。“仵”，伦次也（成玄英《庄子疏》）。

(9) 巨子：墨家团体的首领。

(10) 尸：主也（郭象《庄子注》）。

(11) 后世：继承人。

(12) 决：定。

(13) 相进：相互逞强。“进”，过也（成玄英《庄子疏》）。

(14) 乱之上也，治之下也：墨子之道，逆物伤性，故是治化之下术，荒乱之上首也（成玄英《庄子疏》），乱国有余，治国不足。

(15) 才士：有才能的人。

译文：

相里勤的弟子、五侯的门徒，南方的墨家如苦获、已齿、邓陵子这一派，都诵读《墨经》，理解却不同，互相指责对方不是正统的墨家，他们用“坚白”、“同异”之类的辩术相互诋毁，用奇数、偶数对立不合的言辞相互应答，把巨子当作是得道者，愿意奉他为首领，希望继承他的事业，到现在仍争论不休。

墨翟、禽滑厘的用心是好的，但他们的做法不可取。这样会使后世的墨者，必定劳苦到大腿无肉、小腿无毛，以此来相互竞争。这种学说乱天下有余，治天下不足。即使这样，但墨子是天下真正的好人，纵使弄得面颜憔悴，也不放弃自己的主张，真可以算是才能之士啊！

解说：

本段描述墨家后来的混乱状况，阐释造成这种状况的原因——过于苛刻。

8. **不累[1]于俗，不饰[2]于物，不苟[3]于人，不忮（zhì）[4]于众，愿天下之安宁以活民命，人我之养毕足[5]而止，以此白心[6]，古之道术有在于是[7]者。宋钘（jiān）、尹文[8]闻其风而悦之，作为华山之冠[9]以自表，接万物以别宥（yòu）[10]为始[11]；语心之容，命之曰心之行[12]，以聏（ér）[13]合驩（huān）[14]，以调海内，请欲置之以为主。见[15]侮不辱，救民之斗，禁攻寝[16]兵，救世之战。以此周行天下[17]，上说[18]下教，虽天下不取，强聒[18]而不舍者也，故曰上下见厌[19]而强见[20]也。**

（1）累：拖累。

（2）饰：矫饰。

（3）苟：苟且。

（4）忮：逆也（成玄英《庄子疏》）。

（5）毕足：完全满足。

（6）白心：明白其心也（陆德明《经典释文》）。

（7）是：此。

（8）宋钘、尹文：姓宋，名钘，可能是《逍遥游》中的宋荣子；尹文，姓尹，名文。二者都是齐宣王时人。

（9）华山之冠：华山上下均平，作冠象之，表己心均平也（陆德明《经典释文》）。

（10）别宥：去除成见。“宥”，通“囿”，局限。

（11）始：本。

（12）语心之容，命之曰心之行：发语吐辞，每令心容万物，即名此容受而为心行（成玄英《庄子疏》）。

（13）聏：柔和（曹础基《庄子浅注》）。

（14）驩：欢（陆德明《经典释文》）。

(15) 见：被。

(16) 寝：息也（成玄英《庄子疏》）。

(17) 说：通“悦”。

(18) 强聒：强劝喧聒（成玄英《庄子疏》），唠叨不停。

(19) 上下见厌：上上下下都讨厌。

(20) 强见：硬要表达（曹础基《庄子浅注》）。

译文：

不为世俗所牵累，不借外物来矫饰，不苛求他人，不违逆众人，只希望天下安宁，使百姓得以活命，他人和自己能填饱肚子就行，用这些来表白自己的心迹。古时候的道术有这方面的内容。宋钘、尹文听到这种风教就喜欢。他们制作一种上下平整、形状像华山的帽子来表达自己的信念，应接外物时以抛弃成见为先；称道心的宽容，称之为心的行动，以柔和的态度投合他人，以此调和天下的人，请人们将这种主张作为主导思想。受到欺侮时不以为耻辱，解除人们之间的争斗；主张禁绝攻伐，停止用兵，解除世间的战争。怀着这样的思想周游天下，上劝说诸侯，下教导百姓，即使天下人都不接受，他们还是劝说不已。所以说，虽然上上下下都厌烦，但他们仍然勉力地宣传。

解说：

本段介绍稷下学派宋钘、尹文的思想。

他们不在乎世俗的荣辱，一心为世间消除纷争祸患。不在乎世俗的荣辱这一点好像与庄子观念一样，但实际上二者不完全同。宋钘、尹文的目的是治理国家、消除纷争，庄子则不关心治国之事，“有人之形，无人之情”（《德充符》）。

9. **虽然，其为人太多，其自为太少；曰：“请欲固[1]置五升之饭足矣，先生恐不得饱，弟子虽饥，不忘天下。”日夜不休，曰：“我必得活哉！”图傲[2]乎救世之士哉！曰：“君子不为苛察，不以身假物[3]。”以为无益于天下者，明之不如已[4]也，以禁攻寝兵为外，以情欲寡浅为内，其小大精粗[5]，其行适[6]**

至是[7]**而止。**

(1) 固：姑且。

(2) 图傲：高大之貌（郭象《庄子注》）。

(3) 不以身假物：立身求己，不必假物以成名也（成玄英《庄子疏》）。

(4) 已：止也（成玄英《庄子疏》）。

(5) 小大精粗：不管是从大的方面还是细微的方面。

(6) 适：往。

(7) 至是：至此。

译文：

然而，他们为别人考虑得太多，替自己考虑得太少了。他们说："只需要每天有五升米的饭就够了！"老师吃不饱，弟子们也常忍饥挨饿，但仍然不忘天下。他们日夜奔波，说："我们大家一定得活下去呀！"真是高尚的救世之士啊！他们还说："君子不必苛求计较，自己也不为外物所役使。"认为对天下无益的事，还不如干脆不理。他们主张对外禁绝攻伐、平息暴力，对内清心寡欲。他们的学说虽然在细节上有精粗之分，但总体而言就是这个样子的。

解说：

本段分析稷下学派宋钘、尹文思想存在的问题：为别人考虑得太多，为自己考虑得太少。这实际上还是以某种东西为固定标准来要求自己，不符合庄子无物、无我的观念。

10. **公**[1]**而不当**[2]**，易**[3]**而无私，决然**[4]**无主**[5]**，趣物**[6]**而不两**[7]**，不顾于虑，不谋于知，于物无择，与之俱往，古之道术有在于是者。彭蒙**[8]**、田骈**(pián)[9]**、慎到**[10]**闻其风而悦之，齐万物**[11]**以为首**[12]**，曰："天能覆之而不能载之，地能载之而不能覆之，大道能包之而不能辩之，知万物皆有所可，有所不可，故曰选**[13]**则不遍，教**[14]**则不至，道则无遗者矣。"**

(1) 公：正。

(2) 当：赵谏议本"当"为"党"（郭庆藩《庄子集释》），偏。

(3) 易：平易（成玄英《庄子疏》）。

(4) 决然：决去系累（宣颖《南华经解》）。

(5) 无主：无的主宰（成玄英《庄子疏》），无固定目的。

(6) 趣物：随物变化（曹础基《庄子浅注》）。

(7) 不两：与物混而为一（不二）。

(8) 彭蒙：姓彭，名蒙。

(9) 田骈：姓田，名骈。

(10) 慎到：姓慎，名到，赵国人。

(11) 齐万物：平等看待万物。可以看出《齐物论》的意思是同等看待万物的理论，而不是同等看待关于万物的理论。

(12) 首：主要东的西（学说）。

(13) 选：选择。

(14) 教：教诲。

译文：

公正而不结党，平易而不偏私，去除私意而没有主观成见，随物变化而与物为一；不用思虑，不用智谋，对外物不做主观好恶的选择，随顺事物一同变化。古代的道术有这方面的内容，彭蒙、田骈、慎到听到这方面的风教就喜爱。他们以齐同待物为第一要务，说："天地能覆盖万物而不能承载万物，大地能够承载万物而不能覆盖万物，大道能包含万物而不能分辨万物。知道万物有所可，有所不可，所以说，有选择就不能周遍，有教诲就不能周全，顺着大道才会无所遗漏。"

解说：

本段介绍彭蒙、田骈、慎到等稷下学派的核心思想：无所作为。

11. **是故**(1)**慎到弃知去己而缘不得已，泠**（líng）**汰**(2)**于物以为道理，曰"知不知**(3)**，将薄**(4)**知而后邻伤**(5)**之者也。"謑**（xǐ）**髁**（kē）(6)**无任**(7)**而笑天下之尚贤也。纵脱**(8)**无行而非**(9)**天下之大圣，椎拍**(10)**輐**（wàn）**断**(11)**，与物**

宛转[12]，舍是与非，苟[13]可以免，不师[14]知虑，不知前后，魏然[15]而已矣。推而后行，曳[16]而后往，若飘风之还[17]，若羽之旋，若磨石之隧[18]，全而无非[19]，动静无过，未尝有罪。是何故？夫无知之物，无建己[20]之患，无用知之累，动静不离于理，是以终身无誉。故曰至于若无知之物而已，无用贤圣，夫块[21]不失道。豪桀[22]相与笑之曰："慎到之道，非生人之行而至死人之理，适得怪焉。"

(1) 是故：因此。

(2) 泠汰：犹听放也（郭象《庄子注》），放任。

(3) 知不知：知其所不知。

(4) 薄：迫（林希逸《庄子口义》）。

(5) 邻伤：毁伤（曹础基《庄子浅注》）。

(6) 謑髁：随便的样子（曹础基《庄子浅注》）。

(7) 无任：无能（曹础基《庄子浅注》）。

(8) 纵脱：放荡不羁（曹础基《庄子浅注》）。

(9) 非：非难。

(10) 椎拍：犹言推附（徐复观《中国人性论史》）。

(11) 輐断：輐断即下文"魭断"，郭象云，魭断，无圭角也（郭庆藩《庄子集释》引郭嵩焘说）。"椎拍輐断"，与物宛转之意（林云铭《庄子因》）。

(12) 宛转：变化也（成玄英《庄子疏》）。

(13) 苟：姑且。

(14) 师：以……为师。

(15) 魏然：不动之貌也（成玄英《庄子疏》）。

(16) 曳：拖。

(17) 还：通"漩"。

(18) 隧：转也（成玄英《庄子疏》）。

(19) 全而无非：保全自身无罪无过。

(20) 建己：建立功名（成玄英《庄子疏》）。

(21) 块：土块。

(22) 豪桀：豪杰。

译文：

因此，慎到抛弃智巧，忘记自见，出于不得已而后动事。听任事物的自然变化，以此为其学说的要旨。他说："强求知其所不知，就会为知而使自己知伤害。"顺随物情，不执一端，讥笑天下推崇贤能；放纵解脱不拘形迹，非难天下的大圣人。顺随外物，与物推移，舍弃是非，只求免于牵累。不运用智谋，不顾前后之别，只求独立于世而已。推动才行进，拉着才往前，像飘风一样回旋，像羽毛一样飞舞，像磨石那样转动，能保全自身但又不受责难，动、静都没有过失，不会招致任何处罚。这是为什么呢？因为那些没有知觉的东西，就不会有突显自己所引起的祸患，也没有运用智巧所带来的牵累，动静都不会背离自然之理，因而终身也就无所谓荣誉。所以说："达到像那些无知的东西就可以了，不需要圣贤，连土块都不会失道。"豪杰们都讥笑说："慎到的学说，不是活人所能做到的，讲的是死人的道理，真是怪异的主张。"

解说：

彭蒙、田骈、慎到等稷下学派的思想舍弃是非，只求苟免；庄子的主张是避免刑罚，逍遥自在。前者是无所作为，后者是顺随事物而不妄为。

12. **田骈亦然，学于彭蒙，得不教**(1)**焉。彭蒙之师曰："古之道人，至于莫之是莫之非而已矣。其风**(2)**窢（huò）然**(3)**，恶**(4)**可而言？"常反人，不见观**(5)**，而不免于魭（wǎn）断**(6)**。其所谓道非道，而所言之韪（wěi）**(7)**不免于非。彭蒙、田骈、慎到不知道**(8)**。虽然，概**(9)**乎皆尝**(10)**有闻者也。**

(1) 不教：无言之教。

(2) 风：风教。

(3) 窢然：迅速貌也（成玄英《庄子疏》）。"窢"，风迅速吹过的声音（曹础基《庄子浅注》）。

(4) 恶：何。

(5) 不见观：不为人欣赏。"见"，被。

(6) 魭断：指难免于受罪（曹础基《庄子浅注》）。"魭"，"輐"，古代的一种刑拘。

(7) 韪：是也（郭象《庄子注》）。

(8) 不知道：不懂得大道。

(9) 概：梗概（成玄英《庄子疏》）。

(10) 尝：曾。

译文：

田骈也是如此，他去向彭蒙学习，学到了不言之教。彭蒙的老师说："古代得道的人，只是达到了既不肯定、又不否定的境界。他们的教诲寂静无形，哪里可以用语言表达呢?"这种学说违背人之常情，所以不为人所欣赏，有时还不免受罚。他们所说的道不是真正的道，所说的对也难免被认为是错的。彭蒙、田骈与、慎到并不懂得真正的大道。不过，他们都听说过大道的概略吧。

解说：

彭蒙、田骈虽然与庄子一样主张无是无非，但彭蒙、田骈违背人之常情。而庄子的无是无非思想恰恰要求行为上与常人没有区别（《德充符》："有人之形"）。只有做到了行为上与常人没有区别，才能真正做到无是无非。

13. **以本(1)为精，以物为粗，以有积(2)为不足，澹然(3)独与神明居，古之道术有在于是者。关尹(4)老聃(5)闻其风而悦之，建之以常无有(6)，主之以太一(7)，以濡（rú）弱(8)谦下为表，以空虚不毁万物为实。**

(1) 本：大道。

(2) 有积：贪而储积，心常不足（成玄英《庄子疏》）。

(3) 澹然：虚淡（成玄英《庄子疏》）。

(4) 关尹：姓尹，名熹，字公度，周平王时函谷关令，故谓之关尹也（成玄英《庄子疏》）。

(5) 老聃：姓李，名耳，字伯阳，外字老聃，即尹熹之师老子也（成玄英《庄子疏》）。

(6) 常无有：常、无、有。

(7) 太一：有、无合一的状态，参见《齐物论》。

(8) 濡弱：柔弱（陈鼓应《庄子今注今译》）。

译文：

以大道为精微的，以万物为粗疏的，以积存为不足，恬淡无为与神明共处。古代的道术有这方面的内容，关尹、老聃听到这种风教就喜好。以“常”、“无”、“有”建立学说，以“太一”为其学说的核心，以柔弱谦下为表现形式，以保持虚寂状态不伤害万物为实质。

解说：

这一派学说以“常”、“无”、“有”建立学说，以有、无合一的混一状态为其学说的核心，顺随外物，因而在世俗生活中会柔弱谦下。

14. **关尹曰：“在己无居**(1)**，形物自著**(2)**。其动若水，其静若镜，其应若响。芴乎若亡（无）**(3)**，寂乎若清，同焉者和，得焉者失。未尝先人而常随人。”**

(1) 无居：无处，即不执着。

(2) 著：彰显，显露。

(3) 芴乎若亡：恍惚若无。“芴”，通“惚”。

译文：

关尹说：“自不执着己见，外物就自行显现。动如流水，静如明镜，反应如回声。恍惚如无物，寂静如清虚。混同于万物就和谐，追逐外物就有失，从不与人争先，而常常跟随在他人之后。”

解说：

本段阐述关尹的思想：忘我而随物，如音之随声，不追逐外物，所以在世俗生活中，不与人争先，而顺随他人。

15. **老聃曰："知其雄，守其雌，为天下溪；知其白，守其辱，为天下谷[(1)]。"人皆取先，己独取后，曰受天下之垢；人皆取实，己独取虚，无藏[(2)]也故有余，岿然[(3)]而有余。其行身[(4)]也，徐[(5)]而不费[(6)]，无为也而笑巧[(7)]；人皆求福，己独曲全[(8)]，曰苟免于咎。以深为根，以约[(9)]为纪，曰坚则毁矣，锐则挫矣。常宽容于物，不削于人[(10)]，可谓至极。关尹老聃乎！古之博大真人[(11)]哉！**

(1) 知其雄，守其雌，为天下溪；知其白，守其辱，为天下谷：见《道德经》二十八章。原文为："知其雄，守其雌，为天下谿。为天下谿，常德不离，复归于婴儿。知其白，守其黑，为天下式。为天下式，常德不忒，复归于无极。"

(2) 藏：积也（成玄英《庄子疏》）。

(3) 岿然：高大的样子。

(4) 行身：立身行事。

(5) 徐：从容。

(6) 费：损也（成玄英《庄子疏》）。

(7) 笑巧：笑他人之巧。

(8) 曲全：弯曲则能求全。

(9) 约：俭约。

(10) 不削于人：不侵削于人也（成玄英《庄子疏》）。

(11) 真人：回归自然的真正的人，见《大宗师》。

译文：

老聃说："知道雄强，却安于雌柔，就会成为天下所归的溪谷。知道明亮，却安于暗昧，就会成为天下的山谷。"人人都争先，自己独自居后，说："宁愿承受天下的污辱"；人人都追求实在的，自己却自守虚空，不敛藏反而感到有余。他立身行事，从容闲适不费精神，无所妄为而嗤笑智巧；人人都在追求幸福，自己却委曲求全，说"只求避免灾祸。"以精深为根本，以俭约为纲纪，说"坚硬的就容易毁坏，锐利的容易折损"。宽容待物，不侵削别人。这可以说达到了极点。关尹和老聃，真是古代博大的真人啊！

解说：

懂得什么是刚强，却持守柔弱的位置；知道什么是显扬，却持守世俗耻辱；所以回避世俗所推崇的好胜、智巧，而处在世人所回避的柔弱、无为。以不分别对待的无名之心对待刚与柔、荣与辱等等分别。这是得道的表现。

16. **芴漠[1]无形，变化无常，死与生与？天地并与？神明往与？芒乎何之[2]？忽乎何适[3]？万物毕罗[4]，莫足以归，古之道术有在于是者。庄周闻其风而悦之，以谬[5]悠[6]之说，荒唐[7]之言，无端崖[8]之辞，时恣纵[9]而不傥[10]，不以觭（jī）)[11]见之也。以天下为沈浊[12]，不可与庄语[13]，以卮言[14]为曼衍[15]，以重言[16]为真[17]，以寓言[18]为广[19]。独与天地精神往来而不敖倪[20]于万物，不谴是非[21]，以与世俗处。其书虽瑰玮[22]而连犿（fān)[23]无伤也。其辞虽参（cén）差（cī)[24]而諔诡[25]可观。彼其充实不可以已[26]，上与造物者游，而下与外死生[27]无终始者为友。其于本也，弘大而辟[28]，深闳[29]而肆[30]，其于宗也，可谓稠适[31]而上遂[32]矣。虽然，其应于化[33]而解于物[34]也，其理不竭，其来不蜕[35]，芒（茫）乎昧乎[36]，未之尽者。**

(1) 芴漠：虚寂无物的样子。“芴”，通“惚”，恍惚，指感觉到而没有意识到。“漠”，空旷。

(2) 芒乎何之：恍惚而不知何往。“芒”，恍惚。“之”，往。

(3) 何适：何往。

(4) 毕罗：全部包括。

(5) 谬：虚也（成玄英《庄子疏》）。

(6) 悠：远也（成玄英《庄子疏》）。

(7) 荒唐：谓广大无域畔者也（陆德明《经典释文》）。

(8) 端崖：边际，边界。

(9) 恣纵：犹放任也（成玄英《庄子疏》）。

(10) 傥：无拘无束。

(11) 觭见：一端之见（宣颖《南华经解》）。

(12) 沈浊：沉迷不悟。“沈”，通“沉”。

(13) 庄语：庄重的言论（曹础基《庄子浅注》）。

(14) 卮言：顺随自然无成见的言语，见《寓言》篇。

(15) 曼衍：变化。

(16) 重言：为人所重之言，见《寓言》篇注。

(17) 真：真心话。

(18) 寓言：寄遇他人他物的言论，见《寓言》篇注。

(19) 广：阐发（曹础基《庄子浅注》）。

(20) 敖倪：傲视。“敖”，通“傲”。“倪”，通“睨”

(21) 不谴是非：无是无非。“谴”，责也（曹础基《庄子浅注》）。

(22) 瑰玮：奇特也（陆德明《经典释义》）。

(23) 连犿：宛转貌（陆德明《经典释文》引李颐说）

(24) 参差：或虚或实，不一其言也（成玄英《庄子疏》）。

(25) 諔诡：奇异（陆德明《经典释文》引李颐说）。

(26) 已：止（曹础基《庄子浅注》）。

(27) 外生死：把生死置之度外。

(28) 辟：通达（曹础基《庄子浅注》）。

(29) 深闳：深广。“弘”，大也；“闳”，亦大也（成玄英《庄子疏》）。

(30) 肆：申也（成玄英《庄子疏》），通达而没有限制。

(31) 稠适：调和，和谐（曹础基《庄子浅注》）。“稠”，通“调”。

(32) 遂：达也（成玄英《庄子疏》）。

(33) 应于化：应机变化（成玄英《庄子疏》），顺遂事物的变化。

(34) 解于物：解释物情（成玄英《庄子疏》），从物的羁绊中解脱。

(35) 不蜕：连绵不断；通“脱”，离（曹础基《庄子浅注》）。

(36) 芒乎昧乎：犹窈冥也（成玄英《庄子疏》）。

译文：

恍恍惚惚没有形迹，变动不居没有常规。是死还是生？与天地并存吗？与自然同往吗？恍恍惚惚往哪去？飘飘忽忽往何处行？包罗万物，不知归宿。古代的道术有这一方面的内容，庄周听到这方面的风教就喜爱。他用深远而难以琢磨的笔法，广大而不可测度的谈论，漫无边际的言辞，常常任意发挥，无拘无束，不执一偏之见。认为天下的人都执迷不悟，没有办法用严肃的语言来讨论问题，因而常以无心之言来推衍，借重他人的话语来使人信服，用寓言的方式来阐发事理。独自与天地精神相往来，而不傲视万物，不拘泥于是非，与世人相处。他的著述虽然雄奇伟异，但行文宛转不妨害道理。他的言辞虽然变化多端，但奇异可观。它的书内容丰富，不可穷尽，上与造物者同游，下与忘怀生死、不分终始的人为友。他对于道之本的阐释，宏大而又通达，深远而又博大；他对于道之宗的探讨，可以说和谐适宜达到了最高的境界。即便如此，他顺应外物的变化而解脱事物的束缚，他的道理无穷无尽，连绵不断，茫昧深远，不可穷尽。

解说：

本段解释庄子无我而顺物的思想。庄子思想是对老子思想的完善。具体可参见前言。文中的所谓“恍惚”是一种感觉到而没有意识到的状态。参见本书前言或拙作《〈道德经〉释义》第一章的解说。

17. **惠施多方**(1)**，其书五车**(2)**，其道舛**（chuǎn）**驳**(3)**，其言也不中**(4)。**历物之意**(5)**，曰：“至大无外，谓之大一；至小无内，谓之小一**(6)。**无厚，不可积也，其大千里**(7)。**天与地卑，山与泽平**(8)。**日方中方睨**（ní）**，物方生方死**(9)。**大同而与小同异，此之谓小同异**(10)**；万物毕同毕异，此之谓大同异**(11)。**南方无穷而有穷**(12)**，今日适越而昔来**(13)。**连环可解也**(14)。**我知天下之中央，燕之北、越之南是也**(15)。**泛爱万物，天地一体也。”**

(1) 多方：多方术，指学术广博。

(2) 其书五车：一指藏有五车书。也可指他著书五车，“言其所著书”（林希逸《庄子口义》）。

(3) 舛驳：错误杂乱。“舛”，乖也；“驳”，色杂不同也（陆德明《经典释文》引司马彪说）。

(4) 不中：言辞虽辩而无当也（成玄英《庄子疏》）。

(5) 历物之意：分析事物之理。“历”，分析。“物”，事物。“意”，含义，意义。

(6) 至大无外，谓之大一；至小无内，谓之小一：最大的大到无限，叫做“大一”；最小的小到无法再分，叫做“小一”。可参见《秋水》篇的分析。

(7) 无厚，不可积也，其大千里：物可以薄到没有厚度，但却能积累到千里。薄与厚的关系与“至大”与“小一”的关系一样小到没有大小，大到无限。

(8) 天与地卑，山与泽平：从常识看，天比地高，但从无穷大的范围看，则没有什么分别。山与泽的关系也一样。高与低是相对的。参见陈鼓应《庄子今注今译》。

(9) 日方中方睨，物方生方死：太阳正中就偏斜，万物出生同时就开始消逝。阐明事物的变动不居性，可参见《齐物论》。“睨”，侧视也（成玄英《庄子疏》）。

(10) 大同而与小同异，此之谓小同异：万物都是物，因而都没有差别(齐物)，即大同。但物又有各自的类型，这些类型就是小同。小同与大同是不一样的。参见《齐物论》“以指喻指之非指，不若以非指喻指之非指也；以马喻马之非马，不若以非马喻马之非马也。天地一指也，万物一马也”的解说。

(11) 万物毕同毕异，此之谓大同异：万物都是物，这是“毕同”。同时，每个物都有自身独特的本性，因而物与物完全不同，这是“毕异”。“毕”，完全。参见《齐物论》“以指喻指之非指，不若以非指喻指之非指也；以马喻马之非马，不若以非马喻马之非马也。天地一指也，万物一马也”的解说。

(12) 南方无穷而有穷：南方这个方向可以无限延伸，即“无穷”，但既然说到南方，相对全方位而言，它就是有限度的，即“有穷”。这种理解借鉴了范寿康《中国哲学史纲要》的解释。这种解释与“天与地卑，山与泽平”的解释类似，合乎《庄子》思想。

(13) 今日适越而昔来：这一句无法合理解释。庄子在《齐物论》中说，“未成乎心而有是非，是今日适越而昔至也”。可见他反对这种说法。曹础基的解释相对合理：从我本身行为看，我今天才到越国去；但从内心看，我以前就知道越国，否则我怎么能出发来越国呢？所以说心昨天已经来了。参见曹础基《庄子浅注》。“适”，去。

(14) 连环可解也：连环本来不可解，但它是在不断的消逝之中。消逝就是“解”。一说以不解为解。这两种解释见冯友兰《惠施公孙龙及其他辩者》。

(15) 我知天下之中央，燕之北、越之南是也：这句话难以解读。这里的天下应该指当时列国的版图。因此，按照常识，天下的中心应该在燕之南、越之北。“是”，此，这。

译文：

惠施的研究涉及多方面，他的著述多达五车之多，但他的观点相当驳杂，言谈也多不合常理。他分析事物自身之理，说：“极大而没有范围的，称之为‘大一’；极小而没有再小的，称之为‘小一’。没有厚度以致无法累积，但可以扩展到千里。天与地一样的低，山与水泽一样的平。太阳刚正中就偏斜，万物刚出生就灭亡。物与物之间大的方面相同而小的方面不同，叫做‘小同异’；万物完全相同也完全不同，叫做‘大同异’。南方没有穷尽但也是穷尽，今天去越国而昨天已来过。连环可以解开。我知道天下的中心在燕国的北边、越国的南方。要普遍地爱万物，天地万物是一个整体。”

解说：

本段列举惠施的几个论题，从中可以看出名家的特色。具体的含义较为复杂，参见注释。

18. **惠施以此为大，观**[1]**于天下而晓辩者**[2]**，天下之辩者相与乐之。卵有毛**[3]**，鸡三足**[4]**，郢有天下**[5]**，犬可以为羊**[6]**，马有卵**[7]**，丁子有尾**[8]**，火不热**[9]**，山出口**[10]**，轮不蹍地**[11]**，目不见**[12]**，指不至，至不绝**[13]**，龟长于蛇**[14]**，矩不方，规不可以为圆**[15]**，凿不围枘**（ruì）[16]**，飞鸟之景（影）未尝动也**[17]**，镞矢之疾而有不行不止之时**[18]**，狗非犬**[19]**，黄马骊牛三**[20]**，白狗黑**[21]**，孤驹未尝有母**[22]**，一尺之捶，日取其半，万世不竭**[23]**。辩者以此与惠施相应，终身无穷。**

(1) 观：观照（成玄英《庄子疏》）。

(2) 晓辩者：教学辩论之士（宣颖《南华经解》）。

(3) 卵有毛：卵中含有成为羽毛动物的可能。参见陈鼓应《庄子今注今译》。

(4) 鸡三足：鸡之足“实”为二，鸡足之“名”为一；名与实合而为三(公孙龙的论证)。参见（陈鼓应《庄子今注今译》）。

(5) 郢有天下：从上文“毕同”的观点看，郢与天下都是相同的，因而有天下的属性，即“郢有天下”。参见（陈鼓应《庄子今注今译》）。“郢”，楚国的首都，在今湖北省江陵。

(6) 犬可以为羊：犬和羊都是四足动物，参见陈鼓应《庄子今注今译》。一说“犬”、“羊”等名称都是约定俗成的，称“犬”为“羊”也可以。参见曹础基《庄子浅注》。

(7) 马有卵：马由马生，出生之初也如卵（曹础基《庄子浅注》）。

(8) 丁子有尾：蛤蟆生于蝌蚪，而蝌蚪有尾巴，所以说蛤蟆也有尾巴。参见（陈鼓应《庄子今注今译》）。“丁子”，楚人呼虾蟆为丁子也（成玄英《庄子疏》）。

(9) 火不热：热与冷是对火的主观感受，有感觉到火不热的。参见曹础基《庄了浅注》。

(10) 山出口：呼于一山，一山皆应，一山之声入于耳，形与声并行，是山犹有口也（陆德明《经典释文》引司马彪说）。

(11) 轮不蹍地：车轮转动时，只是一点着地，不能同时着地，所以说“轮不蹍地”(蒋锡昌《庄子哲学》）。

(12) 目不见：眼睛不是所有的时候都能看见东西（如黑夜），需要一定的条件，同时，眼睛也不是能看见所有的东西，所以说“目不见”，与“轮不蹍地”论证方式一样。参见（曹础基《庄子浅注》）

(13) 指不至，至不绝：概念不能完全表达事物，即使能表达也无法穷尽事物。参见陈鼓应《庄子今注今译》。“指”，指事。

(14) 龟长于蛇：龟有大小，蛇有长短。大龟长于短小的蛇。这种解释引自曹础基《庄子浅注》。有人认为，该命题与《齐物论》“天下莫大于秋豪之末，而大山为小”的观点一致。这是不对的。《齐物论》命题虽然也是阐述事物的相对性，但没有将被阐述的两个东西加以对比。而“龟长于蛇”这个命题则将龟与蛇二者比较。

(15) 矩不方，规不可以为圆：与绝对的方与圆比，规与矩不合绝对的方与圆的要求。参见冯友兰《中国哲学史新编》。

(16) 凿不围枘：凿枘是相合的，但从绝对的要求看，总会有缝隙，不完全相合。“凿”，孔，即卯眼。“枘”，孔中之木，即榫头。参见冯友兰《中国哲学史新编》。

(17) 飞鸟之景未尝动也：动静是相对的，飞鸟的影子相对于飞鸟是不动的。参见（曹础基《庄子浅注》）。一说意为：飞鸟是动的，但某一瞬间是不动的，因而影子也是不动的。参见（陈鼓应《庄子今注今译》）。

(18) 镞矢之疾而有不行不止之时：在某一瞬间，飞箭的箭头既可以说是不动，也可以说是不止。“镞”，箭头。“矢”，箭。

(19) 狗非犬：大的叫犬，小的叫狗。大小不同，所以说“狗非犬”（范寿康《中国哲学史纲要》）。

(20) 黄马骊牛三：牛马以二为三。曰牛，曰马，曰牛马，形之三也。曰黄，曰骊，曰黄骊，色之三也。曰黄马，曰骊牛，曰黄马骊牛，形与色为三也。故曰一与言为二，二与一为三也（陆德明《经典释文》引司马彪说）。与“鸡三足”命题一样，黄马、骊牛各是一，称呼“黄马骊牛”的也是一，合在一起为三。“骊牛”，黑牛。

(21) 白狗黑：狗之目眇，谓之眇狗；狗之目大，不曰大狗；此乃一是一非；然则白狗黑目，亦可为黑狗（陆德明《经典释义》司马彪说）。

(22) 孤驹未尝有母：孤驹的含义就是无母之驹，即“未尝有母”。但实际孤驹是有母的，不然谁生的它？

(23) 一尺之捶日取其半，万世不竭：每日取一半，总还是留下一半。“捶”，杖。

译文：

惠施认为这些是最大的学问，向天下人宣说，教授天下好辩之人。天下的辩者也喜欢这些辩题：卵中有毛；鸡有三只脚；楚国郢都包含了天下；犬可以是羊；马有卵；虾蟆有尾巴；火不热；山有口；车轮没有碾地；眼睛不能看见东西；名称不能反映事物的实际，即使能反映实际也可能不穷尽；乌龟比蛇长；用矩不能画出方形，用圆规不能画出圆形；卯眼与榫头不能完全吻合。飞鸟的影子不曾移动过；飞逝的箭头也有不前进不停止的时候；狗不是犬；黄马加黑牛是三；白狗是黑的；孤驹不曾有母；一尺长的木棍，每天截去一半，一万年也截不完。”辩者用上述命题跟惠施相对答，终身没有穷尽。

解说：

本段继续列举惠施喜欢与人辩论的的几个命题，具体含义参见注释。

19. **桓团、公孙龙**(1)**辩者之徒，饰**(2)**人之心，易**(3)**人之意，能胜人之口，不能服人之心，辩者之囿**(4)**也。惠施日以其知与人之辩，特**(5)**与天下之辩者为怪，此其柢（dǐ）**(6)**也。**

（1）桓团、公孙龙：姓桓，名团；姓公孙，名龙；并赵人，皆辩士也，客游平原君之家。而公孙龙著《守白论》，见行于世。用此上来尺捶言，更相应和，以斯卒岁，无复穷已（成玄英《庄子疏》）。

（2）饰：蒙蔽（曹础基《庄子浅注》）。

（3）易：改变。

（4）囿：局限。

（5）特：独也（成玄英《庄子疏》）。

（6）柢：体也（成玄英《庄子疏》）。

译文：

桓团、公孙龙等都是善辩的人，他们能蒙住人的心智，改变人的想法；虽然堵住别人的嘴，却不能折服人心，这就是辩者的局限。惠施每天运用他的智巧与人辩论，专门跟天下的辩者创造怪论。这就是他们的大体情况。

解说：

本段指出桓团、公孙龙等的名家思想存在的问题：能堵住人的嘴，却不能服人之心。

20. **然惠施之口谈[1]，自以为最贤，曰天地其壮[2]乎！施存雄而无术[3]。南方有倚[4]人焉曰黄缭[5]，问天地所以不坠不陷，风雨雷霆之故。惠施不辞[6]而应，不虑而对，遍为万物说，说而不休，多而无已[7]，犹以为寡，益[8]之以怪[9]。以反人[10]为实而欲以胜人为名，是以[11]与众不适[12]也。弱于德，强于物，其涂[13]隩（ào）[14]矣。由天地之道观惠施之能，其犹一蚉一虻之劳者也。其于物也何庸[15]！夫充一尚可[16]，曰愈贵道，几[17]矣！惠施不能以此自宁，散于万物而不厌，卒以善辩为名。惜乎！惠施之才，骀（dài）[18]荡而不得，逐万物而不反[19]，是穷响以声[20]，形与影竞走也。悲夫！**

（1）口谈：口才（曹础基《庄子浅注》）。

（2）壮：大也（成玄英《庄子疏》）。

（3）施存雄而无术：有惠施的雄才在，就无人敢称道自己的了（曹础基《庄子浅注》）。

（4）畸：异也（陆德明《经典释文》引李颐说）。

（5）黄缭：住在南方，姓黄，名缭，不偶于俗，羁异于人，游方之外，贤士者也（成玄英《庄子疏》）。

（6）不辞：不辞谢（成玄英《庄子疏》）。

（7）已：止。

（8）益：增加。

（9）怪：怪诞。

（10）反人：违反人情。

（11）是以：因此。

（12）适：合。

（13）涂：通“途”，道。

（14）隩：深也，谓其道深（陆德明《经典释文》引李颐说）。

（15）庸：用也（成玄英《庄子疏》）。

（16）充一尚可：尚可充一数而已（成玄英《庄子疏》），尚可当作一家之说。

（17）几：危险。

(18) 骀：放也，放荡不得也（陆德明《经典释文》）。

(19) 反：通“返”。

(20) 穷响以声：用声音来追逐回响（曹础基《庄子浅注》）。

译文：

然而，惠施自以为其口辩是最高明的，他说：“天地多么伟大呀！”惠施虽有雄辩之心，但不明白道。南方有个奇人，名叫黄缭，问天不坠落、地不塌陷、风雨雷霆形成的原因，惠施不加推辞就回应，不加思索就对答，遍说万物的道理，滔滔不绝，无休无止，还觉得不够，再加上些怪论。他将违反常识的东西说得就像真的似的，想胜过他人以求取名声，因而总与众人无法相处。他轻视内心修养，只追求辨析外物，他走的路是曲折。从天地之道来看惠施的才能，他就像是蚕虻那样徒劳，对万物有什么用呢！充当一家之说尚可，但要用来说明珍贵的大道，那就危险了。惠施不能安于大道，为外物分心而不知道倦怠，最终只获得辩者的名声。可惜啊！惠施的才能放荡而无所得，驰逐外物而不知回头，这就像用声音追逐回响，让身体和影子竞走一样，真是可悲啊！

解说：

大道无关乎分别之知。惠施以分别之知看待大道，最终只能把自己陷入分别对待的网络之中而不能自拔。参见《秋水》篇。

参考文献

[1] 郭象．庄子注［M］．北京：中华书局，2018.

[2] 陆德明．经典释文［M］．上海：上海古籍出版社，2013.

[3] 成玄英．庄子疏［M］．北京：中华书局，2018.

[4] 林希逸 周啓成．庄子鬳斋口义校注［M］．北京：中华书局，1997.

[5] 褚伯秀．《南华真经义海纂微》［M］．北京：中华书局，2018.

[6] 罗勉道．南华真经循本［M］．北京：中华书局，2016.

[7] 焦竑．庄子翼［M］．广文书局，1970.

[8] 林云铭．庄子因［M］．上海：华东师范大学出版社，2011.

[9] 王引之．经传释词［M］．上海：上海古籍出版社，2016.

[10] 宣颖．南华经解［M］．广州：广东人民出版社，2008.

[11] 胡文英．庄子独见．上海：华东师范大学出版社，2011.

[12] 王念孙．庄子杂志［M］．上海：上海古籍出版社，2015.

[13] 俞樾．庄子平议［M］．上海：凤凰出版社，2021.

[14] 陈寿昌．南华真经正义［M］．台北：中央研究院近代史研究所，1977.

[15] 郭庆藩．庄子集释［M］．北京：中华书局，2006.

[16] 王先谦．庄子注解［M］．西安：三秦出版社，2005.

[17] 章太炎．章太炎全集［M］．上海：上海人民出版社，2014.

[18] 马叙伦．庄子义证［M］．杭州：浙江古籍出版社，2019.

[19] 刘文典．庄子补正［M］．北京：中华书局，2015.

[20] 王叔岷．庄子校诠［M］．北京：中华书局，2007.

[21] 高亨．诸子新笺［M］．济南：山东人民出版社，1961.

[22] 于省吾．双剑誃诸子新证［M］．北京：中华书局，2009.

[23] 杨树达．积微居读书记［M］．上海：上海古籍出版社，2007.

[24] 张默生．庄子新解释［M］．济南：齐鲁书社，1993.

[25] 陈启天．庄子浅说［M］．北京：中华书局，2021.

[26] 李勉．庄子总论及分篇评注［M］．台北：台湾商务印书馆，1973.

[27] 范寿康．中国哲学史纲要［M］．台北：台湾开明书店，1964.

[28] 蒋锡昌．庄子哲学［M］．上海：上海书店，1992.

[29] 杨伯峻．列子校释［M］．北京：中华书局，2018.

[30] 冯友兰．中国哲学史新编［M］．北京：商务印书馆，2020.

[31] 徐复观．中国人性论史［M］．北京：九州出版社，2021.

[32] 陈鼓应．庄子今注今译［M］．北京：商务印书馆，2007.

[33] 曹础基．庄子浅注 8M］．北京：中华书局，2014.